Das Buch

Die Aufnahme einer freien Tätigkeit ist die unkomplizierteste Art, sich neben- oder hauptberuflich selbständig zu machen. Martin Massows *Freiberufler-Atlas* informiert Sie über die vielfältigen steuer-, wirtschafts- und arbeitsrechtlichen Möglichkeiten und nennt rund 500 Jobideen, mit denen man als Freelancer sofort starten kann – sei es neben dem Studium, parallel zum Hauptjob, zur Überbrückung oder voll hauptberuflich. Hier erfahren Sie, wie freie Berufe von Gewerbetätigkeiten abgegrenzt werden, welche Chancen »Nichtkatalogberufler« haben, als Freiberufler anerkannt zu werden, wie Freelancer auch als Einzelunternehmer erfolgreich sein können und wie man sich gegen Scheinselbständigkeitsvorwürfe wehren, richtig kalkulieren sowie seine Tätigkeit finanzieren und sozialversicherungsmäßig absichern kann.

Der Autor

Martin Massow kommt aus der beruflichen Erwachsenenbildung. Seit vielen Jahren ist er erfolgreicher Fachautor und Karriereberater.

In unserem Hause sind von Martin Massow unter anderem erschienen:

Atlas Neue Werbe- und Kommunikationsberufe
Jobber-Atlas
Jobs und Karriere im Internet
Karriere-Atlas Europa

Martin Massow

Freiberufler-Atlas

Schnell und erfolgreich selbständig werden

- EDV und elektronische Medien
- Kultur- und Heilberufe
- Rechts-, Wirtschafts- und Steuerberatung
- Technik und Naturwissenschaft

Ullstein

Besuchen Sie uns im Internet:
www.ullstein-taschenbuch.de

Alle Berufsbezeichnungen in diesem Buch sind aus Gründen der Einheitlichkeit in der männlichen Form genannt. Selbstverständlich beziehen sich alle Berufsbezeichnungen und sonstigen Angaben ebenso auf Frauen. Verlag und Autor bitten für diese Sprachregelung um Verständnis.

Weitere Informationen finden Sie im Internet unter
www.freiberufler-atlas.de

Umwelthinweis:
Dieses Buch wurde auf chlor- und säurefreiem Papier gedruckt.

Überarbeitete und aktualisierte Neuausgabe im Ullstein Taschenbuch 2006
2. Auflage 2007

Umschlaggestaltung: Büro Hamburg
Satz: KompetenzCenter, Mönchengladbach
Gesetzt aus der Rotis Serif
Druck und Bindearbeiten: Ebner & Spiegel, Ulm
Printed in Germany
ISBN 978-3-548-36915-0

Inhalt

Vorwort

Vor dem Hintergrund von monatlich 15000 verloren gehenden Arbeitsplätzen in Deutschland wird für immer mehr Menschen die Unsicherheit von Selbständigkeit »sicherer« als die Sicherheit einer Anstellung. Dabei bietet die Freiberuflichkeit die schnellste und preiswerteste Möglichkeit, sich neben- oder hauptberuflich selbständig zu machen. In diesem Buch erfahren Sie alles über Formen freier Tätigkeiten nach EStG, HGB und GewO, über die Einstufungskriterien für Katalogberufe, ähnliche Berufe, Tätigkeitsberufe und Abfärbung, über den Einstieg als gewerblicher Freiberufler, als Freelancer, im Klein- oder Reisegewerbe, als Marktverkehrstreibender etc. sowie über die vielfältigen Gestaltungsmöglichkeiten vertraglicher Vereinbarungen von freier Mitarbeit, Dienstverträgen, von den Werkverträgen über Urheber- und Lizenzverträge bis hin zu Handelsvertreter- und Kaufverträgen unter Berücksichtigung der Schuldrechtsreform.

Zudem erfahren Sie, wie man den Gründungszuschuss (anstelle der Ich-AG-Förderung) erhält, trotz oder wegen Hartz IV gründen und selbständig bleiben kann, wie man sich gegen den Verdacht der Scheinselbständigkeit wehrt, die Vermutung einer Beschäftigung widerlegt und vorbeugen kann, seitens der Sozialversicherungsträger unerwartet vom freien zum abhängigen Mitarbeiter umgestuft zu werden.

Weitere Themen sind: das neue Alterseinkünftegesetz, Pflegeversicherung von Selbständigen, Riester-Zulagen und Absetzbarkeit von Altersvorsorgebeträgen nach Rürup. Fragen zur Finanzierung, Förderung und Kreditrating nach Basel II, Kundengewinnung und Kalkulation sind weitere Punkte. Die Nennung von über 700 Job- und Geschäftsideen mit der Angabe, ob diese freiberuflich, als Gewerbe, in freier Mitarbeit und/oder ausschließlich in abhängiger Beschäftigung ausgeübt werden können, sowie die Adressen aller Freiberufsverbände runden das Werk für den erfolgreichen Einstieg als Einpersonenunternehmer ab.

Formen von Freiberuflichkeit

Freiberuflichkeit auf dem Vormarsch

Harry Hirsch und andere Freischwebende

Man muss schon ein wenig »crazy sein, so etwas durchzuziehen, aber es macht auch tierisch Spaß, mit Musik und Kunst anderen Freude zu bereiten«. Bluesgitarrist, Sänger und Kunstgrafiker Harry Hirsch, alias Harald Goldhahn, versteht sein Leben als eine Reise. »Wir sind keine Freiberufler, sondern wir sind ›Freischwebende‹, denn wir sind weder frei noch irgendwie wirtschaftlich verankert, wir schweben also, und trotzdem können wir nicht anders, wir sind froh, dass wir unser Leben selbst so gestalten und uns persönlich weiterentwickeln können, auch wenn es wirtschaftlich oft sehr hart ist.«
Als Preis dafür, endlich ein »lebendiges Leben« leben zu dürfen, kündigte Harald Goldhahn Ende der 70er Jahre seine Postbeamtenstelle auf Lebenszeit. Über den zweiten Bildungsweg machte er Abitur, danach begann er sein Studium an der renommierten Hochschule für Gestaltung in Offenbach. Dieses finanzierte er mit Musikauftritten, woraus sich dann ganz automatisch seine Profikarriere als Bluesspezialist für original Mississippi-Delta-Blues der 20er und 30er Jahre entwickelt hat. Besonders gefragt ist seine Akustikgitarren- und Sangeskunst auf Kulturveranstaltungen, Stadtfesten, Messen und Kongressen sowie in Betrieben. Sein zweites Standbein ist das Gestaltungsbüro Harald Goldhahn. Auf Handdruckpressen entstehen Auflagendrucke und Unikate

sowie ganze Grafik-Editionen, aber auch Typographien, Cartoons, Magazin- und Buchillustrationen, Etikettendesign, Plakatgestaltung und vieles mehr. Kontakt: *www.harry-hirsch-blues.de*

Harald verkörpert wie zahlreiche Freiberufler einen New-Working-Trend, den Matthias Horx, Gründer des Kelkheimer Zukunftsinstituts, Selfness nennt. Menschen versuchen herauszufinden, was ihnen gut tut, und wenn sie wie Harald mit 27 oder mit 40 Jahren feststellen, dass das, was sie machen, nicht ein Leben lang ihr Interesse findet, dann versuchen sie eben, daran etwas zu verändern. So auch Architektin Christiane Bär, die nach 13 Jahren Staatsbauamt wusste: »Bis zum Ende meines Berufslebens in der Verwaltung arbeiten, das war's einfach nicht. Ich hatte viele Ideen und ich sagte mir, es muss etwas passieren.«

Mit Unterstützung des Wiesbadener Vereins Berufswege für Frauen e. V. (*www.berufswege-fuer-frauen.de*) fand sie über Gründungsseminare zu ihrem Weg als freie Architektin, die für ihre Kunden (Bauämter, Architekturunternehmen, Firmen und Bauherren) per CAD-Konstruktionssoftware aus mehr als 1 000 Elementen digitale und grafische 3-D-Planungsmodelle entwickeln kann.

Diese Arbeit ist unheimlich spannend und befriedigt. Horx sagt: »Was uns stolz macht, ist nicht mehr unbedingt das neue Auto oder die Weltreise«, sondern wenn wir es schaffen, unsere seelische und geistige Gestalt weiterzuentwickeln. Wir werden sozusagen zu Self-Entrepreneuren.

Selbst wenn die pure Not zur Triebfeder von Freiberuflichkeit wird, birgt diese Neuorientierung trotz aller möglichen Dramatik und Existenzsorgen zumeist auch ganz neue Perspektiven, die viel Lebensqualität bedeuten. Bei der 31-jährigen Katharina Schirmer kam erst mal ihr gesamter Lebensplan ins Wanken, als sie nach dem Volontariat wie so viele andere Nachwuchsjournalisten nicht übernommen werden konnte. Doch dann berappelte sie sich, besann sich auf ihr Faible für Biographien und machte aus ihrer Not eine Tugend. Sie begann als freiberufliche Biographieautorin. Trotz wachsender Konkurrenz findet sie ihre Kunden, wahrscheinlich weil sie

nicht nur gut ist, sondern auch ausstrahlt, dass ihr diese Art zu schreiben liegt und ihr Leben bereichert: »Ich finde es unglaublich spannend, wie sich die einzelnen Entscheidungen eines Menschen zu einem Schicksal, zu einem Leben verdichten, das Teil einer Epoche wird und diese gleichzeitig ein Stück beeinflusst«, sagt die 31-Jährige, die wie viele andere mutige Existenzgründer ihre existenzielle Krise als Chance wahrgenommen hat (*www.lebenslinien-biografien.de*).
Auch Wolfgang Herold hat der Weg in die Selbständigkeit aus der Jobkrise gerettet. Nach Verkauf des Seagram-Konzerns stand der 50-jährige Vertriebsdirektor mit 20 Jahren Markenartikelerfahrung praktisch vor dem Nichts. Ein Jahr bereitete er sich auf seine neue Selbständigkeit vor. Erst dann brachte er unter dem Logo »easy-gourmet« sein Gewürzsortiment erfolgreich auf dem Markt. Herold lässt produzieren, vertreiben und durch das Institut Fresenius die Qualität seiner Würzmischungen kontrollieren. Aus dem Einzelkämpfer ist mittlerweile ein Unternehmer mit drei Angestellten geworden (*www.easy-gourmet.com*).

Gründungsgründe

Wie die Beispiele Harald, Christiane, Katharina und Wolfgang zeigen, gibt es vielfältige Gründe, sich für eine freie Existenz zu entscheiden.
Dazu zählen:

- durch Freiberuflichkeit andere Perspektiven kennenzulernen, neue Herausforderungen und mehr Lebenssinn zu erfahren,
- der Wunsch, beruflich flexibel und kompetent zu bleiben, um dem Scheitern auf einem vermeintlich sicheren Karriereweg vorzubauen,
- der Überdruss, in Praktikantenkettenbeschäftigungsverhältnissen zu stecken,
- Familienplanung, da Familie und Beruf so besser unter einen Hut gebracht werden können,
- technische Möglichkeiten, weil die elektronischen Medien regelrecht zum Home-Jobbing einladen,

- Altersgründe oder soziale Motive, weil man als älterer Erwerbstätiger oder Behinderter auf dem Arbeitsmarkt kaum mehr Chancen hat,
- persönliche Erfahrungen, weil z. B. nach einem Mobbingtrauma ein fester Arbeitsplatz unvorstellbar wird,
- Sachorientierung, weil man keine Lust und Kraft hat, in der Konzern-Arbeitswelt die Konkurrenz- und Ränkespielchen, durch die bis zu 60% der Leistungsenergie draufgehen, mitzuspielen,
- Arbeitslosigkeit, weil man als Absolvent einer Hochschule oder High Potential mangels Stellenangeboten sein Schicksal selbst in die Hand nehmen will, statt noch länger zu warten,
- Resignation und Überdruss, weil man keine Lust mehr hat, sich über die Ochsentour in die Topetagen vorzukämpfen,
  - weil man die Bewerbungsrituale vieler Großunternehmen als völlig übertrieben, entwürdigend und schlichtweg als Zumutung betrachtet,
  - weil man sich nicht irgendwann oder aufgrund kurz- oder längerfristig neu getroffener Managemententscheidungen (Umstrukturierungen, Fusionen, Verlegungen, Schließungen, Outsourcing usw.) erst wie eine Schachfigur herumschieben und später abschießen lassen möchte,
  - weil man keine Lust mehr hat, jahrelang den Billig-Hiwi für den Prof zu spielen, um anschließend auf der Straße zu stehen.

Aus diesen und vielen anderen Motiven lassen sich immer mehr Menschen auf das Abenteuer ein, ohne Netz und doppelten Boden selbstverantwortlich für ihr Einkommen zu sorgen, geben sogar ihren Beamtenstatus auf wie Harald. Freiberufler sind flexibel. Klappt es nicht im angestammten Berufsfeld, dann weicht man auf Alternativen aus: Statt selbständiger Rechtsanwalt wird der Jurist vielleicht Unternehmensberater für Kanzleien. Die Erzieherin avanciert zur Berufsberaterin und die Lehrerin entscheidet sich für ein wechselvolles Leben als Unternehmenstrainerin. Historiker machen Museums-Public-Relations-Arbeit und Germanisten organisieren womöglich einen Biografieservice. Viele weitere Ideen, die sich realisieren lassen, finden Sie in diesem Buch.

Wachstumsmotor Freiberufler

Auch der Bundesverband der freien Berufe BFB *(www.freie-berufe.de)* ermittelte, dass sich allen Konjunkturschwankungen zum Trotz immer mehr Menschen freiwillig - oder notgedrungen - freiberuflich selbständig machen. Und nicht nur das: Die zunehmende Freiberuflichkeit sei, so der BFB, mittlerweile ein wichtiger Wachstumsmotor der deutschen Wirtschaft. Laut Bundesverband der freien Berufe gibt es zu Beginn des Jahres 2007 rund 857 000 selbständige Freiberufler, 5% mehr als im Vorjahr. Dabei belegen den nach wie vor größten Bereich mit knapp 35% die Vertreter der Heilberufe - also Ärzte, Zahnmediziner, Tierärzte, Apotheker und Therapeuten aller Art. Die zweitgrößte Freiberufler-Gruppe bilden, so der Bundesverband, die rechts-, wirtschafts- und steuerberatenden Berufe wie Anwälte, Steuerberater, Wirtschaftsprüfer oder Unternehmensberater. Im Bereich der technischen freien Berufe sind die Architekten und beratenden Ingenieure am stärksten vertreten. Die vierte Gruppe schließlich stellen die Angehörigen der freien Kulturberufe.

Branchenüberblick »freie Berufe«

Anfang 2007 gibt es in Deutschland 857 000 Selbständige in freien Berufen.

In einem detaillierten Branchenüberblick verteilen sich die Freiberufler wie folgt:

freie Kulturberufe (Künstler, Maler, Schriftsteller, Journalisten, Musiker, Schauspieler etc.)	154 000
Ärzte (Allgemeinmediziner, Fachärzte etc. mit Praxis)	120 220
Rechtsanwälte	79 700
freie Heilberufe	55 200
Zahnärzte	53 780
Architekten	53 240

Steuerberater/Steuerbevollmächtigte	48 170
Wirtschaftsberater	39 000
Apotheker	21 850
technische und naturwissenschaftliche freie Berufe	21 500
Unternehmensberater	14 700
Sachverständige	11 900
Tierärzte	10 020
Wirtschaftsprüfer/vereidigte Buchprüfer	10 010
Patentanwälte	1 890
Nur-Notare	1 670

Quelle: BFB und Globus-Infografik 7253 v. 27. 8. 2001

Die ca. 857 000 selbständigen Freiberufler haben knapp 2 Millionen Mitstreiter, also sozialversicherungspflichtige Angestellte, davon rund 150 000 Auszubildende. Insofern bilden die freien Berufe eine wichtige Säule des Mittelstands. Neben den hauptberuflichen Freiberuflern gibt es noch eine große Zahl freiberuflicher freier Mitarbeiter und nebenberuflich tätiger Freiberufler.

Die Zunahme der Zahl der selbständigen Freiberufler mit einer durchschnittlichen jährlichen Wachstumsrate von ca. 4% stellt nicht nur eine Verdopplung der Freiberuflerexistenzen zwischen 2000 und 2007 dar, sondern macht einmal mehr den Wandel von der Industrie- zur Dienstleistungswirtschaft deutlich, an dem die freien Berufe einen hohen Anteil haben. So stieg der Anteil der freien Berufe zwischen 1978 und 1999 von 12,8 auf 18% der Selbständigen. Mittlerweile ist jeder sechste Selbständige bereits Freiberufler.

Da die Ausübung eines freien Berufs vor allem auch an ein entsprechend hohes Ausbildungsniveau gebunden ist, bietet dieser Sektor vor allem Hochschulabsolventen gute Chancen. Allerdings sind die Berufsaussichten recht unterschiedlich

und von der jeweiligen Berufsgruppe abhängig. So ist es bekanntermaßen trotz des wachsenden Bedarfs sehr schwierig, sich als Arzt in eigener Praxis niederzulassen, weil es eine ausgeprägte Niederlassungs-Reglementierung gibt.
Von ihrer freiberuflichkeitsgleichen Arbeitsweise her betrachtet, müsste auch die wachsende Zahl gewerblicher Einzelexistenzgründer den Freiberuflern zugerechnet werden. Ihre Gründungszahlen liegen mit 960000 Gründungen (2004) jährlich um ein Mehrfaches höher als die der echten, vom Finanzamt anerkannten Freiberuflerstarts. Da viele Einzelunternehmer ihre Selbständigkeit als freie Mitarbeiter, Werkvertragsmitarbeiter, Berater, Direktverkäufer, Servicedienstleister usw. freiberuflich organisieren, ist für den Laien in solchen Fällen überhaupt kein Unterschied in den Tätigkeitsweisen zwischen Freiberuflern und Gewerbetreibenden zu erkennen. Wer weiß schon, wann ein freier Programmierer freiberuflich und wann er gewerblich tätig ist oder wie auch ein Handwerker als Freiberufler tätig werden kann. Mitunter ist es auch so, dass Einzelunternehmer rechtlich betrachtet Mischtätigkeiten ausüben, dass sie gleichzeitig sowohl freiberufliche als auch gewerbliche Tätigkeiten ausüben, wie der freiberufliche Lehrer, der seine Publikationen im gewerblichen Selbstverlag vertreibt.

New-Working – eine Denkart fürs Überleben

Zumeist stellt der Start in die Freiberuflichkeit gegenüber dem Beginn einer entsprechenden Angestellten- oder Beamtenposition ein großes wirtschaftliches Wagnis dar, wobei man mittelfristig als Freier unterm Strich tatsächlich auch erheblich schlechter abschneidet – jedenfalls meistens. Geht es nur um wirtschaftliche Erwägungen, sollte man sogar vor dem Schritt in eine selbständige Existenz warnen. Denn vielen Freiberuflern und Kleingewerbetreibenden geht es nicht sehr gut, manche müssen woanders noch dazuverdienen oder üben einfach mehrere Berufe aus, um über die Runden zu kommen. Dabei kristallisiert sich immer mehr der Trend zu einer Art »Netzwerkwirtschaft« heraus. Die Anhänger dieser neuen Kooperationsform nennen sich New Worker. »New Working ist die Aneignung einer Geisteshaltung, die auf die selbstverantwortliche Gestaltung eines ganzheitlichen Lebensentwurfes mit dem Ziel der Mehrtätigkeitenexistenz zur Überwindung der starren Grenzen zwischen Erwerbs- und Privatleben sowie Angestellt- und Selbständigsein zielt.« Der New Worker versucht, »seine gesamte wirtschaftliche Existenzsicherung von Anfang an auf mehrere Standbeine selbständiger und abhängiger Jobs oder Einnahmen (z.B. Nebengeschäfte, Zinseinnahmen, Sozialhilfe etc.) zu stellen. Leistungstausch (z.B. Waren- und Dienstleistungstausch) ist in diesem System ein wichtiger Faktor. Auf der Ausgabenseite wird versucht, die Ansprüche auf die wesentlichen Lebens- und Kulturbedürfnisse zu reduzieren, beispielsweise zu versuchen, möglichst preiswert Auto zu fahren und zu wohnen, vielleicht auch besser auf dem Land zu leben. »Reichen soll es, aber man muss nicht reich werden«, lautet die Einkommensdevise von New Workern, die magere und fette Jahre flexibel zu überstehen gelernt haben. Man sieht ihnen aber zumeist weder die fetten noch die mageren Jahre an, weil sie sich aus Statussymbolen wenig machen und immer ein Polster für einkommensschwache Zeiten haben: Wer schon längere Zeit eine Mehrtätigkeitenexistenz führt, hat gelernt:

- sich viele (kleinere) Einkommensquellen gleichzeitig zu erschließen,
- die aus dem Wachstumsdenken herrührende Verdienstsucht erst gar nicht aufkommen zu lassen, um nicht Sklave von Arbeit und Aufträgen zu werden,
- bescheiden zu leben,
- keine Schulden zu machen,
- beizeiten Geld zurückzulegen, um auch in der Not etwas zu haben,
- sich nicht von einem Auftraggeber/Arbeitgeber abhängig zu machen,
- nicht erpressbar zu werden und jederzeit auch sagen zu können: »Nein, diesen Auftrag/Job mache ich nicht!«,
- Selbsthilfekontaktnetze aufzubauen,

- die Altersversorgung selbst zu regeln, wozu auch die Selbständigkeit gehören kann, z.B. rechtzeitig für Patente und Lizenzvergaben zu sorgen.

Als Freelancer schneller und preiswerter in die Selbständigkeit

Trotz wirtschaftlich großem Risiko – eine schnellere und preiswertere Start-up-Möglichkeit als über freiberufliche Tätigkeiten gibt es kaum. Insbesondere, wer als freier Mitarbeiter beginnen kann, hat Glück. Man verdient sofort, monats- oder auftragsweise, ähnlich wie ein Angestellter, ist jedoch dabei relativ unabhängig. Freelancer werden durch die Scheinselbständigkeitsparagrafen praktisch gezwungen, stets mehrere Auftraggeber gleichzeitig zu bedienen, was, um es einmal positiv zu sagen, automatisch zu einer höheren Einkommenssicherheit führt, als das in vielen Angestelltenverhältnissen heute möglich ist. Denn statt von einem Arbeitgeber und seiner wirtschaftlichen Situation abhängig zu sein, verlagert der Freie sein Einkommensrisiko auf mehrere Kundenschultern. Fällt einer aus, kostet ihn das zwar Geld, zumeist aber nicht die Existenz, wie das beim Arbeitsplatzverlust der Fall ist. Viele freiberuflich Tätigen sind daher derzeit besser abgesichert als die Jobs so manches fest angestellten Bankers, Versicherungsagenten oder Unternehmensberaters im schicken Nadelstreifenanzug.

Da ein Großteil der Freiberufler – wie Webdesigner, Journalisten, Trainer, IT-Spezialisten, Kreative, Dozenten, Berater, Wissenschaftler oder Therapeuten – meist keine nennenswerten Investitionen benötigen (wie sie bei Gründung von Arztpraxis, Ladenlokal, Werkstatt oder Produktionsstätten anfallen), reichen oftmals schon ein PC und 250 Euro für Briefpapier und Visitenkarten, um loszulegen. Freiberufler sind Geistesarbeiter. Sie verkaufen ihr Know-how und keine Waren, weswegen vielfach auch ein Arbeiten von zu Hause aus und als freier Mitarbeiter möglich ist. So eignen sich freiberufliche Tätigkeiten besonders für Akademiker, zunächst neben-, später hauptberuflich. Kein Wunder, dass 22% der Studenten sich fünf Jahre nach ihrem Examen beruflich auf eigene Beine stellen wollen, von den Architekten sogar 37 und bei Informatikern 28%. 6% der Studierenden wollen unmittelbar nach dem Studium beginnen, so etwa der Diplom-Informatiker Klaus Eder aus Viernheim (Mannheim). Bereits während seines Studiums verdiente er als freier IT-Dozent bei Weiterbildungskursen des Arbeitsamts gutes Geld. Als logische Konsequenz daraus entstand eine florierende Schulungsfirma, die bald auch Inhouse-, Personal- und spezielle Chefeinzeltrainings in allen gängigen PC-Programmen bis hin zur Website-Gestaltung und HTML durchführte. Zugleich entwickelte Eder eine kleine Software-Schmiede, in der unter anderem das einmalige, für Laien nutzbare Webgestaltungsprogramm »nm:web Basis« bis »nm:web Shop« auf MySQL-Grundlage entwickelt wurde (*www.netzwerk-und-mehr.de*).

Übrigens: Studenten können freiberuflich beliebig viele Stunden arbeiten, ohne dass das mit den Nebenverdienstgrenzen abhängiger Jobs von 20 Wochenstunden bzw. der 50-Tage-Jahresgrenze kurzfristiger Tätigkeiten kollidiert. Zudem können BAföG-Empfänger und Kindergeldbezieher durch geschickte Kostenabzüge ihren Nettoverdienst runterrechnen.

Vorteile freiberuflicher Selbständigkeit

Eine freiberufliche Selbständigkeit ist gegenüber einer Gewerbetätigkeit vorteilhafter. Denn wer Freiberufler ist, muss:

- kein Gewerbe anmelden,
- kein Pflichtmitglied in der IHK werden,
- muss Umsatzsteuer erst bei Geldeingang abführen,

- sich nicht ins Handelsregister eintragen lassen und
- keine doppelte Buchführung betreiben (der Kleinunternehmer allerdings auch nicht).

Bei diesen Vorteilen der Freiberuflichkeit liegt es auf der Hand, dass viele Existenzgründer den Freiberuflichkeitsstatus einem Gewerbe vorziehen. Doch wer freiberuflich im Sinne des EStG tätig sein darf, das definieren nicht nur Gesetze und die Rechtsprechung, sondern das entscheiden einzelfallbezogen auch die örtlichen Finanzämter, mitunter recht unterschiedlich. Auch vom ehrenwerten Handwerk gibt es mitunter Widerstände gegen die Freiberuflichkeit, beispielsweise wenn manche Innungen für den Betrieb eines Computernotdienstes eine Meisterprüfung fordern, weil sie diese Tätigkeit zum Handwerk erklären wollen. Allerdings ist auch hier schon im Hinblick auf Europa einiges in Bewegung geraten – auch beim Finanzamt hinsichtlich der Bewertung von Ausbildung und Tätigkeitsformen. Deshalb der Tipp: Wer heute noch keine Statusanerkennung als Freiberufler erhält, hat gute Chancen, es im Folgejahr zu schaffen. Man sollte möglicherweise jedes Jahr von neuem den Antrag stellen, bis es funktioniert. Was Sie dabei berücksichtigen müssen, erfahren Sie in späteren Abschnitten. Sollte es mit der Freiberuflichkeit dennoch nicht klappen, ist das aber kein Beinbruch, denn Kleinunternehmer werden bis zu einer gewissen Jahresgewinn- und Umsatzgrenze fast ähnlich wie Freiberufler behandelt. So können auch Kleingewerbetreibende die vereinfachte »Einnahmen-Überschuss-Rechnung« statt einer doppelten Buchführung machen und einen Antrag auf Erlass von Gewerbesteuer stellen. So gesehen, arbeiten faktisch viel mehr kleine Selbständige freiberuflich, als sie es vom Steuerrechtsstatus her wirklich sind. Auf den nächsten Seiten wird zunächst ein Überblick über die formaljuristisch unterschiedlichen Tätigkeitsarten gegeben, bevor zwischen echten Freiberuflern nach EStG (»So werde ich Freiberufler nach EStG«, vgl. Seite 37) und gewerblichen Freiberuflern (»So werde ich gewerblicher Freiberufler«, vgl. Seite 155) unterschieden wird.

Freiberuflichkeit ist nicht gleich Freiberuflichkeit

Wenn von Freiberuflichkeit die Rede ist, gehen die Definitionen weit auseinander: Versteht der eine unter freiberuflicher Selbständigkeit eine Tätigkeit in einem freien Beruf oder die Selbständigkeit als Einmannbetrieb, meint der andere vielleicht eher freie Mitarbeit oder Freelancing damit. Als Werkvertragsmitarbeit oder Subunternehmereigenschaft wird der Begriff auch oft verstanden.

Dass jedoch jede der im Alltagsdeutsch so leichtfertig synonym für freie Selbständigkeit gewählten Bezeichnungen rechtlich jeweils eine eigene Relevanz besitzt und zur juristischen Einordnung des Selbständigenstatus mit verschiedenen, voneinander abweichenden arbeits-, steuer- und wirtschaftsrechtlichen Folgen verbunden ist, ist vielen Jobbern, Berufseinsteigern und potentiellen Existenzgründern nicht immer ganz klar. Viele meinen sogar, dass jede freie Mitarbeit eine freiberufliche Tätigkeit sei. Das ist verständlich, da sich die arbeitsrechtlich ungenauen Bezeichnungen längst im allgemeinen Arbeitsleben umgangssprachlich etabliert haben. In der Tat werden freie Mitarbeiter oft als freiberufliche Mitarbeiter bezeichnet, ohne dass sicher ist, ob die Betreffenden überhaupt Angehörige freier Berufe sind.

Um sich über die Begriffsvielfalt einen Überblick zu verschaffen und zu zeigen, dass so gesehen Freiberuflichkeit nicht gleich Freiberuflichkeit ist, sollen im Folgenden die wichtigsten Begriffe kurz definiert und später ausführlich vertieft werden. Die folgenden Abschnitte erläutern die zahlreichen Begriffe, die synonym für freie Selbständigkeit gebraucht werden.

Freiberufler nach EStG

Freiberufler ist ein steuer- und berufsrechtlicher Begriff, mit dem die echten Angehörigen freier Berufe bezeichnet werden. Davon abzugrenzen sind primär arbeits- und sozialversicherungsrechtliche Formeln wie etwa freier Mitarbeiter. So kann ein echter Freiberufler, z.B. ein Arzt, als

- Selbständiger,
- Gesellschafter (in einer Personen- oder Kapitalgesellschaft),
- Angestellter (Beamter) oder
- freier Mitarbeiter

tätig werden und ändert damit seinen steuer- und sozialrechtlichen Berufsstatus. Der Berufsstatus wird von seiner tatsächlichen Tätigkeit bestimmt, nämlich ob er in eigener Person als Freiberufler selbständig tätig wird, ob er einer unternehmerischen Personen- oder Kapitalgesellschaft (z.B. Privatklinik) angehört, ob er abhängig beschäftigt ist als Angestellter (z.B. Betriebsarzt) oder Beamter (z.B. Amtsarzt) oder ob er als freier Mitarbeiter (z.B. Vertreter in Arztpraxis) arbeitet. Wer einem freiberuflichen Beruf angehört, kann diesen selbständig – auch als Arbeitgeber – in eigener Praxis, in den Räumen eines Auftraggebers, z.B. als freier Mitarbeiter oder als Angestellter/Beamter ausüben. Allerdings zählen zu den in der Tätigkeitsstatistik als Freiberufler genannten Berufstätigen nur die selbständigen Freiberufler. Diese Selbständigengruppe bildet mit über 857 000 Vollexistenzen und rund zwei Millionen sozialversicherungspflichtigen Beschäftigten einen wichtigen Wirtschaftsfaktor. Freie Berufe sind vor allem qualifizierte Dienstleistungsberufe.

Gewerbetreibender

Der Begriff »Gewerbetreibender« ist wie der des Freiberuflers vornehmlich eine Bezeichnung des Steuerrechts und der Gewerbeordnung, die für Gewerbetreibende maßgeblich ist. Einmannselbständige sind zumeist immer dann Gewerbetreibende, wenn sie nicht zu den Selbständigen der freien Berufe oder sonstigen Selbständigen wie Testamentsvollstrecker, Urheberrechtsinhaber etc. gerechnet werden können. Sie müssen zur Aufnahme ihrer Selbständigkeit ein Gewerbe beim Ordnungsamt anmelden. Selbst wenn ihre Tätigkeit einer freiberuflichen ähnelt, sind sie Gewerbetreibende, so lange sie nicht zu den Katalogberufen, den katalogähnlichen Berufen der freien Berufe zählen oder die Merkmale freiberuflicher Tätigkeiten erfüllen. Zu solchen Berufen gehören beispielsweise Vermögensberater, Handelsvertreter oder Grafiker, aber auch freie Mitarbeiter bzw. Freelancer. Im betrieblichen Alltag werden vielfach freie Mitarbeiter, die vom steuer- und handelsrechtlichen Status Gewerbetreibende sind, als freiberufliche Mitarbeiter tituliert, obwohl dies falsch ist. Im Gegensatz zu den dienstleistungsorientierten freien Berufen gehören zu den Gewerbetätigkeiten neben einfacheren Dienstleistungen der Handel, die Produktion und das Handwerk, wobei man beim meisterbriefpflichtigen Handwerk über die Gewerbeanmeldung hinausgehend noch einen Meisterbrief als Voraussetzung einer Selbständigkeit benötigt.

Freier Mitarbeiter

Freier Mitarbeiter ist ein arbeits- und sozialversicherungsrechtlicher Begriff. So können steuer- und berufsrechtlich betrachtet freie Mitarbeiter sowohl Freiberufler als auch Gewerbetreibende sein. Arbeitsrechtlich erledigen sie als Subunternehmer selbständig Aufträge gegen Honorar. Dabei können sie unter Umständen sogar phasenweise auch in die Organisationsstruktur ihres Auftraggebers integriert sein, z.B. als freier TV-Journalist, der an den Redaktionskonferenzen teilnimmt. Um ihre Selbständigkeit nicht zu gefährden, dürfen sie jedoch nicht arbeitnehmerähnlich in den Betrieb des Auftraggebers eingebunden sein. Sie müssen weisungs- und arbeitszeitungebunden bleiben und mehr als einen Auftraggeber/Kunden nachweisen, um nicht als scheinselbständig eingestuft zu werden. Betroffen hiervon sind häufig freiberufliche Dozenten/Lehrer mit einem Auftraggeber.

Freelancer

»Freelancing« ist die englische Bezeichnung für freie Mitarbeit. Diese hat sich vor allem bei Berufsgruppen wie IT- und Computerspezialisten, Multimedia-, Werbe- und Medienprofis, freien Musikern und anderen selbständigen Kreativen durchgesetzt. Ihnen gemeinsam ist, dass sie, wie die meisten anderen freien Mitarbeiter, ihr Know-how projektbezogen am freien Markt vermarkten. Es gibt sowohl freiberufliche Freelancer als auch gewerbetreibende Freelancer, wobei die Grenzen manchmal fließend sind. So kann ein freier Systemanalytiker freiberuflich tätig sein, wenn er ein einschlägiges Hochschulstudium (z.B. Informatik) oder eine dem Ingenieur vergleichbare Berufsausbildung nachweist. Er kann aber auch als Gewerbetreibender arbeiten, etwa dann, wenn er seine Fähigkeiten in einer Lehre (z.B. zum Systemelektroniker oder staatlich geprüften Informatiker) erworben oder sie sich autodidaktisch (über Learning-by-doing, Lehrbücher oder VHS-Kurse) beigebracht hat. Wie die Abgrenzungen zwischen Freiberuflichkeit und Gewerbetätigkeit genau erfolgt, wird in späteren Abschnitten verdeutlicht werden. Erschwerend kommt allerdings der Aspekt der Scheinselbständigkeit hinzu. Freelancerbörsen, wie z.B. *www.freelance.com*, helfen Freelancern und Projektanbietern, Kontakte zu knüpfen.

Freiberuflicher Mitarbeiter

Dies ist ein umgangssprachlicher Ausdruck. Er kann die synonyme Bezeichnung für einen freien Mitarbeiter sein, kann aber auch eine freiberufliche, freie Mitarbeiterschaft bezeichnen. Den Rechtsstatus eines freiberuflichen Mitarbeiters gibt es im juristischen Sinne somit nicht.

Honorarkraft

Der Terminus »Honorarkraft« bezeichnet eine gelegentliche Mitarbeit, entweder als abhängig beschäftigte Aushilfe/Vertretung in arbeits-/steuerrechtlicher Form vom 400-Euro-Job zum Kurzfristigkeits-/Teilzeitjob bis zum gelegentlichen bzw. ganz speziellen freien Mitarbeiter auf der Grundlage eines Dienstvertrags, wobei das Honorar nach Zeit genau oder pauschal und nicht im Sinne eines Werkvertrages aufwands-/angebotsbezogen abgerechnet wird.

Freiberuflicher, freier Mitarbeiter

Wer einen freiberuflichen Beruf ausübt und als freier Mitarbeiter tätig wird, ist arbeits- und steuerrechtlich betrachtet ein »freiberuflicher, freier Mitarbeiter«. Allgemein spricht man allerdings schlicht von freier Mitarbeiterschaft oder freiberuflicher Mitarbeit, so dass nicht erkennbar ist, ob jemand echter Freiberufler oder freiberuflicher Gewerbetreibender ist.

Gewerbetreibender, freier Mitarbeiter

Wer als Einzelkämpfer ein Gewerbe anmelden muss und als freier Mitarbeiter tätig wird, ist arbeits- und steuerrechtlich betrachtet ein »gewerbetreibender, freier Mitarbeiter«. Umgangssprachlich spricht man allerdings schlicht von freier Mitarbeiterschaft oder freiberuflicher Mitarbeit, so dass nicht erkennbar ist, ob jemand echter Freiberufler oder freiberuflicher Gewerbetreibender ist.

Werkvertragsmitarbeiter

Diese Tätigkeitsbezeichnung ist abgeleitet von dem Vertragstypverhältnis, das dem Auftrag/der Zusammenarbeit zugrunde liegt, nämlich vom Werkvertrag (§§ 631–650 BGB). Wird mit freiberuflichen oder gewerbetreibenden freien Mitarbeitern ein Werkvertrag geschlossen, werden sie auch schon mal Werkvertragsmitarbeiter genannt. Auf die Statusfrage »echte Freiberuflichkeit« oder »freiberufliche Gewerbeausübung« hat dies jedoch keinen Einfluss. Die Besonderheit des Werkvertrags gegenüber einem Dienstvertragsverhältnis ist, dass Werkvertragsauftragnehmer nicht nur eine Leistung, sondern ein genau bezeichnetes Werk (z.B. wissenschaftlich zu verwertende Zeichnung) gegen Honorar erstellen. Dafür liefert der Auftraggeber das Material. Etwa: Das Museum stellt die Spezialpapiere. Von Werkvertragsmitarbeitern spricht man aber auch, wenn der Zusammenarbeit ein Werklieferungsvertrag zugrunde liegt, was der Fall ist, wenn der Auftragnehmer nicht nur die Leistung, sondern auch das Material besorgt und berechnet. In diesem Fall müssen echte Freiberufler aufpassen: Denn wird ein bestimmter Rahmen bei zusätzlichem Materialverkauf überschritten, kann es sein, dass die gesamte selbständige Tätigkeit als Gewerbe eingestuft wird und der Freiberufler somit seinen gegenüber dem Gewerbebetrieb vorteilhafteren Freiberuflerstatus verliert. Werkvertragsmitarbeiter sind in der Regel keine Honorarkräfte, da diese auf der Basis eines Dienstvertrages tätig werden.

Subunternehmer

Ein Subunternehmer ist salopp gesagt ein Unter-Unternehmer, nämlich ein Selbständiger (Freiberufler/Gewerbetreibender), der für einen Hauptauftraggeber (den Unternehmer) selbständig Aufträge ausführt. Jeder freie Mitarbeiter ist ein Subunternehmer, da er nicht selbst Hauptauftragnehmer ist, sondern für Unternehmen selbständig tätig wird. Anders ausgedrückt, kennzeichnet die Bezeichnung »Subunternehmer« lediglich die Rangstellung des freiberuflichen oder gewerbetreibenden Selbständigen in Bezug auf einen Hauptauftraggeber. Beispielsweise kann ein freier Layouter/ Multimediaspezialist als Subunternehmer für eine Werbeagentur (Hauptauftragnehmer) arbeiten oder als Subunternehmer für ein Grafikbüro tätig sein, welches seinerseits im Auftrag einer etatverantwortlichen Werbeagentur (Hauptauftragnehmer) die Prospekte für ein Industrieunternehmen (Hauptauftraggeber) herstellt.

Dienstvertragsmitarbeit

Eine Dienstvertragsmitarbeit bezeichnet die arbeitsrechtliche Grundlage, die beispielsweise einem Honorarmitarbeitervertrag zugrunde liegt. Sie ist abgeleitet von dem Vertragstypverhältnis, das dem Arbeitsverhältnis zugrunde liegt, nämlich vom Dienstvertrag (§§ 611 – 630 BGB). Diese Rechtsgrundlage gilt sowohl für freie als auch für abhängige Beschäftigungen. Im Unterschied zum Werkvertrag verpflichtet sich der freie (Dienstvertrags-)Mitarbeiter, z. B. ein freier Museumspädagoge, nicht zur Herstellung eines bestimmten Werkes, sondern zur Erbringung einer Dienstleistung, z. B. Führung und didaktische Anleitung von Schulklassen/Jugendgruppen durch eine Kunstausstellung innerhalb einer bestimmten Zeit zu einem bestimmten Honorar. Man nennt solche, nicht fest angestellten oder permanent mitarbeitenden freien Mitarbeiter auch Honorarkräfte.

Haupt- und nebenberufliche Freiberuflichkeit?

Nebenberuflichkeit meint nicht nur abhängige Beschäftigungsverhältnisse wie Teilzeit- oder 400-Euro-Jobs, sondern umfasst auch freiberufliche und gewerbetreibende Nebentätigkeiten. Ebenso definiert sich die selbständige Nebentätigkeit analog zum Nebenjob als eine Tätigkeit mit unter einem

Drittel der ansonsten üblichen Arbeitszeit (acht Stunden täglich oder 40 Stunden wöchentlich). Da Selbständige bis auf wenige Berufsgruppen noch nicht der Sozialversicherungspflicht unterliegen und auch nicht unter das Arbeitszeitgesetz fallen, bietet sich die selbständige Nebentätigkeitsform vor allem an, wenn es gilt, noch nicht bestimmte Arbeitszeitgrenzen (als abhängiger tätiger Nebenberufler) zu überschreiten oder wenn man keine Lust hat, sich über die zweite Lohnsteuerkarte den Hauptanteil seines Nebenverdienstes wegversteuern zu lassen. Nebenberufliche Freiberuflichkeit kann auch eine interessante Steuersparquelle darstellen, wenn beispielsweise absetzbare Kosten wie Fahrzeug, Räumlichkeiten, Anschaffungen etc. zu negativen Einkünften führen, die mit steuerpflichtigem Einkommen verrechnet werden können. Vielfach ist aber das Ausweichen in die selbständige Nebenjobberei für Studenten, Hausfrauen, Früh- und Altersrentner oder Arbeitslose die einzige Möglichkeit überhaupt, eine Nebenverdienstquelle zu finden. Daher gibt es in dieser Gruppe, insbesondere unter Studenten, viele Teilzeit- und Nebenberufs-Freelancer. Ob die Selbständigkeit haupt- oder nebenberuflich betrieben wird, spielt für die – im Prinzip einfachen – Aufzeichnungspflichten (Einnahme-Überschuss-Rechnung) keine Rolle. Diese muss auf alle Fälle gemacht werden.

So werde ich Freiberufler nach EStG

Dieses Kapitel behandelt die selbständige Tätigkeit als Angehöriger eines im Einkommensteuerrecht und in der Rechtsprechung definierten freien Berufes, die so genannte echte Freiberuflichkeit. Nur die in den Abschnitten dieses Kapitels behandelten Berufsgruppen und Berufe sind als »freie Berufe« anerkannt und in den einschlägigen Freiberufler-Standesorganisationen wie Berufsfachverbänden und ihrer Dachorganisation »Bundesverband der freien Berufe« sowie in Kammern organisiert. Wer einen hier nicht aufgeführten Beruf »freiberuflich« ausübt, ist im Sinne des Gesetzes nicht Freiberufler, sondern Gewerbetreibender. Er kann dieses Kapitel überschlagen und im zweiten Abschnitt »So werde ich gewerblicher Freiberufler« weiterlesen. Im folgenden Kapitel ist alles zusammengefasst, was es beim Einstieg in die echte Freiberuflichkeit zu beachten gilt, wie man als Freiberufler steuerrechtlich anerkannt werden kann und vieles mehr.

Betriebswirtschaftliche Punkte, die sowohl für Freiberufler als auch für Gewerbetreibende gelten wie »So bekommt man die Finanzen in Griff« u.ä. werden im nächsten Kapitel »So werde ich gewerblicher Freiberufler« beschrieben. Das Kapitel »Einstieg als Freier« widmet sich dem Vertragswesen, das für Freiberufler und Gewerbetreibende gleichermaßen gilt, was beispielsweise darüber entscheidet, ob sie freie Mitarbeiter oder Werkvertragsnehmer sind.

Was sind echte freie Berufe?

Wie erkenne ich, ob es sich um eine Gewerbetätigkeit oder einen freien Beruf handelt? Äußerlich ist dies manchmal gar nicht zu unterscheiden. Pauschal kann man beispielsweise feststellen, dass bei freiberuflicher Tätigkeit:

- eher der Einsatz persönlicher Arbeitsleistung im Vordergrund steht, bei gewerblicher Tätigkeit dagegen vielfach der Kapitaleinsatz dominiert (z.B. hohe Anfangsinvestition eines Händlers, Franchisenehmers etc.),
- kein Platz für Massenproduktion und Handel ist,
- zumeist eine höhere Bildung, mehr schöpferische Begabung und erheblich mehr persönlicher Mitarbeitseinsatz gefordert wird.

Doch entscheidend sind die rechtlichen Merkmale, wie sie im nächsten Abschnitt generell und dann für die einzelnen Berufsgruppen aufgezeigt werden.

Rechtliche Definitionen

Kennzeichnend für die freien Berufe ist laut Bundesverfassungsgericht »der persönliche Einsatz bei der Berufsausübung, der Charakter des jeweiligen Berufs, wie er sich in der allgemeinrechtlichen und berufsrechtlichen Ausgestaltung und in der Verkehrsanschauung darstellt, die Stellung und Bedeutung des Berufs im Sozialgefüge sowie die Qualität und Länge der erforderlichen Berufsausbildung (BVerfG 46, 224, 241 f.)«. Dennoch sei der freie Beruf kein eindeutiger Rechtsbegriff, sondern ein soziologischer Terminus, ein Begriff also, der von vornherein nicht eindeutig abgrenzbar erscheint, sondern bei dessen definitorischer Bestimmung jeweils auf die Tatbestandsvielfalt der beruflichen Wirklichkeit und auf ihren stetigen Wandel eingegangen werden solle (BVerfG 10, 354, 364).

Aus diesem Grund bestehen bis heute keine umfassend verbindlichen Anwendungs- und Zuordnungsregeln zur Abgrenzung des Begriffes »freie Berufe«, sondern nur Definitionen im Partnerschaftsgesellschaftsgesetz, dem Gesetz, das den Zusammenschluss von Freiberuflern regelt, sowie im Einkommensteuergesetz.

Das Partnerschaftsgesellschaftsgesetz § 1 (2) definiert den freien Beruf nur ganz allgemein: »Die freien Berufe haben im Allgemeinen auf der Grundlage besonderer beruflicher Qualifikation oder schöpferischer Begabung die persönliche, eigenverantwortliche und fachlich unabhängige Erbringung von Dienstleistungen höherer Art im Interesse der Auftraggeber und der Allgemeinheit zum Inhalt.«

Die Definition im *Einkommensteuergesetz* lautet: Die für die Beurteilung einer freiberuflichen bzw. einer gewerblichen Tätigkeit eigentliche Definition (auch Legaldefinition genannt) liefert das Einkommensteuergesetz EStG. In der steuerrechtlichen Einstufung erfolgt die gewerbliche Tätigkeit nach § 15 EStG, während eine freiberufliche Tätigkeit in § 18, Abs. 1, Nr. 1 EStG wie folgt bestimmt wird:

(1) Einkünfte aus selbständiger Arbeit sind

1. Einkünfte aus freiberuflicher Tätigkeit. Zu der freiberuflichen Tätigkeit gehören die selbständig ausgeübten wissenschaftlichen, künstlerischen, schriftstellerischen, unterrichtenden oder erzieherischen Tätigkeiten, die selbständige Berufstätigkeit der Ärzte, Zahnärzte, Tierärzte, Rechtsanwälte, Notare, Patentanwälte, Vermessungsingenieure, Ingenieure, Architekten, Handelschemiker, Wirtschaftsprüfer, Steuerberater, beratenden Volks- und Betriebswirte, vereidigten Buchprüfer (vereidigten Bücherrevisoren), Steuerbevollmächtigten, Heilpraktiker, Dentisten, Krankengymnasten, Journalisten, Bildberichterstatter, Dolmetscher, Übersetzer, Lotsen und ähnliche Berufe. Ein Angehöriger eines freien Berufs im Sinne der Sätze 1 und 2 ist auch dann freiberuflich tätig, wenn er sich der Mithilfe fachlich vorgebildeter Arbeitskräfte bedient; Voraussetzung ist, dass er auf Grund eigener Fachkenntnisse leitend und eigenverantwortlich tätig wird. Eine Vertretung im Fall vorübergehender Verhin-

derung steht der Annahme einer leitenden und eigenverantwortlichen Tätigkeit nicht entgegen.

Dabei unterscheidet § 18 Abs. 1, Nr. 1 EStG drei freiberufliche Tätigkeitsgruppen:

- *Tätigkeitsberufe*, das sind die selbständig ausgeübten wissenschaftlichen, künstlerischen, schriftstellerischen, unterrichtenden oder erzieherischen Tätigkeiten;
- *Katalogberufe*, das sind die im Gesetz so aufgeführten;
- *Katalogähnliche Berufe*, das sind die den Katalogberufen *ähnlichen Berufe*, sie werden auch Analogberufe genannt.

Allgemeine Merkmale freiberuflicher Tätigkeit

Wie gesagt, Freiberufler sind weder Arbeitnehmer noch Gewerbetreibende. Sie arbeiten in der Regel selbständig und gegen Honorar. Neben den Definitionen des Einkommensteuergesetzes und des Partnerschaftsgesetzes gibt es aber noch einige Kriterien, die für die Ausübung eines freien Berufs charakteristisch sind. Mit Hilfe dieser typischen allgemeinen Merkmale lässt sich eine freiberufliche Tätigkeit von anderen Berufs- und Wirtschaftstätigkeiten abgrenzen:

- Freiberufler erbringen ideelle Leistungen und Dienste, auch wenn sie sich dabei materieller Vorleistungen und manueller Verrichtungen bedienen. Es handelt sich um keine Standardleistungen, die man heute kaufen und morgen umtauschen kann.
- Patienten, Klienten oder Mandanten bekommen Lösungen oder Vorschläge, die auf ihr individuelles Problem zugeschnitten sind. Der Freiberufler erbringt seine Leistungen in direktem Kontakt bzw. in Zusammenarbeit mit seinem Auftraggeber. Insofern handelt es sich um persönliche Leistungen im engsten Sinne. Anders als in einem gewerblichen Unternehmen ist die Existenz von Praxen, Kanzleien, Büros, Ateliers etc. direkt an die Person des Freiberuflers gebunden.
- Der Freiberufler muss sich nicht an Weisungen halten. Er ist für sein Handeln allein verantwortlich. Dies ist nicht nur haftungs-

rechtlich von Bedeutung, sondern findet auch in der berufsethischen Grundeinstellung, der Berufsphilosophie, seinen Niederschlag.

- Die Leistungen der freien Berufe beruhen auf hoher Qualifikation und Kompetenz. Sie müssen strengen Leistungsstandards entsprechen, die sich am jeweiligen Stand der wissenschaftlichen Erkenntnis orientieren und überwiegend kooperativ kontrolliert werden. In der Regel haben Freiberufler ihr Fachwissen in einer langen Ausbildung erworben.
- Zwischen dem Freiberufler und seinem Klienten, Patienten oder Mandanten besteht ein besonderes Vertrauensverhältnis. Es kann nur entstehen, wenn jeder Bürger die Möglichkeit hat, sich den Arzt, Rechtsanwalt etc. auszusuchen, zu dem er in fachlicher und persönlicher Hinsicht besonderes Vertrauen hat. In diesem Zusammenhang spielt die berufliche Schweigepflicht bei allen klassischen beratenden und heilkundlichen Berufen eine große Rolle.
- Die Leistungen werden in wirtschaftlicher Selbständigkeit, mindestens in wirtschaftlicher Unabhängigkeit erbracht. Der Freiberufler trägt somit ein unternehmerisches Risiko.

Zusammenfassend hat der Bundesverband der freien Berufe definiert, was unter freiberuflicher Tätigkeit zu verstehen ist:

»Angehörige freier Berufe erbringen auf Grund besonderer beruflicher Qualifikation persönlich, eigenverantwortlich und fachlich unabhängig geistig-ideelle Leistungen im Interesse ihrer Auftraggeber und der Allgemeinheit. Ihre Berufsausübung unterliegt in der Regel spezifischen berufsrechtlichen Bindungen nach Maßgabe der staatlichen Gesetzgebung oder des von der jeweiligen Berufsvertretung autonom gesetzten Rechts, welches die Professionalität, Qualität und das zum Auftraggeber bestehende Vertrauensverhältnis gewährleistet und fortentwickelt.«

Im Folgenden soll nun anhand der einschlägigen Gesetze und Gerichtsurteile gesagt werden, welche Berufe zu den freien Berufen zählen. Entsprechend der Differenzierung des Einkommensteuergesetzes, § 18 Abs. 1, Nr. 1 in »Tätigkeitsberufe«, »Katalogberufe« und »ähnliche« freiberufliche Tätigkeiten werden die freien Berufe entsprechend geglie-

dert. Im Abschnitt »ABC der katalogähnlichen freien Berufe« (Seite 46) finden Sie eine umfangreiche Sammlung freier Berufe, deren Rechtsstatus per Urteile der Finanzgerichte abgesichert ist.
Die darüber hinausgehenden Kriterien, die für die Anerkennung des Rechtsstatus als Freiberufler gelten, finden Sie ab dem Abschnitt »Weitere Kriterien für die Einstufung als freier Beruf« (Seite 63).

Einstufungskriterium »Katalogberufe«

Katalogberufe heißen freie Berufe, die im Einkommensteuergesetz § 18 Abs. 1, Nr. 1 katalogähnlich namentlich aufgezählt werden. Die Katalogberufe sind die freien Berufe, deren Rechtsstatus von vornherein unstrittig ist, selbst wenn die sonstigen Einstufungsmerkmale, z.B. akademische Ausbildung, wissenschaftlich ausgerichtetes Arbeiten oder Ähnliches, fehlen. Beispielsweise kann kein Finanzamt eine freiberufliche journalistische Tätigkeit als Gewerbe einstufen, da Journalist namentlich als Katalogberuf genannt ist. Selbst wenn der betreffende Journalist alle sonstigen Kriterien eines freien Berufs nicht erfüllen würde, beispielsweise nur eine mangelnde Ausbildung hätte, könnte er nicht zum Gewerbetreibenden gezählt werden.
Katalogberufe können ebenso Gewerbetreibenden, die von der Art der Tätigkeit ein Gewerbe betreiben, helfen, als Freiberufler eingestuft zu werden. Obwohl Unternehmensberater bislang als Gewerbetreibende klassifiziert werden, erhalten sie Freiberuflerstatus, falls sie über einen volkswirtschaftlichen oder betriebswirtschaftlichen Hochschulabschluss verfügen. »Beratende Volks- und Betriebswirte« sind im Katalog freiberuflicher Tätigkeiten explizit genannt. Allerdings kann ein Computerhändler von seinem Status als Gewerbetreibender nicht zum Freiberufler werden, nur weil er über einen Ingenieursabschluss verfügt. Weitere Beispiele zur Abgrenzung,

siehe »ABC der katalogähnlichen freien Berufe« (Seite 46) und »ABC gewerblicher Tätigkeiten« (Seite 156).

Katalogberufe im Überblick nach Berufsgruppen

Zu den Katalogberufen werden nicht nur die im EStG genannten gezählt, sondern auch die im Partnerschaftsgesellschaftsgesetz erwähnten Tätigkeiten. Somit zählen zu den Katalogberufen:

- Heilberufe:
  - Ärzte,
  - Zahnärzte,
  - Tierärzte,
  - Heilpraktiker,
  - Krankengymnasten,
  - Hebammen*,
  - Heilmasseure*,
  - Diplom-Psychologen*.
- Rechts-, steuer- und wirtschaftsberatende Berufe:
  - Rechtsanwälte (bzw. Mitglieder der Rechtsanwaltskammern*),
  - Patentanwälte,
  - Notare,
  - Wirtschaftsprüfer,
  - Steuerberater,
  - Steuerbevollmächtigte,
  - beratende Volks- und Betriebswirte,
  - vereidigte Buchprüfer (vereidigte Buchrevisoren).
- Naturwissenschaftliche/technische Berufe:
  - Vermessungsingenieure,
  - Ingenieure,
  - Handelschemiker,
  - Architekten,
  - Lotsen*,
  - hauptberufliche Sachverständige*.
- Informationsvermittelnde Berufe/Kulturberufe:
  - Journalisten,

- Bildberichterstatter,
- Dolmetscher,
- Übersetzer (und ähnliche Berufe*),
- Wissenschaftler*
- Künstler*,
- Schriftsteller*,
- Lehrer* und Erzieher*.

Quelle: EStG, § 18 Abs. 1, Nr. 1.

* Die mit * gekennzeichneten Berufe sind auch im Partnerschaftsgesellschaftsgesetz § 1 genannt.

Einstufungskriterium »katalogähnliche Berufe«

Selbständige Tätigkeiten, die den Katalogberufen im EStG § 18 Abs. 1, Nr. 1 ähnlich sind und deswegen zu den freien Berufen zählen, sind solche Tätigkeiten, die in allen wesentlichen Punkten die Wesensmerkmale eines genannten Katalogberufs nahezu vollständig aufweisen. Allerdings reicht es nicht, wenn nur die Funktionen übereinstimmen, auch die Ausbildungen müssen vom Niveau her den üblicherweise für Freiberufler hohen Standards entsprechen. Ein Dirigent wird beispielsweise nur dann als Freiberufler eingestuft, wenn seine Ausbildung und Darbietung einen entsprechenden Standard erreicht, was beispielsweise behördlicherseits mittels Sachverständigen überprüft werden kann. Nach dem Bundesfinanzhof wird eine Tätigkeit als ähnlich eingestuft, wenn »das typische Bild einer der dargestellten freiberuflichen Tätigkeiten mit all ihren Merkmalen dem Berufsbild der zu beurteilenden Tätigkeit vergleichbar ist« (BFH-Urteil vom 13. April 1988, BStBl. II, S. 666). In der Praxis wird eine Tätigkeit als den Katalogberufen ähnlicher definiert, wenn sie einem oder mehreren der Katalogberufe in den wesentlichen Merkmalen entspricht. Die Ähnlichkeit wird in Form einer Einzelfallprüfung durch den Vergleich mit einem bestimmten Katalogberuf festgestellt. Für etliche ähnliche Berufe liegen auch gerichtliche Urteile vor, auf die man sich berufen kann.

Prüfungsschema für die Feststellung eines ähnlichen Berufes

Bei der Prüfung, ob es sich um einen den Katalogberufen ähnlichen Beruf handelt, gehen die Steuerprofis nach einem Fragenschema vor. Sie fragen:

1. Steht die persönliche Arbeitsleistung im Vordergrund?
2. Verfügt der Selbständige über eine eventuell für die Ausübung des Berufes erforderliche Berufszulassung?
3. Wurde die in der Regel erforderliche Ausbildung geleistet?
4. Entspricht die tatsächliche Tätigkeit dem allgemeinen Erscheinungsbild des Freiberuflers?

Sollten diese Kriterien der selbständigen Tätigkeit tatsächlich einem Katalogberuf entsprechen, so handelt es sich nach gesicherter Rechtsprechung des Bundesfinanzhofes auch darum.

Alle für den Katalogberuf zur Zulassung oder Erlaubnis geforderten Unterlagen müssen auch für den ähnlichen Beruf beigebracht werden. Ebenso ist die Ausbildung auf höherem Niveau für eine freiberufliche Tätigkeit zwingend notwendig. Kann jedoch die Ausbildung bzw. der Abschluss nicht nachgewiesen werden, kann der Nachweis durch praktische Arbeitserfolge geführt werden, wobei es darauf ankommt, dass die Tätigkeit in jeder Beziehung dem Katalogberuf gleicht und diese den Schwerpunkt der selbständigen Tätigkeit bildet. Eine Spezialisierung ist nur dann möglich, wenn darüber hinaus breite umfangreiche Kenntnisse nachgewiesen werden. Mitunter kann es sinnvoll sein, einen anerkannten Weiterbildungskursus zu belegen, um fehlende Kenntnisse nachweisen zu können. Im Folgenden finden Sie eine ganze Sammlung von katalogähnlichen Berufen, die gerichtlich als freie Berufe anerkannt wurden.

ABC der katalogähnlichen freien Berufe

Selbständige in folgenden Berufen werden nach aktueller Rechtsprechung wie folgt eingestuft:

- *Aerobiclehrer.* Freiberufliche Tätigkeit.
- *Ambulante Krankenpflege.* Selbständige Kranken- und Altenpfleger sind nach neuester Rechtsprechung mit der Behandlungspflege freiberuflich tätig, nicht jedoch mit der allgemeinen häuslichen Pflege, da diese nicht heilberuflicher Natur ist (BFH, 22. 1. 2004 - IV R 51/01, BStBl 2004 II, S. 509). Als Qualifikationsnachweis reicht bei fehlender Examinierung allerdings die Kassenzulassung nach § 124 Abs. 2 SGB V. (Mögliche Geschäftskonstruktion siehe *www.freiberufler-atlas.de* - Ambulante Kranken- und Altenpflege).
- *Aushilfsmusiker.* Freiberuflich tätig (Finanzgericht Köln, 21. 7. 1981, EFG 1982, S. 345).
- *Bauleiter.* Freiberuflich, sofern ein Architektur- oder Bauingenieursstudium abgeschlossen wurde (BFH 22. 1. 1988, III R 43-44/85, BStBl. 1988 II, S. 497).
- *Bausachverständiger (Schadensschätzer).* Freiberuflich, sofern ein Architektur- oder Bauingenieursstudium abgeschlossen wurde (BFH 30. 4. 1959, IV 45/58 U, BStBl. 1959 III, S. 267).
- *Baustatiker.* Freiberuflich bei architekt- oder ingenieursähnlicher Ausbildung (BFH 11. 3. 1976, IV R 185/7, BStBl. 1976 II, S. 380).
- *Bergführer.* Freiberuflich, sofern die unterrichtenden Tätigkeitsanteile, z.B. die Schulung über die Techniken des Bergsteigens, dominieren (vgl. Blümich, EStG-KStG-GewStG, Kommentar, Stand Januar 1996, § 18, Anm. 61).
- *Beschäftigungs- und Arbeitstherapeut (Ergotherapeut).* Gilt als freiberufliche, den Heilberufen ähnliche Tätigkeit (BMF 6. 1. 1978, IV A 3 - S 7170-37/77, BStBl. 1978 I, S. 35).
- *Bildhauer.* Künstlerisch-freiberufliche Tätigkeit (BFH 16. 8. 1956, V 68/56, StRK UstG § 4 Ziff. 17 R 9).
- *Blutgruppengutachter.* Freiberuflich, arztähnlich (BFH 7. 2. 1985, IV R 231/82, BFH/NV 1987, S. 368).

- *Bodybuilder.* Freiberufliche Tätigkeit als Trainer/Lehrer.
- *Bodybuildingstudio.* Grundsätzlich gewerblich. Ausnahme: Freiberuflichkeit liegt vor, wenn vornehmlich Schulungsprogramme zur Ausbildung von Instruktoren angeboten oder wenn individuelle Trainingsprogramme für einzelne Kursusteilnehmer entwickelt werden und sich dem Kursus eine Phase intensiver Schulung und Betreuung anschließt (BFH 23. 2. 1995, VR 135/92).
- *Conférencier, Show- und Quizmaster.* Freiberufliche, künstlerische Tätigkeit, wenn eine Verbindung von Sprechen oder Ansage mit einer optischen Darbietung in ausreichender Gestaltungshöhe gegeben ist (BFH, BStBl. II 1977, S. 459, 461/462; FG Berlin, EFG 1990, S. 521/522).
- *Designer.* Freiberufliche, künstlerische Tätigkeit (BFH 23. 8. 1990, IV R 61/89, BStBl. 1991 II, S. 20; BFH 14. 12. 1976, VIII R 76/75, BStBl. 1977 II, S. 474).
- *Dirigent.* Freiberufliche, künstlerische Tätigkeit, wenn die Darbietungen einen bestimmten Qualitätsstandard erreichen (BFH 19. 8. 1982, IV R 64/79, BStBl. 1983 II, S. 7).
- *EDV-Berater.* Üblicherweise eine gewerbliche Tätigkeit. Nur dann freier Beruf, wenn die Tätigkeit ingenieursähnlich ausgeübt wird und eine wissenschaftliche ingenieursähnliche Ausbildung, möglichst im Bereich Systemtechnik, vorliegt. Das heißt: Ein EDV-Berater übt eine ingenieursähnliche Tätigkeit nur im Bereich der Systemtechnik aus, nicht bei der Entwicklung (BFH 7. 11. 1991, IV 7/90, BStBl. 1993 II, S. 324, und BFH vom 7. 12. 1989, BStBl 1990 II S. 337).
- *Elektrotechniker.* Üblicherweise eine gewerbliche Tätigkeit. Nur dann ein freier Beruf, wenn dieser ingenieursähnlich ausgeübt und das Ingenieurwissen auf dem Niveau eines Hochschulabsolventen substanziell nachgewiesen werden kann und durch praktische Arbeitsbeispiele dargelegt wird (FG Rheinland-Pfalz 9. 11. 1994, 1 K 2444/91; der Elektrotechniker wurde in diesem Urteil gewerblich eingestuft).
- *Erfinder.* Freier Beruf, wenn die Tätigkeit mit wissenschaftlichen Methoden ausgeübt wird und die Erfindungen als Resultate geistiger Arbeit mit Merkmalen einer Forschungstätigkeit angesehen werden können (BFH 14. 3. 1985, IV R 8/84, BStBl. 1985 II, S. 425).
- *Ergotherapeut,* (siehe Beschäftigungstherapeut).
- *Erzieher.* Freiberufliche Tätigkeit laut Partnerschaftsgesellschaftsgesetz.

- *Erzprobennehmer.* Freier Beruf bei hauptberuflicher Tätigkeit (hauptberuflicher Sachverständiger), möglichst mit Ausbildung als Geologe, Physiker etc. (BFH 14. 11. 1972, VIII R 18/67, BStBl. 1973 II, S. 183).
- *Fahrlehrer.* Freier Beruf, da es sich um eine unterrichtende Tätigkeit handelt.
- *Fahrschulinhaber.* Freier Beruf, da unterrichtende Tätigkeit und auch nur, wenn diese persönlich und eigenverantwortlich ausgeübt wird: Wenn also der Fahrlehrer in unmittelbarer Beziehung mit seinen Fahrschülern steht (BFH 4. 10. 1966, I 249/63, BStBl. 1966 III, S. 685; BFH 9. 8. 1990, VR 87/85, BFH/NV 1991, S. 849). Bei Fahrschulbetrieb mit mehreren Fahrlehrern liegt Gewerbebetrieb vor.
- *Fernsehansager.* Freiberufliche, künstlerische Tätigkeit (FG Berlin 5. 1. 1967, I 123/63, EFG 1967, S. 432).
- *Film- und Videojournalist.* Freie Tätigkeit (siehe Kameramann).
- *Filmhersteller.* Freier Beruf, wenn die Filme künstlerisch sind (kein Industriefilm) und an allen Vorgängen selbst mitgewirkt wird (BFH 2. 12. 1980, VIII R 32/75, BStBl. 1981 II, S. 171).
- *Fleischbeschauer.* Freier Beruf, wenn er tierärztlich ausgeübt wird (RFH 5. 1. 1938, VI 743/37, RStBl. 198, S. 429).
- *Fotodesigner.* Freie künstlerische Tätigkeit (BFH 14. 12. 1976, VIII R 76/75, BStBl. 1977 II, S. 474).
- *Fotograf.* Eigentlich gewerblich-handwerkliche Tätigkeit. Es gibt aber auch Urteile, die Fotografen den freien künstlerischen Berufen zuordnen (BFH 7. 10. 1971, IV R 139/66, BStBl. 1972 II, S. 335). Das ist der Fall, wenn Fotografie an einer Akademie oder Uni studiert wurde.
- *Frachtenprüfer.* Nur dann freier Beruf, wenn er rechtsanwaltsähnlich ausgeübt wird und eine juristische Hochschulausbildung nachgewiesen wurde (FG Berlin 10. 12. 1969, VI 37/69, EFG 1970, S. 343).
- *Gebäuderestaurator* (siehe Restaurator).
- *Grafiker.* Nur bei künstlerischer Tätigkeit freiberuflich, ansonsten Gewerbe (BFH 11. 7. 1960, V 96/59 S. BStBl. 1960 III, S. 453).
- *Güterbesichtiger.* Freier Beruf, wenn dieser hauptberuflich als Sachverständiger durchgeführt wird; beispielsweise als Gutachter für beschädigte Güter im Auftrag von Versicherungsunternehmen, Speditionen, Import- und Exportfirmen etc. (FG Bremen 11. 11. 1970, II 156/68, EFG 1971, S. 295; FG Bremen 30. 1. 1973, II 130/72, EFG 1973, S. 279).

- *Havariesachverständiger.* Freier Beruf bei hauptberuflicher Tätigkeit als Sachverständiger (BFH 22. 6. 1965, I 347/60 U, BStBl. 1965 III, S. 593).
- *Hebamme.* Freier heilberufsähnliche Tätigkeit (RFH, Urteil vom 5. 1. 1938, RStBl. 1938, S. 429).
- *Heilmasseur.* Freier, heilberufsähnlicher Beruf, ähnlich dem Physiotherapeuten (BFH 26. 11. 1970, IV 60/65, BStBl. 1971 II, S. 249).
- *Hochbautechniker als Bauleiter.* Freier Beruf bei dem Architektenberuf ähnlicher Ausübung und Nachweis der einschlägigen erforderlichen Fachkenntnisse durch langjährige Berufsausübung oder Ausbildung (BFH 12. 10. 1989, IV R 118-119/87, BStBl. 1990 II, S. 64).
- *Industriedesigner.* Gewerbliche Tätigkeit, nur dann freiberuflich, wenn die Funktion künstlerisch ausgeübt wird (BFH 14. 12. 1976, VIII R 76/75, BStBl. 1977 II, S. 474).
- *Informationsbegleiter.* Freier Beruf, wenn dieser im Sinne einer unterrichtenden Tätigkeit ausgeübt wird und die Vermittlung von Wissen im Handlungszentrum steht, z. B. die Vermittlung von politischen und/oder wirtschaftlichen Informationen über eine Großstadt (FG Berlin 29. 7. 1976, V 38-39/76, EFG 1977, S. 316).
- *Informationsfahrtbegleiter.* Freiberufliche Tätigkeit.
- *Insolvenzverwalter.* Freiberufliche Tätigkeit eines Rechtsanwaltes, Wirtschaftsprüfers oder Steuerberaters (BFH, Urteil vom 1. 8. 1994 - IV R 126/91; ZIP 23/94, S. 1877).
- *Juristischer Informationsdienst.* Dieser kann eine freiberufliche Tätigkeit sein, wenn individuelle Auskünfte, auch schriftlicher Art, gegeben werden und kein gewerblicher Massenversand, z. B. Newsletter etc., vorliegt (BFH 11. 5. 1976, VIII R 111/71).
- *Kameramann.* Freier Beruf als selbständiger, aktueller Berichterstatter (BFH 17. 12. 1964, IV 223/63 U, BStBl. 1965 III, S. 143). Freiberufliche, künstlerische Tätigkeit auch als Mitwirkender bei der Herstellung von Filmen (BFH 7. 3. 1974, IV R 196/72, BStBl. 1974 II, S. 383).
- *Kartograf.* Freiberufliche Tätigkeit, wenn diese künstlerisch umgesetzt wird und wenn keine zusätzliche Aufgabenübernahme im Bereich Herstellung und Vertrieb erfolgt (FG Hamburg 26. 6. 1970, II 80-83/67, VI, EFG 1971, S. 39).
- *Kfz-Sachverständiger.* Freier Beruf, wenn dieser von einem Ingenieur ausgeübt wird (BFH 18. 6. 1980, IR 109/77, BStBl. 1981 II, S. 118). Freier Beruf ohne Ingenieurstudium, wenn er bei der Erstel-

lung von Gutachten über Schadensursachen über die von einem Ingenieur geforderten Fachkenntnisse verfügt und er die Sachverständigentätigkeiten hauptberuflich betreibt (BFH 9. 7. 1992, IV R 116/90, BStBl. 1993 II, S. 100; BFH 10. 11. 1988, IV R 63/86, BStBl. 1989 II, S. 198; BFH 12. 12. 1991, IV R 65-67/89, BFH/NV 1993, S. 238).

- *Kinderheimbetrieb.* Freiberufliche Tätigkeit, wenn die erzieherische Tätigkeit im Vordergrund steht (BFH 9. 4. 1975, IR 107/73, BStBl. 1975 II, S. 610).
- *Klinischer Chemiker.* Freier Beruf laut Schreiben des BMF vom 7. 11. 1980 (BB 1981, S. 960).
- *Kompasskompensierer auf Seeschiffen.* Freier Beruf, wenn dieser ingenieursähnlich ausgeübt wird (BFH 14. 11. 1957, IV 84/57 U, BStBl. 1958 III, S. 3).
- *Konstrukteur.* Freier Beruf, wenn dieser ingenieursähnlich ausgeübt wird (FG München 17. 12. 1996, 16 K 612/92).
- *Krankenschwester.* Selbständige, freiberufliche, heilberufsähnliche Tätigkeit, sofern eine gesetzlich begründete Erlaubnispflicht besteht (FG Niedersachsen 11. 8. 1993, XIII 264/91, EFG 1994, S. 146).
- *Kunsthandwerker.* Nur dann freiberufliche Tätigkeit, wenn sie künstlerisch ausgeübt wird und nur selbst entworfene Gegenstände hergestellt werden (BFH 26. 9. 1968, IV 43/64, BStBl. 1969 II, S. 70). Ansonsten sind Kunsthandwerker gewerbetreibende Handwerker entsprechend ihrer Grundausbildung – beispielsweise zum Schreiner mit Weiterbildung zum Kunstschreiner oder Schlosser mit Weiterbildung zum Kunstschmied etc. Wer Massenware oder Duplikate in einer für ein künstlerisches Werk unüblichen Zahl herstellt, ist in jedem Fall ein Gewerbetreibender.
- *Künstler.* Freiberufliche Tätigkeit (laut EStG).
- *Kunstmaler* (siehe Maler).
- *Kunstsachverständiger.* Freiberufliche Tätigkeit bei Vorliegen eines kunstwissenschaftlichen Studiums oder wenn die Tätigkeit die erforderlichen hohen wissenschaftlichen Standards erfüllt und hauptberuflich ausgeübt wird (BFH 22. 6. 1971, VIII 23/65, BStBl 1971 II, S. 749).
- *Layouter.* Freier Beruf, wenn er künstlerisch ausgeübt wird (FG Hamburg, 24. 9. 1992, I 199/90, EFG 1993, S. 364).
- *Lehrer.* Freier unterrichtender Beruf.
- *Lexikograf, Terminologe.* Freier übersetzerähnlicher Beruf (FG Rheinland-Pfalz 21. 3. 1972, II 241, 386-389/66, EFG 1972, S. 435).

- *Logopäde.* Freier Beruf, der dem Krankengymnasten und Heilpraktiker ähnlich ist. Voraussetzung: Erlaubnis zur Berufsausübung nach dem Logopädengesetz (BFH 1. 9. 1988, VR 195/83, BFH/NV 1989, S. 201).
- *Magier (Zauberkünstler).* Freier darstellender künstlerischer Beruf, wenn genügend Gestaltungshöhe und eine bestimmte Qualität geboten werden (FG Rheinland-Pfalz 13. 12. 1984, 3 K 244/83, EFG 1985, S. 128).
- *Maler.* Freie künstlerische Tätigkeit, wenn er künstlerisch und nicht kunstgewerblich ausgeübt wird und die Bilder einen entsprechenden künstlerischen Wert mit persönlicher Note und selbständiger Qualität besitzen. Abgemalte Werke zählen nicht dazu (FG Berlin 28. 5. 1974, V 67/73, EFG 1974, S. 520; BFH 14. 8. 1980, IV 9/77, BStBl. 1981, S. 21).
- *Marketingberater.* Nur dann eine freiberufliche Tätigkeit, wenn ein universitäres Volks- oder Betriebswirtschaftsstudium abgeschlossen wurde (FG Hessen 22. 10. 1971, IV 73-74/70, EFG 1972, S. 71).
- *Markscheider.* Freier vermessungsingenieursähnlicher Beruf (BFH 24. 10. 1974, IVR 155/71, BStBl. 1975 II, S. 290).
- *Marktforscher.* Freier Beruf, wenn die Tätigkeit auf wissenschaftlichem Niveau geleistet wird oder wenn ein Volks- oder Betriebswirtschaftsstudium an der Universität abgeschlossen wurde (FG Hamburg 15. 4. 1970, II 363/66, EFG 1970, S. 589).
- *Maschinenbautechniker.* Gilt als freier ingenieursähnlicher Beruf, wenn die Aufgaben erkennbar umfangreiche mathematisch-technische Kenntnisse erfordern (FG Hessen 12. 12. 1988, 8K 1819/88; der Kläger wurde hier als Gewerbetreibender eingestuft).
- *Masseur und medizinischer Bademeister* (siehe medizinischer Bademeister).
- *Masseur.* Gilt als heilberufsähnliche Tätigkeit, wenn er auch Fangopackungen ohne Massage verabreicht (BFH, 24. 1. 1985, BStBl 1985 II, S. 676). Medizinisch tätige Masseure, die beispielsweise auf ärztliches Rezept hin arbeiten, sind grundsätzlich freiberuflich tätig. Relax- und Wellnessmasseure sind Gewerbetreibende.
- *Medizinischer Bademeister.* Neue Berufsbezeichnung: Masseur und medizinischer Bademeister. Gewerbetreibender, wenn nicht nur als Angestellter; Bademeister kann dann ein freier Beruf sein, auch wenn die Tätigkeit als Hilfsmaßnahme zu einem freien Beruf geleistet wird, z.B. wenn er auf ärztliche Rezepte hin tätig wird.

- *Medizinisch-technischer Assistent* (MTA). Arztähnliche freiberufliche Tätigkeit (BFH 30. 7. 1953, IV 459/52 U, BStBl. 1953 III, 269).
- *Modedesigner* (siehe Modeschöpfer).
- *Modeschöpfer.* Freier künstlerischer Beruf (BFH 2. 10. 1968, I R 1/66, BStBl. 1969 II, S. 138).
- *Musiker.* Freiberufliche, künstlerische Tätigkeit (BFH 19. 8. 1982, IV R 64/79, BStBl. 1983 II, S. 7).
- *Netzplantechniker.* Freier Beruf, wenn dieser ingenieursähnlich ausgeübt wird (FG Düsseldorf 29. 10. 1986, VI 54/80 G, U, EFG 1987, S. 368).
- *Orthopist.* Freiberufliche augenheilberufsähnliche Tätigkeit (Oberfinanzdirektion Frankfurt a.M., 15. 8. 1990, S. 2246 A 19 St II 20).
- *Patentberichterstatter.* Freier Beruf, wenn die Tätigkeit auch Beurteilungen und Wertungen beinhaltet bzw. wenn der Berichterstatter Jurist ist (BFH 2. 12. 1970, IR 23/67, BStBl. 1971 II S. 233).
- *Physiotherapeut (früher Krankengymnast).* Freier Beruf (siehe Krankengymnast).
- *Planer von Großküchen.* Bei architekts- und ingenieursähnlicher Tätigkeit liegt Freiberuflichkeit vor (FG Hamburg, 20. 8. 1980, VI 202/77, EFG 1981, S. 154).
- *Prozessagent.* Freiberufliche Tätigkeit (RFH 7. 12. 1938, VI 718/38, RStBl. 1939, S. 215).
- *Psychoanalytiker.* Freiberufliche Tätigkeit, wenn eine ärztliche Ausbildung vorhanden ist (BFH 17. 12. 1981, IV R 19/81, BStBl. 1982 II, S. 254).
- *Psychologe und Psychotherapeut.* Freiberufliche Tätigkeit, wenn universitärer Studienabschluss oder eine ärztliche Ausbildung vorliegt (FinMin NW15. 5. 1981, S 2246-26-VB 1, BB 1981, S. 956).
- *Rätselhersteller.* Gilt als schriftstellerische Tätigkeit (FG Düsseldorf, 11. 12. 1970, X 68/69, EFG 1971, S. 229).
- *Raumgestalter.* Gewerbliche Tätigkeit. Freiberuflich kann der Beruf nur ausgeübt werden, wenn eine Architekten-, Innenarchitekten- oder Ingenieursausbildung vorliegt oder die Leistungen mit typischen Architektenleistungen vergleichbar sind (FG Hamburg 13. 8. 1976, I 55/73 (III), EFG 1977, S. 15).
- *Rechtsbeistand.* Freiberufliche Tätigkeit außer bei Inkassoangelegenheit und wenn es zentral um die Anfertigung von Aktenauszügen für Versicherungsgesellschaften geht (BFH 24. 4. 1975, VR 35/74, BStBl. 1975 II, S. 593, BFH 18. 3. 1970, IR 147/67, BStBl. 1970 II, S. 455).

- *Referendar.* Freiberufliche rechtsanwaltsähnliche Tätigkeit bei freier Mitarbeit in einer Rechtsanwaltskanzlei (BFH 20. 4. 1972, IV R 7/72, BStBl. 1972 II, S. 615).
- *Reitlehrer.* Freiberufliche unterrichtende Tätigkeit (Blümlich, EStG – KStG – GewStG, Kommentar, Stand Januar 1996, § 18 Anm. 60). Gewerbliche Tätigkeit, wenn der Reitunterricht im Reiterhof hauptsächlich von Angestellten bzw. freien Mitarbeitern vorgenommen wird (BFH 16. 11. 1978, IV R 191/74).
- *Rentenberater.* Freiberufliche Tätigkeit (BVerwG NJW 1968, S. 908, FG Kiel Rbeistand 1984, S. 223).
- *Restaurator.* Freiberufliche künstlerische Tätigkeit als Gemälderestaurator, Inventar- und Gebäuderestaurator, falls die Arbeit wissenschaftlich gewissenhaft und selbständig ausgeübt wird sowie nicht zu viele Mitarbeiter beschäftigt werden (RFH 21. 6. 1944, VI 94/44, RStBl. 1944, S. 772, FG Düsseldorf DStZ/E 1967, S. 492 und 493; FG Hessen, 21. 10. 1983, 8 V 153/83, EFG 1984, S. 260). Freiberufler sind zudem die Diplom-Restauratoren (FH-Abschluss).
- *Rettungsassistent.* Freiberufliche heilberufsähnliche Tätigkeit (Oberfinanzdirektion Frankfurt a.M., 15. 8. 1990, S. 2246 A 19 St II 20).
- *Rundfunksprecher.* Freiberufliche Tätigkeit bei eigener schöpferischer Leistung, z.B. bei Abfassung eines Skripts oder Hörspiels (BFH 24. 10. 1963, V 52/61 U, BStBl. 1963 III, S. 589).
- *Sachverständiger.* Arbeitet dann als Freiberufler, wenn er über ein Hochschulstudium im Bereich seiner Gutachtertätigkeit verfügt oder aufgrund von nachgewiesenen Erfahrungen und Bestellung durch IHK oder Gerichten eine wissenschaftliche Arbeit garantieren kann (BFH 4. 2. 1954, IV 6/53 U, BStBl. 1954 III, S. 147).
- *Schauspieler.* Freiberufliche künstlerische Tätigkeit. Bei der Mitarbeit bei Werbespots nur, wenn der Einsatz als eigenschöpferische Leistung zu werten ist; zumeist sind Werbetätigkeiten gewerbliche Tätigkeiten (BFH 11. 7. 1991, IV R 33/90, BStBl). Schauspieler müssen hierbei sehr aufpassen und dürfen durch gewerblich erzielte Werbeeinnahmen mittels »Abfärbung« nicht ihren Freiberuflerstatus verlieren.
- *Schiffseichaufnehmer.* Freiberuflich, ohne Nachweis.
- *Schriftsteller.* Freier, künstlerischer Beruf. Tätigkeitsberuf (siehe auch nächsten Abschnitt).
- *Show- und Quizmaster* (siehe Conférencier).
- *Sicherheitsberater.* Gewerbliche Tätigkeit oder es ist eine freiberuf-

liche Tätigkeit, wenn diese im Sinne einer unterrichtenden Arbeit geleistet wird.

- *Sportlehrer.* Freiberufliche, unterrichtende Tätigkeit.
- *Steinmetz.* Gewerblich handwerkliche Tätigkeit, nur dann freiberufliche Anerkennung, wenn sie rein künstlerisch als Steinbildhauer ausgeübt wird.
- *Synchronsprecher.* Freiberuflichkeit ist laut BFH (Urteil vom 12. 10. 1978, BStBl. 1081 II, S. 353) anerkannt.
- *Systemanalytiker.* Nur dann eine freiberufliche Tätigkeit, wenn der Ausübende eine dem Ingenieur vergleichbare Berufsausbildung z.B. als Elektroingenieur oder Diplom-Informatiker (BFH 4. 8. 1983, IV R 6/80, BStBl 1983 II, S. 677) oder als Diplom-Mathematiker nachweisen kann (BFH 19. 7. 1985, III R 175/80, BStBl. 1986 II, S. 15).
- *Tanz- und Unterhaltungsmusiker.* Freiberuflich-künstlerische Tätigkeit, wenn ein bestimmtes Qualitätsniveau erreicht wird (Bundesfinanzhof, Urteil vom 19. 8. 1982, BStBl. 1983 II, S. 7).
- *Tanzlehrer.* Freiberuflich-unterrichtende Tätigkeit (FG Nürnberg 22. 6. 1983, V 453/82, EFG 1984, S. 75).
- *Textilentwerfer.* Freie künstlerische Tätigkeit (BFH, U. vom 7. 11. 1963, BStBl. 1964 III, S. 45; FG Düsseldorf 25. 10. 1966, II 9/65 G, EFG 1967, S. 287).
- *Tonkünstler (-techniker).* Freie künstlerische Tätigkeit (FG Berlin 30. 9. 1986, V 368/85, EFG 1987, S. 244).
- *Trainer.* Freiberufliche, unterrichtende oder erzieherische Tätigkeit (RFH 13. 8. 1941, VI 259/41, RStBl. 1941, S. 678).
- *Trauerredner.* Freiberuflich, wenn die Reden individuell erstellt und die Ansprachen nicht nach Redeschablonen verfasst werden (BFH 29. 7. 1981, IR 183/79, BStBl. 1982 II, S. 22).
- *Treuhänder.* Freiberufliche Tätigkeit, wenn der Treuhänder Rechtsanwalt, Steuerberater oder Wirtschaftsprüfer ist (BFH 9. 7. 1964, IV 427/62 U, BStBl. 1964 III, S. 530; FG Niedersachsen 5. 11. 1987, II 616/85, EFG 1988, S. 470).
- *Unternehmensberater.* Gewerbetreibender. Nur dann freiberufliche Tätigkeit, wenn eine Ausbildung als Dipl.-Volkswirt, Dipl.-Betriebswirt oder Dipl.-Ingenieur abgeschlossen wurde (FG Düsseldorf 20. 5. 1970, VII 89/68 E, EFG 1970, S. 559).
- *Versicherungs- und Wirtschaftsmathematiker.* Freiberufliche, da wissenschaftliche Tätigkeit (Blümich, EStG-KStG-GewStG, Kommentar, Stand Januar 1996, § 18, Anm. 117).

- *Visagist.* Künstlerisch-freiberufliche Tätigkeit (FG Hamburg 19. 8. 1992, III 374/88, EFG 1993, S. 306).
- *Werbefilmdarsteller.* Gewerbliche Tätigkeit (BFH 11. 7. 1991, IV R 33/90, BStBl).
- *Werbefotograf.* Gewerblich-handwerkliche Tätigkeit. Freiberuflich nur dann, wenn die Fotos künstlerisch erstellt werden und eine gewisse eigene Gestaltungshöhe ausweisen (BFH, Urteil vom 14. 12. 1976, BStBl. 1977, S. 474).
- *Werbeschriftsteller.* Freiberuflich-schriftstellerische Tätigkeit, wenn der Inhalt kreativ entwickelt wurde (BFH 14. 5. 1958, IV 278/56 U, BStBl. 1958 III, S. 316).
- *Werbetexter.* Schriftstellerische Tätigkeit (FG Nürnberg 2. 7. 1980, V 193/79, EFG 1980, S. 599).
- *Wirtschaftsberater.* Gewerbliche Tätigkeit. Nur dann freiberufliche Tätigkeit, wenn eine Ausbildung als Dipl.-Volkswirt, Dipl.-Betriebswirt oder Dipl.-Ingenieur abgeschlossen wurde (FG Bremen 10. 8. 1993, 2/92/169 K 5, EFG 1994, S. 41).
- *Wissenschaftler.* Freiberufliche Tätigkeit, soweit im jeweils ausgeübten Fachbereich ein einschlägiger Hochschulabschluss vorliegt (siehe EStG und Fach D im Partnerschaftsgesellschaftsgesetz; PartGG 1 690).
- *Zahnpraktiker.* Freiberufliche, zahnarztähnliche Tätigkeit (BFH 19. 10. 1965).
- *Zauberer.* Gewerbliche Tätigkeit. In Einzelfällen kann die Zauberei auch eine künstlerische Tätigkeit sein, wenn eine gewisse eigenkünstlerische Tiefe erreicht wird (FG Rheinland-Pfalz, EFG 1985, S. 128, EFG 1986, S. 256).
- *Zauberkünstler* (siehe Magier).

Gelingt es nicht, dass die selbständige Tätigkeit als katalogähnlicher freier Beruf anerkannt wird, sollte geprüft werden, ob es über die Schiene »Tätigkeitsberufe« möglich ist. Siehe dazu den nächsten Abschnitt »Einstufungskriterium Tätigkeitsberufe«.

Einstufungskriterium »Tätigkeitsberufe«

Neben den freien Katalogberufen und den ähnlichen Berufen gibt auch so genannte freie Tätigkeitsberufe. Darunter fallen generalisierende Tätigkeitsbezeichnungen wie Erzieher, Künstler, Lehrer, Schriftsteller und Wissenschaftler, unter die jeweils eine ganze Reihe entsprechender freier Fachberufe subsumiert werden kann:
»Zu der freiberuflichen Tätigkeit gehören selbständig ausgeübte Tätigkeiten, wie

- wissenschaftliche,
- künstlerische,
- schriftstellerische,
- unterrichtende oder
- erzieherische

Tätigkeiten« (§ 18 Abs. 1, Nr. 1 EStG).
Beispielsweise steht der freie Beruf »Lehrer« stellvertretend für ganz unterschiedliche Wissensvermittlungsfunktionen. So etwa für: freie Lehrer allgemeinbildender Schulen, Privatlehrer, Nachhilfelehrer, freie Handelslehrer und freie Hochschuldozenten, für freie Sport- und Fitnesslehrer, für freie Trainer, Lehrer in der Erwachsenenbildung und freie VHS-Dozenten usw.
Ähnlich wie die Vielzahl der unterschiedlichen freien Lehrertätigkeiten somit steuerrechtlich als freiberufliche Tätigkeit abgedeckt wird, können auch Berufe auf dem erzieherischen, künstlerischen, schriftstellerischen und wissenschaftlichen Sektor den freien Berufen zugerechnet werden.
Doch was in der Theorie eigentlich einfach und plausibel klingt, funktioniert in der Praxis nicht immer so reibungslos. So verändern sich im Lauf der Zeit die Berufsbilder, vor allem im technologischen, juristischen und gesellschaftlichen Bereich, so dass die Art von Tätigkeiten aus der Sicht des Finanzamts nicht immer eindeutig freiberuflichen Cha-

rakter zu haben scheinen. Das hat dazu geführt, dass in vielen einzelnen Fällen die örtlichen Finanzämter und Finanzgerichte darüber entscheiden, ob eine Tätigkeit wirklich freiberuflich ist oder nicht. So ist es sinnvoll, vor Aufnahme einer vermeintlich freiberuflichen Tätigkeit mit dem örtlichen Finanzamt zu sprechen. In Zweifelsfällen kann man sich auch an die Oberfinanzdirektion wenden und eine gutachterliche Einstufung der Tätigkeit erwirken. Hilft dies nicht, bleibt nur noch eine Verwaltungsklage beim Finanzgericht - ggf. durch alle Instanzen.
In folgenden Abschnitten wird gezeigt, worauf es ankommt, damit eine selbständige Tätigkeit als freiberufliche wissenschaftliche, künstlerische, schriftstellerische, unterrichtende bzw. erzieherische Tätigkeit eingestuft wird.

Was sind wissenschaftliche Tätigkeiten?

Der Bundesfinanzhof hat definiert, dass eine Tätigkeit wissenschaftlich ist, wenn sie »grundsätzliche Fragen oder konkrete Vorgänge methodisch nach streng objektiven und sachlichen Gesichtspunkten in ihren Ursachen erforscht, begründet und in einen Verständniszusammenhang bringt« (BFH-Urteil vom 30. 3. 1976, AZ VIII R 137/75, BStBl. II 1976, S. 464). Wissenschaftlich tätig ist jemand, wenn er nicht nur schöpferische und forschende Arbeit leistet, sondern auch das aus der forschenden Tätigkeit ermittelte Wissen konkret anwendet. Es reicht nicht zur Anerkennung als freiberuflicher Wissenschaftler, wenn nur nach wissenschaftlichen Grundsätzen und Methoden gearbeitet wird (BFH 30. 3. 1994 I R 54/93, BStBl. 1994 II, S. 864). Wichtig für den Nachweis, auf wissenschaftlichem Niveau tätig zu sein, ist ein universitärer Hochschulabschluss. Von dieser Forderung wird nur im Einzelfall abgewichen, wenn belegt werden kann, dass trotz fehlenden akademischen Abschlusses wissenschaftlich methodisch einwandfrei gearbeitet wird. Zu den wissenschaftlichen Tätigkeiten kann eine ganze Reihe von Tätigkeiten zählen, also z.B. nicht nur reine freie

Forschungstätigkeiten, sondern insbesondere auch das freiberufliche Erstellen von Gutachten, die Durchführung von Prüfungs- und Lehrtätigkeiten (auf dem Hochschulsektor) sowie auch die Arbeit des Erfinders, sofern seine Methoden wissenschaftlich anerkannt sind.

Was sind künstlerische Tätigkeiten?

Eine künstlerische Tätigkeit liegt stets vor, wenn eigenschöpferische Leistungen mit einer bestimmten Gestaltungshöhe (BFH AZ. IV R 64/79) erbracht werden, falls es sich also um eine zweckfreie Kunst handelt, die keinem Gebrauchszweck dient (kein Kunstgewerbe oder -handwerk). Hierunter fallen folgende Künstlergruppen bzw. Tätigkeitsarten fallen:

- bildende Künstler wie Maler, Designer, Bildhauer usw.;
- Fotodesigner, die rein künstlerisch-gestalterisch arbeiten (ansonsten gehören sie zum Handwerksgewerbe);
- darstellende Künstler wie Schauspieler, Entertainer, Balletttänzerinnen, Showtänzer usw., aber auch Pantomimen und Regisseure;
- Komponisten und Arrangeure;
- Musiker, Sänger, Konzertmeister, Dirigenten usw.

Die Definition des Begriffes »Künstler« im § 18 Abs. 1 EStG weicht von der Definition der Künstlersozialkasse ab. Beispielsweise gilt nach KSK-Definition der »Fachmann für Öffentlichkeitsarbeit oder Werbung« als Künstler, im Sinne des Einkommensteuergesetzes sind PR- und Werbeberater aber Gewerbetreibende.

Was sind schriftstellerische Tätigkeiten?

Eine publizistische (schriftstellerische) Tätigkeit liegt stets vor, wenn eigene Gedanken mit den Mitteln der Sprache schriftlich für die Öffentlichkeit niedergelegt werden, und zwar unabhängig von Qualität und Niveau der Arbeit. Hierunter fallen:

- Schriftsteller, Autoren, Textdichter,
- Übersetzer literarischer Texte,
- Journalisten, Publizisten,
- Online-Journalisten,
- Rätselhersteller (er ist schriftstellerisch tätig laut FG Düsseldorf vom 11. 12. 1970 AZ X 68/69 E),
- Lektoren (ohne Fullservice für Verlage oder Literaturagentur),
- das Schreiben von Softwarelernprogrammen. »Die selbständige Tätigkeit eines Steuerpflichtigen, der eigene Gedanken in der Form eines Softwarelernprogramms für den PC verfasst, ist eine schriftstellerische Tätigkeit, wenn das Lernprogramm für die Öffentlichkeit bestimmt ist. Dies ist dann der Fall, wenn das Programm einem aus der Sicht des Verfassers zahlenmäßig nicht bestimmbaren Personenkreis verfügbar gemacht werden soll.« (BFH-Urteil v. 10. 9. 1998, AZ. IV R 16/97),
- wer als Autor einen juristischen Informationsdienst herausgibt (nicht wer andere Autoren verlegt), Institut für freie Berufe, Nürnberg.

Journalisten und Übersetzer allgemeiner Texte üben einen Katalogberuf gemäß § 18 Abs. 1, Nr. 7 EStG aus und werden – ohne Finanzamtsbegutachtung – sofort den freien Berufen zugeordnet.

Was sind unterrichtende Tätigkeiten?

»Unterricht ist die Vermittlung von Wissen, Fähigkeiten, Fertigkeiten, Handlungsweisen und Einstellungen durch Lehrer an Schüler in organisierter und institutionalisierter Form« (BFH-Urteil vom 13. 1. 1994, AZ IV R 79/92, BStBl. 1994 II S. 362). Zu den unterrichtenden Tätigkeiten zählen unter Umständen auch die erzieherischen Tätigkeiten, dann nämlich, wenn der erzieherische Auftrag mit der Vermittlung von Wissen zusammenfällt, etwa bei Lehrern von minderjährigen Schülern. Freie Privatlehrer sind also in doppelter Weise frei-

beruflich tätig; zum einen unterrichtend, zum anderen erzieherisch.
Selbst die Gründung und der Betrieb einer eigenen Schule können gemäß § 18 EStG Abs. 1, Nr. 1 eine freiberufliche Tätigkeit darstellen, dann nämlich, wenn der Schulleiter über die notwendigen Fachqualifikationen verfügt und gegenüber seinen Fachmitarbeitern leitend und eigenverantwortlich persönlich tätig ist.
Man trennt dennoch zwischen unterrichtenden und erzieherischen Tätigkeiten, da zum Unterricht nicht nur Schul- und Nachhilfeunterricht zählen, sondern vor allem Tätigkeiten auf dem Sektor der Erwachsenenbildung wie im Sport-, Fitness- oder Gymnastik-, Tanz-, Reit-, Tennis- und Fahrunterricht oder bei Dozententätigkeit an Volkshochschulen, die mit der Durchführung von Seminaren und Trainings, etwa Management- und Persönlichkeitstrainings usw., zu tun haben.

Was sind erzieherische Tätigkeiten?

Wer erzieherisch tätig ist, muss nicht gleichzeitig unterrichtend arbeiten, um als Freiberufler anerkannt zu werden. Bei erzieherischen Tätigkeiten steht nicht die Wissensvermittlung, sondern stärker die Bildung der Persönlichkeit und Schulung des Charakters im Vordergrund, was sich nicht nur auf Minderjährige beziehen muss, sondern auch Erwachsenenpädagogik meinen kann. Beispielsweise ist die Resozialisationshilfe für erwachsene Straffällige eine freiberufliche sozialerzieherische Tätigkeit.
In einem früheren Urteil definierte der Bundesfinanzhof ganz ähnlich: Unterrichtende und erzieherische Tätigkeiten sind laut Bundesfinanzhofurteil alle, die zur geistigen, charakterlichen und körperlichen Formung junger Menschen zu tüchtigen, mündigen Bürgern beitragen (BFH-Urteil vom 21. 11. 1974 AZ. II R 107/68). Hierfür und für unterrichtende Tätigkeiten benötigt man keine besondere Ausbildung, Prüfung oder Erlaubnis. Man kann auch so erziehe-

risch tätig werden (BFH-Urteil vom 25. 4. 1974 AZ. VIII R 166/73).

Für den Freiberuflerstatus, etwa den eines freien Erziehers, ist wichtig, dass die erzieherische Tätigkeit eigenverantwortlich und leitend durchgeführt wird. So kann selbst der Betrieb eines Kinderheims als freiberufliche Tätigkeit eingestuft werden, dann nämlich, wenn die Heimleitung durch ihre erzieherische Tätigkeit der Gesamtleistung des Heims sein Gepräge gibt und die in ihrem Kinderheim untergebrachten Kinder planmäßig körperlich, geistig und charakterlich formt (BFH-Urteil vom 18. 8. 1985, III R 198/81, Bundesfinanzhof/ NV 1986, S. 358).

Stehen jedoch die psychische und physische Erholung der jungen Menschen im Vordergrund, wie etwa in einem Kinder-, Jugend- oder Erholungsheim, liegt ein Gewerbebetrieb vor. Als Gewerbebetrieb wird auch ein Internat eingestuft, in dem neben der erzieherischen Tätigkeit (Schule) auch die Beherbergung und Verköstigung der Schüler stattfindet. Schule und Internat werden als Einheit zusammengezogen (BFH-Urteil vom 23. 7. 1957, I 98/54 U, BStBl. 1957 III S. 323).

Tätigkeitsberufe als Tür zum Freiberuflichkeitsstatus

Die »wissenschaftlichen, künstlerischen, schriftstellerischen, unterrichtenden oder erzieherischen Tätigkeiten« gemäß § 18 Abs. 1, Nr. 1 EStG, lassen den größten Raum, auch neue oder eigentlich keine typischen freien Berufe den freien Berufen zuzuordnen. So können Computerfachleute, die nicht über ein Ingenieurs-, Informatik-, Mathe- oder Physikstudium verfügen und bei Selbständigkeit eigentlich ein Gewerbe anmelden müssten, über den Weg der Einstufung als EDV-, Internet- oder IT-Trainer (Lehrer) doch noch als Freiberufler anerkannt werden. Vielfach ist es auch so, dass bei der Klassifizierung von »ähnlichen Berufen« ergänzend nach Tätigkeitsmerkmalen wie »wissenschaftlich, künstlerisch etc.« gesucht wird, falls der Aspekt »ähnliche Tätigkeit wie

Katalogberuf« nicht reicht. So etwa bei der Klassifizierung eines Sachverständigen durch das örtliche Finanzamt: Verfügt der Sachverständige nicht über einen akademischen Abschluss, hat er nur dann eine Chance, dass seine Sachverständigentätigkeit als freiberufliche Arbeit vom Finanzamt anerkannt wird, wenn er nachweist, seine Aufgaben auf allgemein anerkanntem wissenschaftlichen Niveau zu lösen. Am einfachsten wird der Beleg, wenn sich der Sachverständige von seiner Bestellungsbehörde, z.B. IHK oder Gericht (bei gerichtlich bestellten Sachverständigen) eine Bestätigung seiner nach wissenschaftlichem Standard erfolgenden Tätigkeiten ausstellen lassen würde. Eine weitere Möglichkeit wäre, Mitglied in den anerkannten Branchenverbänden zu werden und ggf. mit Verbandshilfe die Freiberuflichkeit durchzusetzen. So hat sich die Rechtsprechung dahingehend verändert, dass die Anerkennung der Ähnlichkeit mit einem Katalogberuf nicht an der fehlenden staatlichen Examinierung (staatliche Erlaubnis zur Berufsausübung) scheitern muss. Es reicht, wenn der Selbständige die Erlaubnis zur Berufsausübung seiner Berufsorganisation bekommt und ihm entsprechende Kenntnisse attestiert werden, die den Anforderungen einer staatlichen Prüfung für die Ausübung seines Berufs, etwa eines Hilfsheilberufs, gleichkommen. Beispielsweise würde im Fall eines Physiotherapeuten, der sich selbständig machen möchte, die Zulassung nach § 124 Abs. 2 SGBV (Krankenkassenzulassung) als Qualifikationsnachweis reichen. Um diese zu erhalten, muss er eine Mitgliedschaft im Berufsverband (Zentralverband der Physiotherapeuten/Krankengymnasten, ZVK e.V., *www.zvk.org*) nachweisen. Selbstverständlich achten die Berufsverbände auf die Einhaltung der geforderten berufsfachlichen Standards. Aber dieses Beispiel zeigt eben, dass es immer mehrere Wege geben kann, um die Anerkennung des Freiberuflerstatus nach § 18 Abs. 1 EStG zu erhalten, und dass es sich lohnt, sich gut zu informieren, alternative Strategien zu entwickeln und um die Anerkennung zu kämpfen. Dies sollte jedoch mit Hilfe eines guten Steuerberaters erfolgen.

Weitere Kriterien für die Einstufung als freier Beruf

Zusammenfassend kann für die Einstufung als freier Beruf gesagt werden, dass sich der Bundesfinanzhof bei der Bestimmung der Freiberuflichkeit neben der Heranziehung der in § 18 EStG Abs. 1, Nr. 1 genannten Katalogberufe und der Prüfung von Kriterien, die auf einen den Katalogberufen ähnlichen Beruf schließen lassen, sich vor allem auf die Tätigkeitsberufe stützt. Es prüft, ob und inwieweit der selbständig ausgeübte Beruf wissenschaftlicher, künstlerischer, schriftstellerischer, unterrichtender oder erzieherischer Art ist. In der Regel ist ein akademischer Ausbildungsabschluss ein wesentlicher Beleg für die Erfüllung des Kriteriums »wissenschaftliche Tätigkeit«.

Aber das ist noch nicht alles. Denn selbst, wenn anhand dieser ersten Prüfung sich der Beruf als freier Beruf erweisen würde, sagte dies noch nichts über die tatsächliche Ausübung der Tätigkeit aus. Denn auch Freiberufler können ein Gewerbe ausüben, z.B. ein Ingenieur, der über die Planung hinaus mit Fertigbauteilen handelt oder sie herstellen lässt. Die Freiberuflichkeit kann auch gewerbliche Elemente aufweisen oder sowohl freiberuflich als auch gewerblich sein. Zudem hakt der Fiskus bei der Einstufung nach: Hat der vermeintliche Freiberufler denn wirklich das Sagen und die volle persönliche Verantwortung, oder hat er diese – wie bei einem Gewerbe häufig üblich – auf andere übertragen? Wie diese Aspekte zeigen, gibt es neben der reinen Berufsprüfung (Katalogberuf, katalogberufsähnlich oder Tätigkeitsberuf) noch eine ganz Reihe weiterer Fragen, die der Fiskus geklärt haben möchte, bevor er den Freiberuflichkeitsstatus anerkennt. Diese weiteren Kriterien zur Bestimmung der Freiberuflichkeit werden im Folgenden behandelt.

Leitende und eigenverantwortliche Tätigkeit

Neben den berufsbezogenen gibt es auch tätigkeitsbezogene Abgrenzungskriterien. Ein solches elementares Abgrenzungsmerkmal einer freiberuflichen gegenüber einer gewerblichen Tätigkeit ist die Frage, ob der Selbständige die Arbeitsleistung persönlich erbringt oder nicht. Denn Freiberufler müssen selbst ihren Beruf ausüben und dürfen nur bedingt für sich arbeiten lassen. In der allgemeinen Rechtsprechung wird immer wieder darauf hingewiesen, dass es für eine freiberufliche Tätigkeit charakteristisch ist, dass der Freiberufler aufgrund seiner speziellen Fachkenntnisse die Arbeitsleistung selbst erledigt. Man spricht hier von »leitender und eigenverantwortlicher Tätigkeit«. Es reicht nicht, dass sich diese leitende und eigenverantwortliche Tätigkeit auf Teilbereiche bezieht, wie dies bei gewerblichen Tätigkeiten häufig der Fall ist, wenn die Aufgaben nach Fachgebieten oder organisatorischen Schwerpunkten aufgeteilt werden. Die eigenverantwortliche, leitende Tätigkeit muss sich nach der Rechtsprechung des Bundesfinanzhofes München auf die Gesamttätigkeit beziehen, also nicht nur Grundzüge für Organisation und die Durchführung der Tätigkeit enthalten, sondern auch die Entscheidung und Überwachung grundsätzlicher Fragen nach festgelegten Kriterien beinhalten. Es muss also sichergestellt sein, dass der Freiberufler die fachliche Verantwortung für jeden einzelnen Auftrag insgesamt übernimmt (BFH-Urteil vom 20. 4. 1989, IV R 299/83, BStBl. II 1989, S. 727; BFH-Urteil vom 21. 3. 1995, XI R 85/93, BStBl. II 1995, S. 732 und 735). Trotz der Eigenarbeitsverpflichtung darf der Freiberufler (z.B. Rechtsanwalt) die Mitarbeit von Gehilfen (z.B. Rechtsanwalts- und Notarfachangestellte) und fachlich Vorgebildeten (z.B. Rechtsreferendar, angestellten oder freiberuflich mitarbeitenden Anwalt) in Anspruch nehmen, solange er die fachliche Leitung der Arbeit dieser Mitarbeiter wahrnimmt. Dies gilt auch für die Berufsausübung in Personengesellschaften, wenn alle Gesellschafter als Freiberufler eingeordnet werden. Für eine gewisse Zeit, etwa während der Ferien oder bei

Krankheit, darf der Freiberufler (der Berufsträger) die Verantwortlichkeit seiner Kanzlei, Praxis bzw. seines Büros auch einem Vertreter oder Geschäftsführer übertragen. Allerdings wird der Begriff der Eigenverantwortlichkeit und der Delegationsfreiheit branchenspezifisch unterschiedlich gehandhabt.
Beispiele gewerblicher Einstufung mangels persönlicher Tätigkeit:

- Ein Selbständiger unterhält ein Übersetzungsbüro, ohne über ausreichende eigene Sprachkenntnisse zu verfügen, auf die sich die Übersetzungstätigkeit erstreckt.
- Ein Autor beschäftigt Journalisten mit dem Verfassen seiner Werke.
- Ein Architekt ist vorwiegend damit beschäftigt, Aufträge zu beschaffen, während er die fachliche Arbeit durch Mitarbeiter ausführen lässt.
- Ein Fahrschulbetreiber besitzt selbst nicht die Fahrlehrererlaubnis.
- Ein Privatschulbetreiber beschäftigt zahlreiche Lehrkräfte, ohne überwiegend eigenverantwortlich eigenen Unterricht halten und den Unterricht der mitarbeitenden Lehrkräfte mitgestalten zu können.
- Ein Reiterhofbetreiber hat nicht die Ausbilderlizenzen und überlässt den Unterricht weitestgehend seinen Mitarbeitern.
- Mit Hilfe fachlich gut vorgebildeter Fachkräfte übt ein Ingenieur eine Beratertätigkeit auf mehreren Fachgebieten aus, die er selbst nicht ausreichend beherrscht und federführend bearbeiten kann.
- Ein Facharzt betreibt neben seiner Arztpraxis noch eine Unfall- und eine Zweigklinik mit insgesamt sieben angestellten Ärzten.
- Ein Facharzt für Labormedizin mit 70 nichtärztlichen Mitarbeitern wurde als Gewerbetreibender eingestuft, da er sich nicht ausreichend Zeit für die persönliche Mitwirkung am einzelnen Untersuchungsauftrag nehmen und jeder einzelnen Arbeitsleistung den »Stempel seiner Persönlichkeit« auftragen konnte (aus: Arzt und Wirtschaft, Nr. 13/90, S. 10).

Lassen Sie sich bei einem Berufsfachverband entsprechend beraten.

Gemischte freiberufliche und gewerbliche Tätigkeit

Ein weiteres Problem hinsichtlich der Abgrenzung bilden die »gemischten Tätigkeiten«, wobei es auch hier Varianten gibt: zum Beispiel die freiberufliche neben der gewerblichen Tätigkeit.

Wird neben einer freiberuflichen eine gewerbliche Tätigkeit ausgeübt, sind die beiden Tätigkeiten steuerlich getrennt zu behandeln, wenn eine Trennung nach der Verkehrsauffassung ohne besondere Schwierigkeit möglich ist. (BFH vom 3. 10. 1985, BStBl 1986 II S. 213). Übt eine natürliche Person nebeneinander sowohl eine freiberufliche als auch eine gewerbliche Tätigkeit aus, ohne dass zwischen ihnen ein Zusammenhang besteht, so sind die Tätigkeiten auch steuerlich getrennt zu handhaben. Dieselbe Person kann also zugleich sowohl freiberufliche als auch gewerbliche Einkünfte haben. (BMF v. 14. 5. 1997, BStBl I, 566, H EstR 1999 »Gemischte Tätigkeiten«)

Für eine getrennte Behandlung spricht:

- getrennte Buchhaltung. Für beide Tätigkeiten müssen die Einnahmen und Ausgaben klar und nachvollziehbar voneinander getrennt aufgezeichnet werden (Konten, Rechnungen, Buchführung),
- getrennte Bankkonten; für jede Selbständigkeit ist ein eigenes Konto einzurichten,
- möglichst getrennte Räumlichkeiten der Betriebe und technische Geräte, z.B. jeweils ein extra PC etc.

Beispiele getrennter Behandlung von Freiberuflichkeit und paralleler Gewerbetätigkeit:

- Der Unternehmensberater führt beratender Betriebswirt und betreibt eine Gaststätte.
- Eine Online-Journalistin führt nebenbei ein Internetantiquariat. Sie schreibt ihre Texte als Freiberuflerin, aber für das Antiquariat muss sie ein Gewerbe anmelden.
- Ein Architekt oder Bauingenieur tätigt gewerbliche Grundstücksverkäufe. Als Architekt und Bauingenieur ist er freiberuflich tätig,

für den Grundstückshandel muss ein Gewerbe angemeldet werden (BFH vom 23. 10. 1975, BStBl 1976 II S. 152).

- Ein Arzt- oder Tierarzt verkauft neben der Heilbehandlung Medikamente.
- Ein Augenarzt verkauft Kontaktlinsen.
- Ist ein Steuerberater für eine Bauherrengemeinschaft als Treuhänder tätig, so können einzelne für die Kunden erbrachte Leistungen, die zu den typischerweise von Steuerberatern ausgeübten Tätigkeiten gehören, als freiberuflich gewertet werden, wenn sie von den gewerblichen Treuhänderleistungen abgrenzbar sind (BFH vom 21. 4. 1994, BStBl II S. 650).

Nichttrennbare freiberufliche und gewerbliche Tätigkeiten

Die Einkünfte aus freiberuflicher und gewerblicher Tätigkeit werden zusammen veranlagt, wenn nichttrennbare, gemischte freiberufliche und gewerbliche Tätigkeiten vorliegen. Das ist dann der Fall, wenn die Merkmale der Aufgaben zu sehr miteinander verflochten sind. Dabei ist nach dem Gesamtbild der beruflichen Situation zu entscheiden, ob die gemischte Tätigkeit insgesamt freiberuflich oder gewerblich ist. Maßstab ist hierbei nicht der Umsatz oder Gewinn, sondern das Gesamtgepräge der Tätigkeit (BFH-Urteil vom 24. 4. 1997, IV R 60/95, BStBl. 1997 II, S. 567). Eine gewerbliche Tätigkeit wird dann angenommen,

1. wenn der Betrieb nach außen hin als eine Einheit auftritt und sich die freiberufliche Tätigkeit als Ausfluss der gewerblichen Tätigkeit darstellt oder
2. wenn ein einheitlicher Erfolg bzw. Leistung geschuldet wird und in der gewerblichen Tätigkeit auch freiberufliche Elemente enthalten sind (BFH-Urteil vom 15. 12. 1971, IR 49/70, BStBl. II 1972, S. 291).

Handelt es sich jedoch bei den gewerblichen Leistungen um untergeordnete Hilfsleistungen im Sinne einer unselbständigen Nebenleistung, so muss von einer insgesamt freiberuflichen Tätigkeit ausgegangen werden, wie beispielsweise beim Arzt- oder Tierarzt, der neben der Heilbehandlung gelegentlich ein Medikament verkauft. Besteht zwischen den Tätigkeiten ein sachlicher und wirtschaftlicher Zusammenhang, so kann eine gemischte einheitliche Tätigkeit anzunehmen und diese insgesamt zu behandeln sein (BMF v. 14. 5. 1997, BStBl I, 566, H EstR 1999 »Gemischte Tätigkeiten«).

Beispiele einheitlich gemischter freiberuflicher und gewerblicher Tätigkeit:

- Ein Schriftsteller verlegt sein eigenes Buch (insgesamt als gewerblich anzusehen). Seine schriftstellerische Tätigkeit ist freiberuflicher Art. Da aber das Verlegen eines Buches eine gewerbliche Tätigkeit darstellt (Massenproduktion und Vertrieb), die mit dem schriftstellerisch erstellten Produkt untrennbar (ohne Manuskript kein Buch, Einnahmen kommen vor allem durch den Handelsverkauf) verwoben ist, besteht eine Abfärbung der – aus Sicht des Selbstverlegers eigentlich untergeordneten – gewerblichen Verlegertätigkeit gegenüber der freiberuflichen Autorentätigkeit. Folge: Die gesamte Tätigkeit wird als »gewerbliche« eingestuft.
- Ein Lernsoftwarehersteller gilt nur als »Schriftsteller«, solange er seine Software nicht als Massenprodukt vermarktet.
- Ein Ingenieur, der Standardsoftware programmiert und diese in Vervielfältigung vertreibt, ist Gewerbetreibender, obwohl er von seiner Ausbildung her zu den Katalogberufen gehört. Anders wäre es, wenn der Ingenieur individuelle Softwarelösungen entwickelte und lediglich gelegentlich eine bestimmte Standardsoftware zu werbeähnlichen Zwecken abgäbe. In diesem Fall bliebe das Gesamtgepräge der Tätigkeit freiberuflicher Natur.
- Eine getrennte steuerliche Behandlung ist nicht möglich, wenn ein Steuerberater, der einem Vertriebsunternehmen Interessenten an Eigentumswohnungen nachweist oder Verträge über den Erwerb vermittelt, Abnehmer in Bezug auf die Eigentumswohnungen steuerlich berät. Die von dem Vertriebsunternehmen durch Pauschalhonorar mitvergütete Beratung ist Teil der einheitlichen gewerblichen Betätigung (BFH vom 9. 8. 1983, BStBl 1984 II S. 129). Das heißt, die gesamte steuerberatende, an sich als Katalogberuf eine freiberufliche Tätigkeit wird zum Gewerbe eingestuft.

Standes- und berufsrechtliche Besonderheiten

Standes- und berufsrechtliche, sozialversicherungs- sowie ertrags- und umsatzsteuerrechtliche Besonderheiten sind weitere Zugangsmerkmale von freien Berufen.

Berufsrechtlich geregelter Zugang

Die standes- und berufsrechtlichen Zugangsregelungen zu zahlreichen freien Berufen sollen vor allem sicherstellen, dass auch nur ausreichend persönlich und fachlich qualifizierte Anwärter in einen entsprechenden Beruf hineinkommen und diesen gewissenhaft nach bestimmten Qualitätsstandards ausüben.
Gesetzlich geregelt ist der an Ausbildungsstandards gebundene Zugang zu folgenden freien Berufen:

- Ärzte, Zahnärzte, Tierärzte, Apotheker, Hebammen, Krankengymnasten, Masseure und medizinische Bademeister, Logopäden, Beschäftigungs- und Arbeitstherapeuten (Ergotherapeuten), Orthopisten, medizinische Fußpfleger (Podologengesetz – PodG in Vorbereitung).
- Psychotherapeuten (Psychotherapeutengesetz) – mit Wirkung zum 1. 1. 1999 wurde der eigenständige geschützte Beruf »Psychotherapeut« geschaffen.
- Heilpraktiker. Der Berufszugang hängt ab vom Ergebnis der Überprüfung des Gesundheitsamtes, ob keine Gefahr für die Volksgesundheit besteht (Heilpratikerprüfung).
- Steuerberater, Steuerbevollmächtigte, vereidigte Buchprüfer, Rechtsanwälte, Notare, Patentanwälte und Wirtschaftsprüfer.
- Architekten, Umweltgutachter, Lotsen und beratende Ingenieure.
- Öffentlich bestellte und vereidigte Sachverständige. Diese werden allerdings nach § 36 Gewerbeordnung, der Berufsordnung der Gewerbetreibenden, zugelassen.

Allgemeingesellschaftlich betrachtet, gewährleisten die strengen berufsrechtlichen Regelungen die medizinische Versor-

gung, die Rechtspflege, steuerrechtliche und wirtschaftliche Beratung sowie naturwissenschaftliche und technische Dienstleistungen auf hohem Niveau.
So wird zahlreichen freien Berufen eine ordnungspolitische Bedeutung zugeschrieben, die die staatlichen Aufgaben ergänzt. Hierzu zählen insbesondere Rechtsanwälte, Notare, Steuerberater, Wirtschaftsprüfer, Buchprüfer sowie öffentlich bestellte Sachverständige.

Kammerberufe

Unter den freien Berufen mit standes- und berufsrechtlicher Zugangsregelung sind die so genannten Kammerberufe die am strengsten geregelten und angesehensten. Die Berufskammern besitzen öffentlich-rechtlichen Status. Zu den kammerfähigen freien Berufen zählen:

- Ärzte, Zahnärzte, Tierärzte, Apotheker,
- Notare, Rechtsanwälte, Patentanwälte,
- Steuerberater, Wirtschaftsprüfer,
- Architekten und beratende Ingenieure.

Pflichtmitgliedschaft

Mit der Zulassung zu einem dieser genannten freien Berufe ist eine Pflichtmitgliedschaft der regional zuständigen Kammer verbunden. Die Kammern wachen neben den Berufsverbänden über die Ausbildung, die Weiterentwicklung der Ausbildung sowie über das Weiterbildungswesen.

Werbeverbote

Große Werbeeinschränkungen bestehen besonders bei den berufsrechtlich besonders geregelten Kammerberufen. In Regelwerken, wie in der »Berufsordnung der Steuerberater und Steuerbevollmächtigten« der Bundessteuerberaterkammern, wird in § 10ff. genau festgelegt, was »zulässige und berufswidrige Werbung« ist. Berufsangehörige müssen sich strikt daran halten, ansonsten werden sie abgemahnt. Weigern sie

sich hartnäckig, die - zum Teil - durchaus antiquierten Vorschriften zu befolgen, kann das im Extremfall bis zum Berufsausschluss führen.
Allerdings lockern immer mehr Berufskammern in Anbetracht der wachsenden elektronischen Werbemöglichkeiten die Werberegelungen. Informieren Sie sich branchenspezifisch mittels Berufsordnungen und Regelungen der Berufsverbände über den aktuellen Stand und fragen Sie nach, was erlaubt ist und was nicht.

Infos!
Die Adressen der Kammern finden Sie im Anhang, Seite 431 ff.

Ohne beruflich gebundene Zugangsregelungen

Keine bestimmten, an Berufsausbildungen gebundene Zugangsregeln gibt es bei den sogenannten Kulturberufen, zu denen auch die Berufe Krankenschwester und Krankenpfleger, seit 2004 in Gesundheits- und Krankenpfleger/in umbenannt, gehören:

- *Gesundheits- und Krankenpfleger.* Zur freiberuflichen Tätigkeitsaufnahme als selbständige Pflegekraft ist keine Examinierung nötig. Die Mitgliedschaft im Berufsverband der Gesundheits- und Krankenpfleger genügt als Eignungsnachweis beim Finanzamt.
- *Journalist.* Hier gibt es weder eine einheitliche Ausbildungsordnung noch Zugangskriterien, obwohl in der Praxis ein Hochschulstudium, ein Volontariat usw. verlangt werden.
- *Künstler.* Einerseits ist der Zugang in dieser Berufsgruppe am einfachsten, da sich praktisch jeder Künstler nennen kann, andererseits kann bei fehlendem Abschluss einer Kunsthochschule, Kunstakademie oder eines Designstudiums das Finanzamt eine fachliche Überprüfung hinsichtlich des künstlerischen Wertes des Schaffens stattfinden. Nur wenn die Sachverständigen der Behörde ein ernsthaftes künstlerisches Schaffen bestätigen, erhält der Künstler den Freiberuflerstatus. Ansonsten muss er bei berufsmäßiger Ausübung ein Gewerbe anmelden. Stellen die Sachverständigen fest, dass die Kunst nicht berufsmäßig betrieben wird und auf Dauer ohnehin nur

Kosten verursacht, wird der Gewerbestatus aberkannt und die Tätigkeit als Hobby bzw. Liebhaberei eingestuft.

Infos!
Über Umfang des Berufsrechtes informieren die Berufsverbände; siehe im Anhang, Seite 431 ff.

Einstieg in die Freiberuflichkeit

Schon die richtige Studien- und Berufswahl kann entscheidend sein

Wer die Einstufungskriterien zur Anerkennung des Freiberuflerstatus kennt, kann eine Freiberuflerlaufbahn schon von langer Hand vorbereiten, am besten schon mit der richtigen Studien- und Berufswahl. Wer einen Blick auf die Katalogberufe, auf die ihnen ähnlichen Tätigkeiten und auf die Tätigkeitsberufe wirft, kann ganz gezielt auf die Studien- und Ausbildungsgänge setzen, mit denen diese freien Berufe ausgeübt werden dürfen. Um ganz genau die jeweils beruflichen Ausbildungswege und benötigten Abschlüsse nachzuvollziehen, kann man sich auch schon als Schüler direkt an die entsprechenden Berufsverbände und Kammern wenden (Adressen siehe im Anhang).

Vom Angestellten oder Gewerbetreibenden in die Freiberuflichkeit

Wer nun keine für die freien Berufe typische Ausbildung hat und Freiberufler werden möchte, kann dies unter Umständen auch, indem er

- nach freien Berufen ohne Zugangsbeschränkung schaut (siehe Abschnitt »Ohne beruflich gebundene Zugangsregelungen«, Seite 71),

- überlegt, ob er den derzeit ausgeübten Beruf als Angestellter oder Gewerbetreibender durch entsprechende Weiter- oder Umorientierung auch nach freiberuflichen Kriterien bewältigen kann; beispielsweise ob er ihn als Tätigkeitsberuf »wissenschaftlich, unterrichtend, erzieherisch, schriftstellerisch oder künstlerisch« weiter betreiben kann,
- anhand seiner bisherigen Berufserfahrung und täglichen Arbeit Belege sammelt, mit denen er nachweist, dass seine Tätigkeit in Tiefe und Breite überdurchschnittlich ist und den für freie Berufe verlangten Qualitätsstandard erfüllt,
- sich erkundigt, ob durch eine Weiterbildung die noch fehlenden Qualifikationen nachträglich erworben werden können,
- versucht, in einen entsprechenden Berufsverband, der Mitglied im Bundesverband der freien Berufe ist, aufgenommen zu werden. Die Mitgliedschaft in einem »Freiberuflerverband« ist ein wichtiges Indiz für die Anerkennung,
- parallel zur derzeitigen Angestellten- oder Gewerbetätigkeit eine von den bisherigen Tätigkeiten getrennte Freiberuflichkeit startet.

Zunächst als Angestellter im Freiberuflerberuf

Bevor man sich hauptberuflich als Freiberufler selbständig macht, sollte man als Angestellter oder freier Mitarbeiter genügend Praxiserfahrungen gesammelt haben, um der selbständigen Ausübung des Berufs gewachsen zu sein. Man sollte sich nur dann selbständig machen, wenn man sich wirklich sicher fühlt und sich diesen Schritt zutraut.

Die ersten Schritte

Ob Sie sich haupt- oder nebenberuflich in einem freien Beruf selbständig machen möchten, hat hinsichtlich der ersten formellen Schritte beim Start in die Freiberuflichkeit kaum Auswirkungen. Man sollte im Vorfeld oder innerhalb des ersten Monats nach Aufnahme der freiberuflichen Tätigkeit das örtliche Finanzamt benachrichtigen. Entweder teilen Sie hierzu dem Finanzamt mit einem formlosen Schreiben mit: »Ich habe am ... ein Ingenieurbüro eröffnet«, oder verwenden Sie den Vordruck zur Aufnahme einer freiberuflichen Tätig-

keit. Zuständig ist das Finanzamt an ihrem Wohnsitz. Ist zur Aufnahme eines freien Berufes eine Zulassung oder Bestallung erforderlich, unterrichtet das Finanzamt die zuständige Berufskammer (z.B. Rechtsanwalts-, Ärzte-, Tierärzte-, Zahnärzte-, Architekten- oder Steuerberaterkammer).
Wer seiner Anmeldepflicht nicht nachkommt, muss damit rechnen, dass das Finanzamt ein Zwangsgeld gegen ihn festsetzt. Eine Meldepflicht besteht auch, wenn die Freiberuflichkeit in einer anderen Stadt ausgeübt oder ein Gewerbebetrieb verlegt wird.
Falls das Finanzamt die Selbständigkeit nicht als freiberufliche Tätigkeit gemäß § 18 EStG anerkennt, muss man ein Gewerbe anmelden.

Freiberufler als Steuerzahler

Freiberufler genießen gegenüber Gewerbetreibenden vor allem im Steuerrecht Vorteile. Dazu gehören beispielsweise:

- vereinfachte Aufzeichnungspflichten (keine doppelte Buchhaltung),
- leichtere Gewinnermittlungsmöglichkeiten (Zufluss-/Abflussprinzip), womit Sie Zeit und Geld sparen,
- Gewerbesteuerfreiheit,
- verschiedene USt-Ermäßigungen und -befreiungen,
- keine IHK-Pflichtmitgliedschaft.

Anders als der Gewerbetreibende müssen Freiberufler kein Gewerbe anmelden, sondern lediglich das Finanzamt über die Aufnahme der freiberuflichen Tätigkeit informieren.

Einkommensteuer

Freiberufler bezahlen Steuern nach »Einkünften aus selbständiger Arbeit« (§ 2 Abs. 1 Nr. 3). Dabei wird die Einkommensteuer nach dem Einkommensteuertarif gemäß § 32a EStG ermittelt. Die zu versteuernden Gewinneinkünfte ergeben sich gemäß § 2 Abs. 3 bis 5 EStG.

Anhand der eigenen Meldung der aufgenommenen Selbständigkeit teilt das Finanzamt dem Selbständigen eine Steuernummer zu und trifft anhand der gemachten Angaben zur beabsichtigten Tätigkeit die Entscheidung, ob eine gewerbliche oder freiberufliche Tätigkeit vorliegt. Hier erfolgt die Frage der Einstufung. Gegen diese Entscheidung kann man ggf. Rechtsmittel einlegen, also Widerspruch erheben, und am Finanzgericht klagen.

Die ersten Angaben zur Selbständigkeit dienen zur Festlegung, welche Steuererklärungen der Freiberufler zukünftig abzugeben hat, ob er auch noch Einnahmen aus nichtselbständiger Tätigkeit, aus Vermietung und Verpachtung etc. verzeichnet.

Man muss auch den voraussichtlichen Umsatz und Gewinn für das laufende Steuerjahr angeben. Denn diese zunächst geschätzten Umsatz- und Gewinnangaben dienen als Grundlage für die vierteljährlichen Vorauszahlungen auf die Einkommensteuer (ESt), Kirchensteuer (KiSt) und den Solidaritätszuschlag (SolZ). Wer Umsatz und Gewinn realistisch einschätzt, vermeidet eventuelle Steuernachzahlungen. Allerdings sollte man sich am Anfang nicht zu optimistisch einschätzen, um sich nicht unnötig Liquidität in Form von Einkommensteuervorauszahlungen zu entziehen. Die Steuervorauszahlungen werden bei der Einkommensteuerveranlagung anhand der Einkommensteuererklärung im Folgejahr (Abgabe bis 31. Mai) auf die zu bezahlende Einkommensteuer angerechnet. Überzahlungen werden zurückerstattet oder zu wenig bezahlte Einkommensteuer nachgefordert.

Eine große Gefahrenquelle für den Jungunternehmer liegt darin, zu versäumen, rechtzeitig Beträge für die Steuerzahlung zurückzulegen. Vielfach wird mit der Selbständigkeit einfach angefangen, ohne Steuervorauszahlungen und ohne Umsatzsteuervoranmeldungen (und Abführung der eingenommenen USt). Dies kann ein bis zwei Jahre so laufen, bis sich der Fiskus meldet und die Abgabe der Steuererklärungen fordert, mit der Folge, dass die aufgelaufenen Rückstände beim Finanzamt sofort fällig werden.

Gewinnermittlung nach Einnahmen-Überschuss-Rechnung

Für die Erfassung der Einkünfte aus einer freiberuflichen Tätigkeit besteht grundsätzlich keine Buchführungspflicht. Denn Freiberufler gelten nicht wie Gewerbetreibende als Kaufleute (Ausnahme: Personenhandelsgesellschaften). Allerdings können Freiberufler auch eine reguläre Buchführung anlegen. Denn sie haben das Wahlrecht zwischen Bilanzierung gemäß § 4 Abs. 1 EStG (bei Gewerbetätigkeiten Pflicht) und der Einnahmen-Überschuss-Rechnung gemäß § 4 Abs. 3 EStG. Die Entscheidung sollte sehr sorgfältig überlegt werden, da die Gewinnermittlungsart nicht rückwirkend gewechselt werden kann. Gewerbetreibende können bis zu 30000 Euro Gewinn und 350000 Euro (500000 Euro ab 2007) Umsatz im Jahr ebenfalls die EÜR wählen.

Neben der Vereinfachung der Aufzeichnungspflichten hat die Einnahmen-Überschuss-Rechnung den Vorteil, dass die Einnahmen nach dem Zufluss- und Abflussprinzip behandelt werden, also beispielsweise Umsatzsteuerbeträge erst bei tatsächlichem Geldeingang und nicht schon nach buchhalterischer Erfassung als Forderungsposten bei Rechnungsstellung bezahlt werden müssen, wie das bei Gewerbebetrieben mit Buchhaltung üblich ist. Das bedeutet auch, dass die Betriebseinnahmen wie Honorare erst in dem Kalenderjahr versteuert werden müssen, in dem sie eingehen und nicht in dem Jahr, in dem die Einkünfte als Forderung gebucht werden.

Erleichterung gibt es auch für Freiberufler gegenüber Gewerbetreibenden dadurch, dass sie weder eine Kasse noch Bestandskonten führen oder Jahresinventuren veranstalten müssen. Freiberufler müssen auch nicht wie Gewerbetreibende alle Wareneingänge und -ausgänge aufzeichnen.

Die Einnahmen-Überschuss-Rechnung hat den Vorteil, dass die Einnahmen und Ausgaben nicht verbucht, sondern nur aufgezeichnet (also hintereinander aufgeschrieben) werden müssen. Es reicht, wenn die Belege einfach gesammelt, nach Hauptkostengruppen und Datum gesammelt und hinter das Ausgabenblatt der entsprechenden Kostenart (z.B. Büroaufwand) geheftet werden.

Einnahmen-Überschuss-Rechnung geht einfacher, kostet weniger Zeit und ist dadurch wirtschaftlicher gegenüber dem Aufwand der Buchhaltung.

Beispiel: Einnahmen-Überschuss-Rechnung (EÜR) bis zu 17 500 Euro Gewinn

Summe aller Einnahmen (der Geldzufluss wird inklusive der gesetzlichen MwSt. erfasst)		Summe aller Ausgaben (der Geldzufluss wird inklusive der gesetzlichen MwSt./Vorsteuer erfasst)	
Honorare für Artikel	Euro		Euro
(Bar) erhaltener Auslagenersatz		Kosten für Büro/Arbeitszimmer/Archivräume/Fotolabor (anteilige Miete/ Hausabschreibung)	
Erstattete Kosten		Arbeitsmaterial (Schere bis Diskette)	
Einnahmen aus Vorträgen, Archivlieferungen		Film-, Foto-, Laborkosten	
Veräußerung und Entnahme von Gegenständen des Betriebsvermögens (erzielter Wert bzw. Zeitwert)		Telefon-/Telefax-/Btx-/ Mailbox-/E-Mail-/ Internet-Kosten	
Ermittelter Anteil der Privatnutzung von Kfz (Fahrtenbuch) und Telefon		Postgebühren/Porto/ Paketgebühr	
Erhaltene Umsatzsteuer (in Monaten mit größeren Ausgaben als Einnahmen)		Beiträge Berufsvereinigungen	

Honorare für Artikel	Euro		Euro
Vereinnahmte Rückerstattung früherer Ausgaben		Kosten für Beratung (rechtliche und steuerliche)	
		Kosten für den selbstgenutzten Pkw	
		Reisekosten (Taxi, Mietwagen, Bahn, Flüge)	
		Personalkosten	
		Bewirtungskosten	
		Geschenke	
		Anteilige Jahresabschreibung auf Inventar	
		Sofortabschreibung geringwertige Wirtschaftsgüter	
		Kosten für EDV-Programme/-Beratung/-Service	
		Gezahlte/nachgezahlte Umsatzsteuer	
Summe aller Einnahmen		Summe aller Ausgaben	

Saldieren – die Ermittlung des Ergebnisses			
Einnahmen			
abzüglich Ausgaben			
Saldo Überschuss/Verlust			

Amtlicher Vordruck Einnahmen-Überschuss-Rechnung (EÜR)

Betragen die Betriebseinnahmen mehr als 17 500 Euro jährlich, reicht eine selbstgestrickte EÜR nach obigem Muster

nicht mehr aus. Erstmals für das Kalenderjahr 2005 (Wirtschaftsjahr 05/06) schreibt das Finanzamt allen selbständig Tätigen, Freiberuflern und gewerblichen Freiberuflern (Freelancern, Gewerbetreibenden), Land- und Forstwirten sowie Körperschaften, Personenvereinigungen und Vermögensmassen vor, ihre EÜR auf einem amtlichen Mustervordruck abzugeben. Der Vordruck mit Anleitungen und nicht vorgeschriebenen Formularen für ein Anlageverzeichnis sowie eine Überentnahmeermittlung nach § 4 Abs. 4a EStG kann online bei den Finanzämtern heruntergeladen werden.
Während Freiberufler ab 17500 Euro jährlicher Betriebseinnahmen (Umsatz) generell den EÜR-Vordruck zur Gewinnermittlung nutzen müssen, entfällt diese Pflicht bei gewerblichen Freiberuflern und Gewerbetreibenden mit Eintritt der Buchführungspflicht. Diese beginnt ab 30000 Euro Gewinn bzw. einem Jahresumsatz von 350000 Euro bzw. 500000 Euro (ab 2007) (siehe Abschnitt »Buchhaltungspflicht der Gewerbetreibenden«, Seite 197ff.).
Allen Freiberuflern und Kleingewerbetreibenden sei empfohlen, ihre Aufzeichnungen vorbereitend so zu modifizieren, dass sie alle Betriebseinnahmen und Kosten entsprechend den amtlich vorgesehenen Abfragen (Gewinn- und Kostenarten) im Formular ausfüllen können, ohne ihre kompletten Aufzeichnungsunterlagen im Nachhinein umstrukturieren und umschreiben zu müssen.

Eine ausführliche Anleitung zur Ausfüllung des EÜR-Formulars gibt:
Handzik, Peter: Der neue Vordruck zur Einnahmen-Überschuss-Rechnung. 2. Aufl. Berlin 2005.

Gewerbesteuerbefreiung

Freiberufler sind gemäß § 2 Abs. 1 GewStG von der Gewerbesteuer befreit. Gewerbliche Freiberufler und Gewerbetreibende sind ab einem Jahresgewinn von 24500 Euro gewerbesteuerpflichtig.

Was bedeutet Umsatzsteuerpflicht?

Die Umsatzsteuer (USt), umgangssprachlich auch Mehrwertsteuer (MWSt) genannt, gilt als Verbrauchssteuer. Sie wird nicht vom Unternehmer (Freiberufler/Gewerbetreibenden) getragen, sondern ist ein Preisbestandteil, der auf den Endverbraucher abgewälzt wird. Wer umsatzsteuerpflichtig ist (siehe Abschnitt »17 500-Euro-USt-Pflichtgrenze«), muss die gesetzliche Umsatzsteuer als gesondert ausgewiesenen Rechnungsbestandteil seinem Honorar hinzurechnen. Sein Kunde kann, wenn er USt-pflichtig ist, sich die USt als Vorsteuer beim Finanzamt zurückholen.
USt-pflichtige Freiberufler müssen monatliche Umsatzsteuererklärungen (zunehmend nur noch elektronisch) abgeben. Hier werden entsprechend dem Zuflussprinzip alle Einnahmen des jeweiligen Monats (Bemessungsgrundlage) zuzüglich der erhobenen USt angegeben. Zugleich können alle Kosten zusammengerechnet und die dafür bezahlte Vorsteuer geltend gemacht werden. Von der zu bezahlenden USt-Schuld darf der Freiberufler seine Vorsteuer abziehen. Die Differenz nennt man Zahllast, und nur diese muss er bis zum 11. des Folgemonats parallel zur Abgabe seiner USt-Voranmeldung an das Finanzamt überweisen. Zum Jahresende muss eine Jahresumsatzsteuererklärung im Rahmen der Einkommensteuererklärung abgegeben werden. Hier werden die Summen aus den einzelnen Monaten zusammengerechnet. Wer noch keinen Vorsteuerabzug im Laufe des Jahres geltend gemacht hat, kann dies auch mit der Jahresumsatzsteuererklärung tun.

Achtung gewerbliche Freiberufler:
Während bei EStG-Freiberuflern dieses Prinzip der Ist-Besteuerung nach vereinnahmten Geldern generell gilt, können gewerbliche Freiberufler (Freelancer) und Gewerbetreibende diese Ist-Besteuerung nur auf Antrag beim Finanzamt anwenden, wenn ihr Gewinn 30000 Euro und ihr Umsatz 350000 Euro (500000 Euro in Ostdeutschland bis 2009) jährlich nicht überschreitet (gilt seit 1. 1. 2007). Entfällt die Mög-

lichkeit der Ist-Besteuerung, weil beim Gewerbetreibenden die Gewinngrenze überschritten wird, muss er die USt bereits im Monat der Rechnungsausstellung ans Finanzamt abführen. Siehe hierzu den Abschnitt »Was bedeutet Gewerbetätigkeit steuerrechtlich?«

17 500-Euro-USt-Pflichtgrenze

Bei Freiberuflern und Gewerbetreibenden wird die Umsatzsteuer nicht erhoben, wenn der Gesamtumsatz (§ 19 Abs. 3 UStG) zuzüglich der darauf entfallenden Steuer im vorangegangenen Kalenderjahr 17 500 Euro nicht überstiegen hat und im laufenden Kalenderjahr 50 000 Euro voraussichtlich nicht überschreiten wird.
Da jedoch für Existenzgründer noch keine Vorjahresumsätze vorliegen, gilt im Gründungsjahr ausschließlich die Umsatzgrenze von 17 500 Euro. Wer also im Gründungsjahr mehr als 17 500 Euro umsetzt wird USt-pflichtig.

Tipp:
Man kann schnell auf einer Umsatzsteuerschuld sitzen bleiben, wenn man im Glauben, nicht USt-pflichtig zu werden, versäumt hat, dem Kunden die USt in Rechnung zu stellen. Deshalb sollte man unter Umständen von sich aus rechtzeitig die Umsatzsteuerpflicht beim örtlichen Finanzamt (USt-Stelle) beantragen. Das ist ab 3 000 Euro Jahresumsatz möglich. Nur wer umsatzsteuerpflichtig ist, darf auch auf seine Honorare Umsatzsteuer aufschlagen. Im Nachhinein ist dies nicht mehr möglich. Ein Antrag auf Umsatzsteuerpflicht ist vor allem für diejenigen ratsam, die nicht sicher sind, ob sie eventuell im Verlauf des Jahres die USt-Pflichtgrenze von 17 500 Euro überschreiten werden.

Vor- und Nachteile der USt-Pflicht

Kostenvorteil: Die Beantragung der Umsatzsteuerpflicht (ab 3 000 Euro Jahresumsatz) kann bei hohen Gründungskosten sinnvoll sein, um sich die auf allen Ausgaben liegende Vor-

steuer von 19% bzw. 7% (ab 1. 1. 2007) vom Finanzamt zurückzuholen. Das geschieht anhand von monatlich abzugebenden USt-Voranmeldungen oder einer Jahresumsatzsteuererklärung, wobei das verbleibende Vorsteuerplus nach Abzug ggf. abzuführender Umsatzsteuern vom Finanzamt direkt auf ein zuvor benanntes Konto überwiesen wird.
Wettbewerbsnachteil: Wer primär mit Privatpersonen oder öffentlich-rechtlichen Einrichtungen, die ihrerseits keine Vorsteuer geltend machen können, zu tun hat, verteuert sein Angebot mit der USt um 19%. Wer etwa Privatpersonen einen Aufräumservice anbietet, sollte überlegen, ob er unterm Strich nicht mehr übrig behält, wenn er die 17500 Euro-Grenze nicht überschreitet. Denn vielfach können die 19% nicht einfach an den Kunden weitergegeben werden und schmälern daher den eigenen Gewinn.

Umsatzsteuer-Identifikationsnummer (USt-IdNr.)

Wer umsatzsteuerpflichtig wird und innerhalb Europas Waren und Dienstleistungen anbietet, benötigt eine Umsatzsteuer-Identifikationsnummer. Diese muss neben der Anschrift auf allen geschäftlichen Brief- und Rechnungsbögen sowie im Impressum der Website angegeben werden. Die USt-IdNr. ist nicht mit der vom Wohnortfinanzamt erteilten Umsatzsteuer- bzw. Einkommenssteuernummer identisch. Sie kann schriftlich oder online beantragt werden beim:

- Bundeszentralamt für Steuern
  An der Küppe 1
  53225 Bonn
  Tel.: 0228/406-0
  Fax: 0228/406-2661
  www.bzst.bund.de

Im Online-Antrag sind anzugeben: Bundesland, örtlich zuständiges Finanzamt, Steuernummer bzw. Umsatzsteuernummer, Name und Geburtsdatum. Nach ein bis vier Wochen wird dann per Bescheid die USt-IdNr. mitgeteilt. Wer in Geschäftsverkehr tritt, sollte seinerseits die Korrektheit der USt-IdNr. von neuen Geschäftspartnern stets überprüfen, um nicht womöglich einer - am Vorsteuerbetrug interessierten - Scheinfirma aufzusitzen. Die Prüfung einer USt-IdNr. ist ebenfalls online zu beantragen über *www.bzst.bund.de* bzw. *www.europa.eu.int/vies*. Eine qualifizierte Bestätigungsabfrage sollte man ausdrucken und zu den Akten legen, um für den Fall eines Falles dem Finanzamt seine Sorgfaltspflicht belegen zu können.

Umsatzsteuersätze (USt-Sätze)

Derzeit unterscheidet das Umsatzsteuergesetz zwei Steuersätze, den grundsätzlichen USt-Satz von 19% (ab 1. 1. 2007), der auf praktisch alle Leistungen und Güter aufgeschlagen wird, und die ermäßigten USt-Sätze, etwa auf Lebensmittel (außer Getränke), Bücher, Zeitungen usw. Siehe hierzu den folgenden Abschnitt »USt-Ermäßigungen und Befreiungen«. Wichtig ist für Freiberufler, darauf zu achten, dass ab einem Rechnungsbetrag von 100 Euro der Steuersatz auf Rechnungen und Quittungen gesondert ausgewiesen wird, da es Ihnen ansonsten passieren kann, dass Ihre Vorsteuer nicht anerkannt wird oder Sie Umsatzsteuer von einem die USt bereits enthaltenen Bruttobetrag als Bemessungsbetrag bezahlen müssen.

USt-Ermäßigungen und Befreiungen

USt-Ermäßigungen

Nach § 12 UStG gilt ein ermäßigter Umsatzsteuersatz von 7% (statt 19%) auf:

- Bücher und Zeitungen des grafischen Gewerbes, wovon Schriftwerkschaffende wie freie Journalisten, Autoren usw. profitieren.

- Einräumung, Übertragung und Wahrnehmung von Rechten, die sich aus dem Urhebervertrag ergeben.
- Überlassung von Filmen sowie für die Filmvorführung (§ 12 Abs. 2 Nr. 7 b UStG).
- Lieferung und Vermietung sowie Eigenverbrauch und Einfuhr von Kunstgegenständen sowie von Sammlungsstücken gemäß § 12 Abs. 2 Nr. 1 und 2 UStG.

Umsatzsteuerbefreiung bestimmter Tätigkeiten

Gemäß § 4 UStG sind von der Umsatzsteuer befreit:

- die Umsätze der Tätigkeit als Arzt, Zahnarzt, Heilpraktiker, Krankengymnast und Hebamme oder ähnlicher heilberuflicher Tätigkeiten (§ 4 Nr. 14 UStG).
- Leistungen, die unmittelbar dem Schul- und Bildungszweck dienen, sowie Leistungen privater Schulen und anderer allgemeinbildender Einrichtungen (§ 4 Nr. 21 UStG).
- Ehrenamtliche Tätigkeiten, die für juristische Personen des öffentlichen Rechts ausgeübt werden oder deren Entgelt lediglich in einem Auslagenersatz und einer angemessenen Entschädigung für Zeitversäumnisse besteht; dies gilt vor allem für Freiberufler mit ehrenamtlichen Tätigkeiten (§ 4 Nr. 26 UStG).
- Vorträge, Kurse und andere Veranstaltungen wissenschaftlicher oder belebender Art sowie kulturelle und sportliche Veranstaltungen, die von juristischen Personen des öffentlichen Rechts, von Verwaltungs- und Wirtschaftsakademien, von Volkshochschulen oder von Einrichtungen, die gemeinnützigen Zwecken oder dem Zweck eines Berufsverbandes dienen, wenn die Einnahmen überwiegend zur Deckung der Unkosten verwendet werden (§ 4 Nr. 22 a und b UStG).

Während die Leistungen einer freiberuflich tätigen Krankenschwester umsatzsteuerfrei sind, sind die Behandlungsleistungen eines als Gewerbe eingestuften ambulanten Pflegedienstes nicht von der Umsatzsteuer befreit (BFH-Urteil v. 5. 6. 1997, IVR 43/96 und FG Berlin v. 29. 11. 1994, V70/94).

Umsatzsteuerermittlung

Die an das Finanzamt abzuführende Umsatzsteuer ergibt sich, indem Sie die Ihren Kunden berechnete Umsatzsteuer entsprechend den Umsätzen Ihres individuellen Ermittlungszeitrahmens (z.B. monatliche oder vierteljährliche USt-Voranmeldungen) zusammenrechnen. Von dieser Gesamt-USt werden dann die Vorsteuerbeträge abgezogen, die Sie etwa beim Kauf von betriebsnotwendigen Gegenständen oder Dienstleistungen an Ihre Lieferanten bezahlt haben. Wer sich an das Formular des Finanzamtes hält, kann nichts falsch machen. Das Umsatzsteuerverfahren, z.B. wann Umsatzsteuererklärungen auf Vordrucken an das Finanzamt eingereicht und die Zahllast entrichtet werden muss, regelt § 18 Umsatzsteuergesetz (§ 18 UStG Abs. 2). Hiernach gilt: Wenn die ermittelte Jahressteuer für das vorangegangene Kalenderjahr:

- über 6 136 Euro betragen hat, muss eine monatliche USt-Voranmeldung gemacht werden,
- unter 6 136 Euro betragen hat, muss eine vierteljährliche Voranmeldung erfolgen,
- unter 512 Euro betragen hat, muss keine Umsatzsteuer-Voranmeldung, sondern nur die Umsatzsteuer-Jahreserklärung ausgeführt werden. Diese wird zusammen mit der Einkommensteuererklärung bis zum 31. Mai des Folgejahres abgegeben.

Das USt-Voranmeldeverfahren geschieht weitestgehend elektronisch online (ELSTER). Wer möchte, erhält jedoch vom zuständigen Wohnsitzfinanzamt Formularvordrucke. Allerdings wird zunehmend darauf gedrängt, dass die Voranmeldung elektronisch geschieht.

ELSTER (elektronische Steuererklärung)

Steuerpflichtige können sämtliche Steuererklärungen per ELSTER erledigen. Sie erhalten entsprechende Software und alle elektronischen Vordrucke kostenfrei vom Finanzamt. Steuersoftware von LexWare, Stollfuß usw. haben ELSTER integriert.

Infos!
www.elster.de und über das örtliche Finanzamt.

Freiberufler und Mitarbeiter

Wollen Freiberufler nicht ihren Status verlieren und in ein Gewerbe umgestuft werden, dürfen sie nur begrenzt fachlich vorgebildete Mitarbeiter einstellen. Aushilfen können unbegrenzt engagiert werden. Wie viele fachlich gebildete Mitarbeiter angestellt oder freiberuflich beschäftigt werden dürfen, ist branchenmäßig unterschiedlich. Wie im Abschnitt »Leitende und eigenverantwortliche Tätigkeit«, Seite 64, anhand von Beispielen dargelegt, geht es im Kern stets um die Frage, ob der Freiberufler trotz Mitarbeitern weiterhin persönlich und leitend seine Aufgaben erfüllt. So kann ein Freiberufler wie ein Laborarzt die Zahl der Aufträge und der angestellten Mitarbeiter nicht beliebig vergrößern, ohne dass seine Freiberuflichkeit in Frage gestellt wird. Seiner Leistungsfähigkeit sind, so die Bundesfinanzrichter, menschliche Grenzen gesetzt, weswegen er ab einer bestimmten Arbeitsbelastung automatisch immer mehr - auch verantwortliche Aufgaben - auf andere überträgt, wodurch er aber zunehmend seine Freiberuflichkeit gefährdet.
Publizisten, Journalisten, Autoren, bildende und darstellende Künstler dürfen gar keinen gleichwertigen Mitarbeiter einstellen, sondern lediglich Aushilfskräfte, wollen sie nicht ihre günstige Sozialversicherungsmöglichkeit bei der Künstler-Sozialkasse (KSK) einbüßen.
Ansonsten gilt bei der Beschäftigung von Aushilfen arbeitsrechtlich und hinsichtlich der sozialversicherungs- und steuerrechtlichen Meldepflichten das Gleiche wie für einen

Gewerbetreibenden, der Personal einstellt. Siehe hierzu im Kapitel »Gewerbetreibender und Mitarbeiter«, Seite 202 ff.

Finanzierung der freiberuflichen Existenz

Zahlreiche freiberufliche Tätigkeiten finanzieren sich praktisch aus sich selbst heraus, da statt Ware Dienstleistungen und Produkte geistiger Arbeit verkauft werden. Das heißt: Bis auf PC, Telefon und eventuell Pkw sind praktisch keine großen Investitionen nötig, um anzufangen. Selbst Visitenkarten und Briefbögen lassen sich nach Bedarf direkt im PC erstellen. So kann häufig sofort von zu Hause aus oder in den Räumen eines Kunden begonnen werden.
Allerdings gibt es auch eine Reihe freier Berufe, bei denen, wie im heilberuflichen Bereich, größere Investitionen, etwa die Einrichtung einer Praxis, erforderlich sind. Hierfür gelten dann dieselben Finanzierungsüberlegungen wie für die Finanzierung einer jeden Gewerbetätigkeit.

Mut zur Preisforderung finden

Eine Finanzierung ist auf Dauer nur so stabil, wie sie von den Einnahmen her gedeckt wird. Entscheidend für ausreichende Einnahmen sind angemessene Preisforderungen (siehe Abschnitt »Preisfindung«, Seite 252). Doch damit haben viele freiberufliche Existenzgründer anfangs Schwierigkeiten, da sie – womöglich die Studententarife noch im Hinterkopf – sich nicht gleich trauen, ein Honorar zu fordern, das ihrer Leistung angemessen ist. Sie stufen ihre Leistung oft zu gering ein, weswegen sie auch nicht wagen, das »Marktübliche« zu fordern. Wer aber auf Dauer freiberuflich tätig bleiben möchte, kommt nicht umhin, die Angst, angemessene Preise zu fordern, zu überwinden und mehr Mut zur Preisforderung aufzubauen. Gründern muss klar sein, dass sie bei jedem Auftrag aufs Neue einen angemessenen Preis realisieren müssen und jedes Mal auch die Wettbewerbssituation – von der Angebotserstellung bis zur Auftragsvergabe/-nichtvergabe – aushalten müssen. Wer hierzu nicht in der Lage ist, sollte sich nicht selbständig machen, allenfalls nur mit einem Partner, der die Preisgestaltung beherrscht. Honorare projektbezogen jedes Mal neu frei verhandeln zu müssen mit der ständigen Angst im Nacken, nicht den Zuschlag zu erhalten, stellt schon eine ganz andere Belastungssituation dar als eine Gehaltsverhandlung. Ein Gehaltspoker geschieht ein einziges Mal im Bewerbungsgespräch, damit steht der Preis für alle weiteren Arbeiten fest. Beim Freiberufler dagegen herrscht quasi in jeder Angebotssituation »Gehaltsverhandlungsatmosphäre«. Ausgenommen davon sind die freiberuflichen Kammerberufe. Sie sind privilegiert, da sie gesetztlich vorgeschriebene Gebührenordnungen anwenden müssen, wodurch sie vom Preis her nicht konkurrieren müssen.

Zu diesen (noch) privilegierten Freiberuflergruppen zählen:

- Rechtsanwälte, Notare, Steuerberater, Ärzte, Zahnärzte
- sowie zahlreiche Angehörige von Heilberufen und Heilhilfsberufen, die, wie beispielsweise die Physiotherapeuten, entsprechend festgelegter Krankenkassensätze ihre Honorare für ärztlich verordnete Behandlungen erhalten.
- Ab 1.7. 2006 müssen Beratungshonorate frei ausgehandelt werden, während bei Prozess-Mandatierung die Gebührenordnung gilt.

Ansonsten müssen Freiberufler bei ihrer Preisfindung sich am Markt orientieren. Siehe hierzu Abschnitt »Preisfindung – Stundensatzkalkulation« ab Seite 252.

Soziale Absicherung als Freiberufler

Noch sind Selbständige, bis auf einige Freiberuflergruppen (siehe »Rentenversicherungspflichtige Selbständige«, Seite 97), nicht sozialversicherungspflichtig. Dies dürfte wohl auch beim geplanten Fonds-Modell im Rahmen der Gesundheitsreform vorerst noch so bleiben. (Infos: *www.freiberufler-atlas.de*) Sozialversicherungspflichtige Selbständige müssen im Unterschied zu Angestellten ihre Sozialversicherungsbeiträge zu 100% aus eigener Tasche bezahlen. Bei den Krankenkassen beispielsweise liegt der Mindestbeitrag für Selbständige bei rund 250 Euro monatlich, in der Rentenversicherung ist man als freiwilliges Mitglied mit mindestens 78 Euro monatlich dabei, als Pflichtmitglied mit 19,9% des sozialversicherungspflichtigen Einkommens (Gewinns) bis zur Beitragsbemessungsgrenze. Seit Februar 2006 haben Selbständige, die nach dem 1.1. 2004 gegründet haben, unter Umständen zudem die Möglichkeit, sich mit einer Beitragspauschale bei der Bundesagentur für Arbeit gegen Arbeitslosigkeit zu versichern (siehe »Arbeitslosenversicherung für Selbständige«, Seite 105).
Selbständige können sich auch preiswerter in einer privaten Krankenkasse und Pflegeversicherung absichern, die private Lebensversicherung bringt wohl auch höhere Renditen. Noch preisgünstiger fahren jedoch Selbständige, wenn sie zusätzlich einem sozialversicherungspflichtigen Zweitjob ab 401 Euro monatlich nachgehen, über den sie kranken-, renten-, pflege- und arbeitslosenversichert sind. Und wer auf Hartz IV geht, erhält die volle Absicherung bei den gesetzlichen Versicherungen zum Nulltarif (siehe »Einstiegsgeld für Hartz IV-Gründer«, Seite 250).

Gesetzliche Krankenversicherung

Bis zum Wirksamwerden der geplanten Gesundheitsreform, über die Leser aktuell auf der Website *www.freiberufler-atlas.de* informiert werden, gilt für Selbständige, die sich in einer gesetzlichen Krankenkasse versichern wollen, Folgendes: Selbständige, die nicht über einen sozialversicherungspflichtigen Nebenjob krankenversichert sind, können sich nur im Rahmen einer freiwilligen Weiterversicherung im Anschluss an eine vorherige Pflichtversicherungszeit (Beschäftigungsverhältnis und Anrechnungszeiten) bei den gesetzlichen Krankenkassen weiterversichern, wenn sie:

- ununterbrochen mindestens zwölf Monate unmittelbar vor Beendigung der Versicherungspflicht oder
- mindestens 24 Monate während der letzten fünf Jahre vor Beendigung der Versicherungspflicht

pflichtversichert waren.
Als Versicherungszeit werden angerechnet: Zeiten als Pflichtversicherter, Familienversicherter oder als freiwillig Versicherter. Das heißt, dass auch Versicherungszeiten aufgrund des Bezugs von Arbeitslosengeld, Arbeitslosenhilfe und Unterhaltsgeld nach dem Arbeitsförderungsgesetz sowie Zeiten einer studentischen Krankenversicherungspflicht berücksichtigt werden.

! **Hinweis an Studenten!**
Wer über die Immatrikulation das Krankenversicherungsproblem lösen möchte, sollte wissen, dass die Krankenversicherungspflicht für Studenten nicht nur mit der Exmatrikulation (Beendigung des Studiums), sondern mit Ablauf des 14. Semesters bzw. mit Vollendung des 30. Lebensjahres endet. Danach ist nur noch eine freiwillige Weiterversicherung möglich, wenn diese Absicht spätestens innerhalb von drei Monaten (Posteingang bei der Krankenkasse, nicht der Poststempel zählt zur Termineinhaltung) nach Beendigung der Mitgliedschaft angezeigt wird. Eine verspätete Anzeige führt zum Verlust der Möglichkeit auf freiwillige Weiterversicherung.

Beitragshöhe für freiwillig Versicherte

Bei den gesetzlichen Krankenkassen berechnet sich die Beitragshöhe Selbständiger aus dem Beitragssatz und dem individuellen Einkommen. Wie gesagt, Selbständige müssen den gesamten Sozialversicherungsbeitrag bezahlen, der bei Krankenkassen derzeit zwischen 13 und 15% liegt, was abhängig von der jeweiligen Satzung der Krankenkasse ist. Freiwillig Versicherte müssen nicht ihrer Krankenkasse treu bleiben. Sie haben die Wahl zwischen:

- den regionalen Ortskrankenkassen (AOK, *www.aok.de*),
- allen Ersatzkassen (z.B. BEK, *www.bek.de*),
- vielen Betriebskrankenkassen (BBK, *www.bbk.de*).

Da die Verdiensthöhe insbesondere in den Anfangsjahren schwankt und im Startjahr überhaupt nur geschätzt werden kann, gilt nach Inkrafttreten des Gesundheitsstrukturgesetzes für Selbständige, dass ihnen fiktive Einnahmen zugerechnet werden, die oberhalb der Beitragsbemessungsgrenze liegen. Aus diesem Grund müssen Selbständige Höchstbeiträge bezahlen. Selbst bei nachgewiesenen niedrigeren Einnahmen wird in jedem Fall eine Mindesteinnahme von 75% der monatlichen Bezugsgröße (das ist das Durchschnittsentgelt aller Sozialversicherten) angesetzt.

Bezugsgrößen (Durchschnittsverdienste) für Krankenversicherung 2006

West		Ost	
monatlich	jährlich	monatlich	jährlich
2450 Euro	29400 Euro	2065 Euro	24780 Euro

Beitragsbemessungsgrenzen Krankenversicherung 2006

West		Ost	
monatlich	jährlich	monatlich	jährlich
3562,50 Euro	42750 Euro	3562,50 Euro	42750 Euro

Die Bemessungsgrenze zur Abführung von Pflicht- bzw. freiwilligen Beiträgen in die gesetzliche Krankenversicherung wird nur für Einkommen bis zur Höhe der jährlich sich verändernden Beitragsbemessungsgrenzen erhoben. Das darüber hinausgehende Einkommen ist sozialversicherungsfrei. Die Entscheidung, ob eine Versicherung in einer gesetzlichen Krankenkasse sinnvoller ist als eine Absicherung in einer privaten Krankenkasse, muss man individuell prüfen. Vorteile der jedoch für jüngere Menschen erheblich teureren gesetzlichen Krankenkassen sind, dass sie ihre Mitglieder (etwa nach langer schwerer, eventuell chronischer Krankheit) nicht ausschließen dürfen und dass die Familienversicherung (kostenlose Mitversicherung von nicht verdienendem Partner und Kindern) sowie die Beiträge nicht willkürlich mit zunehmendem Alter angehoben werden können. Aber angesichts der Krise im Krankenversicherungssystem dürften die bisherigen Leistungskataloge noch mehr reduziert werden und heutige Vorteile eventuell dann entfallen.

Private Krankenversicherungen

Selbständige ohne die Möglichkeit einer freiwilligen Weiterversicherung in der gesetzlichen Krankenkasse können sich nur bei einer privaten Krankenversicherung krankenversichern. Die Beiträge hierfür müssen in voller Höhe aus eigener Tasche bezahlt werden. Da die Tarife der einzelnen Versicherungsunternehmen sehr schwanken können und vor allem auch von der Leistung abhängen, sollte man vor Vertragsabschluss ganz genau das Preis-/Leistungsverhältnis prüfen, beispielsweise genau schauen, welche Risiken zu welchen Preisen versichert werden können.
Zwar sind die privaten Krankenversicherungen auf den ersten Blick preiswerter. Wer aber Familie hat, muss jedes einzelne Familienmitglied gesondert versichern, da es keine kostenfreie Familienversicherung gibt. Frauen zahlen aufgrund des Schwangerschaftsrisikos zudem mehr als Männer. Besonders nachteilig kann eine private Krankenversicherung sein, wenn der potentielle Versicherungsnehmer Vorerkrankungen hatte, chronisch krank oder behindert ist, da für all

diese »erhöhten Risiken« Sonderzuschläge bezahlt werden müssen. Zudem erhöhen sich die Beiträge mit zunehmendem Alter, wobei das gesamte Einkommen, also auch Mieterträge etc., als Bemessungsgrundlage herangezogen wird.
Erkundigen Sie sich bei den Verbraucherberatungsstellen. Private Krankenkassen finden Sie über: Verband der privaten Krankenversicherungen *(www.pkv.de)*.

Pflegeversicherung

Wer in einer gesetzlichen Krankenversicherung versichert ist, ist auch automatisch über seine Krankenkasse Mitglied in der Pflegekasse. Hierfür muss der Selbständige allein den Beitrag von 1,7 % seines Einkommens aufbringen (Bemessung der Einkommensbezugsgröße) und gemeinsam mit dem Krankenversicherungsbeitrag an die Krankenkasse abführen.
Wer in einer privaten Krankenkasse versichert ist, muss bei der privaten Krankenversicherung einen Pflegeversicherungsvertrag abschließen. Dieser Vertrag muss Leistungen garantieren, die denen der sozialen Pflegeversicherung entsprechen. Die Beiträge dürfen nicht höher als die für die gesetzlichen Pflegekassen liegen.
Selbständige, die weder in der gesetzlichen noch in der privaten Krankenkasse krankenversichert sind, sind auch nicht Pflichtmitglied in einer Pflegekasse und müssen auch nicht einen Pflegeversicherungsvertrag abschließen.
Unabhängig von der Regelung ihrer Krankenkassenfrage können Selbständige jedoch Mitglied in einer privaten Pflegeversicherung werden.

Altersvorsorge und Berufsunfähigkeitsversicherung

Obwohl Beiträge zur Altersversorgung in der investitionsreichen Gründungsphase besonders weh tun, wäre es dennoch fatal, aus Kostengründen auf eine Altersvorsorge zu verzichten.

Dabei sollte der Abschluss einer Berufsunfähigkeitsversicherung an erster Stelle stehen, denn das wichtigste Kapital, über das Freiberufler verfügen, ist ihre Arbeitskraft. Und diese muss abgesichert werden, und zwar möglichst früh und bei guter Gesundheit, damit der Versicherer keine Krankheitsrisiken ausschließt oder sich durch erhöhte Beiträge besonders teuer bezahlen lässt.

Man kann eine Berufsunfähigkeitsversicherung separat abschließen, für einen 30-Jährigen kosten 1000 Euro Monatsrente monatlich rund 25 bis 35 Euro Beitrag. Empfehlenswert und preiswerter ist jedoch, eine Berufsunfähigkeitsversicherung zusammen mit einer Lebensversicherung abzuschließen, entweder in Form der Rürup-Rente oder als zulagenfähige Riester-Lebensversicherung. (Siehe hierzu die entsprechenden Abschnitte »Rürup-Rente – Private kapitalgedeckte Rentenversicherung«, Seite 102, und »Riester-Rentenzulage«, Seite 103). Dabei wird üblicherweise vereinbart, dass im Fall von Berufsunfähigkeit nicht nur eine Berufsunfähigkeitsrente, sondern auch die Beiträge für die Lebensversicherung (Leibrentenversicherung) weiterbezahlt werden.

Fast noch wichtiger als der Preisvergleich ist der Leistungsvergleich. Man sollte sich die Versicherungsbedingungen genau durchlesen und sich auch nicht scheuen, ggf. Unpassendes aus dem Kleingedruckten zu streichen bzw. Zusatzvereinbarungen in den Vertrag schreiben zu lassen. Wichtig ist beispielsweise, den Beruf, den man möglicherweise krankheitsbedingt nicht mehr (d.h. weniger als 50%) ausüben kann, genau im Vertrag zu definieren und allgemein klingende Tätigkeitsbezeichnungen zu vermeiden. So kann man für den Fall von Berufsunfähigkeit verhindern, dass einen die Versicherung einfach auf eine andere Tätigkeit verweist. Schreiben Sie beispielsweise als Beruf oder Tätigkeit, die Sie absichern lassen möchten, »Programmierer individueller Systemsoftware« statt z.B. »Wirtschaftsinformatiker«. Wenn Sie aufgrund eines Unfalls, Schlaganfalls oder einer Hirnhautentzündung nicht mehr die Hochleistungskonzentration aufbringen können, um individuelle Systemsoftware zu programmieren, wird es die Versiche-

rung bei zuvor genau definierter Tätigkeit schwerer haben, Sie auf eine leichtere IT-Tätigkeit zu verweisen. Das wäre möglich, wenn Sie als Beruf schlicht IT-Fachmann gewählt hätten.
Dieses Beispiel zeigt, wie komplex das Gebiet Berufsunfähigkeitsversicherung ist. Lassen Sie sich von einem Fachmann beraten, der nicht vertraglich an eine Versicherung gebunden ist.
Vorab finden Sie Informationen im Internet, etwa unter:

- *www.berufsunfaehigkeit.com*
- *www.versicherungvergleich.info*
- *www.berufsunfaehigkeitsvergleiche.de*
- *www.stiftung-warentest.de*

Im Folgenden werden die möglichen Altersvorsorgemaßnahmen gemäß des Alterseinkünftegesetzes (AltEinkG) vom 5. 7. 2004 und der Regelungen zur Riester-Rente für Selbständige dargestellt.

Alterseinkünftegesetz (AltEinkG)

Seit Gültigkeit des Alterseinkünftegesetzes vom 5. 7. 2004 (BGBL 2004 I S. 1427) kommen auch Selbständige, die nicht pflichtversichert sind, erstmals in den Genuss staatlicher Unterstützung bei ihrer Altersvorsorge, und zwar über die Rürup-Rente (siehe Abschnitt »Rürup-Rente – Private kapitalgedeckte Rentenversicherung«, Seite 102). Pflichtversicherte Selbständige können gemäß § 2 Nr. 1 bis 9 SGB VI zudem die staatlichen Zulagen nach Riester, der sogenannten Riester-Rente (siehe Abschnitt »Riester-Rentenzulage«, Seite 103) in Anspruch nehmen.
Das Alterseinkünftegesetz bedeutet eine Revolution bei der steuerlichen Berücksichtigung von Vorsorgeaufwendungen nach § 10 EStG mit Wirkung zum 1. 1. 2005. Hiernach unterscheidet der Gesetzgeber im Rahmen des Sonderausgabenabzugs die Altersvorsorgebeiträge in Aufwendungen für eine

- Basisversorgung im Alter
- und in sonstige Vorsorgeaufwendungen.

Höhe der Abzugsfähigkeit von Beiträgen

Dieses neue Gesetz regelt die unterschiedliche Höhe der steuerlichen Abzugsfähigkeit und der späteren Besteuerung des Renteneinkommens a) der Basisversorgung und b) der Vorsorgeaufwendungen.
Die steuerliche Abzugsfähigkeit für Aufwendungen

a) *zur Basisversorgung* beträgt pro Jahr seit 2005: 60% (2006: 62%, 2007: 64%, 2025:100%) von bis zu 20000 Euro Beitragsleistungen (bei Verheirateten bis zu 40000 Euro).
b) *für Vorsorgeaufwendungen* im Sinne des § 10 Abs. 1 Nr. 3 EStG können bis zu 2400 Euro (4800 Euro bei Verheirateten) jährlich abgesetzt werden. Siehe hierzu Abschnitt »Sonstige Vorsorgeaufwendungen«, Seite 103.

Zuzüglich besonderer Förderungen nach Riester siehe »Riester-Rentenzulage«, Seite 103.

Basisversorgung im Alter

Aufwendungen für eine Basisversorgung im Alter sind nach § 10 Abs. 1 Nr. 2 EStG Beiträge zugunsten

- der gesetzlichen Rentenversicherung. Wer nicht zu den rentenversicherungspflichtigen Selbständigen gehört (siehe folgenden Abschnitt) kann unter Umständen freiwillige Rentenversicherungsbeiträge an die Deutsche Rentenversicherung Bund (einst BfA) leisten, (siehe übernächsten Abschnitt),
- der landwirtschaftlichen Alterskassen,
- der berufsständischen Versorgungswerke,
- privater kapitalgedeckter Rentenversicherungen (Rürup-Rente), die eine monatliche Rentenzahlung frühestens ab dem 60. Lebensjahr vorsehen und deren Laufzeit nach dem 31. 12. 2004 beginnt.

Rentenversicherungspflichtige Selbständige

Es gibt Selbständigengruppen, die in der gesetzlichen Rentenversicherung (Deutsche Rentenversicherung Bund) versicherungspflichtig sind, wenn das Arbeitseinkommen (der Gewinn nach Abzug aller Kosten) monatlich über der Geringfügigkeitsgrenze von 400 Euro liegt. Nur rentenversicherungspflichtige Selbständige können auch die staatlichen Riester-Förderungen durch Abschluss zusätzlicher Altersvorsorgeverträge (siehe »Riester-Rentenzulage«, Seite 103) vereinbaren.
Die Rentenversicherungspflicht für Selbständige regelt § 2 Nr. 1 bis 9 SGB VI. Demnach sind folgende freiberuflich und gewerblich Selbständige in der gesetzlichen Rentenversicherung versicherungspflichtig:

- *Lehrer*, die freiberuflich an Schulen, Universitäten und anderen Bildungseinrichtungen Gruppen oder Einzelne unterrichten, auch Aerobic- und Nachhilfelehrer. Das Lehren in einem künstlerischen Beruf, beispielsweise als Ballettlehrer, führt zur Versicherungspflicht als Künstler in der Künstler-Sozialkasse (KSK).
- *Erzieher*, die in Kindergärten, Horten oder auch als Tagesmütter selbständig tätig sind. Wollen Lehrer und Erzieher nicht ihre Rentenversicherungspflichtigkeit riskieren, dürfen sie im Zusammenhang mit ihrer selbständigen Tätigkeit keine versicherungspflichtigen Arbeitnehmer, Auszubildende oder mehrere 400-Euro-Kräfte beschäftigen (eine 400-Euro-Kraft und Putzfrau sind »unschädlich«).
- *Heil- und Pflegepersonen*, die in der Kranken-, Wochen-, Säuglings- oder Kinderpflege selbständig tätig sind, wenn sie ihre Tätigkeit überwiegend auf ärztliche Anordnung (z. B. Physiotherapeuten, Behandlungspflege der Gesundheitspfleger, bislang Krankenpfleger genannt) ausführen und im Zusammenhang mit ihrer selbständigen Tätigkeit keinen versicherungspflichtigen Arbeitnehmer bzw. Auszubildenden beschäftigen. Nicht versicherungspflichtig sind freiberufliche Sportmasseure und selbständige Altenpfleger, die nicht im Sinne einer Krankenpflege überwiegend gesunde und lediglich wegen ihres Alters pflegebedürftige Menschen betreuen.
- *Hebammen und Entbindungspfleger*, auch sogenannte Beleghebammen, die auch in Krankenhäusern selbständig tätig sind.

- *Seelotsen,* die im öffentlichen Auftrag tätig sind. Keine Binnenlotsen, Travelotsen und Lotsen der Flensburger Förde.
- *Künstler und Publizisten* nach näherer Bestimmung des Künstlersozialversicherungsgesetzes. Hierzu zählen selbständige Musiker, darstellende Künstler, Publizisten, Schriftsteller und Journalisten. Die Besonderheit: Die Pflichtgrenze beginnt schon bei Gewinneinnahmen von monatlich 325 Euro bzw. jährlich 3900 Euro. Berufsanfänger können für drei Jahre auch mit geringerem Einkommen aufgenommen werden.
- *Hausgewerbetreibende.* Wer im Auftrag und auf Rechnung von Gewerbetreibenden, öffentlich-rechtlichen Körperschaften etc. in eigener Arbeitsstätte arbeitet, ist versicherungspflichtig.
- *Küstenschiffer und Küstenfischer,* die zur Besatzung ihres Fahrzeuges gehören oder als Küstenfischer ohne Fahrzeug fischen und regelmäßig nicht mehr als vier versicherungspflichtige Arbeitnehmer beschäftigen.
- *Zulassungspflichtige Handwerksbetriebe* (Meisterpflicht) sind versicherungspflichtig. Handwerker, die dem zulassungsfreien Handwerk gemäß Handwerksordnung Anlage B angehören, sind versicherungsfrei.
- *Selbständige mit einem Auftraggeber* (Arbeitnehmerähnliche Selbständige), also solche Selbständige, die mit Ausnahme von Familienangehörigen (§ 7 Abs. 4 Satz 3 SGB IV) keinen versicherungspflichtigen Arbeitnehmer beschäftigen sowie regelmäßig und im Wesentlichen nur für einen Auftraggeber tätig sind.
- *Ich-AG-Gründer.* Wer von der Bundesagentur für Arbeit, letztmalig mit Antrag vom 30. 6. 2006 den Existenzgründungszuschuss erhält, ist für die gesamte Förderlaufzeit, längstens bis zum 30. 6. 2009 selbst dann versicherungspflichtig, wenn der monatliche Gewinn unter der Geringfügigkeitsgrenze von monatlich 400 Euro liegt oder sogar ein Verlust erwirtschaftet wird. Einziger Ausweg in diesem Fall: Beendigung der Selbständigkeit.
- *Gründungszuschuss-Gründer:* Wer ab 1. 8. 2006 Gründungszuschuss der Bundesagentur für Arbeit erhält kann sich nur auf Antrag pflichtversichern (siehe Abschnitt »Neuer Gründungszuschuss der Bundesagentur für Arbeit« ab Seite 248).

Befreiungsmöglichkeit: Werden Existenzgründer erstmals mit einem Auftraggeber selbständig, können sie sich befristet für drei Jahre von der Versicherungspflicht befreien lassen. Bei einer erneuten Existenzgründung (z.B. Änderung des Geschäftszwecks) können nochmals drei Jahre Befreiung beantragt werden.

Versicherungspflicht auf Antrag

Seit Inkrafttreten des Rentenreformgesetzes 2001 haben auch Selbständige, die nicht rentenversicherungspflichtig sind, die Möglichkeit, auf Antrag rentenversicherungspflichtig zu werden. Damit erwerben sie alle Rechte und Pflichten wie die Pflichtversicherten. Das heißt, sie unterliegen der üblichen Beitragsbemessung und können nicht ohne weiteres die Versicherungspflicht wieder beenden, es sei denn ihre Selbständigkeit endet.
Für den Nachweis einer selbständigen Tätigkeit kommen beispielsweise bei Freiberuflern die Nennung der Steuernummer des Finanzamtes, bei Gewerbetreibenden die Gewerbeanmeldung, Handelsregistereintragung, ggf. die Gewerbeerlaubnis, ein Auszug aus der Handwerksrolle oder ein Gesellschaftsvertrag in Frage. Allerdings dürfen die Einkünfte des Selbständigen nicht ausschließlich Einkünfte aus Kapitalvermögen, aus Vermietung und Verpachtung oder aus nichtselbständiger Arbeit darstellen, und er darf nicht anderweitig sozialversicherungspflichtig beschäftigt sein. Der Antrag kann fristgerecht innerhalb eines Zeitraums von fünf Jahren nach der Aufnahme der selbständigen Tätigkeit oder dem Ende einer vorangehenden Versicherungspflicht auf Grund dieser Tätigkeit gestellt werden. Die Versicherungspflicht beginnt an dem Tag, der dem Eingang des Antrages beim Rentenversicherungsträger folgt, frühestens jedoch an dem Tag, an dem die selbständige Tätigkeit aufgenommen wird.

RV-Beitragshöhe:

Halber Regelsatz: Einsteiger haben die Möglichkeit, in den ersten drei Kalenderjahren nach der Existenzgründung auf Antrag den halben Regelsatz von monatlich 238,88 Euro (201,34 Euro Ost) zu bezahlen.

Voller Regelsatz: Selbständige (auch die auf Antrag bzw. freiwillig Versicherten, siehe unten) haben die Möglichkeit, unabhängig von ihrem Einkommen den vollen Regelsatz von monatlich 477,78 Euro (402,68 Euro Ost) zu bezahlen. Ausnahme: Künstler, Hausgewerbetreibende, Seelotsen und Küstenschiffer und -fischer können *nur* einkommensgerechte Beiträge bezahlen.

Einkommensgerechter Beitrag: Bei abweichendem Einkommen können Selbständige höhere oder niedrigere Beiträge bezahlen.

Beitragsbemessung:

Die Beitragspflicht Selbständiger beginnt bei Arbeitseinkommen (Gewinn nach Abzug ihrer Kosten) oberhalb der Geringfügigkeitsgrenze von monatlich 400 Euro. Für Arbeitseinkommen über der Beitragsbemessungsgrenze müssen keine Pflichtbeiträge bezahlt werden.

Die Beitragsbemessung in der Rentenversicherung 2006

West		Ost	
monatlich	jährlich	monatlich	jährlich
5250 Euro	63000 Euro	4400 Euro	52800 Euro

Freiwillige Mitglieder können unabhängig von diesen Bemessungsgrenzen ihre Beiträge zwischen den von der Deutschen Rentenversicherung jährlich vorgegebenen monatlichen Mindest- und Höchstbeitrag selbst bestimmen.

Freiwillig Rentenversicherte

Die Möglichkeit zur freiwilligen Rentenversicherung in der gesetzlichen Rentenversicherung ist nicht zu verwechseln mit der Versicherungspflicht auf Antrag. Hierbei bestimmt

der Beitragszahler seinen monatlichen Beitrag zwischen Mindestbetrag (78 Euro im Jahr 2006) und Höchstbetrag (1014 Euro) selbst. Die Beiträge kann er auch rückwirkend bis zum 31. März des Folgejahrs noch entrichten. Allerdings steigern freiwillige Beiträge den monatlichen Rentenanspruch nicht wesentlich: Mit monatlich 78 Euro Beitrag erhöht sich der Anspruch der späteren monatlichen Rente um 4,30 Euro, beim Höchstbetrag von 1014 Euro lediglich um 26 Euro. Es ist also ein schlechtes Geschäft. Die Einzahlung in eine Lebensversicherung brächte erheblich bessere Renditen.
So lohnt sich die freiwillige Versicherung nur für diejenigen, die bereits die Mindestversicherungszeit (60 Pflichtbeiträge) entrichtet haben und diese durch Zahlung der freiwilligen Mindestbeiträge aufrechterhalten möchten, um

- nach 15 Beitragsjahren insgesamt (Pflicht- und freiwillige Beiträge) Anspruch auf Rehabilitationsleistungen zu haben,
- ihren Anspruch auf Erwerbsminderungsrente (volle bzw. halbe Erwerbsminderung) aufrechtzuerhalten (wer vor 1961 geboren ist, kann seinen Berufsunfähigkeitsschutz aufrechterhalten, d.h. man kann ihn nicht wie bei der Erwerbsunfähigkeitsrente einfach auf eine andere Tätigkeit verweisen),
- mit 65 Jahren eine Regelaltersrente beantragen – und als Mutter die Kindererziehungszeiten nutzen zu können.

Vorteile staatlicher Rentenzahlung: Wenn auch ein auf diese Weise aufrechterhaltener Rentenanspruch lediglich zu sehr geringen Erwerbsminderungsrenten bzw. Regelaltersrenten führen dürfte, liegt ein Vorteil darin, dass der Rentenversicherungsträger sich an den gesetzlichen Krankenkassenbeiträgen (bislang zu 50%) beteiligt, die für Rentner in der gesetzlichen Krankenversicherung ohnehin niedriger sind. Zudem sind Bezieher der gesetzlichen Rente zum Antrag auf Grundsicherung (monatlich zirka 850 Euro inkl. Mietzuschuss) bei den Gemeinden berechtigt. Die Grundsicherung hat wiederum den Vorteil, dass nicht wie im Falle des Antrags auf Sozialhilfe die Unterhaltspflicht der Angehörigen in gerader Linie (Kinder, Eltern) geprüft wird, wenn diese nicht über 110000 Euro jährlich verdienen.

Um den Anspruch der erworbenen Rentenanwartschaften zu erhalten, sollte man bis spätestens zum 31. März des Folgejahres für jeden Monat des zurückliegenden Jahres, das an das letzte Pflichtversicherungsjahr anschließt, die Beiträge entrichtet haben. Am besten erteilt man der Deutschen Rentenversicherung eine Einzugsermächtigung.

Rürup-Rente – Private kapitalgedeckte Rentenversicherung

Steuerlich absetzbar im Rahmen der Höchstgrenze von 20000 Euro (40000 Euro bei Verheirateten) sind Beiträge zu einer eigenen kapitalgedeckten Rentenversicherung, deren Laufzeit nach dem 31. 12. 2004 beginnt. Voraussetzung ist, dass der Vertrag die Zahlung einer monatlichen lebenslangen Leibrente nicht vor Vollendung des 60. Lebensjahres oder die ergänzende Absicherung von Berufs- und Erwerbsunfähigkeit oder von Hinterbliebenen vorsieht.

Nachteil: Die Ansprüche dürfen nicht vererblich, nicht übertragbar, nicht beleihbar, nicht veräußerbar und nicht kapitalisierbar sein. Darüber hinaus darf kein Anspruch auf vorzeitige (Teil-)Auszahlungen bestehen.

Vorteil: Die Anwartschaften aus einer Rürup-Rente sind – anders als die klassischen Lebensversicherungen – im Fall einer Insolvenz vor Gläubigerzugriff sicher und werden bei Beantragung von Hartz IV nicht als Vermögen gewertet.

Tipp!

Es ist dringend empfehlenswert, mit einer Rürup-Rentenversicherung eine Berufs- und Erwerbsunfähigkeitsversicherung abzuschließen.

Sonstige Vorsorgeaufwendungen

Im Sinne des § 10 Abs. 1 Nr. 3 SGB können im Rahmen der Höchstbeträge von jährlich 2400 Euro (4800 Euro für Verheiratete) geleistete Beiträge für sonstige Vorsorgeaufwendungen steuerlich geltend gemacht werden, wie:

- Arbeitslosenversicherung an Bundesagentur und Privatversicherungen (siehe auch »Arbeitslosenversicherung für Selbständige«, Seite 105),
- Erwerbs- und Berufsunfähigkeitsversicherungen,
- Kranken- und Pflegeversicherungen,
- Unfallversicherungen,
- Haftpflichtversicherungen,
- Risikolebensversicherungen,
- bestimmte Rentenversicherungen (ohne oder mit Kapitalwahlrecht oder mit Sparanteil, die nicht vor Ablauf von 12 Jahren ausbezahlt werden), wenn deren Laufzeit vor dem 1. 1. 2005 begonnen und wenigstens ein Beitrag bis 31. 12. 2004 entrichtet wurde.

Darüber hinaus können mittels Anlage AV der Einkommensteuererklärung geleistete Altersvorsorgebeiträge für zertifizierte Riester-Rentenversicherungen, wie im Folgenden beschrieben, geltend gemacht werden.

Riester-Rentenzulage

Die Riester-Rente ist eine mit der Rentenreform 2001 beschlossene, zusätzliche staatlich geförderte Altersvorsorge, die auf freiwilliger Basis erhält, wer zumindest Pflichtbeiträge in die gesetzliche Rentenversicherung bezahlt und darüber hinaus einen bestimmten Prozentsatz seines Einkommens in ein von der Bundesanstalt für Finanzdienstleistungsaufsicht zertifiziertes Finanzprodukt der privaten Vorsorge investiert (bei Angestellten auch Beiträge zur Betriebsrente). Gemäß § 79 Einkommensteuergesetz können auch pflichtversicherte Selbständige die staatlichen Zuschüsse zur Riester-Rente erhalten, wenn ihr Einkommen (Gewinn) über der Geringfügigkeitsgrenze von monatlich 400 Euro liegt und sie in der Bundesrepublik Deutschland unbeschränkt steuerpflichtig sind. Wer etwa seine Online-Agentur von Mallorca aus betreibt, hätte keinen Riester-Anspruch.

Die jährliche staatliche Zulage beträgt:

- 114 Euro pro Zulagenberechtigtem,
- zzgl. 138 Euro pro kindergeldberechtigtem Kind,
- 114 Euro für den nicht erwerbstätigen Ehegatten, der Kinder erzieht bzw. Angehörige pflegt.

Eine vierköpfige Familie mit einem Erwerbstätigen kann beispielsweise 504 Euro Zulage erhalten.

Zulagenberechtigt wird nur, wer in einem bestimmten Umfang einen eigenen Anteil zur Schließung seiner Versorgungslücke beiträgt.
Vom beitragspflichtigen Einkommen müssen jährlich für einen zertifizierten Altersvorsorgevertrag (z.B. Lebensversicherung, Fonds etc.) folgende Prozentsätze aufgebracht werden:

- 3% in 2006 und 2007, maximal 1575 Euro, wovon dann die Zulagen abgezogen werden. Z.B. verbleibt bei 1575 Euro abzüglich 504 Euro Zulage eine Nettoaufwendung von 1074 Euro.
- 4% ab 2008, maximal 2100 Euro, abzüglich der staatlichen Zulage.

Die Beiträge inklusive der Zulagen können gemäß § 10a Abs. 1 steuerlich geltend gemacht werden. Übertrifft der steuerliche Vorteil die Höhe der staatlichen Zulage, wird die Differenz mit dem Steuerbescheid gutgeschrieben.

Nachteil: Das angesparte Vorsorgekapital kann weder verpfändet noch beliehen, übertragen oder vererbt werden. Die Auszahlung einer »geriesterten« Lebensversicherung erfolgt ab Altersrentenbeginn nur monatsweise; eine Kapitalabfindung kann nicht gewählt werden.

Vorteil: Die Anwartschaften einer Riester-Rentenversicherung sind – anders als die klassischen Lebensversicherungen – im Fall einer Insolvenz vor Gläubigerzugriff sicher und werden auch nicht bei Beantragung von Hartz IV als Vermögen gewertet. Das bedeutet beispielsweise: Wer über einen Privatkonkurs in sieben Jahren schuldenfrei ist, hat dann noch seine Rente gerettet.

Infos!

- Deutsche Rentenversicherung Bund: *www.deutsche-rentenversicherung-bund.de*
- Versicherungen, freie Finanzberater, Banken.
- Örtliches Finanzamt bzw. Steuerberater (am besten vor Abschluss privater Altersvorsorgeverträge) befragen.

Arbeitslosenversicherung für Selbständige

Gemäß § 28a SGB III haben seit 1. 2. 2006 auch Selbständige und Existenzgründer, deren selbständige Tätigkeit mindestens 15 Stunden in der Woche beträgt, unter bestimmten Bedingungen die Möglichkeit zur freiwilligen Arbeitslosenversicherung.

Voraussetzung: Bislang sozialversicherungspflichtige, abhängig beschäftigte Existenzgründer können sich innerhalb eines Monats nach Aufnahme ihrer Selbständigkeit auf Antrag bei der Bundesagentur für Arbeit gegen Arbeitslosigkeit versichern:

- wenn sie innerhalb der letzten 24 Monate mindestens 12 Monate sozialversicherungspflichtig beschäftigt waren
- oder Entgeltersatzleistungen nach SGB III erhielten.

Existenzgründer müssen sich innerhalb eines Monats (Unmittelbarkeitsprinzip) nach Beendigung einer sozialversicherungspflichtigen Tätigkeit bzw. Arbeitslosigkeit für oder gegen eine freiwillige Arbeitslosenweiterversicherung entscheiden.

Sonderregelung bis 31. 12. 2006:
Nachdem die zunächst seit 1. 2. 2006 geltende Regelung, wonach sich auch ehemals sozialversicherungspflichtig beschäftigte Alt-Selbständige bis zum 31. 12. 2006 für eine Arbeitslosenversicherung entscheiden konnten, mit Wirkung zum 1. 6. 2006 vom Bundestag wieder kassiert wurde, haben nur noch Selbständige, deren Gründung nach dem 1. 4. 2004 erfolgte und die entsprechenden Anwartschaften (mindestens 12 Monatsbeiträge innerhalb der letzten 24 Monate) vorweisen, die Möglichkeit, sich bis zum 31. 12. 2006 für eine Arbeitslosenversicherung zu entscheiden.
Zur Erreichung der Anwartschaft spielt es keine Rolle, ob es sich um 12 Beitragsmonate oder 12 Monate Arbeitslosengeld handelt und ob die Beiträge bzw. das Arbeitslosengeld an einem Stück oder mit Unterbrechungen bezahlt wurden.

Beitragshöhe:

Die Beitragshöhe wird unabhängig vom individuellen Einkommen auf der Basis 6,5% (4,5% ab 2007) der jährlichen Bezugsgröße des amtlich ermittelten durchschnittlichen Einkommens (für 2006: 2450 Euro West, 2065 Euro Ost) erhoben und beträgt monatlich zwischen 15,90 und 39,81 Euro (für Selbständige und Auslandsbeschäftigte). Der Beitrag wird vom Versicherten allein getragen und kann monatlich bzw. auch in einem Jahresbetrag an die Bundesagentur für Arbeit überwiesen werden.

Leistungsanspruch, -dauer und -höhe:

Ein Leistungsanspruch entsteht nach einer Mindestversicherungszeit von 12 Monaten mit Anspruch auf 6 Monate Arbeitslosengeld.

Beitragsmonate:	Arbeitslosengeld-Monate
12 Monate	6 Monate
16 Monate	8 Monate
20 Monate	10 Monate
24 Monate	12 Monate (Höchstdauer)

Ab dem 55. Lebensjahr verlängert sich der Anspruch auf Bezug von Arbeitslosengeld auf 15 Monate bei 30 Beitragsmonaten und auf 18 Monate bei 36 Beitragsmonaten.

Für die Steuerklasse III ohne Kind errechnet sich die Höhe des monatlichen Arbeitslosengeldes nach folgenden Qualifikationsgruppen (Q1 bis Q4).		
Selbständiger mit	West/Euro	Ost/Euro
Q 1: Hochschul-/Fachhochschulabschluss	1 233,30	1 095,60
Q 2: Fachschule/Meister	1 086,30	949,20
Q 3: Abgeschlossener Ausbildungsberuf	908,70	783,30
Q 4: Keine Ausbildung/Ohne Abschluss	696,90	587,40

(Quelle: Bundesagentur für Arbeit)

Dauer des Gesetzes:

Das Gesetz zur freiwilligen Weiterversicherung ist bis zum 31. 12. 2010 befristet, was bedeutet, dass Ansprüche auf Zahlung von Arbeitslosengeld spätestens bis zum 30. 12. 2010 gestellt sein müssen.

Infos!
www.bundesagentur.de
Siehe auch »Einstiegsgeld für Hartz IV-Gründer«, Seite 250.

Unfallversicherung/Berufsgenossenschaft

Selbständige sind nicht wie Angestellte durch ihren Arbeitgeber bei der gewerblichen Berufsgenossenschaft gegen Arbeitsunfälle versichert, da für sie keine Versicherungspflicht besteht. Für einige Freiberufler bestehen jedoch Ausnahmeregelungen. So besteht Versicherungspflicht in der Berufsgenossenschaft für Gesundheitsdienst und Wohlfahrtspflege (BGW) für:

- Krankengymnasten
- Physiotherapeuten
- Hebammen

- Masseure
- Medizinische Bademeister,
- Fußpfleger (und Podologen = medizinische Fußpfleger)
- Logopäden
- Kranken- und Altenpfleger

Befreit von der Versicherungspflicht sind: Selbständig tätige

- Ärzte
- Zahnärzte
- Tierärzte
- psychologische Psychotherapeuten
- Kinder- und Jugendlichenpsychotherapeuten
- Heilpraktiker
- Apotheker.

Allerdings können sich alle Nichtpflichtversicherten als Alternative zur privaten Unfallversicherung freiwillig bei der BGW (*www.bgw-online.de*) bzw. gewerblichen Berufsgenossenschaft (*www.berufsgenossenschaften.de*) versichern.

Geschäftsrisiken absichern

Während im Angestelltenverhältnis der Arbeitgeber gegenüber Dritten für berufliche Fehler haftet, müssen sich Selbständige selbst gegen Schadensersatzforderungen von Kunden versichern. Nur Juristen benötigen bislang von Rechts wegen für die Zulassung zum Rechtsanwalt eine Berufshaftpflichtversicherung. Aber auch alle anderen Freiberufler wie Steuerberater, Ärzte, Architekten, Ingenieure usw. sind gut beraten, sich abzusichern, kann ein Schadensfall doch rasch die gesamte Existenz kosten. Der Gesetzgeber differenziert zwischen Gefährdungs- und Verschuldenshaftung. Beide Haftungsarten sollten abgesichert werden.

! **Infos!**
www.versicherung-online24.com/berufshaftpflichtversicherung/berufshaftpflicht.php

Gefährdungshaftung

Bei der Gefährdungshaftung handelt es sich um eine gesetzliche Haftungsverpflichtung, die sich allein daraus ergibt, dass der Gesetzgeber jedem Bürger unterstellt, allein durch seine bloße Existenz und gesellschaftliche Partizipation (z.B. Teilnahme am Straßenverkehr, Nutzung von Öltanks etc.) eine gewisse Gefahr darzustellen.

- *Umwelthaftung.* Im Bereich Gefährdungshaftung hat in den vergangenen zehn Jahren besonders die Umwelthaftung an Bedeutung gewonnen. Hierzu gehören beispielsweise: Wasserhaushaltsgesetz, Immissionsschutz, Umwelthaftungsgesetz und Störfallverordnung. Selbst wenn man nur einen Bürobetrieb unterhält, kann es wichtig sein, eine Umweltbasisdeckungs-Versicherung abzuschließen. Denn all die möglichen Umweltschäden, die im beruflichen Bereich erfolgen, sind nicht durch private Umwelthaftpflichtversicherungen abgedeckt.
- *Kraftfahrzeughaftpflicht.* Angesichts möglicher Unfallszenarien (Crash im Tunnel etc.) empfiehlt es sich, die Kfz-Haftpflicht mit einer unbegrenzten Deckung abzuschließen. Diese ist nur um zirka 5% teurer als eine begrenzte Deckungssumme.
- *Produkthaftung.* Obwohl Sie als Freiberufler weniger Produkte herstellen, sondern eher Dienstleistungen verkaufen, sollten Sie genau prüfen, ob Ihre geschäftlichen Leistungen unter die Produkthaftung fallen. Denn wer Produkte herstellt oder in Verkehr bringt, haftet für Personen- und Sachschäden, die fehlerhafte Produkte möglicherweise verursachen.
  Beispielsweise kann Ihre Software von Ihrem Kunden weitergegeben worden sein und verursacht dann einen Schaden. Obwohl Sie mit dem Geschäftspartner Ihres Kunden in keinerlei Vertragsverhältnis stehen, befinden Sie sich unter Umständen in der Haftungskette.
- *Dienstleistungshaftung:* Würde der neue EU-Vorschlag einer Dienstleistungshaftung angenommen, begründete dies eine verschuldensabhängige Haftung mit umgekehrter Beweislast aller Dienstleister (wie von Ärzten, Architekten, Ingenieuren, Technischen Redakteuren usw.): Der Dienstleister müsste dann beweisen, dass ihm weder Vorsatz noch Fahrlässigkeit zuzurechnen ist.

Verschuldenshaftung

Bei der Verschuldenshaftung handelt es sich um eine zivilrechtliche Haftung aufgrund eingegangener vertraglicher Verpflichtungen. Die Verschuldenshaftung kann für Personen-, Sach- und Vermögensschäden infrage kommen.

- *Vermögensschäden.* Während Privatleute relativ wenige Möglichkeiten haben, einen Vermögensschaden anzurichten, kann dies im Beruf schneller der Fall sein, als man denkt. Die Haftung für Vermögensschäden steht dabei im Vordergrund. Die falsche Beratung kann zu großen Schäden führen. Eine Absicherung gegen möglicherweise verursachte Vermögensschäden ist für die Freiberuflertätigkeit sogar Voraussetzung zur Berufsausübung. Beispielsweise müssen Rechtsanwälte und Steuerberater zwingend eine Berufshaftpflichtversicherung abschließen, um überhaupt tätig werden zu dürfen. Anwälte, die ihre nicht gerade billige Berufshaftpflicht von monatlich ab 250 Euro aufwärts nicht mehr bezahlen können, müssen ihre Zulassung zurückgeben. Jeder Berater, insbesondere auch Finanz- und Vermögensberater, sollten sich also dringend gegen die Folgen von Beratungsfehlern absichern.

  - Bei Sachschäden. Diese kommen am häufigsten vor und können schnell verursacht werden. Beispielsweise wenn man in der Teeküche das Wasser laufen lässt und im gemieteten Büro ein Wasserschaden entsteht.
  - Bei der Software-Installation beim Kunden (z.B. Programmbeschädigungen, Dateischäden oder -vernichtung, Festplattenprobleme etc.).
  - Wenn eine Besucherin im Grafikbüro versehentlich Tusche aufs Seidenkleid bekommt.

- *Personenschäden:* Diese Schäden betreffen Menschen. Hierzu können beispielsweise folgende Fälle zählen:
  - als Fahrradkurier fahren Sie jemanden an,
  - eine Kanne heißen Kaffees rutscht aus Versehen vom Tablett und ergießt sich über den Schoß eines Besuchers,
  - einer Büroumräumhilfe fällt ein Karton auf den Fuß,
  - ein Kunde stößt sich unglücklich am Tischbein usw.

Was tun?

Prüfen Sie folgende Versicherungen und überlegen Sie, ob diese für Ihr Geschäft infrage kommen!

Versicherungsart		
Berufshaftpflicht in Ihrer Branche		
Montage		
Maschinenbruch		
Warentransporte		
Betriebshaftpflicht		
Versicherungsart		
Umwelthaftpflicht		
Produkthaftpflicht		
Vermögensschadenhaftpflicht		
Betriebsunterbrechung bei Feuer		
Betriebsunterbrechung bei Energieausfall		
Betriebsunterbrechung bei Verseuchung		
Betriebsunterbrechung bei Computerausfall		
Kraftfahrzeugteilkasko		
Kraftfahrzeugvollkasko		
Firmenrechtsschutz		
Beraubung, Sabotage, Unterschlagung		
Forderungsausfall		
Auslandsrisiken		
Feuer, Explosion		
Sturm		
Wasser		
Einbruchdiebstahl		

Um sich individuell abzusichern, ist dringend eine Beratung in der jeweiligen Berufskammer, beim Berufsverband oder bei der Industrie- und Handelskammer zu empfehlen.

Das Erste Gesetz zur Schuldrechtsänderung

Zum 1. Januar 2002 trat das Schuldrechtsmodernisierungsgesetz in Kraft. Es bringt grundlegende Veränderungen des Verjährungs-, des Leistungsstörungs- sowie des Kauf- und Werkvertragsrechts, was enorme Auswirkungen hat sowohl auf die Haftung des Selbständigen gegenüber seinen Kunden und umgekehrt hinsichtlich möglicher Schadensersatzansprüche gegenüber Auftraggebern und Lieferanten. Die Schuldrechtsreform 2002 ist eine der umfangreichsten Gesetzesänderungsvorhaben im Bürgerlichen Gesetzbuch. So werden nicht nur etliche Paragrafen entsprechend der gängigen Rechtsprechung und EU-Rechtsvorgaben modernisiert, sondern beispielsweise auch Gesetze wie das AGB-Gesetz (Allgemeine-Geschäftsbedingungen-Gesetz), das Haustürwiderrufsgesetz, Fernabsatzgesetz im BGB integriert sowie E-Commerce-Richtlinien und andere Gesetze. Außerdem werden die Verbraucherschutzgesetze in das BGB eingegliedert.
Im Folgenden wird ein Überblick gegeben, in welchen zentralen Teilen des BGB die Schuldrechtsreform Eingang gefunden hat.

- *Teil I: §§ 121–124, 194–240 BGB:* (Anfechtungsfristen, Verjährung).
- *Teil II: §§ 241–310 BGB:* (allgemeine Leistungsstörungen; Basiszinssatz; Unmöglichkeit; Verschuldensdefinition; positive Vertragsverletzung [PVV] im BGB normiert; Begriff und Folgen der Pflichtverletzung; Verzug; höherer Unternehmerverzugszins; AGB-Gesetz ins BGB integriert).
- *Teil III: §§ 311–432 BGB:* (»culpa in contrahendo« [sic] im BGB normiert; anfängliche Unmöglichkeit lässt Vertrag bestehen; Haustürwiderrufsgesetz ins BGB integriert; Fernabsatzgesetz ins BGB integriert; E-Commerce-Richtlinie; Wegfall der Geschäftsgrundlage

[WGG] im BGB normiert; zentrales Widerrufs- und Rückgaberecht mit neuen Fristen; Aufrechnung nach Nichterfüllung auch im gesetzlichen Rücktrittsrecht).

- *Teil IV: §§ 433–480 BGB:* (neue Sachmangeldefinition; neue Rechtsmangeldefinition; Haftung des Grundstücksverkäufers für Erschließungsbeiträge; auch grob fahrlässige Unkenntnis des Käufers von Sach- oder Rechtsmängeln schließt Verkäuferhaftung aus; Garantieanspruch; Gefahrübergang bei Annahmeverzug; Verjährung der Mängelansprüche [Gewährleistungsverlängerung auf zwei Jahre]; Verbrauchsgüterkaufsrichtlinie; Begriff des Verbrauchsgüterkaufs).
- *Teil V: §§ 481–610 BGB:* (Teilzeit-Wohnrechte und Verbraucherkreditgesetz ins BGB integriert; Kündigungsrecht von Darlehen; neuer Verzugszins bei grundpfandrechtlich gesicherten Darlehen; Begriff der Finanzierungshilfe; Rückgabeverjährungsbeginn bei Leihe ab Rückforderung; Sachdarlehen).
- *Teil VI: §§ 611–853 BGB:* (Werkvertrag: tiefgreifende Änderungen der Gewährleistung und der Gewährleistungsverjährung - Verjährung jetzt zwei bzw. drei Jahre [Bauwerke nach wie vor fünf Jahre]; Nacherfüllungsrecht; Kostenvoranschlag im Zweifel kostenlos; Werklieferung nach Kaufrecht; Rückgabeverjährungsbeginn bei Verwahrung ab Rückforderung; Verjährung bei unerlaubter Handlung).
- *Teil VII: Bücher 3 bis 5:* überwiegen rein redaktionelle Änderungen in §§ 941–943; § 1002; §§ 1012–1017; § 1098; § 1170; § 1317; § 1615 L; § 1762; § 1903; § 1954; § 1997; § 2082; § 2171; § 2182; § 2183; § 2283; § 2376 BGB (Ersitzungsfristen; Erbbaurecht aufgehoben; im Übrigen redaktionelle Folgeanpassungen an das geänderte Schuldrecht).

Kein freiberuflicher oder gewerbetreibender Selbständiger kommt umhin, sich in die neue juristische Materie ein wenig einzuarbeiten, weil es bei jeder selbständigen Tätigkeit entsprechende Berührungspunkte zu vielen rechtlichen Punkten der neuen Regelungen gibt, angefangen von den Verjährungsfristen (z.B. bei Forderungen) über Allgemeine Geschäftsbedingungen bis hin zum Vertragsrechtsrecht und den Rechten und Pflichten daraus. Deshalb ist es empfehlenswert, entsprechende Einführungsseminare in Wirtschaftsakademien, bei der IHK oder bei den Berufsverbänden zu belegen.

Darüber hinaus sei empfohlen, sich bei der Gestaltung von Geschäftsbedingungen und beim Formulieren von Vertragstexten etc. anwaltlich beraten zu lassen. Die Kosten hierfür können sehr gut investiert sein.

Buchtipps!

Brox, Hans; Walker, Wolf. D.: Allgemeines Schuldrecht. Grundrisse des Rechts. München 2006 (sehr gute Einführung in alle Schuldrechtsfragen).

Freiberuflerverträge

Die Schuldrechtsreform 2002 berührt vor allem auch die Gestaltung von Werkverträgen zwischen Freiberuflern und Auftraggebern. Statt eines Arbeitsvertrags schließen Freiberufler mit ihren Auftraggebern freie, nicht den vielfältigen Arbeitsrechtsregelungen unterliegende Verträge über die zu erbringende Leistung und das dafür zu bezahlende Honorar ab.

Man muss dabei zwischen den beiden wichtigsten Vertragsformen mit unterschiedlichen Rechtsfolgen unterscheiden, nämlich zwischen dem Werk- und dem Dienstvertrag.

Dienstverträge werden beispielsweise abgeschlossen im Falle reiner Dienstleistungserbringung wie etwa die von Ärzten, Anwälten, Steuerberatern, Logopäden, Trainern usw. Bei bestimmten Vertrauensbeziehungen zwischen Arzt bzw. Angehörigen heilberuflich ähnlicher Tätigkeiten einerseits und Patienten andererseits entstehen dabei zumeist stillschweigend zustande gekommene Dienstverträge, zumeist mit der Besonderheit, dass ein Dritter, nämlich die gesetzlichen und/oder privaten Krankenkassen bzw. die Beihilfestellen (im Öffentlichen Dienst), die Kosten trägt. Darüber hinaus sind alle Mitarbeiterverträge für Freie Dienstverträge zwischen Auftraggeber und arbeitnehmerähnlichem Selbständigen.

Werkverträge hingegen werden stets vereinbart, wenn bestimmte sachbezogene Dienstleistungen, Werkstücke und/oder Produkte entstehen, verändert oder optimiert werden sollen. Beispielsweise schließen Autoren, die ein Manuskript liefern, Grafiker, die einen Prospekt entwerfen, Restauratoren, die ein Bild wiederherstellen oder Bildhauer, die eine Auftragsskulptur fertigen, Werkverträge ab.

Das Spektrum der freien Berufe

Das Spektrum der freien Berufe ist breit gefächert. Die in den folgenden Abschnitten nach verschiedenen Tätigkeitssektoren genannten Berufe können sowohl im Angestelltenverhältnis als auch in freiberuflicher Selbständigkeit in eigener Praxis oder als freier Mitarbeiter ausgeübt werden. Die Listen sind nicht vollständig, nennen aber bei jedem Beruf das Zuordnungskriterium der Freiberuflichkeit wie »Katalogberuf«, »katalogähnlich« oder »Tätigkeitsberuf«. Das vorliegende Kapitel will Ihnen einen ersten systematisierten Überblick geben und somit ein wenig helfen, Berufsideen und Tätigkeitswünsche erwerbsstatusrechtlich richtig einzuordnen, um entsprechend planen zu können. Zudem werden jeweils berufs-, ausbildungs- und zulassungsrechtliche Besonderheiten genannt, so dass Sie sich bei Interesse ganz gezielt bei den jeweiligen Berufsverbänden und Kammern weiter informieren können. Die wichtigsten Berufsverbände der freien Berufe werden im Anhang genannt. Sollten Sie Ihren vermeintlich freien Beruf in den nach Branchen geordneten Listen nicht finden, könnte es sein, dass es sich bei der gesuchten Tätigkeit um ein Gewerbe handelt. Mehrere hundert Gewerbetätigkeiten (rechtlich abgeklärte Zweifelsfälle) finden Sie zum einen im Abschnitt »ABC gewerblicher Tätigkeiten«, Seite 156, sowie – nach Branchen geordnet – in diesem Kapitel.

Heilkundliche und Heilhilfs-Berufe

Tätigkeiten	*Zugang/Besonderheit*	*Katalog*	*Katalog-ähnlich*	*Tätig-keitsberuf*
Aerobic-lehrer	Zugangsfrei, Aerobicausbildung			ja
Ambulanter Kranken-pfleger	Nur bei Behandlungspflege und Examinierung oder Studium zum Dipl.-Pfleger etc.		ja	
Alten-pfleger	Nur bei Behandlungspflege und Examinierung nach Altenpflege-gesetz oder Studium zum Dipl.-Pfleger. **Info!** Ambulante Kranken- und Altenpflege über: www.freiberufler-atlas.de		ja	
Arzt (über 50 Fach-rich-tungen)	Studium der Humanmedizin (Regelstudienzeit sechs Jahre) entsprechend Approbationsord-nung, Approbation, praktische Ausbildung »Arzt im Praktikum« (AiP), parallel Promotion, anschlie-ßend Möglichkeit zur Facharzt-ausbildung entsprechend der Wei-terbildungsordnung der Landes-ärztekammer mit Prüfung vor der Kammer. Praxisniederlassung wird durch Kammern reglementiert	ja		
Bademeis-ter (medizi-nischer)	Kann dann freier Beruf sein, wenn die Tätigkeit als Hilfsmaßnahme zu einem freien Beruf geleistet wird, z.B. wenn er auf ärztliche Rezepte hin tätig wird.		ja	
Blutgrup-pengut-achter	Nur mit laborfachlicher, bio-chemischer oder ärztlicher Aus-bildung, z.B. MTA-Abschluss		ja	

Tätigkeiten	*Zugang/Besonderheit*	*Katalog*	*Katalog-ähnlich*	*Tätig-keitsberuf*
Bodybuil-dingstudio	Freiberuflich, wenn Besitzer ohne angestellte Bodybuilder als Lehrer ausbildet, sonst Gewerbe.			ja
Body-builder	Freiberuflich nur in Lehrerfunktion			ja
Diät-assistent	Dreijährige Ausbildung zum Diät-assistenten, bundeseinheitlich geregelt gemäß Gesetz über den Beruf der Diätassistentin und des Diätassistenten (Diätassistenten-gesetz – DiätAssG) und zur Ände-rung verschiedener Gesetze über den Zugang zu anderen Heilberu-fen (Heilberufsänderungsgesetz – HeilBÄndG) vom 8. 3. 94 (BGBL S. 446), zuletzt geändert am 21. 9. 97 (BGBL S. 2390)		ja	
Diplom-Psychologe	Wissenschaftliches Hochschul-studium der Psychologie führt zur ersten Berufsqualifikation	ja		
Ergo-therapeut	Siehe Abschnitt »Sozialberufe«		ja	
Ernäh-rungs-berater	Fortbildung, aufbauend auf Diät-assistent oder Ökotrophologe (Fachschule, FH oder Uni). Anerkennung der Freiberuflichkeit am einfachsten mit Hochschul-abschluss als Ökotrophologe		ja	
Hebamme/ Entbin-dungs-pfleger	Bundeseinheitlich geregelte drei-jährige schulische Ausbildung	ja		

Tätigkeiten	*Zugang/Besonderheit*	*Katalog*	*Katalog-ähnlich*	*Tätig-keitsberuf*
Heil-praktiker	Offener Zugang entsprechend dem Gesetz über die berufsmäßige Ausübung der Heilkunde ohne Bestallung (Heilpraktikergesetz). Vorbereitungskurse von drei Jahren bereiten auf die Prüfung vor dem Gesundheitsamt vor	ja		
Homöo-path (Heil-praktiker, die sich auf Homöopa-thie spe-zialisiert haben)	Ausbildung als Arzt oder Heil-praktiker		ja	
Kranken-gymnast	Siehe »Physiotherapeut«	ja		
Kranken-schwester/-pfleger, selbständig	Heilberufsähnliche Tätigkeit, sofern gesetzlich begründete Erlaubnispflicht besteht (FG Nie-dersachsen 11. 8. 1993, XIII 264/91, EFG 1994, S. 146)		ja	
Logopäde	Bei Examinierung entsprechend dem Gesetz über den Beruf des Logopäden vom 7. 5. 80 (BGBL I S. 529), zuletzt geändert durch Gesetz vom 8. 3. 94 (BGBL I S. 446) Fundstelle: 1980 (BGBL I S. 529), 1994 (BGBL I S. 446)		ja	
Masseur, medi-zinischer Bade-meister	Bundeseinheitlich geregelte zweieinhalbjährige schulische Ausbildung an der Berufsfach-schule mit Abschluss entspre-chend dem Gesetz über die	ja		

Tätigkeiten	*Zugang/Besonderheit*	*Katalog*	*Katalog-ähnlich*	*Tätig-keitsberuf*
	Berufe in der Physiotherapie (Masseur- und Physiotherapeutengesetz – MPhG) vom 26. 5. 94 (BGBL I S. 1084), zuletzt geändert durch Verordnung vom 21. 9. 97 (BGBL I S. 2390)			
Medizinisch technischer Assistent	Arztähnliche freiberufliche Tätigkeit		ja	
Motopäde	Nur bei Examinierung entsprechend unterschiedlicher Länderregelungen oder Universitätsabschluss zum Diplom-Motopäden		ja	
Naturheilkundearzt	Ausbildung zum Allgemeinmediziner, mit Zusatzausbildung in Naturheilkunde, reglementierte Kammerzulassung	ja		
Ocularist (Augenprothetiker)	Einschlägige Ausbildung		ja	
Orthopist	Freiberufliche augenheilberufsähnliche Tätigkeit mit einschlägiger Fachschulausbildung entsprechend dem Gesetz über den Beruf der Orthoptistin und des Orthoptisten (Orthoptistengesetz – OrthoptG) vom 28. 11. 89 (BGBL S. 2061), zuletzt geändert durch VO vom 21. 9. 97 (BGBL S. 2390)		ja	

Tätigkeiten	*Zugang/Besonderheit*	*Katalog*	*Katalog-ähnlich*	*Tätig-keitsberuf*
Physio-therapeut, Bobath-, Hippo- und Vojta-therapeut	Nur mit anerkannter Ausbildung bzw. FH-Studium entsprechend dem Gesetz über die Berufe in der Physiotherapie (Masseur- und Physiotherapeutengesetz – MPhG) vom 26. 5. 94 (BGBL I S. 1084), zuletzt geändert durch Verordnung vom 21. 9. 97 (BGBL I S. 2390)		ja	
Podologe	Staatlich geprüfter medizinischer Fußpfleger, BFH vom 3. 2. 97, Az. IV R 112/72		ja	
Psycho-analytiker	Wenn Ausbildung nach Psychotherapeutengesetz 1999 oder eine ärztliche Ausbildung vorhanden ist, BFH 17. 12. 1981, IV R 19/ 81, BStBl. 1982 II, S. 254		ja	
Psycho-loge und Psycho-therapeut	Abgeschlossenes wissenschaftliches Psychologie- bzw. Medizinstudium mit fünfjähriger Zusatzausbildung sowie Approbation nach neuem Psychotherapeutengesetz		ja	
Rettungs-assistent	Freiberufliche heilberufsähnliche Tätigkeit (Oberfinanzdirektion Frankfurt a. M., 15. 8. 1990, S. 2246 A 19 St II 20)		ja	
Sport-lehrer	Offener Zugang auch für Autodidakten und Sportskanonen möglich; in der Regel Fachausbildung oder Sportstudium			ja
Tierarzt	Universitätsabschluss entsprechend der Bundestierärzteordnung in der Fassung vom 20. 11. 81 (BGBL S. 1193), zuletzt	ja		

Tätigkeiten	*Zugang/Besonderheit*	*Katalog*	*Katalog-ähnlich*	*Tätig-keitsberuf*
	geändert durch Gesetz vom 27. 9. 93 (BGBL S. 1666) in Verbindung mit Bekanntmachung vom 16. 12. 93 (BGBL S. 2436), Approbationsordnung für Tierärzte und den Berufsordnungen der einzelnen Landestierärztekammern			
Zahnarzt	Studium der Zahnmedizin (Gesetz über die Ausübung der Zahnheilkunde vom 16. 4. 87 (BGBl I 1987, S. 1225), zuletzt geändert durch Gesetz vom 27. 9. 93 in Verbindung mit Bekanntmachung vom 16. 12. 93 (BGBl I 1993, S. 2436) und Approbationsordnung für Zahnärzte sowie Kammergesetz für Heilberufe (HKG) der Länder	ja		

Sozialberufe

Tätigkeiten	*Zugang/Besonderheit*	*Katalog*	*Katalog-ähnlich*	*Tätig-keitsberuf*
Atem-, Sprech- u. Stimmlehrer	Hilfsmedizinische Grundausbildung oder medizinisches bzw. sozialorientiertes Studium plus Zusatzausbildung			ja
Beschäftigungs- u. Ausdruckstherapeut	Ergotherapeut nach § 1836 (2) BGB		ja	
Betreuer	Fachliche Eignung durch gerichtliche Bestellung, Berufsvormündervergütungsgesetz (BVormVG) vom 25. Juni 1998 (BGBl I			

Tätigkeiten	*Zugang/Besonderheit*	*Katalog*	*Katalog-ähnlich*	*Tätig-keitsberuf*
	S. 1580, 1586). Bislang freiberuflich. Seit BFH vom 4. 11. 2004, IVR 26/03 gewerblich eingestuft. **Info!** »Betreuer« über: www.freiberufler-atlas.de			
Ergo-therapeut	Examinierung als Ergotherapeut Ergotherapeuten-Ausbildungs- und Prüfungsverordnung (Erg ThAPrV) vom 2. 8. 99 (BGBl. I S. 1731); Gesetz über den Beruf des Beschäftigungs- und Arbeitstherapeuten/der Beschäftigungs- und Arbeitstherapeutin (BeArbThG) vom 25. 5. 76 (BGBL I S. 1246); Bezeichnung geändert in Gesetz über den Beruf der Ergotherapeutin und des Ergotherapeuten (ErgThG) geändert am 16. 6. 98 (BGBL I S. 1311)		ja	
Erzieher	Freiberuflich nur mit Abschluss als Erzieher oder Diplom-Pädagoge			ja
Freizeit-sportleiter	Fachschulausbildung zum staatlich geprüften Freizeitsportlehrer, die gleichzeitig zur Hochschulreife führt			ja
Gebärden-sprachdol-metscher	Entweder Studium entsprechend Hochschulrahmengesetz (HRG) in der Fassung der Bekanntmachung vom 19. 1. 99 (BGBl. I S. 18), zuletzt geändert am 30. 11. 00 (BGBl. S. 1638) oder Ausbildung gemäß Regelung der IHK Düsseldorf zum geprüften Gebärdensprachdolmetscher vom 22. 2. 00		ja	

Tätigkeiten	*Zugang/Besonderheit*	*Katalog*	*Katalog-ähnlich*	*Tätig-keitsberuf*
Gymnas-tiklehrer	Fundierte Ausbildung, aber auch offener Zugang, Learning by doing			ja
Heilerzie-hungs-pfleger	Fachschulausbildung mit Examen			ja
Heil-pädagoge	Ausbildung an Fachschulen, an der Fachakademie oder auf Hochschulebene			ja
Kinder-heim-betrieb	Nur unter gewissen Voraussetzungen (siehe »Was sind erzieherische Tätigkeiten«, Seite 60)			ja
Kunst-therapeut	Abschluss: Dipl.-Kunsttherapeut/in (FH)		ja	
Pädagoge	Hochschulstudium, Diplom-Pädagoge			ja
Philosoph, beratender	Hochschulabschluss des Faches Philosophie			ja
Psycho-analytiker	Siehe unter »Heilkundliche und Gesundheitsberufe«		ja	
Psycho-therapeut	Siehe unter »Heilkundliche und Gesundheitsberufe«		ja	
Psycho-loge	Siehe unter »Heilkundliche und Gesundheitsberufe«		ja	
Religions-pädagoge	Fachhochschulabschluss: Dipl.-Religionspädagoge (FH)		ja	
Renten-berater	Ausbildung/Facherfahrung gemäß Art. 1 § 1 Abs. 1, Satz 2 Nr. 1 Rentenberatungsgesetz i.V.m. 2. AVO RBerG. Freiberufliche Tätigkeit (BVerwG NJW 1968, 908, FG Kiel RBeitstand 1984,		ja	

Tätigkeiten	*Zugang/Besonderheit*	*Katalog*	*Katalog-ähnlich*	*Tätig-keitsberuf*
	223). Zulassung zur Rechtsberatung durch Präsidenten des Landgerichts			
Sozial-arbeiter	Fachhochschulabschluss: Dipl.-Sozialarbeiter (FH)		ja	
Sozial-betreuer	Schulische Ausbildung nach Landesrecht		ja	
Sozial-pädagoge	Fachhochschulabschluss: Dipl.-Sozialpädagoge (FH)		ja	
Soziologe	Uniabschluss in Soziologie			ja
Tanzthera-peut, Tanz-lehrer, im Behinder-ten- und Rehasport sowie Heil-pädagogik	Tanzlehrerausbildung mit reha- bzw. heiltherapeutischer Zusatzausbildung oder physiotherapeutische, soziale bzw. heilpädagogische Ausbildung/Studium plus Tanzlehrer-/Gymnastiklehrerfortbildung			ja
Tanzlehrer	Fundierte, berufsverbandgeregelte Ausbildung zum Tanzlehrerassistenten, Tanzlehrer oder Tanzsporttrainer			ja

Technische, IT- und naturwissenschaftliche Berufe

Tätigkeiten	*Zugang/Besonderheit*	*Katalog*	*Katalog-ähnlich*	*Tätig-keitsberuf*
Architekt-(Bau-ingenieur-studium allgemein, Fach-	Fachhochschulstudium (Diplom-Architekt) oder Universitätsstudium als Bauingenieur entsprechend der Gesetze über den Schutz der Berufsbezeichnung »Beratende(r) Ingenieur(in)« und Ingenieurkam-	ja		

Tätigkeiten	*Zugang/Besonderheit*	*Katalog*	*Katalog-ähnlich*	*Tätig-keitsberuf*
richtung Bauwesen, Wasserbau, Kulturtechnik, Hochbau, Stahlbau, Verkehr, Bau-Chemie, Städtebau, Infrastruktur und Umwelt sowie Raumplanung)	mergesetze der einzelnen Bundesländer. Architekt, Innenarchitekt, Garten- und Landschaftsarchitekt, Stadtplaner darf sich nur derjenige nennen, der in die Architektenliste eines Bundeslandes eingetragen ist. Diese Berufsbezeichnungen sind durch Architektengesetze geschützt und dienen zugleich durch die Kontrolle der Qualifikation dem Verbraucherschutz.			
Bauleiter	Freiberuflich, sofern ein Architektur- oder Bauingenieursstudium abgeschlossen wurde (BFH 22. 1. 1988, III R 43–44/85, BStBl. 1988 II, S. 497). Technikerausbildung reicht nicht aus.		ja	
Bausachverständiger (Schadensschätzer)	Sofern ein Architektur- oder Bauingenieursstudium abgeschlossen wurde (BFH 30. 4. 1959, IV 45/58 U, BStBl. 1959 III, S. 267; anerkannt)		ja	
Baustatiker	Freiberuflich bei architekts- oder ingenieursähnlicher Ausbildung (BFH 11. 3. 1976, IV R 185/7, BStBl. 1976 II, S. 380)		ja	
Biologen	Siehe »Naturwissenschaftler«			ja
Chemiker	Siehe »Naturwissenschaftler«	ja		
EDV-Berater	Üblicherweise gewerbliche Tätigkeit. Nur dann freier Beruf, wenn		ja	

Tätigkeiten	*Zugang/Besonderheit*	*Katalog*	*Katalog-ähnlich*	*Tätig-keitsberuf*
	der Beruf ingenieursähnlich ausgeübt wird und eine wissenschaftliche, ingenieursähnliche Ausbildung, möglichst im Bereich Systemtechnik, vorliegt. (BFH 7. 11. 1991, IV 17/90, BStBl. 1993 II, S. 324)			
Elektrotechniker	Nur dann freier Beruf, wenn der Beruf ingenieursähnlich ausgeübt und die Breite und Tiefe des Ingenieurwissens auf dem Niveau eines Hochschulabsolventen nachgewiesen und durch praktische Arbeitsbeispiele dargelegt wird. (FG Rheinland-Pfalz 9. 11. 1994, 1 K 2444/91 – der Elektrotechniker wurde in diesem Urteil gewerblich eingestuft)		ja	
Erfinder	Freier Beruf, wenn die Tätigkeit mit wissenschaftlichen Methoden ausgeübt wird und die Erfindungen als Resultate geistiger Arbeit mit Merkmalen einer Forschungstätigkeit angesehen werden können. (BFH 14. 3. 1985, IV R 8/84, BStBl. 1985 II, S. 425)			ja
Erzprobennehmer	Möglichst Ausbildung als Geologe, Physiker etc. (BFH 14. 11. 1972, VIII R 18/67, BStBl. 1973 II, S. 183)			ja
Geophysiker/Mineralogen	Siehe »Naturwissenschaftler«	ja		
Hochbautechniker	Freier Beruf bei architektenähnlicher Ausübung und Nachweis		ja	

Tätigkeiten	*Zugang/Besonderheit*	*Katalog*	*Katalog-ähnlich*	*Tätig-keitsberuf*
als Bau-leiter	der einschlägigen erforderlichen Fachkenntnisse durch langjährige Berufsausübung oder Ausbildung. (BFH 12. 10. 1989, IV R 118–119/87, BStBl. 1990 II, S. 64)			
Informa-tiker	Bei Studienabschluss als Diplom-Informatiker, Diplom-Ingenieur u. ä.			ja
Ingenieur	Siehe »Ingenieurstätigkeiten«	ja		
Innen-architekt	Siehe »Architekt«	ja		
IT-Service-mann	Nur freiberuflich bei Ingenieurs-studium, z. B. Serviceingenieur (Automatisierungstechnik, elek-trische Energietechnik) oder Informatikstudium, Wirtschafts-informatiker.		ja	
Kfz-Sach-verstän-diger	Bei Ingenieursausbildung		ja	
Klinischer Chemiker	Bei Chemiestudium		ja	
Kompass-kompen-sierer auf Seeschiffen	Bei Ingenieursausbildung		ja	
Konstruk-teur	Bei Ingenieursausbildung oder ingenieursähnlicher Ausübung (Bauzeichner reicht nicht)		ja	
Lotsen, See-/Hafen-lotsen	Ausbildung und Tätigkeit gemäß dem Gesetz über das Seelots-wesen in der Fassung vom 25. 4. 1984 (BGBL S. 1213),	ja		

Tätigkeiten	*Zugang/Besonderheit*	*Katalog*	*Katalog-ähnlich*	*Tätig-keitsberuf*
	zuletzt geändert am 17. 7. 97 (BGBL S. 1832)			
Mark-scheider	Freier vermessungsingenieursähnlicher Beruf (BFH 24. 10. 1974, IVR 155/71, BStBl. 1975 II, S. 290)		ja	
Maschi-nenbau-techniker	Nur bei ingenieursähnlicher Berufsausübung, ansonsten Gewerbe		ja	
Netzplan-techniker	Freier Beruf, wenn dieser ingenieursähnlich ausgeübt wird. (FG Düsseldorf 29. 10. 1986, VI 54/80 G, U, EFG 1987, S. 368)		ja	
Planer von Groß-küchen	Bei architekts- und ingenieursähnlicher Tätigkeit liegt Freiberuflichkeit vor. (FG Hamburg, 20. 8. 1980, VI 202/77, EFG 1981, S. 154)		ja	
Raum-gestalter	Bei Abschluss eines Architekturstudiums		ja	
Sachver-ständiger	Arbeitet dann als Freiberufler, wenn er über ein Hochschulstudium im Bereich seiner Gutachtertätigkeit verfügt oder aufgrund von nachgewiesenen Erfahrungen und Bestellung durch IHK oder Gerichte eine wissenschaftliche Arbeit garantieren kann. (BFH 4. 2. 1954, IV 6/53 U, BStBl. 1954 III, S. 147)		ja	
Schiffs-eichauf-nehmer	Freiberuflich, ohne Nachweis		ja	

Tätigkeiten	*Zugang/Besonderheit*	*Katalog*	*Katalog-ähnlich*	*Tätig-keitsberuf*
Sicher-heits-berater	Freiberufliche Tätigkeit nur, wenn die Beratung im Sinne einer unterrichtenden Arbeit geleistet wird, ansonsten Gewerbeanmeldung für Selbständigkeit nötig.			ja
Software-Entwickler	Nur bei Hochschulabschluss als Ingenieur, Informatiker, Mathematiker etc., wenn individuelle Software programmiert wird.			ja
System-analytiker	Nur dann eine freiberufliche Tätigkeit, wenn der Ausübende eine dem Ingenieur vergleichbare Berufsausbildung, z. B. als Elektroingenieur oder Diplom-Informatiker (BFH 4. 8. 1983, IV R 6/80, BStBl 1983 II, S. 677) oder Diplom-Mathematiker nachweisen kann. (BFH 19. 7. 1985, III R 175/80, BStBl. 1986 II, S. 15)		ja	
Vereidigter Sachver-ständiger, hauptbe-ruflicher in über 400 Tätigfeldern	Ausbildung, möglichst Studienabschluss und umfangreiche Praxiserfahrungen im entsprechenden Fachgebiet sowie öffentliche Bestellung und Vereidigung sind Voraussetzung für Freiberuflichkeit.	ja		
Vermes-sungs-ingenieur	Abschluss zum Diplom-Ingenieur/in – Vermessungswesen (FH oder Uni)		ja	
Versiche-rungs- und Wirt-schaftsma-thematiker	Freiberufliche, da wissenschaftliche Tätigkeit (Blümich, EStG – KStG – GewStG, Kommentar, Stand Januar 1996, § 18, Anm. 117)			ja

Tätigkeiten	*Zugang/Besonderheit*	*Katalog*	*Katalog-ähnlich*	*Tätig-keitsberuf*
Wissen-schaftler	Bei Hochschulabschluss (siehe »Naturwissenschaftler«)			ja

Naturwissenschaftler

Tätigkeiten	*Zugang/Besonderheit*	*Katalog*	*Katalog-ähnlich*	*Tätig-keitsberuf*
Archäologe	Hochschulabschluss in den entsprechenden Fachrichtungen			ja
Astrologe	gewerbliche Tätigkeit, da nicht als Wissenschaft anerkannt			
Astronom	Hochschulabschluss in den entsprechenden Fachrichtungen			ja
Atom-physiker	Hochschulabschluss in den entsprechenden Fachrichtungen			ja
Bio-chemiker	Hochschulabschluss in den entsprechenden Fachrichtungen			ja
Biologe	Hochschulabschluss in den entsprechenden Fachrichtungen			ja
Chemiker (siehe auch: Chemie-ingenieur)	Hochschulabschluss in den entsprechenden Fachrichtungen	ja		
Geograph	Hochschulabschluss in den entsprechenden Fachrichtungen			ja
Geo-wissen-schaftler	Hochschulabschluss in den entsprechenden Fachrichtungen			ja
Mathe-matiker	Hochschulabschluss in den entsprechenden Fachrichtungen			ja

Tätigkeiten	*Zugang/Besonderheit*	*Katalog*	*Katalog-ähnlich*	*Tätigkeitsberuf*
Meteorologe	Hochschulabschluss in den entsprechenden Fachrichtungen			ja
Ökotrophologe	Hochschulabschluss in den entsprechenden Fachrichtungen			ja
Pharmakologe	Hochschulabschluss in den entsprechenden Fachrichtungen	ja bei Apothekertätigkeit		ja
Physiker (siehe auch: Physik-Ingenieur)	Hochschulabschluss in den entsprechenden Fachrichtungen			ja
Mediziner und Apotheker ohne Apotheke	siehe »Heilkundliche und Heilberufe«, Seite 116	ja		

Ingenieurstätigkeiten

Tätigkeiten	*Zugang/Besonderheit*	*Katalog*	*Katalog-ähnlich*	*Tätigkeitsberuf*
Ingenieur, über 230 Ingenieursberufe	Bei Hochschulabschluss (FH, Uni, Gesamthochschule)	ja		
Agrar-Ingenieur inkl. Gartenbau und Forstingenieur	Studium in den entsprechenden Fachrichtungen	ja		

Tätigkeiten	*Zugang/Besonderheit*	*Katalog*	*Katalog-ähnlich*	*Tätig-keitsberuf*
Bauingenieur, Architekt, Vermessungsingenieur	Studium in den entsprechenden Fachrichtungen	ja		
Chemieingenieur, Phytomedizin, Pharmatechnik, Pharmazeutische Chemie, Biotechnologie, Werkstofftechnik	Studium in den entsprechenden Fachrichtungen	ja		
Ingenieur für Lebensmittelchemie	Studium in den entsprechenden Fachrichtungen	ja		
Elektroingenieur, Elektronik, Elektrotechnik, Mikroelektronik, Fernmeldetechnik, Ingenieurinformatik, Optotechnik, Lichttechnik	Studium in den entsprechenden Fachrichtungen	ja		

Tätigkeiten	*Zugang/Besonderheit*	*Katalog*	*Katalog-ähnlich*	*Tätigkeitsberuf*
Maschinenbauingenieur, Betriebs-, Energie-, Förder-, Konstruktions-, Kunststoff-, Produktions- und Verfahrenstechnik, Mechatronik	Studium in den entsprechenden Fachrichtungen	ja		
Physik-Ingenieur	Studium in den entsprechenden Fachrichtungen	ja		
Wirtschaftsingenieur	Studium in den entsprechenden Fachrichtungen	ja		
Ingenieur für Medientechnik	Studium in den entsprechenden Fachrichtungen	ja		
Gesundheitsingenieur	Studium in den entsprechenden Fachrichtungen	ja		
Umweltschutzingenieur	Studium in den entsprechenden Fachrichtungen	ja		
Sicherheitstechnik Ingenieur	Studium in den entsprechenden Fachrichtungen	ja		

Umweltberufe

Tätigkeiten	*Zugang/Besonderheit*	*Katalog*	*Katalog-ähnlich*	*Tätig-keitsberuf*
Agrar-ingenieur	Unistudium »Agrarwesen« oder »Agrarwirtschaft (Gartenbau)«, FH-Studium Agrarwirtschaft, Gartenbau, Landbau, Weinbau	ja		
Bio-chemiker	Studium der Biochemie oder Chemie mit Aufbaustudiengang	ja		
Biologe	Studium der Biologie, Mikrobiologie, Agrarbiologie, Genetik		ja	ja
Garten-bauinge-nieur	FH-Studium Gartenbau oder Unistudium »Agrarwirtschaft (Gartenbau)«	ja		
Geologe	Studium der Geologie mit Diplom-Abschluss			ja
Geophysi-ker/Mine-raloge	Studium der Geophysik und Mineralogie mit Diplom-Abschluss			ja
Hydrologe, Dipl.-Ing.	Bauingenieurstudium mit Schwerpunkt Wasserwirtschaft/Wasserbau		ja	
Ingenieur für Forst-wirt-schaft	Fachhochschul- oder Unistudium der Forstwirtschaft	ja		
Ingenieur für Geo-däsie	Studium Vermessungsingenieurwesen	ja		
Ingenieur für Geo-wissen-schaften	Studium der Geowissenschaften	ja		

Tätigkeiten	*Zugang/Besonderheit*	*Katalog*	*Katalog-ähnlich*	*Tätig-keitsberuf*
Ingenieur für Land-schafts-pflege	Studium der Landschaftspflege	ja		
Ingenieur für techni-schen Um-weltschutz	Studium Umweltschutz bzw. Geowissenschaft	ja		
Ingenieur für Um-weltschutz	Studium im Bereich Abfalltechnik, Umweltschutz, Verfahrenstechnik und technischer Umweltschutz	ja		
Land-schafts-architekten	Nur mit Architekturstudium oder Nachweis vergleichbaren Tätig-keitsniveaus		ja	
Pflanzen-arzt	Universitätsstudium in den Be-reichen Agrarwirtschaft, Forst-wirtschaft, Gartenbau, Landes-pflege, Agrarbiologie oder Biolo-gie. Promotions-/ Aufbaustudium der Phytomedizin			ja
Recycling-ingenieur	Fachhochschulstudiengang zum Diplom-Ingenieur (FH) – Recycling, aber auch über Studi-um im Bereich Abfalltechnik, Umweltschutz, Verfahrenstechnik und technischer Umweltschutz	ja		
Umwelt-gutachter/ -auditor	Möglichst Studium als Umwelt-(schutz)ingenieur, aber auch der Wirtschafts-, Rechts-, Verwal-tungs-, Natur-, Bio- oder Ingenieurswissenschaften. Zulassung nach der Öko-Audit-Verordnung		ja	

Tätigkeiten	*Zugang/Besonderheit*	*Katalog*	*Katalog-ähnlich*	*Tätig-keitsberuf*
Umwelt-jurist	Jurastudium, zwei Staatsexamen und Zulassung als Rechtsanwalt		ja	
Umwelt-sachver-ständiger, vereidigter	Siehe Umweltgutachter			ja
Wein-analytiker	Ausbildung als Winzer bzw. Studium in Weinbau und Kellerwirtschaft (Önologie), Bio- oder Lebensmittelchemie		ja	

Rechts-, steuer- und wirtschaftsberatende Berufe

Tätigkeiten	*Zugang/Besonderheit*	*Katalog*	*Katalog-ähnlich*	*Tätig-keitsberuf*
Buchprüfer, vereidigter	Berufliche Fortbildung bzw. Zusatzqualifizierung für Steuerberater und Rechtsanwälte, die mit einer staatlichen Prüfung endet		ja	
Frachten-prüfer	Nur dann freier Beruf, wenn er rechtsanwaltsähnlich ausgeübt und eine juristische Hochschulausbildung nachgewiesen wird. (FG Berlin 10. 12. 1969, VI 37/69, EFG 1970, S. 343)		ja	
Güter-besichtiger	Freier Beruf, wenn dieser hauptberuflich als Sachverständiger unter Anwendung wissenschaftlich abgesicherter Methoden durchgeführt wird. (FG Bremen 11. 11. 1970, II 156/68, EFG 1971, S. 295; FG Bremen 30. 1. 1973, II 130/72, EFG 1973, S. 279)		ja	

Tätigkeiten	*Zugang/Besonderheit*	*Katalog*	*Katalog-ähnlich*	*Tätig-keitsberuf*
Havarie-sachver-ständiger	Freier Beruf bei hauptberuflicher Tätigkeit als Sachverständiger (BFH 22. 6. 1965, I 347/60 U, BStBl. 1965 III, S. 593)		ja	
Insolvenz-verwalter	Freiberufliche Tätigkeit eines Rechtsanwaltes, Wirtschafts-prüfers oder Steuerberaters (BFH, Urteil vom 1. 8. 1994 - IV R 126/91; ZIP 23/94, S. 1 877)		ja	
Kunst-sachver-ständiger	Tätigkeit bei Vorliegen eines kunstwissenschaftlichen Studiums oder wenn die Tätigkeit die erfor-derlichen hohen wissenschaft-lichen Standards erfüllt und hauptberuflich ausgeübt wird. (BFH 22. 6. 1971, VIII 23/65, BStBl. 1971 II, S. 749)			ja
Marketing-berater	Nur dann eine freiberufliche Tätigkeit, wenn ein universitäres Volks- oder Betriebswirtschafts-studium abgeschlossen wurde. (FG Hessen 22. 10. 1971, IV 73 – 74/70, EFG 1972, S. 71)		ja	
Markt-forscher	Wenn ein universitäres Volks- oder Betriebswirtschaftsstudium abgeschlossen wurde. (FG Hamburg 15. 4. 1970, II 363/66, EFG 1970, S. 589)		ja	
Notar	Zweites juristisches Staatsexamen (Befähigung zum Richteramt) und Kammerzulassung entsprechend Bundesnotarordnung (BNotO) vom 24. 2. 61 (BGBL S. 97), zuletzt ge-ändert am 9. 7. 01 (BGBL S. 1510)	ja		

Tätigkeiten	*Zugang/Besonderheit*	*Katalog*	*Katalog-ähnlich*	*Tätig-keitsberuf*
Patent-anwalt	Zweites juristisches Staatsexamen und Kammerzulassung	ja		
Patent-bericht-erstatter	Freier Beruf, wenn die Tätigkeit auch Beurteilungen und Wertungen beinhaltet bzw. wenn der Berichterstatter Jurist ist. (BFH 2. 12. 1970, IR 23/67, BStBl. 1971 II S. 233)		ja	
Prozess-agent	Freiberufliche Tätigkeit (RFH 7. 12. 1938, VI 718/38, RStBl. 1939, S. 215)		ja	
Rechts-anwalt	Zweites juristisches Staatsexamen und Kammerzulassung	ja		
Rechtsbei-stand, z. B. als freier	Freiberufliche Tätigkeit außer bei Inkasso-Angelegenheit und wenn es zentral um die Anfertigung von Aktenauszügen für Versicherungs-gesellschaften geht. (BFH 24. 4. 1975, VR 35/74, BStBl. 1975 II, S. 593, BFH 18. 3. 1970, IR 147/67, BStBl. 1970 II, S. 455)		ja	
Referendar	Freiberufliche rechtsanwalts-ähnliche Tätigkeit bei freier Mitarbeit in einer Rechtsanwaltskanzlei (BFH 20. 4. 1972, IV R 7/72, BStBl. 1972 II, S. 615)		ja	
Renten-berater, Betreuer	Freiberufliche Tätigkeit (BVerwG NJW 1968, S. 908, FG Kiel Rechtsbeistand 1984, S. 223)		ja	
Steuer-berater	Bundesweit durch Verordnung geregelte berufliche Fortbildung im Anschluss an ein wirtschafts-wissenschaftliches oder rechts-	ja		

Tätigkeiten	*Zugang/Besonderheit*	*Katalog*	*Katalog-ähnlich*	*Tätig-keitsberuf*
	wissenschaftliches Hochschulstudium bzw. an eine fünfjährige Berufstätigkeit als Sachgebietsleiter in der Finanzverwaltung oder an eine zehnjährige Tätigkeit als Steuerbevollmächtigter oder in einem wirtschafts- und steuerberatenden Ausbildungsberuf (Kammerzulassung)			
Treu-händer	Nur bei Zulassung als Rechtsanwalt, Notar, Steuerberater oder mit Studium zum Diplomvolkswirt/-betriebswirt (Uni)		ja	
Unter-nehmens-berater	Nur mit entsprechendem Hochschulabschluss als beratender Volks- und Betriebswirt, ansonsten Gewerbetreibender	ja		
Unter-nehmens-berater	Nur dann freiberufliche Tätigkeit, wenn eine Ausbildung als Diplomvolkswirt, Diplombetriebswirt oder Diplomingenieur abgeschlossen wurde. (FG Düsseldorf 20. 5. 1970, VII 89/68 E, EFG 1970, S. 559)		ja	
Wirt-schafts-prüfer	Bei der Ausbildung zum Wirtschaftsprüfer handelt es sich um eine berufliche Fortbildung, in der Regel im Anschluss an ein betriebswirtschaftliches, volkswirtschaftliches, juristisches, technisches oder landwirtschaftliches Universitätsstudium.	ja		
Wirt-schafts-	Nur mit entsprechendem Hochschulabschluss als beratender	ja		

Tätigkeiten	*Zugang/Besonderheit*	*Katalog*	*Katalog-ähnlich*	*Tätig-keitsberuf*
berater	Volks- und Betriebswirt, ansonsten Gewerbetreibender			
Wirt-schafts-berater	Nur dann freiberufliche Tätigkeit, wenn eine Ausbildung als Diplomvolkswirt, Diplombetriebswirt oder Diplomingenieur abgeschlossen wurde. (FG Bremen 10. 8. 1993, 2/92/169 K 5, EFG 1994, S. 41)		ja	

Kulturberufe

Tätigkeiten	*Zugang/Besonderheit*	*Katalog*	*Katalog-ähnlich*	*Tätig-keitsberuf*
Designer	Wenn Tätigkeit künstlerisch ausgeübt wird. Empfehlung: Studienabschluss einer FH oder Uni, Fachbereich Design, Gestaltung			ja
Dolmet-scher	Ausbildung entsprechend der Verordnung über das Eignungsfeststellungsverfahren für Dolmetscher und Übersetzer (Dolmetschereignungsfeststellungsverordnung – DolmVO M-V) vom 30. 1. 96	ja		
Gebärden-sprachdol-metscher	Siehe »Sozialberufe«		ja	
Gebäude-Restaurator	Wie »Restaurator«			
Geistes-wissen-schaftliche Berufe	Voraussetzung: Studienabschluss			ja

Tätigkeiten	*Zugang/Besonderheit*	*Katalog*	*Katalog-ähnlich*	*Tätig-keitsberuf*
Kultur-pädagoge	Kulturwissenschaftliches Studium, z. B. Kunstgeschichte mit Ergänzungsstudium in Erziehungswissenschaft, Pädagogikstudium mit Schwerpunkt Kultur. Nach Sonderausbildungen und Studiengängen fragen			ja
Künstler	Siehe »Was sind künstlerische Tätigkeiten«, Seite 58			ja
Lehrer	Siehe »Lehrer, Trainer und Dozenten«	ja		ja
Medien-pädagoge	Pädagogikstudium mit medienspezifischer Zusatzqualifikation oder Studium der Kommunikations- oder Sozialwissenschaft plus Pädagogikergänzungsstudium			ja
Museums-pädagoge	Fachhochschulstudium im Bereich Erziehungswissenschaften/ Pädagogik oder Museologie, aber auch Geschichtswissenschaft, Archäologie, Völkerkunde oder Ethnologie mit pädagogischer Zusatzausbildung			ja
Restau-rator	Bislang, mit Weiterbildungsausbildung, aufbauend auf Handwerksberuf oder Studium zum Diplom-Restaurator. Ab 2002 nur noch mit FH-Studium zum Diplomrestaurator entsprechend der Zugangsordnung des Fachverbandes möglich			ja
Tanzlehrer, allgemein,	Fundierte, berufsverbandsgeregelte Ausbildung zum Tanz-			ja

Tätigkeiten	*Zugang/Besonderheit*	*Katalog*	*Katalog-ähnlich*	*Tätig-keitsberuf*
mit allen denkbaren Schwer-punkten	lehrer-Assistenten, Tanzlehrer oder Tanzsporttrainer. Siehe auch »Tanztherapeut«			
Theater-berufe	Siehe »Darstellende Künstler«			ja
Theater-pädagoge	Wie Medienpädagogen mit dramaturgischer Zusatzausbildung			ja
Ton-künstler	Wenn Tätigkeit künstlerisch ausgeübt wird			ja
Trauer-redner	Freiberuflich als Künstler bei Vortrag individuell verfasster Reden (BFH vom 29. 7. 1981, IR 183/79 und BSG vom 23. 3. 2006 – B 3 KR 9/05 R) **Info!** www.freiberufler-atlas.de			ja
Übersetzer	Ausbildung entsprechend der Richtlinie zur Durchführung und Anerkennung von Prüfungen für Übersetzer und Dolmetscher/Übersetzerinnen und Dolmetscherinnen, Beschluss der Kultusministerkonferenz vom 5. 11. 54 in der Fassung vom 24. 11. 98	ja		

Geisteswissenschaftliche Berufe

Tätigkeiten	*Zugang/Besonderheit*	*Katalog*	*Katalogähnlich*	*Tätigkeitsberuf*
Soziologe	Uniabschluss der Sozialwissenschaften			ja
Ethnologe	Universitätsstudium im FB Ethnologie oder Völkerkunde, aber auch im Bereich Sozial- bzw. Regionalwissenschaft			ja
Germanist	Magister- oder Diplomabschluss in Germanistik, auch als Bachelor-Abschluss möglich			ja
Historiker	Uniabschluss in einer Geschichtswissenschaft (diverse Fachrichtungen), Ethnologie, Kunstgeschichte oder auch Archäologie			ja
Pädagoge (über 60 pädagogische Berufe zur Auswahl)	Fachschulorientierte Ausbildungen, z.B. Fachlehrerin an Sonderschulen oder Studium an Fachhochschulen und Universitäten (Pädagogischen Hochschulen), führen zum entsprechenden Abschluss im jeweiligen Bereich			ja
Philosoph	Philosophischer Berater: Uniabschluss in Philosophie. Freier Philosophielehrer kann sich jeder nennen, daher offener Zugang			ja
Politologe	Studienabschluss (Magister, auch als Bachelor) der Politologie bzw. Politikwissenschaft			ja

Lehrer, Trainer und Dozenten

Tätigkeiten	*Zugang/Besonderheit*	*Katalog*	*Katalog-ähnlich*	*Tätig-keitsberuf*
Behinder-tenpäda-goge (FH)	Fachhochschulstudium			ja
Betreu-ungslehrer (Unterstüt-zung von Referen-daren etc.)	Lehrerbefähigung, langjährige Erfahrung			ja
Dozent Musik-berufe, Gesangs-pädagogik oder in-strumen-tal	Im Prinzip freier Zugang. Ausbil-dung in Gesang bzw. als Instru-mentalmusiker an Musikfach-schule, Akademie oder im Rahmen eines Musikhochschulstudiums. Pädagogische Zusatzqualifikation oder Studium auf Lehramt zur Musikerzieherin an Gymnasien, Realschulen oder Sonderpäda-gogik			ja
Dozent	Siehe »Erwachsenenbildner«			
Erwachse-nenbildner, in 600 Bereichen	Offener Zugang, zumeist unter-richten praxiserfahrene Experten in ihrem Fachbereich, z. B. an Volkshochschulen, IHK-Akade-mien, Weiterbildungseinrichtun-gen. Aber auch Lehrer und Hoch-schullehrer üben oftmals eine entsprechende freiberufliche Nebentätigkeit aus.			ja
Fachlehrer an all-gemeinbil-	Auch nichtakademische Ausbil-dung der Lehrer für Fachpraxis an Berufsschulen, Berufsfachschulen,			ja

Tätigkeiten	*Zugang/Besonderheit*	*Katalog*	*Katalog-ähnlich*	*Tätig-keitsberuf*
denden Schulen	Fachschulen, Fachoberschulen oder Fach- und Beruflichen Gymnasien in den Bereichen: Wirtschaft und Verwaltung Metalltechnik Elektrotechnik Bautechnik Holztechnik Textiltechnik und Bekleidung Chemie, Physik und Biologie Drucktechnik Farbtechnik und Raumgestaltung Gesundheit Körperpflege Ernährung und Hauswirtschaft Agrarwirtschaft (inwieweit freiberufliche Tätigkeit möglich ist, richtet sich nach Vertrag und Anzahl der Auftragsschulen)			
Fahrlehrer	Fahrlehrerbefähigungsnachweis			ja
Fahrschul-inhaber	Nur freiberuflich, wenn die Unterrichtstätigkeit eigenpersönlich und eigenverantwortlich ausgeübt wird, wenn der Fahrlehrer in unmittelbarer Beziehung mit seinen Fahrschülern steht. (BFH 4. 10. 1966, I 249/63, BStBl. 1966 III, S. 685; BFH 9. 8. 1990, VR 87/85, BFH/NV 1991, S. 849.) Bei Fahrschulbetrieb mit mehreren Fahrlehrern liegt Gewerbebetrieb vor			ja
Informa-tions-begleiter	Nur freier Beruf, wenn dieser im Sinne einer unterrichtenden Tätigkeit ausgeübt und die Vermittlung			ja

Tätigkeiten	*Zugang/Besonderheit*	*Katalog*	*Katalog-ähnlich*	*Tätig-keitsberuf*
	von Wissen im Handlungszentrum steht, z.B. Vermittlung von politischen und/oder wirtschaftlichen Informationen über eine Großstadt. (FG Berlin 29. 7. 1976, V 38–39/76, EFG 1977, S. 316)			
Kunst-dozent	Im Prinzip freier Zugang. Ausbildung in bildender Kunst (Malerei oder Gestaltung) an Fachschulen, Akademien oder Hochschulen oder Ausbildung im Lehramt als Kunsterzieher in den unterschiedlichen Schultypen oder Hochschullehrerlaufbahn			ja
Lehrkraft – Fußpflege	Einschlägige Erfahrung als Medizinischer Fußpfleger und Beauftragung als Lehrkraft			ja
Seminar-leiter	Offener Zugang, aber nur freiberuflich, wenn die Tätigkeit nicht nur organisatorisch, sondern als Fachseminarleiter im entsprechenden Themenbereich persönlich durchgeführt wird.			ja
Trainer in über 100 Bereichen	Offener Zugang. Trainertätigkeit reicht vom Sport über Wirtschaftsseminare bis zum Persönlichkeitsbildungs-Seminar			ja

Darstellende Künstler

Tätigkeiten	*Zugang/Besonderheit*	*Katalog*	*Katalog-ähnlich*	*Tätig-keitsberuf*
Aushilfs-musiker	Offener Zugang			ja
Choreo-graph	Offener Zugang, z. B. bei Choreographie von Laiengruppen, Popauftritten, fundierte Ausbildung bei professioneller Betreuung von Ballett- und Tanztheateraufführungen. Studium in Tanz, Dramaturgie etc. oder zum Diplom-Choreographen			ja
Confé-rencier	Offener Zugang für Naturtalente, oftmals Schauspielausbildung			ja
Dirigent	Offener Zugang, z. B. als Leiter eines Kirchen- oder sonstigen Laienchors, ansonsten Orchesterausbildung, zumeist Musikstudium			ja
Magier (Zauber-künstler)	Freier darstellender künstlerischer Beruf, wenn genügend Gestaltungshöhe und eine bestimmte Qualität geboten werden (FG Rheinland-Pfalz 13. 12. 1984, 3 K 244/83, EFG 1985, S. 128)			ja
Marionet-tenspieler	Hochschulausbildung zum Diplom-Puppenspieler oder zum Diplom-Figurenspieler			ja
Musical-Darsteller	Wie Tänzer bzw. Sänger, jedoch können gesonderte Studiengänge belegt oder spezielle Ausbildungen bei Musicalanbietern belegt werden.			ja
Parodist	Offener Zugang, Naturtalent reicht, vielfach besteht aber eine			ja

Tätigkeiten	*Zugang/Besonderheit*	*Katalog*	*Katalog-ähnlich*	*Tätig-keitsberuf*
	journalistische oder schauspielerische Ausbildung.			
Regisseur	Offener Zugang. Volontariat oder Belegung von Bildungsangeboten an Theatern bzw. bei Produktionsfirma. Regie-Studiengänge im Rahmen der Theater- und Musikwissenschaft oder an Fernsehhochschulen			ja
Sänger/ Chorsänger	Offener Zugang, Gesangsausbildung von privat über Fachschule/ Akademie bis zur Hochschulausbildung denkbar			ja
Schauspieler	Offener Zugang, vom Autodidakten bis zum Abschluss einer Schauspielschule			ja
Show- und Quizmaster	Siehe »Conférencier«			ja
Souffleur	Offener Zugang, zumeist von älteren Schauspielern, Sängern oder Tänzern übernommen			ja
Synchronsprecher	Freiberuflichkeit (BFH, Urteil vom 12. 10. 1978, BStBl. 1 081 II, S. 353).			ja
Tanz- und Unterhaltungsmusiker	Freiberuflich künstlerische Tätigkeit, wenn ein bestimmtes Qualitätsniveau erreicht wird (Bundesfinanzhof, Urteil vom 19. 8. 1982, BStBl. 1983 II, S. 7)			ja
Tänzer: Solo- oder Gruppentänzer,	Fundierte Ausbildung an Theater und Ballettschule, auch Hochschulstudium entspricht gewählter Fachrichtung			ja

Tätigkeiten	*Zugang/Besonderheit*	*Katalog*	*Katalog-ähnlich*	*Tätig-keitsberuf*
Klassik, Show, Folklore, Ballettmeister				
Tonkünstler (-techniker)	Freie künstlerische Tätigkeit (FG Berlin 30. 9. 1986, V 368/85, EFG 1987, S. 244)			ja
Visagist	Künstlerische, freiberufliche Tätigkeit (FG Hamburg 19. 8. 1992, III 374/88, EFG 1993, S. 306)			ja

Bildende Künstler

Tätigkeiten	*Zugang/Besonderheit*	*Katalog*	*Katalog-ähnlich*	*Tätig-keitsberuf*
Bildhauer	Offener Zugang. Künstlerische Tiefe muss ggf. nachgewiesen werden oder Abschluss spezieller Bildhauerausbildungen an Berufsfachschulen, Fachschulen oder Hochschulen (Uni, Kunst- und Fachhochschulen)			ja
Designer	Offener Zugang. Allerdings erfolgt Anerkennung als Freiberufler nur bei Leistungsnachweis: Fachschulausbildung als staatlich gepr. Designer in Farbe, Gestaltung und Werbung, Foto, Gerät und Schmuck, Grafik, Kommunikationsdesign, Mode, Informationsdesign. Studienmöglichkeiten an FH und Uni mit Schwerpunkten Industrie, Grafik, Mode, Schmuck, Edelstein, Textil, Gestalter-Medien, Webdesign			ja

Tätigkeiten	*Zugang/Besonderheit*	*Katalog*	*Katalog-ähnlich*	*Tätig-keitsberuf*
Gestalter	Offener Zugang. Ansonsten Fortbildungsberuf an Fachschulen mit Schwerpunkten: Bekleidung, Mode, Edelmetallgestaltung, Edelstein und Schmuck, Glas, Handwerk, Keramik, Schmuck und Gerät, Spielzeug, Stein			ja
Grafiker	Offener Zugang. Keine Anerkennungsprobleme bei Fach-, FH -oder Hochschulabschluss			ja
Grafischer Zeichner	Kein freier Beruf mehr, da er 1974 im Berufsbild »Druckvorlagenhersteller« aufging			ja
Industrie-designer	Nur freiberuflich, wenn der Beruf künstlerisch ausgeübt wird.			ja
Kunst-hand-werker	Nur dann freiberufliche Tätigkeit, wenn er künstlerisch ausgeübt wird und nur selbst entworfene Gegenstände hergestellt werden (BFH 26. 9. 1968, IV 43/64, BStBl. 1969 II, S. 70). Ansonsten sind Kunsthandwerker gewerbetreibende Handwerker entsprechend ihrer Grundausbildung, beispielsweise zum Schreiner mit Weiterbildung zum Kunstschreiner, oder Schlosser mit Weiterbildung zum Kunstschmied etc. Wer Massenware oder Duplikate in einer für ein künstlerisches Werk unüblichen Zahl herstellt, ist in jedem Fall Gewerbetreibender.			ja

Tätigkeiten	*Zugang/Besonderheit*	*Katalog*	*Katalog-ähnlich*	*Tätig-keitsberuf*
Kunstmaler/Kunstzeichner	Offener Zugang. Schulische Ausbildung an Akademien und Kunstschulen. Auch Hochschulstudium »Bildende Kunst« möglich. Nur anerkannt als freie künstlerische Tätigkeit, wenn er künstlerisch und nicht kunstgewerblich ausgeübt wird und die Bilder einen entsprechenden künstlerischen Wert mit persönlicher Note und selbständiger Qualität besitzen.			ja
Layouter	Freier Beruf, wenn er künstlerisch ausgeübt wird (FG Hamburg, 24. 9. 1992, I 199/90, EFG 1993, S. 364)			ja
Restaurator	Freiberufliche künstlerische Tätigkeit als Gemälderestaurator, Inventar- und Gebäuderestaurator, wenn die Arbeit wissenschaftlich gewissenhaft selbständig ausgeübt wird und nicht zu viele Mitarbeiter beschäftigt werden (RFH 21. 6. 1944, VI 94/44, RStBl. 1944, S. 772, FG Düsseldorf DStZ/E 1967, S. 492 und 493; FG Hessen, 21.10. 1983, 8 V 153/83, EFG 1984, S. 260). Freiberufler sind zudem die Diplom-Restauratoren (FH-Abschluss).			ja
Textilentwerfer	Freie künstlerische Tätigkeit (BFH, U. v. 7. 11. 1963, BStBl. 1964 III, S. 45; FG Düsseldorf 25. 10. 1966, II 9/65 G, EFG 1967, S. 287)			ja

Publizisten, Medien-, Bild- und Filmschaffende

Tätigkeiten	*Zugang/Besonderheit*	*Katalog*	*Katalog-ähnlich*	*Tätig-keitsberuf*
Autor	Offener Zugang			ja
Fernseh-ansager	Sendereigene Ausbildung, offener Zugang			ja
Film- und Video-journalist	Offener Zugang		ja	
Film-hersteller	Nur freier Beruf, wenn die Filme künstlerisch sind (kein Industrie-film) und an allen Tätigkeiten selbst mitgewirkt wird. (BFH 2. 12. 1980, VIII R 32/75, BStBl. 1981 II, S.171)			ja
Foto-designer	Offener Zugang auch für Auto-didakten, künstlerische Tätigkeit, allerdings muss ggf. die künst-lerische Tiefe der Produktionen nachgewiesen werden. Keine Anerkennungsprobleme bei Abschluss einer Fotoakademie oder eines Fachhochschul-studiums.			ja
Fotograf	Eigentlich gewerblich-handwerk-liche Tätigkeit mit Meistertitel-pflicht und Eintrag in Handwerks-rolle. Es gibt aber auch Urteile, die Fotografen den freien künstleri-schen Berufen zuordnen (BFH 7. 10. 1971, IV R 139/66, BStBl. 1972 II, S. 335). Das ist der Fall, wenn Fotografie auf einer Akademie oder Uni studiert wurde.			ja
Journalist	Offener Zugang	ja		

Tätigkeiten	*Zugang/Besonderheit*	*Katalog*	*Katalog-ähnlich*	*Tätig-keitsberuf*
Lexiko-graph	Freier, übersetzerähnlicher Beruf (FG Rheinland-Pfalz 21. 3. 1972, II 241, 386-389/66, EFG 1972, S. 435)			ja
Online-Journalist	Offener Zugang	ja		
Schrift-steller	Freier, künstlerischer Beruf, Tätig-keitsberuf (siehe auch nächsten Abschnitt)			ja
Werbe-fotograf	Gewerblich, handwerkliche Tätig-keit. Freiberuflich nur dann, wenn die Fotos künstlerisch erstellt wer-den und eine gewisse eigene Gestaltungshöhe aufweisen (BFH, Urteil v. 14. 12. 1976, BStBl. 1977, S. 474)			ja
Werbe-schrift-steller	Freiberufliche, schriftstellerische Tätigkeit bei eigenverantwort-lichem Inhalt (BFH 14. 5. 1958, IV 278/56 U, BStBl. 1958 III, S. 316)			ja
Werbe-texter	Schriftstellerische Tätigkeit (FG Nürnberg 2. 7. 1980, V 193/79, EFG 1980, S. 599)			ja

! **Buchtipp!**

Massow, Martin: Atlas Neue Werbe- und Kommunikationsberufe. Über 180 Berufsporträts. Einstieg, Aus- und Weiterbildung. Über 700 Adressen. 2. Aufl. München 2000.

So werde ich gewerblicher Freiberufler

Der Begriff gewerblicher Freiberufler bezeichnet Selbständige, die zwar wie Freiberufler arbeiten, jedoch steuer-, gewerbe- und handelsrechtlich Gewerbetreibende sind und beim Ordnungsamt ein Gewerbe anmelden müssen. Was es bei der Gründung als Gewerbetreibender zu beachten gilt, ist in diesem Abschnitt zusammengefasst. Darüber hinaus werden wichtige betriebswirtschaftliche Aspekte behandelt, die sowohl für Freiberufler als auch für Gewerbetreibende gelten, wie z.B.: »So bekommt man die Finanzen in Griff« u.ä. Das Kapitel »Einstieg als Freier« (Seite 287) widmet sich dem Vertragswesen, das sowohl für Freiberufler als auch für Gewerbetreibende gleichermaßen gültig ist und beispielsweise darüber entscheidet, ob sie freie Mitarbeiter oder Werksvertragsnehmer sind.

Abgrenzung Gewerbetreibender und freier Beruf

Die Abgrenzung zwischen freiem Beruf und Gewerbetreibendem ist oftmals schwierig. Denn wie der gewerblichen Tätigkeit fehlt auch der freiberuflichen Selbständigkeit nicht die Erwerbs- und Gewinnabsicht. Dadurch haben zahlreiche Tätigkeiten sowohl Merkmale der freiberuflichen Tätigkeit als auch des Gewerbes, wie dies besonders beim Beispiel EDV-Berater deutlich wird. Da in diesen Zweifelsfällen bei einer freien Tätigkeit die geistige, schöpferische und wissenschaftlich orientierte Arbeit als ausschlaggebendes Kriterium im

Vordergrund steht, kann davon ausgegangen werden, dass bei Fehlen dieser Aspekte ein Gewerbe angenommen wird. Beispielsweise würde man annehmen, ein selbständiger Apotheker sei Freiberufler. Weit gefehlt. Obwohl er zwar so gesehen eine wissenschaftliche Tätigkeit erfüllt, stehen bei seiner Tätigkeit doch Verkauf und Handel (mit Arzneien) im Vordergrund, wodurch er als Gewerbetreibender eingestuft wird. Wäre der Apotheker jedoch z.B. als freier Mitarbeiter in der Pharmaforschung, also mit schöpferischen und eigengeistigen Entwicklungsprozessen beschäftigt, wäre er Freiberufler.

ABC gewerblicher Tätigkeiten

Eine kleine Bewertungshilfe soll folgendes ABC gewerblicher Tätigkeiten sein, das die rechtliche Behandlung zahlreicher Zweifelsfälle auflistet. Es ist als Ergänzung des »ABC der katalogähnlichen freien Berufe« (Seite 46) gedacht.
Einer gewerblichen Tätigkeit werden im Allgemeinen folgende Tätigkeiten zugeordnet:

- Anlageberater/Finanzanalyst (BFH vom 2. 9. 1988, BStBl. 1989 II S. 24),
- Ärztepropagandist (BFH vom 27. 4. 1961, BStBl. III S. 315),
- Apotheken-Inventurbüro (BFH vom 15. 6. 1965, BStBl. III S. 556),
- Apothekenrezeptabrechner (BFH vom 28. 3. 1974, BStBl. II S. 515),
- Apotheker (IHK Lüneburg Wolfsburg),
- Architekt, der bei Ausübung einer beratenden Tätigkeit an der Vermittlung von Geschäftsabschlüssen mittelbar beteiligt ist (BFH vom 14. 6. 1984, BStBl. 1985 II S. 15),
- Artist (BFH vom 16. 3. 1951, BStBl. III S. 97),
- Baubetreuer (Bauberater), die sich lediglich mit der wirtschaftlichen (finanziellen) Betreuung von Bauvorhaben befassen (BFH vom 29. 5. 1973, BStBl. 1974 II S. 447 und vom 30. 5. 1973, BStBl. II S. 668),
- Bauleiter ohne Ingenieurstudium (BFH vom 22. 1. 1988, BStBl. II S. 497),
- Beratungsstellenleiter eines Lohnsteuerhilfevereins (BFH vom 10. 12. 1987, BStBl. 1988 II S. 273),
- Berufssportler (BFH vom 22. 1. 1964, BStBl. III S. 207),

- Betreuer (BFH vom 4. 11. 2004, Az. IV R 26/03),
- Bezirksschornsteinfegermeister (RFH vom 5. 1. 1938, RStBl. S. 429),
- Bodybuilding-Studio, wenn unterrichtende Tätigkeit nur die Anfangsphase der Kurse prägt und im Übrigen den Kunden Trainingsgeräte zur freien Verfügung stehen (BFH vom 18. 4. 1996, BStBl. II S. 573),
- Buchführungshelfer (IHK Lüneburg Wolfsburg),
- Buchhalter (IHK Lüneburg Wolfsburg),
- Buchmacher (RFH vom 22. 2. 1939, RStBl. S. 576),
- Bühnenvermittler (BFH vom 15. 4. 1970, BStBl. II S. 517),
- Designer, wenn nicht künstlerisch ausgeübt. (IHK Lüneburg Wolfsburg),
- Detektiv (RFH vom 15. 7. 1942, RStBl. S. 989),
- Dispacheur (BFH vom 26. 11. 1992, BStBl. 1993 II S. 235),
- EDV-Berater, freiberufliche Tätigkeit nur bei ingenieursähnlichen Tätigkeiten, z.B. bei der Entwicklung von Systemsoftware (siehe »ABC der katalogähnlichen freien Berufe«, Seite 46. Ansonsten ist ein EDV-Berater im Bereich der Anwendersoftware-Entwicklung gewerblich tätig (BFH vom 7. 12. 1989, BStBl. 1990 II S. 337 und vom 7. 11. 1991, BStBl. 1993 II S. 324); Gewerbetreibender ist auch ein EDV-Berater, der die Benutzer eines Software-Produkts vor, bei und nach dem erstmaligen Einsatz betreut (BFH vom 24. 8. 1995, BStBl. II S. 888),
- Ehevermittler,
- Erbensucher (BFH vom 24. 2. 1965, BStBl. III S. 263),
- Exportberater,
- Fahrschule, wenn der Inhaber nicht die Fahrlehrererlaubnis besitzt (BFH vom 4. 10. 1966, BStBl. III S. 685),
- Filmhersteller, sofern nicht insgesamt künstlerisch,
- Finanz- und Kreditberater (BFH vom 13. 4. 1988, BStBl. II S. 666),
- Fitness-Studio; keine unterrichtende Tätigkeit, wenn Kunden im Wesentlichen in Gerätebedienung eingewiesen werden und Training in Einzelfällen überwacht wird (BFH vom 13. 1. 1994, BStBl. II S. 362),
- Fotograf, sofern nicht künstlerisch oder Bildberichterstattung,
- Fotomodell (BFH vom 8. 6. 1967, Az. IV 62/65, BStBl. III S. 618),
- Fremdenführer (BFH vom 9. 7. 1986, Az. I R 85/83),
- Fußpfleger ohne staatl. anerkannte Prüfung zum Podologen (BFH vom 14. 3. 1975, Az. IV R 207/72 und BFH vom 3. 2. 1977, Az. R 112/72),

- Gastronomie,
- Grafiker, sofern er nicht künstlerisch tätig ist,
- Gutachter auf dem Gebiet der Schätzung von Einrichtungsgegenständen und Kunstwerken (BFH vom 22. 6. 1971, BStBl. II S. 749),
- Havariesachverständiger (BFH vom 22. 6. 1965, BStBl. III S. 593),
- Heileurhythmist (BFH vom 21. 6. 1990, BStBl. II S. 804),
- Hellseher (BFH vom 30. 3. 1976, BStBl. II S. 464),
- Hersteller künstlicher Menschenaugen (BFH vom 25. 7. 1968, BStBl. II S. 662),
- Industriepropagandisten (RFH vom 25. 3. 1938, RStBl. S. 733),
- Ingenieure als Werber für Lieferfirmen (RFH vom 30. 8. 1939, RStBl. 1940 S. 14),
- Inkassobüro,
- Inventurbüro (BFH vom 28. 11. 1968, BStBl. 1969 II S. 164),
- Kfz-Sachverständiger ohne Ingenieursexamen, dessen Tätigkeit keine mathematisch-technischen Kenntnisse wie die eines Ingenieurs voraussetzt (BFH vom 9. 7. 1992, BStBl. 1993 II S. 100),
- Klavierstimmer (BFH vom 22. 3. 1990, BStBl. II S. 643),
- Konstrukteur, der überwiegend Bewehrungspläne fertigt (BFH vom 5. 10. 1989, BStBl. 1990 II S. 73),
- Kosmetikerin (FG Düsseldorf vom 29. 06. 1965, Az. VIII 47/63),
- Krankenpflegehelfer (BFH vom 26. 8. 1993, BStBl. II S. 887),
- Kreditberater,
- Kükensortierer (BFH vom 16. 8. 1955, BStBl. III S. 295),
- Künstleragenten (BFH vom 18. 4. 1972, BStBl. II S. 624),
- Künstlermanager,
- Kursmakler,
- Landschaftsgärtner, sofern nicht Land- und Forstwirtschaft,
- Makler (RFH vom 1. 6. 1938, RStBl. S. 842),
- Marktforschungsberater (BFH vom 27. 2. 1992, BStBl. II S. 826),
- Masseur, der lediglich oder überwiegend kosmetische Massagen oder Schönheitsmassagen durchführt (BFH vom 26. 11. 1970, BStBl. 1971 II S. 249),
- Medizinischer Bademeister, wenn er nicht auch zur Feststellung des Krankheitsbefunds tätig wird oder persönliche Heilbehandlungen am Körper des Patienten, z.B. Unterwassermassage, vornimmt (BFH vom 26. 11. 1970, BStBl. 1971 II S. 249),
- Medizinischer Fußpfleger (BFH vom 7. 7. 1976, BStBl. II S. 621),
- Networkmarketing,
- Partnervermittlung,

- Personalberater, der Stellenbewerber ausfindig macht und eine Vorauswahl trifft,
- Pharmaberater,
- Probenehmer für Erze, Metalle und Hüttenerzeugnisse (BFH vom 14. 11. 1972, BStBl. 1973 II S. 183),
- Projektierer, sofern nicht Ingenieur,
- Propagandist, Vortragswerber (BFH vom 5. 7. 1956, BStBl. III S. 255),
- Public-Relations-(PR-)Berater, sofern nicht künstlerisch ausgeübt,
- Rechtsbeistand, der mit Genehmigung des Landgerichtspräsidenten Auszüge aus Gerichtsakten für Versicherungsgesellschaften fertigt (BFH vom 18. 3. 1970, BStBl. II S. 455),
- Rezeptabrechner für Apotheken (BFH vom 28. 3. 1974, BStBl. II S. 515),
- Rundfunkermittler, der im Auftrag einer Rundfunkanstalt Schwarzhörer aufspürt (BFH vom 27. 6. 1978, BStBl. 1979 II S. 53 und vom 14. 12. 1978, BStBl. 1979 II S. 188),
- Rundfunksprecher, entfaltet in der Regel keine künstlerische Tätigkeit (BFH vom 20. 6. 1962, BStBl. III S. 385 und vom 24. 10. 1963, BStBl. III S. 589),
- Sachverständiger: Der Gutachter ist gewerblich tätig, wenn er bei seiner Tätigkeit an seine Marktkenntnisse oder an seine gewerblichen oder handwerklichen Erfahrungen anknüpft oder wenn kommerzielle Gesichtspunkte in den Vordergrund treten. Eine freiberufliche Tätigkeit liegt dagegen vor, wenn der Gutachter auf der Grundlage von Disziplinen, die an Hochschulen gelehrt werden, und nach sachlichen und objektiven Gesichtspunkten eine qualifizierte Tätigkeit ausübt, die der Lösung schwieriger Streitfragen dient. (IHK Lüneburg-Wolfsburg),
- Schadensregulierer im Auftrag einer Versicherungsgesellschaft (BFH vom 29. 8. 1961, BStBl. III S. 505),
- Schiffssachverständiger, wenn er überwiegend reine Schadensgutachten (im Unterschied zu Gutachten über Schadens- und Unfallursachen) erstellt (BFH vom 21. 3. 1996, BStBl. II S. 518),
- Schönheitsberater,
- Schönheitssalon,
- Treuhänderische Tätigkeit eines Rechtsanwaltes für Bauherrengemeinschaften (BFH vom 1. 2. 1990, BStBl. II S. 534),
- Übersetzungsbüroinhaber, der selbst nicht über Kenntnisse der Sprachen verfügt, in die oder aus denen innerhalb des Geschäftsbetriebs (durch Angestellte) übersetzt wird,

- Unternehmensberater; gilt dann als freier Beruf, wenn der Berater als beratender Volks- und Betriebswirt tätig wird,
- Vereidigter Kursmakler (BFH vom 13. 9. 1955, BStBl. III S. 325),
- Versicherungsvertreter, selbständiger; übt auch dann eine gewerbliche Tätigkeit aus, wenn er nur für ein einziges Versicherungsunternehmen tätig sein darf (BFH vom 26. 10. 1977, BStBl. 1978 II S. 137),
- Versteigerer (BFH vom 24. 1. 1957, BStBl. III S. 106),
- Vortragswerber (BFH vom 5. 7. 1956, BStBl. III S. 255),
- Werbeberater (BFH vom 16. 1. 1974, BStBl. II S. 293),
- Wirtschaftswissenschaftler, der sich auf ein eng begrenztes Tätigkeitsgebiet, z.B. die Aufnahme und Bewertung von Warenbeständen in einem bestimmten Wirtschaftszweig, spezialisiert und diese Tätigkeit im Wesentlichen von zahlreichen Hilfskräften in einem unternehmensartig organisierten Großbüro ausführen lässt (BFH vom 28. 11. 1968, BStBl. 1969 II S. 164),
- Zahntechniker, selbständiger,
- Zahntechnisches Labor,
- Zolldeklarant (BFH vom 21. 9. 1989, BStBl. 1990 II S. 153).

Was ist ein Gewerbe?

Vereinfacht ausgedrückt, sind fast alle selbständigen Tätigkeiten Gewerbe, die nicht freiberuflich oder land- und forstwirtschaftlich ausgeübt werden.
Das heißt: Zahlreiche Einpersonenunternehmer müssen spätestens dann ein Gewerbe anmelden, wenn ihnen das Finanzamt die Freiberuflichkeit aufgrund fehlender rechtlicher Möglichkeiten versagt hat. Sie werden also zwangsläufig Gewerbetreibende. Natürlich wird eine gewerbliche Tätigkeit steuerrechtlich und handelsrechtlich anders definiert als mit Nichtfreiberuflichkeit, obwohl in der für Gewerbe zuständigen Gewerbeordnung der Begriff des Gewerbebetriebs nicht näher definiert wird. Eine detaillierte Beschreibung findet sich aber in § 15 Abs. 2 Einkommensteuergesetz (EStG). Hiernach ist eine gewerbliche Tätigkeit jede mit Gewinnerzielungsabsicht nachhaltig ausgeübte selbständige Tätig-

keit, die sich als Beteiligung am allgemeinen wirtschaftlichen Verkehr darstellt und nicht Land- und Forstwirtschaft oder selbständige Tätigkeit ist, unabhängig davon, ob es sich um eine Existenz als Einzelkämpfer (freier Mitarbeiter oder Einmannunternehmen) handelt oder um ein Unternehmen mit fremden Mitarbeitern. (Siehe auch das Kapitel »Was bedeutet Gewerbetätigkeit steuerrechtlich?«, Seite 188).
Gewerblich sind z.B.:

- Handelsbetriebe,
- Handwerksbetriebe (Anlage A und Anlage B der Handwerksordnung),
- Industriebetriebe (Produktionsbetriebe),
- Vermittlungstätigkeiten (z.B. des Maklers oder Handelsvertreters),
- Gaststättenbetriebe.

Kurzum: Wenn es Ihnen also wider Erwarten passieren sollte, vom Finanzamt als nicht freiberuflich eingestuft zu werden, müssen Sie ein Gewerbe anmelden; ebenso, wenn von vornherein absehbar ist, dass die beabsichtigte Selbständigkeit keine wirkliche freiberufliche Tätigkeit darstellt. Doch auch als Gewerbetreibender kann man selbständig sein. Das ist nicht weiter schlimm, auch wenn man auf manche Vergünstigungen, die Freiberufler genießen, verzichten muss. Außerdem haben Sie als Kleingewerbetreibender auch noch gewisse Vorteile, die im übernächsten Abschnitt erläutert werden.

Gewerbeanmeldung

Ist Ihre Tätigkeit gewerblich einzustufen, müssen Sie Ihren Gewerbebetrieb bei dem für den Betriebssitz zuständigen Gewerbeamt anmelden. Dies wird zumeist auch die Gemeinde Ihres Wohnsitzes sein. Zur Gewerbeanmeldung erhalten Sie ein Formular, worin Sie genaue Angaben zu Ihrem Gewerbe (Art der selbständigen Tätigkeit bzw. Gegenstand des Geschäfts) machen müssen.

Da Arbeits- und Gewerbefreiheit herrscht, haben Sie einen Rechtsanspruch auf Selbständigkeit. Also lassen Sie sich ja nicht von irgendeinem Sachbearbeiter verunsichern. Denn nur für wenige Gewerbe besteht Erlaubnispflicht, so z.B. für den Handel mit Arzneimitteln, Milcherzeugnissen oder Waffen; ebenso für Gaststätten- oder Verkehrsbetriebe (Taxi, Bus, Spedition, Kurierdienst) und für Makler und Bauträger. Die Erlaubniserteilung ist zumeist an bestimmte Fachqualifikationsnachweise gebunden, so dass man bei Vorlage entsprechender Dokumente rasch die Gewerbeanmeldung erhält, die branchenabhängig bis zu 300 Euro kosten kann. Das Gewerbeamt benachrichtigt automatisch das zuständige Finanzamt, eine Durchschrift geht auch an die Gewerbesteuerstelle des Gewerbeamtes und an die Industrie- und Handelskammer bzw. im Falle einer Handwerksgründung (Meistertitel oder Ingenieursdiplom-Zwang) an die Handwerkskammer.

IHK-Mitgliedschaft

Die IHK, dessen Pflichtmitglied man gemäß § 2 IHKG ist, teilt dem Gewerbetreibenden seine für die Gewerbesteuer und den IHK-Mitgliedsbeitrag wichtige Gewerbesteuererhebungsnummer mit. Ein IHK-Jahresbeitrag, berechnet aus Grundbeitrag und gewerbesteuerabhängiger Umlage, kann für kleinere Unternehmen beispielsweise zwischen 105 Euro und 415 Euro liegen (*www.ihk-nordwestfalen.de/imb/mitgliedschaft.php*). Beitragsbefreit sind laut § 3 Abs. 3 Satz 3 IHKG generell Kleinunternehmen, die nicht im Handelsregister eingetragen sind und deren Gewinn 5200 Euro jährlich nicht übersteigt. Existenzgründer, die über 5200 Euro Jahresgewinn liegen, sind für zwei Jahre vom IHK-Beitrag komplett befreit, wenn ihr Jahresgewinn 25000 Euro nicht übersteigt. Zudem profitieren sie vom Umlagefreibetrag in Höhe von 15340 Euro.

! **Infos!**
Die örtliche IHK über *www.dihk.de*

Kleingewerbetreibender oder Kaufmann?

Noch aus der Zeit, als ein Gewerbe vor allem ein von einem Kaufmann geführtes Handelsgeschäft bezeichnete, hat sich der Begriff des Kaufmanns im Handelsgesetzbuch (HGB) bis heute gehalten. Gemäß § 1 Abs. 1 HGB ist demnach jeder, der ein Gewerbe betreibt, Kaufmann, egal, ob es sich bei dem Gewerbe um einen Putzservice, Taxibetrieb oder eine Handyvertretung handelt.

Der Begriff des Kaufmanns ist nur eine juristische Bezeichnung für einen Handelsbetrieb, der nach Art und Umfang einen kaufmännischen Geschäftsbetrieb erfordert (§ 1 Abs. 2 HGB). Denn ab einer bestimmten Größe muss auch der Taxifahrer z.B. Buchhaltung und andere administrative und organisatorisch-kaufmännische Dinge erledigen, auch wenn er nicht explizit im kaufmännischen Bereich (Handel) selbständig ist. Wer bestimmte Gewinngrenzen nicht überschreitet, ist kein »Kaufmann«, sondern gilt als Kleinunternehmer.

Gewerberechtlich ist ein Kleinunternehmer (Nichtkaufmann),

- wer als Gewerbetreibender von Umfang und Art der Tätigkeit her keinen kaufmännischen Geschäftsbetrieb unterhalten muss,
- derjenige, dessen Gewerbeertrag (Gewinn) nicht 24 500 Euro jährlich übersteigt.

Steuerrechtlich ist Kleinunternehmer, wer

- nicht mehr Einnahmen (Umsatz) als 17 500 Euro jährlich erzielt,
- von der USt-Pflicht befreit ist,
- und den EÜR-Bogen nicht ausfüllen muss.

Kleinunternehmer haben hierdurch gegenüber gewerbesteuerpflichtigen Gewerbetreibenden und Kaufleuten nach § 1 HGB einen erheblich geringeren bürokratischen Aufwand. Sie

- brauchen sich nicht ins Handelsregister eintragen zu lassen (sie können sich aber eintragen lassen und werden hierdurch zu Kaufleuten nach HGB),
- sind bis zur Freibetragsgrenze von 24 500 Euro von der Gewerbesteuer befreit (siehe »Gewerbesteuer« ab Seite 191),
- unterliegen nicht den strengen Regelungen des HGBs (Geschäfte unter Vollkaufleuten), sondern denselben (Schutz-)Bestimmungen des Bürgerlichen Gesetzbuchs (BGB), die auch für Privatpersonen gelten,
- dürfen wie EStG-Freiberufler eine Einnahmen-Überschuss-Rechnung abgeben,
- müssen mit ihrem Vor- und Zunamen firmieren.

Kaufleute (alle Nicht-Kleinunternehmer) hingegen

- müssen ihr Gewerbe ins Handelsregister eintragen lassen,
- sind, unabhängig von ihren Gewinnen und der Umsatzhöhe, zur aufwendigen Buchführung und jährlichen Bilanzierung verpflichtet,
- brauchen nicht mit ihrem Vor- und Zunamen zu firmieren, sondern können auch unter Fantasienamen tätig werden,
- unterliegen den rechtlichen Bestimmungen des Handelsgesetzbuches (HGB), das für den Geschäftsverkehr unter »Vollkaufleuten« ein paar verschärfte Bestimmungen enthält. Vor allem entfällt jeglicher Verbraucherschutz etc.,
- müssen an die Gemeinde Gewerbesteuer abführen, der nach einem bestimmten Hebesatz vom Gewerbeertrag errechnet wird.

Für Personengesellschaften (OHG, KG, GbR) gelten die Gewinn- und Umsatzgrenzen der Kleingewerberegelung, für Kapitalgesellschaften (GmbHs, AGs) gelten diese hingegen nicht. Sie werden auf alle Fälle ins Handelsregister eingetragen.

Kleingewerbetreibende können ins Handelsregister

Wer aufgrund seiner Gewinn- und Umsatzsituation Kleingewerbetreibender ist, kann sich freiwillig ins Handelsregister eintragen lassen, mit der Folge, dass sein Betrieb dann als Handelsgewerbe (»Vollkaufmann«) gilt.

Vorteile:

- Man kann einen Fantasienamen als Firmenbezeichnung wählen;
- mit Handelsregisternummer wird der Betrieb bei potentiellen Kunden als größer eingestuft, was bei bestimmten Geschäftsanbahnungen vorteilhaft sein kann;
- Geschäftspartner können sich bei Geschäften auf die Bestimmungen des Handelsgesetzbuches stützen.

Nachteil:

- Man muss eine aufwendige doppelte Buchführung machen.

Übrigens: Ab 1. 1. 2007 sind Eintragungen ins Handels-, Genossenschafts- und Partnerschaftsregister nur noch elektronisch möglich (EHUG). Beglaubigungen etc. übermittelt der Notar über das elektronische Gerichtspostfach.

Rechtsformen des Unternehmens

Als Kleinunternehmer macht man sich in der Regel wenig Gedanken über die Rechtsform, sondern meldet einfach das Einmanngewerbe an. In diesem Fall gilt man als Einzelunternehmer. Möchte man jedoch mit anderen gemeinsam ein Unternehmen gründen, die Haftung beschränken oder sich von der eigenen Firma z.B. als Geschäftsführer anstellen und somit sozial – auch gegen Arbeitslosigkeit – besser absichern lassen, gewinnt die Überprüfung von anderen Rechtsformen als die des Einzelunternehmers möglicherweise an Bedeutung. Aber auch im Hinblick auf die neue Scheinselbständigkeitsregelung kann die Wahl einer anderen Rechtsform sehr interessant sein, da beispielsweise eine GmbH-Gründung oder auch die Gründung einer Einmann-GmbH als ausreichendes Indiz dafür gelten kann, dass hier eine Gewerbetätigkeit und keine verdeckte Beschäftigung ausgeübt wird. Die bewusste Wahl, das Einmannunternehmen als juristische

Person, wie es eine GmbH, KG oder AG ist, zu gründen, kann für freie Mitarbeiter und Kleinselbständige entscheidend für den Nachweis ihrer Selbständigkeit sein. So gelten Gesellschafter stets als Unternehmer. Sie können somit nicht als scheinselbständig eingestuft werden.

Die wichtigsten Rechtsformen:

- *Einzelunternehmer* wird man automatisch mit der Anmeldung eines Gewerbes, unabhängig davon, ob man Kleinunternehmer oder Vollkaufmann ist.
- *Gesellschaft bürgerlichen Rechts (GbR)* ist ein Zusammenschluss von Privatleuten oder Einzelunternehmern wie Kleingewerbetreibenden, Freiberuflern. Allein mündlicher Beschluss und Vollzug reichen zum Zustandekommen der GbR, besser ist ein Gesellschaftervertrag. Die Gesellschaft kann nach außen gleichberechtigt von jedem vertreten werden. Als Gesellschaftsziel reichen z.B. gemeinsamer Marktauftritt, Nutzung von Synergien, Bürogemeinschaft zur Senkung der Gemeinkosten, Zusammenschluss, um Fullservice anbieten zu können. Als Gesellschafter einer solch formell und kostengünstig einfach zu gründenden GbR können Sie nicht mehr als Scheinselbständiger oder arbeitnehmerähnlicher Selbständiger eingestuft werden. Allerdings: Jeder haftet mit seinem Firmen- und Privatvermögen für die Verbindlichkeiten der GbR, auch für die der anderen.
- *Offene Handelsgesellschaft (OHG)* ist der gesellschaftsvertraglich geregelte Zusammenschluss von im Handelsregister eingetragenen Einzelunternehmern (Ist-Kaufleuten/Vollkaufleuten), die mit Firmen- und Privatvermögen haften. Wird ins Handelsregister eingetragen. Die OHG ist ein Auslaufmodell.
- *Partnerschaftsgesellschaft (PartnG).* Diese neue, mit der OHG vergleichbare Rechtsform bietet vor allem Freiberuflern die Möglichkeit einer Gesellschaftsgründung, ohne ihren Freiberuflerstatus wie im Fall einer GmbH-Gründung zu verlieren. Die Partner, z.B. Journalisten, Juristen, Architekten, Ärzte, Dozenten, EDV-Leute usw., haften mit ihrem Geschäftsvermögen und Privatvermögen für die Verbindlichkeiten der Gesellschaft. Eine Berufshaftpflicht ist daher für jeden Gesellschafter Pflicht. Die PartnG wird ins Partnerschaftsregister beim Amtsgericht eingetragen.
- *Kommanditgesellschaft (KG)* bietet Einzelunternehmern die Möglichkeit, Geldgeber (Kommanditisten) zu finden, die nur mit ihrer

Einlage haften, während der Einzelunternehmer (Komplementär) weiterhin mit Privatvermögen und seinem Anteil am Firmenvermögen haftet.

- *GmbH & Co. KG* ist eigentlich das Gleiche wie eine Kommanditgesellschaft, nur mit dem Trick, dass nicht mehr der Einzelunternehmer, sondern die GmbH als Komplementär fungiert und somit nur bis zur Höhe ihres Stammkapitals haftet.
- *Gesellschaft mit beschränkter Haftung (GmbH).* Ab 1. 1. 2008 wird das Stammkapital von 25000 auf 10000 Euro gesenkt, wovon bei Gründung wenigstens 5000 Euro einzubezahlen sind. Mindestens zwei Gesellschafter. Notarieller Gründungsvertrag, Handelsregistereintrag, Gewerbesteuerpflicht und spezielle Bilanzierungsvorschriften machen eine GmbH teuer. Keine Sozialversicherungspflicht für Geschäftsführer.
- *Einmann-GmbH:* eigener Angestellter. Durch eine notariell beurkundete Erklärung kann ein Einzelunternehmer sein Gewerbe in eine GmbH umwandeln. In der Einmann-GmbH sind die Vorteile des Einzelunternehmers mit denen der GmbH vereint.
- *Englische Limited (Ltd.)* z.B. in London. Haftungskapital ab 1 englischem Pfund. Gründung der Firma über Agenturen in Deutschland (siehe Seite 265)

Stehendes und wanderndes Gewerbe

Unabhängig von der Rechtsform unterscheidet der Gesetzgeber, ob ein Unternehmen stationär von einer Geschäftsstelle aus oder mobil, also an wechselnden Orten, betrieben wird. Man nennt das eine auch stehendes und das andere wanderndes Gewerbe, wobei das Letztere noch einmal in Reise- und Marktgewerbe untergliedert wird. Die Einstufung hat vor allem Einfluss auf die Genehmigung gewerblicher Tätigkeiten, die in einigen Fällen beim Reisegewerbe weniger streng als beim stehenden Gewerbe gehandhabt wird, z.B. beim Reisehandwerker.
Der Gesetzgeber unterscheidet drei Gewerbeformen:

- Stehendes Gewerbe: Hierzu zählt das Einmannbüro ebenso wie die freie Mitarbeit (auch beim Kunden, da von einer zentralen Stelle aus gearbeitet wird), die Gaststätte, das Ladengeschäft, der Produktionsbetrieb genauso wie die Werkstatt des Handwerkers.

- Reisegewerbe: Alle so genannten fahrenden Händler oder Anbieter von Lebensmitteln, z.B. auch eine Pommesbude, die ihren Stand oder Bauchladen an wechselnden Orten und Städten aufschlagen, gehören hierzu.
- Marktverkehrsgewerbe: Hierzu gehören Gewerbetreibende, die an Märkten unterschiedlicher Art teilnehmen. Das können sowohl Reisegewerbetreibende als auch stationäre Gewerbetreibende sein, die z.B. zusätzlich zu ihrem Ladengeschäft (z.B. Fleischerladen) noch einen Marktstand betreiben (Würstchenbude auf Wochenmarkt).

Erlaubnispflichtige und erlaubnisfreie Gewerbe

Trotz grundsätzlicher Gewerbefreiheit hat der Gesetzgeber bei manchen Gewerben noch ein Wörtchen mitzureden, da es nun mal Tätigkeiten gibt, die einer besonderen Ausbildung oder Verantwortung bedürfen. So gibt es neben den erlaubnisfreien auch erlaubnispflichtige Gewerbe, denn für einige Gewerbe müssen bestimmte Fachkenntnisse, persönliche Eigenschaften oder die Erfüllung behördlicher Auflagen nachgewiesen werden. Zudem gibt es Gewerbe, die zwar nicht der Genehmigung bedürfen, jedoch besonders überwacht werden, und solche, die außer auf den Regelungen der Gewerbeordnung noch auf speziellen Rechtsverordnungen basieren, wie etwa das Gaststättengewerbe. Erlaubnisfrei sind Gewerbe, die ohne Prüfung der Eignung per Anmeldung sofort begonnen werden können.

Das heißt: Vor einer Gewerbeanmeldung müssen die entsprechenden Auflagen erfüllt sein und dem Gewerbeamt nachgewiesen werden. Wer eine Gaststätte eröffnen will, muss sich bei der Gemeinde erst um die Konzession kümmern, bevor er das Gewerbe anmeldet.

Wer aufgrund mangelnder Fachnachweise, etwa beim Handwerk, keinen Betrieb gründen kann, hat eventuell die Möglichkeit, auf ein Reisegewerbe oder Marktgewerbe auszuweichen, da hier manche Dinge, etwa auch die Gründung eines Wanderhandwerksbetriebs möglich sind. Im folgenden Kapitel werden die wichtigsten erlaubnispflichtigen Unternehmensbranchen aufgeführt.

Erlaubnispflichtige Gewerbe

Die genehmigungspflichtigen Gewerbe können erst nach Erteilung der Genehmigung (Konzession) begonnen werden. Zum Nachweis sind Kurse bei der IHK zu belegen, Praxisnachweise zu erbringen, bestimmte wirtschaftliche Verhältnisse nachzuweisen oder – wie im Falle eines Handwerks – ein Meisterbrief als Befähigungsbeleg vorzulegen. Zu den genehmigungspflichtigen Gewerben zählen:

- Privatkrankenanstalten, § 30 HGB;
- orthopädischer Schuster, § 30b HGB (gemäß der Handwerksordnung);
- Schaustellungen von Personen, § 30a HGB (z.B. Varieté-Betrieb, Theater, Peepshow usw.);
- Tanzlustbarkeiten, § 33b HGB entsprechend landesrechtlichen Bestimmungen (z.B. Bauchtanzlokal, Tabledance, Striplokale etc.);
- Spielgeräte mit Gewinnmöglichkeiten, § 33c-g HGB (z.B. Glücksrad auf Jahrmärkten);
- Spielbanken, Lotterien, Glücksspiele, § 33h HGB;
- Spielhallen und ähnliche Unternehmungen, § 33i HGB;
- Pfandleihgewerbe, § 34 HGB und Pfandleiherverordnung;
- Bewachungsgewerbe, § 34a HGB und Bewachungsverordnung;
- Versteigerungsgewerbe, § 34b HGB;
- Makler, Bauträger und Baubetreuer § 34c sowie Makler- und Bauträgerverordnung;
- Verkehrsgewerbe nach Personen- und Güterverkehrsordnung;
- Gaststätten nach Gaststättenverordnung.

Sonstige, eingeschränkt mögliche Berufe sind z.B. Buchführungshelfer oder im Bereich der freien Berufe Heilpraktiker, Arzt, Jurist, Architekt, Psychotherapeut, Masseur, Physiotherapeut usw.

Im *Großhandel* ist für verschiedene Warenzweige, z.B. für Waffen, Munition und Pyrotechnik (Feuerwerkskörper), eine besondere Erlaubnis erforderlich.
Im *Einzelhandel* müssen ebenfalls beim Handel mit Waffen, Munition und pyrotechnischen Gegenständen sowie bei frei verkäuflichen Arzneimitteln, ärztlichen Hilfsmitteln und offenen Lebensmitteln besondere gewerberechtliche Vorschriften beachtet werden.
Arzneimittel und verschreibungspflichtige Arzneien dürfen nur von Apothekern in *Apotheken* verkauft werden.

Erlaubnisfreie, aber überwachungsbedürftige Gewerbe

Neben den genehmigungspflichtigen Gewerben, zu denen auch die Gewerbe mit besonderer Rechtsgrundlage wie das Gaststättengewerbe, Güterverkehrsgewerbe, Reisegewerbe und Handwerksgewerbe zählen, gibt es nach § 38 HGB auch so genannte überwachungsbedürftige Gewerbe wie

- An- und Verkauf von hochwertigen Konsumgütern, insbesondere von Unterhaltungselektronik, Computern, optischen Erzeugnissen, Fotoapparaten, Videokameras, Teppichen, Pelz- und Lederbekleidung;
- An- und Verkauf von Kraftfahrzeugen und Fahrrädern (Achtung bei Fahrradbau oder -laden);
- An- und Verkauf von Edelmetallen und edelmetallhaltigen Legierungen sowie Waren aus Edelmetall oder edelmetallhaltigen Legierungen (auch Straßenverkäufer können besonders kontrolliert werden);
- An- und Verkauf von Edelsteinen, Perlen und Schmuck (auch bei esoterisch orientiertem Steineverkauf);
- An- und Verkauf von Altmetallen (z.B. auch Schrotthändler etc.);
- Trödelhändler;
- Auskunfteien, Detekteien;
- Vermittler von Eheschließungen, Partnerschaften und Bekanntschaften (trifft auch auf die Blind-date-Agentur zu);
- Betrieb von Reisebüros und Vermittlung von Unterkünften;

- Vertrieb und Einbau von Gebäudesicherungseinrichtungen (z.B. Alarmanlagen) einschließlich Schlüsseldienste;
- Herstellen und Vertreiben spezieller diebstahlsbezogener Öffnungswerkzeuge (z.B. Instrumente des Schlüsseldienstes).

Erlaubnispflichtige Gewerbe mit besonderer Rechtsgrundlage

Makler und Baugewerbe

Die Verordnung über die Pflichten der Makler, Darlehens- und Anlagevermittler, Bauträger und Baubetreuer (Makler- und Bauträger-VO) regelt alle rechtlichen Angelegenheiten bei der Ausübung des entsprechenden Gewerbes.

Finanzdienstleister

Gesetz zur Regelung der Tätigkeit als Finanz- und Versicherungsvermittler.

Gaststättengewerbe

Rechtliche Grundlage für eine Existenzgründung im Hotel- und Gaststättensektor ist das Gaststättengesetz. Unter die in § 2 Abs. 1 GaststättenG geregelte Erlaubnispflicht fallen auch Schank- und Speisewirtschaft, Trinkhallen und Beherbergungsbetriebe. Nicht erlaubnispflichtig ist ein Beherbergungsbetrieb, der nicht mehr als acht Gäste gleichzeitig beherbergen kann (§ 2, Abs. 4 GaststättenG). Ein IHK-Kursus genügt als Nachweis der Tauglichkeit.

Bewachungsgewerbe

Die rechtliche Grundlage bildet die Verordnung über das Bewachungsgewerbe (BewachV), die vor allem die Qualifizierungs- und Haftpflichtversicherungsfragen als Voraussetzung der Erlaubnis regelt.

Verkehrsgewerbe

Verkehrsgewerbe (Personen- und Güterbeförderung und Umzugsverkehr) sind grundsätzlich erlaubnispflichtig. Wer Personen befördern möchte, z.B. Taxi oder Bus fahren oder ein diesbezügliches Unternehmen gründen will, muss sich an dem *Personenbeförderungsgesetz* orientieren.

Wer Güter in Fahrzeugen über 3500 kg zulässigem Gesamtgewicht oder mit Anhängerlast über 750 kg (also maximal das zulässige Gesamtgewicht des Zuges 3500 kg plus 750 kg) transportieren möchte, muss sich nach dem *Güterkraftverkehrsgesetz* richten.

Die Erlaubnis wird nur an Personen mit fachlicher Eignung und dem entsprechend gültigen Führerschein bzw. der Neuerteilung/Verlängerung nach betriebs- oder arbeitsmedizinischem Gutachten gemäß EU-Richtlinie Bundesgesetzblatt vom 26. 8. 1998, Seite 2214ff., erteilt.

Für Krankenfahrstühle bis 25 km/h (bisher Klasse 5) ist kein Führerschein mehr erforderlich.

Neue Führerschein-EU-Klassen seit 1.1. 1999

	Führerscheinklasse	
Pkw plus Kombi bis 3,5 t	Alt (BRD)	Neu (EU)
Anhänger maximal 750 kg	III	B
Andere Anhänger	III	BE
Lkw bis 7,5 t		
Anhänger bis 750 kg	III	C1
Andere Anhänger (als: eine Achse), insgesamt max. 12 t	III	C1E
Anhängergewicht maximal 1,5-faches des Lkw	III	CE
Lkw Busse mit Personenbeförderungsberechtigung	II	C, CE, D1, D1E, D, DE, T

Handwerk mit Meisterpflicht

Wer freiberuflich im Handwerk tätig werden möchte, benötigt heute längst nicht mehr in allen traditionellen Handwerksberufen den Meistertitel. So hat sich seit der Neuordnung des Handwerksrechts, der sogenannten Großen Handwerksnovelle, die Anzahl der zulassungspflichtigen Vollhandwerke von 94 auf 41 Handwerke reduziert. Sie werden in Anlage A der Handwerksordnung (HwO) aufgeführt. Wer zu dem Kreis der Vollhandwerker zählt und sich als Handwerker selbständig machen möchte, muss nicht nur ein Gewerbe anmelden, sondern eben auch einen Meisternachweis erbringen und sich in die Handwerksrolle (über die Handwerkskammer) eintragen lassen. Erst wenn die Eintragung erfolgt ist, kann man das Gewerbe anmelden. Anstelle eines Meisterbriefs kann auch der Abschluss zum Diplom-Ingenieur vorgelegt werden. Wer Diplom-Ingenieur für Elektrotechnik ist, kann auch ein Elektrikerhandwerk anmelden. Der Meisterzwang besteht unabhängig davon, ob man als Einmannhandwerksbetrieb, eventuell als Kleingewerbetreibender, tätig wird oder vorhat, einen Betrieb mit mehreren Mitarbeitern und Ausbildungsmöglichkeiten aufzuziehen.
Die bisher insbesondere für die GmbHs geltende Regelung für Inhaber ohne Meisterprüfung, einen Handwerksbetrieb dann führen zu können, wenn sie einen Handwerksmeister einstellen, gilt jetzt auch für Personen und Personenunternehmen.

Altgesellenregelung

Neu eingeführt wurde § 7b HwO. Er bestimmt, dass sich auch qualifizierte Gesellen selbstständig machen können, wenn sie nach ihrer Gesellenprüfung mindestens sechs Jahre in dem zu betreibenden zulassungspflichtigen Handwerk tätig waren, davon vier Jahre in leitender Stellung. »Eine leitende Stellung wird dann angenommen, wenn dem Gesellen eigenverantwortliche Entscheidungsbefugnisse in einem Betrieb oder einem wesentlichen Betriebsteil übertragen worden sind. Der Nachweis hierüber kann durch Arbeitszeugnisse, Stellenbeschreibungen oder in anderer Weise erbracht werden. Die für die selbständige Handwerksausübung erforderlichen betriebswirtschaftlichen, kaufmännischen und rechtlichen Kenntnisse gelten in der Regel durch die Berufserfahrung als nachgewiesen. Soweit das nicht der Fall ist, sind die erforderlichen Kenntnisse durch Teilnahme an Lehrgängen oder auf sonstige Weise nachzuweisen. Von dieser Altgesellenregelung ausgenommen sind die Schornsteinfeger und die Gesundheitsberufe Augenoptiker, Hörgeräteakustiker, Orthopädietechniker, Orthopädieschuhmacher und Zahntechniker.« (Handwerkskammer Düsseldorf).

Buchtipp!
Gesetz zur Ordnung des Handwerks (Handwerksordnung) und ergänzende Vorschriften. Mit neuem Berufsbildungsgesetz (bearbeitet von Franz Klein), 36. Aufl. 2006.

Handwerk ohne Meisterbrief

Zulassungsfreie Handwerke

Die 53 nicht mehr der Meisterpflicht unterliegenden Handwerke gelten nach wie vor als Vollhandwerke und Ausbildungsberufe. Sie sind aber hinsichtlich der Existenzgründung zulassungsfrei. Das heißt: Theoretisch kann sich zwar jeder, der sich berufen und fähig fühlt, in einem in der Anlage B1 genannten Handwerk selbständig machen. Doch in der Praxis hat letztlich nur Erfolg, wer in diesen Handwerksberufen fundiert ausgebildet ist und Erfahrung mitbringt. Zudem besteht in diesen zulassungsfreien Handwerksberufen nach wie vor die Möglichkeit, einen Gesellen- und Meisterbrief zu erwerben. Ein Meisterabschluss ist der beste Qualifikationsnachweis gegenüber Kunden (Wettbewerbsvorteil), Kammern (Businessplanzustimmung), Banken (Kreditgewährung) und Bundesagentur für Arbeit (z.B. zur Bewilligung eines Existenzgründungszuschusses). Der Selbständige in einem zulassungsfreien Handwerk muss sein Handwerksgewerbe beim Gewerbeamt anmelden sowie sich bei der Handwerkskammer eintragen lassen.

Anlage B, Abschnitt 1 (§ 18 Abs. 2, HwO):
Verzeichnis der zulassungsfreien Handwerksgewerbe

1. Fliesen-, Platten- und Mosaikleger
2. Betonstein- und Terrazzohersteller
3. Estrichleger
4. Behälter- und Apparatebauer
5. Uhrmacher
6. Graveure
7. Metallbildner
8. Galvaniseure
9. Metall- und Glockengießer
10. Schneidwerkzeugmechaniker
11. Gold- und Silberschmiede
12. Parkettleger
13. Rolladen- und Jalousiebauer
14. Modellbauer
15. Drechsler (Elfenbeinschnitzer) und Holzspielzeugmacher
16. Holzbildhauer
17. Böttcher
18. Korbmacher
19. Damen- und Herrenschneider
20. Sticker
21. Modisten
22. Weber
23. Segelmacher
24. Kürschner
25. Schuhmacher
26. Sattler und Feintäschner
27. Raumausstatter
28. Müller

29. Brauer und Mälzer
30. Weinküfer
31. Textilreiniger
32. Wachszieher
33. Gebäudereiniger
34. Glasveredler
35. Feinoptiker
36. Glas- und Porzellanmaler
37. Edelsteinschleifer und -graveure
38. Fotografen
39. Buchbinder
40. Buchdrucker, Schriftsetzer, Drucker
41. Siebdrucker
42. Flexografen
43. Keramiker
44. Orgel- und Harmoniumbauer
45. Klavier- und Cembalobauer
46. Handzuginstrumentenmacher
47. Geigenbauer
48. Bogenmacher
49. Metallblasinstrumentenmacher
50. Holzblasinstrumentenmacher
51. Zupfinstrumentenmacher
52. Vergolder
53. Schilder- und Lichtreklamehersteller

Handwerksähnliche Gewerbe

Die dritte »Handwerker«-Gruppe bilden die handwerksähnlichen Gewerbe, die unverändert in Anlage B2 HwO »Handwerksähnliche Gewerbe« aufgeführt werden. Wer sich in einem handwerksähnlichen Handwerk selbständig macht, muss sein Handwerksgewerbe beim Gewerbeamt anmelden und sich bei der Handwerkskammer eintragen lassen.

Anlage B2, Abschnitt 2 (§ 18 Abs. 2 HwO): Handwerksähnliche Gewerbe

1. Eisenflechter
2. Bautentrocknungsgewerbe
3. Bodenleger
4. Asphaltierer (ohne Straßenbau)
5. Fuger (im Hochbau)
6. Holz- und Bautenschutzgewerbe (Mauerschutz und Holzimprägnierung in Gebäuden)
7. Rammgewerbe (Einrammen von Pfählen im Wasserbau)
8. Betonbohrer und -schneider
9. Theater- und Ausstattungsmaler
10. Herstellung von Drahtgestellen für Dekorationszwecke in Sonderanfertigung
11. Metallschleifer und Metallpolierer
12. Metallsägen-Schärfer
13. Tankschutzbetriebe (Korrosionsschutz von Öltanks für Feuerungsanlagen ohne chemische Verfahren)
14. Fahrzeugverwerter
15. Rohr- und Kanalreiniger
16. Kabelverleger im Hochbau (ohne Anschlussarbeiten)
17. Holzschuhmacher
18. Holzblockmacher
19. Daubenhauer
20. Holzleitermacher (Sonderanfertigung)
21. Muldenhauer
22. Holzreifenmacher
23. Holzschindelmacher
24. Einbau von genormten Baufertigteilen (z. B. Fenster, Türen, Zargen, Regale)
25. Bürsten- und Pinselmacher
26. Bügelanstalten für Herren-Oberbekleidung
27. Dekorationsnäher (ohne Schaufensterdekoration)
28. Fleckteppichhersteller
29. Klöppler
30. Theaterkostümnäher
31. Plisseebrenner
32. Posamentierer

33. Stoffmaler
34. Stricker
35. Textil-Handdrucker
36. Kunststopfer
37. Änderungsschneider
38. Handschuhmacher
39. Ausführung einfacher Schuhreparaturen
40. Gerber
41. Innerei-Fleischer (Kuttler)
42. Speiseeishersteller (mit Vertrieb von Speiseeis mit üblichem Zubehör)
43. Fleischzerleger, Ausbeiner
44. Appreteure, Dekateure
45. Schnellreiniger
46. Teppichreiniger
47. Getränkeleitungsreiniger
48. Kosmetiker
49. Maskenbildner
50. Bestattungsgewerbe
51. Lampenschirmhersteller (Sonderanfertigung)
52. Klavierstimmer
53. Theaterplastiker
54. Requisiteure
55. Schirmmacher
56. Steindrucker
57. Schlagzeugmacher

(Quelle: Handwerksordnung)

Kleingewerbehandwerk

Nicht handwerksrollenpflichtig sind so genannte Minderhandwerke, deren Tätigkeiten einen geringen Schwierigkeitsgrad haben und auch ohne sechs- bis neunjährige Gesellen- und Meisterausbildung auszuführen sind. Eine genaue rechtliche Abgrenzung gibt es nicht.
Hier ein paar Beispiele:

■ *Eintragungspflichtig* Bäcker Konditor Glaser/Tischler Rollladen- und Jalousienbauer Schlosser Schuhmacher Gebäudereiniger Parkettleger
■ *Nicht eintragungspflichtig* Pizzabäcker Waffelbäcker/Crêperiebetreiber Fenster-, Tür- und Tormontagen Rollladenmontageservice Schlüsselschnelldienst Schuhschnelldienst Putzfrau, Privatputzservice Parkettabschleifer (in Berlin)*

Quelle: Massow-Archiv

Künstlerisch betriebene Handwerke

Ebenfalls keinen Meisterbrief benötigt man, wenn ein Handwerk wie das des Fotografen, Silberschmieds, Goldschmieds, Holzbildhauers, Steinbildhauers, Töpfers oder Keramikers künstlerisch betrieben wird. Denn nach Artikel 5 Grundgesetz (GG) sind Kunst, Wissenschaft, Forschung und Lehre frei. Wer als Künstler fungiert, benötigt zudem keine Gewerbeanmeldung, sondern ist Freiberufler gemäß § 18 EStG. Die größte Schwierigkeit ist allerdings, als Künstler anerkannt zu

* In Berlin darf man als Parkettabschleifer ohne Meisterbrief tätig werden, in Wiesbaden laut Auskunft der dortigen Handwerkskammer nicht. Selbst einen Rauhfaserklebe- und Streichservice würde die Handwerkskammer der Hessenmetropole verbieten. So zeigt sich, wie schwierig es selbst bei Einfachtätigkeiten ist, ohne Meisterbrief einen Fuß auf den goldenen Boden des Handwerks zu bekommen.

werden. Beurteilt werden dabei Person (Werdegang, Ausbildung, Begabung, Glaubwürdigkeit), die Art des Betriebs (Atelier oder produktionsorientierter Maschinenpark) sowie die Produktionen (handelt es sich um künstlerische, um kunstgewerbliche oder in Serie hergestellte Produkte). Ein Kunstgewerbe, in dem immer wieder die gleiche Arbeit verrichtet wird, zählt nicht zur Kunst, sondern wäre in diesem Fall ein Holzbildhauergewerbe.

Das Bundesverfassungsgericht nennt als entscheidendes Kriterium für die Zuordnung oder Annahme einer künstlerischen Betätigung die freie schöpferische Gestaltung, in der Eindrücke, Erfahrungen und Erlebnisse des Künstlers durch das Medium einer bestimmten Formensprache zur unmittelbaren Anschauung gebracht werden. Beim künstlerischen Schaffen wirken Intuition, Fantasie und Kunstverstand zusammen; es soll primär nicht Mitteilung, sondern unmittelbarer Ausdruck der individuellen Persönlichkeit sein.

»Ist ein bestimmtes Produkt Kunst, so ist der Prozess seiner Herstellung und Verbreitung jeder Reglementierung entzogen«. (Hesselberger, Dieter: *Das Grundgesetz. Kommentar für die politische Bildung.* 9. Auflage. Bonn 1995, Seite 95)

Gartenbau, Land- und Forstwirtschaftshandwerk

Obwohl die Berufsordnungen und Abschlüsse für Gärtnermeister, Forstwirte, Weinbauern usw. die gleichen Qualifikationen und Fähigkeiten erfordern wie die Ausbildung im Handwerk, sind sie nicht – wie im Handwerk – Voraussetzung für die Berufsausübung. Jeder kann, wenn er möchte, einen Gartenbaubetrieb aufmachen, eine Baumschule anpflanzen, Obstplantagen oder Ökonutzgärten anlegen, ohne eine Genehmigung zu benötigen. Der Grund: Land- und Forstwirtschaft gelten nicht als Gewerbe. Allerdings gibt es in dem Moment Abgrenzungsprobleme, wenn der Bauer aus seinem Getreide Brot backen oder seine Tiere schlachten möchte, weil er dann in handwerkliches Gefilde eintritt. Daher sind bekannterweise nur Hausschlachtungen erlaubt sowie Brotbacken für den eigenen Bedarf, d.h. zur Selbstversorgung.

Einstellen eines Meisters

Wer einen Meister als technischen Leiter anstellt, kann auch, ohne selbst Handwerker oder Meister zu sein, ein Handwerk betreiben. Wenn Sie beispielsweise mit Konzessionsträgern als ein Filialbetrieb arbeiten, kann sich ein Handwerksmeister in die Handwerksrolle als Konzessionsträger eintragen lassen und Ihnen gegen Entrichtung einer monatlichen Lizenzgebühr erlauben, in seinem Namen handwerklich zu arbeiten.

Handwerklicher Hilfsbetrieb

Nach § 3 Abs. 3 HwO sind Hilfsbetriebe unselbständige, der wirtschaftlichen Zweckbestimmung des Hauptbetriebs dienende Handwerksbetriebe, die ohne Eintragung in die Handwerksrolle betrieben werden können, wie z.B. ein Gebrauchtwagenhändler mit Kleinreparaturbetrieb, ein Zahnarzt mit Zahntechnikerin, ein Speditionsunternehmen mit Werkstatt.

Ehrenamtliches Handwerk

Keinen Meisterbrief benötigen beispielsweise auch Senioren- oder Jugenddienste, die gemäß § 3 Abs. 3 Satz 1b) Pflege-, Instandhaltungs- und Instandsetzungsarbeiten unentgeltlich (bis maximal 1848 Euro Aufwandsentschädigung pro Jahr) leisten. Das betrifft auch Gegenstände, die im eigenen Betrieb hergestellt werden.
Für gemeinnützige Werkstätten gibt es ebenfalls Ausnahmen.

Handwerk im Marktverkehr

Wer kein stehendes Handwerk betreibt und sein Handwerk nur auf festgesetzten Märkten wie Volksfesten, Kram- und Jahrmärkten, Ausstellungen und Messen ausübt oder dort Bestellungen für Waren und Leistungen entgegennimmt, betreibt kein Handwerk. Er benötigt nicht einmal eine Reisegewerbekarte, weil bei festgesetzten Märkten die historisch gewachsenen Marktprivilegien gelten. Vor allem Nahrungsmittelhandwerker wie Bäcker, Speiseeishersteller, aber auch Töpfer usw. können hier ihre Waren anbieten. Wichtig ist, dass es sich gemäß § 69 Gewerbeordnung (GewO) um einen festgesetzten Markt handelt.

Reisehandwerker

Unter Berufung auf § 55 der GewO können Nichthandwerker als sogenannte Reisehandwerker selbständige Handwerksarbeiten ausführen, wenn sie zuvor nicht persönlich (z.B. über eine Kleinanzeige plus Handynummer, Handzettel, Klinkenputzen etc.) ihre Dienste angeboten oder Gegenstände in einer Werkstatt vorbereitet haben. Reisehandwerker dürfen noch nicht einmal nach Auftragserteilung Werkzeuge oder Materialien aus einer festen Werkstatt holen. Sie müssen alle nötigen Werkzeuge mit sich führen und Bereitschaft und Fähigkeit zur sofortigen Leistung vorweisen. Sie müssen sofort mit der Arbeit beginnen, etwa kleinere Reparaturen und Handreichungen an Ort und Stelle beim Kunden ausführen. So könnte z.B. ein Malergeselle in der Eigenschaft als Reisehandwerker an einer Haustür klingeln und fragen, ob Bedarf besteht, das Treppenhaus zu streichen. Bestünde Bedarf, müsste er sofort mit seinen mitgeführten Pinseln zu streichen beginnen. Nicht erlaubt wäre, den Auftrag zu notieren und die Ausführung auf den Nachmittag oder einen anderen Tag zu verschieben. Nach einem Urteil des Verwaltungsgerichtshofs Mannheim von 1995 ist es nicht einmal erlaubt, die Wände zu vermessen und auszurechnen, wie viel Farbe benötigt wird *(Zünftiges Kartell. Die Meisterordnung ist zur Jobbremse geworden, Spiegel* 7/1999). Wer sich dennoch als Reisehandwerker versuchen möchte, benötigt zunächst eine Reisegewerbekarte. Ich persönlich kann von dieser Art Handwerk zur Begründung einer Existenz im Hinblick auf die damit eventuell verbundenen kostenintensiven Unannehmlichkeiten (z.B. Prozesse mit den Kammern) nur abraten. Man kann sich aber vielleicht eine Reisegewerbekarte für den nebenberuflichen, gelegentlichen Einsatz besorgen, so dass man besser gegen Schwarzarbeit gefeit ist. Auch könnte man versuchen, als Altgeselle in Luxemburg, Frankreich, Belgien oder den Niederlanden ein Handwerk anzumelden und von dort aus in Deutschland tätig zu werden. Allerdings sind solche Tricks mühsam und eigentlich nicht wirklich lohnend.

Neue Hoffnung für Reisehandwerker nach Bundesverfassungsgerichtsurteil?

Das Zusammenwachsen Europas wird aber auch die Möglichkeiten im Bereich des Handwerksbetriebs ohne Meisterbrief, also auch des Reisehandwerks, vergrößern. Als Tendenz zur Lockerung der restriktiven Durchsetzung von Kammerinteressen kann das jüngste Urteil des Bundesverfassungsgerichtes AZ 1 BVR 2176/98 v. 27. 9. 2000 zugunsten eines Steinmetz gewertet werden.
Die Verfassungsrichter sprachen einen reisenden Steinmetz frei, der in Vorinstanzen wegen unerlaubter Handwerksausübung ohne Meisterbrief und Schwarzarbeit zu einer Geldstrafe verurteilt wurde. Dadurch ist es jetzt erstmals möglich, manche Handwerksarbeiten auch mit einem gewissen zeitlichen Abstand zur Auftragsannahme aufgrund technischer Gründe oder aufgrund von Kundenwünschen auszuführen. Vielleicht werden die deutschen Gerichte dem Bundesverfassungsgericht folgen, das auch die zu restriktive Auslegung von Vorschriften zur Ausübung eines Reisehandwerksgewerbes (in der Gewerbeordnung) durch Gerichte gerügt hatte.

Buchtipp!
Wörle, Michael: Selbständig ohne Meisterbrief. Was Handwerkskammern gerne verschweigen. 8. Aufl. München 2000.

Reisegewerbe

Das Betreiben eines Reisegewerbes ist erlaubnispflichtig. Die Reisegewerbekarte ist die Erlaubnisurkunde, das ambulante Gewerbe ausüben zu dürfen. Der springende Punkt beim Reisegewerbe ist der, vieles tun zu dürfen, was im Falle eines stehenden Gewerbes nur mittels Genehmigung oder Fachkundenachweis möglich ist, so z.B. handwerklich tätig zu werden. Nach § 55 GewO betreibt ein Reisegewerbe, wer gewerbsmäßig ohne vorhergehende Bestellung außerhalb seiner gewerblichen Niederlassung (§ 42 Abs. 2) oder ohne eine solche zu haben:

1. selbständig oder unselbständig in eigener Person Waren feilbietet oder Bestellungen aufsucht (vertreibt) oder ankauft, Leistungen (z.B. Handwerk außer Friseure, Gas- und Wasserinstallateure) anbietet oder Bestellungen (Aufträge) auf Leistungen aufsucht (annimmt) oder
2. selbständig unterhaltende Tätigkeiten als Schausteller oder nach Schaustellerart ausübt.

Die Reisegewerbekarte kann beim örtlichen Gewerbeamt wie z.B. in Wiesbaden für ein Jahr (100 Euro), drei Jahre (120 Euro), fünf Jahre (150 Euro) oder unbefristet (360 Euro) beantragt werden. Neben den Personalien muss die Art des Reisegewerbes angegeben werden, z.B. Handel mit Süß- und Backwaren. Lassen Sie sich vom Gewerbeamt beraten. Wichtig ist, dass Sie Ihre Tätigkeiten und Leistungen so global wie möglich beschreiben.

Zur Antragstellung müssen mitgebracht werden: Lichtbild und Personalausweis, Unbedenklichkeitsbescheinigung des Finanzamts, polizeiliches Führungszeugnis (bei der Meldebehörde), Auszug aus dem Schuldnerverzeichnis (beim Amtsgericht), Auskunft aus dem Gewerbezentralregister, bei Ausländern eine Aufenthaltsgenehmigung.

Auch Reisegewerbetreibende sind Mitglied bei der IHK. Eine Reisegewerbekarte müssen nicht nur der Betriebsinhaber, sondern auch die Mitarbeiter beantragen und ständig mit sich führen.

Zusätzliche Standerlaubnis einholen

Um ein Reisegewerbe wirklich ausüben zu können, bedarf es immer auch der Erlaubnis anderer Stellen, um auf bestimmten Wegen und Plätzen stehen zu dürfen. Ansprechpartner hierfür sind entweder Veranstalter, Firmen, Privatleute (Grundstücksbesitzer), Kirchen oder Behörden, je nachdem, wer über bestimmte Flächen zu entscheiden hat.

Wer benötigt eine Reisegewerbekarte?

Eine Reisegewerbekarte benötigt man nur, wenn man nicht eine reisegewerbekartenfreie Tätigkeit ausübt oder wenn man nicht innerhalb einer festgesetzten Marktveranstaltung tätig werden will. Überlegen Sie daher genau, ob Sie überhaupt eine Reisegewerbekarte benötigen oder von vornherein als Marktverkehrstreibender nur von Markt zu Markt bzw. Volksfest zu Volksfest ziehen.

Reisegewerbekartenfreie Tätigkeiten

Nach §§ 55a und b GewO bedarf einer Reisegewerbekarte nicht, wer gelegentlich auf Messen, Ausstellungen, öffentlichen Festen oder aus besonderem Anlass mit Erlaubnis der zuständigen Behörde Waren feilbietet. Innerhalb seines Wohnorts oder der gewerblichen Niederlassung darf man dies auch nur, soweit die Gemeinde nicht mehr als 10000 Einwohner zählt und man selbst gewonnene Erzeugnisse der Land- und Forstwirtschaft, des Gemüse-, Obst- und Gartenbaus, der Geflügelzucht und Imkerei sowie der Jagd und Fischerei vertreibt; das Gleiche gilt für die im Erzeugerbetrieb beschäftigten Personen, wenn sie die Produkte feilbieten und von einer nicht ortsfesten Verkaufsstelle oder einer anderen Einrichtung in regelmäßigen, kürzeren Zeitabständen an

derselben Stelle Lebensmittel oder andere Waren des täglichen Bedarfs vertreiben, z.B. darf ein mobiler Kiosk oder Supermarkt ohne Reisegewerbekarte arbeiten (§ 55 Abs. 1 Satz 9 GewO); dies gilt auch, wenn man Druckwerke auf öffentlichen Wegen, Straßen, Plätzen oder anderen öffentlichen Orten feilbietet (§ 55 Abs. 1 Satz 10 GewO), z.B. können Büchertische ohne Gewerbeanmeldung betrieben werden, Versicherungs- und Bausparverträge vermittelt oder abschließt oder ein Bewachungs-, Pfandleiher-, Versteigerungs- oder Makler-, Bauträger- und Baubetreuergewerbe gemäß § 34a, § 34b oder § 34c ausübt (§ 55 Abs. 1 Satz 7 GewO), Personen im Rahmen ihres Geschäftbetriebes aufsucht. Dies gilt auch für Handlungsreisende und andere Personen, die im Auftrag und im Namen eines Gewerbetreibenden tätig werden (§ 55b Abs. 1 GewO), ausschließlich am Marktverkehr teilnehmen, also nur auf festgesetzten Messen, Volksfesten etc. verkaufen.
Zudem kann die zuständige Behörde gemäß § 55 Abs. 2 GewO für besondere Verkaufsveranstaltungen Ausnahmen von der Erfordernis der Reisegewerbekarte zulassen. Wer zweimal im Jahr saisonbedingt Osterhasen- bzw. Weihnachtsmännerkostüme verkaufen möchte, erhält bestimmt eine Sondergenehmigung, dies auch ohne Reisegewerbekarte tun zu dürfen.

Marktverkehrstreibender

Den Begriff des Marktverkehrstreibenden gibt es nur im praktischen, nicht aber im juristischen Sinn. Marktverkehrstreibende sind Reisegewerbetreibende, die ohne Reisegewerbekarte gemäß § 70 Abs. 1 GewO ausschließlich an festgesetzten Veranstaltungen wie Volksfesten, Großmärkten, Wochenmärkten, Spezialmärkten, Ausstellungen und Messen (§§ 64, 65, 66, 67 oder 68 GewO) teilnehmen.

Nach § 70 GewO ist jedermann, der dem Teilnehmerkreis der festgesetzten Veranstaltung angehört, nach Maßgabe der für alle Veranstaltungsteilnehmer geltenden Bestimmungen zur Teilnahme an der Veranstaltung berechtigt. Das heißt: Wer sich den Regeln der Veranstalter (z.B. Unternehmen, Verbände, Gemeinden, Kirchen, Privatpersonen etc.) unterwirft, kann ohne Gewerbe- oder Reisegewerbeanmeldung an genannten Märkten teilnehmen und Leistungen und Waren feilbieten. Wer beispielsweise nur an Esoterikmessen oder Rittermärkten teilnimmt, muss lediglich die Regeln der Veranstalter beachten.
Viele ambulante Händler entscheiden sich für diese Schiene der Tätigkeit.

Marktveranstalter (Festsetzungsbeantragung)

Wer einen gewerblichen Markt, z.B. einen Gesundheits- oder Trödelmarkt veranstalten möchte, kann diese Genehmigung gemäß § 69 GewO (Festsetzungsparagraf) beantragen. Die Genehmigung des Markts nennt man Festsetzung. Sie hat zur Folge, dass das Feiertagsgesetz und die Reisegewerbeordnung unterbunden werden und die Marktprivilegien gelten. Dem Antrag auf »Erteilung einer Festsetzung nach Titel IV GewO«, in dem die Personalien des Veranstalters und genaue Marktbezeichnung, Dauer und Öffnungszeiten anzugeben sind, sind folgende Unterlagen beizufügen: Ausstellerkatalog oder Liste der gewerblichen Aussteller (man benötigt mindestens zwölf gewerbliche Aussteller, um eine Festsetzung zu erwirken), Teilnahmebestimmungen des Veranstalters, eventuell Lagepläne, polizeiliches Führungszeugnis, Auskunft aus dem Gewerbezentralregister.
Bei einem Erstantrag muss man mit sechs bis acht Wochen, beim Folgeantrag mit ca. vier Wochen Bearbeitungsdauer bis zur Genehmigung rechnen. Das Ordnungsamt bzw. Gewerbeamt, das den Antrag entgegennimmt, setzt sich mit IHK, Behörden und Wirtschaftsverbänden (z.B. mit dem örtlichen Einzelhandelsverband) in Verbindung, die jeweils mit ent-

scheiden, ob einem Antrag stattgegeben werden soll. Die Gebühren für die Festsetzung betragen zwischen 100 und 1 000 Euro.

Was bedeutet Gewerbetätigkeit steuerrechtlich?

Bei Gewerbetreibenden heißen die Einnahmen aus Selbständigkeit Einkünfte aus Gewerbebetrieb. Geregelt ist dies in § 15 Einkommensteuergesetz. Hinsichtlich der Steuerhöhe ist es jedoch unerheblich, ob der Gewinn nach § 15 oder § 18 EStG ermittelt wird.

Einkünfte aus Gewerbebetrieb

Gewerbetreibende zahlen gemäß Einkommensteuergesetz § 15 EStG Einkünfte aus Gewerbebetrieb. In diesem Steuerparagrafen wird die gewerbliche Tätigkeit exakt definiert:

»§ 15 EStG

(1)1 Einkünfte aus Gewerbebetrieb sind

1. Einkünfte aus gewerblichen Unternehmen. 2 Dazu gehören auch Einkünfte aus gewerblicher Bodenbewirtschaftung, z. B. aus Bergbauunternehmen und aus Betrieben zur Gewinnung von Torf, Steinen und Erden, soweit sie nicht land- oder forstwirtschaftliche Nebenbetriebe sind;
2. die Gewinnanteile der Gesellschafter einer Offenen Handelsgesellschaft, einer Kommanditgesellschaft und einer anderen Gesellschaft, bei der der Gesellschafter als Unternehmer (Mitunternehmer) des Betriebs anzusehen ist, und die Vergütungen, die der Gesellschafter von der Gesellschaft für seine Tätigkeit im Dienst der Gesellschaft oder für die Hingabe von Darlehen oder für die Überlassung von Wirtschaftsgütern bezogen hat. 3 Der mittelbar über eine oder mehrere Personengesellschaften beteiligte Ge-

sellschafter steht dem unmittelbar beteiligten Gesellschafter gleich; er ist als Mitunternehmer des Betriebs der Gesellschaft anzusehen, an der er mittelbar beteiligt ist, wenn er und die Personengesellschaften, die seine Beteiligung vermitteln, jeweils als Mitunternehmer der Betriebe der Personengesellschaften anzusehen sind, an denen sie unmittelbar beteiligt sind;

3. die Gewinnanteile der persönlich haftenden Gesellschafter einer Kommanditgesellschaft auf Aktien, soweit sie nicht auf Anteile am Grundkapital entfallen, und die Vergütungen, die der persönlich haftende Gesellschafter von der Gesellschaft für seine Tätigkeit im Dienst der Gesellschaft oder für die Hingabe von Darlehen oder für die Überlassung von Wirtschaftsgütern bezogen hat.

Satz 1 Nr. 2 und 3 gilt auch für Vergütungen, die als nachträgliche Einkünfte (§ 24 Nr. 2) bezogen werden. 3 § 13 Abs. 5 gilt entsprechend, sofern das Grundstück im Veranlagungszeitraum 1986 zu einem gewerblichen Betriebsvermögen gehört hat.

(2) 1 Eine selbständige nachhaltige Betätigung, die mit der Absicht, Gewinn zu erzielen, unternommen wird und sich als Beteiligung am allgemeinen wirtschaftlichen Verkehr darstellt, ist Gewerbebetrieb, wenn die Betätigung weder als Ausübung von Land- und Forstwirtschaft noch als Ausübung eines freien Berufs noch als eine andere selbständige Arbeit anzusehen ist. 2 Eine durch die Betätigung verursachte Minderung der Steuern vom Einkommen ist kein Gewinn im Sinne des Satzes 1. 3 Ein Gewerbebetrieb liegt, wenn seine Voraussetzungen im übrigen gegeben sind, auch dann vor, wenn die Gewinnerzielungsabsicht nur ein Nebenzweck ist.

(3) Als Gewerbebetrieb gilt in vollem Umfang die mit Einkünfteerzielungsabsicht unternommene Tätigkeit

1. einer Offenen Handelsgesellschaft, einer Kommanditgesellschaft oder einer anderen Personengesellschaft, wenn die Gesellschaft auch eine Tätigkeit im Sinne des Absatzes 1 Satz 1 Nr. 1 ausübt,
2. einer Personengesellschaft, die keine Tätigkeit im Sinne

des Absatzes 1 Satz 1 Nr. 1 ausübt und bei der ausschließlich eine oder mehrere Kapitalgesellschaften persönlich haftende Gesellschafter sind und nur diese oder Personen, die nicht Gesellschafter sind, zur Geschäftsführung befugt sind (gewerblich geprägte Personengesellschaft).

2 Ist eine gewerblich geprägte Personengesellschaft als persönlich haftender Gesellschafter an einer anderen Personengesellschaft beteiligt, so steht für die Beurteilung, ob die Tätigkeit dieser Personengesellschaft als Gewerbebetrieb gilt, die gewerblich geprägte Personengesellschaft einer Kapitalgesellschaft gleich.

(4) 1 Verluste aus gewerblicher Tierzucht oder gewerblicher Tierhaltung dürfen weder mit anderen Einkünften aus Gewerbebetrieb noch mit Einkünften aus anderen Einkunftsarten ausgeglichen werden; sie dürfen auch nicht nach § 10d abgezogen werden.

2. Die Verluste mindern jedoch nach Maßgabe des § 10d die Gewinne, die der Steuerpflichtige in dem unmittelbar vorangegangenen und in den folgenden Wirtschaftsjahren aus gewerblicher Tierzucht oder gewerblicher Tierhaltung erzielt hat oder erzielt.

3. Die Sätze 1 und 2 gelten entsprechend für Verluste aus Termingeschäften, durch die der Steuerpflichtige einen Differenzausgleich oder einen durch den Wert einer veränderlichen Bezugsgröße bestimmten Geldbetrag oder Vorteil erlangt.

4. Satz 3 gilt nicht für die Geschäfte, die zum gewöhnlichen Geschäftsbetrieb bei Kreditinstituten, Finanzdienstleistungsinstituten und Finanzunternehmen im Sinne des Gesetzes über das Kreditwesen gehören oder die der Absicherung von Geschäften des gewöhnlichen Geschäftsbetriebs dienen.

5. Satz 4 gilt nicht, wenn es sich um Geschäfte handelt, die der Absicherung von Aktiengeschäften dienen, bei denen der Veräußerungsgewinn nach § 3 Nr. 40 Satz 1 Buchstabe a und b in Verbindung mit § 3c Abs. 2 teilweise steuerfrei ist, oder die nach § 8b Abs. 2 des Körperschaftsteuergesetzes bei der Ermittlung des Einkommens außer Ansatz bleiben.

6. Satz 3 gilt nicht für die Geschäfte, die zum gewöhnlichen Geschäftsbetrieb bei Kreditinstituten, Finanzdienstleistungsinstituten und Finanzunternehmen im Sinne des Gesetzes über das Kreditwesen gehören oder die der Absicherung von Geschäften des gewöhnlichen Geschäftsbetriebs dienen, soweit es sich nicht um Geschäfte im Sinne des Satzes 3 auf Aktien handelt. 7 Für Verluste aus der Veräußerung von Anteilen im Sinne von § 20 Abs. 1 Nr. 1, die im Zeitpunkt der Veräußerung oder Entnahme nicht mindestens ein Jahr ununterbrochen zum Betriebsvermögen des Steuerpflichtigen gehört haben, gelten die Sätze 1 und 2 entsprechend.«

Die Umsetzung dieses Paragrafen ist unter anderem geregelt in der Einkommensteuerdurchführungsverordnung in Verbindung mit der Abgabenordnung, aus der dann hervorgeht, wie Einnahmen und Ausgaben aus Gewerbebetrieb aufzuzeichnen und der Gewinn zu ermitteln sind. Das geschieht nämlich über eine so genannte doppelte Buchführung.

Gewerbesteuer

Gewerbetreibende Freiberufler (Freelancer), die die Gewinnschwelle von jährlich 24 500 Euro überschreiten, werden gewerbesteuerpflichtig. Bis zu einem Gewinn von 72 500 Euro gelten für sie und Personengesellschaften Erleichterungen in Form eines von 1 bis 5% gestaffelten Messbetrags. Die Gewerbesteuer errechnet sich durch die Steuermesszahl von bis zu 5% und einem Gewerbesteuerhebesatz, den die Gemeinde festlegt, weswegen die Gewerbesteuerbelastung von Ort zu Ort variiert. In strukturschwachen Gegenden ist sie günstiger.

Beispiel für die Berechnung der Gewerbesteuer als Einmannbetrieb oder Personengesellschaft bei einem angenommenen Gewinn von 50 000 Euro und einem Hebesatz von 380%:

Da sich die Steuermesszahlen aufgrund von Vergünstigungen für Personengesellschaften staffeln, ergibt sich folgende Rechung:		
Bis 24 500 €	=	0 €
Ab 24 500 € bis 36 500 1 % (Steuermesszahl)	=	120 €
Ab 36 500 € bis 48 500 2 % (Steuermesszahl)	=	240 €
Ab 48 500 € bis 50 000 3 % (Steuermesszahl)	=	45 €
= Summe Steuermessbetrag nach Gewerbeertrag	=	405 €
× Hebesatz 380 % ergibt die Gewerbesteuer von		1 539 €
Kapitalgesellschaften wie GmbH und AG erhalten keine Freibeträge.		
Ab 50 000 € 5 % (Steuermesszahl)	=	2 500 €
× Hebesatz 380 % ergibt eine Gewerbesteuer von	=	9 500 €
Das ist eine Gewerbesteuerbelastung von 19 %.		

Echte Freiberufler nach EStG (siehe gleich lautenden Abschnitt, Seite 29), die beispielsweise ebenfalls einen Ertrag von 50 000 Euro erzielten, sparten also die 1 539 Euro Gewerbesteuer. Das ärgert Finanzminister Steinbrück, der jetzt neue Anstrengungen unternimmt, bald auch Freiberufler zur Gewerbesteuer heranzuziehen. Zudem will er versuchen, neben dem Gewinn der Unternehmen auch deren Zinsen, Pachten und Leasingraten als »Ertrag« der Gewerbesteuer zu unterwerfen.

Gewerbesteuerdurchführungsverordnung

Welche Branchen in welcher Weise eine Gewerbesteuererklärung abzugeben haben, ist geregelt in der Gewerbesteuerdurchführungsverordnung vom 21. 3. 1991 (BGBL I S. 831), zuletzt geändert am 15. 10. 2002 (BGBL 2002 I S. 4181), in § 25 (GewStG):

»§ 25

1) Eine Gewerbesteuererklärung ist abzugeben

1. für alle gewerbesteuerpflichtigen Unternehmen, deren Gewerbeertrag im Erhebungszeitraum den Betrag von 24 500 Euro überstiegen hat;

2. für Kapitalgesellschaften (Aktiengesellschaften, Komman-

ditgesellschaften auf Aktien, Gesellschaften mit beschränkter Haftung), wenn sie nicht von der Gewerbesteuer befreit sind;
3. für Erwerbs- und Wirtschaftsgenossenschaften und für Versicherungsvereine auf Gegenseitigkeit, wenn sie nicht von der Gewerbesteuer befreit sind. Für sonstige juristische Personen des privaten Rechts und für nichtrechtsfähige Vereine ist eine Gewerbesteuererklärung nur abzugeben, soweit diese Unternehmen einen wirtschaftlichen Geschäftsbetrieb – ausgenommen Land- und Forstwirtschaft – unterhalten, dessen Gewerbeertrag im Erhebungszeitraum den Betrag von 3 835 Euro überstiegen hat;
4. für Unternehmen von juristischen Personen des öffentlichen Rechts, wenn sie als stehende Gewerbebetriebe anzusehen sind und ihr Gewerbeertrag im Erhebungszeitraum den Betrag von 3 835 Euro überstiegen hat;
5. für Unternehmen im Sinne des § 3 Nr. 5, 6, 8, 9, 15, 17, 21, 26, 27, 28 und 29 des Gesetzes nur, wenn sie neben der von der Gewerbesteuer befreiten Tätigkeit auch eine der Gewerbesteuer unterliegende Tätigkeit ausgeübt haben und ihr steuerpflichtiger Gewerbeertrag im Erhebungszeitraum den Betrag von 3 835 Euro überstiegen hat;
6. für Unternehmen, für die zum Schluss des vorangegangenen Erhebungszeitraums vortragsfähige Fehlbeträge gesondert festgestellt worden sind;
7. für alle gewerbesteuerpflichtigen Unternehmen, für die vom Finanzamt eine Gewerbesteuererklärung besonders verlangt wird.«

Gewerbesteuerpflichtige Freelancer

§ 25 Abs. 1 ff. GewStDV besagt also, dass auch alle als Gewerbetätige eingestuften Freiberufler (Freelancer), seien sie als freie Mitarbeiter oder von zu Hause aus tätig, ab der Gewinnschwelle von 24 500 Euro verpflichtet sind, Gewerbesteuer zu bezahlen und bis zum 31. Mai des Folgejahres eine Gewerbesteuererklärung abzugeben haben.

Gewerbesteuer bei Reisegewerbetreibenden

Auch Reisegewerbetreibende, also alle, die kein stehendes Gewerbe betreiben, sind gewerbesteuerpflichtig. Das ist geregelt in § 35 GewStG.

»§ 35
Reisegewerbebetriebe
(1) Der Mittelpunkt der gewerblichen Tätigkeit befindet sich in der Gemeinde, von der aus die gewerbliche Tätigkeit vorwiegend ausgeübt wird. Das ist in der Regel die Gemeinde, in der sich der Wohnsitz des Reisegewerbetreibenden befindet. In Ausnahmefällen ist Mittelpunkt eine auswärtige Gemeinde, wenn die gewerbliche Tätigkeit von dieser Gemeinde (zum Beispiel von einem Büro oder Warenlager) aus vorwiegend ausgeübt wird. Ist der Mittelpunkt der gewerblichen Tätigkeit nicht feststellbar, so ist die Gemeinde hebeberechtigt, in der der Unternehmer polizeilich gemeldet oder meldepflichtig ist.
(2) Eine Zerlegung des Steuermessbetrags auf die Gemeinden, in denen das Gewerbe ausgeübt worden ist, unterbleibt.
(3) Der Steuermessbetrag ist im Fall des § 35a Abs. 4 des Gesetzes nach dem Anteil der Kalendermonate auf die hebeberechtigten Gemeinden zu zerlegen. Kalendermonate, in denen die Steuerpflicht nur während eines Teils bestanden hat, sind voll zu rechnen. Der Anteil für den Kalendermonat, in dem der Mittelpunkt der gewerblichen Tätigkeit verlegt worden ist, ist der Gemeinde zuzuteilen, in der sich der Mittelpunkt in diesem Kalendermonat die längste Zeit befunden hat.«

Gewerbesteuer und Heimarbeiter

Da Heimarbeiter sozialversicherungsrechtlich zwischen Arbeitnehmern und Selbständigen angesiedelt sind – was in einem speziellen Heimarbeitergesetz geregelt wird –, werden sie auch hinsichtlich der Gewerbesteuer gesondert behandelt. Um es gleich zu sagen: Heimarbeiter sind nicht Homejobber, die sich von zu Hause aus selbständig machen oder als Telearbeiter arbeiten, sondern ausschließlich diejenigen, die im Heimarbeitergesetz definiert sind.

Für Hausgewerbetreibende und ihnen gleichgestellte Personen gilt im Gewerbesteuergesetz § 11 Abs. 3 GewStG, wonach sich die Steuermesszahlen, die in § 11 Abs. 2 GewStG aufgeführt werden, um die Hälfte verringern. Dabei ist jedoch zu beachten, dass eine eventuell zusätzliche Tätigkeit des Heimarbeiters nicht überwiegt:

»§ 22 GewStG:
Betreibt ein Hausgewerbetreibender oder eine ihm gleichgestellte Person noch eine andere gewerbliche Tätigkeit und sind beide Tätigkeiten als eine Einheit anzusehen, so ist § 11 Abs. 3 des Gesetzes nur anzuwenden, wenn die andere Tätigkeit nicht überwiegt. Die Vergünstigung gilt in diesem Fall für den gesamten Gewerbeertrag.«

Umsatzsteuer

Ergänzend zu den Erläuterungen über die USt-Pflichten für Freiberufler im Abschnitt »Freiberufler als Steuerzahler« (Seite 74) müssen Gewerbetreibende beachten: Auch für gewerbliche Freiberufler gilt, dass sie im Jahr ihrer Existenzgründung umsatzsteuerpflichtig werden, wenn ihr Umsatz die Grenze von 17 500 Euro überschreitet. Ab dem zweiten Jahr gilt die Regel, dass sie umsatzsteuerpflichtig werden, wenn ihre Einnahmen im Vorjahr 17 500 Euro nicht überstiegen haben und im laufenden Jahr 50 000 Euro voraussichtlich nicht überschreiten werden. Während Freiberufler nach dem Ist-Prinzip (vereinnahmten Entgelten) ihre USt bezahlen müssen, dürfen dies gewerbliche Freiberufler (Freelancer) nur, wenn sie unter den Einnahmengrenzwerten von 250 000 Euro (West) und 500 000 Euro (Ost) bleiben. Ansonsten müssen Gewerbetreibende gemäß § 16 Abs. 1 Satz 1 UstG die Umsatzsteuer nach den vereinbarten Entgelten abführen, also in dem Monat, in dem die Rechnung geschrieben wird.
Geregelt wird die »Berechnung der Steuer nach vereinbarten Entgelten« in § 20:

»(1) Das Finanzamt kann auf Antrag gestatten, dass ein Unternehmer,

1. dessen Gesamtumsatz (§ 19 Abs. 3) im vorangegangenen Kalenderjahr nicht mehr als 350000 Euro betragen hat, oder

2. der von der Verpflichtung, Bücher zu führen und auf Grund jährlicher Bestandsaufnahmen regelmäßig Abschlüsse zu machen, nach § 148 der Abgabenordnung befreit ist, oder

3. soweit er Umsätze aus einer Tätigkeit als Angehöriger eines freien Berufs im Sinne des § 18 Abs. 1 Nr. 1 des EStGs ausführt, die Steuer nicht nach den vereinbarten Entgelten (§ 16 Abs. 1 Satz 1), sondern nach den vereinnahmten Entgelten berechnet. Erstreckt sich die Befreiung nach Satz 1 Nr. 2 nur auf einzelne Betriebe des Unternehmers und liegt die Voraussetzung nach Satz 1 Nr. 1 nicht vor, so ist die Erlaubnis zur Berechnung der Steuer nach den vereinnahmten Entgelten auf diese Betriebe zu beschränken. Wechselt der Unternehmer die Art der Steuerberechnung, so dürfen Umsätze nicht doppelt erfasst werden oder unversteuert bleiben.

(2) Vom 1. 1. 1996 bis zum 31. 12. 2009 gilt Abs. 1 Satz 1 Nr. 1 mit der Maßgabe, dass bei Unternehmern, für deren Besteuerung nach dem Umsatz nach § 21 Abs. 1 Satz 1 der Abgabenordnung ein Finanzamt in dem in Artikel 3 des Einigungsvertrags bezeichneten Gebiet zuständig ist, an die Stelle des Betrags von 125000 Euro der Betrag von 500000 Euro tritt.«

(betrifft die neuen Bundesländer)

Aus § 20 USt folgt:

Da sich die Erhöhung der Grenzwerte zum 1. 7. 2006 nicht mehr für die Umsatzsteuerbehandlung in 2006 auswirkt, können gewerbetreibende Freiberufler, die unter der Umsatzgrenze (Betriebseinnahmen) von 350000 Euro West (500000 Euro Ost) liegen, erst zum 1. 1. 2007 beim Finanzamt beantragen, die USt-Ist-Versteuerung anwenden zu dürfen.

Buchhaltungspflicht der Gewerbetreibenden

Mit der Anmeldung eines Gewerbes werden Selbständige, die die Freigrenzen für Kleingewerbetreibende überschreiten, buchhaltungspflichtig. Gegenüber der Einnahmen-Überschuss-Rechnung bedeutet das erheblich mehr Aufwand.

Denn die doppelte Buchführung gestaltet sich nicht nur komplizierter als eine einfache Aufzeichnung von Einnahmen und Ausgaben. Sie enthält auch gesetzlich genau vorgeschriebene Regeln, z.B. über Art der Kontenführung, Buchungsweise, abgrenzende Jahresabschlussbuchungen und Bilanzierungsrichtlinien usw.

Die rechtlichen Grundlagen der Buchhaltungspflicht ergeben sich aus §§ 140 bis 148 der Abgabenordnung (AO) und aus dem Handelsgesetzbuch, das von kaufmännischer Buchhaltung spricht, da Gewerbetreibende im HGB Kaufleute genannt werden.

Mit kaufmännischer Buchhaltung ist die doppelte Buchführung gemeint, die sich von der einfachen Aufzeichnungspflicht der Freiberufler und Kleingewerbetreibenden unterscheidet (siehe den Abschnitt »Unterschied zwischen doppelter und einfacher Buchführung«, Seite 199).

Zur doppelten Buchführung sind nicht nur alle Gewerbetreibenden verpflichtet, wenn

- ihr Gewinn 30000 Euro und ihr Umsatz 350000 Euro (500000 Euro ab 2007) überschreitet,

sondern auch

- Kaufleute gemäß § 1 HGB, also selbst Kleingewerbetreibende unterhalb der Gewinn- und Umsatzgrenzen, wenn sie sich freiwillig ins Handelsregister haben eintragen lassen,
- Personengesellschaften wie BRG, OHG,
- juristische Personen und Kapitalgesellschaften wie GmbH (als Einmann-GmbH), KG, GmbH & Co. KG und AG. Hier bestehen noch verschärfte Sonderbilanzierungsvorschriften.

Einfache Aufzeichnungspflicht für Kleingewerbetreibende

Kleingewerbetreibende sind wie Freiberufler nur zur einfachen Aufzeichnung ihrer Geschäftsvorgänge verpflichtet und dürfen ihren Gewinn mittels Einnahmen-Überschuss-Rechnung ermitteln. Die einfache Aufzeichnungspflicht hat gegenüber der doppelten Buchhaltung auch grundlegende Vorteile, was die Zahlungslogik von Steuern angeht, nämlich die Möglichkeit, die Abgaben an den Fiskus nach dem tatsächlichen Geldeingang (Zuflussprinzip) zu bezahlen (siehe hierzu »Unterschied zwischen doppelter und einfacher Buchführung« im folgenden Abschnitt).
Rechtlich geregelt ist der Buchführungsvorteil Kleingewerbetreibender in der Abgabenordnung, § 141 Abs. 1 Satz 1 und 4:

»Buchführungspflicht bestimmter Steuerpflichtiger
(1) Gewerbliche Unternehmer sowie Land- und Forstwirte, die nach den Feststellungen der Finanzbehörde für den einzelnen Betrieb
1. Umsätze einschließlich der steuerfreien Umsätze, ausgenommen die Umsätze nach § 4 Nr. 8 bis 10 des Umsatzsteuergesetzes, von mehr als 350 000 Euro im Kalenderjahr [500 000 Euro ab 2007] oder
(...)
4. einen Gewinn aus Gewerbebetrieb von mehr als 30 000 Euro im Wirtschaftsjahr (...)«
erwirtschaften, sind zur Buchhaltung verpflichtet.

§ 141 Abs. 1 Satz 1 und 4 bedeutet, dass eben Gewerbetreibende unterhalb der besagten Jahresgewinn- und Umsatzgrenzen nicht zur komplizierteren doppelten Buchführung verpflichtet sind, sondern dass einfache Aufzeichnungen zur Umsatz- und Gewinnermittlung ausreichen. Allerdings wurde mit Einführung des EÜR-Formulars, bei dem sich alle Einnahmen-Überschuss-Veranlagten ab einem Jahresumsatz von 17 500 Euro durch 67 Punkte arbeiten müssen, die Einnahmen-Überschuss-Rechnung bürokratisch derart verkompliziert, dass die meisten nicht mehr ohne Steuerberater auskommen.

Unterschied zwischen doppelter und einfacher Buchführung

Einfache Aufzeichnungspflicht	*Doppelte Buchhaltung*
Einnahmen-Überschuss-Rechnung	**Bilanzierungspflicht**
Bei der Einnahmen-Überschuss-Rechnung sind nur die reinen Geldbewegungen interessant. Erst, **wenn tatsächlich Geld fließt, werden Einnahmen verbucht,** nicht etwa, wenn die Leistung erbracht oder die Rechnung geschrieben wird. Der Prospektentwurf mit Rechnungsstellung im November 2001 wird beispielsweise erst Anfang 2002 bezahlt. Die Einnahme taucht daher erst im Jahr 2002 auf. Bei der doppelten Buchhaltung hätte er bereits im November 2001 verbucht werden müssen. Ebenso erscheinen Schulden – etwa für das auf Raten gekaufte neue Auto – hier erst in dem Augenblick, wo sie beglichen werden.	Bei der doppelten Buchführung interessiert dagegen die Wertentwicklung des Unternehmens. Das heißt: Es werden nicht die tatsächlichen Einnahmen, **sondern der »Mehrwert« des Unternehmens jährlich versteuert,** der beispielsweise beeinflusst wird durch die Abschreibungssituation des Anlagevermögens, der Ausstattung, Forderungs- und Schuldensituation etc. Daher würde im Fall des nebenstehenden Prospektentwurfs die Buchung mit Rechnungsstellung im November 2001 und nicht erst im Folgejahr bei Geldeingang erfolgen. Auch Bankdarlehen werden sofort als Fremdmittel insgesamt und mit Kapitaldienst verbucht, während in der Einnahmenüberschussrechnung lediglich die Zinszahlungen als Kosten auftauchen.
Bei der Einnahmenüberschussrechnung müssen Lieferungen und Leistungen nur mit **einer einzigen Buchung festgehalten** werden. Erst an dem Tag, an dem die Rechnung beglichen wird, wird der Zahlungsausgang verbucht.	Bei doppelter Buchführung wird hingegen **jeder Vorgang doppelt verbucht –** genau genommen sogar vierfach: Zum Rechnungsdatum als Soll unter »Kundenforderung« und als Haben unter »Umsatz«, am Tag der Bezahlung als Haben unter »Kundenforderung« und als Soll unter »Bank«.

Bei der Einnahmenüberschussrechnung **bedarf es keiner Kasse,** über die der Barmittelfluss (Entnahmen für Barausgaben und Einlagen nach Bankabhebung) in einem täglich abzuschließenden Kassenbuch verbucht werden müssen.	**Kassenpflicht:** Aufgrund der mehrfachen Erfassung ist zur Registrierung und ordnungsgemäßen Verbuchung der Barausgaben eine Kassenführung unerlässlich. In das Kassenbuch müssen alle Entnahmen (Schulz 100 Euro am 11. 12. 2004) und Ausgaben (12,30 Euro Farbband) sowie Einlagen (500 Euro Einzahlung von Bankabhebung Dreba 4. 5. 2004) verbucht und täglich abgerechnet werden.

Info!
EÜR-Formular siehe Seite 78

Sie müssen das jetzt nicht alles verstanden haben. Wichtiger ist, zu erkennen, dass es zwischen einfacher und doppelter Buchhaltung vom Ansatz her große Unterschiede insofern gibt, als bei der Einnahmen-Überschuss-Rechnung nur die tatsächlich erzielten Einnahmen (nach Kostenabzug im Jahr des Geldflusses) versteuert werden. Bei der doppelten Buchführung hingegen wird per Bilanz (das ist eine Wertermittlungsmethode) der Wert des Unternehmens im Jahr A mit dem Wert des Unternehmens im Jahr B verglichen und aus dem möglichen Mehrwert (dem bilanzmäßig ermittelten Zugewinn) die Steuerlast ermittelt.
Aufgrund der unterschiedlichen Verbuchungsansätze ist es für einen von der doppelten Buchführungspflicht befreiten Kleingewerbetreibenden wichtig, zu prüfen, ob aus dem Kleingewerbe in den nächsten Jahren ein Betrieb mit mehr als 30 000 Euro Jahresgewinn werden soll oder nicht. Falls Sie expandieren möchten, kann es sinnvoll sein, sich von Anfang an freiwillig für die kompliziertere doppelte Buchführung zu entscheiden. Denn wehe, Sie kommen über die Umsatzgrenze und sind dann womöglich gezwungen, nachträglich die Buchungen nach den Grundsätzen ordnungsgemäßer Buchhaltung durchzuführen.
Zur Abklärung solcher und aller weiteren steuerrechtlichen

Fragen ist es in der Regel unerlässlich, sich von einem guten Steuerberater beraten zu lassen, um rechtzeitig die Weichen zu stellen.
Sollten Sie allerdings nur nebenberuflich gewerblich tätig werden wollen, dürfte die Einnahmen-Überschuss-Rechnung auch auf längere Sicht die günstigste Form Ihrer Buchhaltung sein. Üben Sie mehrere kleinere Gewerbe nebeneinander aus, so sind Sie zur Buchhaltung für jedes Gewerbe verpflichtet, wenn insgesamt der Gewinn aus Gewerbebetrieben über 30000 Euro jährlich liegt.
Anders ist es, wenn Sie eine freiberufliche Tätigkeit ausüben und zusätzlich ein Gewerbe bis maximal 30000 Euro Jahresgewinn betreiben. In diesem Fall müssen Sie sowohl für die freiberufliche Tätigkeit (mit keiner Verdienstgrenze) als auch für das Gewerbe einfache Aufzeichnungen machen und zwei Einnahmen-Überschuss-Abschlüsse vorlegen. Die Einnahmen werden, da sie aus unterschiedlichen Einnahmearten stammen, nicht zusammengerechnet.

Buchhaltungshilfe?

Fehlende Buchhaltungskenntnisse können erworben oder aufgefrischt werden in Kursen bei IHK und Handwerkskammern und anderen Wirtschaftsakademien. Wer noch nicht fit ist oder seine Zeit besser ins Geschäft steckt, kann sich auch stundenweise durch Buchhaltungshelfer oder von einem Steuerberater helfen lassen. Erkundigen Sie sich.
Empfohlen seien die praxisorientierten Buchhaltungsfachbücher von:

- Winklers Verlag (Westermanngruppe),*www.winklers.de* (Buchführungsbücher für Berufsschulen),
- Verlag Neue Wirtschafts-Briefe, *www.nwb.de* (Steuerliteratur für Studium und Praxis),
- Haufe-Verlag, *www.haufe.de* (Allgemeine praxisorientierte Buchführungs- und Wirtschaftsliteratur),
- Stollfuß-Verlag, *www.stollfuss.de* (Steuerliteratur für Studium und Steuerberater).

Buchhaltungssoftware ab wann?

Buchhaltungs- und Steuersoftware kann nur empfohlen werden, wenn bestimmte Grundkenntnisse vorhanden sind, weil die Software Ihnen nicht das Verstehen der Gesamtzusammenhänge und die vernetzten Auswirkungen von Kontobewegungen und ihren Einfluss auf die Bilanzgestaltung abnehmen können. Buchhaltungssoftware ist so gesehen eher etwas für Profis als für Laien. Machen Sie sich am besten fit in einem IHK- oder VHS-Kursus.

Gewerbetreibender und Mitarbeiter

Anders als Freiberufler brauchen Gewerbetreibende bei der Einstellung von Mitarbeitern nicht darauf zu achten, selbst weiterhin in leitender Funktion zu sein (siehe »Leitende und eigenverantwortliche Tätigkeit«, Seite 64). Gewerbliche Unternehmer dürfen auch Mitarbeiter mit höherer Ausbildung oder einen Geschäftsführer anstellen, ohne ihren Tätigkeitsstatus einzubüßen.
Mitarbeiter können folgenden Beschäftigungsstatus haben:

- Vollzeitkräfte,
- Teilzeitkräfte,
- 400-Euro-Kräfte (geringfügig Beschäftigte, nur mit Freistellungsbescheinigung),
- Aushilfen (kurzfristige Tätigkeiten bis 50 Tage oder 2 Monate im Jahr bei Sozialabgabenfreiheit und Lohnsteuerpauschalierung),
- Studentenaushilfen (mit Vorteil, dass hier bei einer Beschäftigung von maximal 20 Wochenstunden die Krankenversicherungspflicht entfällt),
- Altersrentner (Vorteile bei der Sozialversicherungspflicht),
- Frührentner (nur innerhalb bestimmter Verdienstgrenzen).

Wer Vollzeit- oder Teilzeitarbeitnehmer beschäftigen möchte, muss:

- arbeitsrechtliche Bestimmungen (Arbeitsvertrag, Schutzpflicht, Arbeitszeitgesetz, Bundesurlaubsgesetz etc.),
- sozialversicherungsrechtliche Pflichten (KV, PfV, RV und AV des Mitarbeiters),
- steuerrechtliche Regelungen (Einbehaltung und Abführung der Lohnsteuer bzw. Pauschalsteuer ans Wohnsitzfinanzamt) berücksichtigen und
- Unfallversicherungsvorkehrungen (Mitgliedschaft in der hierfür zuständigen Berufsgenossenschaft sichert Mitarbeiter ab) treffen.

Arbeitsrecht

Arbeitsvertrag

Der Arbeitsvertrag ist die arbeitsrechtliche Grundlage jedes Beschäftigungsverhältnisses, egal, ob es sich um Vollzeit-, Teilzeit- oder reine Aushilfstätigkeiten handelt. Selbst bei Teilzeitarbeit ist seit dem Wirksamwerden des Nachweisgesetzes vom 20. 7. 1995 der Europäischen Union die Schriftform des Arbeitsvertrages vorgeschrieben. Kommen Sie als Arbeitgeber dieser Pflicht nicht nach, hat Ihr Mitarbeiter nach dem EU-Nachweisgesetz den Anspruch darauf, von Ihnen binnen eines Monats nach Aufnahme des Beschäftigungsverhältnisses eine Niederschrift mit den wesentlichen Arbeitsbedingungen ausgehändigt zu bekommen.

Notwendiger Inhalt der Vertragsniederschrift nach dem EU-Nachweisgesetz

- Parteien des Arbeitsvertrags
- Beginn der Beschäftigung
- Tätigkeitsart
- Tätigkeitsort
- Arbeitszeit
- Arbeitsentgelt sowie eventuelle Zuzahlungen, Provisionen, Prämien, Tantiemen, Sonderzahlungen und zusätzliche Gehälter sowie Fälligkeit und Zahlungsweise

- Urlaubsanspruch
- Betriebliche Sozialleistungen (z. B. Essensgeld, Wegegeld, Gehaltsfortzahlung bei Krankheit, betriebliche Altersversorgung)
- Kündigungsfristen
- Unterschrift des Arbeitgebers

Die Vertragspunkte in der EU-Richtlinie sollten auch in jedem anderen Arbeitsvertrag enthalten sein.
Informationen zum Arbeitsrecht mit Arbeitsmusterverträgen finden Sie in einschlägiger Fachliteratur, Loseblattwerken und Personalsoftware, z. B. beim Haufe-Verlag, *www.haufe.de*

Höchstarbeitszeit

Nur angestellte Mitarbeiter unterliegen der gesetzlichen Arbeitszeitregelung. Gemäß § 2 Abs. 1 Arbeitszeitgesetz dürfen Sie Mitarbeiter werktäglich nur 8 Stunden, ausnahmsweise auch mal 10 Stunden beschäftigen, wenn die wöchentliche Gesamtarbeitszeit von 48 Stunden (Mo-Sa) nicht überschritten wird.

Gesetzlicher Mindesturlaub

Im Bundesurlaubsgesetz ist der Mindesturlaub von Beschäftigten geregelt. Gemäß § 3 Abs. 1 Bundesurlaubsgesetz müssen Sie jedem Mitarbeiter mindestens 20 Arbeitstage (5 Tage Woche) oder 24 Werktage (bei Einrechnung des Samstags als Werktag) gewähren, so dass mindestens vier Wochen Erholungsurlaub garantiert sind. Nach oben hin können Sie davon abweichen und wie üblich fünf oder sechs Wochen Jahresurlaub vereinbaren.

Lohnhöhe – Tarifvertragsgültigkeit

Die Tarifverträge Ihrer Branchen haben für Sie nur Gültigkeit, wenn Sie Mitglied in einem entsprechenden Arbeitgeberverband sind, was jedoch als Einmanngewerbetreibender kaum der Fall sein dürfte. Sie können die Bezahlung mit Mitarbeitern also frei vereinbaren, wobei die Vergütung jedoch gemäß § 612 BGB im Rahmen des am Markt Üblichen liegen muss. In der Baubranche gibt es einen Mindestlohn von derzeit ca. 9 Euro.

Kündigungsmöglichkeit nach Kleinbetriebsklausel

Als Kleinunternehmen fallen Sie mit bis zu fünf Mitarbeitern unter die sogenannte Kleinbetriebsklausel des § 23 Abs. 1 Kündigungsschutzgesetz (KSchG), was bedeutet, dass Sie nicht den Regelungen im Kündigungsschutzgesetz unterliegen. Es gelten nur die vertraglich vereinbarten bzw. die Mindestkündigungsfristen des § 622 im Bürgerlichen Gesetzbuch (BGB). Gezählt werden nur Mitarbeiter, deren regelmäßige Arbeitszeit wöchentlich 10 Stunden oder monatlich 45 Stunden übersteigt.

Sozialversicherungen – Einzugsstelle Krankenkasse

Nach den neuen Meldebestimmungen müssen Sie der Krankenkasse als Haupteinzugsstelle der Sozialabgaben jede Beschäftigung melden, also auch geringfügige Tätigkeiten und Aushilfsarbeiten. Selbst, wenn Aushilfstätigkeiten wie kurzfristige Beschäftigungen gar nicht sozialversicherungsbeitragspflichtig sind, weil diese unter Pauschalversteuerung fallen, müssen sie gemeldet werden.
Bei einem sozialversicherungspflichtigen Beschäftigungsverhältnis, worunter unbefristete, befristete, teil- oder vollzeitige abhängige Arbeitsverhältnisse zählen, müssen Sie Ihren Arbeitnehmer in folgenden Sozialversicherungszweigen versichern und 50% der Beiträge bezahlen:

- Krankenkasse (ca. 14%),
- Pflegeversicherung (1,7%),
- Rentenversicherung (ca. 19,9%) und
- Arbeitslosenversicherung (6,5%), ab 1. 7. 2007 4,8%

Zur Entrichtung der SV-Beiträge wird von der zuständigen Krankenkasse bzw. bei Minijobbern von der Minijobzentrale eine SV-Nummer für den Mitarbeiter mitgeteilt.

Pflicht zur elektronischen Datenmeldung

Seit 1. 1. 2006 sind Arbeitgeber verpflichtet, am elektronischen Meldeverfahren teilzunehmen und die Sozialversicherungsdaten elektronisch der Einzugsstelle zu übermitteln. Dazu kann der Arbeitgeber die kostenfrei zur Verfügung gestellte Software sv.net [Sozialversicherung im Internet] bzw. sv.net/classic [Software für PC-Installation] nutzen. Sie ist speziell zur elektronischen Erfassung, Verwaltung und Übermittlung von Beitragsnachweisen und Meldungen entwickelt worden. Bezug über Krankenkassen bzw. die Minijobzentrale: *www.minijobzentrale.de.*

Wer Minijobber (bis 400 Euro monatlich) einstellt, richtet seine elektronische Meldung an die Minijobzentrale bei der Knappschaftsversicherung*: www.minijobzentrale.de.*
Ansonsten sind die gesetzlichen Krankenkassen (BEK, AOK, TKH, KKH usw.) die zuständigen Einzugsstellen. Sie verteilen die entsprechenden Beitragsanteile an Renten-, Pflege- und Arbeitslosenversicherung.
Informationen dazu erhalten Sie bei den örtlichen Krankenkassen.

Bundesagentur für Arbeit

Nur wenn Ihr Arbeitnehmer mehr als 15 Stunden wöchentlich beschäftigt ist, müssen Sie Beiträge über die Krankenversicherung an das Arbeitsamt abführen. Soll Ihr Mitarbeiter etwas von den Arbeitslosenbeiträgen haben, sollte eine Arbeitszeit von 18 Stunden wöchentlich vereinbart werden, da nur bei Beitragszahlungen von 18 Wochenstunden Anwartschaften für den Fall von Arbeitslosigkeit erworben werden können.
Obwohl Sie eine Betriebsnummer bei der Krankenkasse haben, müssen Sie zusätzlich eine Betriebsnummer beim Arbeitsamt beantragen.
Zuständig ist die Abteilung für Arbeitgeber beim örtlichen Arbeitsamt. Informationen über *www.bundesagentur.de*

Lohnsteuer abführen

Finanzamt

So wie Sie für die von Ihnen einbehaltenen Sozialversicherungsbeiträge haften, sind Sie als Arbeitgeber auch für die korrekte Einbehaltung und Abführung von:

- Lohnsteuer (die Höhe ist abhängig von Lohnsteuerklasse und Bruttolohnhöhe. Sie wird von Lohnsteuertabellen abgelesen),
- Solidaritätszuschlag (5,5% von LS),
- Kirchensteuer (8% von LS)

dem Finanzamt gegenüber verantwortlich.
Achten Sie darauf, dass Ihr Angestellter eine Lohnsteuerkarte mitbringt (bei Zweitjobs eine zweite Lohnsteuerkarte). Der Lohnsteuerkarte können Sie die entsprechende Lohnsteuerklasse entnehmen. Die Lohnsteuerhöhe erfahren Sie aus speziellen Lohnsteuertabellen, die man im Buchhandel kaufen kann.
Die Steuern sind mit jeder Lohnabrechnung monatlich an das zuständige Finanzamt (Betriebsstättenfinanzamt) zu überweisen.

Infos!
Das örtliche Finanzamt hält für Arbeitgeber Erstinformationen bereit, in denen das gesamte Verfahren erläutert wird.

Minijobber und Aushilfen beschäftigen

Als Arbeitgeber müssen Sie für geringfügig beschäftigte Mitarbeiter bis zu einer Verdienstgrenze von monatlich 400 Euro eine Pauschalabgabe von 30 Prozent an die neue zentrale Meldestelle bei der Bundesknappschaft in Essen abführen. Beitragszusammensetzung gemäß § 168 Abs. 1 Nr. 1b oder 1c (geringfügig versicherungspflichtig Beschäftigte):

- 15% Rentenversicherung,
- 13% Krankenversicherung und

- 2 % Pauschalsteuer (§ 40 a Abs. 2 EStG n. F.).
- 0,1 % (U 1) Umlage = Arbeitgeberversicherung bei Krankheit/ 0 % (U 2) = Schwangerschaft für Betriebe ab 20 Mitarbeitern.

Hausnahe Beschäftigungen

Bei geringfügiger Beschäftigung in Privathaushalten ist seit dem 1. 4. 2003 ausschließlich der Haushaltsscheck zu verwenden. Auf dem Haushaltsscheck teilt der Arbeitgeber das Arbeitsentgelt mit und ob die Lohnsteuer mit der einheitlichen Pauschsteuer erhoben werden soll. Die Bundesknappschaft berechnet die einheitliche Pauschsteuer und zieht sie zusammen mit den pauschalen Beiträgen zu gesetzlichen Sozialversicherung jeweils am 15. Juli und zum 15. Januar vom Arbeitgeber ein.
Weitere mögliche sozialversicherungsrechtliche und finanzielle Besonderheiten ergeben sich möglicherweise für folgende Minijobber:

- Übungsleiter, Ausbilder und Betreuer in Vereinen
- Rentner/Ruhestandsbeamte
- Studenten
- Auszubildende
- Praktikanten
- Sozialhilfeempfänger
- Arbeitslose

!

Infos:
Informationen finden Sie auf der Internetseite der Minijobzentrale unter »Besonderheiten« in der Rubrik »Arbeitgeber«.
Die Meldungen und Informationen über:
Minijobzentrale bei der
Bundesknappschaft
45115 Essen
Internet: *www.minijobzentrale.de* (umfangreiche, detaillierte Infos für Arbeitnehmer und Arbeitgeber zu allen Fragen).

Kurzfristige Beschäftigung

Eine Sonderform von Minijobs (Teilzeittätigkeit) sind sogenannte kurzfristige Tätigkeiten. Kurzzeittätige können sozialversicherungsfrei und nach § 40a Abs. 1 EStG gegen Abgeltung einer Pauschallohnsteuer von 25% zzgl. 5,5% der Lohnsteuer als Solidaritätszuschlag eingestellt werden, wenn

- der Arbeitnehmer beim Arbeitgeber nur gelegentlich und nicht regelmäßig beschäftigt wird,
- die Beschäftigung nicht mehr als 18 zusammenhängende Arbeitstage – ohne arbeitsfreie Samstage, Sonn- und Feiertage, Krankheits- und Urlaubstage – andauert,
- der durchschnittliche Stundenlohn nicht mehr als 12 Euro beträgt,
- der Arbeitslohn während der Beschäftigungsdauer 62 Euro durchschnittlich je Arbeitstag nicht übersteigt. Es sei denn, der Bedarf an einer Kurzzeitkraft (z.B. Wochenendkellner wegen schönen Wetters) war unvorhersehbar, dann gelten die Verdienstgrenzen nicht.

Trotz Sozialversicherungsfreiheit muss das Beschäftigungsverhältnis bei der Minijobzentrale gemeldet werden: *www.minijobzentrale.de*

! **Infos:**
Örtliches Finanzamt

Scheinselbständigkeitsfalle bei Beschäftigung freier Mitarbeiter

Wenn Sie als Selbständiger auf der anderen Seite des Schreibtisches sitzen, kommen Sie bei der Beauftragung freier Mitarbeiter nicht umhin, sich deren Selbständigkeitsstatus bestätigen zu lassen. Erstens ist das gesetzliche Pflicht. Zweitens: Wenn Sie dies versäumen, kann es Ihnen passieren, dass Sie unbeabsichtigt ein Scheinselbständigkeitsverhältnis, also ein verdecktes sozialversicherungspflichtiges

Beschäftigungsverhältnis eingehen, und bei einer Betriebsprüfung durch die Sozialversicherungsträger womöglich Sozialbeiträge nachbezahlen müssen.
So muss der Auftraggeber prüfen, ob bei dem Bewerber um eine freiberufliche Mitarbeit bzw. bei seinen schon länger mitarbeitenden Freien Versicherungspflicht für den Arbeitnehmer vorliegt. Ist dies der Fall, hat er alle Pflichten, die sich für einen Arbeitgeber aus den Vorschriften des Sozialgesetzbuches ergeben, zu erfüllen. Hierzu gehören insbesondere

- die Ermittlung des beitragspflichtigen Arbeitsentgelts,
- die Berechnung und Zahlung des Gesamtsozialversicherungsbeitrags,
- die Erstattung von Meldungen nach der DEÜV und
- die Führung von Lohnunterlagen.

Dies gilt auch, wenn ein Versicherungsträger (z.B. die Bundesversicherungsanstalt für Angestellte in einem Anfrageverfahren nach § 7a SGB IV) das Vorliegen einer Beschäftigung nach § 7 Abs. 1 SGB IV oder aufgrund der Rechtsvermutung nach § 7 Abs. 4 SGB IV festgestellt hat.
Der Auftraggeber hat alle Unterlagen aufzubewahren, die zur Klärung der Frage entscheidend sind, ob ein versicherungspflichtiges Beschäftigungsverhältnis vorliegt oder nicht.
Um als Auftraggeber das Haftungsrisiko zu minimieren, einem vorsätzlich Scheinselbständigen auf den Leim zu gehen, ist es empfehlenswert, sich vom potentiellen, künftigen Freelancer den Selbständigkeitsstatus schriftlich bestätigen zu lassen. Am besten wäre es, er könnte Ihnen eine entsprechende Bescheinigung von der Krankenkasse bzw. dem Rentenversicherungsträger aufgrund einer freiwilligen Abklärung im Rahmen eines Anfrageverfahrens gemäß § 7a SGB IV geben.

! Beispiel einer Bescheinigung über Selbständigkeit!

Horst Günther
Schnellstraße 11
43000 Musterhausen

Bescheinigung meiner Selbständigkeit

Der Unterzeichner bestätigt, dass er alle Kriterien der Selbständigkeit erfüllt und die Merkmale einer Scheinselbständigkeit gemäß § 7 Abs. 4, SGB IV auf ihn nicht zutreffen, da er ständig mehrere Auftraggeber hat und er am Markt frei auftritt.

Meinen Selbständigenstatus habe ich mir mit Anfrageverfahren zur Statusfeststellung gemäß § 7a Abs. 1 Satz 2 SGB IV von der Krankenkasse/Rentenversicherungsanstalt bescheinigen lassen.

Datum, Ort, Unterschrift

So bekommt man die Finanzen in den Griff

Sich selbständig zu machen, hat nicht zwangsläufig immer etwas mit Kreditaufnahme zu tun. Vielmehr sollte man versuchen, ohne oder mit nur geringen Fremdmitteln auszukommen. Selbst sogenannte Existenzförderkredite müssen irgendwann zurückbezahlt werden und machen in der Anfangsphase – von ihrer Beantragung bis zur Bewilligung – nicht nur viel bürokratische Arbeit, sondern kosten auch Nerven.
Ob Förder- oder andere Kreditmittel – bevor man an eine Finanzierung mit Fremdmitteln denkt, sollte man alle Möglichkeiten prüfen, wie man den Finanzbedarf und damit die Höhe benötigter Kredite von vornherein senken kann. Zur Schaffung einer tragfähigen wirtschaftlichen Basis seines Vorhabens könnte wie folgt vorgegangen werden:

- preiswerter gründen durch Anpassen der Geschäftsidee an die individuellen Möglichkeiten;
- Liquiditätsbeschaffung durch bessere Honorarvereinbarungen und Inkasso;
- Finanzierungsfehler vermeiden;
- Finanzbedarf realistisch kalkulieren;
- Günstige Finanzierungsquellen erschließen;
- Fördermittel nutzen;
- Fremdkapital auf Vorrat beschaffen, solange man (noch) welches bekommt.

Angemessen gründen – Geschäftsideen variieren

Es klingt banal: Die beste Finanzierungsmöglichkeit besteht in der Kostenvermeidung. Vor allen Dingen bei der Realisierung der Geschäftsidee kann man Kosten einsparen. Durch die Wahl des Einstiegsrahmens in eine Selbständigkeit können selbst durch ihren Beruf zulassungsgebundene Freiberufler mit traditionell größerem Finanzbedarf eine passende Gründungsvariante finden: Das gelingt ihnen, wenn sie von der üblichen, zumeist naheliegenden, großen Lösung zunächst abrücken und anders als gewöhnlich starten.
Das heißt: Mit der Größe unserer Ideen und ihrer Umsetzung verursachen wir auch die Größe unseres Aufwandes und unserer Verpflichtungen. Das Problem liegt oftmals darin, dass es für viele selbständige Berufe bestimmte Vorgaben/Vorstellungen gibt, wie ein solcher Beruf ordnungsgemäß auszuüben ist. Bei dem Begriff Rechtsanwalt denkt jeder sofort an die Einrichtung einer entsprechend repräsentativen Praxis in bevorzugter Lage mit öffentlicher Verkehrsanbindung und ausreichend Parkplätzen. Dass man auch in einem Hobbykeller als Anwalt beginnen und sich vielleicht zunächst auf Sozial- und Betreuungsfälle konzentrieren kann, die zwar nicht das große Geld, wohl aber Kontakte bringen, ist vielen jungen Juristen, die noch in einem relativ elitären Selbstverständnis ausgebildet wurden, gar nicht bewusst. Wie bei den Juristen existieren auch bei vielen anderen und vor allem bei

verkammerten freien Berufen solch konventionelle Vorstellungen. Einerseits sind diese ja auch wichtig, um ein Berufsbild entsprechend einheitlich repräsentieren und ausüben zu können. Andererseits sind diese falschen, festgefahrenen Vorstellungen von betrieblichen Erscheinungsbildern vielfach mit Schuld daran, wenn Gründungen unnötig teuer und zu aufwendig werden und Existenzgründer sich in finanzielle Abenteuer stürzen.

Aber auch Motivationsleitsätze wie »Denke groß«, »Alles ist möglich« oder »Man darf niemals aufgeben« können sich als die größten Vernunftsfeinde entpuppen. Zeigt doch die Realität, dass zumeist die flexiblen Denker und nicht die »Unbeirrbaren« letztlich das Rennen machen.

Daher gilt für Gründer ganz besonders, sich ihres kritischen Menschenverstandes zu bedienen und lieber zunächst alles infrage zu stellen, als sich zu schnell an eine falsche Vorstellung zu klammern. Denn nur so schaffen sie nötige Perspektivenwechsel und erkennen, dass eine Gründung auch anders laufen und dennoch funktionieren kann.

1. Beispiel!

Mobile Steuerberatung statt Festbüro

Es war ein langer Weg, bis Sabine endlich ihre Steuerberaterprüfung in der Tasche hatte. Jetzt wollte sie eine Praxis gründen. Doch die Zahlen sprachen gegen eine solche große Lösung: Allein die Büroraumbeschaffung, Mietkautionen, Einrichtung und technische Ausstattung hätten locker 35000 Euro gekostet, dann das Risiko eines Zwei-Jahres-Mietvertrags von 24000 Euro, Personalkosten für eine Schreibkraft, Vorfinanzierung des Lebensunterhaltes, der Sozialabgaben, des Autos usw. für ein Jahr. Kurzum: Sabine hätte rund 100000 Euro benötigt, 50000 Euro aus Privatmitteln, 50000 Fremdmittel. »Warum soll ich mich eigentlich so verschulden und das, was ich an Kapital jetzt habe, obendrein aufs Spiel setzen?«, fragte sie sich und beschloss: »Ich hänge mein Schild zu Hause auf. Mein Wohnzimmer ist jetzt erst mal meine ›Praxis‹. Ich biete einfach mobile Steuerberatung und Bilanzierungshilfe an. Das spart nicht nur einen Haufen Geld, sondern ist sogar für viele kleinere und mittlere eigentümergeführte Unternehmen ein Grund, mich zu engagieren, da ich ins Haus komme und alles vor Ort erledige.« Da

Sabine nach Gebührenordnung abrechnen kann, hat sie unterm Strich jetzt mehr Geld als manche große Kanzlei nach Abzug aller Kosten.

2. Beispiel!

Vom Seminarveranstaltertraum zum freien Trainer

Eigentlich wollte sich die Sozialpädagogin Helga als Seminarveranstalterin selbständig machen. Nebenberuflich hatte die Institutsmitarbeiterin gelegentlich erfolgreiche Trainings zur Persönlichkeitsförderung organisiert. Doch als Helga bei der Erstellung eines ersten konkreteren Geschäftsplans merkte, wie groß der Unterschied zwischen neben- und hauptberuflicher Seminarveranstalterin ist, hat sie noch einmal völlig umgedacht. Denn für Referentenhonorare, langfristige Raumanmietung, Honorarkräfte und 50000 bis 100000 Euro Werbebudget hätte sie ein Startkapital von mindestens 100000 bis 150000 Euro benötigt, ohne zu wissen, ob ihr Konzept so auch aufgeht. Also beschloss Helga schweren Herzens, ihr Konzept zu ändern, nämlich zunächst einmal selbst als freiberufliche Trainerin in den Ring zu steigen und sich von Bildungsinstitutionen, Managerakademien, IHKn usw. engagieren zu lassen. Der Vorteil: Bei diesem Plan blieben ihre Investitionen relativ gering, da sie sofort nach jeder Veranstaltung ihr Honorar erhielt, ggf. auch ein Ausfallhonorar, falls das Seminar mangels Teilnehmern abgesagt wurde. Parallel zu ihrem selbständigen Trainerjob wollte sie wie bisher jährlich weiterhin zwei bis drei Seminare veranstalten.

3. Beispiel!

Statt stationärer Werkstatt mobilen Kfz-Service gründen

Warum sollte sich Kfz-Meister Paul, der sich selbständig machen möchte, unbedingt eine teure Werkstatt von 50000 bis 150000 Euro hinstellen, wenn ihm eigentlich das Geld dazu fehlt? Hat er gar nicht nötig. Er kann sich nämlich mit einer viel preiswerteren Variante selbständig machen, beispielsweise mit einem mobilen Kfz-Service. Etablierten Kfz-Werkstätten bietet er beispielsweise Vertretungen an, Firmenkunden wie Autovermietern, Speditionen etc. einen preiswerten Vorortinspektionsdienst. An eine eigene Werkstatt mit Hebebühne und Grube kann er erst denken, wenn er sich genügend Geld zurückgelegt und Kundenkontakte hat, um von vornherein eine gewisse Auslastung kalkulieren zu können. Vielleicht zeigt ja ein Kunde, etwa eine Spedition, Interesse an einer ständigen Zusammenarbeit, so dass Kfz-Meister Paul seine stationäre Betriebserweiterung dann auf dem Speditionsgelände preiswert realisieren kann.

Aufwand-/Leistungsrelation

Kernpunkt aller drei Beispiele ist es, zu zeigen, dass die Existenzgründer Sabine, Helga und Paul jeweils versucht haben, ihr Existenzgründungsvorhaben in eine ausgeglichene Aufwand-/Leistungsrelation zu stellen. Denn nur, wenn unser kalkulierter Aufwand in passender Relation zu unserem finanziellen Leistungsvermögen und den Ertragsaussichten steht, kann die Finanzplanung in sich stimmig sein. Wenn jedoch die Aufwandsplanung stark von den tatsächlichen finanziellen Möglichkeiten abweicht, wird das Vorhaben wackelig. Hätte Sabine ihre Praxis mit 100000 Euro Gründungsrisiko gestartet, hätte das mit viel Glück (wenn sie rasch gute Mandanten gefunden hätte) funktionieren können. Wahrscheinlicher wäre es jedoch gewesen, dass die Durststrecke länger als ein Jahr gedauert hätte, und spätestens dann wäre Sabine nicht nur ihr eingesetztes Geld los gewesen, sondern obendrein in finanzielle Schwierigkeiten geraten. Das Risiko war Sabine einfach zu groß. Sie hat sich mit weniger zufrieden gegeben, ebenso wie Helga, die sich lieber als Trainerin von Auftrag zu Auftrag hangelt, als sich ein großes Finanzproblem an den Hals zu hängen. Auch Paul hat erkannt, dass man sich lieber rechtzeitig vor der Gründung ganz ehrlich die Frage stellen sollte: »Steht die Umsetzung meiner Geschäftsidee in gesunder Relation zu meinen (finanziellen, persönlichen, geschäftlichen usw.) Möglichkeiten?«

Je einfacher unsere Geschäftsidee aus unseren vorhandenen Ressourcen heraus realisierbar ist, desto geringer ist auch das Aufwands- und Verlustrisiko. Das heißt jedoch nicht, dass jede Existenzgründung möglichst billig sein sollte. Oftmals ist es ja auch so, dass man erstmal eine größere Investition riskieren muss, damit ein bestimmtes Geschäft funktionieren kann. Das ist nicht der Punkt. Der Punkt ist nur, in welcher Größenordnung wir uns die Realisierung von Geschäftsideen leisten können oder wollen. Solange sich jemand aufgrund eines guten finanziellen Backgrounds große Ideen und eine aufwendige Verwirklichung leisten kann, wird er hierdurch kaum seine Existenz gefährden, auch nicht, wenn etwas schiefgehen sollte. Nicht der Aufwand allein, sondern der Aufwand in Relation zur finanziellen Leistungsfähigkeit entscheidet über die finanzielle Stabilität unserer Gründungsbasis. Wer sich aufgrund seiner finanziellen Situation keine großen Sprünge leisten kann, sollte auch keine machen, sondern intelligenter vorgehen und nach preiswerteren und risikoärmeren Varianten für seine Geschäftsidee suchen.

Finanzbedarfsermittlung – Finanzplan

Aber auch bei der preiswertesten aller Geschäftsideen ist irgendwann der Boden erreicht mit der Frage: Wie hoch sind meine Start- und Anlaufkosten? Diese Frage ist in einer Vorkalkulation nur hypothetisch zu beantworten. Umso wichtiger ist es, ein möglichst realistisches Kostenszenario zu entwerfen, damit man eine einigermaßen brauchbare Prognose und Liquiditätseinschätzung erreicht. Selbst bei der Realisierung gleicher Geschäftsideen bemisst sich der Finanzbedarf für jeden Einzelfall sehr unterschiedlich, weil er abhängt von:

- Umfang und Umsetzungsaufwand der Selbständigkeit,
- vorhandenen Räumlichkeiten,
- nutzbarer Einrichtung, allgemeiner Ausrüstung, technischer Ausstattung, allgemeiner Büroinfrastruktur,
- Anzahl und Wert möglicher Anfangsaufträge,
- persönlichen Kontakten,
- Werbeaufwandsplanung usw.

Folgende Einstiegskosten sind bei Gründungen üblich:

Übliche Kosten bei nebenberuflichem Einstieg.

- Fachliteratur, Informationen
- Fortbildung und Seminarkosten
- eventuelle Steuer- und Rechtsberatungskosten
- Gewerbeanmeldung
- Fahrzeugkosten
- Reisekosten
- Bürokosten (Arbeitszimmerausstattung etc.)
- Energiekosten
- Büromittelkosten (Schreibutensilien)
- Anfangswerbung.

Bei vollberuflichem Einstieg erhöhen sich die Kosten um z. B:

- größere Büro- und Betriebsorganisation aufgrund des Zwangs zu mehr Umsatz und Rendite
- kalkuliertes Gehalt
- Sozialversicherungskosten
- Versicherungen, Haftpflichtversicherungskosten
- Vorfinanzierung von Geschäften, von der Akquisition bis zum Geldeingang
- Risikofond für Forderungsausfälle
- Kreditkosten
- eventuell Personalkosten.

Der Finanzplan

Der Einstieg in die eigene Kapitalbedarfsplanung beginnt am besten mit einem Finanzplan, mit dessen Hilfe ein erster Überblick gelingen kann, wie viel Liquidität in den einzelnen Monaten vorhanden sein muss. In den Finanzplan werden einmalige und wiederkehrende Kosten (die variablen Kosten sollten wie Fixkosten) sowie voraussichtliche oder – soweit absehbar – konkrete Einnahmen auf einige Monate hochgerechnet eingetragen.

Man sollte auf die angenommenen Kosten stets 15 bis 20%

für unvorhergesehene Ausgaben draufschlagen. Die Gesamtkosten bilden den Finanzbedarf.

Der Finanzplan dient nicht nur dazu, sich selbst einen Überblick zu verschaffen, sondern kann auch eine Grundlage sein für eventuelle Bankgeschäfte zwecks Kreditantrag. Denn der Finanzplan dient auch zur Einschätzung der geschäftlichen Entwicklung.

Finanzplan

Einnahmen	*Jan.*	*Feb.*	*März*	*April*	*Mai*	*Juni*	*Juli*
Gehalt, evtl. letztes Gehalt	2 500	2 500	1 250 halbtags	1 250	1 250	1 250	1 250
Zinseinnahmen					1 150		
Steuerrückerstattung							650
Umsatz aus Homejob		250	500	875	1 125	2 650	2 750
Summe der Einnahmen	*2 500*	*2 750*	*1 750*	*2 125*	*3 525*	*3 900*	*4 650*
Ausgaben							
Arbeitszimmer streichen, etc.	360						
Schreibtisch, Regale, Stuhl	750						
Briefpapier,Visiten	85						
Büroutensilien, Grundstock	325						
PC+Drucker	1 700						
Telefon	75						
Faxgerät	600						
Anrufbeantworter	50						
Telefonkosten	65	65	65	65	65	65	65
Faxkosten	20	20	20	20	20	20	20
Internetkosten	90	90	90	90	90	90	90
Porto	25	25	25	25	25	25	25
Werbung, Anzeigen	2000	150	150	150	150	150	150
Büromaterial, laufend	35	35	35	35	35	35	35
Kapitaldienst	175	175	175	175	175	175	175
Versicherungen, Haftpflicht etc.	65	65	65	65	65	65	65
IHK-Beitrag	80	80	80	80	80	80	80

Steuervorauszahlung (ab dem zweiten, dritten Jahr)	250	250	250	250	250	250	250
Kranken- und Rentenversicherung	(es entstünden nur Kosten, wenn der sozialversicherungspflichtige Halbtagsjob wegfiele)						
Lebensversicherung	160	160	160	160	160	160	160
Lebenshaltungskosten, inkl. Miete, Auto	1 750	1 750	1 750	1 750	1 750	1 750	1 750
Summe Ausgaben	8 660	2 865	2 865	2 865	2 865	2 865	2 865
Kapitalbedarf	*6 160*	*115*	*1 115*	*740*	*-660*	*-1 035*	*-1 785*

Kapitalbedarf bei nebenberuflichen Einstieg mit Halbtagsjob

Wenn der Umsatz sich tatsächlich wie angenommen entwickelt, besteht ein Vorfinanzierungs-Kapitalbedarf für vier Monate (Januar bis April) von insgesamt 6780 Euro. Im Mai würden nach dieser Prognose schon 660 Euro Gewinn gemacht, im Juni 1035 Euro und im Juli 1785 Euro.

Bei dieser Planungskonstellation ist Folgendes zu überlegen: Soll der Freiberufler 7 500 Euro Kredit aufnehmen und die prognostizierten Gewinne - wenn sie denn kommen - lieber als erste Rücklage beiseitelegen? Oder soll er versuchen, einen Kontokorrentkreditrahmen von 7 500 Euro auf seinem Konto zu erhalten und die abgerufenen Mittel ab Mai mit den ersten Gewinnen zurückzuführen?

Wollen Freiberufler ihre Liquidität längerfristig absichern, werden sie versuchen, sowohl einen Kontokorrentkredit zu erhalten als auch ein längerfristiges Darlehen aufzunehmen - wenn möglich als Existenzförderungsdarlehen. Die erwarteten ersten Einkünfte, die über den laufenden Kosten lägen, würden auf einem separaten Konto als erste Rücklage geparkt, so dass diese Beträge als Ausgleichsmittel für umsatzschwächere bzw. kostenhöhere Monate genutzt werden können.

Strategisch kann es sinnvoll sein, einen Kredit in einer Phase aufzunehmen, in der die Banken vom Erfolg des Geschäfts überzeugt werden können, indem man z. B. einige Anfangserfolge vorweisen kann oder gute Umsätze auf dem Konto zu verbuchen sind. Denn nur, wenn bestimmte Kriterien wie z. B. laufende Geschäftseingänge erfüllt sind, verleihen Banken Geld. Geht es einem Existenzgründer schlecht, drehen viele Kreditinstitute den Hahn zu - zumeist zu früh -mit der Folge, dass das Geschäft nicht mangels Aufträgen und Geschäftsperspektiven pleite macht, sondern wegen fehlender Liquidität. Deshalb sollte man Kredite zu einem strategisch günstigen Zeitpunkt aufnehmen, d.h., wenn man ihn gar nicht unbedingt braucht. Damit kann man sich selbst eine Liquiditätsreserve aufbauen, möglichst bei einem anderen Kreditinstitut als dem Darlehengeber, um so auch in flauen Zeiten besser gewappnet zu sein.

Kapitalbedarf des Homejobbers ohne Halbtagsjob

Ohne Halbtagsjob reduzieren sich die Einnahmen ab März um 1250 Euro monatlich. In diesem Fall betrügen die Summen der Einnahmen obigen Finanzplans nur noch:

Summe der Einnahmen	**2500 €**	**2750 €**	**500 €**	**875 €**	**2275 €**	**2650 €**	**3400 €**
Kranken- und Rentenversicherung: Statt RV hat er eine Lebensversicherung	Weil die Beiträge aus dem sozialversicherungspflichtigen Halbtagsjob wegfielen, müsste der Freiberufler sich ab März selbst versichern, z. B. in eine Privatkrankenkasse monatlich **120 Euro**, in der gesetzlichen Krankenkasse und Rentenversicherung müsste er mehr bezahlen.						

Durch die Selbstversicherung in der privaten Krankenkasse erhöhen sich die monatlichen Kosten ab März um 120 Euro, so dass die Ausgaben wie folgt steigen:

Summe Ausgaben	8660€	2865€	2985€	2985€	2985€	2985€	2985€
Kapitalbedarf	**6160€**	**115€**	**2365€**	**2110€**	**710€**	**335€**	**-415€**

Aufgrund der Einnahmenreduzierung und gleichzeitiger Kostenzunahme erhöht sich der Kapitalbedarf für den Start: Bis Juni beträgt er 11795 Euro. Das heißt: Der Freiberufler muss in diesem Fall Fremdmittel in einer Höhe von mindestens 14000 Euro (11795 Euro + 20% Liquiditätsreserve für Unvorhergesehenes) aufnehmen.

Möchte er hinsichtlich der Liquiditätsvorausdisposition ganz auf Nummer sicher gehen, sollte er sogar einen Kreditrahmen von 25000 Euro vereinbaren, wobei er die Kreditmittel nur nach Bedarf abruft und den Rahmen nicht ausschöpfen muss, was die Liquiditätssicherung sehr viel billiger macht. Als Bereitstellungsgebühr muss er jedoch jährlich mit rund 650 Euro (2,5% von 25000 Euro) rechnen.

Aufgrund dieses relativ hohen Finanzbedarfs wäre es dringend ratsam, nochmals die Gründungskosten auf mögliche Einsparpotentiale hin zu durchforsten. Kann auf die Bürorenovierung verzichtet werden, müssen es Büromöbel sein oder tut es auch eine Holzplatte auf zwei Malerböcken und ein Küchenstuhl? Sind die Werbekosten in dieser Form wirklich notwendig oder kann man anderweitig preiswerter Kontakte zu potentiellen Kunden aufbauen?

Um die Sozialbeiträge zu sparen und noch einen kleinen Nebenverdienst hereinzuholen, kann der Existenzgründer sich überlegen, ob er nicht doch noch einen Job knapp über der Geringfügigkeitsgrenze von 325 Euro (ab 326 Euro Monatseinnahme) annimmt.

Kostensenkungsmöglichkeiten

- Am besten mit einer Dienstleistung starten, mit der man ohne große technische Investitionen gleich Geld verdienen kann, z.B. durch Beratung, Vermittlungstätigkeiten, Training etc.,
- wer nicht nebenberuflich einsteigen kann, könnte versuchen, einen sozialversicherungspflichtigen Minijob mit Monatsverdienst ab 326 Euro anzunehmen, um die Sozialversicherungskosten zu senken,
- preiswerter Einkauf der nötigsten Investitionsvorhaben, z.B. Gebrauchtmöbel,
- auf Bankkredite, wenn möglich, verzichten, lieber zusätzlich Minijob annehmen,
- nur Aufträge annehmen, die keine teuren Sonderinvestitionen erfordern,
- keine Jobs, bei denen man zuvor noch Geld mitbringen muss, beispielsweise 10000 Euro für die Abnahme von Waren oder die Einrichtung eines Verkaufsbüros mit Artikeln, die der Auftraggeber einem zuvor verkauft,
- Vorsicht bei Franchising-Angeboten,
- bei Aufträgen möglichst die Haftung minimieren bzw. ausschließen oder sich versichern,
- auf aufwendiges Büro und prestigeträchtige Fahrzeuge verzichten.

Um Kosten zu senken, müssen praktisch alle Planungsdaten hinterfragt werden: »Ist dies wirklich nötig?«, »Gibt es eine preiswertere Variante zur Realisierung?« und »Stimmen die Relationen von Einsatz und Ertrag?«.

Mustervorlage für Finanzplanung

Mit folgender Mustervorlage können Sie Ihre Einnahmen Ihren Ausgaben gegenüberstellen. Aus der Differenz ermitteln Sie den monatlichen Saldo, also die Liquidität, die Sie zur Verfügung haben, um Ihren finanziellen Verpflichtungen nachzukommen. Dazu müssen Sie wissen, welche Kosten in Ihrer Praxis/Kanzlei/Ihrem Betrieb anfallen und wann.

Mustervorlage

Einzahlungen	Jan.	Feb.	März	April	Mai	Juni	Juli	Aug.	Sept.	Okt.	Nov.	Dez.
Umsätze												
Sonstiges												
SUMME Einzahlungen												
Auszahlungen												
Investitionen												
Personalkosten												
Material/Waren												
Sonstige Betriebskosten												
Zinsen												
Tilgungen												
Umsatzsteuer												
Sonstige Steuer												
Privatentnahmen												
Sonstiges												
SUMME Auszahlungen												
Überschuss/ Fehlbetrag												
Saldo Vormonat												
Effektive Liquidität												

Hinweis!
Beim Bundesministerium für Wirtschaft (BMWI) ist eine kostenlose CD-ROM erhältlich, die Existenzgründern helfen soll, die Unternehmensfinanzierung und die Liquidität genau zu planen. Sie ist im Internet unter *www.bmwi.de* herunterzuladen.

So erschließt man sich Finanzierungsquellen

Kennt man in etwa die Höhe des Finanzbedarfs, sind alle Einsparpotentiale erschöpft und ist der Kapitalbedarf ermittelt, steht die Frage im Raum: Wie soll das finanziert werden? Woher nehme ich das Geld? Kann ich laufende Einnahmen nutzen und habe ich noch andere Eigenmittel, die ich als Finanzquellen aktivieren kann? Kann ich mir fehlende Mittel von Verwandten leihen oder gehe ich besser zur Bank? Habe ich Anspruch auf Existenzgründungsförderung oder gibt es Möglichkeiten, bis zu sechs Monate vom Arbeitsamt gefördert zu werden?
Bei der Suche nach den passenden Finanzquellen geht es nicht nur darum, überhaupt einmal zusammenzustellen, aus welchen Ecken man wie viel Kapital organisieren kann. Es geht vor allem auch darum, welche Finanzierungsart die jeweils günstigste ist.
Es gibt zwei Hauptfinanzierungsmöglichkeiten, nämlich:

a) die Eigenkapitalfinanzierung
b) die Fremdfinanzierung.

Eigenkapital

Die billigste und sicherste Finanzquelle ist natürlich das Eigenkapital. Je mehr Eigenmittel eingebracht werden können, umso stressfreier gelingt der Sprung in die Selbständigkeit. Eigenkapital ist der Oberbegriff für alle Geld- und Vermögensteile, die Gründer selbst aufbringen können. Zu den beweglichen Eigenmitteln zählen beispielsweise regelmäßige

Einnahmen aus einem Job, Zinserträge oder auch Mieten, aber auch ein Auto usw.
Zum unbeweglichen Vermögen zählen langfristige Geldanlagen, Aktiendepots, Immobilien usw.
Je mehr Eigenkapital man im Verhältnis zum kalkulierten Aufwand zur Verfügung hat, umso unabhängiger kann man die Selbständigkeit finanzieren. Doch verleitet ein höheres Eigenkapital auch zu mehr Leichtsinn. Für Gründer ist es sehr wichtig, einen Kassensturz zur Ermittlung ihrer eigenen Mittel zu machen, bevor sie in die Selbständigkeit starten. Denn sie müssen ja in etwa eine Vorstellung davon haben, über wie viel Barmittel sie verfügen und wie lange sie damit – abhängig von der Auftragssituation – auskommen könnten.

- *Liquiditätssicherungsmittel*: Ausreichendes Eigenkapital, insbesondere in Form von Barmitteln (Bankguthaben), ist vor allem deshalb für Gründer wichtig, um in der zumeist noch einnahmeschwachen Anfangsphase zur Bestreitung der Kosten flüssig bleiben zu können und auch bei ersten Zahlungsausfällen von Kunden und sonstigen unvorhergesehenen Ereignissen nicht zu schnell illiquide zu werden.
- *Kreditsicherungsmittel*: Eigenkapital ist aber auch ein Kriterium für die Kreditwürdigkeit, falls man Fremdmittel aufnehmen muss oder möchte. Zwischen 20 und 50% Eigenmittel werden gefordert, was von der Qualität der Sicherheiten und deren Beleihungsgrenzen abhängt, die nach Basel II vor allem für Kleinunternehmer drastisch gesenkt wurden, so dass mehr Sicherheiten als je zuvor verlangt werden und an Kleinkreditnehmer mit erheblich schlechteren Zinskonditionen Gelder verliehen werden.
  Die Höhe der Eigenmittel hängt stark davon ab, wie viele Einkommens- und Vermögensquellen man aktivieren kann, wie gewissenhaft man Einrichtungs- und Ausrüstungsgegenstände zusammenträgt und bewertet.

Eigenkapitalinventur erstellen:
Es gibt mehrere Gründe, sich mittels Eigenkapitalinventur einen Überblick über Art und Wert der eigenen Mittel zu verschaffen.

1. Transparenz über das eigene Vermögen und Einkommen, so dass man feststellen kann a) welche Investitionen aus eigener Kraft zu leisten wären, b) wie lange man ohne Fremdmittel eine Durststrecke bei Gründung überstehen könnte.
2. Ermitteln, welche Eigenkapitalien im Falle einer benötigten Fremdfinanzierung als Darlehenssicherheit bereitgestellt werden könnten.
3. Ermitteln der Eigenmittel, die beispielsweise als Sachwerteinlage zur Stammkapitalbeschaffung im Falle einer GmbH-Gründung geeignet wären.

Eigenkapitalarten sind z.B.:

- Barmittel und Kontoguthaben,
- Wertpapiere wie Pfandbriefe, Bundesschatzbriefe, Fondsanteile, Aktien usw.,
- Kapital-Lebensversicherung (der jeweilige Rückkaufwert),
- Bausparguthaben,
- Einkommen aus diversen Quellen, z.B. Zinserträge, Mieten, Einkünfte aus Urheberrechten, Beteiligungen an Unternehmen usw.,
- Arbeitseinkommen, z.B. aus Nebenberuf, Beratungen usw.,
- Immobilienbesitz, z.B. Eigentumswohnung, Hauseigentum und Grundstücke,
- Auto,
- Einrichtungsgegenstände und Kunstgegenstände, z.B. Antiquitäten, Designer-Möbel, wertvolle Teppiche, Gemälde, Skulpturen usw.,
- Schmuck, wertvolle Bestecke und Geschirr,
- technische Produkte: PC-Anlage, Fotoapparate, Video-/Digital-Aufnahmegeräte usw.

Einkommensquellen aktivieren

Wer die benötigten Gründungsinvestitionen aus laufendem Einkommen bestreiten kann, hat den Vorteil, sein angespartes Eigenkapital schonend oder gar nicht antasten zu müssen und eventuell auch auf Fremdmittel verzichten zu können. Solche Einkommensquellen können beispielsweise sein:

Arbeitseinkommen aus Hauptberuf, nebenberufliche Verdienstquellen, Einnahmen aus Vorauszahlungen von Erstaufträgen oder Sozialgelder, z.B. im Falle von Arbeitslosigkeit.

- *Arbeitseinkommen aus Hauptberuf.*
  Von der Finanzierung her betrachtet ist eine nebenberufliche Gründung ideal, da man noch auf laufende Einkommen aus dem Hauptberuf zurückgreifen kann, Gründungskosten steuerwirksam abgesetzt werden können, die Sozialabgaben abgedeckt sind und man, wenn es mit der Existenzgründung schiefgeht, nicht job- und mittellos vor dem Nichts steht. Daher gilt es genau zu prüfen, wann man einen Hauptberuf reduziert oder ganz zugunsten der Selbständigkeit aufgibt. Ist die Phase der Abend- und Wochenendselbständigkeit vorbei, wird man versuchen, mit dem Job erst einmal auf Halbtag zu gehen, so dass man die andere Hälfte der Arbeitszeit für die Selbständigkeit zur Verfügung hat. Erst wenn man sieht, dass mit den Aufträgen mehr zu verdienen ist als mit der Anstellung und dass der Umsatz sich einpendelt, kann man seinen festen Halbtagsjob an den Nagel hängen.
- *Nebenberufliche Verdienstquellen.*
  Selbst wer keinem festen Haupt- oder Zweitberuf nachgeht, kann unter Umständen durch gelegentliche Nebenverdienste oder Nutzung von Geschäftsgelegenheiten zu zusätzlichen Mitteln kommen, etwa durch eine Beratung, eine Vermittlung auf Provisionsbasis, die Vertretung eines Kollegen bei einem Vortrag oder während des Urlaubs, eine Lesung als Autor/-in in einer Schule usw. Überlegen Sie, ob oder welche solcher Möglichkeiten sich Ihnen bieten könnten!
- *Einkommen aus Vorauszahlungen von Erstaufträgen.*
  Selbst wer keine Nebeneinnahmen erzielen kann, hat vielleicht über eine Vorauszahlung für Erstaufträge die Möglichkeit, sich ein paar liquide Mittel beschaffen zu können, damit der Start unabhängig von einem Kontokorrentkredits beginnen kann. Aber auch ohne Vorschüsse sind Aufträge im Wert eines vergleichbaren Angestellteneinkommens mit kurzen Zahlungszielen eine der besten Möglichkeiten, sich von Anfang an genügend Liquidität zu verschaffen.
- *Einkommen aus Sozialmitteln.*
  Wer Sozialhilfe, Arbeitslosengeld/-hilfe, Übergangsgelder oder Krankengeld bezieht, hat natürlich finanziell gesehen keine guten Karten für einen Existenzgründungsstart. Andererseits ist während

des Bezuges dieser Transfergelder für die Lebenshaltungskosten einschließlich Sozialabgaben gesorgt. Da man jedoch alle Einkünfte dem Sozialamt bzw. Arbeitsamt melden muss und auf die Transfergelder angerechnet bekommt, beißt sich hier die Katz' in den Schwanz, da man überhaupt nicht die Chance hat, ein paar Rücklagen zu bilden, mit denen der Absprung gelingen kann. Daher sei Sozialgeldempfängern empfohlen, Honorarfälligkeiten nach hinten zu datieren, sich ggf. für den Monat, auf den die Zahlungen konzentriert werden, kurz als Arbeitsloser abzumelden und später wieder anzumelden. Ferner sollte man eine genaue Planung erstellen, welche Dinge für den Betrieb angeschafft oder angemietet werden müssen: Genau zur Finanzierung solcher Dinge werden die ersten Einnahmen aus selbständiger Tätigkeit verwendet, so dass unterm Strich die Sache plus/minus null aufgeht. Wenn es gelingt, auf diesem Wege erst einmal eine Basis für erfolgreiche Selbständigkeit zu schaffen, ist schon viel gewonnen. Mit den erworbenen Betriebsmitteln, vielleicht sogar einem gemieteten Minibüro, kann man versuchen, die Auftragseingänge/Umsätze so zu forcieren, dass man sich dann endgültig vom Sozialgeldgeber abmelden kann. Prüfen Sie auch, ob Sie Verträge so gestalten können, dass die Honorare erst sehr spät fällig werden, so dass die Geldeingänge nicht mit den Sozialbezügen kollidieren und Sie dann gezielt zum Fälligkeitszeitpunkt des/der Honorare den Absprung wirtschaftlich wagen können.

Vorschüsse und Forderungseinzug nutzen

Neben der Möglichkeit, aus laufendem Zusatzeinkommen die Startinvestitionen und Lebenshaltungskosten zu finanzieren, kann man auch im Dienstleistungsbereich versuchen, den Start unmittelbar mit dem Einkommen der freiberuflichen Haupttätigkeit zu bestreiten. Am wenigsten Probleme bereitet diese Strategie, »sich aus seiner Tätigkeit selbst zu finanzieren«, als freier Mitarbeiter, da bei solchen Auftragsverhältnissen die Honorare häufig in arbeitnehmerähnlichen Zeitabständen bezahlt werden.

Aber auch wer sich als Werkvertragstätiger von Vertrag zu Vertrag hangeln und zum Teil größere, einkommenslose Strecken überbrücken muss, muss nicht gleich an Eigen- und

Fremdmitteleinsatz denken. Denn wer clever ist, vereinbart Vorschüsse, Abschlagszahlungen oder Garantiesummen mit bestimmten Fälligkeiten, wodurch ein relativer Mittelzufluss sichergestellt werden kann. Vorschüsse sind aber auch zentral wichtig, um zu verhindern, dass Kunden nicht unter einem Vorwand nach Auftragserteilung überraschend aussteigen. Wer bezahlt hat und dann abspringt, hat es viel schwerer, seinen Auftrag zu stornieren.

Recht auf Abschlagszahlungen

Die Schuldrechtsreform 2002 kommt Ihnen jetzt bei diesem Bemühen um angemessene Zahlungstermine entgegen. Gemäß § 632a BGB wurde jetzt in Anlehnung an § 16 VOB/B ein Anspruch auf Abschlagszahlung eingeführt. Der Werkvertragsunternehmer (Gewerbetreibender/Freiberufler) kann für in sich abgeschlossene Teile des Werks Abschlagszahlungen für die erbrachten vertragsmäßigen Leistungen verlangen.

Bei Aufträgen, in denen eine Teilfertigstellung schwer abzugliedern ist, beispielsweise bei einer aufwendigen wissenschaftlichen Zeichnung, sollte man in Anspielung auf das neue gesetzliche Anrecht nach § 632a BGB auf Abschlagszahlungen und feste Vorschüsse pochen, und zwar nicht nach Werkfortschritt, sondern nach Auftragsdauer, nämlich beispielsweise nach 30 Tagen am xxxx die erste Abschlagszahlung, nach weiteren 30 Tagen die zweite Abschlagszahlung und den Rest nach Abgabe.

Da diese Regelung als Leitbild ins Gesetz aufgenommen wurde und somit zwingendes Recht ist, kann sie auch nicht über einen Individualvertrag (§ 24a AGBG) neutralisiert werden.

Recht auf Verzugszinsen

Viel Geld kostet es auch, wenn Rechnungen erst spät geschrieben oder offene Forderungen zu lange nicht eingetrieben werden, weil man während dieser Zeit mit den eigenen Mitteln zwischenfinanzieren muss. Doch nun hat sich auch hier in der Gesetzgebung zugunsten des Gläubigers hinsichtlich der Inverzugsetzung und des Verzugszinsanrechts etwas geändert: 1. So muss der Gläubiger (Werkvertragsnehmer) bei Geldforderungen nicht mehr länger eine Mahnung schicken, um damit den Verzugseintritt in Gang zu setzen. Vielmehr tritt seit neuestem gemäß § 284 Abs. 3 Satz 1 BGB der Zahlungsverzug nach Ablauf von 30 Tagen nach Zugang einer Rechnung oder einer gleichwertigen Zahlungsaufforderung kraft des Gesetzes automatisch ein. Natürlich kann es nicht schaden, dem Schuldner trotzdem eine Mahnung zuzusenden, vielleicht mit dem diskreten Hinweis, dass seit Rechnungsstellung vom ... mit Ablauf von 30 Tagen gemäß § 284 Abs. 3 Satz 1 BGB automatisch der Verzug in Gang gesetzt wurde und ab dem ersten Verzugstag auch Zinsen kostet.

So hat der Gesetzgeber zudem einen gesetzlichen Zinssatz von 5% über dem Basiszinssatz nach dem Diskont-Überleitungs-Gesetz vom 9. 6. 1998 (§ 288 Abs. 1 Satz 1 BGB) eingeführt.

Zahlungspflicht trotz Mängelunterstellung

Um den Mittelzufluss nicht zu gefährden, ist es auch wichtig, möglichst reibungslos mit einem Auftraggeber zusammenzuarbeiten und sein Werk »vertragsgemäß«, das heißt ohne Mängel abzuliefern. Da unseriöse Auftraggeber bzw. solche, die in Zahlungsschwierigkeiten steckten, oftmals die Mängeleinrede genutzt haben, um ihre Zahlungspflicht hinauszuzögern, hat der Gesetzgeber dem Missbrauch damit jetzt einen Riegel vorgeschoben. Um vor allem auch kleine Existenzen vor willkürlichem Zahlungsboykott zu schützen, gibt es jetzt eine Abnahmeverpflichtung. So darf wegen unwesentlicher Mängel auch beim BGB-Werkvertrag die Abnahme nicht mehr verweigert werden. Gleichzeitig wird die Fiktion einer Abnahme eingeführt. Der Abnahme steht es gleich, wenn der Besteller das Werk trotz Abnahmeverpflichtung nicht innerhalb einer ihm vom Unternehmer bestimmten angemessenen Frist abnimmt (§ 640 Abs. 1 BGB). Die Abnahmefiktion gibt dem Werkunternehmen die Möglichkeit, ggf. ein Versäumnisurteil zu erstreiten, wodurch die Zahlung der ausstehenden Beträge fällig wird.

Schutz vor Geldzurückhaltung bei Subunternehmeraufträgen

Eine weitere rechtliche Verbesserung im Rahmen der Schuldrechtsreform haben Subunternehmer hinsichtlich der Durchgriffsfälligkeit erfahren. Sie werden durch eine Neuregelung in § 641 Abs. 2 BGB vor der Willkür des Generalunternehmers (Ihres Auftraggebers) geschützt. Das Gesetz besagt, dass der Hauptauftraggeber (Bauträger oder Generalunternehmer) die Bezahlung nicht unter Berufung auf (angebliche) Mängel verweigern darf, obwohl er selbst die Raten für die entsprechenden Gewerke seitens seines Auftraggebers (Bauherrn etc.) bereits erhalten hat. Durch das Zurückhalten von Geldern an Subunternehmer haben sich viele Bauträger so auf Kosten ihrer kleinen Auftragnehmer über Wasser gehalten. Der Anspruch des Subunternehmers wird nun spätestens dann fällig, wenn der Hauptauftragnehmer vom Besteller für das versprochene Werk wegen dessen Herstellung seine Vergütung oder Teile davon erhalten hat (so genannte Durchgriffsfälligkeit).

Doppelzahlungen vermeiden:

Wer rechtlich unerfahren ist und sich im Vertrags- und Schuldrecht wenig auskennt, läuft leichter Gefahr, sich von Lieferanten und Geschäftspartnern übers Ohr hauen zu lassen. Das kann teuer werden und viel Liquidität kosten. Denn wer beispielsweise immer wieder ein Auge zudrückt und auch schadhafte Waren und Leistungen abnimmt, bei verspäteten Lieferungen und schlechter Qualität nicht so pingelig ist oder die Mehrkosten leistungsausfallbedingter Ersatzleistungen selbst drauflegt, verliert letztlich viel Geld. Vermeiden Sie solche unnötigen Doppelzahlungen. Die neue Schuldrechtsreform stärkt Ihre Rechte.

Fremdkapital

Zum Fremdkapital gehören, wie der Name schon sagt, alle Geld- und Finanzierungsmittel, die von Fremden, d.h. von Kapitalgebern, Banken, Risikokapital- und Leasingunterneh-

men auf Kreditbasis geliehen werden. Fremdmittel müssen demnach verzinst und zurückbezahlt werden.
Zu den zentralen Vorüberlegungen gehört auch die Frage, nach welchen Prioritäten Eigen- und Fremdmittel zur Finanzierung eingesetzt werden sollen. In Finanzfachkreisen spricht man dabei von Finanzierungsgrundsätzen.

Finanzierungsgrundsätze

1. Liquiditätserhaltung: Die Finanzierung muss gewährleisten, dass der Freiberufler jederzeit in der Lage ist, seinen Finanzierungsverpflichtungen nachzukommen.
2. Sicherheit/Risikoentsprechung: Die Finanzierung muss langfristig die Existenz sichern. Es muss geprüft werden, ob die finanziellen Belastungen jetzt und in Zukunft tragbar sind.
3. Wirtschaftlichkeit/Rentabilität der Finanzierung: Die unterschiedlichen Finanzierungsinstrumente, etwa die Frage nach kurzfristigen und langfristigen Mitteln, nach Betriebsmittel-, Privat- oder Baukredit, führen zu unterschiedlich hohen Finanzierungskosten. Unter Berücksichtigung aller anderen Einflussfaktoren muss die im Einzelfall günstigste Finanzierungsart gefunden werden.
4. Erhaltung der Unabhängigkeit: Von Höhe und Art der Fremdfinanzierung sind auch eventuelle Fremdeinflüsse und Gebundenheit an Kapitalgeber abhängig. Als Freiberufler sollte man stets bestrebt sein, von einer Bank nicht abhängig zu sein.

Ob und welche Finanzierungsgrundsätze man einhalten kann, hängt von der individuellen Gründungssituation und insbesondere von verschiedenen Faktoren ab wie:

- Finanzierungsbedarf,
- Relation von Eigen- zu Fremdmitteln,
- Zinshöhe (Kapitalkosten),
- Bindung an Kapitalgeber (Abhängigkeit),
- Laufzeiten.

Dabei gilt:

- Je kürzer Finanzierungslaufzeit und -bindung sind, desto teurer ist die Finanzierung. Kontokorrentkredite sind die teuersten Kredite.
- Je länger Finanzierungslaufzeit und -bindung sind, desto preisgünstiger sind die Kredite. Baufinanzierungen (Hypothekarkredite, Versicherungshypotheken) sind die preisgünstigsten.

Die Kunst einer ausgewogenen Finanzierung liegt darin, kurzfristige, mittelfristige und langfristige Fremdmittel optimal zu gewichten. Es wäre töricht, zur Finanzierung der langlebigen Büroeinrichtung, der technischen Geräte und der Renovierung des Arbeitszimmers einen teuren kurzfristigen Kontokorrentkredit in Anspruch zu nehmen. Hier bietet sich eher ein Abzahlungsdarlehen mit mittlerer oder längerer Laufzeit an. Ziel einer ausgewogenen Finanzierung ist es primär, das Risiko (etwa illiquide zu werden) und die Abhängigkeit (z.B. einer Bank ausgeliefert zu sein) für den kreditnehmenden Freiberufler zu minimieren. Freiberufler sollten bei der Zusammenstellung ihres Finanzierungskonzepts die sogenannten goldenen Bilanzregeln kennen, die dabei helfen, herauszufinden, für welche Maßnahme welche Kreditlaufzeit am günstigsten ist. Diese Bilanzregeln basieren auf jahrzehntelangen buchhalterischen Erfahrungen.

Die goldenen Bilanzregeln

■ *Langfristig gebundenes Vermögen* (Laufzeit ab 5 bis 20, 30 Jahre) soll mit Eigenkapital und langfristigen Fremdmitteln finanziert werden, etwa Bürorenovierung, Büroeinrichtung, ein Grundstück usw. (Finanzierung des Anlagevermögens).
■ *Mittelfristige Mittel* (Laufzeit bis 5 Jahre) sollen nur mittelfristig eingesetzt werden, etwa zur Finanzierung eines PC, der nach 4 Jahren abgeschrieben ist, eines Forschungsvorhabens, Buchprojektes usw. (Finanzierung der Betriebsmittel).
■ *Kurzfristige Mittel* (Laufzeit bis zu 1 Jahr) sollen nur kurzfristig eingesetzt werden, etwa um den laufenden Warenumschlag, die Zeit zwischen Rechnungsstellung und Erlöseingang zu finanzieren (Finanzierung des laufenden Geschäfts).

Welche kurz-, mittel- und langfristigen Fremdfinanzierungsarten gibt es? Wie werden sie bezeichnet? Welche Kreditart wird zu welcher Laufzeit gerechnet? Auf diese Fragen gibt folgende Übersicht Antwort.

Fremdfinanzierungsarten

Kurzfristige Fremdfinanzierung	Langfristige (und mittelfristige) Fremdfinanzierung
■ *Bankkredite* wie Kontokorrentkredit, Wechselkredit, Lombardkredit (gegen Pfandsicherung), Ratenkredit bis 1 Jahr. ■ *Factoring* (Rechnungsverkauf an Banken). ■ *Lieferantenkredit* (Ware wird erst nach 3 oder 6 Monaten bezahlt). ■ *Kundenanzahlungen*, Abschlagszahlungen. ■ *Auslandsfinanzierungen* wie Akkreditiv, Rembourskredit, Forfaitierung. ■ *Kommissionskredit* (Ware wird erst nach Verkauf bezahlt, der Rest wird an den Hersteller zurückgegeben, etwa im Buchhandel). ■ *Privatdarlehen* bis 1 Jahr.	■ *Darlehen* ab 1–5 Jahre mittelfristig, ab 5 Jahren langfristig – nach Verwendung, z.B.: Konsumentenkredite, Produktionskredite, Effektenkredite, Saisonkredite; nach Kreditgeber: Bankkredite, Lieferantenkredite, öffentliche Kredite, private Kredite; nach Kreditnehmer: gewerbliche Kredite, Privatkredite, Wohnungsbaukredite; Warenkredite: Beschaffungskredite, Absatzkredite, Absatzgüterkredite. ■ *Abzahlungsdarlehen* (Ratenkredite ab 1–5 Jahre mittelfristig, ab 5 Jahre langfristig). ■ *Fälligkeitsdarlehen*, Endfälligkeit bei Ablauf der Vertragsdauer. ■ *Kündigungsdarlehen*, fällig bei Ablauf einer vertraglich vereinbarten Kündigungsfrist. ■ *Annuitätsdarlehen*, jährlich gleichbleibende Annuität (Abzahlungsbetrag) aus Tilgung und Zinsen, wobei mit dem Abzahlungszeitraum der Tilgungsanteil steigt und der Zinsanteil sinkt, bis das Darlehen zurückbezahlt ist. ■ *Leasing* (Anmietung der gebrauchten Anlage und der Betriebsmittel). ■ *Beteiligung*.

Diese Liste zeigt, dass es für Finanzierungszwecke noch andere Möglichkeiten gibt als nur Bankkredite. Beispielsweise können bei Neugründungen von Handelsgeschäften Lieferantenkredite eine finanzielle Entspannung bringen. Wenn nämlich Lieferanten bereit sind, keine Vorauskasse, sondern Zahlungsziel für Warenlieferungen zu gewähren, kann das schon eine ordentliche Entspannung bringen. Damit sich Lieferanten jedoch darauf einlassen, muss mit ihnen zuvor verhandelt werden und eine gewisse Sicherheit gewährleistet sein.
Noch günstiger ist es für Existenzgründer, wenn sie mit Kommissionsware arbeiten können. Das ist z. B. im Buchhandel, mitunter auch im Textilhandel, möglich und im Secondhandhandel sowie bei Tupperware üblich. Der Kunde braucht nur die verkaufte Ware zu bezahlen, Kommissionsware wird vom Hersteller wieder zurückgenommen.
Auch Leasing kann interessant sein, wenn der Betrag mindestens bei 5000 Euro liegt. Für einen niedrigeren Betrag würde sich diese Finanzierungsart aufgrund der hohen Bearbeitungskosten nicht rentieren. Leasing ist immer teurer als ein Bankkredit, und es gibt bei der Vertragsgestaltung häufig Schwierigkeiten, insbesondere hinsichtlich der »Rückgabe im einwandfreien Zustand« bei Autos (z.B. hohe Nachzahlungen für kleine Lackkratzer). Doch der Vorteil liegt darin, die Leasingkosten sofort steuerlich geltend machen zu können, also nicht an Abschreibungsfristen gebunden zu sein.
Eine für Freiberufler eher weniger geeignete Finanzierungsmethode ist das Factoring. Spezielle Factoring-Banken kaufen Forderungen auf mit dem Vorteil, dass der Forderungsverkäufer sofort Geld in seiner Kasse hat und nicht auf den Eingang der Umsatzerlöse warten muss. Nachteil: hohe Kosten. Vor allem suchen sich die Factoring-Banken die Forderungen aus. Und: Zur Startfinanzierung ist dieses Instrument völlig ungeeignet.

Zinsberechnung

Über folgende Zinsrechner im Internet können Sie einfach Ihre monatlichen Annuitäten ausrechnen.

- *www.zinsen-berechnen.de*
- *basiszinssatz.info*

Kreditantrag

Viele Freiberufler kommen nicht umhin, ihre Start- und Anlaufkosten mit einem Bank- oder Versicherungsdarlehen vorzufinanzieren. Außerdem kann es mitunter aus Liquiditätsgründen doch besser sein, rechtzeitig einen Kredit aufzunehmen (solange die Chance besteht), um einen Teil der Eigenmittel für Zeiten von Umsatzeinbrüchen und für Notfälle aufzubewahren.
Bevor man mit einer Bank zwecks Kreditanfrage Kontakt aufnimmt, sollte man sich selbst Klarheit über die eigenen Finanzen verschaffen und eine Schufa-Eigenauskunft (7,50 Euro über *www.schufa.de*) einholen. Zudem gilt es, sein Kreditnehmerprofil zu schärfen und die Verhandlungsziele zu definieren.

- Kapitalbedarf anhand des Finanzplans,
- Finanzierungsprioritäten,
- Kurz- und/oder langfristige Kredite,
- Geschäfts- oder Privatkredit,
- Baukredit, etwa zur Finanzierung einer Renovierung.

Es empfiehlt sich, sich nicht gleich an die Hausbank zu wenden, sondern »fremdzugehen«, d.h. konkret, sich einen Überblick über die Institute und ihre Konditionen zu verschaffen. Es ist sogar empfehlenswert, mit einer anderen als mit der Hausbank den Darlehensvertrag abzuschließen. Denn sollte es mal zu einem Liquiditätsengpass kommen und Sie stehen bei Ihrer Hausbank noch nicht in der Kreide, haben Sie hier aufgrund der jahrelangen Zusammenarbeit zumeist eine gute Chance, neue Überbrückungsliquiditäten zu erhalten.

Was ist ein Kreditantrag?

Kreditanträge können mündlich, schriftlich oder auf standardisierten Vordrucken gestellt werden.

Mit dem Kreditantrag können, je nach Einzelfall, folgende Unterlagen mehr oder weniger wichtig werden:

- Personalausweis
- Ausfüllen des Kreditantrags mit Einwilligung, die Daten der Schufa zu melden
- Darstellung der Einkommensverhältnisse in den vergangenen drei Jahren; bei Unternehmen möglichst als Steuerbilanz mit dem Testat eines Wirtschaftsprüfers
- Verzeichnis der Kreditsicherheiten
- Unternehmenskonzept bzw. Zahlenmaterial zur künftigen Unternehmensentwicklung
- Ausfüllen einer Selbstauskunft
- Rechtliche Unterlagen im Hinblick auf die Kreditfähigkeit wie Handelsregisterauszug, Güterrechtsregisterauszug, Vollmachten
- Zeugnisse, Referenzen
- Kontoverbindungen von anderen Banken
- Darlegung des Verwendungszweckes (z. B. Finanzierung der Umschlagsdauer von Eingangserlösen)
- Zahlungsgewohnheiten/Kundenkreis

Bei langfristigen Krediten:

- Erörterung des Investitionsvorhabens, ob Anlagen- oder Immobilienfinanzierung (was vor allem auch Einfluss auf den Zinssatz hat)
- Grundstückserwerb (notarieller Kaufvertrag), Grundbuchauszug, Baugenehmigung
- Grundbuchauszug
- Vermögensverzeichnis mit Zeitwerten (Verkehrswert)
- Katasterauszug (Flurkarte)

Basel II – Kreditrating

Ab 2007 tritt die europaweite Neuordnung der Kreditvergabe Basel II, auch Kapitaladäquanzrichtlinie genannt, in Kraft. Hierbei wird die Kreditvergabe von der »konkreten« Ausfallwahrscheinlichkeit abhängig gemacht. Die Banken sind in 100 Ländern nun verpflichtet, die Kreditwürdigkeit ihrer

Kunden nach gleichen Kriterien durch ein Rating (bei Privatkrediten: Scoring) zu prüfen. Für Existenzgründer mit wenig Eigenkapital und Vermögen verschärfen sich dadurch nicht nur die Vergabekriterien eines Kredits, sondern es erhöhen sich für sie auch die Kreditkosten. Denn eine schlechtere Bonitätseinstufung erhöht das Ausfallrisiko und damit die Kapitalunterlegung (bankeninterne Kreditabsicherung gegen Ausfall) der Banken.
Damit sind die Zeiten allgemeinverbindlicher Darlehens-Zinssätze, die eine Bank für alle Kunden gleichermaßen in der Schalterhalle aushängt, vorbei; eine Vergleichbarkeit der Konditionen unter Banken ebenso. Vor allem wird es schwierig, den günstigsten Darlehensanbieter herauszufiltern, ganz abgesehen davon, dass man bei jeder Kredit-Vorabanfrage eine Menge persönlicher Daten preisgeben muss, um überhaupt einen individuellen Zinssatz zu erfahren.

Das interne Rating der Banken fragt folgende wesentliche Punkte ab:

in der qualitativen Analyse

- Management: Infos über Geschäftsführung, Rechnungswesen, evtl. Nachfolgeregelung Bilanzpolitik, Versicherungen
- Branche, Markt, Unternehmen (Markt- und Branchenentwicklung, Abnehmer, Lieferanten, Produkt, Sortiment, Leistungsstandard, Stärken-Schwächen-Profil, Konkurrenz)
- Kontoführung und Informationsverhalten

in der quantitativen Analyse

- Monatsplan: Gewinn-und-Verlust-Rechnung, Bilanz, Kapitalflussrechnung
- Detailpan (Umsatzerlöse, Personalkosten, Darlehen)
- Unternehmensentwicklung IST: Gewinn-und-Verlustrechnung, Bilanz, Kennzahlen
- Jahresabschlussanalyse IST: Gewinn-und-Verlust-Rechnung, Bilanz, Kennzahlen

Parallel zum internen Rating der Bank kann der Kunde auch ein externes Rating mit Hilfe von zertifizierten Ratingagenturen (Industrie- und Handelskammer nennt seriöse Berater), Wirtschafts- und Steuerberatern durchführen. Mittels seiner Datev-Anbindung verfügt der Steuerberater über Software, mit deren Hilfe er aus Buchführungsstandardsoftware wie z.B. Lexware, Sage, KHK oder Kanzlei-Rewe die entsprechenden Daten des Rechnungswesen herausfiltern und für seine Mandanten komplette Ratingmappen generieren kann (*www.datev.de*).

Businessplan statt Ratingmappe

Da Existenzgründer, die um einen Businesskredit nachsuchen, noch keine Geschäftsdaten (Bilanz, Umsatzentwicklung usw.) vorlegen können, die ihre Finanzkraft abbilden, gewinnt für sie der Businessplans zunehmend an Bedeutung. Bei der Erstellung eines Businessplans helfen die Berufsverbände und Kammern der Freiberufler, Industrie- und Handelskammern, Handwerkskammern, Existenzgründungsberater und auch Banken (Broschüren etc.).

! **Buchtipp!**
Stumpf, Hans: Der effiziente Businessplan. Heidelberg 2006.

Wer entscheidet über den Kreditantrag?

Seit Basel II sind die bisherigen Umgangsregeln zwischen Kreditkunde und Banken aus den Angeln gehoben. Denn weder der Kreditsachbearbeiter oder Filialleiter noch dessen Vorgesetzter entscheiden noch über Kreditvergaben. Es ist vor allem der Computer, der die anhand des elektronischen Ratings bzw. Scorings ermittelte Kreditwürdigkeitspunktzahl ausspuckt. Mehr noch: Er entscheidet mit der Punktzahl nicht nur über Bewilligung oder Ablehnung, sondern auch über die Zinshöhe (Kreditkosten) analog zur ermittelten Kreditwürdigkeitspunktzahl. Je solventer die Kunden, desto niedriger die Zinsen, je weniger Punkte für den Kunden, desto höher die Zinsen.

Reichen die Punkte, wird dem Kreditantrag entsprochen. Das

heißt, dass das Kreditinstitut den Kreditvertrag oder die Kreditzusage an den Kreditnehmer übersendet. Erst wenn der Kreditnehmer innerhalb der vorgesehenen Annahmefrist (1 bis 2 Wochen) sein Einverständnis schriftlich erklärt, wird der Kreditvertrag rechtswirksam.

Die Auszahlungsmodalitäten und Rückzahlungsvereinbarungen sowie alles Weitere ist im Kreditvertrag geregelt.

Inhalt von Kreditverträgen

Kreditverträge müssen schriftlich abgefasst werden und bestimmte Mindestangaben enthalten. Sie sind nichtig, wenn die entsprechende Form nicht eingehalten wird. Sie können innerhalb einer Woche widerrufen werden, müssen allerdings, wenn sie schon ausbezahlt wurden (z. B. bei Ratenkrediten), innerhalb von zwei Wochen wieder zurückbezahlt werden.

Voraussetzung für die Inanspruchnahme ist der Abschluss eines Kreditvertrags. Die Kernpunkte ähneln sich, die wichtigsten sind im Folgenden zusammengetragen:

Bestandteile eines Kreditvertrages

Folgende Punkte müssen schriftlich in einem Kreditvertrag geregelt sein:

- **Kreditart:** Hypothekarkredit, Investitionskredit, Avalkredit, Kontokorrentkredit usw.
- **Kreditsumme:** Nettokreditbetrag und Bruttokreditbetrag inklusive aller Zinszahlungen auf die Laufzeit hochgerechnet
- **Laufzeit:** Es gibt feste, z. B. 5-jährige Laufzeit, umsatzabhängige Befristung, z. B. bis zum Abverkauf der Winterware mit Ende des Winterschlussverkaufs, variabel, unbefristet, jedoch längstens bis zum 31. 12. 2010.
- **Zinssatz**: Wichtig ist, dass der Effektivzins angegeben wird. Zinsgestaltungsmöglichkeiten: Zinsfestschreibung über die gesamte Kreditlaufzeit oder Zinsfestschreibung innerhalb einer bestimmten Phase, die kürzer als die Kreditlaufzeit sein kann, variabler Zins (z. B. diskontabhängiger Zinssatz oder variabler Zinssatz mit und ohne Bindung, etwa an den FIBOR).

- **Tilgung**: z. B. Festdarlehen, das mehrstufig oder zu einem bestimmten Zeitpunkt abbezahlt wird; Annuitätsdarlehen, wobei sich bei einer gleich bleibenden Abzahlungssumme der Tilgungsanteil zunehmend vergrößert, während der Zinsanteil sinkt.
- **Provisionen**: Bereitstellungsprovisionen (ca. 2,5 % jährlich) für Kredite, die bis zum Zeitpunkt ihres Abrufes bereitgehalten werden. Kreditprovision: Zuschlag zum Nominalzins; Umsatzprovision: Gebühr für die Kreditkontoführung; Überziehungsprovision: bei Überschreitung des Dispokredites.
- **Bearbeitungsgebühr**: In der Regel ein einmaliger Zuschlag auf die Kreditsumme.
- **Auszahlungskurs der Kreditsumme**: Agio oder Disagio. Beim Agio wird ein Aufgeld auf den Kreditbetrag zugeschlagen, beispielsweise eine Summe von 105 % ausbezahlt, während der Kreditbetrag auf 100 % lautet, dafür aber der Zinssatz höher liegt.
- **Beim Disagio**, der bekannteren Variante, werden beispielsweise nur 90 % der Kreditsumme ausbezahlt, während der Kreditbetrag auf 100 % lautet, weswegen die Zinsen niedriger sind als die marktüblichen. Das Disagio ist eine Art Vorwegzins, der bei Geschäftskrediten sofort steuerlich abgesetzt werden kann. Die Möglichkeit für Eigenheimbauer wird hier drastisch eingeschränkt.
- **Bereitstellung/Auszahlungstermin**: Der Auszahlungstermin ist immer abhängig von der Bereitstellung der Sicherheiten. Das Prinzip: erst die Sicherheit, dann der Kreditbetrag.
- **Kreditkündigungsmöglichkeiten**: Die Kündigung ist seitens des Kreditgebers nur möglich, wenn der Vertrag nicht ordnungsgemäß erfüllt wird. Seitens des Kreditnehmers ist bei langfristigen Krediten oftmals eine Kündigung während der Zinsbindungszeiten nicht möglich (§ 609 a BGB regelt die Kündigung).
- **Allgemeine Geschäftsbedingungen**: Sie werden zur Grundlage des Kredits gemacht. Man sollte nicht nur unterschreiben, diese gelesen zu haben, sondern sich diese auch aushändigen lassen.
- **Annahmefrist**: Die Annahmefrist richtet sich bei längerfristigen Krediten oftmals nach der Marktlage.

Kreditfallen erkennen und umgehen

Wenn Kleingewerbetreibende oder Freiberufler auch zumeist wenig gegen die Macht der Bank ausrichten können und froh sind, wenn sie alle Kreditwürdigkeitshürden genommen und das Darlehen erhalten haben, müssen sie doch aufpassen, nicht in Kreditfallen zu treten. Einige Kreditfallen - und wie man sie umgehen kann - werden im Folgenden aufgezeigt:

- *Disagiofalle*: Manch ein Kreditnehmer versucht, seine monatliche Zinsbelastung mit einem hohen Disagio (Abgeld) etwa von 10% der Kreditsumme (Auszahlung 90%) um rund 1 Prozentpunkt zu drücken. Was zunächst wie ein toller Schachzug aussieht, hat den Schönheitsfehler, dass nach Ablauf der Zinsfestbindungszeit (nicht zu verwechseln mit der Kreditvertragslaufzeit) von beispielsweise 5 Jahren die Zinskonditionen wieder neu festgelegt werden. Damit der Kreditnehmer seine monatliche Zinsbelastung weiterhin genauso günstig halten kann, muss er ein erneutes Disagio vereinbaren. Das heißt, er muss den Kreditbetrag um 10%, nämlich um den erneuten Vorwegzins (Disagio) der Bank aufstocken, damit die Bank bereit ist, weiterhin monatlich 1% weniger an Zinszahlung zu verlangen.
  Das größte Risiko besteht dabei in der Änderung der Kapitalmarktzinsen, da bei später steigenden Zinsen das erneute Disagio umso höher ausfallen muss, will der Kreditnehmer seine monatlichen Belastungen gleich niedrig halten.
  Weil der Kreditbetrag aufgrund des alle 5 Jahre immer wieder neu zu vereinbarenden Zinssatzes über das jeweils neue Disagio nicht ab-, sondern sogar noch zunimmt, verschuldet sich der Kreditnehmer immer höher.
- *Umschuldungsfalle*: Häufig wird empfohlen, viele kleine Kredite bei verschiedenen Banken lieber durch einen größeren Kredit bei einer einzigen Bank abzulösen, also umzuschulden. Ähnliches wird oftmals auch zum besseren Schuldenmanagement geraten. Der einzige Vorteil liegt dabei aber allenfalls darin, nur noch einen Ansprechpartner zu haben und als Kunde mit einem größeren Kreditbetrag ernster genommen zu werden. Ansonsten bringt die Umschuldung nur Nachteile: Denn in der Regel müssen alle anderen Kredite mit

unterschiedlichen Laufzeiten zunächst einmal gekündigt werden, wodurch etliche Vorfälligkeitsentschädigungen (siehe nächste Falle) anstehen, was ein paar % der gesamten Kreditsumme ausmachen kann, je länger die Darlehensverträge laufen. Zudem fallen für den neuen Kreditvertrag sämtliche Bearbeitungskosten, Provisionen, Disagia usw. an. Unterm Strich kostet eine Umschuldung zwischen 5 und 10% der Kreditsumme. Das heißt: Nach der Umschuldung hat man 5 bis 10% mehr Schulden als zuvor. Daher kann von der Umschuldungslösung nur abgeraten werden.

- *Vorfälligkeitsentschädigungsfalle*: Bei Krediten mit mittleren und längeren Laufzeiten wird bankseitig eine Vorfälligkeitsentschädigung für den Fall einer vorzeitigen ganzen oder teilweisen Kündigung des Kreditvertrags zwecks Darlehensrückzahlung durch den Kunden vereinbart. Wenn man auch die Vorfälligkeitsentschädigung nicht völlig aus dem Vertrag streichen kann, die Bank sich z.B. für den Fall einer Umschuldung durch Übernahme der Kreditsumme durch eine andere Bank stets eine Vorfälligkeitsentschädigung ähnlich einer Ablöse vorbehält – kann man aber zumindest bei vorzeitigen Tilgungen mit Eigenkapital die Vorfälligkeitsentschädigungsgebühr ausschließen, nämlich mit folgender Formulierung: »Für Darlehen Nr. (hier die aktuelle Darlehensnummer eintragen) sind außerplanmäßig Tilgungen bis maximal 100% der Darlehensvaluta innerhalb der Festschreibung der Konditionen kostenfrei zum 30. d. M. möglich.«
- *Steuerfalle bei Lebensversicherungsbeleihung*: Angepriesen werden häufig die Lebensversicherungsdarlehen in besonderer Form: Statt für den Kredit 15 bis 30% Eigenkapital einzusetzen, wird geraten, dieses lieber in eine Fonds-Lebensversicherung einzuzahlen und die Lebensversicherung zu beleihen. Der Grundgedanke, auf diese Weise schneller mehr Eigenkapital ansammeln zu können, während der Kreditlaufzeit nur Zinsen zahlen zu müssen und das Darlehen nach Versicherungsablauf mit einem Schlag zurückzahlen zu können, ist zwar richtig, enthält aber ein doppeltes Steuerrisiko: Zum einen werden Lebensversicherungen besteuert, was das Eigenkapital wieder reduziert. Zum anderen aber können die gesamten Steuerprivilegien entfallen, wenn der Kredit für etwas anderes als für den Erwerb einer Eigentumswohnung oder eines Hauses zu eigenen Wohnzwecken verwendet wird. Wer beispielsweise einen Betriebsmittelkredit mit einer Lebensversicherung absichert, verliert seine steuerlichen Vorteile.

- Seit Basel II kann man sagen, dass die größte Kreditfalle für Kunden vor allem in der Unberechenbarkeit ihrer Banken besteht, nämlich in der Zinserhöhnungsfalle: Stellt die Bank anhand der pflichtgemäß einzureichenden Geschäftszahlen ein Nachlassen der Bonitätskraft fest, kann sie einfach die Zinsen erhöhen.
- *Kreditkündigungsfalle:* Noch dramatischer, bis hin zum Konkurs, kann sich die überraschende Reduzierung von Dispositionskredit bzw. Kündigung der bisherigen Kreditlinie bzw. des Darlehens auswirken. Das kann Unternehmen widerfahren, wenn ihr Geschäftsverlauf über einen längeren Zeitraum von den Computersollvorgaben abweicht.

Kreditsicherheiten

Ein Kreditvertrag birgt immer Risiken, und zwar für beide Partner:

Kreditrisiken

Risiko für Kreditnehmer	*Risiko für Kreditgeber*
Liquiditätsrisiko (z. B. Kündigung der Kredite) Kostenrisiko Zinsänderungsrisiko (Währungsrisiko, z. B. bei Akkreditiv)	Bonitätsrisiko Ausfallrisiko Risiko in den Sicherheiten

Während der Kreditnehmer nur hoffen kann, nicht in eine Kreditfalle zu tappen, und ansonsten wenig Schutz vor Bankenfehlern hat, sichert sich der Kreditgeber gegen alle möglichen Risiken ab, insbesondere gegen das Ausfallrisiko hinsichtlich Tilgung und Zinszahlung. Dazu benötigt der Kreditgeber bestimmte Sicherheitsleistungen, die der Kreditart, dem Kreditvolumen und der Kreditlaufzeit angemessen sein müssen. In der Regel wird die Besicherung in einem zusätzlichen Vertrag festgesetzt, z.B. in einer Grundschuldurkunde. Die Kreditsicherheiten werden unterschieden in Real- und Personalsicherheiten.

Kreditsicherheiten im Überblick

Personalsicherheiten	*Realsicherheiten*
Schuldbeitritt Garantie Bürgschaft (siehe unten)	■ Hypothek, Eintrag der Sicherheit im Grundbuch (§ 1113 BGB) ■ Grundschuld (§ 1191 BGB), ist eine grundbuchlich abgesicherte Urkunde, die nach Abzahlung für einen erneuten Hypothekarkredit ohne teure Grundbucheintragung genutzt werden kann ■ Rentenschuld (§ 1199 BGB), z. B. bei Kauf auf Rentenbasis ■ Pfandsicherung (§ 1204 ff. BGB) ■ Sicherungsübereignung (§ 930 BGB); Wertpapiere, Autos usw. werden an die Bank solange sicherungsübereignet, bis der Kredit zurückbezahlt ist.

Bürgschaften und Bürgschaftsbanken

Reichen die persönlichen Eigenmittel (Einnahmen, Sachwerte, Rechte usw.) nicht als Sicherheit zur Aufnahme eines Gründerdarlehens aus, besteht die Möglichkeit, Dritte für die Schuld bürgen zu lassen, sofern man einen Bürgen findet. Zumeist kommen als Bürgen nur gute Freunde oder Verwandte infrage, was jedoch für beide Seiten wenig ratsam ist. Denn sollte bei finanziellen Schwierigkeiten das Darlehen notleidend werden und die Bürgen zur Zahlung herangezogen werden, belastet das nicht nur die private Beziehung. Vielmehr könnten die Bürgen, die zumeist einzigen Vertrauten, durch ihre Inanspruchnahme durch die Bank dem notleidenden Existenzgründer kaum mehr helfen. Eltern, die beispielsweise mit ihrem Häuschen oder ihren Ersparnissen gebürgt haben, wären unter Umständen nicht mehr in der

Lage, ihren Kindern für eine Übergangszeit beizustehen. Ehegatten würden unter Umständen ihr gesamtes Einkommen bis zu den Pfändungsgrenzen verlieren, statt zumindest ein Einkommen zu behalten, wäre nicht vom Partner gebürgt worden.

Info!
Verband der Bürgschaftsbanken e.V., *www.vdb-info.de*.

Öffentliche Hilfen für Selbständige und Freiberufler

Ob und inwiefern öffentliche Fördergelder beantragt werden sollen, hängt entscheidend von den Erfolgsaussichten der Bewilligung ab. Das heißt: Die Geschäftsidee muss nicht nur grundsätzlich als marktüblich anerkannt sein, sondern gegenüber den öffentlichen Stellen auch – mit Hilfe eines Businessplans belegt – erfolgversprechend sein. Freie Mitarbeit und ähnliche Einmannveranstaltungen werden nicht gefördert, sondern primär Vollexistenzen, die auch eine Aussicht bieten, eventuell Arbeitsplätze zu schaffen. Wichtig ist, dass die Anträge auf Erhalt von Fördermitteln noch vor einer Gewerbeanmeldung gestellt werden müssen, zudem müssen sich die Antragsteller quasi offenbaren, um ihre wirtschaftliche Lage darzulegen. Die Abwägung eines Nutzens, öffentliche Fördermittel zu beantragen, muss individuell abgeklärt werden. Zwar sind die Hausbanken angehalten, über die Förderprogramme zu informieren, doch sind Sie besser beraten, sich zunächst bei der für die Vergabe zuständigen Bank für Wiederaufbau (KfW-Bank) zu informieren, um bei Ihrer Bank genau formulieren zu können, welche Eigenkapitalunterstützung Sie mit ihrer Hilfe beantragen wollen.

Die KfW-Bank unterscheidet in sogenannte

- Mikrodarlehen (Kleinkredite für den Start bis 25000 Euro),
- StartGeld (Startkapital für Gründer bis 50000 Euro),
- Unternehmerkapital bis max. 5000000 Euro.

Kredithilfen der KfW-Bank im Überblick

Mikrodarlehen Laufzeit bis 5 Jahre, 6 Monate tilgungsfrei	max. 25 000 € Mindestkredit: 5 000 €	Freiberufliche und gewerbliche Existenzgründung, Beteiligung, Unternehmenskauf
StartGeld Laufzeit bis 10 Jahre, bis 2 Jahre tilgungsfrei	max. 50 000 € ab 25 000 €	Freiberufliche und gewerbliche Existenzgründung, Beteiligung, Unternehmenskauf
Unternehmerkredit ERP-Kapital für Startups bis zu 2 Jahren nach Gründung Laufzeit 15 Jahre, 7 Jahre tilgungsfrei	max. 500 000 €	Freiberufliche und gewerbliche Existenzgründung, Beteiligung, Unternehmenskauf
Unternehmerkredit (Betriebsmittelvariante) Laufzeit bis 6 Jahre, 1 Jahr tilgungsfrei	max. 5 000 000 €	Finanzierung von Betriebsmitteln (z. B. Produktentwicklung)
Unternehmerkredit Laufzeit 10 Jahre, 2 Jahre tilgungsfrei, Laufzeit 20 Jahre, 3 Jahre tilgungsfrei	max. 5 000 000 €	Freiberufliche und gewerbliche Existenzgründung, Beteiligung, Unternehmenskauf

Wer und was wird gefördert?

Gefördert werden freiberufliche und gewerbliche Existenzgründer bei Neustart oder auch Übernahme (auch Pacht) von bestehenden Betrieben. Auch der nebenberufliche Start, etwa von einem Studenten, kann gefördert werden.
Kredite gibt es für alle Start- und Sachinvestitionen und Betriebsmittel sowie für Mieten, Werbeausgaben und Finanzierungskosten im Rahmen der oben genannten Grenzen.

Fördergeldberatung:
Kreditanstalt für Wiederaufbau, KfW-Bank, berät über die KfW-Förderprogramme unter der Rufnummer 01801/35577

(bundesweit zum Ortstarif) von montags bis freitags von 7.30 bis 18.30 Uhr.
www.kfw-mittelstandsbank.de/DE_Home/index.jsp

Förderbanken der Länder:
Über die Fördermöglichkeiten der KfW-Bank bieten die Bundesländer eine enorme Bandbreite an Förderinstrumenten für Gründer aller Branchen an. Die wichtigsten regionalen Förderdatenbanken der 16 Bundesländer:

Baden-Württemberg: *www.l-bank.de*
Bayern: *www.lfa.de*
Berlin: *www.business-angels-berlin.de*
Brandenburg: *www.ilb.de*
Bremen: *www.bab-bremen.de*
Hamburg: *www.hei-hamburg.de* und *www.tutech.de*
Hessen: *www.ibh-hessen.de* und *www.hessen-agentur.de*
Mecklenburg-Vorpommern: *www.lfi-mv.de*
Nordrhein-Westfalen: *www.nrwbank.de*
Niedersachen: *www.nbank.de*
Rheinland-Pfalz: *www.isb.rlp.de*
Saarland: *www.swgmbh.de* und *www.kgb-saar.de*
Sachsen: *www.sab.sachsen.de*
Sachsen-Anhalt: *www.businessangels-netzwerk.de* und *www.ib-lsa.de*
Schleswig-Holstein: *www.obsj.de*
Thüringen: *www.aufbaubank.de*

Informieren Sie sich über regionale Sonderprogramme, bevor Sie zu Ihrer Hausbank gehen, der Stelle, die die Anträge für Finanzierungshilfen bei KfW etc. nach den Bedingungen der »öffentlichen Hand« stellen muss. Das heißt zudem:

- In der Regel darf die Freiberuflichkeit bzw. das Gewerbe erst nach Stellung des Förderkreditantrags begonnen werden. Aber hier gibt es inzwischen auch Ausnahmen. Informieren Sie sich genau.
- Die gesamte Finanzierung muss banküblich gesichert sein, bei fehlenden Eigenmitteln ggf. mit Hilfe einer Bürgschaftsbank.

- Nachfinanzierungen und Umschuldungen werden im Normalfall nicht gefördert.
- Es besteht kein Rechtsanspruch auf die Kredite oder Zuschüsse.
- Öffentliche Zuschüsse sind entweder als Erträge direkt zu versteuern oder von der Bemessungsgrundlage für die Abschreibung abzusetzen.
- Über die Verwendung der Finanzmittel ist ein Nachweis zu führen.

Info!
Neben den Banken beraten die Kammern, Berufsverbände, Steuerberater.

Neuer Gründungszuschuss der Bundesagentur für Arbeit

Seit 1. 8. 2006 hat der neue Gründungszuschuss der Bundesagentur für Arbeit die Ich-AG-Förderung abgelöst. Antragsberechtigt sind nur Arbeitslose, die noch mindestens drei Monate Anspruch auf Arbeitslosengeld I haben. Aus einem Beschäftigungsverhältnis, einem Studium oder aus Hartz IV heraus kann man den neuen Gründungszuschuss der Bundesagentur für Arbeit nicht beantragen. Neu ist, dass besonders auf die Qualifizierung des Antragstellers und die Erfolgsaussicht seines Gründungsvorhabens geachtet wird, bevor der Gründungszuschuss für maximal 15 Monate bewilligt wird. Gründungszuschuss-Bezieher können jetzt selbst entscheiden, ob sie sich in den gesetzlichen Sozialversicherungen pflichtversichern möchten oder nicht. Bei der alten Ich-AG-Förderung bestand die Versicherungspflicht in der gesetzlichen Sozialversicherung.
Ausbezahlt wird der Zuschuss in zwei Förderphasen von 9 und 6 Monaten.

Förderphase I
Neun Monate stockt die Bundesagentur für Arbeit Arbeitslosengeld I um 300 Euro auf. Diese Phase dient der Sicherung des Lebensunterhalts.

Förderphase II
Verlief die bisherige Existenzgründung erfolgreich, kann das Arbeitsamt für weitere sechs Monate den Gründungszuschuss von 300 Euro als Pauschale für die Abdeckung der Sozialversicherungsbeiträge bezahlen.

Insgesamt beträgt die Förderung 15 Monate. Um Mitnahmeeffekte zu vermeiden, soll künftig ein noch bestehender Anspruch auf Arbeitslosengeld während der Förderung vollständig verbraucht werden. Zudem sollen Arbeitnehmer, die ohne wichtigen Grund ihr bestehendes Arbeitsverhältnis selbst kündigen, für eine Karenzzeit von drei Monaten keine Förderung erhalten. Die Förderdauer wird zudem um die Karenzzeit gekürzt. Diese Karenzzeit entspricht der Sperrzeit für Arbeitnehmer, die kündigen und damit arbeitslos sind.

Fördervoraussetzungen:

1. Gefördert wird nur, wer auch tatsächlich arbeitslos ist, sprich: wer einen Anspruch auf Arbeitslosengeld von mindestens noch drei Monaten hat. Hartz-IV-Empfänger sind vom Gründungszuschuss ausgeschlossen (siehe Abschnitt »Einstiegsgeld für Hartz-IV-Gründer«, Seite 250).
2. Persönliche Eignung: Gründungswillige Arbeitslose müssen der Bundesagentur für Arbeit (BA) ihre persönliche und fachliche Eignung darlegen, um eine Förderung zu erhalten.
3. Grundlage für die Förderung ist die Stellungnahme einer fachkundigen Stelle (Freiberufler-Kammern, Industrie- und Handelskammer, Handwerkskammer, Bank usw.) über die Tragfähigkeit eines Gründungsvorhabens. Hierzu muss ein entsprechender qualifizierter, aussagekräftiger Businessplan vorgelegt werden.

Antragstellung

Um die Dreimonatsfrist einzuhalten, muss der Antrag spätestens einen Tag vor Beginn der letzten 90 Anspruchstage auf Arbeitslosengeld beim Arbeitsamt eingegangen sein. Allerdings müssen bis dahin alle sonstigen Formalitäten vorliegen wie: persönliches Gründer-/Qualifikationsprofil,

Gründungskonzept, Businessplan, IHK-Gutachten/-Befürwortungsschreiben, Finanzierungszusage und Gewerbeanmeldung. Gründungswillige Erwerbslose müssen sich also sputen, um alles rechtzeitig unter Dach und Fach zu bekommen. Sie sollten deshalb dafür sorgen, möglichst zeitig ein erstes Gespräch bei ihrem Arbeitsberater zu ergattern. Der Antrag sollte persönlich gestellt werden.

Infos!
www.arbeitsagentur.de und *www.Bundesagentur-fuer-Arbeit.de.*

Einstiegsgeld für Hartz-IV-Gründer

Die spätestens für 2007, eventuell schon für Winter 2006, geplanten Einschnitte bei Hartz IV dürften auch Existenzgründer und Selbständige betreffen, die sich als Hartz-IV-Empfänger selbständig machen wollen. Da bei Redaktionsschluss die »Grausamkeiten« noch nicht gesetzlich verbindlich waren, werden Reformmaßnahmen auf *www.freiberufler-atlas.de* bekannt gegeben.

Bislang können Hartz-IV-Empfänger, die sich selbständig machen möchten, gemäß § 29 SGB II ein Einstiegsgeld in Höhe von 50 bis 100% der Regelleistung erhalten, wenn gute Aussicht darauf besteht, dass die »Hilfebedürftigkeit« durch Aufnahme einer selbständigen Tätigkeit auf Dauer überwunden werden kann. Das Einstiegsgeld ist eine Kann-Leistung. Sie kann beispielsweise auch bezahlt werden, wenn jemand eine sozialversicherungspflichtige Beschäftigung aufnimmt, die gering bezahlt wird und mindestens 15 Stunden wöchentlich umfasst.

Höhe des Einstiegsgelds

Das Einstiegsgeld kann bis zu 100% der Regelleistung betragen, erreicht in der Praxis aber kaum mehr als 50% der Regelleistung von monatlich 345 Euro. Bei 50% beträgt das Einstiegsgeld 172 Euro.

Für jedes weitere Hartz-IV-berechtigte Familienmitglied er-

hält der Existenzgründer noch einmal 10% von deren Regelleistung, also für den Partner rund 30 Euro und für sein Kind rund 20 Euro monatlich.
Der Einstiegszuschuss darf insgesamt 100% der Regelleistung nicht übersteigen, bei einem Ehepaar also nicht über 622 Euro liegen.
Ein Existenzgründer mit Hartz-IV-berechtigtem Partner und Kind könnte also rund 212 Euro (172 Euro + 30 Euro + 20 Euro) zuzüglich zu seiner Regelleistung von 345 Euro + 512 Euro für Miete und Heizung erhalten.
Hartz-IV-Empfänger, die sich selbständig machen, müssen regelmäßig ihre Umsätze und Gewinne ihrem Fallmanager melden. Von ihren Gewinnen dürfen sie nur einen Freibetrag von 165 Euro sowie das Einstiegsgeld behalten. Alles andere wird auf Hartz IV und Mietzuschuss angerechnet. Allerdings besteht ein weiterer Vorteil noch darin, dass die Sozialversicherungen für die Dauer der Förderung bezahlt werden.

Dauer des Einstiegsgelds

Die Dauer der Förderung beträgt in der Regel 12 Monate, kann jedoch auf 24 Monate verlängert werden.

Voraussetzung:
Ob ein Einstiegsgeld gewährt wird, entscheidet der persönliche Ansprechpartner des örtlichen Jobcenters.

- Der Antragsteller muss Hartz-IV-Empfänger sein. Wer beispielsweise aufgrund seiner Einnahmen oder des Verdienstes des Ehepartners knapp über dem Bedarfsgemeinschaftssatz liegt, bekommt keine Förderung und ist womöglich schlechter gestellt als der zusätzlich geförderte Hartz-IV-Empfänger.
- Die Selbständigkeit muss hauptberuflich und wöchentlich über 15 Stunden lang ausgeübt werden.
- Die Existenzgründung muss Aussicht auf Erfolg haben. Verlangt werden ein Businessplan und die positive Stellungnahme einer Kammer oder eines Berufsverbandes.

Vorteile von Hartz-IV-Förderung

Preiswertere Krankenversicherung durch Hartz IV

Wer Hartz IV empfängt, ist automatisch gesetzlich krankenversichert. Selbständige, die allein für die Krankenversicherung durchschnittlich monatlich 250 Euro als Mindestbeitrag unabhängig von ihrem tatsächlichen Einkommen aufbringen müssen, werden als Hartz IV-Empfänger automatisch in der gesetzlichen Krankenkasse, Rentenversicherung und Pflegeversicherung pflichtversichert, auch wenn sie zuvor nicht pflichtversichert waren.

Keine Unterhaltsprüfung von Unterhaltsverpflichteten

Ein weiterer Vorteil bei Bezug von Hartz IV gegenüber der Sozialhilfe ist, dass möglicherweise unterhaltsverpflichtete Verwandte von Hartz IV-Empfängern in gerader Linie (Eltern und Kinder) nicht auf ihre Unterhaltspflicht hin überprüft und herangezogen werden. Es bleibt für Familien mit einem Hartz-IV-Fall zu hoffen, dass dies so bleibt.

Infos!
Örtliches Jobcenter, Bundesagentur für Arbeit

Preisfindung – Stundensatzkalkulation

Die meisten Freiberufler und Gewerbetreibenden sind zu Beginn ihrer Selbständigkeit unsicher, welches Entgelt sie für ihre Leistungen vom Kunden verlangen können. Während manche aus Sorge, den Auftrag sonst nicht zu bekommen, sich viel zu billig verkaufen, haben andere mitunter völlig überzogene Vorstellungen – vielfach auch aufgrund überhöhter Preisempfehlungen der Berufsverbände, wie das z.B. bei den Designern der Fall ist.

Was aber ist ein angemessener Preis?

Hierbei müssen zwei Dinge unterschieden werden: Zum einen gibt es in allen Branchen marktübliche Preise, d.h. bestimmte Stundensatzspannen, Honorarprozentsätze, Vermittlungsprovisionen usw. Unabhängig von der Wirtschaftlichkeitsfrage müssen Selbständige diese Marktpreise im Rahmen einer bestimmten Preisgestaltungs-Bandbreite beachten, wollen sie sich nicht selbst aus dem Markt ihrer Branche hinausmanövrieren.

Zum anderen gilt es, den Aspekt der Wirtschaftlichkeit im Auge zu behalten, nämlich zu überschlagen, wie viel man verdienen muss, um nicht nur die eigenen Kosten abzudecken, sondern auch einen Gewinn zur Bestreitung von Lebensunterhaltungskosten usw. zu erzielen.

Zwischen diesen beiden Polen – d.h. Einhaltung von Marktpreisen und Beachtung der Wirtschaftlichkeit – muss sich die Preisfindung bewegen.

Das ist jedoch nicht einfach und in vielen Berufen am ehesten zu bewältigen, indem man sich einen Mindeststundensatz errechnet. Steht der Stundensatz fest, der im Rahmen des Marktüblichen liegen muss, kann man sich ausrechnen, wie viel Arbeitszeit man benötigt, um bestimmte monatliche Mindestumsatzzahlen zu erreichen. Das heißt, wir fragen uns: Wie oft müssen wir monatlich unseren Stundensatz erzielen, um die Wirtschaftlichkeitsgrenze umsatzmäßig zu erreichen und möglichst zu überschreiten.

Wenn wir die Höhe unserer monatlichen Mindesteinnahmen kennen, können wir auch Pauschal- und Projektpreise machen.

Wie errechnen wir unseren Stundensatz? Dabei müssen wir überlegen, wie viele wirkliche Arbeitsstunden uns jährlich zur Verfügung stehen, um den benötigten Umsatz erarbeiten zu können. Haben wir die Anzahl der tatsächlichen Arbeitstage, können wir die Nettoarbeitsstunden ausrechnen. Die Nettoarbeitsstunden werden dann durch den kalkulatorischen Soll-Umsatz dividiert, was zu dem Umsatzanteil je Stunde, also zu unserem Netto-Stundensatz führt, der noch um einen Sicherheitsaufschlag und um die Umsatzsteuer erhöht werden muss. Stellen wir aber fest, dass der Stundensatz, den wir eigentlich haben müssten, um wirtschaftlich arbeiten und angemessen von unserer Leistung leben zu können, über dem üblichen Marktpreis liegt, sind wir bei schlechter Auftragslage mitunter gezwungen, den Stundensatz entsprechend nach unten zu korrigieren. Die Kompensation schlechter Bezahlung erfolgt dann durch Mehrarbeit. Das ist bei vielen Freiberuflern und Gewerbetreibenden die Regel. Selbstausbeutung ist vielfach der Preis, der für die Selbständigkeit bezahlt werden muss.

Allgemeine Stundensatzermittlung

Die Berechnung von Honoraren geschieht entweder pauschal oder auf der Basis von Stundensätzen. Bei der Kalkulation werden zunächst die Kosten ermittelt:

Kostenerfassung

Mit folgendem kalkulatorischen Kostenerfassungsschema soll festgestellt werden, welche Sachkosten in den Stundenlöhnen berücksichtigt werden müssen. Man kann dabei die Kosten für ein Jahr erheben und dann durch die Jahresstundenanzahl teilen oder anteilig für einen Monat hochrechnen und dann durch die entsprechende Monatsstundenzahl dividieren. Wie gesagt, handelt es sich bei der Kostenerfassung nur um die überschlägigen Kosten, solange man nicht auf feste Erfahrungswerte eines vergangenen Geschäftsjahres zurückblicken kann.

Kostenerfassungsschema für Dienstleistungsgewerbe

Allgemeiner Material-/Warenverbrauch wie Betriebsmittel etc.	Euro
Raumkosten: Miete- oder Baukosten-Afa sowie Eigentümerabgaben Gas, Wasser, Strom Instandhaltung	Euro
Personalkosten für Mitarbeiter: Löhne/Gehälter und Sozialabgaben Aushilfslöhne und Pauschalsteuer oder Pauschalsozialabgabe bei 400-Euro-Kräften	Euro

Eigene Entnahme/kalkulatorischer Verdienst	Euro
Sozialabgaben auf eigene Entnahmen/kalkulatorischer Gewinn	Euro
Zinsen	Euro
Steuern (betriebliche)	
Kfz-Kosten Kraftfahrzeugsteuer Kraftfahrzeugversicherung Sonstige Fahrzeugkosten	Euro
Reisekosten	Euro
Werbekosten	Euro
Reparaturen/Instandhaltung der Geräte/Einrichtungen	Euro
Abschreibungen: auf Anlagevermögen	Euro
Abschreibung geringwertiger Anlagegüter	Euro
Sonstige Betriebskosten	Euro
Gesamtkosten	Euro

Die Gesamtkosten können dann dividiert werden durch:
Arbeitstage im Jahr = Kostenfaktor pro Tag
Arbeitsstunden im Jahr = Stundenverrechnungssatz

Zur Ermittlung der jährlichen Arbeitstage und der jährlichen Arbeitsstunden kann nach den beiden folgenden Rechenschemata vorgegangen werden:

Berechnung der Arbeitstage im Jahr

Tage im Jahr	365
abzgl. Samstage und Sonntage	-104
abzgl. Feiertage	-10
abzgl. Urlaubstage	-28
abzgl. Krankheitstage	-8 (geschätzter Durchschnitt)
Arbeitstage/individuelle Werktage	215

Berechnung der verrechenbaren Arbeitsstunden im Jahr

Arbeitstage	215
× Stunden pro Tag	8
× produktiv Beschäftigte (bei Einzelkämpfern Faktor 1)	1
x Korrekturfaktor (kalkulatorische Zeitverluste durch unvorhergesehene Dinge wie mehrmalige Fahrten, Vor- und Nacharbeiten etc.)	80
Stunden	1376 (80% von 1720 Std.)

Berechnung des Stundenverrechnungssatzes (Beispiel)

Kosten* des Unternehmens inkl. Sozialabgaben und Privatentnahmen
= 40000 Euro
Verrechenbare Stunden = 1376
= Stundennettoverrechnungssatz = 29,07 Euro
zuzüglich eines Gewinns von 10% = 2,90 Euro
ergibt Stundenverrechnungssatz von aufgerundet 32 Euro

** = angenommene Kosten*

Preiskalkulation

+ ×	Verrechnungssatz (Nettoverrechnungssatz) Anzahl der Zeiteinheiten	Euro
=	Selbstkosten Gewinnanteil von 10%	Euro
= + +	Nettopreis Eigenleistung (Netto-Angebotspreis) Fremdleistungen Fremdleistungszuschlag	Euro
=	Netto-Stundenpreis	Euro
+	USt (ganzer bzw. halber Satz nach UStG)	Euro
=	Brutto-Stundenpreis (Angebotspreis)	Euro

Auftragspreiskalkulation

Benötigte Arbeitszeit × Netto-Stundenpreis	= Arbeitskosten
+ Material und Sonderkosten	= Sachkosten
Netto-Auftragswert	= ___________
zzgl. MwSt	= ___________
Brutto-Auftragspreis	= ___________

Stundenschnellkalkulation

Man kann die Kosten zwecks Stundenlohnkalkulation auch noch einfacher ermitteln, indem man z.B. die sogenannten Allgemeinkosten wie Raum-, Fahrzeug-, Reise-, Personal- und Sachversicherungskosten zusammenrechnet und durch die Zahl der kalkulatorischen Jahresstunden teilt, um somit den Allgemeinkostenfaktor als Eurobetrag oder umgerechnet als Prozentsatz vom Umsatz als Kalkulationsfaktor zu ermitteln. Der prozentuale Gemeinkostenanteil von ca. 10% wird dann zzgl. 28% Sozialversicherungsanteil vom kalkulatorischen Nettostundenpreis auf den Nettopreis aufgerechnet, hinzu kommt ein Gewinnanteil. Das Material wird entweder prozentual als Kostenpauschale ebenfalls in den Stundensatz einberechnet oder gesondert in der Rechnung ausgewiesen.

Stundenpreisschnellkalkulation

	Nettostundensatz für Arbeitsleistung	20 Euro
+	10% Betriebs-/Allgemeinkosten	2 Euro
=	Nettobetriebskosten	22 Euro
+	30% Sozialabgaben	6,60 Euro
=	Herstellkosten-Stundensatz	28,60 Euro
+	10% Gewinnanteil	2,86 Euro
=	Netto-Stundenpreis	31,46 Euro
+	USt (ganzer bzw. halber Satz nach UStG)	Euro
=	Brutto-Stundenpreis (Angebotspreis)	Euro

Als Maßeinheit für die Berechnung des Auftragswertes kann man auch von der Verrechnungseinheit einer Stunde abrücken. Es empfiehlt sich, auch mit kleineren Einheiten wie einer halben Stunde oder auch 15 Minuten zu rechnen. Bei rund 32 Euro Stundensatz rechnet man pro halbe Stunde mit 16 Euro, pro angefangene 15 Minuten mit 8 Euro.

Preisfindung

Die Stundenkalkulation ist eine Sache, den angemessenen Preis zu finden, eine andere. Denn oftmals reicht es nicht, einfach den Stundenfaktor mit dem Zeitfaktor zu multiplizieren. Um einen dringend benötigten Auftrag, dem weitere folgen könnten, zu bekommen, können folgende Fragen zur Orientierung bei der Preisfindung sehr wichtig sein:

- Wo liegt mein Kostenpreis (Mindestpreis)? Würde ich dafür arbeiten?
- Wie teuer ist die Konkurrenz? Will ich zum Konkurrenzpreis einsteigen?
- Bin ich zu preiswert, um als Bieter ernst genommen zu werden?
- Konkurrenzanalyse: Wer fordert am meisten, wer am wenigsten, welche Unterschiede bestehen zum eigenen Angebot?
- Kann meine Leistung kostenneutral gesteigert werden?
- Kann ich preiswerter arbeiten und die Leistung halten, um mich dem Marktpreis zu nähern?
- Gibt es einen psychologischen Preis, z.B. 48 Euro, der nicht überschritten werden sollte?
- Benötige ich den Auftrag auf alle Fälle, z.B. zum Einstieg, aus Referenzgründen etc.
- Kann ich einen Preisnachlass bei einem anderen Auftrag wieder reinholen (Mischkalkulation)?

Bonitätsprüfung im Internet

Was nützt der schönste Auftrag, wenn der Kunde nicht bezahlt? Um solche unangenehmen Zahlungsausfälle zu ver-

meiden, empfiehlt es sich, rechtzeitig die Kreditwürdigkeit von Kunden zu klären. Dies können jetzt auch Selbständige ohne dicke Brieftasche, und zwar über die Webseite *www.bonitaetFinder.de*
Auf dieser Plattform stellt die Auskunftei Bürgel auch ohne Mitgliedsgebühren Interessenten im direkten Online-Zugang aktuelle Wirtschaftsinformationen über mehr als 35 Millionen Privatpersonen und Firmen zur Verfügung. Die Abfrage von Privatpersonen kostet 4,70 Euro pro Abfrage, von Firmen 9,90 Euro.

Mahnverfahren

Selbst wenn es Kunden wirtschaftlich gut geht, werden mitunter Zahlungen verschleppt. Das spart dem Kunden Zinsen zu Lasten seines Auftragnehmers. Um solche Zahlungsverzögerungen zu vermeiden, die womöglich mit teuren Kontokorrent- und Überziehungszinsen bezahlt werden müssen, gilt es, von Anfang an ein entsprechendes Zahlungseingangs- und Mahnwesen zu etablieren und sich nicht zu scheuen, rechtzeitig die überfälligen Beträge anzumahnen:

- Zuerst erfolgt vielleicht ein Telefonat, eine Nachfrage, wann man mit einer Zahlung rechnen kann. Der Kunde soll ja nicht vergrault werden.
- Danach verschickt man eine freundliche Erinnerung,
- anschließend die Aufforderung, den fälligen Betrag zu bezahlen,
- bis schließlich bei der dritten Mahnung eine letzte Frist gesetzt wird mit dem Hinweis, sich das gerichtliche Mahnverfahren vorzubehalten.

Als letzte Stufe: das gerichtliche Mahnverfahren

Da selbst ein Einschreiben-Rückschein nicht die Verjährung unterbrechen kann, hilft in diesen Fällen nur der Mahnbescheid, der die Verjährung hemmt. Wer es sich leisten kann, sollte hierfür einen Anwalt oder ein Inkassobüro beauftragen, um sich nicht in den formaljuristischen Tücken eines gerichtlichen Mahnverfahrens zu verstricken. Zumeist zahlen Schuldner bereits, wenn ein Anwalt oder Inkassobüro sie dazu auffordert und auf die kostenreichen Konsequenzen bei Nichtbefolgung hinweist. Natürlich kann man versuchen, den Mahnantrag auch ohne Anwaltshilfe selbst zu stellen.

Grob skizziert, verläuft das gerichtliche Mahnverfahren so ab:

- Mahnantrag wird gestellt. Er muss enthalten: ladungsfähige Anschrift (keine Postfachadresse), exakte Bezeichnung des Zahlungsanspruchs, Anspruchsgrunds (z. B. Kaufvertrag), Rechnungsdatums, Fälligkeit und exakten Forderungsbetrag.
- Mahnbescheid wird durch das zentrale Mahngericht dem Schuldner zugestellt. Dieser hat zwei Wochen Zeit, Widerspruch einzulegen.
- Ohne Widerspruch erfolgt der Vollstreckungs-Bescheid, aus dem heraus der Gerichtsvollzieher das Geld (auch durch Pfändung) eintreiben kann. Erhebt der Schuldner Vollstreckungseinspruch, muss der Gläubiger klagen.
- Klagen sollte man aus Kostengründen nur, wenn der Schuldner zahlungsfähig ist oder man sich einen Schuldtitel sichern möchte.

Zuständig sind in den meisten Bundesländern nicht mehr die Amtsgerichte, sondern zentrale Mahngerichte. Zudem baut die Justiz den Internetservice aus, damit man einen Mahnantrag auch online stellen kann.

Infos!

www.mahnverfahren.nrw.de
www.mahnverfahren-aktuell.de
Salten, Uwe; Gräve, Karsten: Gerichtliches Mahnverfahren und Zwangsvollstreckung. 2. Aufl. Köln 2005.

Soziale Risikovorsorge als Gewerbetreibender

Gewerbetreibende sind wie freiberufliche Selbständige noch nicht sozialversicherungspflichtig. Es gelten für sie sozialversicherungsrechtlich praktisch die gleichen Regelungen wie für Angehörige freier Berufe.
Auch sie können sich über einen Nebenjob oberhalb der Geringfügigkeitsverdienstgrenze ab monatlich 400-Euro billig sozialversichern. Abhängige Beschäftigung ist neben einer selbständigen Tätigkeit möglich. Die selbständige Tätigkeit muss nicht den Sozialversicherungsträgern gemeldet werden, insofern sind die Einkünfte aus Selbständigkeit für die Berechnung des zu bemessenen sozialversicherungspflichtigen Einkommens unerheblich, da die Einnahmen nicht zusammengerechnet werden.
Allerdings sollten sich Gewerbetreibende wie alle Selbständigen sozial absichern in der

- Krankenkasse (gesetzliche oder private Kasse),
- Pflegekasse (automatisch über Krankenkasse oder Privatschutz) und
- Rentenversicherung (wenn Voraussetzungen vorliegen in der gesetzlichen Rentenversicherung BfA bzw. LVA, ansonsten Lebensversicherung bei Privatversicherungen). Ausnahme: Selbständige Handwerker, die in der Handwerksrolle eingetragen sind, unterliegen der Versicherungspflicht in der gesetzlichen Rentenversicherung.

Gewerbetreibende dürfen wie andere Selbständige unter Umständen Mitglied in der Arbeitslosenversicherung werden (siehe Seite 105).
Zur Absicherung gegen Unfälle müssen sie sich über die für ihre Branche zuständige Berufsgenossenschaft gegen Unfall versichern.

Gewerbebetrieb als Altersvorsorge

Die soziale Risikovorsorge als Freiberufler gilt gleichermaßen auch für Gewerbetreibende. Ergänzend sei im Folgenden auf die besseren Möglichkeiten von Gewerbetreibenden hingewiesen, ihren Betrieb selbst als Altersvorsorge zu verstehen und entsprechend darauf hinzuarbeiten.

Wer beispielsweise im Sinne eines organischen Wachstums ein Unternehmen mit einer bestimmten Umsatzhöhe etabliert, hat damit unter Umständen einen beträchtlichen Wert geschaffen, der bei der Alterssicherung beträchtlich zu Buche schlagen kann. So kann auch ein kleinerer Betrieb durchaus später einmal verpachtet, verkauft oder auf Rentenbasis abgegeben werden.

Wichtig ist hierbei allerdings, dass Sie den Betrieb nicht nur auf Ihre Person zuschneiden, sondern ihn so organisieren, dass sich auch ein Fremder problemlos zurechtfindet. Manch ein Gründer stößt seinen Betrieb nach 10 Jahren auch ganz bewusst ab, um mehr Zeit für sich und seine Hobbys zu haben. Lassen Sie sich ggf. über Betriebsbewertungen und Übergaben bei Ihrer Kammer beraten. Manchmal ist es ganz nützlich, schon beim Start zu wissen, wie man eventuell später einmal lukrativ aussteigen könnte, das heißt, wie man seinen Betrieb versilbern kann. Dadurch ist es einfacher, gezielt darauf hinzuarbeiten – also nicht nur die kurzfristige Gewinnsituation, sondern bei Entscheidungen stets auch die Wertentwicklung des Unternehmens im Auge zu behalten.

Geschäftsrisiken als Gewerbetreibender absichern

Gewerbetreibende müssen gleichermaßen wie Freiberufler ihre Geschäftsrisiken absichern. Das gilt insbesondere nach der Schuldrechtsreform, die einerseits Selbständigen in der Kundenrolle einige Erleichterung bringt, sie andererseits als

Dienstleister, Werkvertragsnehmer und Händler haftungsmäßig länger in die Pflicht nimmt.
Siehe Abschnitt »Geschäftsrisiken absichern«, Seite 108.

Unternehmensform begrenzt Geschäftsrisiko

Außer den auf Seite 108 beschriebenen Möglichkeiten, die Geschäftsrisiken abzusichern, gibt es für Gewerbetreibende gegenüber Freiberuflern noch eine weitere Möglichkeit, sich vor Verlustfolgen insbesondere hinsichtlich der Haftung mit Privatvermögen zu schützen: nämlich über die Wahl der Unternehmensform. Dabei kommen nur solche Unternehmensformen in Frage, die aus einem Unternehmen eine eigene Rechtspersönlichkeit machen, welche dann ähnlich einer natürlichen Person als juristische Person Geschäfte tätigen und statt der Unternehmerpersönlichkeit auch haften kann. Der Vorteil hierbei ist, dass die Haftung dann auf das Vermögen der juristischen Person, also des Unternehmens, begrenzt bleibt.
Das heißt: Wenn Gewerbetreibende ihr Privatvermögen vor eventuellen, auch durch Haftungsfolgen ausgelösten Geschäftsturbulenzen schützen wollen, müssen sie ihr Unternehmen in der rechtlichen Form einer juristischen Person gründen, die anstelle des Einzelunternehmers am Geschäftsverkehr teilnimmt. Besonders geeignet hierfür ist die Unternehmensform der GmbH oder der AG. Der Nachteil: Abgesehen von einer etwas aufwendigeren Buchhaltung mit bestimmten Bilanzvorschriften wird auch ein höheres Startkapital benötigt. Man kann also nicht einfach mit einem kleinen Auftrag beginnen, sondern muss erst einmal Geld bzw. Sachwerte in Höhe des Stammkapitals einbringen. Der Vorteil ist jedoch, dass die Haftung auf diese Kapitaleinlage im Falle von Überschuldung etc. beschränkt bleibt.

Beispiel Softwareentwicklung! – Einmann-GmbH
Paul hat sich auf Entwicklung, Implementierung und Support unternehmensweiter Netzwerke spezialisiert. Der Verdienst ist hoch,

gleichzeitig steigt jedoch auch sein Risiko, bei Datenpannen, systembedingten Computerausfällen oder Programmschäden zu haften. Ein Schadensfall kann unter Umständen die gesamte Existenz kosten. Obwohl Paul eine Betriebshaftpflicht hat, will er auf Nummer sicher gehen. »Was ist, wenn die Versicherung nicht oder erst nach Prozessen, d.h. ein, zwei Jahre zu spät bezahlt?« Paul geht es darum, im Falle einer Panne nicht auch noch mit seinem gesamten Privatvermögen dafür geradestehen zu müssen. Als Freiberufler bzw. als Einzelunternehmer müsste er das. Daher will er – obwohl er als Ingenieur typischer Freiberufler ist – eine Gesellschaft mit beschränkter Haftung (GmbH) gründen, und zwar eine Einmann-GmbH gemäß § 7 Abs. 2 S. 3, § 19 Abs. 4 GmbHG. Von der gesetzlich vorgeschriebenen Stammeinlage von 10000 Euro (ab 2008) braucht er zur Eintragung ins Handelsregister und zur Wirksamwerdung der Haftungsbeschränkung lediglich 5000 Euro (ab 2008) direkt einzubezahlen, wobei er auch Sachwerte wie seinen Pkw, Computer usw. einbringen kann (ab 2008).

Um die Gründung zu vollziehen, muss Paul die Gründungsversammlung (mit sich selbst) im Beisein eines Notars durchführen. Hierbei wird der Gesellschaftsvertrag abgefasst und die Gesellschafter, also Paul, bestellt. Paul meldet anschließend die notariell beglaubigte Urkunde zur Eintragung in das ab 1. 1. 2007 elektronische Handelsregister beim Amtsgericht (Registergericht) an, sobald er die Einbringung der Stammeinlage durch Kontoauszug des Firmenkontos und eine Eröffnungsbilanz (z.B. Übertragung des Pkws) nachweisen kann.
Der Gesellschaftervertrag muss enthalten: Firmenname und Sitz der Gesellschaft, Gegenstand des Unternehmens, Betrag der Stammeinlage (nicht unter 10000 Euro), Betrag der von jedem Gesellschafter auf das Stammkapital zu leistenden Einlage (bei Paul 100%).

Limited und Ltd. & Co. KG

Für immer mehr Selbständige wird die englische Gesellschaft Limited (Ltd.) eine preiswerte Alternative zur deutschen

GmbH. Besonders beliebt ist auch die Ltd. & Co. KG. Denn ist anstelle der GmbH eine Ltd. Vollhafter (Komplementär) einer KG, sinkt die Haftungssumme nochmals. Agenturen übernehmen – bis hin zur Einrichtung von Briefkasten, Kontoeröffnung und Eintragung ins englische Handelregister – alle Gründungsformalitäten schon für rund 260 bis 600 Euro, die jährliche Betreuungsgebühr kostet beispielsweise bei *www.go-limited.de* um 100 Euro.

Vorteile der Ltd.:

- Schutz vor persönlicher Haftung als Einzelunternehmer.
- Möglichkeiten zur Steuerersparnis und vor allem Befreiung von der gesetzlichen Rentenversicherungspflicht, was vor allem für pflichtversicherte Selbständige wie Handwerker, Künstler (nach KSK) und Lehrer interessant sein kann.

Allerdings warnt der Bund Deutscher Unternehmensberater (BDU) vor einer übereilten Ltd.-Gründung wegen unkalkulierbarer Folgekosten. Gründungswillige müssten die strengen Veröffentlichungspflichten berücksichtigen, die in Großbritannien gelten: »So sind für Ltds jährliche Geschäftsberichte sowie eine Gewinn-und-Verlust-Rechnung beim Handelsregister vorzulegen.« (BDU)

Infos!

- Steuerberater,
- Industrie- und Handelskammern: *www.ihk.de*,
- einzelne Paragraphen über *www.steuernetz.de*.
- GmbH: Bücher im Handel,
- Limited (Ltd.): Agentur GoAhead Limited: *www.go-limited.de*.

Insolvenz statt Überschuldung

Man sollte bei der Gründung auch mal durchspielen, was man im Falle von Zahlungsschwierigkeiten tun kann, um eine Pleite beziehungsweise das Risiko lebenslanger Schulden zu vermeiden. Ein Weg, um im Fall eine Falles glimpflich davonzukommen, besteht darin, rechtzeitig einen Insolvenzantrag zu stellen. Die folgenden zwei Möglichkeiten sieht das Insolvenzrecht dafür vor:

Regelinsolvenz

Seit dem Insolvenzänderungsgesetz von 2001 (BGBl 2001 I S. 2710) haben »redliche« Selbständige mit mindestens 19 Gläubigern die Möglichkeit, einen Insolvenzantrag mit dem Ziel der Restschuldbefreiung zu stellen. »Redlich« heißt, sie dürfen die Zahlungsunfähigkeit nicht rechtswidrig verschuldet haben. Daher sollte ein Insolvenzantrag auch nicht zu spät gestellt werden. Schuldner müssen beim Insolvenzantrag auch nicht mehr die Kosten für das Verfahren vorlegen, sondern können zugleich einen Antrag auf Stundung der Verfahrenskosten stellen. Durch die Zäsur der Verfahrenseröffnung haben sie die Möglichkeit trotz Zahlungsunfähigkeit oder Überschuldung weiterzuarbeiten, da das Vermögen des Schuldners in zwei Zeitabschnitte eingeteilt wird. Für die sozialversicherungspflichtig angestellten Mitarbeiter übernimmt die Bundesagentur für Arbeit als Überbrückung die Gehälter. Alle bis zur Insolvenzeröffnung entstandenen Vermögenswerte unterliegen dem Beschlag des Verfahrens, das heißt, sie dienen zur Befriedigung der bisherigen Ansprüche an den Schuldner. Die neuen Vermögenswerte können nur noch im Rahmen der pfändbaren Anteile des Nettoeinkommens dem Schuldner entzogen werden, und zwar noch sechs (früher sieben) Jahre nach Aufhebung des Insolvenzverfahrens. Während dieser Zeit überweist der Schuldner seine laufenden Bezüge an einen vom Gericht bestimmten Treuhänder, der die Einnahmen entsprechend bestimmten Quoten an die Gläubiger weiterreicht. Nach sechs Jahren findet eine Restschuldbefreiung statt.

Verbraucherinsolvenz

Haben verschuldete Selbständige weniger als 19 Gläubiger oder haben sie ihren Betrieb bereits abgemeldet, können sie beim Insolvenzgericht (eventuell mit Hilfe einer Schuldnerberatung oder eines Anwalts) Antrag auf Privatinsolvenz stellen, ebenfalls mit Anträgen auf Stundung der Verfahrenskosten und Restschuldbefreiung.

Genehmigt das Gericht den Schuldenbereinigungsplan (evtl. auch gegen die Stimmen der Gläubiger) und gewährt die Restschuldbefreiung, hat das für den Schuldner diverse Folgen: Er muss sich um Arbeit bemühen und alle Angebote annehmen, und er muss über einen Zeitraum von sechs Jahren, ab der Eröffnung des Insolvenzverfahrens, den pfändbaren Teil seines Einkommens an einen vom Gericht bestimmten Treuhänder abtreten, der die Zahlungen an die Schuldner verteilt. Nach den sechs Jahren ist der Schuldner schuldenfrei.

Infos!

- Insolvenzgericht (über Amtsgerichte)
- Anwalt, Schuldnerberatungsstellen,
- *www.insolvenzrecht.info*

Welche Hard- und Software für Selbständige?

Längst gehören DSL-Anschluss, E-Mail-Adresse und Homepage mit möglichst einprägsamer Domainadresse (Internetadresse, z.B. *www.kunstschulze.de*) zur telekommunikativen Standardausrüstung von Existenzgründern. Selbst freiberufliche Physiotherapeuten und Kunstmaler kommen heutzutage kaum mehr ohne E-Mail-Adresse und Homepage aus. Zur mobilen Ausstattung zählen Handy und immer häufiger auch sogenannte Pocket-PCC 2003 (Pocket-PCC) und Smartphones, die als Organizer zwischen Handy und PC zur elektronischen Terminorganisation und als mobiler Internetzugang (W-LAN) genutzt werden können. Bei größeren Datenmengen sind auch PADs, Taschencomputer, Handhelds oder besser Notebooks für manche Berufsgruppen wie Außendienstmitarbeiter zu Präsentationszwecken (optimal in

Kombination mit Beamer) unverzichtbar geworden. Immer mehr Selbständigen dient das Internet nicht nur zur Unterstützung der Kommunikationsprozesse, sondern als Basistechnologie ihrer Selbständigkeit schlechthin. So hat erst die Internettechnologie Existenzmöglichkeiten als freier Online-Berater, Online-Händler, Online-Auktionator, Online-Softwareentwickler, Online-Publizist, Online-Verleger usw. möglich gemacht.

EDV-Plan erstellen – Qualität prüfen

Abhängig vom jeweiligen branchen- bzw. berufsspezifischen Aufgabengebiet beeinflussen die verschiedenen geschäftlichen Nutzungsnotwendigkeiten und kundenorientierten Einsatzabsichten sowie der eigene Geldbeutel, welche Hard- und Software-Systeme gekauft oder geleast (üblich bei umfangreicheren Systemen inklusive Servicevertrag) werden sollen. Natürlich wird jeder vorsichtige Gründer zunächst prüfen, ob er bei der Ausstattung gleich den Mercedes benötigt oder zunächst mit preisgünstigen PCs (PC-Systemen) ab 350 Euro einsteigen kann. So reicht beispielsweise Journalisten und Autoren bereits ein einfacher PC mit relativ geringem Arbeitsspeicher und kleineren Festplatten völlig aus, da reine Textdateien, anders Bilddateien, relativ wenig Speicherraum benötigen. Wer hingegen als Bildjournalist arbeitet, benötigt sehr leistungsstarke Rechner und ausreichend Speicherplatz. Online-Autoren benötigen zudem eventuell entsprechende Content-Management-Systeme (CMS). Für Freiberufler, die gestalterisch und grafisch arbeiten, sind zusätzlich spezielle Grafikprogramme, etwa von Adobe, Quark oder Corel unabdingbar. Wer im kaufmännischen, rechts- oder steuerberatenden oder im Büroservice-Sektor tätig ist, benötigt Office-Software (etwa von Microsoft) und je nach Bedarf Datenbank-, Buchhaltungs- und sonstige Spezialprogramme. Kurzum: Da die Anschaffung von Telekommunikations- und EDV-Ausstattung sowie die Homepageprogrammierung und -gestaltung zu den größeren Investitionsposten der Grundausstattung zählen können, empfiehlt es sich, die eigenen Anwendungsgebiete genau zu analysieren und – eventuell mit professioneller Beratung – einen EDV-Plan zu erstellen, um zu schauen, was und wie dringend es benötigt wird, etwa:

- Hardware-Komponenten: Server (PC oder Mac), Flachbildschirm, Drucker, Scanner, (Multifunktionsgerät), Notebook, Fax, Handy, Digitalkamera, Organizer etc. Da z. B. das neue Microsoft (MS) Betriebssystem Vista mindestens 512 MByte benötigt, die Software aber insgesamt immer umfangreicher wird, sollte der PC-Arbeitsspeicher mindestens 2000 MBytes betragen)
- Telekommunikationsanschlüsse: etwa DSL-Internetzugang mit 2 MBit, 6 MBit oder 16 MBit (empfehlenswert mit Telefon- und Internet-Flatrate)
- Websitetechnologie und Gestaltung: welcher Provider ist der beste (nicht unbedingt der preiswerteste), benötigt man die Hilfe eines IT-Profis bzw. Webdesigners oder kann man die Homepage selbst gestalten und ins Net stellen
- Software: für allgemeine büroalltägliche Abläufe und für berufsspezifische Aufgabenerledigung.

Ist der Bedarfsplan erstellt, gilt es die Leistungskomponenten und Qualität der verschiedenen Produkte zu vergleichen. Bei Grafikern, Designern usw. stellt sich die Grundsatzfrage: Mac von Apple oder PC-Server. Die Kreativszene arbeitet weiterhin mit Mac-Servern, die hinsichtlich Virenanfälligkeit, Laufstabilität und Geschwindigkeit dem PC nach wie vor überlegen sind. Andererseits sind PCs oft nur halb so teuer und man kann auf ihnen viel mehr Programme einsetzen. Allerdings können die neuesten Macs mit Intelprozessoren auch PC-Programme nutzen. Computermagazine helfen mit Hard- und Software-Testberichten bei der Recherche weiter.

Preise vergleichen

Preisvergleich im Internet ist am effizientesten. Viele Computershops bieten zudem eine Art Online-Beratung an. Anzeigen von Computer-Online-Händlern findet man in allen

Computerzeitschriften. Diese enthalten zudem CDs bzw. CD-ROMs, prall gefüllt mit Testsoftware; vielfach sogar als Vollversionen ohne Zeitlimit.
Folgende Hard- und Software-Händler verfügen auch über Ladengeschäfte und bieten zum Teil auch Bürobedarf an:

- Büro- und Computerbedarfhändler stationär und online
- Büroplus, *www.bueroplus.de*
- Conrad, *www.conrad.de*
- Karstadt, *www.karstadt.de*
- Kaufhof, *www.galeria-kaufhof.de*
- Media Markt, *www.mediamarkt.de*
- Metro, *www.metro.de*
- Otto, *www.otto-office.com*
- Primus, *www.powershopping.de*
- Saturn, *www.saturn.de*
- Staples, *www.staples.de*
- Viking, *www.viking.de*
- Vobis, *www.vobis.de*

Für Einsteiger ist der Kauf von vorkonfigurierten startbereiten Komplettsystemen (PC, Drucker, Scanner usw.) zu empfehlen. Im ohnehin günstigeren Setpreis sind meist Betriebssystem-, Text-, Bildverarbeitungs- und Brennersoftware enthalten.

PC-/TV-Gebühren für Selbständige

Was man auf der einen Seite spart, wird einem auf der anderen Seite schon wieder aus der Tasche gezogen. So erhebt die Gebühreneinzugszentrale (GEZ) ab 1. 1. 2007 von Selbständigen für PCs mit Internetanschluss die volle Rundfunk- und Fernsehgebühr (z. Z. monatlich 17,03 Euro). Man könne ja auch per Internet öffentlich-rechtliche Sendungen live empfangen, so die Begründung. Dies trifft vor allem Freiberufler und Gewerbetreibende, die außerhalb ihrer Wohnung ihr Büro (Betriebsstätte) haben, und nur dann, wenn sie dort noch kein gebührenpflichtiges TV-Gerät aufgestellt haben.

Heimarbeiter mit einem Home-Office fallen gemäß der gebäude- bzw. grundstücksbezogenen Gebührenerhebung unter die »Zweitgeräteregel für PC mit Internetanschluss«, die besagt, dass für Zweitgeräte keine erneute Gebühr fällig wird, wenn es bereits in der Wohnung ein bezahltes Erstgerät gibt. Wer bereits in einem Büro ein bezahltes Erstgerät angemeldet hat, muss kein weiteres Mal löhnen.

Infos!
Infos erhalten Sie über die GEZ auf www.gez.de und auch auf der Seite von Stiftung Warentest: *www.stiftung-warentest.de.*

Webseiten für Freiberufler

Die Homepage ist nicht nur eine Visitenkarte des Geschäfts. Sie hat zumeist weitere wichtige Funktionen. Sie sollte daher professionell gestaltet sein. Moderne Webseiten verfügen etwa über ein Layout mit CSS-Programmierung, Dynamisierungen z.B. mit JavaScript, PHP und Perl, Datenbankfunktionen auf MySQL-Basis, über dynamische Grafiken, vielfach mit Animationen und über ein Content-Management-System (CMS) zur einfachen Webseiten-Pflege. Ziel einer Webseite ist es, den Kunden einen perfekten Leistungs- bzw. Angebotsüberblick zu vermitteln und ihnen zu ermöglichen, über ein E-Mail-Formular und ein eventuelles Kundenforum Kontakt aufnehmen zu können.
Für etliche Berufsgruppen wird auch eine Terminverwaltung auf ihrer Homepage immer unerlässlicher. So leben Freiberufler wie Dozenten, Trainer, Entertainer, darstellende Künstler usw. auch davon, ihre Kunden rechtzeitig über Schulungs-/Veranstaltungstermine zu informieren. Oder man bietet, wie viele Ärzte, Rechtsanwälte oder Steuerberater, einen Klientenservice an, der auf wichtige Vorsorge-, Steuer- und andere Termine hinweist.
Wer über die Webseiten Online-Beratungsdienste anbietet, etwa Online-Rechtsberatung, -Coaching, -Therapie etc., benötigt auf seinen Webseiten ein Kundenforum mit vorge-

schaltetem Paysystem. Hierdurch können Klienten nach elektronischer Gebührenentrichtung anhand von ihnen vergebenen (oder automatisch generierten) Passwörter auf für sie speziell hinterlegte Nachrichten der Homepage zurückgreifen. Sollen Mitarbeiter die Webseiten pflegen, empfiehlt sich, die Möglichkeit einzuplanen, passwortgeschützte Benutzerzugänge vergeben zu können.
Wer Waren von der eigenen Webseite aus anbieten möchte, benötigt zusätzlich ein sogenanntes Shopsystem mit elektronischem Showroom, Warenkorb, Bestell- und Bezahlsystemen und Kundenverwaltung. Vor allem gilt es, die Webseiten – vom korrekten Impressum bis zu Allgemeinen Geschäftsbedingungen – rechtlich wasserdicht zu machen, um nicht Opfer dubioser Abmahnvereine zu werden. Rechtliche Beratung ist ratsam. Einfacher, aber teurer kann es daher sein, sich in ein Shopsystem bei einem Provider einzumieten oder sich bei Ebay als Profi-Seller zu betätigen.
Kurzum: Umfang und Aufwand von Webseiten können – je nach Funktionalität – ganz unterschiedlich sein. Empfehlenswert ist, sich die Webseiten von einem IT-Profi programmieren zu lassen, der mit (X)HTML, CSS und MySQL usw. umzugehen weiß. Soll die Seite auch noch schön aussehen, lohnen die zusätzlichen 500 bis 1 000 Euro für einen Webdesigner.
Selbstgestaltung von Websites, etwa mit Frontpage bzw. Office SharePoint Designer 2007 von Microsoft oder mit der Profisoftware GoLive CS2 bzw. Dreamweaver 8, Flash 8 usw. (in Macromedia Studio 8) von Adobe, sollte nur dann erwogen werden, wenn man über ausreichend Kenntnisse zur Erstellung von Webseiten verfügt oder dies erlernen möchte oder selbst Profi genug ist.

CMS-Webseiten-Standardsoftware

Eine interessante Alternative zu selbstgestrickten Webseiten oder der Abhängigkeit von professionellem Webmastering können Content-Management-Standardprogramme sein wie beispielsweise das CMS-Programm der Viernheimer Softwareschmiede »netzwerk+mehr« in den drei Varianten:

nm:web Basis (950 Euro), *nm:web Premium* (1 250 Euro) und *nm:web Shop* (1 500 Euro) auf Basis von PHP 4 und MySQL. Freiberufler oder ihre Aushilfskräfte können anhand einer leicht verständlichen Anleitung die Inhalte ihrer Website jederzeit aktualisieren, erweitern oder verändern, ohne Dateien hin- und herschieben und diese über einen FTP-Zugang auf den Server überspielen zu müssen. Die Software wird in der Regel (muss aber nicht) beim Provider aufgespielt und kann von überall direkt online bedient werden, also auch vom Notebook unterwegs (mit W-LAN bzw. Handykarte). Geboten werden ein Online-Editor, drei Designvorschläge (können runtergeladen und mit den eigenen Bildern verändert werden), Volltextsuche, Sitemap und ab der Premiumversion auch Kundenforum, fünf Sprachen, User-Rechtemanagement, Statistiken. Die Shopversion kann bis zu 100 000 Artikel verwalten.

Infos!
www.netzwerk-und-mehr.de und *www.freiberufler-atlas.de* (Software).

Microsoft-Office für PC und Mac

Microsoft-Software ist im Office- und Betriebssystem-Sektor trotz wachsender Konkurrenz weiterhin weltweit führend. Mit dem neuen Betriebssystem (Vista Home Basic, Windows Vista Home Premium und Windows Vista Ultimate) und 2007 Microsoft Office System mit sieben Editionen für Privat- bis Profi-Anwender soll der Marktvorsprung gehalten werden. Neben einer neuen Benutzeroberfläche für zeitökonomischeres Arbeiten sind die zentralen Innovationen im Office-Programm 2007 die beiden Programme Office Groove und das Webdesignwerkzeug SharePoint Designer, mit dem Teams unabhängig von Ort oder Netzwerkverbindung dynamisch zusammenarbeiten können. In Verbindung mit den verbesserten Server-Programmen der Version 2007 kann auch ein Enterprise Content-Management-System mit Formularerzeugung, Enterprise Projekt-Management sowie Projekt-Portfolio-Management integriert werden. Kurzum: Office wird dynamischer.

Windows für Mac-User:

Seit Apple Anfang 2006 begann, Intel Core Duo Prozessoren in seine Macs einzubauen, kann Software mit dem Universal-Symbol bei den neuen Betriebsprogrammen OS X Tiger, iLife '06, Safari und Mail sowohl auf PowerMac basierten als auch auf intelbasierten Macs genutzt werden. Umgekehrt bedeutet das: Es können auch alle Windows-PC-Programme auf den neuen Macs installiert werden. Mac-User von OX-Tiger 10,4-Vorgängerversionen können mit dem Programm Rosetta nachrüsten.

Infos!
*www.apple.com/de/macosx/*und *www.apple.com/de/rosetta*

Schon aus Gründen der Kompatibilität mit den meisten anderen, auf Windows abgestimmten Programmen, empfiehlt es sich der Einfachheit halber, die Software von Microsoft als Standard-Software auf dem heimischen Rechner einzurichten. Wer sich mit Word, Access, Excel, PowerPoint und FrontPage auskennt, hat auch als freier Mitarbeiter die besseren Karten, außer in den Medien- und Kreativbranchen, die vor allem mit macfähiger Software von Adobe und Macromedia arbeiten.

Die neuen Microsoft-Produkte ab 2007 sind Folgende:

Betriebssystem-Software Vista	*Programmfunktion/Einsatzschwerpunkte*
Windows Vista löst das bisherige Betriebssystem Windows XP ab. Damit es stabil läuft, werden mindestens 512 MByte Arbeitsspeicher benötigt.	
Windows Vista Home Basic	Ist eine abgespeckte, erneuerte Version von XP: ausreichend für einfache Computer-Ansprüche.

	Ermöglicht Internetsurfen, Mail-Austausch, Dokument-Erzeugung und einfachere Bedienung.
Windows Vista Home Premium	Ist vergleichbar mit dem bisherigen XP: jedoch verbesserte Nutzungsmöglichkeiten, wie dreidimensionale animierte Anzeige, alle Funktionen der Media Center Edition. HDTV-TV können angesehen werden. Tablet PC-Technologie zur maus- und tastaturfreien Eingabe per Stift oder Fingernagel.
Windows Vista Ultimate	Umfangreichste Vista-Version: vereint alle Funktionen der Premium-Version für Anwender und alle Business-Funktionen für Unternehmen.
Windows Vista Business	Raschere IT-Administration. Malware-Schutz sorgt für Aktualisierung und reibungslosen, sicheren Ablauf. Effizientere Suche und Organisation von Geschäftsdokumenten. Table-PC-Technologie.
Windows Vista Enterprise	Für größere, global agierende Unternehmen sowie Firmen mit hoch komplexer IT-Infrastruktur.

Office-Software Produktpakete	*Programmfunktion/Einsatzschwerpunkte*
Microsoft Office Enterprise 2007	Excel, Outlook, PowerPoint, Word, Access, InfoPath, Communicator, Publisher, OneNote, Groove, SharePoint Services
Microsoft Office Professional 2007	Excel, PowerPoint, Word, Access, Publisher, Outlook mit Business Contact Manager
Microsoft Office Professional Plus 2007	Excel, Outlook, PowerPoint, Word, Access, InfoPath, Communicator, Publisher, SharePoint Services
Microsoft Office Small Business 2007	Excel, PowerPoint, Word, Publisher, Outlook mit BusinessContactManager
Microsoft Office Standard 2007	Excel, Outlook, PowerPoint, Word
Microsoft Office Basic 2007	Excel, Outlook, Word

Infos!
www.microsoft.com

Adobe – grafische und layout-orientierte Software

Adobe-Software gibt es in PC- und in Mac-Versionen. Sie ist eine Profi-Software, in die sich aber auch interessierte Laien - ggf. durch einen Kursus an einer Volkshochschule oder anderen Bildungseinrichtungen - einarbeiten können.
Mit der Adobe-Software lassen sich vor allem Layout-, Design-, Bild-, Video- und Internetbearbeitungen professionell bewältigen. Die wohl bekannteste bzw. am weitesten verbreitete Adobe-Technologie ist Adobe Acrobat mit dem Datei Format AdobePDF. Adobe Acrobat ist für den Online-Austausch von Dokumenten unverzichtbar. Mit dem kostenlosen Adobe Acrobat Reader lassen sich PDF-Dateien unabhängig von Computerplattform und Erzeugerprogramm lesen. Damit ist das Programm für den PC-User unverzichtbar geworden.

Software	*Programmfunktion/Einsatzschwerpunkte*
Adobe Creative Suite 2 enthält: Adobe Photoshop® CS2 Adobe Illustrator® CS2 Adobe InDesign® CS2 Adobe GoLive® CS2 Adobe Acrobat 7.0 Professional Version Cue® CS2 Adobe Bridge Adobe Stock Photos	Damit steht Ihnen ein Kreativpaket mit bisher unerreichter Integration zur Verfügung, mit dem Sie Ihre Ideen in gedruckter Form, im Web oder auf mobilen Endgeräten verwirklichen können.
Adobe Acrobat 7.0 in den Versionen: Professional Standard	Adobe Acrobat 7.0 Professional/Standard: Umfassende Funktionen für Erstellung, Verwaltung und Austausch sicherer und qualitativ hochwertiger Adobe PDF-Dokumente

3D Adobe Reader 7.0	Adobe Acrobat 3D: Sichere und zuverlässige Kommunikation von 3-D-Inhalten bei der internen und externen Zusammenarbeit in der Fertigung Adobe Reader 7.0: Kostenlose Software zum Anzeigen, Durchsuchen und Drucken von Adobe PDF-Dateien
Adobe Photoshop CS2	Der Standard für professionelle Bildbearbeitung
Adobe Photoshop Elements 4.0	Das Komplettpaket zum Bearbeiten, Verwalten und Präsentieren digitaler Fotos
Adobe Production Studio enthält: Adobe After Effects® 7.0 Professional Adobe Premiere® Pro 2.0 Adobe Photoshop® CS2 Adobe Audition® 2.0 Adobe Encore® DVD 2.0 Adobe Illustrator® CS2 Adobe Dynamic Link Adobe Bridge	Die Komplettlösung für die Postproduktion bietet leistungsstarke, effiziente Werkzeuge für optimierte Film-, Video- und DVD-Produktionen.
Adobe After Effects 7.0 in den Versionen: Professional Standard	Der Branchenstandard für Grafikanimation und Spezialeffekte
Adobe Premiere Pro 2.0	Das Werkzeug für professionellen Videoschnitt
Adobe Premiere Elements 2.0	Erstellung eindrucksvoller Videos auch von Hobbyfilmern
Adobe Encore DVD 2.0	Das ultimative Werkzeug für die DVD-Erstellung
Adobe Audition 2.0	Integrierte Umgebung zum Aufnehmen, Abmischen, Bearbeiten und Mastering von Audio

Adobe Illustrator CS2	Vektorgrafik neu definiert
Adobe GoLive CS2	Professionelle, standardbasierte Entwicklung für das Web und mobile Endgeräte
Adobe InDesign CS2	Der neue Maßstab für professionelles Layout und Design
Adobe Frame Maker 7.2	XML-kompatibel, unternehmensweit einsetzbar

Infos!
Detaillierte Produktinformationen und Preise der Adobe-Software finden Sie im Internet: *www.adobe.de*

Informationen zu den Macromedia-Produkten

Software (Adobe hat Macromedia übernommen)	*Programmfunktion/Einsatzschwerpunkte*
Macromedia Studio 8 enthält: Macromedia Dreamweaver® 8 Flash Professional 8 Fireworks 8 Contribute 8 FlashPaper 8	Gestalten, entwickeln und verwalten interaktiver Online-Erlebnisse mit den neuesten Versionen von Dreamweaver, Flash Professional, Fireworks, Contribute und FlashPaper
Macromedia Dreamweaver 8	Professionelle Websites und Internet-Anwendungen erstellen
Macromedia Flash 8 in den Versionen: Professional Basic	Attraktive interaktive Inhalte für Desktops und Geräte erstellen und ermitteln.
Macromedia Cold Fusion® MX 7	Entwicklung und Bereitstellung von Web-Anwendungen beschleunigen

Macromedia Breeze 5	Online-Meetings, -Präsentationen und -Schulungen – Live oder On-Demand
Macromedia Flex 1.5	Die Lösung für die Präsentationsschicht von Rich-Internet-Unternehmensanwendungen
Macromedia Flash Media Server	Schnellere Entwicklung und Bereitstellung multimedialer Flash-Inhalte

Infos!
Detaillierte Produktinformationen und Preise der Adobe-Software finden Sie im Internet: *www.adobe.de*

Buchtipps!

- Gründer, Christoph: Adobe InDesign CS2. 4. Aufl. Bonn 2006. Auch Einsteigern gelingt es mit diesem sehr empfehlenswerten Standardwerk bereits nach kurzer Zeit, InDesign-Layouts zu erstellen.
- Fleischhauer, Christian; Vonhoegen, Helmut: Adobe GoLive CS2. Webseiten entwickeln mit HTML, CSS, JavaScript, PHP und MySQL. Bonn 2006. Eine fundierte Einstiegshilfe in die Erstellung dynamischer Seiten mit GoLive CS2.
- Beer, Richard: Dreamweaver 8. Webseiten entwickeln mit HTML, CSS, XML und MySQL. Bonn 2006. Enthält auf der mitgelieferten DVD eine Testversion von Dreamweaver und komplette Beispielwebsites.

Weitere fundierte Expertenbücher über:
www.galileodesign.de.

Layout-Design-Software von Quark

QuarkXPress war die erste professionelle DTP-Software, die seit 1988 Erstellung, Layout und Management von Dokumenten in der Druckvorstufe revolutionierte. QuarkXPress ist in der Druckvorstufe (in Agenturen, DTP-Studios, Verlagsherstellung, Druckereien) nach wie vor das führende Layoutprogramm. Wer als kreativer Freelancer mit oder ohne eigenem DTP-Studio Erfolg haben möchte, kommt nicht ohne gute QuarkXPress-Kenntnisse aus. Seit Einführung der Layoutsoftware InDesign von Adobe hat sich für Profis gezeigt, dass die Frage nicht lautet: QuarkXPress oder InDesign, sondern QuarkXPress und InDesign. Wer also ein Grafik-Design-Studio gründet oder als Freelancer bei Agenturen als Grafiker bzw. Reinzeichner anheuert, muss zwingend beide Layoutprogramme (vor allem QuarkXPress) beherrschen, so wie heutzutage Mac und PCs üblich sind.

Informationen zu den Quark-Produkten

Software	*Programmfunktion/Einsatzschwerpunkte*
QuarkXPress 7	Seitenlayoutprogramm zur Herstellung professioneller Layouts für Print und Web.
QuarkVista^{tm}.	Bildbearbeitungsprogramm, das direkt im Seitenlayoutprogramm QuarkXPress genutzt werden kann.

Infos!
Detaillierte Produktinformationen und Preise der Quark-Software finden Sie im Internet: *www.quark.com* oder *www.quark.de.*

Buchtipps!
Gartz, Joachim: QuarkXPress 6. Das große XPress-Kompendium für Mac und Windows. Kilchberg 2004 (Neuauflage für XPress 7 in 2007). Einsteiger erhalten eine komplette, fundierte und leicht verständliche Übersicht über den gewaltigen Funktionsumfang des weltweit marktführenden Programms für Publishing-Projekte, wobei sich das Spektrum der Einsatzmöglichkeiten von der Erstellung eines Flyers bis zur Produktion eines kompletten Buchs oder einer Zeitschrift erstreckt.

Vektor-Grafikprogramme von Corel

CorelDRAW ist eines der klassischen Vektor-Grafikprogramme, das bei Agenturen zumeist ergänzend eingesetzt wird und wegen seiner Anwenderfreundlichkeit und vielen Grafikvorlagen eher auf die Bedienung von »normalen« Anwendern abzielt. Das pixelbasierte Gegenstück zu CorelDRAW ist Corel Painter.

Informationen zu den Corel-Produkten

Software	*Programmfunktion/Einsatzschwerpunkte*
CorelDRAW Graphics Suite X3	Vektorbasiertes Grafik- und Bildbearbeitungsprogramm, mit dem auch Bilder mit geringer Auflösung vergrößert werden können.
Corel Painter IX.5	Pixelorientiertes Bildbearbeitungs- und Malprogramm als Ergänzung zu CorelDRAW.
Testversion: Corel DESIGNER Technical Suite 12	Eignet sich sehr gut zur digitalen Erstellung technischer Illustrationen.

Infos!
www.corel.de

Buchtipps!
Brunsteiner, Horst: Corel Draw 12. Einführung. Anwender Training, München 2005.

Fachwissen und allgemeines Wissen, Nachschlagewerke

Nachschlagewerke für Freelancer & Co.

Freelancer und Kleinunternehmer können sich zumeist weder ein Sekretariat noch hochbezahlte Fachleute leisten. Sie müssen daher mehr als andere Entscheidungsträger größerer Unternehmen und Behörden ihre Lücken im Know-how mit Hilfe guter Nachschlagewerke schließen. Mit den richtigen Datenquellen versorgt, kann man es zu beachtlichen Kenntnissen bringen. Denn wichtiger als eigenes Wissen ist es bekanntermaßen, zu wissen, wo man nachschlagen kann. Insbesondere in Zeiten überbordenden Wissens mit Halbwertzeiten von weniger als sechs Jahren und einer anschwellenden, immer unübersichtlicheren Informationsflut muss man sich auf bewährte Nachschlagehilfen verlassen können. Viele davon sind auch in CD-/DVD-Version, PC-Stick (»Großer Brockhaus«) oder über Downloadshop *(www.downloadshop.bifab.de)* erhältlich für: PC/Mac oder auch für Handhelds, PDAs und Pocket-PCs. Ergänzt werden solche Angebote oftmals durch umfangreiche Internetdatenbanken wie *www.xipolis.net* des Hauses Duden und Brockhaus. Da man vor allem als zeitlich ökonomisch handelnder Einzelkämpfer rasch und ohne lange Kontrollrecherchen (wie bei Wikipedia) verlässliche Auskünfte benötigt, empfiehlt es sich, einige der im Folgenden aufgeführten Standardwerke in die Anfangskalkulation der Bürogrundausstattung einer Existenzgründung mit zu berücksichtigen. Hierzu gehören sicherlich der Duden, ein Fremdwörterbuch, ein Herkunftswörterbuch, ein gutes Lexikon und entsprechende, branchenspezifische Fachlexika.

Sekretariatswissen

Wer auf professionellem Niveau korrespondieren muss, braucht – nicht nur als Textverarbeitungslaie – verlässliche Wörterbücher. Denn seit dem Hin und Her bei der Rechtschreibreform wissen selbst Fachleute wie Sekretärinnen oder Lektoren kaum noch, wie man bestimmte Wörter (z.B. Zusammen- und Auseinanderschreibungen) aktuell korrekt schreibt und Texte interpunktiert. Zudem geht es auch um die Einhaltung von Schreibformen und -normen bei der geschäftlichen Korrespondenz, etwa darum, die DIN-Regeln für Briefe und E-Mails sowie die formalen Standards im geschäftlichen Briefverkehrsalltag – von der Anfrage über Angebotserstellung bis hin zur Fakturierung – möglichst einzuhalten.

Duden-Nachschlagewerke für richtige Sprache im Überblick

Briefe gut und richtig schreiben	Ratgeber für richtiges und modernes Schreiben von deutschen und englischen
	Privat- und Geschäftsbriefen, E-Mails, Gratulationen und Beileidsschreiben, Bewerbungen, Protokollen. Musterbriefe und Zitatensammlung
Wie schreibt man jetzt?	Übungsbuch zur neuen deutschen Rechtschreibung
Richtig schreiben – kurz gefasst	Orientierungshilfe. Vermittelt rasch das Basiswissen.
Deutsche Grammatik – kurz gefasst	Orientierungshilfe. Vermittelt rasch das Basiswissen.
Tipptrainer	Auf CD-ROM, 21 Lektionen für autonomes Zehnfingerschreibtraining.
Korrektor Plus	CD-ROM für Windows. Rechtschreib- und Grammatikprüfung mit Zugriff auf Duden Fremdwörterbuch, Synonymwörterbuch und »Richtiges und gutes Deutsch«. Einbindung in Microsoft-Anwendungen und Office-Bibliothek.
Deutsches Universalwörterbuch mit akustischer Aussprachehilfe für 10000 Stichwörter (großer Duden)	Enthält 250000 Wörter und Redewendungen. Sehr empfehlenswert, da die Wörter auch auf ihre Bedeutung hin erläutert werden. Auch als Buch plus CD-ROM und als CD-ROM in der Office-Bibliothek.
Das große Fremdwörterbuch	85000 Fremd- u. Fachwörter werden mit Herkunftsangaben exakt definiert. Zusätzlich: Umgekehrtes Wörterbuch: Für über 16000 deutsche Begriffe werden fremdsprachige Begriffe genannt.

Band 1: Die deutsche Rechtschreibung	Das umfassende Standardwerk auf der Grundlage der neuen amtlichen Regeln, 130000 Wörter mit über 500000 Beispielen. Auch als Buch plus CD-ROM und als CD-ROM in der Office-Bibliothek.
Band 2: Das Stilwörterbuch	Mit 100000 Satzbeispielen hilft es bei der richtigen Formulierung.
Band 3: Das Bildwörterbuch: Die Gegenstände und ihre Benennung	Jetzt mit Farbtafeln. 30000 Begriffe aus 400 Sachgebieten werden durch direkte Bildzuordnung visualisiert.
Band 4: Die Grammatik	Unentbehrlich für richtiges Deutsch.
Band 5: Das Fremdwörterbuch	55000 Fremd- und Fachwörter werden erläutert. Auch als Buch plus CD-ROM und als CD-ROM in der Office-Bibliothek.
Band 6: Das Aussprachewörterbuch	Für mehr als 130000 im Deutschen gebräuchliche Fremdwörter und fremdsprachliche Namen werden Hilfen für Betonung und Aussprache gegeben.
Band 7: Das Herkunftswörterbuch	Erläutert, woher ein Wort stammt und was es ursprünglich bedeutete. Zusätzlich: Herkunft von 400 Redewendungen.
Band 8: Das Synonymwörterbuch	300000 Synonyme (alternative Ausdrücke) für mehr als 20 000 Stichwörter helfen dabei, abwechslungsreich zu formulieren. Auch als Buch plus CD-ROM oder CD-ROM.
Band 9: Richtiges und gutes Deutsch	Behandelt von A bis Z typische Zweifelsfälle der deutschen Sprache.
Band 10: Das Bedeutungswörterbuch	Was will uns ein Wort sagen, was meint es? 18 500 Stichwörter zum Grundwortschatz.
Band 11: Redewendungen	10 000 Wendungen, Redensarten und Sprichwörter.
Band 12: Zitate und Aussprüche	Aktueller und klassischer Zitatenschatz der deutschen Sprache. Im Anhang: Sammlung geistreicher Sprüche und Aphorismen.

Infos!
Für Zweifelsfälle der deutschen Rechtschreibung kann man sich wenden an die *Duden-Sprachberatung*: montags bis freitags: 8.00 bis 18.00 Uhr.

- aus Deutschland: 0900/1870098 (1,86 Euro pro Minute aus dem Festnetz)
- aus Österreich: 0900/844144 (1,80 Euro pro Minute aus dem Festnetz)
- aus der Schweiz: 0900/383360 (3,13 sFr. pro Minute aus dem Festnetz)

Duden-Wörterbücher auf PDA und Smartphone

- Duden – Die deutsche Rechtschreibung. 60 MByte, Audio
- Das Fremdwörterbuch. 50 MByte, Audio
- Das Synonymwörterbuch. 3,6 MByte
- Deutsches Universalwörterbuch. 18 MByte
- Duden Oxford Großwörterbuch Englisch. 16 MByte
- Redewendungen. 2,7 MByte
- Zitate und Aussprüche. 2,3 MByte

Technische Daten: Tauglich für Handhelds unter Palm OS 4, OS 5 oder Pocket PC bzw. Smartphones unter Symbian OS Serie 60 und 80. Installation auf Speicherkarten (SD-Card, MemoryStick oder MMC) empfehlenswert.
Download:

- *www.pdassi.de*
- *www.pocketland.de*
- *www.smartsam.de*

Brockhaus-Lexika und thematische Nachschlagewerke

Der Brockhaus multimedial 2007	Über 230000 Artikel mit 330000 Stichwörtern + kommentierten Weblinks, Videos, Schaubildern und Tondokumenten; Themenmappen.
+ multimedial 2007 premium	Wie oben, jedoch über 255000 Artikel usw., zusätzlich: Anatomie-Atlas »der gläserne Mensch 2«, 100 Themenmappen, Brockhaus 1906, Hörfilme usw.

Der Brockhaus Enzyklopädie in 30 Bänden	Der Klassiker: Moderne Enzyklopädie über 300 000 zum Teil ausführliche Artikel mit internetbasiertem Aktualisierungsservice. Unerreichtes Standardwerk mit gesichertem Wissen.
Der Brockhaus Enzyklopädie digital	Der digitalisierte Klassiker. Per USB-Memory-Stick kann man die Wissensquelle überall mit hinnehmen und anzapfen.
Der Brockhaus Wirtschaft	Informiert in 3 600 Artikeln und 450 Abbildungen über Begriffe und Zusammenhänge der Wirtschaft.
Der Brockhaus Psychologie	3 500 Stichwörter, 550 Abbildungen und Sonderartikel bringen psychologische Fragestellungen auf den Punkt
Der Brockhaus Kunst	In 5 500 Artikeln und 930 Abbildungen wird ein komprimierter Überblick über die Welt der bildenden Kunst gegeben.

Aus dem Internet:
Xipolis-Kultur-Datenbank, *www.xipolis.net*, bietet die Möglichkeit, über die Eingabe von Suchbegriffen Artikel mit Fachwissen aus nahezu allen Themengebieten zu recherchieren. Grundlage des gigantischen Wissenspools bilden lexikalische Standardwerke aller Fachgebiete. Die Nutzung ist zumeist kostenpflichtig.

Infos!
Detaillierte Produktinformationen und Preise finden Sie über die Internetadressen: *www.duden.de* und *www.brockhaus.de*.

Einstieg als Freier – Verträge bestimmen Status

Unabhängig davon, ob Selbständige steuerrechtlich betrachtet den freien Berufen angehören oder Gewerbetreibende sind, entscheidet das Vertragsverhältnis zwischen Selbständigen und ihren (Geschäfts-)Kunden darüber, ob sie als Freelancer/freier Mitarbeiter, Subunternehmer, Werkvertragsnehmer, Handelsvertreter, Händler oder Lizenzvergeber arbeiten.

Selbständigkeit als Geistes-, Sozial- und Naturwissenschaftler

Mitunter hört man in arbeitsmarktpolitischen Beiträgen, dass immer mehr Geisteswissenschaftler wie Germanisten, Philosophen, Ethnologen, Historiker und immer mehr Sozialwissenschaftler wie Pädagogen, Soziologen, Psychologen und zunehmend auch Naturwissenschaftler wie Archäologen, Chemiker, Biologen, Physiker, Pharmazeuten statt in fester Anstellung nur noch als freie Mitarbeiter unterkämen. Obwohl klar ist, was ausgedrückt werden soll, ist diese Art von Formulierung hinsichtlich der exakten Beschreibung des Erwerbsstatus von nicht abhängig beschäftigten Akademikern vielfach irreführend. Denn es wird hier etwas suggeriert, was so nicht stimmt: Zum einen hat nicht die Zahl der freien Mitarbeiter in den genannten Berufsgruppen zugenommen, sondern allenfalls die der befristeten und teilzeittätigen Beschäftigten. Es stieg also die Zahl der ungesicherten Arbeitsverhältnisse unter Akademikern. Zum anderen hat aber auch nicht eine vermehrte Existenzgründungsneigung von Akademikern zu mehr freier Mitarbeiterschaft innerhalb der besagten Berufsgruppen geführt. Denn wie im Abschnitt »Freelancer/freier Mitarbeiter« dargelegt, hat das Gesetz zur »Förderung der Selbständigkeit« (§ 7 Abs. 4 Satz 1 Nr. 1 und 2 SGB IV) freie Mitarbeiterschaft, wie sie früher häufig üblich war, unmöglich gemacht. Wer wie einst für ein Institut oder Museum als Hauptauftraggeber tätig war und sich entsprechend nach den Weisungen des Auftraggebers richten musste, ist heutzutage abhängiger Beschäftigter. Das Risiko bei solchen Tätigkeitsverhältnissen, als Scheinselbständiger enttarnt zu werden, wäre also für Auftraggeber und Auftragnehmer viel zu groß.

Aus diesem Grund hat sich zwangsläufig das Selbstverständnis freiberuflicher Existenzgründungen bei Akademikern sehr geändert. Es steht nicht mehr die freie Mitarbeit für einen Hauptauftraggeber im Vordergrund, sondern die Markterschließung mit dem Ziel, die eigene geistes-, sozial- oder naturwissenschaftliche Dienstleistung möglichst vielen Auftraggebern verkaufen zu können.

Zur Markterschließung haben Akademiker, je nach Form und Zielsetzung ihrer Selbständigkeit, ganz unterschiedliche Realisierungsmöglichkeiten:

- freiberufliche Tätigkeit als Dienstleister, Werkvertragsmitarbeiter oder Subunternehmer und auch als freier Mitarbeiter (im Rahmen eines Dienstleistungs- oder Werkvertrags),
- gewerbliche Tätigkeit als größerer Dienstleister mit gleich bzw. höher qualifiziertem Mitarbeiterstab, als Produktproduzent, Handwerker (z.B. wenn ein Ingenieur sich in die Handwerksrolle eintragen lässt), Händler (z.B. vom Straßenverkauf bis zum Internethandel mit eigenen und/oder fremden Produkten), Handelsvertreter (z.B. Waren-/Dienstleistungsvermittlung gegen Provision) oder Makler (z.B. Vermittlung zum Abschluss von Geschäften gegen Provision).

Nachfolgend wird nicht nur für Akademiker aufgezeigt, innerhalb welcher Vertragsverhältnisse Sie Ihre Selbständigkeit ausüben können und was dies für Ihren Status bedeutet. Wichtig ist, die Ausführungen dieses Kapitels in Zusammenhang mit dem Kapitel »So schütze ich mich gegen die Vermutung einer Beschäftigung« (Seite 375) zu sehen.

Freelancer/freier Mitarbeiter

Freie Mitarbeit ist eine besondere Form von Selbständigkeit, die sich ähnlich wie ein Arbeitsverhältnis vor allem durch eine gewisse Kontinuität in der Zusammenarbeit und ein dadurch entstehendes Vertrauensverhältnis auszeichnet. Seit Wirksamwerden des völlig verfehlten und irreführend titulierten »Gesetzes zur Förderung der Selbständigkeit« (§ 7 Abs. 4 Satz 1 Nr. 1 und 2 SGB IV) vom 20. 12. 1999 sind die Möglichkeiten für freie Mitarbeit in Unternehmen drastisch reduziert worden. Denn viele sogenannte freie Mitarbeiterverhältnisse wurden nach den neugeschaffenen Kriterien in § 7 Abs. 4 Satz 1 Nr. 1 und 2 SGB IV zu Scheinarbeitsverhältnissen, also zu abhängigen Beschäftigungen erklärt. So wird in den meisten Fällen von freier Mitarbeit traditioneller Prägung (z.B. wenn ein freier Journalist einen Sender als Hauptauftraggeber hat) ein verdecktes Arbeitsverhältnis vermutet. Und können sie nachweisen, doch selbständig zu sein, werden viele freie Mitarbeiter als arbeitnehmerähnliche Selbständige nach § 2 Ziff. 9 SGB VI eingestuft, was bedeutet, dass sie, zumindest was die Rente angeht, voll pflichtversichert sind. Als arbeitnehmerähnliche Selbständige müssen sie zwar keine Pflichtbeiträge mehr zur Kranken-, Pflege- und Arbeitslosenversicherung abführen, dafür aber ca. 19,4 % ihres Einkommens bis zur Höhe der Beitragsbemessungsgrenze als Rentenversicherungsbeiträge. Gemäß § 165 Abs. 1 Nr. 1 SGB ist die grundsätzliche Beitragsbemessungsgrundlage für arbeitnehmerähnliche Freie ein Arbeits-

einkommen in Höhe der Bezugsgröße (Bezugsgröße = Durchschnittseinkommen aller Sozialversicherungspflichtigen: 2006: monatlich 2450 Euro, West; 2065 Euro, Ost). Wird ein niedrigeres oder höheres Einkommen nachgewiesen, dann gilt dieses Einkommen, das jedoch mindestens 1/7 der Bezugsgröße (2450 : 7 = 350 Euro monatlich, davon 19,4 % = ca. 68 Euro RV-Pflichtbeitrag) betragen muss.
Freie Mitarbeiter, die nicht als arbeitnehmerähnliche Selbständige gelten, weil sie beispielsweise mehrere Auftraggeber haben, sind wie alle Selbständigen nicht sozialversicherungspflichtig, sofern sie nicht als freie Künstler der Pflichtversicherung in Krankenversicherung, Pflege- und Rentenversicherung des Künstlersozialversicherungsgesetzes unterliegen.

Ärzte – Praxisvertretung

Gelegentlich in Kliniken tätige Ärzte sind stets abhängig beschäftigte Mitarbeiter, da sie in den Klinikbetrieb integriert und weisungsgebunden sind. Als selbständige freie Mitarbeiter können Ärzte nur arbeiten, wenn sie als Belegärzte (z.B. in Altenheimen, Kliniken) tätig sind oder Praxisvertretungen machen. Sie sind aber nur dann selbständig, wenn sie über die eigentliche ärztliche Behandlung frei entscheiden können und bei der Einteilung und Ausführung aller ihnen als Arztvertreter obliegenden Arbeiten grundsätzlich nicht den Weisungen des Praxisinhabers unterworfen sind. Hat der Praxisinhaber sich im Dienstvertrag ausdrücklich solche Weisungsrechte vorbehalten oder übt der Praxisvertreter solche Weisungen tatsächlich aus, wird der Praxisvertreter zum Arbeitnehmer des Praxisinhabers.
Eine Möglichkeit freier Mitarbeit besteht für Ärzte in Form freier Gutachtertätigkeit. So wird beispielsweise mitunter am Rande der Legalität aus manch kurzfristiger, freier Mitarbeit eine Gutachtertätigkeit, die dann in dieser Form vergütet wird.

Dozenten/freie Lehrkräfte

Nach einem Urteil des Landesarbeitsgerichtes (LAG) Niedersachsen vom September 2003 gelten Volkshochschuldozenten, die länger als zwei Jahre Kurse für den zweiten Bildungsweg geben, als festangestellt, selbst, wenn sie nur stundenweise für die VHS arbeiten (hier: Nachholen von Haupt- und Realschulabschluss an der VHS Hannover). Inwiefern dieses Urteil die bisherige Rechtsprechung des Bundesarbeitsgerichtes ändert, wonach Volkshochschuldozenten und Dozenten anderer Bildungseinrichtungen als selbständige Lehrkräfte eingestuft werden, muss die Zukunft zeigen. Freie Dozenten müssen bislang folgende Kriterien zur Statusbestimmung als Selbständige beachten:

- Der Unterricht (Inhalte, Tage, Uhrzeiten und Dauer) muss im Vorhinein exakt vertraglich festgelegt werden.
- Dozenten dürfen nicht weisungsgebunden sein, etwa ad hoc innerhalb eines bestimmten Stundendeputats für unterschiedliche Unterrichtsaufgaben eingesetzt werden.

Ein wichtiger Punkt, ob Dozenten/freie Lehrkräfte als selbständige oder unselbständige Lehrkräfte eingestuft werden, besteht darin, ob und in welchem Umfang sie über die eigentliche Unterrichtstätigkeit hinaus weitere Verpflichtungen erfüllen müssen. Gegen eine Selbständigkeit spricht beispielsweise die Tatsache, dass sie

- verpflichtet sind, zusätzlich an Dienstbesprechungen und Fortbildungsveranstaltungen teilzunehmen (etwas anderes ist es, wenn der Dozent freiwillig daran teilnehmen kann),
- Betriebspraktika mitorganisieren und daran mitwirken,
- bei der Lehrmittelvergabe mitwirken,
- zur Pausenaufsicht eingeteilt werden und sich nach einseitigen Aufstellungen von Dienst- und Stundenplänen orientieren müssen,
- verpflichtet sind, didaktische und methodische Anweisungen zu befolgen.

Sind Art, Umfang und zeitliche Lage des Unterrichtsauftrags nicht exakt im Voraus bestimmt, sondern können quasi vom

Auftraggeber während der Durchführung des Vertragsverhältnisses abgerufen werden, dann übt dieser ein für ein Arbeitsverhältnis typisches Direktionsrecht aus, und der Dozent verliert seine Selbständigkeit (BAG, Urteil v. 19. 11. 1997, 5 AZR 21/97). Dabei gilt die Übernahme von Unterrichtsvertretung als ein besonders gravierendes Indiz für eine unselbständige Tätigkeit, da hier keinerlei vertragliche Bestimmung über Art, Umfang und zeitliche Lage des Dozentenauftrags vorliegt. Ein Unterschied besteht allerdings in dem Fall, wenn ein Dozent bzw. freier Lehrer speziell als Unterrichtsvertretung für einen ausgefallenen Lehrkollegen »angeheuert« und im Vertrag genau geregelt wird, in welchen Stunden er zum Einsatz kommt. Unschädlich für den Selbständigenstatus ist die Verpflichtung zur Teilnahme an Prüfungs- und Notenkonferenzen, wobei auch hier im Voraus möglichst exakt festgelegt werden sollte, wann diese Konferenzen stattfinden.

Freier Dienstvertrag: Unterrichtstätigkeit

Vertrag über freie Mitarbeit
zwischen
Firma:
Anschrift:
PLZ/Ort:
(im Folgenden: Auftraggeber)

und

Name:
Anschrift:
PLZ/Ort:
(im Folgenden Auftragnehmer)

wird folgende Vereinbarung getroffen:

§ 1 Tätigkeit
Frau/Herr ________ übernimmt als freie/r Dozent/in ab dem ________ bis zum ________ jeweils am Donnerstag und Freitag von 17.00 bis 19.00 Uhr die Leitung des Kurses ________ mit folgenden Tätigkeiten ________.

§ 2 Leistungserbringung
(1) Der Auftragnehmer ist verpflichtet, die Arbeitsleistung höchstpersönlich zu erbringen. Die Hinzuziehung eigener Mitarbeiter oder die Vergabe von Unteraufträgen bedarf der vorherigen Zustimmung des Auftraggebers.

§ 3 Weisungsfreiheit
(1) Der Auftragnehmer unterliegt bei der Durchführung der übertragenen Tätigkeiten im Rahmen der vereinbarten Unterrichtszeiten und -inhalte keinerlei Weisungen des Auftraggebers (hinsichtlich Zeit, Dauer, Art und Ort der Arbeitsausübung). Änderungen des Unterrichtsauftrages bedürfen der beiderseitigen erneuten Absprache. Der Auftragnehmer ist bei der Gestaltung seines Kurses selbständig tätig und vollkommen frei.
(2) Der Auftragnehmer ist berechtigt, weitere Aufträge des Auftraggebers ohne Angabe von Gründen abzulehnen.

§ 4 Honorar
(1) Es wird ein Stundenhonorar von Euro ________ zuzüglich der jeweiligen gesetzlichen Mehrwertsteuer vereinbart, soweit der Auftragnehmer seine Umsatzsteuerpflicht nachweist. Die Honorierung erfolgt nach jeweiliger, monatlicher Rechnungsstellung durch den Auftragnehmer.
(2) Zusätzlich geleistete Stunden können nur abgerechnet werden, wenn sie zuvor von den Vertragsparteien vereinbart worden sind.

§ 5 Fälligkeit
Die Auszahlung erfolgt unbar. Das unter § 4 vereinbarte Honorar wird jeweils innerhalb von acht Tagen nach Rechnungseingang fällig und soll überwiesen werden auf Konto-Nr. ________ bei der Dresdner Bank AG ________ BLZ________.

§ 6 Sonstige Ansprüche/Rentenversicherung
(1) Mit der Zahlung der in diesem Vertrag vereinbarten Vergütung sind alle Ansprüche des Auftragnehmers gegen den Auftraggeber aus diesem Vertrag erfüllt.
(2) Für die Versteuerung der Vergütung sowie der sozialversicherungsrechtlichen Absicherung in Krankenkasse, Pflegeversicherung und Rentenversicherung hat der Auftragnehmer selbst zu sorgen.
(3) Der Auftragnehmer wird darauf hingewiesen, dass er nach § 2 Nr. 9 SGB VI rentenversicherungspflichtig sein kann, wenn er auf Dauer und im Wesentlichen nur für einen Auftraggeber tätig ist und keine versicherungspflichtigen

Arbeitnehmer beschäftigt, deren Arbeitsentgelt aus diesem Beschäftigungsverhältnis regelmäßig 400 Euro im Monat übersteigt.

§ 7 Kündigung
(1) Das Vertragsverhältnis kann unter Einhaltung einer Frist von ________ Wochen/Monaten zum ________ nur aus wichtigem Grund gekündigt werden.
(2) Hat der Auftragnehmer den Vertragsrücktritt zu verantworten, verpflichtet er sich, in Absprache mit dem Auftraggeber eine freiberufliche Ersatzlehrkraft zu finden.
(3) Das Recht zur außerordentlichen Kündigung bleibt hiervon unberührt. Vom Auftraggeber überlassene Arbeits- und Geschäftsunterlagen sowie sonstige Arbeitsmittel sind mit Beendigung des Vertragsverhältnisses unaufgefordert zurückzugeben. Die Geltendmachung eines Zurückbehaltungsrechts ist ausgeschlossen.

§ 8 Nebenabreden
(1) Nebenabreden und Änderungen des Vertrags bedürfen zu ihrer Wirksamkeit der Schriftform. Diese Formerfordernis kann weder mündlich noch stillschweigend aufgehoben oder außer Kraft gesetzt werden.
(2) Die teilweise oder vollständige Unwirksamkeit einzelner Vertragsbestimmungen berührt die Wirksamkeit der übrigen Bestimmungen nicht.

§ 9 Erfüllungsort und Gerichtsstand ist ________.

____
(Ort, Datum)

____
(Auftraggeber)

____
(Auftragnehmer)

Fahrer

Freie Fahrer, die im Wesentlichen fremde Fahrzeuge fahren, sind praktisch ausnahmslos unselbständig, hierzu gehören sowohl gelegentlich als auch ständig Arbeitende: Abschleppdienstfahrer, Auslieferungsfahrer, Autoüberführer, Fernfahrer, Kraftfahrer für Kleintransporte, Mietwagenfahrer, Omnibusfahrer, Paketdienstfahrer und Taxifahrer.
Nur wer ein eigenes Fahrzeug einsetzt und in seinem Berufszweig über eine Konzession und Genehmigung, z.B. die Personenbeförderungsgenehmigung nach § 2 PersBefG verfügt, arbeitet zumeist selbständig.
Hierzu zählen:

- Taxifahrer, die mit eigenem Pkw unterwegs sind;
- Kurierfahrer mit eigenem Lieferwagen, die für ganz unterschiedliche Kunden arbeiten und über eine Zentrale (ähnlich einer Taxizentrale) ihre Einsätze erfahren. Fahrer, die nur für einen Auftraggeber unterwegs sind, gelten entweder als Angestellte oder Handelsvertreter, wenn sie Provisionseinnahmen erzielen;
- Buskleinunternehmer, die mit eigenem Bus zumeist auch selbst unterwegs sind, gelten als Selbständige, auch wenn sie als Subunternehmer für öffentliche Verkehrsunternehmen tätig sind, z.B. Transfer von Schulkindern. Ist bei weiteren Fahrten die Besetzung des Busses mit zwei Fahrern erforderlich, muss die Beschäftigung des zweiten Fahrers durch den Buskleinunternehmer erfolgen;
- Chauffeur-Service: Wer mit eigenem Pkw z.B. Hochzeitspaare kutschiert oder Auftraggeber auf Abruf fährt, ist selbständig.

Das heißt: Fahrer können keine Verträge als freie Mitarbeiter abschließen. Entweder sind sie uneingeschränkt selbständig, indem sie mit eigenem Fahrzeug tätig sind. Oder sie werden als abhängig Beschäftigte eingestuft. Daher sollte jeder, der vorhat, mit Fahrdiensten sein Geld zu verdienen, darauf achten, einen Arbeitsvertrag zu erhalten. Freie Mitarbeiterverträge wären unwirksam und das Unternehmen, das solche anbietet, ggf. unseriös. Vor allem bestünde die Gefahr, eingesparte Sozialbeiträge womöglich nachzahlen zu müssen.

Familienhelfer

Familienhelfer nach § 31 SGB VIII können mit sozialen Trägern der Familienhilfe keine freien Mitarbeiterverträge wirksam vereinbaren, da sie in jedem Fall als abhängig Beschäftigte gelten. Familienhelfer können wie alle freien Sozialhelfer nur selbständig tätig sein, wenn sie ihr Angebot unmittelbar an zu betreuende Familien richten und von diesen engagiert werden. In diesem Fall wird jeweils ein Dienstvertrag geschlossen. Freie Familienhelfer, die in Eigenregie – ohne Anbindung an die Gemeinde sowie kirchliche oder soziale Organisationen – tätig werden, können nur mit Krankenkassen abrechnen, wenn sie mit den Kassen eine entsprechende Vereinbarung abgeschlossen haben. Da dies alles recht bürokratisch ist und die Aufträge angesichts der etablierten Konkurrenz auf diesem Gebiet eher rar sind, empfiehlt es sich, besser bei den Trägern der Wohlfahrtspflege entsprechende Jobverträge abzuschließen.

Interviewer

Da Interviewer in sehr unterschiedlicher Art und Weise für Meinungs- und Marktforschungsunternehmen arbeiten, gibt es keine einheitlichen Regelungen.
Freier Mitarbeiter ist ein Interviewer zumeist nur, wenn

- er die Interviews außerhalb der Geschäftsstelle/Filiale des Auftraggebers führt,
- nach Erfolg vergütet wird, also nur pro durchgeführtem Interview eine Bezahlung erfolgt (Das Unternehmerrisiko liegt also beim Interviewer.),
- er über ausreichend Zeitdispositionsfähigkeit verfügt, das heißt, wenn er einen erheblichen Entscheidungsspielraum hat, wann, mit wem und in welcher Reihenfolge er die Interviews innerhalb des vorgegebenen Zeitrahmens durchführen möchte,
- der Auftraggeber keine angestellten Mitarbeiter mit derselben Tätigkeit betraut.

Werden Interviewer nicht durch Marktforschungsinstitute, sondern durch Marktforschungsabteilungen von Unternehmen eingesetzt, erhöht sich die Annahme einer selbständigen Tätigkeit, da diese Tätigkeit außerhalb des eigentlichen Unternehmenszweckes liegt.
Abhängig beschäftigt sind hingegen Interviewer, die

- innerhalb oder bezogen auf die Geschäftsräume des Auftraggebers tätig sind (z.B. Straßeninterviewer, die ihre Klientel zur Fragenbeantwortung in ein Stadtbüro des Auftraggebers bitten),
- im Rahmen der Zeitvorgaben des Auftraggebers tätig sind, z.B. Vorgaben folgen wie: Fußgängerzone 17.00 bis 19.00 Uhr,
- nach geleisteten Arbeitsstunden vergütet werden,
- bei ihrer Arbeit durch den Auftraggeber überwacht werden.

Telefoninterviewer sind zumeist abhängig Beschäftigte, wenn sie den Telefonanschluss ihres Auftraggebers benutzen oder von dessen Call-Center aus eine Werbeaktion bzw. Befragung durchführen. Führen sie hingegen erfolgsabhängig vergütete Telefoninterviews von ihrem eigenen Anschluss aus durch, erhöht sich die Vermutung ihrer Selbständigkeit mit der Anzahl der durchgeführten Interviews, da – so der Gesetzgeber – das Unternehmerrisiko steigt.

Freizeitbetreuer (Jugend-, Klinik-, Alten-, Behindertenarbeit)

Freie soziale Freizeitbetreuung ist in der Jugend-, Alten- und Behindertenarbeit sowie im Klinikbereich möglich. Gestützt werden die entsprechenden Regelungen über freiberufliche Freizeitbetreuung aus Erfahrungen in der Jugendhilfe.
In der Jugendhilfe wird – ähnlich wie in der Altenarbeit – nach drei Tätigkeitsbereichen unterschieden. Es gibt

a) die professionellen Leiter und Fachmitarbeiter (Erzieher, Pädagogen usw.), die nicht als Freie, sondern nur angestellt tätig sein können;

b) das technische Personal wie Hausmeister etc., das ebenfalls nicht freiberuflich tätig sein kann, höchstens in Form eines von Fall zu Fall gerufenen Hausmeisterschaftdienstes;
c) Mitarbeiter einzelner Arbeitsgemeinschaften und des Freizeitsektors (der natürlich auch durch professionelle, abhängig beschäftigte Mitarbeiter abgedeckt werden kann, aber nicht muss). Lediglich im Freizeitsektor gibt es Möglichkeiten zur freien Mitarbeit.

Beispielsweise hatte das Bundesarbeitsgericht im Urteil vom 9. 5. 1984 – 5 AZR 195/82 festgestellt, dass, wer in zeitlich festgelegtem Umfang Veranstaltungen für Jugendliche betreut, nicht Arbeitnehmer sei, wenn er über Art und zeitliche Lage seiner Tätigkeit entsprechend den Wünschen der betreuten Jugendlichen und seinen eigenen Neigungen mitbestimmt. Im konkreten Fall hatten Auftraggeber und Auftragnehmer einen Beschäftigungsumfang von maximal sieben Wochenstunden vereinbart. Das Urteil ist insofern von Bedeutung, als es auch in Bereichen der Freizeitbetreuung Anwendung findet, beispielsweise bei freier Mitarbeit in der Freizeitbetreuung von Krankenhauspatienten, in Einrichtungen der Altenhilfe, der Behindertenhilfe, in Sportvereinen, Familienbildungsstätten und bei der Aussiedlerarbeit.
Bei der Vertragsgestaltung eines entsprechenden freien Mitarbeitervertrags sollten folgende Punkte besonders beachtet werden, damit eine freie Mitarbeit (und kein Angestelltenverhältnis) zustande kommt:

- Der Beschäftigungsumfang muss deutlich unter der regulären Arbeitszeit Vollbeschäftigter liegen, maximal 10 Stunden wöchentlich,
- die inhaltlichen Vorgaben dürfen sich nur auf allgemeine Grundsätze beschränken,
- die freien Mitarbeiter müssen im Rahmen ihrer Aufgaben freie Entscheidungsbefugnis über inhaltliche Ausgestaltung der Tätigkeit, über Lage und Verteilung der Arbeitszeit innerhalb der Öffnungs- und Betriebszeiten haben, die ein Mehrfaches des vereinbarten Beschäftigungsumfanges ausmachen,
- die Vergütung darf nicht pauschal, sondern nach tatsächlich geleis-

teten Zeiteinheiten erfolgen. Am besten ist es, »Rechnungslegung« zu vereinbaren,
- es dürfen keine anderen Mitarbeiter mit derselben Aufgabe abhängig beschäftigt sein.

Am einfachsten ist es, wenn freiberuflich tätige Freizeitbetreuer ihre Freizeittätigkeiten in Form von Schulungseinheiten oder Seminaren anbieten, da damit zumeist ausgeschlossen wird, dass beim Auftraggeber andere Mitarbeiter mit derselben Aufgabe abhängig beschäftigt sind. Würde beispielsweise ein Jugend- oder Altenheim einen Beschäftigungstherapeuten abhängig beschäftigen, könnte zusätzlich kein freiberuflicher Freizeitgestalter stundenweise beauftragt werden. Würde jedoch der freiberufliche Freizeitgestalter Freizeitlehrseminare, z.B. zum Thema »Wir lernen trommeln« statt: »Wir trommeln uns frei« anbieten, könnte er als freier Dozent gebucht werden.

Freier Dienstvertrag: soziale Freizeitbetreuung

Vertrag über freie Mitarbeit
zwischen
Krankenhaus GmbH:
Anschrift:
PLZ/Ort:
(im Folgenden: Auftraggeber)

und

Name:
Anschrift:
PLZ/Ort:
(im Folgenden Auftragnehmer)

wird folgende Vereinbarung getroffen:

§ 1 Gegenstand der Tätigkeit
Frau/Herr ________ wird ab dem ________ mit der Freizeitgestaltung von Langzeitpatienten in der Klinik »Am Hardenstein, Hardenstraße 18,

88199 Steinalp« betraut. Zu den Langzeitpatienten gehören alle Patienten, die sich mindestens ________ Wochen in stationärer Behandlung befinden. Die leitenden Pflegekräfte der jeweiligen Stationen werden angewiesen, dem Auftragnehmer die entsprechenden Namen der Patienten zu nennen.

§ 2 Tätigkeit

Der Auftragnehmer verpflichtet sich zur Durchführung aktivierender Patientenfreizeitgestaltung in Form von Gesprächen, Vorlesen, Brettspielen u. Ä. entsprechend den Bedürfnissen und Wünschen der Patienten.
Dabei erfolgt die individuelle Ansprache und Planung sowie die Vereinbarung der konkreten Beschäftigungen mit den Patienten durch den Auftragnehmer.

§ 3 Leistungserbringung

Der Auftragnehmer ist verpflichtet, die Arbeitsleistung höchstpersönlich zu erbringen. Die Hinzuziehung eigener Mitarbeiter oder die Vergabe von Unteraufträgen bedarf der vorherigen Zustimmung des Auftraggebers.

§ 4 Arbeitszeit

(1) Der Auftragnehmer kann die Zeiten seiner Tätigkeit unter Berücksichtigung der Patientenwünsche im Rahmen der allgemeinen Besuchszeiten eigenverantwortlich festlegen. Die allgemeine Besuchszeit ist täglich von 9.30 Uhr bis 20.30 Uhr.
(2) Der Gesamttätigkeitsumfang beträgt maximal 25 Stunden pro Woche.

§ 5 Vergütung

(1) Es wird ein Stundenhonorar von Euro ________ zuzüglich der jeweiligen gesetzlichen Mehrwertsteuer vereinbart, soweit der Auftragnehmer seine Umsatzsteuerpflicht nachweist. Die Honorierung erfolgt nach jeweiliger, monatlicher Rechnungsstellung durch den Auftragnehmer.
(2) Zusätzlich geleistete Stunden können nur abgerechnet werden, wenn sie zuvor von den Vertragsparteien vereinbart worden sind.
(3) Eine Vergütung im Falle von Urlaub, Krankheit oder aus sonstigen Gründen findet nicht statt.

§ 6 Abrechnungsfähiger Betreuungsaufwand

(1) Abgerechnet werden dürfen wöchentlich maximal 25 Stunden, davon pro Patient maximal ________ Stunden/Woche. Bei der Betreuung mehrerer Patienten gleichzeitig darf der durchschnittliche Betreuungsaufwand pro Patient nicht mehr als ________ Stunden/Woche betragen.

(2) Für die Erstansprache von Patienten sind darüber hinaus jeweils einmalig maximal ________ Stunden/Woche abrechenbar.

§ 7 Fälligkeit
Die Auszahlung erfolgt unbar. Das unter § 5 vereinbarte Honorar wird jeweils innerhalb von acht Tagen nach Rechnungseingang fällig und soll überwiesen werden auf Konto-Nr. ______ bei der Dresdner Bank AG ______ BLZ ______.

§ 8 Informationspflicht
Der Auftragnehmer ist verpflichtet, etwaige Unterbrechungen seiner Betreuungstätigkeit von mehr als einer Woche dem Auftraggeber unverzüglich mitzuteilen, damit dieser anderweitig die Freizeitbetreuung der Langzeitpatienten für die Zeit der Unterbrechung sicherstellen kann.

§ 9 Kündigung
(1) Das Vertragsverhältnis kann unter Einhaltung einer Frist von ________ Wochen/Monaten zum ________ nur aus wichtigem Grund gekündigt werden.
(2) Das Recht zur außerordentlichen Kündigung bleibt hiervon unberührt. Vom Auftraggeber überlassene Arbeits- und Geschäftsunterlagen sowie sonstige Arbeitsmittel sind mit Beendigung des Vertragsverhältnisses unaufgefordert zurückzugeben. Die Geltendmachung eines Zurückbehaltungsrechts ist ausgeschlossen.

§ 10 Nebenabreden
(1) Nebenabreden und Änderungen des Vertrags bedürfen zu ihrer Wirksamkeit der Schriftform. Diese Formerfordernis kann weder mündlich noch stillschweigend aufgehoben oder außer Kraft gesetzt werden.
(2) Die teilweise oder vollständige Unwirksamkeit einzelner Vertragsbestimmungen berührt die Wirksamkeit der übrigen Bestimmungen nicht.

§ 11 Erfüllungsort und Gerichtsstand ist ________.

____
(Ort, Datum)

____
(Auftraggeber)

____
(Auftragnehmer)

Psychologe

Psychologen in eigener Praxis sind freiberuflich selbständig. Als freie Mitarbeiter können Psychologen/Psychotherapeuten nur dann tätig werden, wenn sie trotz Beauftragung und zeitlicher Absprache mit einem Träger der Sozialhilfe (oder einer anderen Organisation bzw. mit freien Praxen) Zeit, Ort und therapeutisch inhaltliche Gestaltung der von ihnen realisierten Betreuungsstunden frei bestimmen können. In einem Fall bestätigte beispielsweise das Bundesarbeitsgericht (Urteil vom 9. 9. 1981, 5 AZR 477/78) die Selbständigkeit eines als freier Mitarbeiter tätigen Psychologen, der innerhalb der Behindertenfürsorge in einem Rahmen von 18 Betreuungsstunden pro Woche tätig war, da er Zeit und Ort seiner Tätigkeit frei bestimmen konnte. Ihm oblag es also, frei und eigenständig die psychologische Betreuung von Behinderten zu organisieren und auszuführen, die ihm durch eine Fürsorgestelle zugewiesen wurde.
Die Entscheidung hatte nicht nur für den Berufsstand der Psychologen, sondern auch für Sozialarbeiter, Pädagogen usw. und für die breite Skala von Heilberuflern große Bedeutung, die außerhalb fester Einrichtungen als freie Mitarbeiter tätig sein wollen. Allerdings ist es seit der Scheinselbständigkeitsregelung empfehlenswert, als freier Psychotherapeut, Pädagoge usw. zwei Auftraggeber zu haben.

Sozialarbeiter und Sozialpädagogen (*siehe »Psychologe«*)

Heilberufe

Entsprechend dem Urteil 5 AZR 477/78 vom 9. 9. 1981 des Bundesarbeitsgerichts, wonach die Selbständigkeit eines als freier Mitarbeiter beschäftigten Psychologen bestätigt wurde, können auch viele Heilberufler wie Masseure, Krankengymnasten, Ergotherapeuten und Logopäden als freie Mitarbeiter im Rahmen von privaten und öffentlichen Institutionen tätig werden. Wichtig zur Anerkennung ihres Selbständigenstatus ist es,

- dass innerhalb des festgelegten Beschäftigungsumfangs – z.B. 10 Stunden wöchentlich Massagen leisten oder Beschäftigungstherapie durchführen – seitens des Dienstberechtigten (Auftraggeber) keine Weisung/Festlegung erfolgt, wann und wie die einzelnen zu betreuenden Patienten oder Patientengruppen zu betreuen sind;
- dass der Dienstberechtigte keine über die Behandlungsbenennung hinausgehende Festlegung und Bestimmung hinsichtlich der zu erbringenden Behandlungsmethode, Durchführungsart usw. trifft.

Ein als freier Mitarbeiter beschäftigter Masseur muss beispielsweise mit dem ihm zugeführten Patienten individuell und ohne Einmischung des Dienstberechtigten (Auftraggebers) Behandlungsmethode und -Termine festlegen können. Ist dies nicht möglich, weil er nur Termine innerhalb des allgemeinen Praxisbehandlungsplans absprechen darf (z.B. aus Rücksichtnahme darauf, wann Kabinen frei sind), kostete ihn das den Selbständigenstatus, weil er zu sehr in den Betrieb des Dienstberechtigten integriert wäre.
Ein Urteil (12 RK 64/87) des Bundessozialgerichts vom 19. 9. 1989 hat die Selbständigkeit freier Mitarbeiter in Heilberufen auf festere Füße gestellt. Es hatte die Selbständigkeit einer Krankengymnastin und eines Krankengymnasten bejaht, die als freie Mitarbeiter in einer zur Kassenabrechnung zugelassenen Praxis für Krankengymnastik gearbeitet haben und 70% des Umsatzes erhielten, der auf ihren Leistungen beruhte.
Seit der Scheinselbständigkeits-Debatte gelten im Gesundheitsbereich zum Teil Regelungen, wonach auch die »Abrechenbarkeit von Rezepten pro Patient« als Ersatz für »Auftraggeber« anerkannt ist. Wer beispielsweise in einer Praxis mitarbeitet und selbständig mit Kassen abrechnen kann, erfüllt das Kriterium »mehr als ein Auftraggeber« durch die auf den Einzelpatienten bezogenen Kassenabrechnungen (jeder Patient = Auftraggeber).

Rechtsanwalt

Rechtsanwälte, die nicht am Gewinn und Verlust der Kanzlei beteiligt oder Sozius sind, sind in der Regel als Arbeitnehmer anzusehen, selbst wenn sie berechtigt sind, nebenbei noch eigene Mandate auf eigene Rechnung zu übernehmen. In diesem Fall liegt allenfalls eine parallele Situation vor, nämlich einmal die Tätigkeit als abhängiger Beschäftigter der Kanzlei, zum anderen eine freiberufliche Tätigkeit als Anwalt. Eine freie selbständige Mitarbeit ist jedoch nicht zustande gekommen. Auch ein Assessor, der innerhalb der Bürozeiten mit juristischer Sachbearbeitung befasst ist, ist abhängig Beschäftigter und kein freier Mitarbeiter.
Der Pfad einer freien Mitarbeit ist ganz schmal und nur dann gegeben, wenn in einer Honorarvereinbarung die Arbeitszeitgestaltung untypisch für einen abhängig arbeitenden Angestellten ist und darüber hinaus für den Anwalt keine Weisungsgebundenheit besteht. (BAG-Urteil vom 3. 6. 1998 – 5 AZR 656/97).
Etwas anderes ist es, wenn sich ein Jurist als Rechtsanwalt niedergelassen hat (Zulassung durch den Präsidenten des zuständigen Oberlandesgerichtes) und den Auftrag einer Fremd-Kanzlei erhält, bestimmte Mandanten gegen Honorar zu übernehmen.

Journalist

Mitunter wird freiberufliche Tätigkeit oder freie Mitarbeit bei Journalisten in einen Topf geworfen. Obwohl ein freier Journalist, der sein Angebot an eine Anzahl ausgesuchter Redaktionen richtet, auch für verschiedene Medien freier Mitarbeiter sein kann, spricht man nur von freier Mitarbeit, wenn dort im Rahmen eines Vertragsverhältnisses regelmäßig Beiträge geliefert werden sollen. Um den Status als selbständiger Journalist nicht zu gefährden, ist dabei wichtig, dass der Schreiber weder weisungsgebunden noch in irgendeiner anderen Art in die Redaktion integriert sein darf,

d.h. beispielsweise auch, dass er nicht an regelmäßigen Redaktionssitzungen teilnehmen darf.
Seit Festlegung der Kriterien für Scheinselbständigkeit wurden zahlreiche feste Freie zu Festangestellten oder ihnen wurden die Verträge gekündigt, da vielfach die Einbindung in den Betrieb des Dienstberechtigten zu groß war (z.B. durch Vereinbarung eines Konkurrenzverbotes und Ähnliches) und somit einem Angestelltenverhältnis entsprach.

Steuerberater

Im Verhältnis zwischen Steuerberater mit Praxis und einem mitarbeitenden Steuerberater gilt das Gleiche wie für Rechtsanwälte (siehe Rechtsanwalt).
Lediglich, wer in freier Zeiteinteilung an selbst gewählten Tagen von zu Hause aus Vorbereitungsarbeiten für Steuererklärungen und Jahresabschlüsse übernimmt, ist in der Regel freier Mitarbeiter (Landesarbeitsgericht Berlin, Urteil vom 29. 5. 1989 - AZ 9 Sa 17 und 35/89).

Software-Spezialist

Software-Experten (vom Systemanalytiker bis zum Softwareschreiber) werden von EDV-Anwendern und EDV-Anbietern gleichermaßen in erheblichem Umfang als freie Mitarbeiter angeheuert. Für ihre freie Mitarbeit gilt das Gleiche wie für Tätigkeiten anderer Branchen, nämlich, dass sie nur dann echte Selbständige sind, wenn sie über ihre Zeit frei verfügen und ihre Aufgaben nach eigenem Ermessen selbständig erledigen können. Software-Spezialisten (Service, Softwareprogrammierer) können mit der Hardware ihrer Auftraggeber arbeiten, ohne dass dies als Indiz für eine Einbindung in den Betrieb des Dienstberechtigten gilt. Denn ansonsten müsste sich der Softwarespezialist stets dieselbe Anlage wie sein Auftraggeber besorgen, um die entsprechenden Leistungen erbringen zu können, was jedoch unzumutbar wäre (Urteil des Landesarbeitsgerichtes Stuttgart vom 25. 1. 1991, 15Sa 104/90).

Eine Besonderheit der Softwarebranche besteht darin, dass die freien Mitarbeiter eines Softwareanbieters häufig bei dessen Auftraggeber (Softwareanwender) auf dessen Rechnung arbeiten. Bei dieser Dreifachwirkung besteht die Gefahr, dass das freie Mitarbeiterverhältnis als illegale Leiharbeit bzw. verbotene Arbeitsvermittlung (die Überlassung von freien Mitarbeitern des Verleihers ist nicht zulässig) eingestuft werden kann. Das wäre dann der Fall, wenn der freie Softwarespezialist zu stark beim Auftraggeber (Softwareanwender) seines Auftraggebers (Softwareanbieter) betrieblich eingebunden wäre.

Vermieden wird das, indem sehr darauf geachtet wird, dass die Eingliederung des freien Softwaremitarbeiters in den Betrieb des EDV-Anwenders unterbleibt. In diesem Fall handelt es sich um einen Fremdfirmeneinsatz.

Arbeitet der Softwarespezialist mit seinem Auftraggeber nicht im Rahmen eines freien Mitarbeitervertrags, sondern nur im Rahmen eines Einzelprojektvertrags (Werkvertrags), zusammen und behielte seine völlige Selbständigkeit, dann wäre der Softwarespezialist im Verhältnis zum Auftraggeber (Softwareanwender) als Subunternehmer tätig.

Telearbeiter

Telearbeit ist kein Beruf, sondern eine Organisationsform von Arbeit ganz unterschiedlicher Inhalte und Branchen. Tauglich für die Telearbeit sind Sekretariats- und Back-Office-Tätigkeiten genauso wie die Werbe-, PR- und Pressearbeit oder die Online-Bewältigung von Multimedia- und Vertriebsaufgaben. Man spricht bei Teletätigkeiten in Bezug auf den Arbeitgeber auch von außerbetrieblichen Arbeitsverhältnissen, bei denen die Kommunikation über Telefon und Internet eine zentrale Rolle zur Aufgabenerteilung und -erfüllung spielt. Allein die Tatsache, dass eine Tätigkeit nicht in den Betriebsräumlichkeiten des Dienstberechtigten

(Arbeitgeber/Auftraggeber), sondern z.B. von zu Hause aus als mobile Telearbeit (von wechselnden Orten aus) oder via Nachbarschafts-/Satellitenbüros erfolgt, ist noch kein Indiz dafür, nicht in einen Betrieb integriert und nicht weisungsgebunden zu sein. Besonders schwierig ist die Abgrenzung von Angestellten- und Selbständigkeitsstatus bei alternierender Telearbeit, die wechselweise in den Betriebsräumen und von zu Hause aus geleistet wird.
Deshalb gelten für eine Einstufung von unselbständiger und selbständiger Telearbeit die gleichen allgemeinen Kriterien wie bei anderen Berufen. Freier Telemitarbeiter ist demnach nur, wer nicht weisungsgebunden ist und die zugesagten Leistungen in freier Zeit- und Ortseinteilung erledigen kann. Absolviert der Telearbeiter allerdings ausschließlich Arbeiten für einen Auftraggeber, wird er als Heimarbeiter eingestuft. Dies ist ein im Heimarbeitsgesetz festgelegter Tätigkeitsstatus zwischen abhängiger Beschäftigung und Selbständigkeit, wobei grundsätzlich eine Selbständigkeit vorliegt, aber Sozialversicherungspflicht besteht.

Telefonberater-/verkäufer

Da Telefonisten unter sehr unterschiedlichen Voraussetzungen arbeiten, gibt es keine einheitlichen Regelungen. Freier Mitarbeiter ist ein Telefonverkäufer nur als Berater, wenn er:

- die Inbound-/Outbound-Beratung (eingehende Anrufe werden beantwortet/Rückrufberatung und Telefonakquise) außerhalb der Geschäftsstelle/Filiale des Auftraggebers in eigener freier Zeitregie und weisungsungebunden führt und ergebnisbezogen pro »Call« per Rechnungslegung abrechnet und
- wenn der Auftraggeber keine angestellten Mitarbeiter mit derselben Tätigkeit beauftragt hat.

Werden freie Telefonberater nicht durch ein Call-Center, sondern durch eine Call-Center-Abteilung eines Unternehmens eingesetzt und können einen »Werbeauftrag« in Eigenregie

erledigen, erhöht sich die Annahme einer selbständigen Tätigkeit, da diese Tätigkeit außerhalb des eigentlichen Unternehmenszwecks liegt.
Abhängig beschäftigt sind Telefonberater/Call-Center-Agents hingegen, wenn sie:

- innerhalb oder bezogen auf die Geschäftsräume des Auftraggebers tätig sind (z.B. Call-Center-Agents arbeiten im Call-Center oder im Auftrag einer Telefonmarketingfirma bei einem Auftraggeber),
- im Rahmen der Zeitvorgaben des Auftraggebers tätig sind, z.B. Vorgaben befolgen müssen wie: Anrufe nach einer TV-Sendung montags und freitags zwischen 20.15 und 22.00 Uhr entgegennehmen,
- nach geleisteten Arbeitsstunden vergütet werden,
- bei ihrer Arbeit durch den Auftraggeber überwacht werden.

Selbständige Telefonverkäufer, die Waren per Telefon verkaufen, werden als freie Handelsvertreter eingestuft und sind keine freien Mitarbeiter mehr, sondern arbeiten wie ein Dienstleistungsunternehmen für einen Auftraggeber (siehe Handelsvertreter).

Wissenschaftler

Die Möglichkeiten zur freien Mitarbeit als Wissenschaftler sind begrenzt, denn zumeist werden in der Praxis befristete Arbeitsverträge abgeschlossen. Allerdings können Wissenschaftler ähnlich wie Software-Entwickler bestimmte wissenschaftliche Projekte in freier Mitarbeit zur eigenverantwortlichen Abwicklung in eigener Zeit- und Projektregie übernehmen. Ein Hydrologe kann beispielsweise für eine Behörde in freier Mitarbeit die Überprüfung der Wasserqualität bestimmter Bachläufe und Quellen eines vertraglich festgelegten Gebietes übernehmen. Er ist dabei selbständig, solange er die Bewältigung der Aufgabe zeitlich, methodisch und fachlich frei bestimmen kann und keiner Weisung durch den Auftraggeber unterliegt.
Vielfach werden freie wissenschaftliche Tätigkeiten schlicht-

weg als Gutachteraufträge vergeben, so dass kein Zweifel über den Selbständigkeitsstatus des Auftragnehmers im Verhältnis zu seinem Auftraggeber besteht. Gutachten erstellen auch angestellte bzw. beamtete Wissenschaftler für einen dritten Auftraggeber. In diesem Fall sind sie nebenberuflich selbständig tätig (übrigens eine der Hauptnebenerwerbsquellen zahlreicher Hochschullehrer).

Wer als Wissenschaftler selbständig tätig werden und es bleiben möchte, sollte sich nicht als freier Mitarbeiter, sondern als freiberuflicher Wissenschafts-Dienstleister anbieten, der am freien Markt agiert und entsprechende Einzelaufträge ausführt. Am besten nennt man sich »Institut für ...«, was nicht zwangsläufig zum Verlust der Freiberuflichkeit führt, solange das Kriterium »persönlich leitend die Aufgaben zu erledigen« gewährleistet ist (siehe Abschnitt »Leitende und eigenverantwortliche Tätigkeit«, Seite 64).

Dienstleistungsvertrags-Tätigkeit

Typische Dienstverträge sind Arbeitsverträge abhängiger Beschäftigungen. Aber auch Selbständige können reine Dienstverträge abschließen, etwa als freie Mitarbeiter, Freiberufler oder Gewerbetreibende. Angelpunkt eines jeden Dienstvertrags ist, dass bestimmte Leistungen vereinbart werden, die ein Auftragnehmer gegen eine entsprechende Honorarzahlung zu erfüllen hat. Im Unterschied zu einem Werkvertrag wird beim Dienstvertrag kein Produkt veredelt oder hergestellt, sondern lediglich die reine Dienstleistung zugesagt, z.B. kann es darum gehen, einen bestimmten Vortrag zu halten, eine Beratung durchzuführen, eine Pressekonferenz zu organisieren und zu leiten, den technischen Service beim Kunden durchzuführen oder Pflegeleistungen zu erbringen usw.

Man kann zusammenfassend sagen, dass überall dort, wo keine Produkte hergestellt oder veredelt werden, keine Waren verkauft werden oder keine Vermittlungen Geschäftsgrundlage sind, zwischen Auftraggebern und Auftragnehmern Dienstverträge abgeschlossen werden.

Sämtliche Vertragsbeziehungen zwischen Heilberuflern (vom Arzt bis zum Logopäden) und ihren Patienten basieren auf mündlichen oder schriftlichen Dienstverträgen, ebenso alle Trainertätigkeiten, Arbeiten als Wissenschaftler, Beraterfunktionen, Servicedienste usw.

Freie Mitarbeiterschaften werden häufig auf der Basis eines Dienstvertrags, der einem Arbeitsvertrag ähnlich ist, abgeschlossen.

Ähnlich wie beim Arbeitsvertrag werden auch beim freien Dienstvertrag die gegenseitigen Verpflichtungen und Anrechte, wie z.B. die Beschreibung der zu leistenden Tätigkeit, die Bezahlung nach Zeitaufwand sowie die Honorarfälligkeit, geregelt. Im Unterschied zum Werkvertragsrecht gilt bei Dienstverträgen die Regel, dass unabhängig von Qualität und Ergebnis die Zahlung fällig wird, sobald der Dienst geleistet wurde. Dabei spielt es keine Rolle, wie frustriert beispielsweise die Zuhörer eines Managementtrainings waren, weil sie nicht mit der Lehrmethode der Trainerin zurechtkamen.

Eine Honorarminderung ist nur dann möglich, wenn der Dienstleister seine Vertragspflichten verletzt, beispielsweise wenn die Trainerin nicht das vertraglich zugesagte Schulungsmaterial an die Teilnehmer ausgeteilt hat.

Liegt das Verschulden einer mangelhaften Vertragserfüllung nicht beim Auftragnehmer, beispielsweise weil der Referent die streikende technische Infrastruktur des Veranstalters nicht nutzen konnte, ist das vereinbarte Honorar in voller Höhe fällig.

Der Honoraranspruch besteht nur dann nicht, wenn der Auftragnehmer aus anderen, nicht vom Auftraggeber zu vertretenden Gründen seine Pflichten nicht erfüllt hat – egal, ob der Vertrag wegen Krankheit nicht erfüllt wird oder weil das Schulungsmaterial bei einem Autounfall untauglich wurde. In diesem Fall gibt es auch keine Absicherung für den Auftragnehmer, der als Festangestellter auf eine Entgeltfortzahlung setzen könnte.

Wenn der »Dienstverpflichtete« schuldhaft seine Leistungen aus dem Dienstvertrag nicht erfüllt, kann er sogar schadensersatzpflichtig gemacht werden, etwa, wenn der Trainer z.B. den Kursus abbricht, weil er sich über einen Teilnehmer aufgeregt hat. In diesem Fall kann es passieren, dass er die Fahrt-, Hotel- und Freistellungskosten der Teilnehmer und die anteilsmäßigen Lohnkosten der Mitarbeiter des Seminarveranstalters tragen muss. Selbst bei plötzlicher Krankheit kann es zu einer Ausfallhaftung kommen, weswegen es sinnvoll ist, solchen unvorhersehbaren Pannen durch eine Berufshaftpflicht vorzubeugen.

Beim Abschluss von freien Dienstverträgen ist es wichtig, darauf zu achten, dass man möglichst keiner Konventionalstrafe für den Fall von Leistungsausfall oder mangelhaften Leistungen zustimmt. Ist dies aus der Position des Schwächeren dennoch passiert, muss man – falls nötig – prüfen, ob die Höhe der Konventionalstrafe denn überhaupt in angemessenem Verhältnis zur Vertragsverletzung steht und ggf. durch Gerichtsbeschluss angemessen herabgesetzt werden kann oder ob sie sogar sittenwidrig hoch ist. Auch gilt es zu prüfen, ob die Klausel – wie in Formularverträgen üblich – den Charakter einer Allgemeinen Geschäftsbedingung hat, denn dann wäre sie nichtig.

Vor einem Rechtsstreit sollte man immer versuchen, sich gütlich zu einigen. Sind Sie versichert, dürfen Sie jedoch keine eigenen Zugeständnisse machen, sondern müssen es entsprechend der Versicherungsbedingungen der Versicherung überlassen, sich ggf. mit Ihrem Auftraggeber auseinander zu setzen.

Ein freier Dienstvertrag sollte mindestens folgende Punkte enthalten:

- genaue Nennung der Vertragsparteien,
- Tätigkeitsbezeichnung und genaue Beschreibung der Dienstleistungspflicht des Auftragnehmers,
- Umfang der vereinbarten Leistung (z.B. ein festes Zeitkontingent oder eine bestimmte Stundenzahl pro Woche),
- Termine und Arbeitszeiten bzw. den Zeitrahmen, innerhalb dessen

die vereinbarte Leistung erbracht werden muss (allerdings muss die Zeitsouveränität des Auftragnehmers gewahrt bleiben, da ansonsten die Selbständigkeit gefährdet ist),

- Honorarvereinbarung zuzüglich der Umsatzsteuer, Nennung der Fälligkeit und Zahlungsmodalitäten.

Muster-Dienstvertrag über freie Mitarbeit!
Siehe hierzu »Freier Dienstvertrag: Unterrichtstätigkeit« im Abschnitt »Dozenten/freie Lehrkräfte« (Seite 292) und »Freier Dienstvertrag: Soziale Freizeitbetreuung« im Abschnitt »Freizeitbetreuer« (Jugend-, Klinik-, Alten- und Behindertenarbeit, Seite 299).

(Dienstvertrag)
zwischen

____
(Auftraggeber)

und

____
(Auftragnehmer)

wird folgender Beratungsvertrag geschlossen:

§ 1 Beratertätigkeit
1. Der Auftragnehmer verpflichtet sich, den Auftraggeber bei folgenden Entscheidungen/Vorhaben zu beraten:

____

§ 2 Besondere Leistungsspezifikation des Auftragnehmers
Zur Erfüllung seiner in § 1 genannten Beratertätigkeit wird der Auftragnehmer folgende zusätzliche Leistungen erbringen:

____

____

____

§ 3 Vertragsdauer
Der Vertrag beginnt am ________, spätestens jedoch mit der tatsächlichen Aufnahme der Beratungstätigkeit, und endet am ________, ohne dass es einer Kündigung bedarf.
Das beiderseitige Recht zur vorzeitigen außerordentlichen – auch fristlosen – Kündigung bleibt unberührt.

§ 4 Dienstzeit und Dienstort
1. Der Vertragsnehmer kann über Zeit und Ort der Leistungserbringung in einvernehmlicher Absprache mit dem Auftraggeber frei bestimmen.
2. Während der Leistungserbringung hat der Auftragnehmer Zugang zu allen Abteilungen des Betriebes.

§ 5 Vergütung
1. Der Auftragnehmer erhält für seine Tätigkeit ein Tageshonorar von pauschal ________ Euro
oder ein einmaliges Pauschalhonorar in Höhe von ________ Euro, zahlbar in drei Raten: $^1/_3$ bei Vertragsabschluss, $^1/_3$ nach 14 Tagen und $^1/_3$ bei Abschluss des Auftrags. Die Auszahlung erfolgt ohne Abzüge zuzüglich der gesetzlichen Umsatzsteuer nach entsprechender Rechnungsstellung.

§ 6 Aufwendungsersatz
1. Der Auftraggeber verpflichtet sich, dem Auftragnehmer Sachkosten und Fahrtkosten, die in Zusammenhang mit seiner Beratertätigkeit stehen, nach Vorlage von Rechnungen und Quittungen zu erstatten.

§ 7 Geheimhaltungspflicht
1. Der Auftragnehmer verpflichtet sich, über alle Informationen, die ihm im Zusammenhang mit seiner Beratung für den Auftraggeber bekannt werden, absolutes Stillschweigen zu bewahren, unabhängig davon, ob es dabei um den Auftraggeber selbst oder dessen Geschäftsverbindungen geht.
2. Bei Zuwiderhandlungen verpflichtet sich der Auftragnehmer zur Zahlung einer Konventionalstrafe von 25 000 Euro, unabhängig sonstiger etwaiger Schadensersatzansprüche des Auftraggebers.

§ 8 Schlussbestimmungen
1. Änderungen und Ergänzungen dieses Vertrages bedürfen zu ihrer Wirksamkeit der Schriftform.
2. Mündliche Nebenabreden bestehen nicht.

3. Sind oder werden einzelne Bestimmungen dieses Vertrages unwirksam, so wird dadurch die Gültigkeit der übrigen Bestimmungen nicht berührt. Die Vertragspartner werden in diesem Fall die ungültige Bestimmung durch eine andere ersetzen, die dem wirtschaftlichen Zweck der weggefallenen Regelung in zulässiger Weise am nächsten kommt.
4. Gerichtsstand ist ________

____
(Ort) (Datum)

____
(Auftraggeber)

____
(Auftragnehmer)

Werkvertragstätigkeit nach Schuldrechtsreform 2002

Das »Gesetz zur Beschleunigung fälliger Zahlungen« vom 30. März 2000 sowie die Schuldrechtsreform 2002 haben das Werkvertragsrecht, das im Bürgerlichen Gesetzbuch in §§ 631–351 geregelt ist, stark verändert. Das Wesen des Werkvertrags blieb jedoch davon unberührt: So unterscheidet sich der Werkvertrag von einem Dienstvertrag nach wie vor insbesondere dadurch, dass nicht nur eine Dienstbarkeit erbracht, sondern ein zuvor im Vertrag genau definiertes Leistungsergebnis vertragsgemäß erzielt werden muss. Während der Dienstvertrag also relativ unabhängig vom Ergebniserfolg vom Auftragnehmer als erfüllt gilt, wenn dieser den zugesagten Dienst geleistet hat, muss er im Fall eines Werkvertrags das zugesagte Ergebnis vorweisen können.

Gemäß § 631 BGB, Satz 1, wird der Auftragnehmer (Unter-

nehmer) zur Herstellung des versprochenen Werkes, der Besteller zur Entrichtung der vereinbarten Vergütung verpflichtet. Dabei kann nach § 631 BGB, Satz 2, Gegenstand des Werkvertrags sowohl die Herstellung oder Veränderung einer Sache als auch ein anderer durch Arbeit oder Dienstleistung herbeizuführender Erfolg sein.
Kurzum: Beim Werkvertrag steht nicht wie beim Dienstvertrag die Vergütung von Arbeitszeit im Vordergrund, sondern die Verpflichtung, ein bestimmtes Arbeitsergebnis, eben ein »Werk«, in der vereinbarten Qualität und frei von Sachmängeln abzuliefern.

Neue Gewährleistungspflicht, Haftung und Verjährung

Gewährleistungspflicht

Der Werkvertragsnehmer hat anders als der Dienstleistungs-Vertragsnehmer gegenüber seinem Auftraggeber eine Gewährleistungspflicht. Diese wurde im Rahmen der Schuldrechtsänderung 2002 zum Teil im § 633 BGB neu gefasst und präzisiert:

§ 633 (Sach- und Rechtsmangel)
»(1) Der Unternehmer hat dem Besteller das Werk frei von Sach- und Rechtsmängeln zu verschaffen.
(2) 1 Das Werk ist frei von Sachmängeln, wenn es die vereinbarte Beschaffenheit hat. 2 Ist die Beschaffenheit nicht vereinbart, so ist das Werk frei von Sachmängeln,
1. wenn es sich für die nach dem Vertrag vorausgesetzte, sonst
2. für die gewöhnliche Verwendung eignet und eine Beschaffenheit aufweist, die bei Werken der gleichen Art üblich ist und die der Besteller nach der Art des Werkes erwarten kann.
3. Einem Sachmangel steht es gleich, wenn der Unternehmer ein anderes als das bestellte Werk oder das Werk in zu geringer Menge herstellt.
(3) Das Werk ist frei von Rechtsmängeln, wenn Dritte in

Bezug auf das Werk keine oder nur die im Vertrag übernommenen Rechte gegen den Besteller geltend machen können.«

Rechte des Bestellers bei Mängeln

Aus dieser Gewährleistungspflicht heraus ergeben sich im Fall von Mängeln für den Besteller (Auftragnehmer) gegenüber dem Unternehmer (Werkvertragsnehmer) bestimmte Rechte. Der Auftraggeber (Besteller) kann gemäß § 634 BGB »Nacherfüllung verlangen«, den »Mangel selbst beseitigen und für die erforderlichen Aufwendungen Ersatz verlangen«, »vom Vertrag zurücktreten« oder die »Vergütung mindern« und in eklatanten Fällen »Schadensersatz verlangen«:

§ 634 (Rechte des Bestellers bei Mängeln)
»Ist das Werk mangelhaft, kann der Besteller, wenn die Voraussetzungen der folgenden Vorschriften vorliegen und nicht ein anderes bestimmt ist,
1. nach § 635 Nacherfüllung verlangen,
2. nach § 637 den Mangel selbst beseitigen und Ersatz der erforderlichen Aufwendungen verlangen,
3. nach den §§ 636, 323, 326 Abs. 5 von dem Vertrag zurücktreten oder nach § 638 die Vergütung mindern und
4. nach §§ 636, 280, 281, 283, 311a Schadensersatz oder nach § 284 Ersatz vergeblicher Aufwendungen verlangen.«

Allerdings kann der Besteller nicht willkürlich das Werk bemängeln oder gar wegen einer unzureichend begründeten Mängelrüge die Zahlung verweigern. Er ist gemäß § 640 BGB zur Annahme verpflichtet (siehe Abschnitt »Neue Annahme- und Zahlungspflicht bei Werkverträgen«, Seite 321).

Nacherfüllungsanspruch

Statt des bisherigen Nachbesserungsverlangens hat der Auftraggeber gemäß § 635 BGB einen Nacherfüllungsanspruch.

§ 635 Nacherfüllung
»(1) Verlangt der Besteller Nacherfüllung, so kann der Unternehmer nach seiner Wahl den Mangel beseitigen oder ein neues Werk herstellen.
(2) Der Unternehmer hat die zum Zweck der Nacherfüllung erforderlichen Aufwendungen, insbesondere Transport-, Wege-, Arbeits- und Materialkosten, zu tragen.
(3) Der Unternehmer kann die Nacherfüllung auch verweigern, wenn sie nur mit unverhältnismäßigen Kosten möglich ist.
(4) Stellt der Unternehmer ein neues Werk her, so kann er vom Besteller Rückgewähr des mangelhaften Werks nach Maßgabe der §§ 346 bis 348 verlangen.«

§ 636 Besondere Bestimmungen für Rücktritt und Schadensersatz
»Außer in den Fällen der §§ 281 Abs. 2 und 323 Abs. 2 bedarf es der Fristsetzung auch dann nicht, wenn der Unternehmer die Nacherfüllung gemäß § 635 Abs. 3 verweigert oder wenn die Nacherfüllung fehlgeschlagen oder dem Besteller unzumutbar ist.«

Mangelselbstbeseitigungsanspruch

Gelingt es dem Werkvertragsnehmer nicht, den Mangel in einer angemessenen Frist selbst zu beseitigen (nachzuerfüllen), hat der Besteller gemäß § 637 BGB das Recht, den Mangel selbst zu beseitigen, sofern der Werkvertragsnehmer die Nacherfüllung nicht grundsätzlich verweigert, z.B. weil er der Meinung ist, seine Arbeit sei in Ordnung. Die »Selbstvornahme« wird in § 637 BGB spezifiziert:

§ 637 Selbstvornahme
»(1) Der Besteller kann wegen eines Mangels des Werks nach erfolglosem Ablauf einer von ihm zur Nacherfüllung bestimmten angemessenen Frist den Mangel selbst beseitigen und Ersatz der erforderlichen Aufwendungen verlangen, wenn nicht der Unternehmer die Nacherfüllung nach § 635 Abs. 3 verweigert.

(2) 1 § 323 Abs. 2 findet entsprechende Anwendung. 2 Der Bestimmung einer Frist bedarf es auch dann nicht, wenn die Nacherfüllung fehlgeschlagen oder dem Besteller unzumutbar ist.
(3) Der Besteller kann von dem Unternehmer für die zur Beseitigung des Mangels erforderlichen Aufwendungen Vorschuss verlangen.«

Minderung

Ist der Schaden nicht rechtzeitig oder in der gewünschten, vertragsgemäßen Qualität zu beheben, kann der Besteller nach § 638, statt vom Vertrag wegen Nichterfüllung zurückzutreten, auch den Preis mindern. Er kann das »Werk« also billiger abnehmen.

§ 638 Minderung
»(1) 1 Statt zurückzutreten, kann der Besteller die Vergütung durch Erklärung gegenüber dem Unternehmer mindern. 2 Der Ausschlussgrund des § 323 Abs. 5 Satz 2 findet keine Anwendung.
(2) Sind auf der Seite des Bestellers oder auf der Seite des Unternehmers mehrere beteiligt, so kann die Minderung nur von allen oder gegen alle erklärt werden.
(3) Bei der Minderung ist die Vergütung in dem Verhältnis herabzusetzen, in welchem zur Zeit des Vertragsschlusses der Wert des Werks in mangelfreiem Zustand zu dem wirklichen Wert gestanden haben würde. Die Minderung ist, soweit erforderlich, durch Schätzung zu ermitteln.
(4) 1 Hat der Besteller mehr als die geminderte Vergütung gezahlt, so ist der Mehrbetrag vom Unternehmer zu erstatten. 2 § 346 Abs. 1 und § 347 Abs. 1 finden entsprechende Anwendung.«

Verjährung der Mängelansprüche

Nachteilig für den Werkvertragsnehmer wirkt sich das neue Verjährungsrecht im Rahmen der Schuldrechtsreform aus: So verjähren Ansprüche des Bestellers nicht mehr schon nach 6 Monaten, sondern erst nach zwei Jahren, für Bauleistungen wie bislang gemäß VOB nach 5 Jahren. Zur Neuregelung der Verjährung der Mängelansprüche wurde § 634a neu ins BGB aufgenommen:

§ 634a. *Verjährung der Mängelansprüche*
»(1) Die in § 634 Nr. 1, 2 und 4 bezeichneten Ansprüche verjähren 1. vorbehaltlich der Nummer 2 in zwei Jahren bei einem Werk, dessen Erfolg in der Herstellung, Wartung oder Veränderung einer Sache oder in der Erbringung von Planungs- oder Überwachungsleistungen hierfür besteht,
2. in fünf Jahren bei einem Bauwerk und einem Werk, dessen Erfolg in der Erbringung von Planungs- oder Überwachungsleistungen hierfür besteht, und
3. im Übrigen in der regelmäßigen Verjährungsfrist.
(2) Die Verjährung beginnt in den Fällen des Absatzes 1 Nr. 1 und 2 mit der Abnahme.
(3) Abweichend von Absatz 1 Nr. 1 und 2 verjähren die Ansprüche in der regelmäßigen Verjährungsfrist, wenn der Unternehmer den Mangel arglistig verschwiegen hat. Im Fall des Absatzes 1 Nr. 2 tritt die Verjährung jedoch nicht vor Ablauf der dort bestimmten Frist ein.
(4) Für das in § 634 bezeichnete Rücktrittsrecht gilt § 218. Der Besteller kann trotz einer Unwirksamkeit des Rücktritts nach § 218 Abs. 1 die Zahlung der Vergütung insoweit verweigern, als er auf Grund des Rücktritts dazu berechtigt sein würde. Macht er von diesem Recht Gebrauch, kann der Unternehmer vom Vertrag zurücktreten.
(5) Auf das in § 634 bezeichnete Minderungsrecht finden § 218 und Absatz 4 Satz 2 entsprechende Anwendung.«

Haftungsausschluss

Im Rahmen eines Individualvertrags kann der Werkvertragsnehmer seine Haftung für Mängel vertraglich reduzieren oder ganz ausschließen, was allenfalls nur begrenzt möglich sein dürfte. Wann die Haftung ausgeschlossen ist, regelt der neue § 639 BGB.

§ 639 Haftungsausschluss
»Auf eine Vereinbarung, durch welche die Rechte des Bestellers wegen eines Mangels ausgeschlossen werden, kann sich der Unternehmer nicht berufen, wenn er den Mangel arglistig verschwiegen oder eine Garantie für die Beschaffenheit des Werks übernommen hat.«

Kaufrecht statt Werklieferungsvertrag

Der Werklieferungsvertrag gemäß des alten § 651 BGB wurde durch eine völlige Neufassung abgeschafft und die rechtliche Regelung dadurch stark vereinfacht. Denn künftig finden ausschließlich die Vorschriften über den Kauf Anwendung, wenn die Lieferung herzustellender oder zu erzeugender beweglicher Sachen Gegenstand des Vertrags ist. Der bisherige § 651 war mit den erheblichen Unterschieden zwischen Kauf- und Werkvertrag bei der Haftung für Sachmängel, dem fehlenden Nacherfüllungsanspruch beim Kaufvertrag, den unterschiedlichen Gewährleistungspflichten usw. begründet worden. Die Abschaffung des Werklieferungstatbestands und die Zuordnung von Verträgen mit einer Verpflichtung zur Lieferung herzustellender oder zu erzeugender Sachen zum Kaufrecht ist nur deswegen möglich, da sich mit der Schuldrechtsreform auch viele Regelungen im Kaufrecht verändert haben. So gibt es im Kaufrecht nicht mehr die Unterscheidung zwischen »Rechts-« und »Sachmängeln«. Vielmehr ist der Lieferant (Werkvertragsnehmer) nunmehr gemäß § 433 BGB verpflichtet, die Sache frei von Sach- und Rechtsmängeln zu liefern. Im Kaufrechtsparagraf § 434 BGB wurde der Fehlerbegriff neu definiert. Demnach steht einem Sachmangel künftig die Falsch- oder Zuweniglieferung gleich (§ 434 Abs. 3).

§ 651 Anwendung des Kaufrechts
»1 Auf einen Vertrag, der die Lieferung herzustellender oder zu erzeugender beweglicher Sachen zum Gegenstand hat, finden die Vorschriften über den Kauf Anwendung. 2 § 442

Abs. 1 Satz 1 findet bei diesen Verträgen auch Anwendung, wenn der Mangel auf den vom Besteller gelieferten Stoff zurückzuführen ist.
Soweit es sich bei den herzustellenden oder zu erzeugenden beweglichen Sachen um nicht vertretbare Sachen handelt, sind die §§ 642, 643, 645, 649 und 650 mit der Maßgabe anzuwenden, dass an die Stelle der Abnahme der nach den §§ 446 und 447 maßgebliche Zeitpunkt tritt.«

Neue Annahme- und Zahlungspflicht bei Werkverträgen

Das Bürgerliche Gesetzbuch enthält in § 632 BGB hinsichtlich der Vergütung nur eine allgemeine Entgeltverpflichtung für den Auftraggeber. Neu ist Satz 3, der festlegt, dass Kostenvoranschläge nur bezahlt werden müssen, wenn dies auch vereinbart wurde.

§ 632 BGB »(1) Eine Vergütung gilt als stillschweigend vereinbart, wenn die Herstellung des Werkes den Umständen nach nur gegen eine Vergütung zu erwarten ist.
(2) Ist die Höhe der Vergütung nicht bestimmt, so ist bei dem Bestehen einer Taxe die taxmäßige Vergütung, in Ermangelung einer Taxe die übliche Vergütung als vereinbart anzusehen.
(3) Ein Kostenvoranschlag ist im Zweifel nicht zu vergüten.«

Dieser Paragraf ist auch nur für den Fall im BGB, falls versäumt wurde, eine Honorarregelung schriftlich im Werkvertrag zu fixieren, oder falls es bei einem mündlichen Werkvertrag (z.B. auf dem Bau zwischen Handwerkern und Subunternehmern) im Nachhinein über die Vergütungshöhe Meinungsverschiedenheiten gibt.
Wichtig ist nicht nur, die Honorierung hinsichtlich Höhe und Fälligkeiten (möglichst mit Abschlagszahlungen) im Detail festzulegen, sondern sich – falls möglich – auch die Arbeit für umfangreiche Angebots- und Kostenvoranschläge honorieren zu lassen.

Neu: Abschlagszahlungen

Da viele Werkvertragsnehmer aus ihrer schwächeren Position heraus letztlich unterschrieben haben, was Auftraggeber ihnen diktierten, haben sie mitunter lange auf ihr Geld warten müssen. An Abschlagszahlungen war vielfach überhaupt nicht zu denken, mit der Folge, dass die Werkauftragsnehmer den gesamten Auftrag selbst vorfinanzieren mussten. Um hinsichtlich der Vorfinanzierung von Aufträgen zu mehr Gerechtigkeit zu gelangen, wurde das Werkvertragsrecht im Rahmen des »Gesetzes zur Beschleunigung fälliger Zahlungen« vom 30. März 2000 durch Einfügung des § 632a ins BGB zugunsten der Werkvertragsnehmer erweitert: Danach kann nunmehr der Auftragnehmer (im Gesetz Unternehmer genannt) eines Werkvertrags Abschlagszahlungen verlangen:

»§ 632a
Der Unternehmer kann von dem Besteller für in sich abgeschlossene Teile des Werkes Abschlagszahlungen für die erbrachten vertragsmäßigen Leistungen verlangen. Dies gilt auch für erforderliche Stoffe oder Bauteile, die eigens angefertigt oder angeliefert sind. Der Anspruch besteht nur, wenn dem Besteller Eigentum an den Teilen des Werkes, an den Stoffen oder Bauteilen übertragen oder Sicherheit hierfür geleistet wird.«

Neu: Abnahmezwang auch bei kleineren Mängeln

Auch wurde dem Missbrauch, durch Vorschieben von Mängeln die Zahlung nach Werkfertigstellung hinauszuzögern, Einhalt geboten, indem der § 640 Abs. 1 BGB entsprechend ergänzt wurde. Kleinere Mängel sind somit kein Grund mehr, die Werkabnahme hinauszuzögern:

§ 640 Abs. 1 »… wegen unwesentlicher Mängel kann die Abnahme nicht verweigert werden. Der Abnahme steht es gleich, wenn der Besteller das Werk nicht innerhalb einer ihm vom Unternehmer bestimmten angemessenen Frist abnimmt, obwohl er dazu verpflichtet ist.«

Für Freelancer und andere Werkvertragsnehmer bedeutet diese Regelung beispielsweise, dass sie nach Fertigstellung ihrer Leistung unverzüglich ein Schreiben an den Kunden übersenden, in dem sie ihren Auftraggeber zur Abnahme mit Fristsetzung auffordern. Der Abnahme steht es gleich, wenn der Besteller das Werk trotz Abnahmeverpflichtung nicht innerhalb einer ihm vom Unternehmer bestimmten angemessenen Frist abnimmt (§ 640 Abs. 1 BGB). Die Abnahmefiktion gibt dem Werkunternehmen die Möglichkeit, ggf. ein Versäumnisurteil zu erstreiten, wodurch die Zahlung der ausstehenden Beträge fällig wird.

Neu: Höhe des Zahlungsrückhalts bei Mängeln

Natürlich kann der Auftraggeber bei begründeten Mängeln die Abnahme einschränken und die Zahlung kürzen, jedoch nicht völlig zurückhalten. Als angemessener Teil der Vergütung, die der Auftraggeber bis zur Mängelbeseitigung zurückhalten kann, gilt die Höhe der dreifachen Kosten, die für eine Beseitigung des Mangels erforderlich sind.

§ 641 Abs. 3 (BGB) »(3) Kann der Besteller die Beseitigung eines Mangels verlangen, so kann er nach der Abnahme die Zahlung eines angemessenen Teils der Vergütung verweigern, mindestens in Höhe des Dreifachen der für die Beseitigung des Mangels erforderlichen Kosten.«

Neu: Kein Zahlungsrückhalt gegenüber Subunternehmer

Besonders übel war die Zahlungstrickserei, wenn der Auftraggeber dem Werkauftragsnehmer in der Rolle eines Subunternehmers wegen angeblicher Mängel die Zahlung vorenthielt, obwohl er selbst als Generalunternehmer von seinem Auftraggeber schon längst kassiert hatte. Auch diesem Missbrauch hat der Gesetzgeber durch die Neuregelung in § 641 Abs. 2 BGB jetzt einen Riegel vorgeschoben. So muss der Hauptauftragnehmer (Generalunternehmer, im Gesetz Besteller genannt) seinem Subunternehmer, dem Werkvertragsnehmer (im Gesetz Unternehmer genannt), sofort sein Entgelt bezahlen, wenn er selbst von seinem Auftraggeber (z.B. Bauherr, Werbeauftraggeber etc.) bezahlt wurde:

§ 641 Abs. 2 (BGB) *»(2) Die Vergütung des Unternehmers für ein Werk, dessen Herstellung der Besteller einem Dritten versprochen hat, wird spätestens fällig, wenn und soweit der Besteller von dem Dritten für das versprochene Werk wegen dessen Herstellung seine Vergütung oder Teile davon erhalten hat. Hat der Besteller dem Dritten wegen möglicher Mängel des Werkes Sicherheit geleistet, gilt dies nur, wenn der Unternehmer dem Besteller Sicherheit in entsprechender Höhe leistet.«*

Werkvertragsnehmer, die Subunternehmer sind, haben durch diese Neuerung eine Durchgriffsfälligkeit erfahren, die sie nun vor der Willkür ihres Auftraggebers (Generalunternehmers) schützt, unter Berufung auf (angebliche) Mängel die Zahlung zu verweigern, obwohl er selbst bereits Raten, Abschläge und Endzahlungen erhalten hat.

Neu: Fertigstellungsbescheinigung durch Gutachter

Das Ausmaß der Zahlungsrückhaltung durch vorgeschobene Mängel wird besonders dadurch deutlich, dass der Gesetzgeber nunmehr mit der Schuldrechtsreform den neuen § 641 a ins Bürgerliche Gesetzbuch eingeführt hat, wonach sich der Werkvertragsnehmer eine sogenannte Fertigstellungsbescheinigung eines Gutachters besorgen und seinen Auftraggeber zur Zahlung zwingen kann.

§ 641 a *»(1) Der Abnahme steht es gleich, wenn dem Unternehmer von einem Gutachter eine Bescheinigung darüber erteilt wird, dass 1. das versprochene Werk, im Falle des § 641 Abs. 1 Satz 2 auch ein Teil desselben, hergestellt ist und 2. das Werk frei von Mängeln ist, die der Besteller gegenüber dem Gutachter behauptet hat oder die für den Gutachter bei einer Besichtigung feststellbar sind (Fertigstellungsbescheinigung). Das gilt nicht, wenn das Verfahren nach den Absätzen 2 bis 4 nicht eingehalten worden ist oder wenn die Voraussetzungen* *des § 640 Abs. 1 Satz 1 und 2 nicht gegeben waren; im Streitfall hat dies der Besteller zu beweisen. § 640 Abs. 2 ist nicht anzuwenden. Es wird vermutet, dass ein Aufmaß oder eine Stundenlohnabrechnung, die der Unternehmer seiner Rechnung zugrunde legt, zutreffen, wenn der Gutachter dies in der Fertigstellungsbescheinigung bestätigt.*

(2) Gutachter kann sein

1. ein Sachverständiger, auf den sich Unternehmer und Besteller verständigt haben, oder

2. ein auf Antrag des Unternehmers durch eine Industrie- und Handelskammer, eine Handwerkskammer, eine Architektenkammer oder eine Ingenieurskammer bestimmter, öffentlich bestellter und vereidigter Sachverständiger.

Der Gutachter wird vom Unternehmer beauftragt. Er ist diesem und dem Besteller des zu begutachtenden Werks gegenüber verpflichtet, die Bescheinigung unparteiisch und nach bestem Wissen und Gewissen zu erteilen.

(3) Der Gutachter muss mindestens einen Besichtigungstermin abhalten; eine Einladung hierzu unter Angabe des Anlasses muss dem Besteller mindestens zwei Wochen vorher zugehen. Ob das Werk frei von Mängeln ist, beurteilt der Gutachter nach einem schriftlichen Vertrag, den ihm der Unternehmer vorzulegen hat. Änderungen dieses Vertrages sind dabei nur zu berücksichtigen, wenn sie schriftlich vereinbart sind oder von den Vertragsteilen übereinstimmend gegenüber dem Gutachter vorgebracht werden. Wenn der Vertrag entsprechende Angaben nicht enthält, sind die allgemein anerkannten Regeln der Technik zugrunde zu legen. Vom Besteller geltend gemachte Mängel bleiben bei der Erteilung der Bescheinigung unberücksichtigt, wenn sie nach Abschluss der Besichtigung vorgebracht werden.

(4) Der Besteller ist verpflichtet, eine Untersuchung des Werkes oder von Teilen desselben durch den Gutachter zu gestatten. Verweigert er die Untersuchung, wird vermutet, dass das zu untersuchende Werk vertragsgemäß hergestellt worden ist; die Bescheinigung nach Absatz 1 ist zu erteilen.

(5) Dem Besteller ist vom Gutachter eine Abschrift der Bescheinigung zu erteilen. In Ansehung von Fristen, Zinsen

und Gefahrübergang treten die Wirkungen der Bescheinigung erst mit ihrem Zugang beim Besteller ein.«

Werksvertragsnehmer, die Schwierigkeiten mit der Eintreibung ihrer Zahlung haben, weil ihr Auftraggeber das fertiggestellte »Werk« nicht abnimmt, können also einen bestellten und vereidigten Sachverständigen beauftragen, der ihnen die Erfüllung ihrer Werkvertragsverpflichtung bestätigt. Kammer und Berufsverbände nennen auf Wunsch anerkannte Sachverständige. Der Besteller, also der Auftraggeber, ist verpflichtet, einer Begutachtung zuzustimmen. Lehnt er dies ab, wird unterstellt, dass das Werk vertragsgemäß hergestellt wurde. Danach ist dann das zu untersuchende Werk vertragsgemäß hergestellt worden und eine Fertigstellungsbescheinigung ist zu erteilen. Der Gutachter ist dann verpflichtet, eine Abschrift der Bescheinigung dem Auftraggeber zu erteilen. Eine weitere Vermutungsregelung sieht das Gesetz vor. Bestätigt der Gutachter in einer Fertigstellungsbescheinigung, dass ein Aufmaß oder eine Stundenlohnabrechnung des Unternehmers zutreffend ist, so wird deren Richtigkeit kraft Gesetz vermutet. Mit dieser Fertigstellungsbescheinigung wird dem Auftragnehmer die Möglichkeit eröffnet, eine Abnahme zu erreichen, die ihm möglicherweise vom Auftraggeber verweigert wird. Es kann im sogenannten Urkundsprozess ein Vorbehaltsurteil erwirkt werden, aus dem im Zweifel sofort die Zwangsvollstreckung betrieben werden kann. Dann hat der Kunde im Nachverfahren die Möglichkeit, dieses Vorbehaltsurteil abändern zu lassen. Aber es lässt sich für den Freelancer sicher leichter prozessieren, wenn er erst einmal sein Geld hat.

Dienstvertrag oder Werkvertrag abschließen?

Wer sich den § 633 BGB vergegenwärtigt, sieht sofort, dass hinsichtlich der Verantwortungsdimension zwischen Dienst- und Werkvertrag ein gewaltiger Unterschied besteht. Wird beispielsweise ein Freelancer mit Dienstvertrag engagiert, um eine Computerinstallation mit Netzwerk zu bewerkstelligen, dann trägt zumeist der Auftraggeber das Risiko bei Schwierigkeiten und Verzögerungen. Würde der Freelancer jedoch einen Werkvertrag unterschreiben, läge der schwarze Peter bei ihm: Egal, wie viel Zeit es ihn kostete – der Freelancer hätte erst seinen Vertrag erfüllt, wenn das Netzwerk funktionierte.

Aufgrund der gewährleistungspflichtig bedingten umfangreicheren Haftungsverpflichtung des Werkvertragsnehmers gegenüber einem Dienstleistungsvertragsnehmer schließen Auftraggeber lieber Werkverträge ab als sich auf Dienstleistungsvertragsregelungen einzulassen. Daher hat man als Freelancer kaum die Wahl sich zu entscheiden. Beeinflussen kann man aber die inhaltliche Gestaltung eines Werkvertrages, um so schnell wie möglich zu einem Honorar zu gelangen und die Haftungsansprüche – so gut es geht – zu begrenzen.

Ein Werkvertrag sollte folgende Punkte enthalten:

- die Vertragspartner, insbesondere bei Auftraggebern mit konzernähnlichen Unternehmensgeflechten, so dass ganz deutlich wird, wer Vertragspartner, Abnahme- und Zahlungsverpflichteter ist;
- eine sehr genaue Beschreibung des in Auftrag gegebenen Werkes in Art, Umfang und Eigenschaft – je genauer, desto leichter lässt sich Streit vermeiden. Wer Websites gestaltet, legt also im Vertrag fest, wie viele Seiten, Grafiken, Fotos, Navigationsbuttons, Animationen, Eingabefenster usw. die Site enthält; bei Software-Verträgen sind umfangreiche »Pflichtenhefte« üblich;
- den Liefertermin und die Lieferart (z.B. per E-Mail oder als Ausdruck, bei Software mit Quellcode);
- den Preis, Angaben zur Umsatzsteuer und Spesen sowie Abrechnungsmodalitäten für Sonderwünsche;
- die Zahlungsmodalitäten, wie Abschlagszahlungen, z.B. 1/3 bei Vertragsabschluss, 1/3 nach Teillieferung und 1/3 bei Restlieferung bzw. Abnahme;
- die Vorleistungen des Auftraggebers;
- eine Zahlungsregelung für den Fall, dass das vereinbarte Werk durch Schuld des Auftraggebers nicht fertiggestellt oder abgenommen werden kann;

- eine Regelung für den Fall, dass Meinungsverschiedenheiten über Qualität und Fertigstellung des Werkes bestehen, beispielsweise dahingehend, dass man einen Sachverständigen einschaltet und den Auftraggeber zu dessen Bezahlung für den Fall verpflichtet, dass der Sachverständige eine »Fertigstellungsbescheinigung« ausstellt.

Vor allem bei urheberrechtlichen Werken, etwa bei Software, Grafiken/Bildern usw., ist es wichtig, darauf hinzuweisen, dass der Auftraggeber mit der Bezahlung zwar das Eigentum am vereinbarten Werk erwirbt, aber nicht wie der Arbeitgeber an den Werken seines Angestellten das Urheberrecht. Der Auftraggeber darf zwar das Produkt, z.B. die Software, die Fotos usw. selbst nutzen, aber er darf sie seinerseits nicht vervielfältigen und weiterveräußern, und schon gar nicht, ohne den Urheber (Werkvertragsnehmer) an den Erlösen aus den Verwertungen zu beteiligen.
In solchen Fällen bedarf es neben eines Werkvertrages noch gesonderter Vereinbarungen oder eines Urheberrechts(überlassungs-) vertrages.

! **Muster eines Werkvertrags**

Werkvertrag

zwischen

Alpha-Institut
Sternenwarte 10
89999 Oberalpach
– im Folgenden Auftraggeber genannt –

und

Frau/Herrn

____
– im Folgenden Auftragnehmer genannt –

§ 1 Werkleistung

Der Auftragnehmer verpflichtet sich, bis zum ________ folgende Arbeiten durchzuführen (genaue Angabe der Leistungen, ggf. nach Einheit und Menge):

____

____

§ 2 Honorar

(1) Honorarhöhe

Für die Herstellung des Werkes wird eine Gesamtvergütung in Höhe von Euro ________ zuzüglich gesetzlicher USt vereinbart.

In der Vergütung sind alle Auslagen und Nebenkosten sowie die vom Auftragnehmer zu entrichtenden Steuern und etwaige Sozialabgaben enthalten.

(2) Honorarfälligkeit

Die Vergütung wird nach Abnahme des Werkes bzw. entsprechend folgend vereinbarter Teilleistungen fällig:

Es werden folgende Teilleistungen vereinbart (Angabe von Datum, Leistung und Teilbeträgen):

$^1/_3$ in Höhe von Euro ________ bei Vertragsabschluss

$^2/_3$ in Höhe von Euro ________ bei Abnahme

(3) Zahlungsmodalitäten

Der Auftragnehmer wird über die Teilleistungen seines Honorars jeweils eine prüffähige Rechnung erstellen.

Die Zahlung ist zu leisten auf Konto Nr. ________

bei der Bank ________ BLZ ________.

§ 3 Verschwiegenheitspflicht

Der Auftragnehmer verpflichtet sich, die ihm durch diesen Auftrag zur Kenntnis gelangenden Vorgänge vertraulich zu behandeln. Die Pflicht zur vertraulichen Behandlung bleibt auch nach Erledigung des Auftrags grundsätzlich bestehen, es sei denn, sie wäre mit einer im Einzelfall festzulegenden Frist aufgehoben worden.

Bei Verstoß gegen die Vereinbarungen hat der Auftragnehmer dem Auftraggeber den hieraus entstandenen Schaden zu ersetzen.

§ 4 Annahme und Haftung

(1) Der Auftraggeber verpflichtet sich, das Werk innerhalb von vier Wochen nach Fertigstellung zu prüfen und abzunehmen, sofern nicht gravierende

Mängel einer Abnahme entgegenstehen. Für den Fall, dass sich die Vertragsparteien nicht über eine Abnahme einigen können, vereinbaren sie, einen Sachverständigen mit der Beurteilung zu beauftragen. Erstellt der Sachverständige eine »Fertigstellungsbescheinigung«, hat der Auftraggeber die Kosten allein zu tragen.
(2) Der Auftraggeber haftet für Schäden, die der Auftragnehmer im Zusammenhang mit der Erstellung des Werkes erleidet, im Rahmen der gesetzlichen Vorschriften.

§ 5 Nebenabreden
(1) Nebenabreden und Änderungen des Vertrags bedürfen zu ihrer Wirksamkeit der Schriftform. Diese Formerfordernis kann weder mündlich noch stillschweigend aufgehoben oder außer Kraft gesetzt werden.
(2) Die teilweise oder vollständige Unwirksamkeit einzelner Vertragsbestimmungen berührt die Wirksamkeit der übrigen Bestimmungen nicht.

____
(Ort, Datum)

____
(Auftraggeber)

____
(Auftragnehmer)

Urheberrechtsvertrag

Das Urhebervertragsrecht befasst sich nicht wie der Werkvertrag mit der Herstellung, sondern mit der Nutzung neuer oder bereits bestehender Werke. Das Urhebervertragsrecht wird für Werkvertragsnehmer spätestens dann wichtig, wenn die von ihnen hergestellten Werke nicht nur einfach, sondern durch Vervielfältigung mehrfach genutzt werden können. Das ist beispielsweise bei Software, Texten, Bildern, Filmen und Musik der Fall. Dabei gilt folgender Grundsatz: Nur Nutzungsrechte, die vertraglich auch namentlich aufgeführt sind, gelten als eingeräumt. Nutzungsrechte, die nicht ausdrücklich eingeräumt werden, gelten als nicht erteilt.

Erwirbt beispielsweise ein Unternehmen eine bestimmte Software, darf es die nur einmalig und nicht an mehreren Rechnern und Notebooks im Unternehmen installieren, sofern der Vertrag nichts anderes vorsieht. Ebenso muss ausdrücklich im Vertrag erlaubt sein, dass ein Unternehmen die für eine Homepage elektronisch gestalteten Bildseiten auch ganz oder teilweise in Print-Prospekte übernehmen darf. Fehlt dies, ist eine Mehrfachnutzung durch den Auftraggeber nicht möglich. Noch wichtiger ist es, auf die eigenen Urheberrechte und eine angemessene Vergütung zu achten, wenn der Auftraggeber die Urheberrechte erwerben möchte, um die Werke selbst zu vermarkten, wie das beispielsweise bei Büchern durch Verlage oftmals der Fall sein kann. Hierzu gibt es Verlagsvertragsmuster, die zwischen den Autoren- und Verlegerverbänden ausgehandelt wurden. Allerdings haben diese Muster nur Empfehlungs- und keinen Verpflichtungscharakter. Da sich das Urheberrechtsgesetz derzeit ohnehin im Umbruch befindet, sollten Angehörige betroffener Berufsgruppen die weitere Entwicklung beobachten.

Zu den typischen haupt- und nebenberuflichen Selbständigen, die mit Urheberrechts- bzw. Lizenzfragen zu tun haben, gehören beispielsweise:

- Software-Entwickler,
- Webmaster,
- Screendesigner,
- Multimedia-Spezialisten,
- Grafiker,
- bildende Künstler,
- Designer,
- Filmer,
- Fotografen,
- Musiker sowie
- Autoren jeglicher Art (vom Journalisten bis zum Buchautor).

Vielfach werden seitens des Auftraggebers jedoch Werkverträge mit integrierter Urheberrechtsklausel vorgelegt, so dass das Urheberrecht gar nicht eigentliches Verhandlungsthema und von vielen eher beiläufig »zeitlich und örtlich unbegrenzt« abgetreten wird. Das ist natürlich nicht in Ordnung. Andererseits sollte man nicht gleich eine ganze Vertragsanbahnung in Frage stellen, sondern ein Gefühl dafür entwickeln, wann es wirklich wichtig ist, die Nutzung der Urheberrechte zu behalten und »weitere Nutzungen« einem Auftraggeber nur dosiert und gegen angemessene Bezahlung einzuräumen.
Wer beispielsweise eine Software entwickelt, die nur der entsprechende auftraggebende Betrieb nutzen kann, muss nicht unbedingt darauf pochen, sich jede einzelne Software-Installation im Betrieb bezahlen zu lassen und bei Zuwiderhandlung hohe Vertragsstrafen zu vereinbaren. Wenn der Preis insgesamt stimmt, ist es besser, etwas großzügig zu sein, denn bei der nächsten technischen Neuerung ist der Auftragnehmer ohnehin wieder auf den Software-Entwickler angewiesen. Wie man verfährt, hängt jedoch vom erzielten Grundpreis, von der Unternehmensgröße und dem Nutzungswunsch insgesamt ab. Klar ist dabei, wer eine Excel-Softwarelösung zur Nutzung für den Außendienst eines größeren Unternehmens schreibt, muss in seinem Vertrag genau fixieren, auf wie vielen Notebooks die Software installiert werden darf. Wer das versäumt, verschenkt rasch ein Vermögen.

Prüfen Sie daher, ob:

- Verträge Aussagen über die zu übertragenden Nutzungsrechte enthalten. Fehlen hierzu Klauseln, kann man versuchen, entsprechende Formulierungen aufzunehmen oder gar nichts zu unternehmen. Gerichte verfahren zumeist nach der Regel, dass als vereinbart gilt, was dem Vertragszweck dient. Wer sich eine Website bestellt, erwirbt damit also nur das Recht, diese ins Netz zu stellen, nicht auch noch das Recht, die Motive für den Prospektdruck zu verwenden;
- ein Auftraggeber Ihnen Klauseln wie »werden dem Auftraggeber sämtliche Rechte eingeräumt« oder »überträgt ihm die Nutzungsrechte zeitlich und räumlich unbegrenzt« unterschieben möchte. Wenn die Rechteübertragung sich nicht in einem entsprechend höheren Honorar niederschlägt, dann sollte man alle pauschalierenden Regelungen herausstreichen und versuchen, ganz konkrete Formulierungen zu finden, die nur den Vertragszweck und nicht mehr fixieren.

! **Infos!**

Beratung ist wichtig: Wer einen Werkvertrag mit Urheberrechtsklauseln, einen Urheberrechtsvertrag oder einen Verlagsvertrag unterzeichnen möchte, sollte sich

- mit dem Urheberrechtsgesetz (z.B. als DTV-Taschenbuch) vertraut machen,
- von Berufsverbänden und Anwälten beraten lassen; manche Verbände haben Musterverträge wie beispielsweise der Börsenverein des Deutschen Buchhandels in Frankfurt (www.boersenverein.de).

Lizenzvertrag

Zwar ist der Lizenzvertrag wie der Urheberrechtsüberlassungsvertrag im Grunde ein Werknutzungsvertrag. Doch im Unterschied zum Urheberrechtsvertrag, in dem die Rechtsverhältnisse zwischen Urhebern und Vermarktern geregelt werden, stellt der Lizenzvertrag eine erworbene Befugnis zur Herstellung oder Verwertung eines Marken-, Patent- oder urheberrechtlich geschützten Produktes/Werkes dar. Hierfür muss zumeist eine Lizenzgebühr gezahlt werden. Beim Lizenzvertrag wird nicht ein Werk, z.B. eine CD-ROM/DVD oder ein Buch verkauft, sondern lediglich ein personen- oder unternehmensbezogenes Nutzungsrecht eingeräumt. Diesen Trick, ihre Produkte nicht zu verkaufen, sondern lediglich ein Nutzungsrecht zu veräußern, haben sich beispielsweise die Hersteller von Standardsoftware zunutze gemacht, um so eine unerwünschte Weiterverbreitung ihrer Software zu verhindern. Denn mit dem Software-»Kauf« erwirbt der Käufer gar nicht das Eigentum an dem Computerprogramm, sondern lediglich ein auf andere nicht übertragbares Nutzungsrecht. Als Nutzer darf er nicht einmal die gebrauchte Software später verkaufen, wie das mit einem gelesenen Buch oder einer Schallplatte/CD möglich ist. So ist es verständlich, dass man Software beispielsweise auch nicht wie Bücher in öffentlichen Bibliotheken ausleihen kann.

Wer seine Produkte ähnlich schützen und Nutzern nur ein ganz spezielles, einmaliges bzw. genau definiertes Nutzungsrecht einräumen möchte, sollte mit seinen Kunden einen Lizenzvertrag abschließen, in dem die Rechte, die der Kunde erwirbt, exakt beschrieben und fixiert werden. Ebenso müssen die Verbote aufgeführt werden, beispielsweise, dass der Kunde die Software nicht weiterverleihen, weiterverkaufen und nicht im Netzwerk nutzen, noch an weiteren Orten als den im Vertrag bestimmten installieren darf (sofern keine weitere Lizenz dafür erworben wurde).

Kaum zu verbieten ist die Anfertigung einer Sicherungskopie und eine Dekompilierung, die nötig sein kann, um die Software-Kompatibilität mit anderen Programmen des Kunden herzustellen.

Lesen Sie die Lizenzbedingungen von Microsoft-Software. Wenn Sie Ihre Lizenzbedingungen so oder ähnlich restriktiv abfassen, können Sie – rechtlich betrachtet – kaum etwas falsch machen.

Natürlich ist das Lizenzgeschäft nicht nur auf Software beschränkt, sondern spielt vor allem im Bereich von Erfindungen, Technologie- und Namensnutzung eine große Rolle. Wer beispielsweise ein Patent angemeldet hat, kann die Nutzung seines geschützten Produktes per Lizenzvertrag verkaufen.

Wie kommt ein Lizenzvertrag zustande?

Normalerweise unterzeichnen beide Vertragsparteien den Lizenzvertrag. Bei Standardsoftware, die über den Einzelhandel vertrieben wird, ist es zumeist so, dass die Lizenz in einem Standardvertrag textlich niedergelegt ist und wirksam wird, sobald der Kunde stillschweigend diesen Vertrag durch Bezahlung der Lizenz anerkennt. Der Vertrag ist nach deutschem Recht gültig, solange die Klauseln nicht gegen das Gesetz über Allgemeine Geschäftsbedingungen (AGB-Gesetz im BGB) verstoßen.

Anders beim Internetvertrieb: Hier bezahlt der Kunde zumeist erst, nachdem er die Software erhalten hat. Üblich sind hierbei sogenannte »Schutzhüllenverträge« (Tear-Open-Contracts) mit Selbstklebeversiegelung und dem Hinweis: »Wer diese Verpackung öffnet, ist automatisch mein Vertragspartner und erkennt alles an, was er noch nicht kennt.« Obwohl diese Praxis üblich ist, ist sie nach deutschem Recht eigentlich ungültig. Denn einen Vertrag anzuerkennen, den man noch gar nicht gelesen hat, ist sittenwidrig. Wer beispielsweise die Hülle aufreißt, um die Lizenzbedingungen zu lesen, und dann die Software angewidert zurücklegt, hat keinen Vertrag geschlossen und kann die Software zurücksenden. Anders ist es, wenn jemand den Vertrag nicht liest und erst einmal die Software ausprobiert.

Um hier Missverständnissen vorzubeugen, sollten Sie den Lizenzvertrag der Software offen beilegen und lediglich die Hülle, in der sich die Software-CD befindet, mit dem Hinweis versiegeln: »Ich versichere, dass ich den Lizenzvertrag gelesen habe und mit dem Öffnen dieser Softwarehülle den Inhalt ausdrücklich anerkenne.« In diesem Fall hat Ihr Kunde Kenntnis über den Inhalt erworben und mit dem Einreißen des Schutzsiegels die Lizenzbedingungen ausschließlich anerkannt.

Infos!

- Beratung ist unverzichtbar: Da Lizenzverträge – je nach Art der Nutzungsüberlassung nach dem Urheberrechtsgesetz und Maßgaben internationaler Abkommen bzw. auch nach Mietvertragsrecht abgeschlossen werden können, sollte man sich von einem in Patent-, Marken-, Urheber- und Lizenzrecht versierten Anwalt beraten lassen, bevor man einen eigenen Lizenzvertrag erstellt.
- Anwälte finden Sie in den Gelben Seiten und über spezielle Suchdienste, wie z.B. über: *www.anwalt-informationsdienst.de/patentgebiete.html*

Freier Handelsvertreter

Freie Handelsvertreter sind von Unternehmen aller Größenordnungen und fast aller Branchen als selbständige Absatzmittler einsetzbar, die unter fremden Namen und auf fremde Rechnung Waren- und Dienstleistungen auf Provisionsbasis vertreiben. Sie können als selbständige Handelsvertretung, Industrievertretung, Handelsagentur oder Handelsmakler für Händler (Groß-, Einzel- oder Direkthändler), Produzenten oder Dienstleister (z.B. Reiseveranstalter, Reeder etc.) im Außendienst tätig sein. Über die Aufgaben eines Außendienstes hinaus eignen sich selbständige Handelsvertreter auch für den stationären Verkauf von Waren- oder Dienstleistungen, z.B. als Propagandist im Direktverkauf (Homeshopping à la Tupper). Im Handelsgesetzbuch (HGB) wird unterschieden zwischen:

1. dem angestellten Handelsvertreter, dem Reisenden (§ 59 HGB) und 2. dem selbständigen Handelsvertreter gemäß §§ 84 bis 92c des Handelsgesetzbuches (HGB) und 3. dem Handelsmakler gemäß § 93 (HGB).

§ 84 HGB definiert den Begriff des selbständigen Handelsvertreters:

»(1) Handelsvertreter ist, wer als selbständiger Gewerbetreibender ständig damit betraut ist, für einen anderen Unternehmer Geschäfte zu vermitteln oder in dessen Namen abzuschließen. Selbständig ist, wer im Wesentlichen frei seine Tätigkeit gestalten und seine Arbeitszeit bestimmen kann.

(2) Wer, ohne selbständig im Sinne des Absatzes 1 zu sein, ständig damit betraut ist, für einen Unternehmer Geschäfte zu vermitteln oder in dessen Namen abzuschließen, gilt als Angestellter.

(3) Der Unternehmer kann auch ein Handelsvertreter sein.

(4) Die Vorschriften dieses Abschnittes finden auch Anwendung, wenn das Unternehmen des Handelsvertreters nach Art oder Umfang einen in kaufmännischer Weise eingerichteten Geschäftsbetrieb nicht erfordert.«

Nebenberuflicher freier Handelsvertreter

Das Handelsvertreterrecht definiert in § 92 HGB den »Versicherungs- und Bausparkassenvertreter« und in § 92b HGB den »Handelsvertreter im Nebenberuf«:

»(1) Auf einen Handelsvertreter im Nebenberuf sind §§ 89 und 89b nicht anzuwenden. Ist das Vertragsverhältnis auf unbestimmte Zeit eingegangen, so kann es mit einer Frist von einem Monat für den Schluss eines Kalendermonats gekündigt werden; wird eine andere Kündigungsfrist vereinbart, so muss sie für beide Teile gleich sein. Der Anspruch auf einen angemessenen Vorschuss nach § 87a Abs. 1 Satz 2 kann ausgeschlossen werden.

(2) Auf Absatz 1 kann sich nur der Unternehmer berufen, der den Handelsvertreter ausdrücklich als Handelsvertreter im Nebenberuf mit der Vermittlung oder dem Abschluss von Geschäften betraut hat.

(3) Ob ein Handelsvertreter nur als Handelsvertreter im Nebenberuf tätig ist, bestimmt sich nach der Verkehrsauffassung.

(4) Die Vorschriften der Absätze 1 bis 3 gelten sinngemäß für Versicherungsvertreter und für Bausparkassenvertreter.«

Nebenberuflich tätig ist ein Handelsvertreter, wenn er weniger als 1/3 der üblichen Zeit eines Vollzeitvertreters seiner Branche für die Vermittlung von Produkten und Dienstleistungen tätig ist. Nebenberuflichkeit bricht nicht den Selbständigenstatus. Das HGB behandelt den nebenberuflichen Handelsvertreter gesondert, um seine dem Vollzeitvertreter gegenüber etwas geringen Rechte zu beschreiben. So können nebenberufliche Handelsvertreter keinen Vorschuss verlangen, ihre Kündigung muss individuell abgestimmt werden und sie haben – anders als ein selbständiger Full-Time-Vertreter gemäß § 89b HGB – keinen Anspruch auf Ausgleichszahlung im Falle einer Beendigung des Vertragsverhältnisses.
Nebenberufliche Handelsvertreter schließen ganz gewöhnliche Handelsvertreter-/Maklerverträge ab, unabhängig davon, ob sie einer neben- oder hauptberuflichen Vermittlungstätigkeit nachgehen, da die Kerntätigkeit ja die gleiche ist.

Freier Handelsvertreter oder Makler?

Im Unterschied zum freien Handelsvertreter, der an einen oder mehrere Auftraggeber durch einen Handelsvertretervertrag fest gebunden und gemäß § 86 HGB verpflichtet ist, sich um die Vermittlung oder den Abschluss von Geschäften zu bemühen, unterliegt der Makler keiner Bemühungspflicht. Den Makler trifft nur bei gesonderter Vertragsgestaltung eine Tätigkeitspflicht gemäß §§ 652–656 BGB sowie §§ 93–104 HGB (Besonderheiten des Handelsmaklers). Am ehesten wird die Maklertätigkeit am Beispiel des Immobilienmaklers plausibel, der nicht ständig für einen Auftraggeber, sondern jeweils projektbezogen für mehrere Auftraggeber tätig wird. Es steht jedem offen, sich beispielsweise ein Immobilienobjekt von einem Makler zum Kauf oder Verkauf, zur An- oder Vermietung vermitteln zu lassen. Es wird ein Maklervertrag

(zumeist ein Alleinauftrag auf bestimmte Zeit, d.h. ein Kurzzeitschuldverhältnis) geschlossen, der mit der erfolgreichen Vermittlung erfüllt und abgeschlossen ist. Der Handelsvertretervertrag dagegen stellt ein sogenanntes Dauerschuldverhältnis dar, weil der Vertrag über das Einzelgeschäft hinausgeht und eine auf Dauer angelegte Zusammenarbeit zwischen Unternehmer und Handelsvertreter begründet. Während der Handelsvertreter, dessen Leistung vor allem auch im Aufbau kontinuierlicher Geschäftsbeziehungen liegt, bei Ausscheiden unter Umständen zum Ausgleich dieser Werterbringung einen Ausgleichsanspruch gegenüber dem auftraggebenden Unternehmen hat, ist dies bei Maklern nicht der Fall.
Zur Gruppe der Handelsmakler gehören auch die Immobilienmakler. Für sie gelten zum Schutz des Verbrauchers noch ganz besondere zusätzliche Rechtsvorschriften: Gemäß § 34c der Gewerbeordnung (GewerbeO) ist ihr Gewerbe erlaubnispflichtig (Nachweis der Fachkunde). Zudem müssen sie sich an die Verordnung über die Pflichten der Makler, Darlehens- und Anlagenvermittler, Bauträger und Baubetreuer (MaBV v. 16. 6. 1998 BGBL. IS. 1291) halten (im DTV-Taschenbuch »GewO« enthalten).

Unterschied Reisender und Handelsvertreter

Obwohl von der Tätigkeit her betrachtet der Reisende und der selbständige Handelsvertreter in gleicher Weise mit Kunden in Verbindung treten, um ihre Verkaufs- und Vermittlungstätigkeit auszuüben, gibt es dennoch gravierende Unterschiede: Der angestellte Vertreter vertritt nur *ein* Unternehmen, seinen Arbeitgeber bzw. dessen Tochterfirmen, während der freie Handelsvertreter mehrere Unternehmen vertreten kann. Der Reisende ist weisungsgebunden, in den Betrieb integriert und kann sich seine Zeit nur bedingt selbst einteilen. Der selbständige Handelsvertreter trägt das Unternehmerwagnis (erfolgsabhängige Provision statt Festgehalt, Mithaftung bei Prospektlügen etc.) sowie den Großteil der

Vertriebskosten (z.B. Akquisitions-, Fahrt- und Telefonkosten, Anzeigen-, Stand- und sonstige Kosten). Er verfügt frei über seine Zeit und Kundentermine. Er hält zumeist ein Büro und Fahrzeug vor.

Kein Scheinselbständigkeits-Anfangsverdacht

Da selbständige Handelsvertreter nach dem Handelsgesetzbuch (HGB) Vollkaufleute darstellen und somit per Gesetz als Selbständige gelten, fallen sie wie »Gesellschafter von Unternehmen« von vornherein nicht unter die Scheinselbständigkeits-Anfangsverdachtsregelungen der Sozialgesetzgebung. Selbst Einzelkämpfer und nebenberufliche selbständige Handelsvertreter mit nur einem zu vertretenden Unternehmen werden nicht nach dem Kriterienkatalog des Sozialgesetzbuchs gemäß § 7 Abs. 4 Satz 1–5 und 2 SGB IV zur Feststellung von Selbständigkeit überprüft.
Selbständige Handelsvertreter sind somit grundsätzlich nicht sozialversicherungspflichtig in der Kranken-, Pflege-, Renten- und Arbeitslosenversicherung. Dennoch sollten haupt- und nebenberufliche freie Handelsvertreter von Anfang an darauf achten, ihre Tätigkeit nach den Kriterien selbständiger Tätigkeiten auszuüben, um gar nicht erst den Ansatz eines Verdachts verschleierter Selbständigkeit aufkommen zu lassen.
Der Auftraggeber darf seinem freien Handelsvertreter sogar – anders als bei anderen freien Zusammenarbeitsverhältnissen – bedingt Weisungen geben, ohne dass hierdurch die Selbständigkeit gefährdet wäre.

Arbeits- und vertragsrechtliche Aspekte

Die Zusammenarbeit mit einem Handelsvertreter kommt in Unternehmen als Alternative zur Beschäftigung von Reisenden dann in Betracht, wenn ein eigener Außendienst nicht ausgelastet, teurer oder ineffektiver wäre oder wenn es gälte, Produkte möglichst rasch in den Markt einzuführen, wozu

man auf ein bestehendes Kontaktnetz bzw. eine fremde Vertriebsorganisation (Handelsvertreterorganisation) zurückgreifen muss. Große Handels- und Industrievertretungen verfügen mitunter über solche, durch eigene freie Handelsvertreter aufgebaute Vertriebsnetze.
Als Grundlage der Zusammenarbeit wird ein Maklervertrag (Handelsvertretervertrag) abgeschlossen.

Umfang und Grenzen der Weisungsgebundenheit

Gemäß § 86 Abs. 1 und 2 HGB und aus den §§ 675, 655 BGB ergibt sich für den freien Handelsvertreter eine gewisse Weisungsgebundenheit, die er hinzunehmen hat. Der Gesetzgeber geht von der Regel aus, dass mit steigendem Risiko für den Unternehmer (Auftraggeber) auch das Maß seines Weisungsrechts steigt. So dürfen beispielsweise Versicherungen wegen des hohen finanziellen Risikos bei Fehlern durch ihre Handelsvertreter vorschreiben, welche »Personen als Geschäftspartner (Versicherungsnehmer)« akquiriert, welche Vertragsbedingungen beim Versicherungsabschluss zugrunde gelegt und welche Richtlinien bei der Kundenwerbung und -betreuung gültig werden sollen.

Für Selbständigkeitsstatus unschädliche Weisungen:
Nach Ansicht des OLG Düsseldorf (Urteil v. 5. 12. 1997 – 16 U 220/96) dürfen darüber hinaus vom Auftraggeber bestimmt werden:

- Vertriebspolitik,
- Verbuchungs- und Abrechnungsverfahren,
- Vertragskonditionen und Zahlungsmodalitäten (zwischen Auftraggeber und seinem vom Handelsvertreter vermittelten Kunden),
- Umgang mit bereitgestellten Waren (z.B. Mustern, Musterausstellungsdurchführung etc.) und vereinnahmten Geldern (z.B. bei Inkassobevollmächtigungen etc.).

Statusschädlich und für eine unselbständige Tätigkeit würde jedoch folgendes Unternehmerverhalten sprechen:

- Zuweisung fester, bestimmter Tourenpläne, Verpflichtungsverlan-

gen, Kunden in bestimmten Zeitabständen aufzusuchen (ArbG Lübeck, Beschluss v. 26. 10. 1995 – 2 Ca 2046/95),
- bestimmte Anwesenheitspflichten des Vertreters beim Auftraggeber, z.B. bei Schulungen, Besprechungen etc.,
- detaillierte Vorgabe, wie Inkasso fachlich, zeitlich und organisatorisch durchgeführt werden soll (im Unterschied zur Regelung, wie Geldeinnahmen verwendet, sprich zum Auftraggeber weitergeleitet werden sollen).

Konkurrenzverbot: Ein Konkurrenzverbot darf nur im Rahmen des § 86 Abs. 1 HGB bestimmt werden, der besagt, dass nur solche zusätzlichen Vertretungsübernahmen anderer Auftraggeber auszuschließen sind, die dem Hauptauftraggeber unmittelbar Konkurrenz machen. Allerdings bewegen sich solche Vereinbarungen auf dünnem Eis und sollten, wenn möglich, weggelassen werden, um den Rechtsstatus der Selbständigkeit nicht zu gefährden.
Nebentätigkeitsverbot: So eine Vertragsklausel muss nicht zwingend für eine ansonsten unselbständige Tätigkeit sprechen. Als freier Handelsvertreter sollte man eine derartige Klausel grundsätzlich nicht unterzeichnen und ggf. eher auf eine Vertretung des besagten potentiellen Auftraggebers verzichten.
Meldepflichten: Solche Klauseln, die besagen, dass der Handelsvertreter dem Unternehmer die erforderlichen Nachrichten über den Stand von Geschäftsvermittlungen und -abschlüssen zukommen lässt und dass er beispielsweise die Auftragsspezifikation bzw. technische Abklärung vornimmt und weiterleitet, sind statusunschädlich, da diese Aufgaben in § 86 Abs. 2 HGB vorgesehen sind.

Vertragsregelungen – Gebiet und Provision sichern

Ob haupt- oder nebenberuflicher Handelsvertreter – wichtig ist, dass selbständige Handelsvertreter oder die, die es werden möchten, einen möglichst wasserdichten Handelsvertretervertrag abschließen.

Wichtige Fragen vor dem Abschluss eines Handelsvertretervertrags sind u. a.:

- *Form und Inhalt der Vertragsgestaltung.* Der Vertrag ist formfrei. Jede Vertragspartei hat das Recht, eine schriftliche Vertragsurkunde zu verlangen. Ein schriftlicher Vertrag ist unbedingt zu empfehlen, damit beide Seiten über den Inhalt des Vertrages Klarheit haben und die Vereinbarungen im Streitfall bewiesen werden können. Nachstehend finden Sie einige der wichtigen Punkte, die im Vertragswerk geregelt werden sollten:
- *Vertragspartner.* Besonders bei Firmenkonglomeraten und Konzernen ist genau zu achten auf: exakte Bezeichnung mit Vor- und Nachnamen, ggf. Firma laut Handelsregistereintrag, Adressen.
- *Vertragsgegenstand.* Genaue Definition, mit Auflistung der zu vermittelnden Vertriebserzeugnisse. Bei generalisierender Beschreibung besteht die Gefahr, dass es später Auslegungskonflikte mit Mehrarbeit für den Vertreter gibt.
- *Einsatzgebiet.* Wo soll und darf ich als Vertreter tätig werden? Genaue Gebietsbezeichnung nach Bundesland, Regierungsbezirk, Postleitzahl u. Ä.
- *Was sind die wichtigsten Aufgaben des Vertreters?*
  Vermittlung von Geschäften für den Unternehmer, nach Vereinbarung auch Abschluss in dessen Namen; Promotion der Waren inkl. Messebesuche; Entwurf von Spezialkonzepten für Kunden im technischen Bereich.
- *Darf Geld direkt vereinnahmt werden?*
  Ggf. Rechnungsstellungs- und Inkassobefugnis des Vertreters.
- *Welche Pflichten hat der Vertreter?*
  Ständige Bemühung um Geschäfte für den Unternehmer; Wahrung der Interessen des Unternehmers, regelmäßige Berichterstattung; Verschwiegenheit gegenüber Dritten im Hinblick auf Geschäfts- und Betriebsgeheimnisse; Aufbewahrung und Herausgabe von Unterlagen des Unternehmers; Treuepflicht.
- *Erlaubnis/Verbote weiterer Vertretungen.* Wenn der Vertragspartner (Unternehmer) diese Frage nicht anspricht, sollte man ebenfalls schweigen, weil dann die Hinzunahme weiterer Vertretungen beliebig möglich ist. Wenn es Konkurrenzverbote gibt, dann sollte man darauf pochen, dass diese genau und nicht pauschalisierend aufgelistet werden. Vermeiden Sie es, einen Zustimmungsvorbehalt des Unternehmers für weitere Vertretungen zu unterzeichnen.

- *Unternehmerpflichten* wie unterstützende Maßnahmen, z.B. überregionale Werbung, Überlassung von Unterlagen, Mustern und Kollektionen sowie Werbematerial; Übermittlung der erforderlichen Nachrichten; Information über Ausführung der Geschäfte; allgemeine Unterstützung; Treuepflicht usw.

Gebietsschutz

Wichtig im Hinblick auf die Existenz ist die Frage des Gebietsschutzes für den Handelsvertreter. Gebietsschutz heißt, dass innerhalb einer vertraglich festgelegten Region kein anderer freier Handelsvertreter desselben Unternehmens oder einer seiner Tochterfirmen mit den gleichen Produkten Geschäfte anbahnen und vermitteln darf. Ein Gebietsschutz ist wichtig, da sich sonst Aufwendungen des Handelsvertreters für Akquisition, Büro, Fahrzeug usw. nicht rechnen würden, wenn in seinem Gebiet weitere Konkurrenzvertreter tätig wären und womöglich aufgrund seiner Akquisitions- und Werbebemühungen Abschlüsse tätigen können. Aus diesem Grund ist es bei Handelsvertreterverträgen üblich, den freien Handelsvertretern einen Gebietsschutz einzuräumen. Doch Vorsicht: Die Unternehmer können diesen unterlaufen, indem sie sich das Recht zu »Direktgeschäften« vorbehalten. In der Praxis bedeutet das, dass der Unternehmer die Großgeschäfte am Handelsvertreter vorbei abschließt. Hier muss es eine Regel für eine Beteiligungsprovision geben; denn Großgeschäfte sind oft nur möglich, wenn Produkte oder Leistungen sich nachweislich etablieren konnten, was aber regional der Verdienst des Handelsvertreters ist. Auch muss geklärt werden, wie Überschneidungsgeschäfte zu regeln sind: So kann die Akquisition in Gebiet A dazu führen, dass ein Geschäft in der Region B, für dessen Betreuung ein anderer Handelsvertreter zuständig ist, zustande kommt. In diesem Fall muss geregelt werden, ob der Handelsvertreter der Region B den Kunden weiter betreut und in diesem Fall die Provision geteilt werden soll.

Ein Schwachpunkt des Gebietsschutzes ist aber, dass das Unternehmen sich zwar hinsichtlich des Einsatzes von Handelsvertretern daran halten muss, keinen Konkurrenzaußen-

dienst in geschützten Gebieten einzusetzen. Doch umgangen wird dies häufig dadurch, dass das Unternehmen über eine zweite Vertriebsschiene zusätzlich Händler einsetzt, die im Unterschied zu Handelsvertretern nicht Geschäfte vermitteln, sondern Waren auf eigene Rechnung beim Hersteller direkt einkaufen und auf eigenes Risiko verkaufen. Auch hier müssen Sie Auftraggeber darauf drängen, dass der Einsatz von Händlern in Ihrem Schutzgebiet ausgeschlossen wird.
Es sollte sich niemand in die Lage eines Zeitschriftenwerbers bringen, der Abos zu vermitteln versucht, obgleich die Zeitungen selbst durch große Geschenke am Abo-Werber vorbei selbst akquirieren. Solche Vertretungen können Betroffene wirtschaftlich ruinieren.

Vertragsgestaltung nach Handelsgesetzbuch

Da das Handelsgesetzbuch – auch zum Schutz des freien Handelsvertreters – zahlreiche Punkte regelt, kann es manchmal besser sein, im Vertrag auf das HGB zu verweisen. Geregelt werden im HGB u.a. folgende Aspekte:

- § 85 HGB Vertragsurkunde
- § 86 HGB Pflichten des Handelsvertreters
- § 86a HGB Pflichten des Unternehmers
- § 86b HGB Delkredereprovision
- § 87 HGB Provisionspflichtige Geschäfte
- § 87a HGB Fälligkeit der Provision
- § 87b HGB Höhe der Provision
- § 87c HGB Abrechnung über die Provision
- § 87d HGB Ersatz von Aufwendungen
- § 88 HGB Verjährung der Ansprüche
- § 88a HGB Zurückbehaltungsrecht
- § 89 HGB Kündigung des Vertrags
- § 89a HGB Fristlose Kündigung
- § 89b HGB Ausgleichsanspruch
- § 90 HGB Geschäfts- und Betriebsgeheimnisse
- § 90a HGB Wettbewerbsabrede
- § 91 HGB Vollmachten des Handelsvertreters
- § 91a HGB Mangel der Vertretungsmacht
- § 92 HGB Versicherungs- und Bausparkassenvertreter

- § 92a HGB Mindestarbeitsbedingungen
- § 92b HGB Handelsvertreter im Nebenberuf
- § 92c HGB Handelsvertreter außerhalb der Europäischen Gemeinschaft, Schifffahrtsvertreter.

Provisionstandard der HGB-Vorgaben sichern

Beim Abschluss eines Handelsvertretervertrags muss man hinsichtlich der Regelungen über Provisionszahlungen sehr darauf achten, dass man nicht aus Versehen vertraglich auf das verzichtet, was gesetzlich ohnehin dem freien Handelsvertreter gemäß §§ 87, 87a, 87b, 87c und 87d HGB zusteht:

§ 87 HGB Provisionspflichtige Geschäfte

»(1) Der Handelsvertreter hat Anspruch auf Provision für alle während des Vertragsverhältnisses abgeschlossenen Geschäfte, die auf seine Tätigkeit zurückzuführen sind oder mit Dritten abgeschlossen werden, die er als Kunden für Geschäfte der gleichen Art geworben hat. Ein Anspruch auf Provision besteht für ihn nicht, wenn und soweit die Provision nach Absatz 3 dem ausgeschiedenen Handelsvertreter zusteht.

(2) Ist dem Handelsvertreter ein bestimmter Bezirk oder ein bestimmter Kundenkreis zugewiesen, so hat er Anspruch auf Provision auch für die Geschäfte, die ohne seine Mitwirkung mit Personen seines Bezirkes oder seines Kundenkreises während des Vertragsverhältnisses abgeschlossen sind. Dies gilt nicht, wenn und soweit die Provision nach Absatz 3 dem ausgeschiedenen Handelsvertreter zusteht.

(3) Für ein Geschäft, das erst nach Beendigung des Vertragsverhältnisses abgeschlossen ist, hat der Handelsvertreter nur Anspruch auf Provision, wenn er das Geschäft vermittelt oder es eingeleitet und so vorbereitet hat, dass der Abschluss überwiegend auf seine Tätigkeit zurückzuführen ist und das Geschäft innerhalb einer angemessenen Frist nach Beendigung des Vertragsverhältnisses abgeschlossen worden ist oder vor Beendigung des Vertragsverhältnisses das Angebot des Dritten zum Abschluss eines Geschäfts, für das der Handelsvertreter nach Absatz 1 Satz 1 oder Absatz 2 Satz 1 Anspruch auf Provision hat, dem Handelsvertreter oder dem Unternehmer zugegangen ist. Der Anspruch auf Provision nach Satz 1 steht dem nachfolgenden Handelsvertreter anteilig zu, wenn wegen besonderer Umstände eine Teilung der Provision der Billigkeit entspricht.

(4) Neben dem Anspruch auf Provision für abgeschlossene Geschäfte hat der Handelsvertreter Anspruch auf Inkassoprovision für die von ihm auftragsgemäß eingezogenen Beträge.

§ 87a HGB Fälligkeit der Provision

(1) Der Handelsvertreter hat Anspruch auf Provision, sobald und soweit der Unternehmer das Geschäft ausgeführt hat. Eine abweichende Vereinbarung kann getroffen werden, jedoch hat der Handelsvertreter mit der Ausführung des Geschäfts durch den Unternehmer Anspruch auf einen angemessenen Vorschuss, der spätestens am letzten Tag des folgenden Monats fällig ist. Unabhängig von einer Vereinbarung hat jedoch der Handelsvertreter Anspruch auf Provision, sobald und soweit der Dritte das Geschäft ausgeführt hat.

(2) Steht fest, dass der Dritte nicht leistet, so entfällt der Anspruch auf Provision; bereits empfangene Beträge sind zurückzugewähren.

(3) Der Handelsvertreter hat auch dann einen Anspruch auf Provision, wenn feststeht, dass der Unternehmer das Geschäft ganz oder teilweise nicht oder nicht so ausführt, wie es abgeschlossen worden ist. Der Anspruch entfällt im Falle der Nichtausführung, wenn und soweit diese auf Umständen beruht, die vom Unternehmer nicht zu vertreten sind.

(4) Der Anspruch auf Provision wird am letzten Tag des Monats fällig, in dem nach § 87c Abs. 1 über den Anspruch abzurechnen ist.

(5) Von Absatz 2 erster Halbsatz, Absätzen 3 und 4 abweichende, für den Handelsvertreter nachteilige Vereinbarungen sind unwirksam.

§ 87b HGB Höhe der Provision

(1) Ist die Höhe der Provision nicht bestimmt, so ist der übliche Satz als vereinbart anzusehen.

(2) Die Provision ist von dem Entgelt zu berechnen, das der Dritte oder der Unternehmer zu leisten hat. Nachlässe bei Barzahlung sind nicht abzuziehen; dasselbe gilt für Nebenkosten, namentlich für Fracht, Verpackung, Zoll, Steuern, es sei denn, dass die Nebenkosten dem Dritten besonders in Rechnung gestellt sind. Die Umsatzsteuer, die lediglich aufgrund der steuerrechtlichen Vorschriften in der Rechnung gesondert ausgewiesen ist, gilt nicht als besonders in Rechnung gestellt.

(3) Bei Gebrauchsüberlassungs- und Nutzungsverträgen von bestimmter Dauer ist die Provision vom Entgelt für die Vertragsdauer zu berechnen. Bei unbestimmter Dauer ist die Provision vom Entgelt bis zu dem Zeitpunkt zu berechnen, zu dem erstmals von dem Dritten gekündigt werden kann; der

Handelsvertreter hat Anspruch auf weitere entsprechend berechnete Provisionen, wenn der Vertrag fortbesteht.

§ 87c HGB Abrechnung über die Provision
(1) Der Unternehmer hat über die Provision, auf die der Handelsvertreter Anspruch hat, monatlich abzurechnen; der Abrechnungszeitraum kann auf höchstens drei Monate erstreckt werden. Die Abrechnung hat unverzüglich, spätestens bis zum Ende des nächsten Monats, zu erfolgen.
(2) Der Handelsvertreter kann bei der Abrechnung einen Buchauszug über alle Geschäfte verlangen, für die ihm nach § 87 Provision gebührt.
(3) Der Handelsvertreter kann außerdem Mitteilung über alle Umstände verlangen, die für den Provisionsanspruch, seine Fälligkeit und seine Berechnung wesentlich sind.
(4) Wird der Buchauszug verweigert oder bestehen begründete Zweifel an der Richtigkeit oder Vollständigkeit der Abrechnung oder des Buchauszuges, so kann der Handelsvertreter verlangen, dass nach Wahl des Unternehmers entweder ihm oder einem von ihm zu bestimmenden Wirtschaftsprüfer oder vereidigten Buchsachverständigen Einsicht in die Geschäftsbücher oder die sonstigen Urkunden so weit gewährt wird, wie dies zur Feststellung der Richtigkeit oder Vollständigkeit der Abrechnung oder des Buchauszuges erforderlich ist.
(5) Diese Rechte des Handelsvertreters können nicht ausgeschlossen oder beschränkt werden.

§ 87d HGB Ersatz von Aufwendungen
Der Handelsvertreter kann den Ersatz seiner im regelmäßigen Geschäftsbetrieb entstandenen Aufwendungen nur verlangen, wenn dies handelsüblich ist.

Wichtige Fragen zur Honorarregelung sind:

- Welche Vergütung steht mir speziell zu?
- Genaue Festlegung meiner provisionspflichtigen Geschäfte. Welche sind das? Liste machen!
- Regelung treffen, wie eine Verprovisionierung bei Direktabschlüssen des Unternehmens in meinem Vertriebsgebiet gehandhabt wird. Welcher Anteil an der Provision steht mir zu?
- Provisionsbemessungsgrundlagen, z. B. Rechnungsbetrag inkl. oder

zuzüglich Mehrwertsteuer, Fahrtkosten, Montagekosten und sonstige Nebenpositionen,

- Provisionssatz – was ist branchenüblich? Rechtfertigt meine Tätigkeit, z.B. zusätzliche technische Klarstellung, eine höhere Provision? Basis-Rechnungsbetrag, bei höheren Umsätzen Staffelprovision.
- Ist eine Art Fixum als Kostenbeitragspauschale möglich?
- Weitere Provisionsmöglichkeiten: Mindestgarantie besonders in der Anlaufzeit; Gesamtumsatz- oder Superprovision; Bestandspflegeprovision; Delkredere-Provision u.a.
- Entstehung und Fälligkeit: grundsätzlich bei Ausführung des Geschäfts durch den Unternehmer; andere Vertragsgestaltung ist möglich wie z.B. Zeitpunkt der Rechnungszahlung durch den Kunden, dann aber Vorschussanspruch des Vertreters.
- Abrechnung: Vereinbarung des Abrechnungszeitraums im Rahmen der gesetzlichen Vorgabe von 1–3 Monaten, Auskunftsanspruch des Vertreters, bei Zweifel Buchauszug oder Einsichtsrecht durch Wirtschaftsprüfer.
- Auslagenersatz: Zuschüsse in Geld oder Naturalien zu Werbe- und Präsentationskosten, Geschäftswagen, EDV, Kosten der Lagerhaltung, Ersatz von Spesen und sonstigen Aufwendungen.

! Vertragsmuster eines Handelsvertretervertrags

Handelsvertretervertrag
zwischen
der Firma A
im Folgenden »Unternehmer« –

und

Herrn/Frau B
im Folgenden »Handelsvertreter« –

§ 1 Umfang der Vertretung

Der Unternehmer bestellt den Handelsvertreter für das Gebiet, das in der beiliegenden Karte rot umrandet ist, zum Bezirksvertreter.
Der Handelsvertreter hat die Exklusivvertretung in diesem Gebiet.
Die Handelsvertretung erstreckt sich auf folgende Produkte ...

§ 2 Pflichten des Handelsvertreters

Der Handelsvertreter hat seine Dienste persönlich zu leisten. Er ist zum Einsatz von Untervertretern berechtigt.

Der Handelsvertreter hat für den Unternehmer Geschäfte zu vermitteln.

Er hat die Vollmacht zum Abschluss des Vertrages.

Der Handelsvertreter hat die Geschäftsbeziehungen mit den potentiellen Kunden des Unternehmers zu pflegen. Er ist verpflichtet, die Interessen des Unternehmers wahrzunehmen.

Der Handelsvertreter hat die in seinem Gebiet vorhandenen potentiellen Kunden des Unternehmers regelmäßig zu besuchen.

Der Handelsvertreter hat dem Unternehmer laufend Nachricht zu geben über alle in den Geschäftsbeziehungen interessierenden Umstände, insbesondere über seine Abschlüsse und Vermittlungen, Beobachtungen über die Bonität der Kunden und eventuelle Veränderungen im Kundenkreis.

Der Handelsvertreter darf die Interessen solcher Firmen, die mit dem Unternehmer im Wettbewerb stehen, nicht wahrnehmen.

Der Handelsvertreter hat über alle Geschäftsgeheimnisse des Unternehmers während der Dauer des Vertrags und nach Beendigung des Vertrags Stillschweigen zu bewahren.

§ 3 Pflichten des Unternehmers

Der Unternehmer hat den Handelsvertreter bei dessen Tätigkeit nach Kräften zu unterstützen; er hat ihn insbesondere mit Werbeunterlagen im jeweils benötigten Umfang kostenlos zu versehen.

Der Unternehmer hat den Handelsvertreter mit allen sich auf die möglichen Geschäfte beziehenden Informationen zu versehen. Er hat ihm jeweils unverzüglich mitzuteilen, ob er ein vermitteltes Geschäft annehmen oder ablehnen will.

Der Unternehmer hat den Handelsvertreter zu unterrichten, wenn er Geschäfte voraussichtlich nur in erheblich geringerem Umfang abschließen kann oder will, als nach den Umständen zu erwarten ist.

Der Unternehmer hat den Handelsvertreter über seine unmittelbaren geschäftlichen Tätigkeiten im Gebiet des Handelsvertreters zu unterrichten und mit potentiellen Abnehmern geführte Korrespondenz dem Handelsvertreter in Kopie zu überlassen.

§ 4 Provision

Der Handelsvertreter erhält als Entgelt für seine Tätigkeit für alle Geschäfte, die er in seinem Gebiet abschließt oder vermittelt, eine Provision.

Der Handelsvertreter hat keinen Anspruch auf Provision, wenn und soweit feststeht, dass der Kunde des Unternehmers keine Zahlung leistet. Bereits gezahlte Provision ist zurückzuzahlen.
Die Provision für den Abschluss oder die Vermittlung beträgt 5 % vom Netto-Rechnungsbetrag abzüglich aller vom Unternehmer gewährten oder vom Kunden in Anspruch genommenen Nachlässe.
Übernimmt der Handelsvertreter für ein bestimmtes Geschäft das Delkredere, so erhält er seine besondere zusätzliche Delkredere-Provision in Höhe von 3 %. Die Delkredere-Provision wird ebenso berechnet wie die Provision.
Die Provision wird vierteljährlich abgerechnet und bezahlt; á Konto des Provisionsanspruchs erhält der Handelsvertreter eine monatliche Vorschusszahlung in Höhe von Euro ...
Soweit der Handelsvertreter mit im Einzelfall vom Unternehmer zu erteilender Ermächtigung des Unternehmers einzieht, kann er die verdiente Provision einbehalten.
Der Handelsvertreter hat keinen Anspruch auf Erstattung von Auslagen wie Fahrtkosten, Porto, Fernsprech- und Telexgebühren.

§ 5 Dauer des Vertrages
Der Vertrag wird auf unbestimmte Zeit geschlossen. Er kann im ersten Jahr mit einer Frist von einem Monat, im zweiten Jahr mit einer Frist von zwei Monaten und im dritten bis fünften Jahr mit einer Frist von drei Monaten zum Abschluss eines Kalendermonats gekündigt werden. Nach einer Vertragsdauer von fünf Jahren kann das Vertragsverhältnis mit einer Frist von sechs Monaten gekündigt werden.

§ 6 Teilunwirksamkeit
Sollte eine Bestimmung dieses Vertrages unwirksam sein oder werden, so wird die Gültigkeit des Vertrags im übrigen nicht berührt. Die Vertragsabschließenden verpflichten sich, die unwirksame Regelung durch eine solche zu ersetzen, die dem Vertragszweck wirtschaftlich entspricht.

§ 7 Vertragsänderungen
Änderungen und Ergänzungen dieses Vertrages bedürfen der Schriftform.

§ 8 Gerichtsstand und Erfüllungsort
Gerichtsstand und Erfüllungsort für alle Verbindlichkeiten aus diesem Vertrag ist ausschließlich der Sitz des Unternehmens.

(Quelle: IHK Augsburg)

Wie finde ich eine Vertretung?

Da Unternehmen aller Größenordnungen und fast aller Branchen potentiell mit Handelsvertretern zusammenarbeiten können, sind die Möglichkeiten, wo man nach einer Vertretung suchen kann, enorm. Allerdings gilt es, eine Vertretung entsprechend der eigenen fachlichen Eignung und Neigung zu finden. Empfehlenswert ist vor dem Sprung ins kalte Wasser zum selbständigen Handelsvertreter, zunächst eine Stelle als angestellter Handelsvertreter zu finden. Als Reisender, etwa bei einer Versicherung, lernt man die Grundregeln des Vermittlungsgeschäftes und der Kundenakquisition kennen, z.B. wie man Gespräche führt, einen Organisations- und Zeitplan erstellt und vieles mehr.

Allerdings stellt auch der nebenberufliche Einstieg ins Geschäft eine Möglichkeit dar, zu prüfen, ob man für so einen harten Job überhaupt geeignet ist. Zudem kann man Erfahrungen sammeln, die später bei der Übernahme einer Vollzeitvertretung wichtig sind, um entsprechende Praxis nachzuweisen. Wer keine Praxis als selbständiger Handelsvertreter oder zumindest als Reisender nachweisen kann, hat es schwer, überhaupt eine Vertretung zu erhalten, es sei denn, es handelt sich um Konsumgüter, die direkt an den Endverbraucher gebracht werden sollen, wie z.B. Kosmetik, Unterwäsche, Geschirr usw. In diesen Fällen suchen Firmen vor allem persönlichkeitsstarke Frauen und Männer, die Ausstrahlung haben, vertrauenswürdig wirken und in der Lage sind, nebenberuflich und später vielleicht hauptberuflich einzusteigen. Für die gesuchten Neueinsteiger werden dann gezielte Schulungen angeboten, ähnlich wie bei Versicherungen und Bausparkassen.

Ansonsten empfiehlt es sich auch, im Vorfeld zu versuchen, bei einer eingeführten Handels- oder Industrievertretung, bei einem Makler oder in einer Handelsagentur Beschäftigung zu finden oder zumindest im Vertrieb von Firmen Erfahrungen zu sammeln. Wenn die Hürde eines Erstvertrages erst einmal genommen ist und Sie gewisse Vermittlungserfolge nachweisen können, ist es dann gar nicht mehr so schwer,

Auftraggeber zu finden. Denn im Prinzip ist jedes Unternehmen daran interessiert, seinen Umsatz zu erhöhen. Mit freien Handelsvertretern kostet der unmittelbare Vertrieb das Unternehmen nicht mehr als die erfolgsabhängige Provision.

Erst wenn die regelmäßigen Provisionen höher liegen als beispielsweise ein Gehalt für Reisende, bedenken die Firmen, ob sie nicht besser einen aus Reisenden bestehenden Außendienst etablieren sollen. Das hätte für sie den Vorteil, dass dieser dann ausschließlich ihr Haus vertritt und vielleicht mehr absetzen kann als die freien Handelsvertreter.

Wer sich also umschaut nach Vertretungen, sollte dies am besten im Bereich der mittleren Unternehmen tun, die einerseits groß genug sind, dass es sich lohnt, ihre Produkte und Leistungen zu vertreten, die aber gleichzeitig auch zu klein sind, um Reisende zu beschäftigen oder eigene Niederlassungen zu gründen.

Vertretungsangebote findet man

- im HV-Journal, Verbandsorgan des CDH; mit jährlich mehr als 2200 Vertretungsangeboten steht die Zeitschrift an der Spitze aller Fachzeitschriften und Tageszeitungen in der Bundesrepublik, *www.cdh.de/g/16/hvjournal.html* oder *www.cdh.de*
- in Fachzeitschriften der Branchen
- in Wochenendzeitungen der Tageszeitungen
- im Internet, z.B.: *www.handelsvertreter.de*, Plattform des CDH mit Vermittlungsangeboten der Branchen Bauwesen, Technik, Papier – Verpackung – Büro, Medizinprodukte – Gesundheitswesen, Mode-Sport-Accessoires, Nahrungsmittel – Weine – Spirituosen – Wohnambiente *www.handel-handelsvertreter.de*, diverse Angebote verschiedener Branchen; *www.handelsvertreter-brd.de*, nennt Unternehmen aller Branchen.

!

Infos!

- Örtliche Industrie- und Handelskammern
- Centralvereinigung Deutscher Wirtschaftsverbände für Handelsvermittlung und Vertrieb (CDH), Am Weidendamm 1 A, 10117 Berlin Tel.: 0 30/72 62 56 00, Fax: 0 30/7 26 25 69, *www.cdh.de*

- Umfangreiche Fachliteratur zu Aufbau und Führung einer Handelsvertretung findet man im CDH-Shop im Internet unter *www.shop.cdh24.de/index.html*

Händler – Kaufvertrag

Während der freie Handelsvertreter im Auftrag für einen Unternehmer versucht, Waren auf dessen Rechnung zu verkaufen, und im Erfolgsfall eine Provision kassiert, ist die Stellung des Händlers eine andere. Er kauft auf eigene Rechnung und Verantwortung Ware bei Herstellern oder Großhändlern ein und verkauft diese Waren mit einem Aufschlag weiter, so z.B. an Endkunden. Der Preisaufschlag ist das, was der Händler einnimmt und womit er seine Unkosten und sein privates Einkommen erzielen muss. Jeder Handel basiert rechtlich auf einem Kaufvertrag – egal, ob es um einen stationären Einzel- oder einen mobilen Reisegewerbehandel, einen Groß- oder einen Versandhandel geht. Beim Kaufvertrag ist im deutschen Recht zu unterscheiden zwischen

- einem bürgerlich-rechtlichen Kauf, der unter Nichtkaufleuten abgeschlossen wird oder den ein Kaufmann für private Zwecke abschließt. Rechtsgrundlage: §§ 433 ff. BGB.
- Handelskauf, bei dem mindestens ein Vertragspartner Kaufmann ist. Rechtsgrundlagen: §§ 433 ff. BGB und §§ 343 ff. HGB.

Was ein Kaufvertrag rechtlich darstellt, regelt § 433 Abs. 1 + 2 BGB

§ 433 Inhalt eines Kaufvertrages
»(1) Durch den Kaufvertrag wird der Verkäufer einer Sache verpflichtet, dem Käufer die Sache zu übergeben und das Eigentum an der Sache zu verschaffen. Der Verkäufer hat dem Käufer die Sache frei von Sach- und Rechtsmängeln zu ver-

schaffen.« (Bis 31. 12. 2001 galt: Der Verkäufer eines Rechtes ist verpflichtet, dem Käufer das Recht zu verschaffen und, wenn das Recht zum Besitz einer Sache berechtigt, die Sache zu übergeben.)
»(2) Der Käufer ist verpflichtet, dem Verkäufer den vereinbarten Kaufpreis zu zahlen und die gekaufte Sache abzunehmen«.

Mit der Schuldrechtsreform 2002 wurde in § 433 Abs. 1 BGB die Verpflichtung aufgenommen, »dem Käufer die Sache frei von Sach- und Rechtsmängeln zu verschaffen«, so dass auf diese Weise der gravierende Unterschied zwischen Sach- und Rechtsmängeln geschlossen wurde und jetzt eindeutig ist, in welcher Qualität die zugesagte Ware dem Käufer abzuliefern ist.
Die Definition, was unter Sachmangel zu verstehen ist, definiert § 434 BGB; § 435 BGB bestimmt, was ein Rechtsmangel ist:

§ 434 Sachmangel
»(1) Die Sache ist frei von Sachmängeln, wenn sie bei Übergabe die vereinbarte Beschaffenheit hat. Soweit die Beschaffenheit nicht vereinbart ist, ist die Sache frei von Sachmängeln,
1. wenn sie sich für die nach dem Vertrag vorausgesetzte Verwendung eignet, sonst
2. wenn sie sich für die gewöhnliche Verwendung eignet und eine Beschaffenheit aufweist, die bei Sachen der gleichen Art üblich ist und die der Käufer nach der Art der Sache erwarten kann.
Zu der Beschaffenheit nach Satz 2 Nr. 2 gehören auch Eigenschaften, die der Käufer nach den öffentlichen Äußerungen des Verkäufers, des Herstellers (§ 4 Abs. 1 und 2 des Produkthaftungsgesetzes) oder seines Gehilfen insbesondere in der Werbung oder bei der Kennzeichnung über bestimmte Eigenschaften der Sache erwarten kann, es sei denn, dass der Verkäufer die Äußerung nicht kannte und auch nicht kennen musste, dass sie im Zeitpunkt des Vertragsabschlusses in

gleichwertiger Weise berichtigt war oder dass sie die Kaufentscheidung nicht beeinflussen konnte.
(2) Ein Sachmangel ist auch dann gegeben, wenn die vereinbarte Montage durch den Verkäufer oder dessen Erfüllungsgehilfen unsachgemäß durchgeführt worden ist. Ein Sachmangel liegt bei einer zur Montage bestimmten Sache ferner vor, wenn die Montageanleitung mangelhaft ist, es sei denn, die Sache ist fehlerfrei montiert worden.
(3) Einem Sachmangel steht gleich, wenn der Verkäufer eine andere Sache oder eine zu geringe Menge liefert.«

§ 435 BGB Rechtsmangel
»Die Sache ist frei von Rechtsmängeln, wenn Dritte in Bezug auf die Sache keine oder nur die im Kaufvertrag übernommenen Rechte gegen den Käufer geltend machen können. Einem Rechtsmangel steht es gleich, wenn im Grundbuch ein Recht eingetragen ist, das nicht besteht.«

Neu eingeführt im Kaufrecht wurde auch die sogenannte Nacherfüllung. Ihr Kunde kann also bei mangelhafter erster Lieferung unter Stellung einer Frist Nacherfüllung verlangen. Ist z.B. das Duftöl verunreinigt oder der Tee zu alt, der versendet oder vor Ort verkauft wurde, kann der Kunde eine Nachlieferung beantragen; Probleme jedoch kann es geben, wenn dann das Lager leer oder die Ware vergriffen ist. Wie die Gerichte hier entscheiden werden, bleibt abzuwarten.

§ 439 BGB Nacherfüllung
»(1) Der Käufer kann als Nacherfüllung nach seiner Wahl die Beseitigung des Mangels oder die Lieferung einer mangelfreien Sache verlangen.
(2) Der Verkäufer hat die zum Zweck der Nacherfüllung erforderlichen Aufwendungen, insbesondere Transport-, Wege-, Arbeits- und Materialkosten zu tragen.
(3) Der Verkäufer kann die vom Käufer gewählte Art der Nacherfüllung unbeschadet des § 275 Abs. 2 und 3 verweigern, wenn sie nur mit unverhältnismäßigen Kosten möglich ist. Dabei sind insbesondere der Wert der Sache in mangel-

freiem Zustand, die Bedeutung des Mangels und die Frage zu berücksichtigen, ob auf die andere Art der Nacherfüllung ohne erhebliche Nachteile für den Käufer zurückgegriffen werden könnte. Der Anspruch des Käufers beschränkt sich in diesem Fall auf die andere Art der Nacherfüllung, das Recht des Verkäufers, auch diese unter den Voraussetzungen des Satzes 1 zu verweigern, bleibt unberührt.
(4) Liefert der Verkäufer zum Zweck der Nacherfüllung eine mangelfreie Sache, so kann er vom Käufer Rückgewähr der mangelhaften Sache nach Maßgabe der §§ 346 bis 348 verlangen.

Wenn Sie nicht noch einmal liefern können oder die Nachlieferung kaum eine Verbesserung bringt, hat der Käufer wie bisher nach den §§ 346–348 BGB ein Rücktrittsrecht vom Kaufvertrag und kann das Geld zurückverlangen, soweit er bezahlt hat. Der Verkäufer muss die Ware zurücknehmen.
Statt den Kaufvertrag gänzlich rückgängig zu machen, kann der Kunde auch gemäß § 441 BGB (bislang: § 462 BGB) verlangen, dass der Händler den Kaufpreis mindert.

§ 441 Minderung
»(1) Statt zurückzutreten, kann der Käufer den Kaufpreis durch Erklärung gegenüber dem Verkäufer mindern. Der Ausschlussgrund des § 323 Abs. 5 Satz findet keine Anwendung.
(2) Sind auf der Seite des Käufers oder auf der Seite des Verkäufers mehrere beteiligt, so kann die Minderung nur von allen oder gegen alle erklärt werden.
(3) Bei der Minderung ist der Kaufpreis in dem Verhältnis herabzusetzen, in welchem zur Zeit des Vertragsabschlusses der Wert der Sache in mangelfreiem Zustand zu dem wirklichen Wert gestanden haben würde. Die Minderung ist, soweit erforderlich, durch Schätzung zu ermitteln.
(4) Hat der Käufer mehr als den geminderten Kaufpreis gezahlt, so ist der Mehrbetrag vom Verkäufer zu erstatten. § 346 Abs. 1 und § 347 Abs. 1 finden entsprechende Anwendung.

§ 442 Kenntnis des Käufers
(1) Die Rechte des Käufers wegen eines Mangels sind ausgeschlossen, wenn er bei Vertragsschluss den Mangel kennt. Ist dem Käufer ein Mangel infolge grober Fahrlässigkeit unbekannt geblieben, kann der Käufer Rechte wegen dieses Mangels nur geltend machen, wenn der Verkäufer den Mangel arglistig verschwiegen oder eine Garantie für die Beschaffenheit der Sache übernommen hat.
(2) Ein im Grundbuch eingetragenes Recht hat der Verkäufer zu beseitigen, auch wenn es der Käufer kennt.«

Neu: zwei Jahre Gewährleistung

Ein großes Risiko besteht vor allem für kleinere Händler, da die gesetzliche Gewährleistungsfrist von 6 Monaten auf 24 Monate verlängert wird. Das heißt: Ein Kunde kann noch nach 23 Monaten einen auftretenden Mangel geltend machen. Kommen unglücklicherweise mehrere solche Mängelrügen auf einmal, kann es passieren, dass kleine Händler nur noch mit dem Schadensersatz beschäftigt sind, ganz abgesehen von der finanziellen Einbuße durch Behebung oder Nacherfüllung. Daher sollte man genau prüfen, ob der Handel für eine selbständige Tätigkeit infrage kommt. So kann aufgrund der veränderten Rechtssituation die an und für sich günstige Möglichkeit trügerisch sein, jetzt übers Internet seine Angebote besser und preiswerter als in jedem Katalog anbieten zu können. Neben der Veränderung des Kauf- und Schuldrechts hat auch das neue Fernabsatzgesetz zu einer Risikoerhöhung im Handel geführt.

Freie Versandhändler – FernAbsG

Seit das Internet eine preiswerte Möglichkeit bietet, auch ohne Kataloginvestition als Einzelunternehmer einen Versandhandel aufzuziehen, betätigen sich immer mehr Selbständige als freie Händler. Dies geschieht entweder nebenberuflich, hauptberuflich oder ergänzend zu ihrer Dienstleistungsfunktion; so kann z.B. ein Software-Entwickler Software über seine Homepage verkaufen.
Versandhändler sind wie alle Händler grundsätzlich Gewerbetreibende. Freiberufler, die eine Mischtätigkeit ausüben, werden wegen des Abfärbungseffektes ebenfalls zu Gewerbetreibenden, sofern die Handelstätigkeit nicht wegen Geringfügigkeit vernachlässigbar ist oder eine vom freien Beruf getrennte Tätigkeit darstellt. (Siehe hierzu den Abschnitt »Nichttrennbare freiberufliche und gewerbliche Tätigkeiten«, Seite 67)
Versandhandel bedeutet, dass der Händler seine Waren dem Endverbraucher nicht direkt in einem Ladengeschäft oder auf einem Markt anbietet, sondern sie dem Kunden per Post oder Paketservice zustellt. Dabei ist es noch nicht einmal unbedingt nötig, dass der Versandhändler selbst ein Lager unterhält. Er kann – bei Vorliegen bestimmter Absprachen – auch Waren direkt von anderen Großhändlern oder Produzenten versenden lassen. Versandhändler können auch fremde Dienstleister mit der Lagerhaltung, Adressverwaltung und dem gesamten Versand inklusive Zahlungswesen beauftragen, was natürlich einiges kostet.
Rechtlich hat das in Bezug auf das Verhältnis des Versandhändlers zu seinem Kunden keinen Einfluss. Zumeist beginnen aber Kleinversender mit einem eigenen Lager. Beliebt sind Branchen mit Duftöl-, Tee-, Esoterik- oder auch Erotik-Produkten, aber auch Pflanzensamen, Pilzen oder Schmuck. Doch was seit Internetzeiten so leicht erscheint, ist in Wirklichkeit nicht einfach. Nicht nur, dass die Angebotsseite, die Domain, erst einmal bekannt sein muss. Ein Versandhändler muss zudem eine Menge rechtlicher Dinge bedenken, bevor

er einfach loslegen kann. So gilt beispielsweise seit dem 30. Juni 2000 das neue Fernabsatzgesetz, das erhebliche Auswirkungen auf die Haftungs- und damit Kostensituation eines Versandhandels hat.

Gültigkeitsbereich des Fernabsatzgesetzes (FernAbsG)

Das Fernabsatzgesetz (FernAbsG) gilt für den Business to Consumer-Bereich, für Fernkaufverträge über Waren und Dienstleistungen, die Unternehmer mit privaten Verbrauchern abschließen. Es gilt nicht zwischen Kaufleuten nach § 1 Handelsgesetzbuch.

§ 1 (FernAbsG)
»(1) Dieses Gesetz gilt für Verträge über die Lieferung von Waren oder über die Erbringung von Dienstleistungen, die zwischen einem Unternehmer und einem Verbraucher unter ausschließlicher Verwendung von Fernkommunikationsmitteln abgeschlossen werden, es sei denn, dass der Vertragsschluss nicht im Rahmen eines für den Fernabsatz organisierten Vertriebs- oder Dienstleistungssystems erfolgt (Fernabsatzverträge).
(2) Fernkommunikationsmittel sind Kommunikationsmittel, die zur Anbahnung oder zum Abschluss eines Vertrags zwischen einem Verbraucher und einem Unternehmer ohne gleichzeitige körperliche Anwesenheit der Vertragsparteien eingesetzt werden können, insbesondere Briefe, Kataloge, Telefonanrufe, Telekopien, E-Mails sowie Rundfunk, Tele- und Mediendienste.
(3) Dieses Gesetz findet keine Anwendung auf Verträge
1. über Fernunterricht (§ 1 Fernunterrichtsschutzgesetz),
2. über die Teilzeitnutzung von Wohngebäuden (§ 1 Teilzeit-Wohnrechtegesetz),
3. über Finanzgeschäfte, insbesondere Bankgeschäfte, Finanz- und Wertpapierdienstleistungen und Versicherungen sowie deren Vermittlung,
4. über die Veräußerung von Grundstücken und grundstücks-

gleichen Rechten, die Begründung, Veräußerung und Aufhebung von dinglichen Rechten an Grundstücken und grundstücksgleichen Rechten sowie über die Errichtung von Bauwerken,
5. über die Lieferung von Lebensmitteln, Getränken oder sonstigen Haushaltsgegenständen des täglichen Bedarfs, die am Wohnsitz, am Aufenthaltsort oder am Arbeitsplatz eines Verbrauchers von Unternehmern im Rahmen häufiger und regelmäßiger Fahrten geliefert werden,
6. über die Erbringung von Dienstleistungen in den Bereichen Unterbringung, Beförderung, Lieferung von Speisen und Getränken sowie Freizeitgestaltung, wenn sich der Unternehmer bei Vertragsabschluss verpflichtet, die Dienstleistungen zu einem bestimmten Zeitpunkt oder innerhalb eines genau angegebenen Zeitraums zu erbringen,
7. die geschlossen werden
a) unter Verwendung von Warenautomaten oder automatisierten Geschäftsräumen oder
b) mit Betreibern von Telekommunikationsmitteln aufgrund der Benutzung von öffentlichen Fernsprechern, soweit sie deren Benutzung zum Gegenstand haben.«

Unterrichtung des Verbrauchers

Wer per Katalog oder Homepage Produkte verkaufen möchte, hat gemäß § 2 FernAbsG eine umfangreiche Informationspflicht gegenüber dem Verbraucher:

§ 2 (FernAbsG)
»(1) Beim Einsatz von Fernkommunikationsmitteln zur Anbahnung oder zum Abschluss von Fernabsatzverträgen müssen der geschäftliche Zweck und die Identität des Unternehmers für den Verbraucher eindeutig erkennbar sein. Bei Telefongesprächen müssen sie zu Beginn des Gesprächs ausdrücklich offengelegt werden. Weitergehende Einschränkungen bei der Verwendung von Fernkommunikationsmitteln auf Grund anderer Vorschriften bleiben unberührt.

(2) Der Unternehmer muss den Verbraucher rechtzeitig vor Abschluss eines Fernabsatzvertrags in einer dem eingesetzten Fernkommunikationsmittel entsprechenden Weise klar und verständlich informieren über:
1. seine Identität und Anschrift,
2. wesentliche Merkmale der Ware oder Dienstleistung, sowie darüber, wann der Vertrag zustande kommt,
3. die Mindestlaufzeit des Vertrags, wenn dieser eine dauernde oder regelmäßig wiederkehrende Leistung zum Inhalt hat,
4. einen Vorbehalt, eine in Qualität und Preis gleichwertige Leistung (Ware oder Dienstleistung) zu erbringen, und einen Vorbehalt, die versprochene Leistung im Falle ihrer Nichtverfügbarkeit nicht zu erbringen,
5. den Preis der Ware oder Dienstleistung einschließlich aller Steuern und sonstiger Preisbestandteile,
6. gegebenenfalls zusätzlich anfallende Liefer- und Versandkosten,
7. Einzelheiten hinsichtlich der Zahlung und der Lieferung oder Erfüllung,
8. das Bestehen eines Widerrufs- oder Rückgaberechts nach § 3,
9. Kosten, die dem Verbraucher durch die Nutzung der Fernkommunikationsmittel entstehen, sofern sie über die üblichen Grundtarife, mit denen der Verbraucher rechnen muss, hinausgehen,
10. die Gültigkeitsdauer befristeter Angebote, insbesondere hinsichtlich des Preises.
(3) Der Unternehmer hat die Informationen nach Absatz 2 Nr. 1 bis 8 dem Verbraucher alsbald, spätestens bis zur vollständigen Erfüllung des Vertrages, bei Waren spätestens bei Lieferung an den Verbraucher, auf einem dauerhaften Datenträger zur Verfügung stellen. Dabei muss der Verbraucher auf folgende Informationen in einer hervorgehobenen und deutlich gestalteten Form aufmerksam gemacht werden:
1. Informationen über die Bedingungen, Einzelheiten der Ausübung und Rechtsfolgen des Widerrufs- oder Rückgaberechts nach den §§ 3 und 4 sowie über den Ausschluss des Widerrufsrechts nach § 3 Abs. 2 Satz 3 Nr. 2 Buchstabe b,

2. die Anschrift der Niederlassung des Unternehmers, bei der der Verbraucher Beanstandungen vorbringen kann, sowie eine ladungsfähige Anschrift des Unternehmers und bei juristischen Personen, Personenvereinigungen oder -gruppen auch den Namen eines Vertretungsberechtigten,
3. Informationen über Kundendienst und geltende Gewährleistungs- und Garantiebedingungen,
4. die Kündigungsbedingungen bei Verträgen, die ein Dauerschuldverhältnis betreffen und für eine längere Zeit als ein Jahr oder für unbestimmte Zeit geschlossen werden.
Die Sätze 1 und 2 gelten nicht für Dienstleistungen, die unmittelbar durch Einsatz von Fernkommunikationsmitteln erbracht werden, sofern diese Leistungen in einem Mal erfolgen und über den Betreiber der Fernkommunikationsmittel abgerechnet werden. Der Verbraucher muss sich in diesem Fall aber über die Anschrift der Niederlassung des Unternehmers informieren können, bei der er Beanstandungen vorbringen kann.«

Aktuelles Urteil bezüglich mangelnder Unterrichtung

OLG Frankfurt entscheidet zu Pflichtangaben im Fernabsatz: Muss der Kunde bei der Bestellung erst über Links die Anschrift des anbietenden Unternehmens ermitteln oder erfährt er nicht auf der Bestellseite, sondern erst über Links etwas Näheres über das Widerrufsrecht, so reicht dies für eine »klare und verständliche« Unterrichtung nicht aus. Der Kunde muss die Pflichtangaben des FernAG nach Ansicht des Gerichts bei Bestellungen im Internet zwangsläufig aufrufen (Beschluss vom 17. 4. 01 – Az. 6W37/01).
(Quelle: *www.versandhandelsrecht.de*)

Widerrufsrecht

Knackpunkt des Fernabsatzgesetzes ist das Widerrufsrecht des Kunden, bestellte Waren innerhalb einer Ansichtsfrist ohne Angabe von Gründen zurückgeben zu können: Versandhändler können dieses Widerrufsrecht gemäß § 3 (FernAbsG) nicht ausschließen:

§ 3 (FernAbsG)

»(1) Dem Verbraucher steht ein Widerrufsrecht nach § 361 a des Bürgerlichen Gesetzbuchs zu. Die Widerrufsfrist beginnt abweichend von § 361 a Abs. 1 Satz 3 des Bürgerlichen Gesetzbuchs nicht vor Erfüllung der Informationspflichten gemäß § 2 Abs. 3 und 4, bei der Lieferung von Waren nicht vor dem Tag ihres Eingangs beim Empfänger, bei der wiederkehrenden Lieferung gleichartiger Waren nicht vor dem Tag des Eingangs der ersten Teillieferung und bei Dienstleistungen nicht vor dem Tag des Vertragsabschlusses; die Widerrufsbelehrung bedarf keiner Unterzeichnung durch den Verbraucher und kann diesem auch auf einem dauerhaften Datenträger zur Verfügung gestellt werden. Das Widerrufsrecht erlischt

1. bei der Lieferung von Waren spätestens vier Monate nach ihrem Eingang beim Empfänger und

2. bei Dienstleistungen

a) spätestens vier Monate nach Vertragsschluss oder

b) wenn der Unternehmer mit der Ausführung der Dienstleistung mit Zustimmung des Verbrauchers vor Ende der Widerrufsfrist begonnen hat oder der Verbraucher diese selbst veranlasst hat.«

Zweiwochenfrist

Beispielsweise kann Ihr Kunde bei Kauf über Katalog oder Internet die Waren innerhalb von zwei Wochen nach Erhalt zurückschicken und damit den Vertrag (ohne Begründung) widerrufen.

§ 361 a BGB

»(1) ... der Widerruf muss keine Begründung enthalten und schriftlich, auf einem anderen dauerhaften Datenträger oder durch Rücksendung der Sache innerhalb von zwei Wochen erfolgen; zur Fristwahrung genügt die rechtzeitige Absendung. Die Frist beginnt mit dem Zeitpunkt, zu dem dem Verbraucher eine deutlich gestaltete Belehrung über sein Widerrufsrecht, die ihm entsprechend den Erfordernissen des eingesetzten Kommunikationsmittels seine Rechte deutlich

macht, auf einem dauerhaften Datenträger zur Verfügung gestellt worden ist, die auch Namen und Anschrift des Widerrufsempfängers und einen Hinweis auf den Fristbeginn und die Regelung des Satzes 2 enthält. Sie ist vom Verbraucher bei anderen als notariell beurkundeten Verträgen gesondert zu unterschreiben oder mit einer qualifizierten elektronischen Signatur zu versehen. Ist der Vertrag schriftlich abzuschließen, so muss dem Verbraucher auch eine Vertragsurkunde, der schriftliche Antrag des Verbrauchers oder eine Abschrift der Vertragsurkunde oder des Antrags ausgehändigt werden. Ist der Fristbeginn streitig, so trifft die Beweislast den Unternehmer.«

Teures Risiko trotz 40-Euro-Regelung

Für Sie als Versandhändler kann die Widerrufsregelung schon hinsichtlich des Aufwands für Verpackung und Porto ein sehr teures Abenteuer werden, obwohl Sie dem Kunden gemäß dem neuen § 361 a, Abs. 2 (BGB), Porto- und Versandkosten bis zu einer Höhe von maximal 40 Euro berechnen dürfen.

§ 361 a BGB »(2) ... dem Verbraucher dürfen bei einer Bestellung bis zu einem Betrag von 40 Euro die regelmäßigen Kosten der Rücksendung vertraglich auferlegt werden, es sei denn, dass die gelieferte Ware nicht der bestellten entspricht.«

Keine Ausweichmöglichkeit

Das Gesetz stellt zwingendes Recht dar, was bedeutet, dass man die Rechtsvorschriften auch nicht durch einen anders lautenden Versandvertrag umgehen kann.

§ 5 (FernAbsG) »Unabdingbarkeit, Umgehungsverbot
(1) Eine zum Nachteil des Verbrauchers von den Vorschriften dieses Gesetzes abweichende Vereinbarung ist unwirksam.
(2) Dieses Gesetz ist auch anzuwenden, wenn seine Vorschriften durch anderweitige Gestaltungen umgangen werden.«

Fazit!

Bevor Sie als Freiberufler oder Gewerbetreibender unter die Versandhändler gehen, sollten Sie sich genau über folgende Punkte informieren:

- Die Informationspflichten nach dem Fernabsatzgesetz,
- Preisangaben, Euro, Nettopreise, Versandkostenangaben,
- Einzelheiten der Zahlung und Lieferung,
- Gültigkeitsdauer befristeter Angebote,
- Datenschutz- und Datenverwendung,
- E-Mail-Werbung,
- Die 40-Euro-Grenze beim Widerrufsrecht,
- Pflichtformulierungen,
- Formulierungen zur Einräumung des Rückgaberechtes,
- wie die Verpackung als Widerrufsvoraussetzung beschaffen sein muss,
- ob und wann unfrankierte Sendungen angenommen werden müssen,
- Garantierücksendungen,
- mögliche gesetzliche Ausnahmen vom Widerrufsrecht gemäß § 3 Abs. 2 (FernAbsG),
- Sonderregelungen bei finanzierten Verträgen gemäß § 4 (FernAbsG),
- Auslandsbestellungen,
- Kundenbindungs- und Motivationssysteme,
- Risiken bei Gesetzesverletzung,
- Internetverkaufsportale,
- Kreditkarten,
- Gewinnspiele im Internet,
- Sonderproblem Zugaben.

Infos!

- Gutes Internetportal rund um den Versandhandel: *www.fernabsatz-gesetz.de*
- Buchtipp: Becker, Rolf: Das neue Fernabsatzgesetz. München 2001. Dieses Buch behandelt die genannten Punkte.

Networker (Multi-Level-Marketing)

Eine typische gewerbliche freiberufliche Tätigkeit ist der Direktvertrieb im Multi-Level-Marketing (MLM). Denn jeder Networker, ob bei Tupperware, Amway, FLP, Avon oder Herbalife kann selbst bestimmen, wie viel, wann und wo er arbeiten möchte, obwohl er vertraglich an einen oder mehrere Auftraggeber gebunden ist. Von seinem Arbeitsverständnis der freien Aufgabeneinteilung und Arbeitsweise her ist er Freiberufler. Nach dem tatsächlichen wirtschafts- und steuerrechtlichen Status ist er es jedoch nicht. Vielmehr arbeiten Networker vom rechtlichen Status aus betrachtet:

- als freie Handelsvertreter im Nebenberuf gemäß § 92 HGB »Handelsvertreter im Nebenberuf« bzw. im Hauptberuf gemäß §§ 84 bis 92 (siehe Abschnitt »Freier Handelsvertreter«, Seite 336 ff.) oder
- als (Einzel)Händler (siehe Abschnitt »Händler«, Seite 354 ff.). Mitunter sind sie auch im Sinne eines Reisegewerbes tätig, etwa wenn Waren an Haustüren, auf Märkten usw. ohne vorherige Kundenbestellung feilgeboten werden.
- Oder sie sind zugleich Handelsvertreter und Händler.

Networker als freier Handelsvertreter

Networker, die beispielsweise wie im Fall von FLP oder Tupperware Kosmetika bzw. Haushaltwaren auf Hausshopping-Partys anbieten und auf Rechnung ihres Auftraggebers verkaufen und Provision kassieren, sind freie Handelsvertreter. Vor Aufnahme ihrer Tätigkeit müssen sie ein Gewerbe anmelden. Sie sind entsprechend der im Buch behandelten Gewinn- und Umsatzgrenzen zunächst Kleinunternehmer und nicht buchhaltungspflichtig. Eine Einnahmen-Überschuss-Rechnung reicht. Sie sind wie jeder Handelsvertreter IHK-Pflichtmitglieder (siehe »IHK-Mitgliedschaft«, Seite 162) und können sich ins Handelsregister eintragen lassen.

Networker als Händler

Wer beispielsweise Waren ankaufen muss, um diese dann mit einer entsprechenden, vom Auftraggeber empfohlenen Handelsspanne weiterzuverkaufen, ist Händler. Beispielsweise sind Herbalife-Mitarbeiter Händler. Sie kaufen bestimmte Mindestkontingente von Nahrungsergänzungsprodukten und versuchen, diese dann weiterzuveräußern, um einen Verdienst zu erzielen. Das Internet spielt eine immer größere Rolle.
MLM-Händler sind wie Vertreter ebenfalls zunächst Kleingewerbetreibende. Allerdings ist bei ihnen die Gefahr, zum Kaufmann im Sinne des § 1 HGB (mit Buchhaltungspflichten und Verlust des privaten Verbraucherschutzes) zu werden, größer, da bei der Umsatzberechnung nicht nur der Provisionsumsatz wie beim Handelsvertreter zählt, sondern der gesamte Warenhandelsumsatz der auf eigene Rechnung gekauften Waren.

Reisegewerbehändler

Es gibt auch MLM-Händler, die mit ihren Waren über Land ziehen und sie auf Märkten oder direkt an der Haustür oder auf Seminaren anbieten. Je nachdem, ob der Hauptschwerpunkt ihrer Arbeit im mobilen Handel liegt, entscheidet das Gewerbeamt, ob ein Reisegewerbe vorliegt. In diesem Fall wird zusätzlich zur Gewerbeanmeldung eine Reisegewerbekarte benötigt.
Nebenbei bemerkt: Wer nicht wirklich einen guten potentiellen Kundenstamm hat und Verkaufsprofi ist, fährt mit MLM-Systemen, die auf reiner Provisionsbasis arbeiten, besser, da hierbei kein Warenverkaufsrisiko wie beim Warenerwerb eingegangen wird. Zudem benötigt man viel weniger Eigenkapital.

Networker als Vertreter und Händler

Auch diese Situation ist denkbar, dann nämlich, wenn ein Networker sowohl ein auf Provision arbeitendes Unternehmen vertritt als auch zugleich Händler eines weiteren MLM-Unternehmens wird. In diesem Fall müssen die beiden Geschäfte voneinander getrennt behandelt und auch zwei Gewerbe angemeldet werden, nämlich ein Vertretungsgewerbe gemäß §§ 84 bis 92c HGB und ein einfaches Handelsgewerbe.

Arbeitsweise

Das MLM wird auch Empfehlungs-Marketing genannt, da versucht wird, über die Empfehlung zufriedener Kunden, etwa nach einer Homeshop-Party, weitere Kunden zu finden, bei denen dann erneut eine Homeshop-Party organisiert werden kann. Besonders interessant können Unternehmen mit Verbrauchsprodukten wie Kosmetik, Nahrungsergänzung etc. sein, da es hier zu Nachbestellungen kommt, die ebenfalls eine Provision bringen. Erfunden wurde die MLM-Vertriebsmethode in den USA vor über hundert Jahren. Mittlerweile werden dort über 75% aller Branchenumsätze über Strukturvertrieb generiert. MLM ist neben den USA auch in Europa auf dem Vormarsch, insbesondere aufgrund der hohen Arbeitslosigkeit. Für viele Betroffene scheint der Einstieg in den MLM-Vertrieb der letzte Strohhalm zu sein. Insbesondere Arbeitnehmer über 45 Jahren oder ehemalige Führungskräfte aus dem mittleren Management versuchen mit dieser Vertriebsform ihr Glück. Vertriebsziel beim MLM ist es, nicht nur Waren zu verkaufen, sondern auch weitere Mitarbeiter für den Vertrieb zu werben.

Der Networker mit dem Rechtsstatus als freier Handelsvertreter im Nebenberuf ist im MLM am meisten verbreitet, dessen Prinzip darin besteht, nicht nur Waren zu vertreiben, sondern vor allem auch neue Mitarbeiter zu finden, die ihrerseits Waren vertreiben und Mitarbeiter finden, weil man als Networker am Umsatz der Mitarbeiter und deren Mitarbeitern (der Downline) ebenfalls beteiligt ist. Umgekehrt verdienen der Werber (Sponsor) und dessen Führungsleute (Upline) an den Umsätzen. Jede Mitarbeiterstufe bildet eine Verdienstebene (Level). Je mehr eigene Mitarbeiter der Networker hat, umso höher sind seine passiven Einnahmen (die den eigentlichen Reiz des Geschäftes ausmachen), zusätzlich zu seinen selbstverdienten Provisionen. Mittels komplizierter Abrechnungssysteme werden die Provisionsanteile je Ebene für den einzelnen Networker errechnet und auch die Anzahl der Ebenen, an denen jeder partizipieren kann, ist begrenzt, um das Ganze nicht zu einem Schneeballsystem aufzublähen.

Alles nur Schneeballsysteme oder was?

Trotz manch schwarzer Schafe in der Branche wäre es sicherlich unredlich, MLM (Netzwerkmarketing, Strukturvertrieb) pauschal als verdecktes Schneeball-System abzutun. Die große Anzahl seriöser Unternehmen mit Strukturvertrieben, wie beispielsweise Tupperware, und Tausende von begeisterten Networkern zeigen, dass es zahlreiche seriöse Strukturvertriebe gibt. Es gibt viele Leute, die zum Teil bis ins hohe Alter durchaus erfolgreich auf diese Weise arbeiten und relativ gut (dazu-)verdienen, manche minimal, andere bisweilen spitzenmäßig. Vorteilhaft ist, dass man nebenberuflich einsteigen und sich fehlende unternehmerische Fähigkeiten entsprechend der Entwicklung des eigenen Geschäfts Schritt für Schritt aneignen kann. Besonders hilfreich bei diesem Geschäftsmodell können die Motivationsveranstaltungen, wie wöchentliche, monatliche oder vierteljährliche Infoveranstaltungen, sein.

Empfehlenswert ist jedoch, als MLM-Interessent vorsichtig vorzugehen, all die vielen in oft unerträglichen Superlativen gehaltenen Werbebroschüren kritisch zu lesen und sich zuvor genau über favorisierte Unternehmen zu informieren. Im Fall von Unsicherheit ist es ratsam, bei neutralen Stellen wie Industrie- und Handelskammern bzw. auch Verbraucherberatungsstellen nachzufragen, ob über ein bestimmtes Unternehmen negative Informationen vorliegen.

Persönliche Voraussetzung

Jedem sollte klar sein, dass die Arbeit im Strukturvertrieb – trotz freier Zeiteinteilung – hart ist, vor allem dann, wenn man davon leben muss. Denn die meisten Leute unterschätzen zunächst, wie schwer es ist, zu einem erfolgreichen Geschäftsabschluss zu kommen, wie oft mitunter nachgefasst und wie viele Stunden auch am Abend und am Wochenende draufgehen können.

Ob man im Direktverkauf Erfolg hat, hängt bei diesem Geschäft – seriöse Anbieter unterstellt – daher vor allem von der eigenen Persönlichkeit ab, wie man bei anderen Menschen ankommt, ob man ein Typ ist, dem gleich die Herzen zufliegen, oder eher jemand, der gemieden wird. Zudem ist die richtige Produktwahl entscheidend, nämlich ob das Produkt zu einem passt, ob man als Verkäufer eines Produkts authentisch bleibt oder ob die Inszenierung bei Kunden gekünstelt, aufgesetzt oder gar aufdringlich wirkt. Zudem sollten Networker eine hohe Frustrationstoleranz besitzen, um die vielen Neins und häufigen Ablehnungen in ihrem Direktvertriebsgeschäft auf Dauer verkraften zu können. Es liegt auch nicht jedem, im »warmen Markt« zu arbeiten, d.h. alle möglichen Personen seines jetzigen oder früheren sozialen Umfelds anzusprechen in der Hoffnung, den Fuß in die Tür zu bekommen. Man läuft Gefahr, dass alle Beziehungen allmählich merkantilisieren und man zum Schluss allein dasteht. Seriöse Anbieter raten deshalb auch davon ab, mit der Akquisition bei seinen nächsten Angehörigen und Freunden zu beginnen.

Einstieg

Beim Multi-Level-Marketing gibt es verschiedene Einstiegsmethoden, die auch mit der Art der unterschiedlichen Vertriebsstrukturen zu tun haben. Zumeist wird ein Interessent von einem sogenannten Sponsor (bereits freier Mitarbeiter des Unternehmens) geworben, einen Antrag auf Mitarbeit entsprechend den schon vorgedruckten Bedingungen und Zahlungsmodalitäten des Unternehmens auszufüllen und zu unterschreiben. Wenn dieser Antrag angenommen wird, erhält der Interessent seine Identifikationsnummer (persönliche Abrechnungsnummer), die für alle weiteren Geschäftskontakte und auch für die Mitarbeiterakquisition seinerseits wichtig ist. Je nach Unternehmen muss der Neuling zu Beginn entweder ein bestimmtes Warenkontingent abnehmen, um wie ein Einzelhändler mit Handelsspannenaufschlag auf eigene Rechnung verkaufen zu können. Oder, und das wäre die empfehlenswertere Methode, er bezieht von seinem Auftraggeber ein Anfangs-Set, ein sogenanntes Starter-Kit. Dies beinhaltet mitunter die Sortimentspalette, zudem Prospekte, manchmal auch schon Visitenkarten und entsprechendes Briefpapier. *Vorsichtiger Einstieg:* Wer sich zunächst nicht auf Warenkäufe einlässt, sondern nur auf Provisionsbasis tätig werden möchte, riskiert ja – außer seiner Arbeitszeit, den ca. 200 Euro für ein Starter-Kit und Telefonkosten – nicht allzu viel, um diese Existenzvariante für sich mal zu testen. Man merkt sehr schnell, ob man für dieses Geschäft ein Händchen hat oder nicht. Man sollte auch nur dabei bleiben, wenn es einem leicht fällt und Spaß macht, mit Menschen in Verkaufssituationen umzugehen.

Beispiele typischer Anbieter:

Amway GmbH	www.amivo.de	Nahrungsergänzung Körperpflege
AVON Cosmetics GmbH	www.avon.com	Kosmetik
Bausparkasse Mainz AG	www.bkm.de	Finanzprodukte
FLP Forever Living Products GmbH	www.flpg.de	Aloe-Kosmetik
Neways Deutschland	www.go-natural.de/home.htm	Kosmetik, Nahrungsergänzung
Tahitian NONI	www.tahitiannoni.com	Nahrungsergänzung Körperpflege
Tupperware	www.tupperware.de	Haushaltswaren

Weitere Adressen von Anbietern finden Sie unter *www.network-karriere.de.*

[!] **Infos!**

- Bundesverband Networkmarketing, *www.bvnm.com*
- Anbieter-Adressen: *www.network-karriere.de*
- *www.networkmarketing-infocenter.de/index.html*

Heimarbeiter

Heimarbeit ist ein juristisch nach dem Heimarbeitsgesetz feststehender Begriff. Nicht jeder Homejobber, der von zu Hause aus arbeitet, ist deshalb Heimarbeiter. Das Besondere der Heimarbeit besteht in der Verknüpfung von Selbständigkeit und sozialer Mindestsicherung durch den Auftraggeber, worüber der Heimarbeitsausschuss und die Entgeltüberwachungsstelle der Gewerbeaufsichtsämter bzw. der staatlichen Ämter für Arbeitsschutz und Sicherheitstechnik wachen. Inwieweit der Heimarbeiterstatus durch das neue Scheinselbständigkeitsgesetz, § 7 Abs. 4 SGB IV, gefährdet ist, wird die Zukunft zeigen. Heimarbeiter im bisherigen Sinne des Heimarbeitsgesetzes ist, wer in einer selbst gewählten Arbeitsstätte (eigene Wohnung oder Werkstatt) allein oder mit seinen Familienangehörigen im Auftrag von Gewerbetreibenden oder Zwischenmeistern erwerbsmäßig arbeitet, jedoch die Verwertung der Arbeitsergebnisse dem unmittelbar oder mittelbar auftraggebenden Gewerbetreibenden überlässt. Die Heimarbeiter arbeiten dabei ohne Lohnsteuerkarte und bestimmen Ort, Zeitpunkt und Arbeitsweise weitgehend selbst. Jedoch kümmern sie sich nicht um den Vertrieb und die wirtschaftliche Nutzung ihrer Produkte. Typische Heimarbeiten sind Adressenschreiben, Montagetätigkeiten, Bastelarbeiten usw. Wenn Sie seriöse Tätigkeiten suchen, erkundigen Sie sich beim sogenannten Heimarbeitsausschuss.

!

Vorsicht vor unseriösen Angeboten!

- Vorsicht, wenn keine deutsche Adresse bzw. nur eine Chiffrenummer des Heimverdienstanbieters angegeben ist.
- Hohe Verdienste sind mit Heimarbeit nie möglich.
- Keine Vorauszahlungen für Adressen und Geschäftskonzepte zahlen.
- Keinen Maschinen- und Materialverkauf aufdrängen lassen, seriöse Auftraggeber stellen die Materialien.
- Keine Lagerbestände auf Ihre Kosten übernehmen oder gar Produkte abkaufen.

- Keine Warenhaftung übernehmen, ggf. im Vertrag die dazugehörige Klausel streichen.
- Erkundigen Sie sich eventuell bei einer der Adressen im Anhang, bei der IHK oder bei Handwerkskammern nach seriösen Firmen, die Heimarbeit vergeben.

Infos!

- Örtliche Verbraucherschutzverbände, über: *www.verbraucherschutz-verein.de* bzw. *www.vzbv.de* oder auch in den Gelben Seiten.
- Bundesagentur für Arbeit, Hausbank (ggf. mit der Bitte, eine Bankauskunft einzuholen).
- Gewerbeaufsichtsamt und Ämter für Arbeitsschutz und Sicherheitstechnik, Abteilung Heimarbeitsausschuss und Entgeltüberwachungsstelle. Erkundigen Sie sich, ob das besagte Unternehmen registriert ist. Vielleicht sind negative Erfahrungen bekannt.

So schütze ich mich gegen die Vermutung einer Scheinselbständigkeit

Gesetz zur »Förderung der abhängigen Beschäftigung«

Scheinselbständige werden Personen genannt, die vordergründig selbständige freie Mitarbeiter, Werkvertragstätige oder Dienstleister sind, aber nach der tatsächlichen Gestaltung ihrer Tätigkeit aus Sicht der Sozialversicherungsträger abhängige Beschäftigte sind. Da Selbständige grundsätzlich nicht sozialversicherungspflichtig in der Kranken-, Pflege-, Renten- und Arbeitslosenversicherung sind, entgehen den Sozialversicherungsträgern viele Sozialversicherungsbeiträge, wenn Arbeitnehmer zur Umgehung der Sozialabgaben als selbständige Mitarbeiter getarnt werden. Um hier einen Riegel vorzuschieben, hatte die Bundesregierung 1999 ein Gesetz zur Eindämmung dieser Scheinselbständigkeit verabschiedet, das praktisch einem Berufsverbot für freie Mitarbeiter gleichkam, so dass die Bundesregierung ihr Gesetz noch einmal überarbeiten musste und zum 1. 1. 2000 mit dem irreführenden Titel »Gesetz zur Förderung der Selbständigkeit« neu herausbrachte. Denn in Wirklichkeit fördert dieses Gesetz nicht die Selbständigkeit, sondern versucht die Zahl der sozialversicherungspflichtigen Beschäftigen zu erhöhen, indem es in § 7 Abs. 4 IV SGB einen Kriterienkatalog zur Aussiebung der vermuteten »Nichtselbständigen« aufgestellt hat. Derjenige, auf den drei dieser fünf Kriterien zutreffen, gilt potentiell als nicht selbständig, sondern wird, wenn die Vermutung des Angestelltenstatus trotz Widersprüchen greift und sich als rechtswirksam herausstellt, - ggf. rückwirkend - als abhängig Beschäftigter eingestuft, mit allen Nachzahlungsrisiken bei Vorsatz bzw. Fahrlässigkeit und falls der Betreffende bislang nicht in anderer Form (z.B. durch eine private Versicherung) abgesichert war. Richtiger müsste das Rechtswerk »Gesetz zur Förderung der abhängigen Beschäftigung« heißen.

Denn zudem hat der Gesetzgeber nicht nur eine Hürde auf dem Weg zur Selbständigkeit aufgebaut, sondern gleich zwei. Wer nämlich belegen kann, dass er nicht scheinselbständig ist und somit der gesamten Sozialversicherungspflicht entgeht, den kann trotzdem noch die sogenannte »kleine Sozialversicherungspflicht« treffen, d.h. die Versicherungspflicht innerhalb der gesetzlichen Rentenversicherung, geregelt im Sechsten Sozialgesetzbuch (SGB VI). Das trifft auf Selbständige zu, die keinen Mitarbeiter über der Geringfügigkeitsgrenze von 325 Euro beschäftigen und hauptsächlich nur für einen Auftraggeber arbeiten. Sie gelten in diesem Fall als »arbeitnehmerähnliche Selbständige« und sind gemäß § 2 Satz 1 Nr. 9 SGB VI rentenversicherungspflichtig in der gesetzlichen Rentenversicherung.

Selbst wenn diese sozialversicherungsrechtlichen Selbständigkeitshürden nicht gleich das Ende der Selbständigkeit darstellen müssen, haben diese Regelungen unter den Selbständigen viel Verunsicherung hervorgerufen, insbesondere auch bei Auftraggebern und Auftragnehmern, mit der Folge, dass sich Auftraggeber jetzt von jedem Freien oder Werkvertragstätigen schriftlich bescheinigen lassen, dass dieser wirklich selbständig ist, d.h. mehrere Auftraggeber hat oder eine entsprechende Statusfeststellung durch die Sozialversicherungsträger positiv überstanden hat.

Dieses Kapitel nennt nun die Eckpunkte der »Scheinselbständigkeitsregelungen« und zeigt Wege auf, wie Sie erfolgreich Widerspruch gegen unliebsame Entscheidungen bezüglich ihres Status einlegen und sich von vornherein davor schützen können, als scheinselbständig oder arbeitnehmerähnlich eingestuft zu werden.

Kriterien der Scheinselbständigkeit

Das wichtigste Instrument zur Festlegung, ob ein Selbständiger nicht eigentlich ein abhängig Beschäftigter ist und nur zum Schein als freier Mitarbeiter beschäftigt wird, ist der aus fünf Merkmalen für abhängige Beschäftigung bestehende Kriterienkatalog des § 7 Abs. 4 SGB IV. Wenn drei dieser Merkmale auf Sie zutreffen, vermutet der Sozialversicherungsträger, dass Sie eigentlich abhängig beschäftigt und somit sozialversicherungspflichtig sind in allen Versicherungszweigen der gesetzlichen Krankenkassen, Pflegeversicherung, Rentenversicherung und Arbeitslosenversicherung.
Zunächst definiert § 7 IV des Vierten Sozialgesetzbuches, was (abhängige) Beschäftigung allgemein bedeutet, in Abs. 4 werden dann die einzelnen Merkmale in Form eines Abfragekatalogs konkretisiert:

§ 7 SGB IV
Beschäftigung
»(1) Beschäftigung ist die nichtselbständige Arbeit, insbesondere in einem Arbeitsverhältnis. Anhaltspunkte für eine Beschäftigung sind eine Tätigkeit nach Weisungen und eine Eingliederung in die Arbeitsorganisation des Weisungsgebers.
(2) und (3) ...
(4) Bei einer erwerbsmäßig tätigen Person, die ihre Mitwirkungspflichten nach § 206 des Fünften Buches Sozialgesetzbuch oder nach § 196 Abs. 1 des Sechsten Buches Sozialgesetzbuch nicht erfüllt, wird vermutet, dass sie beschäftigt ist, wenn mindestens drei der folgenden fünf Merkmale vorliegen:

- *Die Person beschäftigt im Zusammenhang mit ihrer Tätigkeit regelmäßig keinen versicherungspflichtigen Arbeitnehmer, dessen Arbeitsentgelt aus diesem Beschäftigungsverhältnis regelmäßig im Monat 325 Euro übersteigt.*
- *Sie ist auf Dauer und im Wesentlichen nur für einen Auftraggeber tätig.*

- *Ihr Auftraggeber oder ein vergleichbarer Auftraggeber lässt entsprechende Tätigkeiten regelmäßig durch von ihm beschäftigte Arbeitnehmer verrichten.*
- *Ihre Tätigkeit lässt typische Merkmale unternehmerischen Handelns nicht erkennen.*
- *Ihre Tätigkeit entspricht dem äußeren Erscheinungsbild nach der Tätigkeit, die sie für denselben Auftraggeber zuvor auf Grund eines Beschäftigungsverhältnisses ausgeübt hatte. Satz 1 gilt nicht für Handelsvertreter, die im Wesentlichen frei ihre Tätigkeit gestalten und über ihre Arbeitszeit bestimmen können. Die Vermutung kann widerlegt werden.«*

Wenn drei der fünf Kriterien in Abs. 4 § 7 SGB IV zutreffen, wird vermutet, dass der Betreffende abhängig beschäftigt ist. Der als »abhängig Beschäftigter« ertappte Selbständige kann nun den Bescheid annehmen oder Widerspruch einlegen.

Beginn der Beitragspflicht bei Anerkennung des Bescheids

In den Fällen, in denen eine Krankenkasse im Rahmen des § 28h Abs. 2 SGB IV, ein Rentenversicherungsträger im Rahmen der Betriebsprüfung nach § 28p Abs. 1 Satz 5 SGB IV oder die Deutsche Rentenversicherung im Rahmen eines erst nach Ablauf eines Monats nach Aufnahme der Tätigkeit beantragten Anfrageverfahrens nach § 7a Abs. 1 SGB IV feststellt, dass eine versicherungspflichtige Beschäftigung vorliegt, tritt nach § 7b SGB IV eine Versicherungspflicht erst mit dem Tag der Bekanntgabe dieser Entscheidung ein. Der Beschäftigte muss dafür dem späteren Beginn der Sozialversicherungspflicht zugestimmt haben und für den Zeitraum zwischen Aufnahme der Beschäftigung und Bekanntgabe der Entscheidung eine Absicherung gegen das finanzielle Risiko von Krankheit und zur Altersvorsorge vorgenommen haben, die den Leistungen der gesetzlichen Krankenversicherung bzw. der gesetzlichen Rentenversicherung entsprechen. Außerdem muss bezeugt werden, dass Beschäftigte und Arbeitgeber weder vorsätzlich noch grob fahrlässig von einer selbständigen Tätigkeit ausgegangen sind.

Mitwirkungspflicht im Fall einer Betriebsprüfung

Durch die Aufnahme der Regelung des § 7 Abs. 4 in das Vierte Buch Sozialgesetzbuch - Gemeinsame Vorschriften - wird klargestellt, dass die Vermutung einer Beschäftigung bei fehlender Mitwirkung der Erwerbsperson für alle Zweige der Sozialversicherung gilt. Das führt grundsätzlich zur Versicherungspflicht in der Kranken-, Pflege-, Renten- und Arbeitslosenversicherung (§ 5 Abs. 1 Nr. 1 SGB V, § 20 Abs. 1 Satz 2 Nr. 1 in Verb. mit Satz 1 SGB XI, § 1 Satz 1 Nr. 1 SGB VI, § 25 Abs. 1 SGB III). Demzufolge gelten im Grundsatz alle versicherungs-, beitrags- und melderechtlichen Konsequenzen eines Beschäftigungsverhältnisses.

Widerspruch einlegen

Wer den Bescheid der Vermutung einer abhängigen Beschäftigung durch die Sozialversicherungsträger ungerechtfertigt findet und/oder unbedingt verhindern möchte/muss, dass er als Angestellter eingestuft wird, muss Widerspruch einlegen und ggf. bei dessen Abweisung den gerichtlichen Klageweg beschreiten.

Zu bedenken gilt, dass die Sozialversicherungsträger zunächst einmal vom geprüften Einzelfall ausgehen. Das bedeutet, Sie müssen primär zunächst bei dem von den Sozialversicherungsträgern bemängelten einzelnen Vertragsverhältnis nachweisen, dass es sich um ein »Selbständigkeitsvertragsverhältnis« handelt, und erst in zweiter Linie belegen, dass Sie generell selbständig tätig sind. Denn es könnte ja sein, dass Sie sowohl selbständig als auch in einem einzigen Vertragsverhältnis abhängig beschäftigt sind. Das heißt: Es nützt Ihnen im Einzelfall nicht viel, wenn Sie Ihre generelle Unternehmereigenschaft belegen, aber nicht im Einzelfall das Vorliegen einer abhängigen Beschäftigung aus dem Weg räumen können.

Zudem sollte der Widerspruch möglichst so formuliert werden, dass er nicht nur den »Bescheid der Vermutung einer abhängigen Beschäftigung« gemäß SGB IV widerlegt, sondern zugleich auch geeignet ist, einer möglichen zweiten Prüfung hinsichtlich einer Versicherungspflichtigkeit in der gesetzlichen Rentenversicherung als arbeitnehmerähnlicher Beschäftigter gemäß § 2 Nr. 9 SGB VI vorzubeugen. Es gilt also, dem Sozialversicherungsträger ggf. durch IHK-Gutachter deutlich darzulegen, dass die eigene Erwerbstätigkeit – selbst wenn sie auf den ersten Blick anhand einiger Merkmale wie z.B. »keine Mitarbeiter beschäftigen« und »hauptsächlich einen Auftraggeber« ein Beschäftigungsverhältnis vermuten lässt – auf alle Fälle und unstreitbar alle typischen Merkmale unternehmerischen Handelns aufweist und dass dies insbesondere auch auf das vom Sozialversicherungsträger aktuell angezweifelte Vertragsverhältnis selbständiger Zusammenarbeit zutrifft.
Die typischen Merkmale unternehmerischen Handelns sind:

- keine Weisungsgebundenheit,
- freie Zeiteinteilung,
- freie Wahl des Arbeitsorts,
- selbständige Einteilung und Organisation der Aufgabenerledigung.

Nach dieser Einführung sollten Sie dann im Detail Ihre in typischer Weise zu verrichtenden Tätigkeiten beispielhaft skizzieren, um erkennbar zu machen,

- dass Sie nicht weisungsgebunden sind,
- dass Sie Ihre Zeit frei einteilen können und unabhängig von der Betriebsarbeitszeit Ihres Auftraggebers sind,
- dass Sie Ihren Arbeitsort frei wählen können,
- dass Sie Ihre Aufträge selbst akquirieren, die Arbeiten selbständig organisieren und nach eigener Maßgabe verrichten,
- dass Sie eine Rechnung schreiben müssen, um Ihr Honorar zu erhalten,
- dass Sie für Ihre Aufträge und Ihre selbständige Existenz das unternehmerische Risiko (Wagnis) tragen.

Um auch bei Erfolg Ihres Widerspruchs einer möglichen späteren Einstufung als arbeitnehmerähnlicher Selbständiger vorzubeugen, können Sie noch einen weiteren Punkt hinzufügen, nämlich, dass Sie derzeit über zusätzliche Aufträge mit weiteren Auftraggebern in Verhandlung sind. Oder sie versuchen, schnell weitere Aufträge zu erhalten. Dann können Sie darauf hinweisen, dass Sie neben Ihrem Hauptauftraggeber noch über weitere Auftraggeber verfügen.

Die Beweisführung, dass Ihre Behauptungen tatsächlich auch so stimmen, können Sie am besten durch Ihre Auftraggeber gewährleisten. Diese müssen Ihnen entweder Ihren Widerspruch durch Zustimmung mittels Unterschrift und Stempel bestätigen oder ihn durch eigene Darlegung der Vertragsbeziehungen der Zusammenarbeit erhärten.

Als Beweise können Sie auch Zulassungen, Konzessionen, eine Eintragung in die Handwerksrolle usw. sowie Zeugenaussagen aus Ihrem Bekannten- und Kundenkreis verwenden.

In Fällen, in denen die Künstlersozialkasse bereits eine selbständige künstlerische oder publizistische Tätigkeit festgestellt hat und seit dieser Feststellung keine Änderung in den tatsächlichen Verhältnissen eingetreten ist, gilt die Vermutung als widerlegt. Entsprechendes gilt, wenn ein Rentenversicherungsträger im Rahmen der Prüfung der Rentenversicherungspflicht nach §§ 2, 4 Abs. 2, 229a Abs. 1 SGB VI oder anlässlich einer Betriebsprüfung eine Selbständigkeit festgestellt hat. Bezieht oder bezog der Auftragnehmer Fördermittel der Bundesagentur für Arbeit für Existenzgründer, reicht dies ebenfalls, um die gesetzliche Vermutung über das Vorliegen einer abhängigen Beschäftigung zu widerlegen.

Außerdem ist zu beachten, dass eine Versicherungspflicht in der Krankenversicherung nicht vorliegt, wenn das Beschäftigungsverhältnis zusätzlich zu einer hauptberuflich selbständigen Tätigkeit ausgeübt wird (§ 5 Abs. 5 SGB V).

Wenn Sie die Widerspruchskriterien anhand Ihrer Tätigkeitsbeschreibungen (Aufgabenerledigung, Arbeitsorganisation, Zeiteinteilung usw.) gut darlegen und belegen können, ist

der »wirtschaftlichen Unselbständigkeit« (BAG, Beschlüsse vom 14. 1. 1997 – 5 AZB 22/96 sowie vom 11. 4. 1997 – 5 AZB 33/96). Als arbeitnehmerähnliche Selbständige galten deshalb insbesondere Heimarbeiter und arbeitnehmerähnliche Handelsvertreter (selbständige Vertreter, die beispielsweise nur Produkte eines Auftraggebers vermitteln). Auf arbeitnehmerähnliche Selbständige ist das Arbeitsrecht nicht anwendbar, auch unterliegen sie nicht dem Kündigungsschutzgesetz.

Während bislang die Trennungslinie zwischen nicht versicherungspflichtigen und versicherungspflichtigen Vertragsverhältnissen der Unterscheidung von selbständiger und nicht selbständiger Tätigkeit entsprach, wurde seit Inkrafttreten des Gesetzes zu Korrekturen in der Sozialversicherung und zur Sicherung der Arbeitnehmerrechte (BGBl. I 1998 S. 3 843) am 1. 1. 1999 in § 2 Nr. 9 SGB VI die Versicherungspflicht in der Rentenversicherung auf verschiedene Gruppen von Selbständigen ausgedehnt. Hierzu zählen auch die arbeitnehmerähnlichen Selbständigen.

Seither wird der Begriff arbeitnehmerähnlicher Selbständiger vor allem durch § 2 Nr. 9 SGB VI wie folgt definiert:

§ 2 SGB VI Selbständig Tätige

»Versicherungspflichtig sind selbständig Tätige

1. bis 8. ...

9. Personen, die

a) im Zusammenhang mit ihrer selbständigen Tätigkeit regelmäßig keinen versicherungspflichtigen Arbeitnehmer beschäftigen, dessen Arbeitsentgelt aus diesem Beschäftigungsverhältnis regelmäßig 325 Euro im Monat übersteigt, und

b) auf Dauer und im Wesentlichen nur für einen Auftraggeber tätig sind.«

Durch diese Definition des Rentenversicherungsrechts im Sechsten Sozialgesetzbuch ist der Kreis der arbeitnehmerähnlichen Selbständigen gewaltig angewachsen, da nun ein Großteil aller Freelancer dazu gezählt wird, die hauptsäch-

lich von einem Hauptauftraggeber wirtschaftlich abhängig sind. Hierzu zählen viele freie Journalisten und Medienleute, IT- und Kreativkräfte.
Der eigentliche Knackpunkt der Aufregung hierbei ist jedoch, dass die genannte Gruppe von Selbständigen trotz erfolgreicher Widerlegung der Vermutungsregelung gemäß § 7 Abs. 4 SGB IV versicherungspflichtig in der gesetzlichen Rentenversicherung werden kann. Es geht also nicht nur darum, die Selbständigkeit zu belegen, sondern auch darum, aufzuzeigen, dass man von einem bestimmten Auftraggeber nicht allzu sehr wirtschaftlich abhängig ist.

Widerspruch einlegen

Gehen Sie ähnlich wie beim Widerspruch zur Abwehr der Vermutung einer abhängigen Beschäftigung vor. Bedenken Sie aber, dass es nicht darum geht, Ihre Selbständigkeit zu beweisen, sondern darum, Ihre wirtschaftliche Abhängigkeit als »Freelancer« von einem Auftraggeber zu widerlegen.
Wenn nun einmal feststeht, dass Sie keinen Mitarbeiter über der Geringfügigkeitsgrenze von 325 Euro Monatseinkommen beschäftigen und tatsächlich mehr als 5/6 Ihrer Umsätze mit einem Hauptauftraggeber machen, dann lohnt sich der Widerspruch für die zurückliegende Zeit nicht.
Interessant kann es aber sein, wenn Sie aufgrund des Verfahrens versuchen, weitere Auftraggeber zu gewinnen, mit denen Sie über 1/6 Ihres Jahresgesamtumsatzes machen. Gelingt Ihnen dies, können Sie zumindest mit Beginn der vertraglich vereinbarten Zusammenarbeit zwischen Ihnen und Ihren neuen Kunden die Rentenversicherungspflicht abwehren.
Für die zurückliegende Zeit müssen Sie nachzahlen, und zwar als Selbständiger die vollen Beiträge, da es ja keinen Arbeitgeber gibt, der die andere Hälfte übernehmen kann.

Befreiung von der Rentenversicherungspflicht

Besonders für Existenzgründer ist es wichtig, zu wissen, dass sie sich für die ersten drei Jahre von der Rentenversicherungspflicht befreien lassen können und somit ausreichend Zeit haben, sich genügend Auftraggeber zu suchen, wodurch sie nicht mehr unter den § 2 Satz 1 Nr. 9 fallen. Bei einer erneuten Existenzgründung können sich Gründer noch einmal für drei Jahre von der Versicherungspflicht in der gesetzlichen Rentenversicherung befreien lassen. Allerdings liegt eine zweite Existenzgründung nicht vor, wenn eine bestehende selbständige Existenz lediglich umbenannt oder deren Geschäftszweck gegenüber der vorangegangenen nicht wesentlich verändert worden ist.
Endgültig von der Rentenversicherungspflicht befreit werden auf Antrag hingegen Personen, die das 58. Lebensjahr vollendet haben und nach einer zuvor ausgeübten selbständigen Tätigkeit erstmals nach § 2 Satz 1 Nr. 9 SGB VI versicherungspflichtig werden.
Geregelt ist das in

§ 6 SGB VI Befreiung von der Versicherungspflicht
»(1) ...
(1 a) Personen, die nach § 2 Satz 1 Nr. 9 versicherungspflichtig sind, werden von der Versicherungspflicht befreit
1. für einen Zeitraum von drei Jahren nach erstmaliger Aufnahme einer selbständigen Tätigkeit, die die Merkmale des § 2 Satz 1 Nr. 9 erfüllt haben,
2. nach Vollendung des 58. Lebensjahres, wenn sie nach einer zuvor ausgeübten selbständigen Tätigkeit erstmals nach § 2 Satz 1 Nr. 9 versicherungspflichtig werden.
Satz 1 Nr. 1 gilt entsprechend für die Aufnahme einer zweiten selbständigen Tätigkeit, die die Merkmale des § 2 Satz 1 Nr. 9 erfüllt. Eine Aufnahme einer selbständigen Tätigkeit liegt nicht vor, wenn eine bestehende selbständige Existenz lediglich umbenannt oder deren Geschäftszweck gegenüber der vorangegangenen nicht wesentlich verändert worden ist.«

Nach der Übergangsregelung des § 231 Abs. 5 SGB VI können ferner Personen, die am 31. 12. 1998 eine selbständige Tätigkeit ausgeübt haben, in der sie nicht rentenversicherungspflichtig waren, und nach diesem Zeitpunkt gemäß § 2 Satz 1 Nr. 9 SGB VI rentenversicherungspflichtig werden, bei hinreichender privater Absicherung von der Rentenversicherungspflicht befreit werden.

Vorbeugen der Vermutung abhängiger Beschäftigung

Angesichts der Tatsache, dass die Sozialversicherungsträger im Schnitt alle vier Jahre bei Unternehmen Betriebsprüfungen vornehmen, müssen Freelancer und werkvertragsmäßig tätige Selbständige damit rechnen, dass ihre selbständige Erwerbstätigkeit dahingehend geprüft wird, ob es sich nicht doch um eine verschleierte abhängige Beschäftigung handelt. Da nach bereits erfolgter Betriebsprüfung der Sozialversicherungsträger es für den Selbständigen im Nachhinein sehr viel schwieriger ist, zu belegen, dass er »wirklich selbständig ist«, gilt es, falschen Vermutungen durch die Sozialversicherungsträger generell vorzubeugen.
Das kann geschehen durch:

- Statusabklärung im Rahmen des Anfrageverfahrens bei den gesetzlichen Sozialversicherungsträgern, durch die man sich Gewissheit und eine gegenüber Auftraggebern gültige Bescheinigung verschaffen kann, auch aus sozialversicherungsrechtlicher Perspektive selbständig zu sein.
- Umorganisation der Existenz mit anschließender Statusabklärung: Eine Statusabklärung wird man am besten erst dann selbst beantragen, wenn man die Verträge und die Zusammenarbeit mit einem Auftraggeber entsprechend angepasst hat, so dass eine Bestätigung der Selbständigkeit zu erwarten ist.

- Rechtzeitige strategische Planung im Vorfeld der Existenzgründung. Die Selbständigkeit wird entsprechend den Kriterien, was nach Rechtsprechung, Gesetzgebung und allgemeiner Verkehrsauffassung als selbständige und als nicht selbständige Tätigkeit gilt, umgesetzt. Dabei sind alle, die sich erst selbständig machen möchten, im Vorteil. Denn sie können ihre selbständige Existenz von Anfang an so aufbauen, dass die Vermutungskriterien einer abhängigen Beschäftigung gemäß § 7 Abs. 4 SGB IV nicht oder nicht in ausreichendem Maß greifen können (Siehe hierzu den Abschnitt »Wie man garantiert selbständig wird/bleibt.«, Seite 402)

Antragsverfahren zur Statusfeststellung

Am besten können Selbständige einer überraschenden Vermutung, abhängig beschäftigt zu sein, vorbeugen, indem sie von sich aus bei den Sozialversicherungsträgern ihren Erwerbsstatus feststellen lassen. Dazu hat der Gesetzgeber in § 7a SGB IV eine rechtliche Möglichkeit geschaffen.

§ 7a SGB IV
»Anfrageverfahren
(1) Die Beteiligten können schriftlich eine Entscheidung beantragen, ob eine Beschäftigung vorliegt, es sei denn, die Einzugsstelle oder ein anderer Versicherungsträger hatte im Zeitpunkt der Antragstellung bereits ein Verfahren zur Feststellung einer Beschäftigung eingeleitet. Über den Antrag entscheidet abweichend von § 28h Abs. 2 die Bundesversicherungsanstalt für Angestellte.
(2) Die Bundesversicherungsanstalt für Angestellte entscheidet aufgrund einer Gesamtwürdigung aller Umstände des Einzelfalles, ob eine Beschäftigung vorliegt.
(3) Die Bundesversicherungsanstalt für Angestellte teilt den Beteiligten schriftlich mit, welche Angaben und Unterlagen sie für ihre Entscheidung benötigt. Sie setzt den Beteiligten eine angemessene Frist, innerhalb der diese die Angaben zu machen und die Unterlagen vorzulegen haben. Bei der Fristsetzung weist sie darauf hin, dass sie die Vermu-

tungsregelung des § 7 Abs. 4 nach Fristablauf anwenden kann.
(4) Die Bundesversicherungsanstalt für Angestellte teilt den Beteiligten mit, welche Entscheidung sie zu treffen beabsichtigt, bezeichnet die Tatsachen, auf die sie ihre Entscheidung stützen will, und gibt den Beteiligten Gelegenheit, sich zu der beabsichtigten Entscheidung zu äußern.
(5) Die Bundesversicherungsanstalt für Angestellte fordert die Beteiligten auf, innerhalb einer angemessenen Frist die Tatsachen anzugeben, die eine Widerlegung begründen, wenn diese die Vermutung widerlegen wollen.
(6) Wird der Antrag nach Absatz 1 innerhalb eines Monats nach Aufnahme der Tätigkeit gestellt und stellt die Bundesversicherungsanstalt für Angestellte ein versicherungspflichtiges Beschäftigungsverhältnis fest, tritt die Versicherungspflicht mit der Bekanntgabe der Entscheidung ein, wenn der Beschäftigte
1. zustimmt und 2. er für den Zeitraum zwischen Aufnahme der Beschäftigung und der Entscheidung eine Absicherung gegen das finanzielle Risiko von Krankheit und zur Altersvorsorge vorgenommen hat, die der Art nach den Leistungen der gesetzlichen Krankenversicherung und der gesetzlichen Rentenversicherung entspricht.
Der Gesamtsozialversicherungsbeitrag wird erst zu dem Zeitpunkt fällig, zu dem die Entscheidung, dass eine Beschäftigung vorliegt, unanfechtbar geworden ist.
(7) Widerspruch und Klage gegen Entscheidungen, dass eine Beschäftigung vorliegt, haben aufschiebende Wirkung. Eine Klage auf Erlass der Entscheidung ist abweichend von § 88 Abs. 1 des Sozialgerichtsgesetzes nach Ablauf von drei Monaten zulässig.«

Antragsformulare erhält man bei jeder Krankenkasse oder bei der Deutschen Rentenversicherung.
Muster für das Antragsformular können Sie auch im Internet erhalten unter:
www.deutsche-rentenversicherung-bund.de

Vermutungskriterien im Einzelnen

Bei der Überprüfung, ob die Vermutungskriterien einer abhängigen Beschäftigung vorliegen, gehen die Sozialversicherungsträger entsprechend dem Kriterienkatalog gemäß § 7 Abs. 4 Satz 1 SGB IV systematisch vor. Das Bestehen einer Beschäftigung wird gesetzlich vermutet, wenn mindestens drei der nachstehend aufgeführten fünf Merkmale vorliegen:

1. Im Zusammenhang mit der Tätigkeit wird regelmäßig kein versicherungspflichtiger Arbeitnehmer beschäftigt, dessen Arbeitsentgelt aus diesem Beschäftigungsverhältnis regelmäßig im Monat 400 Euro übersteigt.
2. Die Erwerbsperson ist auf Dauer und im Wesentlichen nur für einen Auftraggeber tätig.
3. Der Auftraggeber oder ein vergleichbarer Auftraggeber lässt entsprechende Tätigkeiten regelmäßig durch von ihm beschäftigte Arbeitnehmer verrichten.
4. Die Tätigkeit der Erwerbsperson lässt typische Merkmale unternehmerischen Handelns nicht erkennen.
5. Die Tätigkeit der Erwerbsperson entspricht dem äußeren Erscheinungsbild nach der Tätigkeit, die sie für denselben Auftraggeber zuvor aufgrund eines Beschäftigungsverhältnisses ausgeübt hatte.

Um sich optimal vorzubereiten, sollte man wissen, wie die Sozialversicherungsanstalten die Merkmale abhängiger Beschäftigung auslegen. Definiert werden die fünf Merkmale abhängiger Beschäftigung des § 7 Abs. 4 SGB IV durch die Richtlinien der Sozialversicherungsträger vom 20. Dezember 1999 wie folgt:

- *1. wird regelmäßig kein versicherungspflichtiger Arbeitnehmer beschäftigt …*

»**Beschäftigung von Arbeitnehmern.** Anders als ein Selbständiger kann ein abhängig Beschäftigter die von ihm zu erbringende Arbeitsleistung in der Regel nicht auf andere

Personen übertragen, sondern hat sie persönlich zu erbringen. Deshalb ist die Nichtbeschäftigung von versicherungspflichtigen Arbeitnehmern ein wichtiges Merkmal für das Vorliegen einer Beschäftigung.

Alle versicherungspflichtigen Arbeitnehmer, die im Zusammenhang mit der zu beurteilenden Tätigkeit regelmäßig beschäftigt werden, sind bei der Prüfung des ersten Vermutungsmerkmals zu berücksichtigen, es sei denn, das Arbeitsentgelt aus diesem Beschäftigungsverhältnis übersteigt nicht regelmäßig im Monat 400 Euro. Es kommt somit nicht alleine auf die Versicherungspflicht des Arbeitnehmers an, die sich bereits aufgrund der nach § 8 Abs. 2 SGB IV vorzunehmenden Zusammenrechnung oder durch den Verzicht auf die Rentenversicherungsfreiheit nach § 5 Abs. 2 Satz 2 SGB VI ergeben kann, sondern auch auf die Höhe des aus dieser Beschäftigung erzielten Arbeitsentgelts. Als Arbeitnehmer gelten hierbei auch Personen, die berufliche Kenntnisse, Fertigkeiten oder Erfahrungen im Rahmen beruflicher Bildung erwerben. Die im Gesetz genannte Verdienstgrenze ist auch dann nicht überschritten, wenn die zu beurteilende Erwerbsperson mehrere Arbeitnehmer beschäftigt, deren Arbeitsentgelte zusammen 325 Euro monatlich übersteigen. Die Voraussetzung des ersten Merkmals der Vermutungsregelung wird dann ebenfalls erfüllt.

Die Beschäftigung dieser Arbeitnehmer durch die Erwerbsperson muss regelmäßig erfolgen; hierdurch sollen Manipulationen durch eine kurzfristige Beschäftigung von Arbeitnehmern verhindert werden. Von einer regelmäßigen Beschäftigung von Arbeitnehmern ist auszugehen, wenn unbefristete Beschäftigungsverhältnisse oder befristete Beschäftigungsverhältnisse mit kontinuierlicher Abfolge für die Erwerbsperson ausgeübt werden. Unterbrechungen innerhalb eines Jahres von bis zu zwei Monaten (z.B. nach Kündigung eines Arbeitnehmers) sind insoweit grundsätzlich unschädlich.

Die aufgrund des Gesetzes vom 19. 12. 1998 eingefügte Ausnahmeregelung für Familienangehörige entfällt zum 1. 4. 2000 (vgl. Art. 3 Abs. 1 des Gesetzes vom 20. 12. 1999).

Ab diesem Zeitpunkt sind Familienangehörige, die sich in einem Beschäftigungsverhältnis befinden, wie alle anderen Arbeitnehmer zu berücksichtigen.
Arbeitnehmer, die im Privathaushalt und somit nicht im Zusammenhang mit der zu beurteilenden Tätigkeit beschäftigt werden, bleiben bei der Beurteilung unberücksichtigt. Im Übrigen kommt es auf die Art der Tätigkeit, die die im Zusammenhang mit der zu beurteilenden Tätigkeit beschäftigten Arbeitnehmer ausüben, nicht an (z.B. Reinigungskräfte für Arbeits-/Büroräume).«

- *2. auf Dauer und im Wesentlichen nur für einen Auftraggeber tätig …*
  »**Bindung an einen Auftraggeber.** Die Bindung an einen Auftraggeber gilt stets in den Fällen einer vertraglichen Ausschließlichkeitsbindung. Es genügt jedoch auch eine faktische Bindung.
  Durch das Erfordernis, auf Dauer und im Wesentlichen nur für einen Auftraggeber tätig zu sein, soll Ausnahmefällen Rechnung getragen und insbesondere sichergestellt werden, dass eine Tätigkeit in nur unbedeutendem Umfang für einen oder auch mehrere andere Auftraggeber die Vermutung einer Beschäftigung gegen Arbeitsentgelt nicht ausschließt.
  Von einer Dauerhaftigkeit der Tätigkeit für einen Auftraggeber ist auszugehen, wenn die Tätigkeit im Rahmen eines Dauerauftragsverhältnisses oder eines regelmäßig wiederkehrenden Auftragsverhältnisses erfolgt. Hierbei sind neben den zeitlichen auch wirtschaftliche Kriterien zu beachten und branchenspezifische Besonderheiten zu berücksichtigen. Bei einer im Voraus begrenzten, lediglich vorübergehenden Tätigkeit für einen Auftraggeber (insbesondere bei projektbezogenen Tätigkeiten) wird grundsätzlich keine Dauerhaftigkeit dieser Tätigkeit für nur einen Auftraggeber vorliegen, wenn die Begrenzung innerhalb eines Jahres liegt; im Einzelfall kann auch bei längeren Projektzeiten keine dauerhafte Tätigkeit nur für einen Auftraggeber vorliegen. Hierfür ist zum Zeitpunkt der Aufnahme des Auftrages eine vorausschauende Betrachtung vorzunehmen.

Die Bindung an einen Auftraggeber besteht allerdings dann, wenn sich zeitlich begrenzte Auftragsverhältnisse mit demselben Auftraggeber regelmäßig wiederholen. Existenzgründer müssen nach ihrem Unternehmenskonzept die Zusammenarbeit mit mehreren Auftraggebern anstreben. Außerdem dürfen die tatsächlichen Umstände dem nicht entgegenstehen. Von einem Existenzgründer wird in der Regel in den ersten drei Jahren nach Aufnahme der zu beurteilenden Tätigkeit auszugehen sein. Eine dauerhafte Tätigkeit für mehrere Auftraggeber liegt auch dann vor, wenn der Auftragnehmer innerhalb eines bestimmten Zeitraums nacheinander für verschiedene Auftraggeber tätig ist. Das zweite Erfordernis, wesentlich nur für einen Auftraggeber tätig zu sein, ist als erfüllt anzusehen, wenn der Betroffene mindestens 5/6 seiner gesamten Einkünfte aus den zu beurteilenden Tätigkeiten alleine aus einer dieser Tätigkeiten erzielt.
Bei der Prüfung des § 7 Abs. 4 Satz 1 Nr. 2 SGB IV gelten Konzernunternehmen im Sinne des § 18 Aktiengesetz (AktG) sowie Kooperationspartner insoweit als ein Auftraggeber.
Als Auftraggeber können auch Franchisegeber in Betracht kommen.«

- *3. entsprechende Tätigkeiten regelmäßig durch von ihm beschäftigte Arbeitnehmer verrichten ...*

  »**Entsprechende Tätigkeiten beschäftigter Arbeitnehmer.** Das dritte Kriterium ist vor allem in jenen Fällen von Bedeutung, in denen ein Auftraggeber für entsprechende Tätigkeiten neben fest angestellten Personen auch freie Mitarbeiter beschäftigt. Lässt sich bei der Gesamtwürdigung der Tätigkeit des freien Mitarbeiters im Vergleich zu den fest angestellten Personen für entsprechende Tätigkeiten kein wesentlicher Unterschied feststellen, spricht dies für ein Beschäftigungsverhältnis. Dies gilt auch, wenn entsprechende Tätigkeiten bei einem vergleichbaren Auftraggeber von Arbeitnehmern verrichtet werden. Von einem vergleichbaren Auftraggeber ist auszugehen, wenn Branchenidentität vorliegt oder die Tätigkeit durch gleiche Arbeitsinhalte gekennzeichnet ist.«

- *4. lässt typische Merkmale unternehmerischen Handelns nicht erkennen …*

  »**Typische Merkmale unternehmerischen Handelns.** Selbständig ist im Allgemeinen jemand, der unternehmerische Entscheidungsfreiheit genießt, ein unternehmerisches Risiko trägt sowie unternehmerische Chancen wahrnehmen und hierfür Eigenwerbung betreiben kann.
  Zu typischen Merkmalen unternehmerischen Handelns gehört u. a., dass Leistungen im eigenen Namen und auf eigene Rechnung statt im Namen und auf Rechnung des Auftraggebers erbracht werden, sowie die eigenständige Entscheidung über

- Einkaufs- und Verkaufspreise, Warenbezug,
- Einstellung von Personal,
- Einsatz von Kapital und Maschinen,
- die Zahlungsweise der Kunden (z.B. sofortige Barzahlung, Stundungsmöglichkeit, Einräumung von Rabatten),
- Art und Umfang der Kundenakquisition,
- Art und Umfang von Werbemaßnahmen für das eigene Unternehmen (z.B. Benutzung eigener Briefköpfe).

Auf den Katalog bestimmter Berufsgruppen zur Abgrenzung zwischen abhängiger Beschäftigung und selbständiger Tätigkeit sowie zur Bestimmung der Merkmale typischen unternehmerischen Handelns (Anlage 4) wird verwiesen.«

- *5. Erwerbsperson entspricht dem äußeren Erscheinungsbild nach der Tätigkeit, die sie für denselben Auftraggeber zuvor aufgrund eines Beschäftigungsverhältnisses ausgeübt hatte …*

  »**Äußeres Erscheinungsbild.** Mit diesem fünften Kriterium wird die Umwandlung eines Arbeitsverhältnisses in freie Mitarbeit ohne Änderung der tatsächlichen Verhältnisse in die Vermutungsregelung aufgenommen. Es handelt sich

hierbei um die Fälle des Outsourcing und des Outplacement. Bleibt das äußere Erscheinungsbild der Tätigkeit unverändert, so spricht dies für einen Fortbestand des bisherigen Beschäftigungsverhältnisses.«
(Quelle: *www.deutsche-rentenversicherung-bund.de*)

Der Verfahrensablauf am Beispiel der Deutschen Rentenversicherung

Laut Auskunft der Deutschen Rentenversicherung, soll mit dem Anfrageverfahren den Beteiligten in den objektiven Zweifelsfällen Rechtssicherheit darüber verschafft werden, ob sie selbständig tätig oder abhängig beschäftigt sind. Beteiligte, die eine Statusfeststellung beantragen können, sind die Vertragspartner (z.B. Auftragnehmer und Auftraggeber), nicht jedoch andere Versicherungsträger. Jeder Beteiligte ist berechtigt, das Anfrageverfahren bei der Bundesversicherungsanstalt für Angestellte zu beantragen. Es ist nicht erforderlich, dass sich die Beteiligten für ein Anfrageverfahren einig sind. Aus Beweisgründen ist für das Anfrageverfahren bei der Deutschen Rentenversicherung die Schriftform vorgeschrieben.
Das Anfrageverfahren bei der Deutschen Rentenversicherung entfällt, wenn bereits durch eine Einzugsstelle außerhalb eines Statusfeststellungsverfahrens nach § 7a SGB IV (z.B. im Rahmen einer Entscheidung über eine freiwillige Versicherung, eine Familienversicherung (Prüfung nach § 28h Abs. 2 SGB IV) oder einen Rentenversicherungsträger (im Rahmen des § 28p Abs. 1 SGB IV) ein Verfahren zur Feststellung des Status der Erwerbsperson durchgeführt oder eingeleitet wurde, z.B. durch Übersendung eines Fragebogens oder durch Ankündigung einer Betriebsprüfung. Hiervon sind auch die Verfahren betroffen, die vor Verkündung des Gesetzes zur Förderung der Selbständigkeit wegen der grundsätzlichen Zuständigkeit der Einzugsstellen nach § 28h Abs. 2 SGB IV von den Krankenkassen bereits entschieden wurden bzw. in denen das Verwaltungsverfahren eingeleitet worden ist (Bestandsfälle). Diese Stellen führen

dann das Statusfeststellungsverfahren einschließlich evtl. anschließender Rechtsstreitverfahren in eigener Zuständigkeit durch.

Für die im Rahmen eines Statusfeststellungsverfahrens nach § 7a SGB IV erforderliche Prüfung, ob eine abhängige Beschäftigung nach § 7 Abs. 1 SGB IV vorliegt und deshalb Versicherungspflicht als Arbeitnehmer besteht, haben die Beteiligten einen Antrag auszufüllen. Die Verwendung des Antrags ist notwendig und geboten, damit das Gesamtbild der Tätigkeit ermittelt werden kann und weitgehend sichergestellt ist, dass die für die Entscheidung maßgeblichen Kriterien einheitlich erhoben werden. Nach § 7a Abs. 2 SGB IV hat die Deutsche Rentenversicherung – wie die Einzugsstelle im Rahmen des § 28h Abs. 2 SGB IV und der Rentenversicherungsträger im Übrigen im Rahmen einer Betriebsprüfung nach § 28p Abs. 1 SGB IV – auf der Grundlage ihrer Amtsermittlung (§ 20 SGB X) nach den von der Rechtsprechung entwickelten Abgrenzungskriterien im Rahmen einer Gesamtwürdigung aller Umstände des Einzelfalles zu entscheiden, ob eine abhängige Beschäftigung oder eine selbständige Tätigkeit vorliegt.

Unterlagen und Formularausfüllung zur Beweisführung

Die Angaben und Unterlagen, die die Deutsche Rentenversicherung für ihre Entscheidung benötigt, hat sie nach § 7a Abs. 3 SGB IV schriftlich bei den Beteiligten (Auftragnehmer, Auftraggeber) unter Fristsetzung anzufordern. Hierbei hat sie auch auf die Anwendbarkeit der Vermutungsregelung des § 7 Abs. 4 Satz 1 SGB IV hinzuweisen, so dass den Beteiligten schon in diesem Stadium des Verfahrens die möglichen Konsequenzen fehlender Mitwirkung deutlich werden. Die Frist, innerhalb derer die erforderlichen Angaben zu machen und die Unterlagen vorzulegen sind, muss jeweils angemessen festgesetzt werden.

Widerspruch gegen und/oder Nachlegen von Argumenten

Nach Abschluss der Ermittlungen hat die Deutsche Rentenversicherung vor Erlass ihrer Entscheidung den Beteiligten

Gelegenheit zu geben, sich zu der beabsichtigten Entscheidung zu äußern (Anhörung nach § 24 SGB X). Nach § 7a Abs. 4 SGB IV teilt sie deshalb den Beteiligten mit, welche Entscheidung sie zu treffen beabsichtigt, und bezeichnet die Tatsachen, auf die sie ihre Entscheidung stützen will. Dies ermöglicht den Beteiligten, vor Erlass des Statusbescheids weitere Tatsachen und ergänzende rechtliche Gesichtspunkte vorzubringen. Einer Anhörung bedarf es nicht, soweit dem Antrag der Beteiligten entsprochen wird.

Statusmitteilung

Nach Abschluss des Anhörungsverfahrens erteilt die Deutsche Rentenversicherung den Beteiligten (Auftragnehmer und Auftraggeber) einen rechtsbehelfsfähigen begründenden Bescheid über den Status der Erwerbsperson und deren versicherungsrechtliche Beurteilung. Die zuständige Einzugsstelle erhält eine Durchschrift des Bescheids, wenn ein versicherungspflichtiges Beschäftigungsverhältnis festgestellt wird. Außerdem wird sie unverzüglich informiert, wenn gegen den Bescheid der Bundesversicherungsanstalt für Angestellte Widerspruch eingelegt worden ist; über das weitere Verfahren wird die zuständige Einzugsstelle regelmäßig unterrichtet.

Zuständigkeit

Zuständige Einzugsstelle ist die Krankenkasse, die die Krankenversicherung durchführt. Wird die Krankenversicherung von einer landwirtschaftlichen Krankenkasse aufgrund eines anderen Tatbestandes, der gegenüber der Versicherungspflicht nach dem SGB V nachrangig ist, durchgeführt, ist die versicherungsrechtliche Feststellung bezüglich der zu beurteilenden Tätigkeit von der Krankenkasse vorzunehmen, die bei Eintritt von Versicherungspflicht als Arbeitnehmer zuständig ist. Für Personen, die zum Zeitpunkt des Verfahrens bei keiner Krankenkasse versichert sind, ist die Krankenkasse zuständig, der sie zuletzt angehörten, sofern sie nicht eine andere Krankenkasse wählen. Waren sie nicht oder zuletzt bei einer landwirtschaftlichen Krankenkasse versichert, können sie ebenfalls vom Krankenkassenwahlrecht Gebrauch machen.

Bestätigung des Selbständigenstatus

Mit der Statusbestätigung als Selbständiger haben Sie nun sozialversicherungsrechtlich hinsichtlich der gesetzlichen Sozialversicherungspflicht in der Krankenkasse, Pflegeversicherung und Arbeitslosenversicherung »Ruhe«.
Doch noch steht die Frage offen, ob Sie nicht versicherungspflichtig in der gesetzlichen Rentenversicherung sind: Denn entscheidet die Deutsche Rentenversicherung im Einzelfall auch auf eine selbständige Tätigkeit, hat sie dennoch zugleich zu prüfen, ob eine Rentenversicherungspflicht z.B. nach § 2 Satz 1 Nr. 9 SGB VI vorliegt, sofern entsprechende Anhaltspunkte vorliegen (bei Handwerkern Abgabe an die zuständige Landesversicherungsanstalt, bei Künstlern und Publizisten Abgabe an die Künstlersozialkasse).

Bestätigung als abhängig Beschäftigter

Aber auch, wenn der Sozialversicherungsträger im amtlichen Verfahren nicht auf eine selbständige Tätigkeit entscheidet, sondern eine abhängige Beschäftigung in Ihrer Tätigkeit sieht, ist es von Vorteil, wenn Sie dieses Prüfungsverfahren zur Statusabklärung selbst in Gang gesetzt haben. Denn durch das selbst betriebene Anfrageverfahren kann man für den Fall, dass eine abhängige Beschäftigung bescheinigt wird, einer möglichen Unterstellung entgegenwirken, Sie oder Ihr Arbeitgeber seien vorsätzlich oder grob fahrlässig von einer selbständigen Tätigkeit ausgegangen, wodurch mögliche strafrechtliche Konsequenzen verhindert werden können.

Umorganisation der Selbständigkeit mit anschließender Statusabklärung

Für den Fall, dass die Selbständigkeit aberkannt wurde, kann man die eigene Selbständigkeit derart neu organisieren, dass bei einer zweiten Statusanfrage der Sozialversicherungsträ-

ger auf Selbständigkeit entscheiden muss. Besser noch: Bevor man eine Statusanfrage startet, empfiehlt es sich, selbst einmal den Erfolg einer solchen Anfrage zu hinterfragen, nämlich: »Wie wird mich der Sozialversicherungsträger einstufen? Wird er eine Selbständigkeit anerkennen oder muss ich damit rechnen, doch als Arbeitnehmer eingestuft zu werden?« Wenn Sie unbedingt verhindern möchten, als Arbeitnehmer geoutet zu werden und eventuell sogar wissen, dass Sie die Selbständigkeitskriterien nicht erfüllen, dann sollten Sie vor einer Antragstellung die Ausübung Ihrer Selbständigkeit so verändern, dass Ihre selbständige Existenz auch als solche eine Chance hat, anerkannt zu werden, zumindest für die Gegenwart und Zukunft.
Das heißt, Sie sollten prüfen, ob Sie bei der Ausübung Ihrer selbständigen Tätigkeit

- selbst entscheiden dürfen oder weitestgehend weisungsgebunden entscheiden. Falls ja: Überlegen Sie, wie Sie Ihre Weisungsgebundenheit ablegen können,
- Ihre Zeit frei einteilen und unabhängig von der Betriebsarbeitszeit Ihres Auftraggebers arbeiten. Falls nicht: Unternehmen Sie konkrete Schritte, dies zu verändern,
- Ihren Arbeitsort frei wählen können oder immer beim Auftraggeber erscheinen müssen. Wenn Sie an eine Arbeitsstelle gebunden sind, überlegen Sie, wie Sie diesen Zustand verändern können und Ihren Arbeitsort selbst bestimmen dürfen,
- Ihre Aufträge selbst akquirieren oder ob Sie von Ihrem Hauptauftraggeber immer wieder neue Aufgaben erhalten, ähnlich wie ein Arbeitnehmer. Falls dem so ist, sorgen Sie dafür, dass Sie neue Aufgaben möglichst nur nach neuem Angebot erhalten. Versuchen Sie, neben dem Hauptauftragsverhältnis noch weitere Aufträge selbst zu akquirieren,
- Ihr Honorar automatisch oder erst nach spezieller Rechnungsstellung überwiesen bekommen. Ändern Sie ggf. Ihr Verfahren dahingehend, dass Sie nicht ähnlich wie ein Arbeitnehmer monatlich ein Salär überwiesen bekommen, sondern jeweils Rechnungen schreiben müssen,
- für Ihre Aufträge und die Gesamtexistenz das unternehmerische Risiko tragen. Beschreiben Sie Ihr unternehmerisches Handeln be-

züglich eigenen Kapitaleinsatzes, eigener Kalkulationen, Preisgestaltung, Werbung und Ablehnung von Aufträgen. Sollten bisher die Geschäftsgänge nicht das hergeben, um eine Selbständigkeit zu belegen, dann müssen Sie jetzt damit beginnen, entsprechende Vorgänge zu schaffen, die Sie dann als Beleg Ihrer Selbständigkeit beschreiben können,

- ein wasserdichter Vertrag der Zusammenarbeit zugrunde liegt. Falls nicht, sollten Sie Ihre alten Verträge noch einmal neu abschließen und bei künftigen Vereinbarungen darauf achten, dass Sie entsprechende Zusatzklauseln erhalten, die Ihr selbständiges Tun unterstreichen.

Verträge überprüfen und ggf. neu abfassen

Überprüfen Sie, ob die Verträge mit Ihrem Auftraggeber erkennen lassen, dass Sie tatsächlich selbständig tätig sind. Denn die Deutsche Rentenversicherung fordert Sie in Punkt 2.3 ihres Antrages auf, die Auftraggeber zu nennen und entsprechende Verträge beizufügen. Besorgen Sie sich daher bei der Deutschen Rentenversicherung einen Antrag auf Feststellung des sozialversicherungsrechtlichen Status. Dort entnehmen Sie, worauf es dem Sozialversicherungsträger ankommt. Sie können dann, falls Ihre Verträge unglücklich formuliert sind, versuchen, mit Ihrem Auftraggeber die Vereinbarungen neu zu formulieren. Der erneuerte Vertrag soll dabei jedoch nicht die Wirklichkeit in Bezug auf Ihre Tätigkeit verschleiern, sondern lediglich eine selbständige Zusammenarbeit so herausstellen, dass diese nicht vom Sozialversicherungsträger voreilig in Frage gestellt werden kann. Dazu kann es sinnvoll sein, in Ihre Verträge jeweils folgende Zusatzklauseln unter die jeweiligen Hauptobliegenheiten der Zusammenarbeitsvereinbarung aufnehmen zu lassen:

- Der Auftragnehmer kann seinen Arbeitsort frei wählen und arbeitet nicht am Betriebssitz des Auftraggebers.
- Der Auftragnehmer kann seine Arbeitszeiten frei einteilen. Es besteht keine Arbeits- und Anwesenheitspflicht.
- Der Auftragnehmer ist weisungsungebunden. Ihm werden keinerlei

Weisungen hinsichtlich der Ausführung (Art und Weise) seiner Tätigkeit erteilt.

- Der Auftragnehmer kann ohne Zustimmung des Auftraggebers sein Einsatzgebiet verändern.
- Der Auftragnehmer hat keinerlei Mit- oder Einspruchsrecht bei der Anstellung von Hilfskräften oder Vertretern durch den Auftraggeber.

Notfalls die Tätigkeit neu organisieren

Wenn Sie merken, dass mit etwas Kosmetik die Angelegenheit nicht zu bereinigen ist, dann müssen Sie, wenn Sie selbständig bleiben möchten, sofort damit beginnen, Ihre tatsächliche Denk- und Arbeitsweise so drastisch umzustellen, dass Ihre Erwerbstätigkeit auch sozialversicherungsrechtlich als Selbständigkeit anerkannt wird. Am besten versetzen Sie sich dazu in die Situation eines Markthändlers: Dieser steht mit einem Stand voller Waren auf dem Marktplatz und verkauft an jedermann. Er ist nicht weisungsgebunden, er entscheidet selbst, dass er dort zu diesem Termin stehen möchte, und er hat mehr als nur einen Kunden. Wenn Sie dieses Marktverkäufer-Profil verinnerlichen und als Synonym für Ihre selbständige Tätigkeit nehmen und diese entsprechend auch umzusetzen versuchen, kann Sie niemand mehr als Scheinselbständiger abstempeln. Im Prinzip kann man nämlich alles »ähnlich wie Äpfel oder Brot« verkaufen, ob das Texte, Gutachten, Unterricht, Service, Beratung oder andere Dienstleistungen sind.

Unverzügliche Antragstellung auf Statusfeststellung

Sobald Sie Ihre Hausaufgaben gemacht haben, was zwei bis acht Monate dauern kann, sollten Sie unverzüglich selbst den Antrag auf Statusfeststellung stellen. Sie können dann relativ sicher sein, dass Ihnen der Status als Selbständiger bescheinigt wird. Eine mögliche Klage hat dann auch mehr Chancen auf Erfolg.

Wie man garantiert selbständig wird/bleibt!

Ob Sie eine freie Existenz gründen wollen oder schon länger dabei sind – um eine Rechtsformverfehlung bei der Qualifikation von Beschäftigungsverhältnissen zu vermeiden, ist es am sichersten, eine möglichst genaue Abgrenzung zwischen selbständiger und unselbständiger Tätigkeit vorzunehmen und seine Selbständigkeit exakt nach den in Rechtsprechung und Gesetz anerkannten Merkmalen auszuüben.
Die Schwierigkeit bei der Definition der exakten Abgrenzung zwischen selbständiger und unselbständiger Tätigkeit liegt in den fehlenden Legaldefinitionen und den wechselnden Rechtsprechungen zu diesem Thema. Dennoch hat sich im Laufe der Zeit ein Katalog mit rechtlich relativ gesicherten Merkmalen von abhängiger und selbständiger Erwerbstätigkeit herauskristallisiert.

Abhängige und selbständige Erwerbsarbeit

Merkmale abhängiger Beschäftigung	*Merkmale selbständiger Erwerbstätigkeit*
Weisungsgebundenheit, arbeitsbezogene und hierarchische Unterordnung	Keine Weisungsgebundenheit, Aufträge dürfen auch abgelehnt werden
Unternehmerrisiko trägt der Arbeitgeber	Unternehmerrisiko trägt der Auftragnehmer, z. B. Wagnis von Zeit- und Aufwandinvestition, Tragen des Kalkulationsrisikos, der Verantwortung für Preisgestaltung, Werbung etc., Ungewissheit über den wirtschaftlichen Erfolg und die Rentabilität des Aufwands
Die Arbeit wird in persönlicher und wirtschaftlicher Abhängigkeit erbracht. Arbeitnehmer beziehen ihr Arbeitseinkommen regelmäßig monatlich von einem Arbeitgeber	Die Arbeit wird in persönlicher und wirtschaftlicher Unabhängigkeit erbracht. Selbständige beziehen ihr Arbeitseinkommen unregelmäßig über eine Honorierung aus verschiedenen Verträgen nach Rechnungslegung

Merkmale abhängiger Beschäftigung	*Merkmale selbständiger Erwerbstätigkeit*
Feste Arbeitszeiten. Zeithoheit liegt im Rahmen der vertraglich vereinbarten Arbeitszeit beim Arbeitgeber	Freie Gestaltung der Arbeitszeit und Entscheidung darüber, wann und in welchen Zeitintervallen ein Auftrag erledigt wird
Arbeitsort ist die Betriebsstätte des Arbeitgebers oder ein von ihm genehmigter außerbetrieblicher Arbeitsplatz. Arbeitnehmer dürfen ihren Arbeitsort nicht eigenmächtig bestimmen	Eigenmächtige Bestimmung von Arbeitsorten
Es wird die Arbeitskraft und nicht der Arbeitserfolg geschuldet	Es wird die Dienstleistung oder ein Werkserfolg geschuldet
Feste Eingliederung im Betrieb des Dienstberechtigten (Arbeitgeber), in die Belegschaft, in Arbeitsabläufe, in den technischen Apparat	Keine Eingliederung in Personalpläne, Reiserouten sowie keinerlei Anwesenheitspflichten, beispielsweise zu regelmäßigen Meetings. Keine Schulungsverpflichtungen etc.
Fester Dienstvertrag mit Arbeitsrecht- und Tarifrechtunterwerfung	Freie Vertragsabsprachen mit Kunden. Verträge werden »unter Gleichen« abgeschlossen
Gleichbleibend feste Bezüge, Anspruch auf Sozialleistungen, Urlaub und Vergütung im Krankheitsfall	Unterschiedliches Einkommen, abhängig vom Geschäftsgang und den am Markt zu realisierenden Preisen
Kein Kapitaleinsatz	Sach- oder Kapitalinvestition
Zurverfügungstellung eines Arbeitsplatzes	Selbstbeschaffung und Finanzierung der Arbeitsstätte
Keine selbständige Teilnahme am Markt in Gewinnerzielungsabsicht	Selbständige Teilnahme am Markt in Gewinnerzielungsabsicht
Keine Werbung, keine PR-Arbeit, um Aufträge zu erhalten	Werbemaßnahmen, PR-Tätigkeit etc., um bei Kunden bekannt zu werden

Merkmale abhängiger Beschäftigung	*Merkmale selbständiger Erwerbstätigkeit*
Arbeit wird vom Arbeitgeber zugeteilt	Ständiges Bemühen, Aufträge zu akquirieren und abzuschließen, um den Fortbestand der Existenz zu sichern
Konkurrenzverbot	Konkurrenzgebot
Nebenjobbegrenzung, Einholung von Erlaubnis	Keine Funktions- und Tätigkeitsbegrenzung

Um die Theorie leichter in der Praxis umsetzen zu können, denken Sie an den bereits oben schon einmal erwähnten Markthändler. Dieser kann als Synonym für eine unternehmerische Tätigkeit dienen. Er baut sein Unternehmen unabhängig und in Eigenverantwortung auf, trägt das Risiko für seine Investitionen (Marktstand, Fahrzeug, Lager), stellt sich auf den Markt in Gewinnerzielungsabsicht, wendet sich an viele potentielle Kunden, ist niemandem gegenüber weisungsverantwortlich und muss sich auch nicht an Zeit- oder Ortsvorgaben halten.

Wer als kleine Denkhilfe den Markthändler verinnerlicht hat, ist in der Lage, zu begreifen, dass man praktisch alle Produkte und Dienstleistungen ähnlich wie Gemüse an viele Kunden verkaufen kann. Gleichzeitig muss man sich von der Bequemlichkeit trennen, möglichst mit nur einem großen Auftraggeber zusammenarbeiten zu wollen; denn das käme einem Angestellten gleich. Vielleicht muss man sich auch innerlich weigern, die ganze Arbeits-, Kreativ- und Verdienstkraft an einen Hauptauftraggeber zu binden. Das ist nicht nur viel zu riskant im Hinblick auf die immer bestehende Gefahr, mal den Auftrag zu verlieren, sondern auch, wie die Sozialgesetzgebung zeigt, im Hinblick darauf, als abhängiger Beschäftigter eingestuft zu werden. Wenn man erst einmal diesen gedanklichen Schritt vollzogen hat, gar nicht mehr einen Hauptauftraggeber finden zu wollen, ist man auch in der Lage, potentiellen Auftraggebern, die die Arbeitskraft möglichst vollständig an sich binden wollen, zu sagen: »Entweder stellt ihr uns richtig ein mit allen Sozialleistungen usw., oder ihr lasst uns die nötige Freiheit, damit unser Status als Selbständige nicht gefährdet wird.« Das bedeutet, dass man grundsätzlich jedes Konkurrenzverbot ablehnen muss, was beispielsweise Auftraggeber gerne Trainern, Dozenten, Journalisten, Sprachlehrern usw. in den Vertrag schreiben.

Ändern Sie ihren Rechtsstatus

Eine absolut sichere Methode, garantiert nicht als Beschäftigter seitens der Sozialversicherungsträger eingestuft zu werden, besteht darin, den allgemeinen Rechtsstatus als Einpersonen-Selbständiger zu ändern. Es geht nicht um die Unterscheidung Freiberufler oder Gewerbetreibender, sondern darum, eben nicht als freier Mitarbeiter hauptsächlich einem Auftraggeber zuzuarbeiten, sondern als vollwertige Firma am Markt gegenüber Kunden aufzutreten und dies entsprechend werbemäßig und durch einen geschäftsmäßigen Auftritt (auch im Internet) zu unterstreichen. Zudem können Einzelkämpfer prüfen, ob sie nicht parallel zu ihrer Dienstleistungs- oder Werkvertragstätigkeit noch eine Handelstätigkeit oder Handelsvertretertätigkeit aufnehmen oder gar eine GmbH gründen möchten. Diese Formen zusätzlicher Selbständigkeit wären dann ein unerschütterlicher Beleg dafür, offen am Markt in Gewinnerzielungsabsicht zu agieren und nicht nur arbeitnehmerähnlich auf einen Auftraggeber fixiert zu sein.

Wer beispielsweise als Grafiker sein Angebot an viele Werbeagenturen und Firmen richtet und Aufträge nur in Größenordnungen übernimmt, die ihm Gelegenheit lassen, auch noch für andere Kunden zu arbeiten, und obendrein noch einen Handel oder eine Handelsvertretung für Werbegeschenke betreibt – und vielleicht das Ganze noch in Form einer GmbH –, kann nicht mehr als abhängig Beschäftigter eingestuft werden.

Tipp!
Da der Hauptbeleg, nicht scheinselbständig zu sein, vom Auftraggeber kommen muss, sollte man im Vorfeld einer Zusammenarbeit ganz offen über die Situation sprechen und gemeinsam nach Wegen suchen, die Zusammenarbeit vertraglich und in der Praxis so zu gestalten, dass für die Vermutung einer Beschäftigung kein Raum bleibt.

Infos!

- Kammern und Berufsverbände
- Industrie- und Handelskammern und Handwerkskammern
- Krankenkassen und Rentenversicherung (Fragen allgemein halten und Vorsicht walten lassen, um nicht eventuell schlafende Hunde zu wecken!)
- Rechtsanwälte, die sich im Arbeits- und Sozialrecht auskennen. Sie finden diese beispielsweise über den Anwaltssuchdienst: *www.anwaltauskunft.de*

Job- und Geschäftsideen für Freie, Kleingewerbetreibende und Freelancer

Übersicht über die im Buch genannten Job- und Geschäftsideen

Achtung!
Bitte beachten Sie: Katalogberufe im Überblick nach Berufsgruppen, Seite 43
ABC der katalogähnlichen freien Berufe, Seite 46
Einstufungskriterium Tätigkeitsberufe, Seite 56

Das Spektrum der freien Berufe wie

Sozialer Bereich/Nachbarschaft/Gesundheit/Esoterik

Die folgende Bewertung gibt an, ob die genannten Jobideen als freier Beruf, mit Gewerbeanmeldung, als freie Mitarbeit und/oder als abhängige Tätigkeit ausgeübt werden können. Dabei kann es Doppelungen geben, da man Tätigkeiten wie z.B. Grafiker als Angestellter, freier Mitarbeiter, freien Beruf oder auch als Gewerbe ausüben kann.

Übersicht

Jobidee	freier Beruf	Gewerbe-anmel-dung	freie Mitarbeit	ab-hängige Tätigkeit
Abend- und Wochenendkindergarten	ja	ja		
Abendkindergärtnerin			ja	ja
Abendmutter				ja
Altenpflege im eigenen Haus		ja		
Altenpfleger				ja
Altenpflegeservice	ja	ja		
Antistresstrainer	ja			
Aromatherapeutin	ja			
Astroberatung		ja		
Astrocomputerhoroskope		ja		
Aurafotografie		ja	ja	
Babymassagetrainer	ja			
Babysitterservice		ja		
Babysitting				ja
Begleitservice		ja		
Behördengänger/-begleiter		ja		

Jobidee	freier Beruf	Gewerbe-anmeldung	freie Mitarbeit	ab-hängige Tätigkeit
Betreuer		ja		
Bewerbungsberater		ja	ja	ja
Blind-date-Vermittlung		ja		
Bodybutler/Joggingmentor		ja		
Butler				ja
Coaching	ja	ja		
Drogentest		ja		
Eigentümerversammlungsservice		ja		
Elternstressberater		ja		
Erbenermittler		ja		
Erlediger		ja		
Flirtcoach		ja		
Fußmasseur		ja		
Fußpflege/-Relaxservice		ja		
Hundeberater		ja		
Hygieneberater	ja	ja		ja
Kinderfestanimateur	ja			
Kinderspiel- und Bastelservice		ja		
Kindespflegschaft/Pflegeeltern	ja			
Koffereinpackservice		ja		
Kultstättenreiseführer/-veranstalter		ja		
Lachtrainer	ja			
Lebens- und Sozialberater	ja			
Massageservice/Mobilmasseur	ja			
Meditationstrainer	ja			
Mietbutler		ja		
Miethausfrau		ja		
Mietpsychologe	ja			

Jobidee	freier Beruf	Gewerbe-anmeldung	freie Mitarbeit	ab-hängige Tätigkeit
Mietseelsorger	ja			
Milbenjäger		ja		
Mobiler Sozialer Hilfsdienst		ja		
Mystery-Master	ja	ja		
Nachbarschaftshilfe	privat			
Nachlasspfleger		ja		
Paarberater für binationale Beziehungen	ja	ja	ja	ja
Paarberater für Schwule/Lesben	ja	ja	ja	ja
Pack- und Umräumservice		ja		
Partnervermittlung/Partnervermittler		ja		
Patientenbegleiter	ja			
Pflegetätigkeit, nebenberuflich				ja
Rattenbekämpfer		ja		ja
Schädlingsbekämpfer		ja		ja
Schadstoffprüfer (Schadstoffambulanz)	ja	ja		
Schlafberater		ja		ja
Seniorenfreizeithelfer	ja			
Sparberater		ja		
Sterbebegleiter	ja			ja
Tagesmutter	ja			ja
Tarotkarten- und Kartenlegen/Handlesen/Wahrsagen		ja		
Testperson			ja	
Tierbestattung		ja		
Trauerakademie		ja		
Trauerberater		ja		
Trauermusiker	ja			

Jobidee	freier Beruf	Gewerbe-anmel-dung	freie Mitarbeit	ab-hängige Tätigkeit
Trauerredner	ja			
Vaterschaftstestservice		ja		

Body/Fitness/Kosmetik/Erotik

Übersicht

Jobidee	freier Beruf	Gewerbe-anmel-dung	freie Mitarbeit	ab-hängige Tätigkeit
Aerobiclehrer	ja			
Aktfotodesigner	ja			
Bauchtänzerin		ja	ja	
Bauchtanzlehrerin	ja			
Beauty-Center		ja		
Big-Body-Fitnessstudio		ja		
Big-Body-Fitnesstrainer	ja	ja	ja	ja
Biokosmetiker	ja			
Bodypainting/Bodyart	ja			
Dessousparty		ja		
Erotikakteur		ja		
Erotikautor	ja			
Erotikmodel- und Künstler-Vermittlung		ja		
Erotikmodel		ja		
Erotiktänzer	ja	ja		
Erotiktanzlehrer	ja			
Ethno- und Folkloretanztrainer/-Schule	ja			
Eventvisagist/in – Kinderschminken		ja		

Jobidee	freier Beruf	Gewerbe-anmel-dung	freie Mitarbeit	ab-hängige Tätigkeit
Farb-, Stil- und Imageberater		ja	ja	
Feuerlauflehrer	ja			
Fitnesstrainer/-lehrer	ja	ja	ja	ja
Kinderfitnesscenter		ja		
Kinderfitnesstrainer	ja			
Kosmetikberater		ja		
Mobile Friseurin		ja		
Mobiler Tanzlehrer	ja			
Model/Laienmodel		ja		ja
Mutter-Kind-Fitnesstrainer	ja			
Ökodrogerie/Naturkosmetik		ja		
Partnertanztrainer	ja			
Permanent-Make-up-Fachkraft		ja	ja	ja
Pornodarsteller		ja	ja	
Schönheitsfarmleiter				ja
Sonnenstudio		ja		
Sozialerotischer Dienst		ja		
Sportpartner		ja		
Stepdance-Trainer	ja			
Tanztraining für Dummies	ja			
Tätowierer		ja		
Tennispartner		ja		
Thairobictrainer	ja		ja	ja
Wellnesshelfer		ja	ja	

Bildung/Wissenschaft/Sprachen/Kommunikation

Übersicht

Jobidee	freier Beruf	Gewerbe-anmel-dung	freie Mitarbeit	ab-hängige Tätigkeit
Airbrushkurse	ja			
Antiquariatssuchdienst		ja		
Anwaltswerbeberatung		ja		
Babysittertrainer	ja			
Bewerbungstexter	ja			
Bibliothek/Archivservice		ja		
Buchpräsentator	ja	ja		
Computeranimateur	ja	ja		
Deutschlehrer für Ausländer	ja			
Dolmetscher	ja			
DTP-Helfer		ja		
Elternspielschule	ja			
Familienforschung (Genealogie)	ja			
Ghostreading	ja			
Ghostwriter	ja			
Graphologie	ja			
Haushaltsführungskurse	ja			
Infografiker		ja	ja	ja
Interviewer		ja		ja
Kinderzirkustrainer	ja			
Kleinkunsttrainer	ja			
Korrespondenzservice		ja		
Kunstgewerbeunterricht	ja			
Kunstschule	ja	ja		
Kunstunterricht/Malunterricht	ja			

Jobidee	freier Beruf	Gewerbe-anmeldung	freie Mitarbeit	ab-hängige Tätigkeit
Lesungsberater		ja		
Liebesbriefautor	ja			
Liedermacher	ja			
Liedertexter	ja			
Märchenerzähler	ja			
Multimediajobs	ja	ja	ja	ja
Multimediatrainer	ja		ja	ja
Musikmacher	ja			
Musikunterricht	ja			
Nachhilfe	ja			
Nähdozentin	ja			
Nightlife-Journalist	ja			
Onlinejournalist	ja			
Patchworkkurse	ja			
Promoter		ja		ja
Redenschreiber	ja			
Reiseberichterstatter	ja			
Rezitator	ja			
Schreibatelier	ja	ja		
Seidenmalereikursusleiter	ja			
Seminarreferent	ja			
Sprachlehrer	ja			
Synchron- und Werbesprecher	ja			
Technischer Autor/Redakteur	ja			
Technischer Journalist	ja			
Trommelbaulehrer	ja			
Trommelkursusleiter	ja			
Übersetzer	ja			

Jobidee	freier Beruf	Gewerbe-anmel-dung	freie Mitarbeit	ab-hängige Tätigkeit
Vernissagenredner	ja			
Vorleseschule	ja			
Wappenkunde (Heraldik)	ja			
Werbetexter	ja			

E-Jobs/Computer/Software/Internet

EDV-Berater, freiberufliche Tätigkeit nur bei ingenieursähnlichen Tätigkeiten, z.B. bei der Entwicklung von Systemsoftware (siehe »ABC der katalogähnlichen freien Berufe«, Seite 47 bzgl. EDV-Berater). Ansonsten ist ein EDV-Berater im Bereich der Anwendersoftwareentwicklung gewerblich tätig (BFH vom 7. 12. 1989, BStBl. 1990 II S. 337 und vom 7. 11. 1991, BStBl. 1993 II S. 324); Gewerbetreibender ist auch ein EDV-Berater, der die Benutzer eines Softwareproduktes vor, bei und nach dem erstmaligen Einsatz betreut (BFH vom 24. 8. 1995, BStBl. II S. 888).

Übersicht

Jobidee	freier Beruf	Gewerbe-anmel-dung	freie Mitarbeit	ab-hängige Tätigkeit
Computerberatung		ja	ja	ja
Computergravuren		ja	ja	
Computernotdienst		ja	ja	
Computerreinigung		ja		
Computertrainer	ja		ja	ja
Computerurlaubsschulung	ja		ja	ja
Domain-Namenserfinder		ja		

Jobidee	freier Beruf	Gewerbe-anmeldung	freie Mitarbeit	abhängige Tätigkeit
Ebay-Händler		ja		
E-Business-Berater		ja		
E-Commerce-Operator		ja	ja	ja
E-Learning-Berater		ja		
E-Shop/Online-Shop		ja		
Freelancer je Tätigkeitsart	ja	ja	ja	
Hotline-Aushilfe				ja
Internet-Auktionator		ja		
Internetberater	ja	ja		
Internetrechercheur	ja	ja		
Internettauschbörse		ja		
Internetverkauf, siehe E-Shop		ja		
Kindercomputerschule	ja	ja		
Kinder-PC-Trainer	ja		ja	ja
Multimediajobs	ja	ja	ja	ja
Multimedia-Trainer	ja		ja	ja
PC-Lotse		ja	ja	
PC-Store		ja		
Programmierer/Softwareentwickler	ja	ja	ja	ja
Senioren-Internettrainer	ja		ja	ja
Web-Notdienst		ja	ja	
Websitegestaltung	ja	ja	ja	ja

Verkauf/Handel/Transport/Verkehr

Übersicht

Jobidee	freier Beruf	Gewerbe-anmel-dung	freie Mitarbeit	ab-hängige Tätigkeit
Antiquariat		ja		
Ausflugschauffeur		ja		ja
Babykleidung-Online		ja		
Baby- und Kindermodenboutique/ Secondhand		ja		
Ballonboutique		ja		
Bauchladen		ja		
Biogemüseverkauf		ja/od. Landw.		
Bioladen		ja		
Blumenhandel		ja		
Blumenservice		ja		
Brautmodengeschäft		ja		
Bürogebrauchtmöbelhandel		ja		
Chauffeurdienste		ja		
Chauffeurvermittlungsservice		ja		
Dekoservice		ja		
Designermöbel Secondhand		ja		
Dessousparty		ja		
Drogeriemarkt		ja		
Duftölverkauf		ja		
Edelsteinverkauf		ja		
Einkaufsgemeinschaft	privat			
Fahrende Händler (Wandergewerbe)		ja		
Fahrer		ja		ja

Jobidee	freier Beruf	Gewerbe-anmeldung	freie Mitarbeit	ab-hängige Tätigkeit
Fahrradbauchladen		ja		
Fahrradhandel und -reparatur		ja		
Fahrradkurierdienst		ja		
Flugreisenbörse		ja		
Fotohandel		ja		
Handelsvertreter		ja		
Homeshopverkäufer		ja		ja
Kleintransportfahrer (siehe Fahrer)		ja		
Klosterladen		ja		
Kräuterbonbonverkauf		ja		
Ladenaushilfen und Auffüller				ja
Leuchtartikel/-schmuckverkäufer		ja		ja
Luftballonmann		ja		
Mailordergeschäfte		ja		
Mama-Läden		ja		
Mobilshops		ja		
Modeschmuckverkauf		ja		
Motorradzubehörverkauf		ja		
Naturbaustoffverkäufer				ja
Naturkleiderladen		ja		
Naturkosmetikladen		ja		
Naturtextil-Mobilladen		ja		
Networker (MLM)		ja		
Otto-Shop		ja		
Propagandist		ja		ja
Prospektverteiler				ja
Raucherbar auf Rädern		ja		
Salzkristallleuchten		ja		

Jobidee	freier Beruf	Gewerbe-anmel-dung	freie Mitarbeit	ab-hängige Tätigkeit
Schlafbedarfverkäufer				ja
Secondhandladen		ja		
Spieleladen		ja		
Stauberater		ja	ja	
Straßenverkauf		ja		
Süßigkeitenbar auf Rädern		ja		
Teddybärenverkauf		ja		
Tee-, Kräutertee- und Kaffeeversand		ja		
Tupperware-Beraterin		ja		
Übergrößenladen		ja		
Versandhandel		ja		
Vertreter/Direktvertriebspartner		ja		
Zeitungsausträger				ja
Zeitungspacker				ja

Büro/Service/Vermittlung/Beratung

Übersicht

Jobidee	freier Beruf	Gewerbe-anmel-dung	freie Mitarbeit	ab-hängige Tätigkeit
Aktenlagerung		ja (oder Ver-mietung)		
Anzeigenverkäufer			ja	ja
Aufräumservice/Sortierdienst		ja		
Babysitterservice		ja		
Bewerbungsberater		ja		ja
Bibliothek/Archivservice	ja	ja		
Buchhaltungshelfer/Kontierer		ja		ja

Jobidee	freier Beruf	Gewerbe- anmel- dung	freie Mitarbeit	ab- hängige Tätigkeit
Büroadresse		ja od. Ver- mietung		
Büro-Center und -Service		ja		
Büro-Springerservice		ja	ja	
Call-Center-Agent				ja
Call-Center-Hotline-Telefonist			ja	ja
Call-Center-Inbound-Telefonist				ja
Call-Center-Outbound-Telefonist			ja	ja
Drehorgelverleih		ja		
Existenzgründungsberatung	ja (bei BWL- ern)	ja		ja
Gartenserviceagentur		ja		
Hauptversammlungsservice		ja		
Haushüteragentur		ja		
Hostess/Host		ja		ja
Immobilienmakler		ja		
Immobilienprivatverkaufsberater		ja		
Immobilienversteigerungsberater		ja		
Interkultureller Beratungsservice		ja		
Kanzleischreibdienst		ja		
Kontakter		ja		ja
Mahn- und Inkassoberater		ja		
Maklertippgeber		ja		
Mitfahranbieter	privat			
Mitwohnanbieter	privat			
Mitwohnzentrale (Home Company)		ja		
Mobile Aktenvernichtung		ja		
Modell- und Festtagskleidervermietung		ja		

Jobidee	freier Beruf	Gewerbe-anmeldung	freie Mitarbeit	abhängige Tätigkeit
Ökostaubsaugervertreter		ja		ja
Personalvermittlung/Arbeitsvermittler		ja		
Praxisschreibdienst	ja			
Privatsekretär				ja
Prospektverteilung				ja
Rechnungsprüfer		ja		
Sachverständiger/Gutachter	ja			
Schreibbüro		ja		
Schreibkraft		ja	ja	ja
Sekretärin				ja
Sekretärinnenservice mobil		ja		
Versteigerer		ja		

Kreativ-künstlerischer Bereich/Entertainment

Übersicht

Jobidee	freier Beruf	Gewerbe-anmeldung	freie Mitarbeit	abhängige Tätigkeit
Airbrushkünstler	ja			
Aktmodell		ja		ja
Alleinunterhalter	ja			
Antikfotostudio		ja		
Artisten (Turner)	ja (nach KSK)	ja (nach Finanzamt)		
Autokunstdesigner	ja			
Ballonmodellieren	ja			
Bauchredner	ja			

Jobideen jetzt finden auf www.geschaeftsideen-abc.de	freier Beruf	Gewerbe-anmel-dung	freie Mitarbeit	ab-hängige Tätigkeit
Clown	ja			
Drehorgelspieler		ja		
Eventfotograf	ja	ja		
Feuerwerksfachmann/Pyrotechniker		ja		
Foto- und Videokurse	ja			
Fotodesign	ja			
Garagenmaler	ja			
Grimassenschneider		ja		
Großgruppenfotos – Fototainment		ja		
Jonglieren		ja		
Kleinkünstler/Jahrmarkt	ja	ja		
Komparse			ja	ja
Komponist	ja			
Kunsthostess		ja		ja
Lachzauberer	ja			
Liedermacher	ja			
Liedertexter	ja			
Maskenbaulehrer	ja			
Mittelalter-Kleinkünstler	ja	ja	ja	
Musikmachen	ja			
Rittertrainer und Ritterspielleiter		ja	ja	
Schrottdesigner	ja			
Seifenblasendesigner	ja			
Showzeichner	ja			
Statisten		ja	ja	
Straßenartisten	ja	ja		
Straßenporträt- und Pflastermalerei	ja			
Tierfotograf	ja	ja		

Jobidee	freier Beruf	Gewerbe-anmel-dung	freie Mitarbeit	ab-hängige Tätigkeit
Totenmaskenhersteller	ja (künst-lerische Art)	ja (hand-werkliche Art)		
Turnierritter (Miet-Ritter)		ja	ja	
Zauberer	ja			
Zirkusakrobat		ja		

Handwerk(ähn)liches/Basteln/Reinigung

Übersicht

Jobidee	freier Beruf	Gewerbe-anmel-dung	freie Mitarbeit	ab-hängige Tätigkeit
Abflussnotdienst		ja		
Ablaugerei		ja		
Ablaugservice		ja		
Änderungsschneiderei		ja		
Autoglasreparatur		ja		
Autolackierservice		ja		
Autoreparaturservice		ja		
Autoscheibentönung		ja		
Autoscheibenwäscher		ja		ja
Autowäscher und Komplettreinigung		ja		ja
Autowaschzentrum		ja		
Babyschuhveredler		ja		
Bärenschule		ja		
Bastelmaterialservice		ja		
Basteln		ja		

Jobidee	freier Beruf	Gewerbe-anmel-dung	freie Mitarbeit	ab-hängige Tätigkeit
Bauern- und Herrgottmalereidienst/ Freskenmalerei	ja	ja		
Bauernmalerei	ja	ja		
Bilderrahmenservice		ja		
Bioputzfrau/-mann		ja		ja
Bodenverlegung		ja		
Brenn- und Kaminholzservice		ja		
Computergravuren		ja		
Computerreinigung		ja		
Dachrinnenreinigung		ja		
Do-it-yourself-Werkstatt		ja		
Encausticer	ja	ja		
E-Schrott-Entsorger		ja		
Fensterputzservice		ja		
Fenster- und Rollladenmontierer		ja		
Fotoentwicklungservice		ja		
Gardinennäherei		ja		
Gardinenwaschservice		ja		
Graffitifresser		ja		
Grundreinigungsputzdienst/ Frühjahrshilfe		ja		ja
Handwerkerhilfskraft				ja
Handwerkskundenberater		ja		ja
Handyman (siehe Hausmeister-hilfsservice)		ja		
Hausmeisterhilfsservice		ja		
Heimwerkerberater		ja		
Heimwerkerkursusleiter	ja		ja	ja
Holz- und Bautenschutz		ja		

Jobidee	freier Beruf	Gewerbe-anmeldung	freie Mitarbeit	ab-hängige Tätigkeit
Konzessionsträger		ja		
Küchenmontierer		ja		ja
Müllentsorger		ja		
Plakatkleber		ja	ja	
Privatputzdienst		ja		
Putzengehen				ja
Reinigungsservice		ja		
Requisitenservice		ja		
Rostfrei-Autoservice		ja		
Sandkastenreinigung		ja		
Schnellreinigung/Wäscherei		ja		
Schuhputzer		ja		
Staubsaugservice (Staubsaugermann)		ja		ja
Stofftaschendesigner	ja	ja		
Stricken		ja		
Teddybärenmacher		ja		
Trockenbauer		ja		
Trommelbauer		ja		

Haus/Sicherheit/Garten/Tier/Natur

Übersicht

Jobidee	freier Beruf	Gewerbe-anmel-dung	freie Mitarbeit	ab-hängige Tätigkeit
Balkonbepflanzungsdienst		ja		
Bauberater		ja	ja	ja
Baumdoktor		ja	ja	ja
Baustoffberater		ja	ja	ja
Biobauer		ja/Landw.		
Brandschutzanlagenservice		ja		
Brandschutzanlagenverkäufer				ja
Brenn- und Kaminholzservice		ja		
Erntehelfer				ja
Gartenservice		ja		
Gartenteichanleger		ja		ja
Gas-, Wasser- und Stromableser		ja	ja	
Gebrauchthaus- und Renovierungs-berater		ja		
Grabpflegedienst		ja		
Haushüter/Homesitting		ja	ja	
Haustierhüter		ja	ja	
Hauswart		ja		
Heizkosten-/Warmwasserableser		ja	ja	
Hilfspolizist				ja
Holz- und Bautenschutzberater		ja	ja	ja
Holzbauberater		ja	ja	ja
Homesitting im Ausland		ja		ja
Hundeausführen		ja		
Hundeshampoonierhelfer		ja		ja
Immobilienmakler		ja		

Jobidee	freier Beruf	Gewerbe-anmel-dung	freie Mitarbeit	ab-hängige Tätigkeit
Immobilienprivatverkaufsberater		ja		
Immobilienversteigerungsberater		ja		
Kehrwochenservice		ja		ja
Kleingartenhelfer		ja		
Kontrolleur				ja
Kosmetikberatung		ja		
Maklertippgeber		ja		
Ökobauberater		ja		
Ökogartenservice		ja		
Pflanzenhüter		ja		
Pilzanbau		ja/Landw.		
Pilzsammeln	privat			
Rasenmähservice		ja		
Selbstbauberater		ja		
Sicherheitsanlagenverkäufer				ja
Sicherheitsmitarbeiter				ja
Sicherheitsservicemann		ja		
Sicherheitsunternehmen		ja		
Unkraut-Ex-Dienst		ja		
Ziergartenhelfer		ja		ja

Food/Party/Freizeit/Touristik

Übersicht

Jobidee	freier Beruf	Gewerbe-anmel-dung	freie Mitarbeit	ab-hängige Tätigkeit
Ambulanter Kochdienst		ja		
Animateur/Freizeitbetreuer	ja		ja	ja
Barkeeper				ja
Bed-and-Breakfast		ja		
Biogemüseverkauf		ja		
Biorestaurant		ja		
Bodenstewardess				ja
Coffeeshop		ja		
Cookies-Keks-Fastfood		ja		
Crêperie		ja		
Croupieraushilfe				ja
Diskjockey		ja	ja	ja
Diskjockey-Feuerwehr		ja	ja	
Eintopflokal		ja		
Eisverkauf		ja		ja
Erlebnisgastronomie		ja		
Esoterischer Reiseleiter		ja	ja	ja
Esoterischer Reiseveranstalter		ja		
Eventberater		ja	ja	
Eventvisagist		ja	ja	
Frühstücksdienst		ja		
Geschirrmobilverleih		ja		
Getränkeverkauf		ja		ja
Hochzeitsdienst		ja		
Hotdog-Mobil/Trike		ja		

Jobidee	freier Beruf	Gewerbe-anmel-dung	freie Mitarbeit	ab-hängige Tätigkeit
Hotdog-Stand		ja		
Hotel-Garni »mini«		ja		
Kaffeemobil/Mobile Cafébar		ja		
Kinderfestanimateur		ja		
Lichtjockey		ja		
McDonald's		ja		
Mietkoch/Springer		ja		
Mobildiskothek		ja		
Nachos		ja		
Naturkosmetikladen		ja		
Naturkostcatering/Partydienst		ja		
Partyservice		ja		
Partytainment		ja		
Philosophiecafé		ja		
Poffertjesbäckerei		ja		
Polterabenddienst		ja		
Popcornstand		ja		
Privatzimmervermietung		ja		
Reisebegleiter		ja	ja	
Reiseleiter		ja	ja	ja
Reiseveranstalter		ja		
Rikschadienst		ja		
Saftladen		ja		
Schnellrestaurant		ja		
ServicePlus-Reiseberater		ja	ja	
Spielbankpage				ja
Stehcafé/Kaffeedepot		ja		
Tanzbegleiter/Tanzboy		ja	ja	

Jobidee	freier Beruf	Gewerbe-anmeldung	freie Mitarbeit	abhängige Tätigkeit
Teddycafé		ja		
Tiefkühlfahrer		ja		ja
Touristen- und Burgenführer				ja
Vegetarierrestaurant		ja		
Waffelbäckerei		ja		
Zuckerwattestand		ja		

Anhang

Gründermagazine

Die Geschäftsidee (12 × jährlich + 2 Sonderhefte), *www.geschaeftsidee.de*
Existenzielle (4 × jährlich), *www.existenzielle.de*
Starting-up (4 × jährlich), *www.starting-up.de*
impulse Sonderheft: Gründerzeit (2 × jährlich), *www.impulse.de/gru/heft/*

Wichtige Adressen und Ansprechpartner

Bundesverband der Freien Berufe
Postfach 0403 20
10062 Berlin
E-Mail:
info-bfb@freie-berufe.de
www.freie-berufe.de
Über die Homepage gelangen Sie zu allen 16 Landesverbänden der freien Berufe.

Institut für freie Berufe (IFB) an der Friedrich-Alexander-Universität, Erlangen/Nürnberg, Abteilung Gründungsberatung
Marienstr. 2
90402 Nürnberg
E-Mail:
ifb@rzmail.unierlangen.de
www.ifbgruendung.de und *www.ifb.uni-erlangen.de*

Forschungsinstitut freie Berufe (FFB)
Universität Lüneburg
Professur Statistik und freie Berufe
Prof. Dr. Joachim Merz
Campus, Geb. 5

Scharnhorststr. 1
21332 Lüneburg
E-Mail:
FFB@ffb.uni-lueneburg.de
www.ffb.uni-lueneburg.de

Bundesverband der Frau im freien Beruf und Management
Bundesgeschäftsstelle
Sandkaulstr. 29–33
52062 Aachen
E-Mail: verband@bfbm.de

Berufsständische Versorgungswerke freier Berufe

Arbeitsgemeinschaft
Berufsständischer
Versorgungseinrichtungen
Geschäftsstelle Köln
Marienburger Str. 2
50968 Köln
Büro Berlin
Albrechtstr. 9
10117 Berlin
www.abv.de/abv.html

Über die ABV-Homepage, *www.abv.de*, gelangt man über Mitgliedseinrichtungen nach Bundesländern geordnet, zu allen berufsständischen Versorgungswerken für:

- Ärzte
- Apotheker
- Architekten
- Tierärzte
- Zahnärzte
- Notare
- Rechtsanwälte
- Steuerbevollmächtigte
- Wirtschaftsprüfer/vereid.
- Buchprüfer

Künstlersozialkasse
Götzerstr. 14
26384 Wilhelmshaven
E-Mail:
presse@kuenstlersozialkasse.de
www.kuenstlersozialkasse.de

Deutsche Rentenversicherung Bund
Ruhrstr. 2
10709 Berlin
E-Mail: drv@drv-bund.de
www.deutsche-rentenversicherung-bund.de

Freie heilkundliche Berufe

Bundesärztekammer
Arbeitsgemeinschaft der
deutschen Ärztekammern
Herbert-Lewin-Platz 1
(Wegelystr.)
10623 Berlin
E-Mail: info@baek.de
www.bundesaerztekammer.de

ABDA – Bundesvereinigung
Deutscher Apothekerverbände
Jägerstr. 49/50
10117 Berlin
E-Mail:
abda@abda.de
www.abda.de

Hartmannbund – Verband der
Ärzte Deutschlands e.V.
Schützenstr. 6a
10117 Berlin
E-Mail:
hb-info@hartmannbund.de
www.hartmannbund.de

Kassenärztliche Bundes-
vereinigung
Herbert-Lewin-Platz 2
10623 Berlin
www.kbv.de

Bundesverband der Knapp-
schaftsärzte e.V.
Uechtinger Str. 128
45881 Gelsenkirchen
E-Mail:
knappschaftsaerzte@
t-online.de

Bundeszahnärztekammer e.V.
Chausseestr. 13
10115 Berlin
E-Mail: info@bzaek.de
www.bzaek.de

Verband der Privatärztlichen
Verrechnungsstellen e.V.
Ärztliche Gemeinschafts-
einrichtung
Straßmann-Haus
Schumannstr. 18
10117 Berlin
E-Mail:
public@pvs-verband.org
www.pvs-verband.org

Gemeinschaft Fachärztlicher
Berufsverbände (GFB)
Zermatter Str. 21–23
28325 Bremen
E-Mail:
dr.rueggeberg@t-online.de
www.gfb.dgn.de

Deutscher Hausärzte-
verband e.V. (BDA)
Theodor-Heuss-Ring 14
50668 Köln
E-Mail:
BDA-BV@hausarzt-bda.de
www.hausarzt-bda.de

Freie Heilpraktiker e.V.
Sternwartstr. 42
40223 Düsseldorf
E-Mail: BRSFH@t-online.de
www.freieheilpraktiker.com

Bundespsychotherapeuten-
kammer
Klosterstr. 64
10179 Berlin
E-Mail: info@bptk.de
*www.bundespsychothera
peutenkammer.de*

Berufsverband Deutscher
Psychologinnen und
Psychologen e.V.
Glinkastr. 5–7
10117 Berlin
E-Mail:
info@bdp-verband.org
www.bdp-verband.org

Bundesverband der Berufs-
betreuer/-innen e.V.
Brodschrangen 3–5
20457 Hamburg
E-Mail:
info@bdb-ev.de
www.bdb-ev.de

Deutsche Psychotherapeuten
Vereinigung (DPTV)
Am Karlsbad 15
10785 Berlin
E-Mail:
bgst@dptv.de
www.dptv.de/

Berufsverband der Yogaleh-
renden in Deutschland e.V.
(BDY)
Jüdenstr. 37
37073 Göttingen
E-Mail: info@yoga.de
www.yoga.de

Deutscher Verband für
Physiotherapie
Zentralverband der Physio-
therapeuten/Kranken-
gymnasten (ZVK) e.V.
Postfach 21 02 80
50528 Köln
E-Mail: info@zvk.org
www.zvk.org

Bundesverband selbstständiger
Physiotherapeuten –
IFK e.V.
Lise-Meitner-Allee 2
44801 Bochum
E-Mail: ifk@ifk.de
www.ifk.de

Deutscher Bundesverband für
Logopädie e.V.
Augustinusstr. 11a
50226 Frechen
E-Mail: info@dbl-ev.de
www.dbl-ev.de

Deutscher Verband der Ergo-
therapeuten (Beschäftigungs-
und Arbeitstherapeuten) e.V.
Postfach 22 08
76303 Karlsbad
E-Mail: info@dve.info
www.ergotherapie-dve.de

Deutscher Berufsverband der
MotopädInnen/Motothera-
peutInnen DBM e.V.
Hörder Bahnhofstr. 6
44263 Dortmund
www.motopaedie-verband.de

Verband der Podologen
Bundesgeschäftsstelle
Beckersgraben 1c
36251 Bad Hersfeld
www.verband-der-podologen.de

Deutscher Podologen-verband e.V. (DPV)
Kilianstr. 69
33142 Büren
www.podologen.de

Bundestierärztekammer
Arbeitsgemeinschaft deutscher Tierärztekammern
Oxfordstr. 10
53111 Bonn
E-Mail: geschaeftsstelle@btk-bonn.de
www.bundestieraerztekammer.de

Bundesverband praktischer Tierärzte e.V.
Hahnstr. 70
60528 Frankfurt
E-Mail: bpt-ev@t-online.de
www.tieraerzteverband.de

Freie rechts- und wirtschaftsberatende Berufe

Deutscher Steuerberater-verband e.V.
Littenstr. 10
10179 Berlin
E-Mail: dstv.berlin@dstv.de
www.dstv.de

Bundesrechtsanwaltskammer (Körperschaft des öffentlichen Rechts)
Littenstr. 9
10179 Berlin
E-Mail: zentrale@brak.de
www.brak.de

Deutscher Anwaltverein e.V. (DAV)
Littenstr. 11
10179 Berlin
E-Mail: dav@anwaltverein.de
www.anwaltverein.de

Bundesverband der Renten-berater e.V.
Postfach 26 01 50
50514 Köln
E-Mail: info@rentenberater.de
www.rentenberater.de

Patentanwaltskammer (Körperschaft des öffentlichen Rechts)
Postfach 26 01 08
80058 München
www.patentanwalt.de

Bundesverband deutscher Patentanwälte e.V.
Sitz Köln
Geschäftsstelle
Kronenstr. 30
70174 Stuttgart

E-Mail:
geschaeftsstelle@bundes
verband-patentanwaelte.de
*www.bundesverband-patent
anwaelte.de*

Bundesnotarkammer
Mohrenstr. 34
10117 Berlin
E-Mail:
bnotk@bnotk.de
www.bnotk.de

Wirtschaftsprüferkammer
(Körperschaft des öffentlichen Rechts)
Postfach 30 18 82
10746 Berlin
E-Mail:
admin@wpk.de
www.wpk.de

Bundessteuerberaterkammer
(Körperschaft des öffentlichen Rechts)
Postfach 02 88 55
10131 Berlin
E-Mail:
zentrale@bstbk.de
www.bstbk.de

Bundesverband der Steuerberater e.V.
Ludwigstr. 2
50667 Köln
E-Mail:
info@bvstb.de
www.bvstb.de

Hauptverband der landwirtschaftlichen Buchstellen und Sachverständigen e.V. (HLBS)
Postfach 20 47
53743 Sankt Augustin
E-Mail:
verband@hlbs.de
www.hlbs.de

Bundesverband der Wirtschaftsberater (BVW) e.V.
Lerchenweg 14
53909 Zülpich
E-Mail:
info@bvw-ev.de
www.bvw-ev.de

Bundesverband Deutscher Unternehmensberater e.V. (BDU)
Zitelmannstr. 22
53113 Bonn
E-Mail:
info@bdu.de
www.bdu.de

Deutscher Notarverein
Kronenstr. 73/74
10117 Berlin
E-Mail:
dnotv@t-online.de
www.dntv.de

Bundesverband der vereidigten Buchprüfer e.V.
Schillstr. 10
10785 Berlin
E-Mail:
office@bvb.org
www.bvb.org

Freie Kulturberufe

Bundesverband für Tanztherapie Deutschland e.V.
Hofstr. 16 – Marienburg
40789 Monheim

Deutsches Institut für tiefenpsychologische Tanz- und Ausdruckstherapie e.V. (DITAT)
Rilkestr. 103
53225 Bonn
E-Mail:
ditat@t-online.de
www.tanztherapie.de

Bundesverband Diplom-Pädagogen und Diplom-Pädagoginnen e.V. (BDDP)
Postfach 347067
28339 Bremen
E-Mail:
info@diplom-paedagogen.de
www.diplom-paedagogen.de

Bundesverband der Dolmetscher und Übersetzer e.V. (BDÜ)
Kurfürstendamm 170
10707 Berlin
E-Mail:
bgs@bdue.de
www.bdue.de

Verband der Konferenzdolmetscher e.V. (VKD-BDÜ)
Johannes-Fecht-Str. 2
79295 Sulzburg
E-Mail:
gs@vkd.bdue.de
www.konferenzdolmetscher-bdue.de

Deutscher Journalisten-Verband e.V. (DJV)
Pressehaus 2107
Schiffbauerdamm 40
10117 Berlin
E-Mail: djv@djv.de
www.djv.de

Verband Deutscher Schriftsteller
Potsdamer Platz 10
10785 Berlin
E-Mail:
info@verdi.de
www.igmedien.de/fg/vs/

Freier Deutscher Autorenverband
Schutzverband deutscher Autoren e.V.
Coppistr. 49
04157 Leipzig
E-Mail: phi95hzb@studserv.uni-leipzig.de
www.fda.de

Deutscher Museumsbund e.V. (DMB)
In der Halde 1
14195 Berlin
E-Mail:
office@museumsbund.de
www.museumsbund.de

Verband der Restauratoren e. V.
Haus der Kultur
Weberstr. 61
53113 Bonn
E-Mail:
info@restauratoren.de
www.restauratoren.de

Freie technische und naturwissenschaftliche Berufe

Bundesarchitektenkammer/
Bundesgemeinschaft der
Architektenkammern (KdöR)
Askanischer Platz 4
10963 Berlin
E-Mail: info@bak.de
www.bak.de

Bund Deutscher Architekten
BDA Bundessekretariat
Köpenicker Str. 48–49
10179 Berlin
E-Mail:
bda.bs.b@baunetz.de
www.bda.de

Verband Deutscher Architekten- und Ingenieurvereine e. V.
(DAI)
Keithstr. 2–4
10787 Berlin
E-Mail:
dai@architekt.de
www.architekt.de

Verband selbständiger
Ingenieure und Architekten
(VSIA)
Rheinstr. 129c
76275 Ettlingen
E-Mail: info@vsia.de
www.vsia.de

Vereinigung Freischaffender
Architekten Deutschlands e. V.
(VFA)
Turmstraße 53
10551 Berlin
E-Mail:
vfa.bgst@t-online.de
www.vfa-architekten.de

Bund Deutscher Innenarchitekten e. V.
E-Mail:
info@bdia.de
www.bdia.de

Bund Deutscher Innenarchitekten e. V. (BDIA)
Königswinterer Str. 675
53227 Bonn
E-Mail:
bdia@architekt.de
www.architekt.de/bdia

Bund Deutscher Landschaftsarchitekten e. V.
(BDLA)
Köpenicker Str. 48/49
10179 Berlin
E-Mail:
info@bdla.de
www.bdla.de

Bundesingenieurkammer
Kochstr. 22
10969 Berlin
E-Mail:
info@bingk.de
www.bingk.de

Verein deutscher Ingenieure (VDI)
Graf-Recke-Str. 64
40239 Düsseldorf
www.vdi.de

Verband Beratender Ingenieure e. V. (VBI)
Budapester Str. 31
10787 Berlin
E-Mail:
vbi@vbi.de
www.vbi.de

Verband Selbständiger Ingenieure e. V. (VSI)
Schinkelstr. 7
45138 Essen

Verband Deutscher Vermessungsingenieure e. V. (VDV)
Weyerbuschweg 23
42115 Wuppertal
E-Mail: info@vdv-online.de
www.vdv-online.de

Bund der Öffentlich bestellten Vermessungsingenieure e. V. (BDVI)
Luisenstr. 46
10117 Berlin
E-Mail: info@bdvi.de
www.bdvi.de

Bundesverband Freiberuflicher Sicherheitsingenieure und überbetrieblicher Dienste e. V. (BFSI)
Bundesgeschäftsstelle
Landsberger Str. 246
12623 Berlin
E-Mail: bgst@bfsi.de
www.bfsi.de/impressum.htm

Verband Unabhängig Beratender Ingenieure und Consultants e. V. (VUBIC)
Georgenstr. 23
10117 Berlin
E-Mail: info@vubic.de
www.vubic.de

Bundesvereinigung der Prüfingenieure für Bautechnik e. V.
Ferdinandstr. 47
20095 Hamburg
E-Mail: info@bvpi.de
www.bvpi.de
Ausschuss der Verbände und Kammern der Ingenieure und Architekten für die Honorarordnung e. V. (AHO)
Spandauer Damm 73
14059 Berlin
E-Mail: aho@aho.de
www.aho.de

Bundesverband öffentlich bestellter und vereidigter sowie qualifizierter Sachverständiger e. V.
Lindenstr. 76
10969 Berlin
E-Mail: bvs-ev@t-online.de

E-Mail: info@bvs-ev.de
www.bvs-ev.de

Technische Organisation
von Sachverständigen e.V.
(TOS)
Fischerweg 408
18069 Rostock
E-Mail: info@tos-ev.de
www.tos-ev.de

Gesellschaft für Informatik e.V.
– Fachgruppe Selbständige –
Ahrstr. 45
53175 Bonn
E-Mail: gs@gi-ev.de
www.gi-ev.de

Bundeslotsenkammer
Nikischstr. 8
22761 Hamburg
E-Mail: office@bundeslotsenkammer.de
www.bundeslotsenkammer.de

Fachgruppe »Freiberufliche Chemiker und Inhaber Freier Unabhängiger Laboratorien« in Gesellschaft Deutscher Chemiker
Varrentrappstr. 40–42
60486 Frankfurt
E-Mail: gdch@gdch.de
www.gdch.de

Zentrale Geschäftsstelle Verband Deutscher Biologen e.V. (Vdbiol)
Corneliusstr. 12
80469 München
E-Mail: info@vdbiol.de
www.vdbiol.de/

Berufsverband Deutscher Geowissenschaftler
Lessenicher Str. 1
53123 Bonn
E-Mail: bdg@geoberuf.de
www.geoberuf.de

Bund der Ingenieure für Wasserwirtschaft, Abfallwirtschaft und Kulturbau e.V. (BWK)
Hintere Gasse 1
71063 Sindelfingen
E-Mail:
schlichtig@bwk-bund.de
www.welcome.to/BWK

Deutsche Aktuarvereinigung e.V. (DAV)
Hohenstaufenring 47–51
50674 Köln
E-Mail: info@aktuar.de
www.aktuar.de

Berufsspezifische Internetadressen – Kammern etc.

Berufsspezifische Internetadressen	
Bundesrechtsanwaltskammer	www.brak.de
Deutscher Anwaltverein (DAV)	www.anwaltverein.de
Bundesärztekammer	www.bundesaerztekammer.de
Kassenzahnärztl. Vereinigung	www.kzbv.de
Deutsche Unternehmensberater	www.bdu.de
Bundesingenieurkammer	www.bundesingenieurkammer.de
Kassenärztliche Bundesvereinigung	www.kbv.de
Hartmannbund	www.hartmannbund.de
Verband der niedergelassenen Ärzte Deutschlands	www.nav-virchowbund.de
Marburger Bund	www.marburger-bund.de
Arbeitsgemeinschaft Deutscher Apothekerkammern	www.abda.de
Bundeszahnärztekammer	www.bzaek.de
Bundestierärztekammer	www.vetline.de
Apotheken Online	www.aponet.de
Verband Deutscher Makler	www.vdm.de
Internetadressen von Berufsorganisationen	
Bundesverband der freien Berufe	www.freie-berufe.de
Deutscher Steuerberater-Verband	www.dstv.de
Wirtschaftsprüferkammer	www.wpk.de
Deutscher Anwaltverein (DAV)	www.anwaltverein.de
Deutscher Journalisten-Verband (DJV)	www.djv.de
Deutsche Journalisten-Union (DJU)	www.dju.verdi.de

Deutscher Industrie- und Handelstag (DIHT)	www.dihk.de
IHK	www.dihk.de
Weitere Verbände, Kammern etc.	www.verbaende.com
Statistik	
Statistisches Bundesamt	www.destatis.de
Statistische Landesämter über	www.destatis.de
Wissenschaft	
Institut für Freie Berufe (IFB)	www.ifb.uni-erlangen.de
Forschungsinstitut freie Berufe (FFB)	www.ffb.uni-lueneburg.de
Institut für Arbeitsmarkt und Berufsforschung (IAB)	www.iab.de
Ifo-Institut für Wirtschafts-forschung	www.ifo.de
Recht	
Forum deutsches Recht	www.recht.de
Juris – Juristisches Informations-system für die Bundesrepublik Deutschland	www.juris.de
Bundesgesetzblatt	www.bundesanzeiger.de
Bundessteuerblatt	www.bundessteuerblatt.de
Fachportal Öffentliche Verwaltung	www.fpoev.de
Steuerrechtfachportal	www.fachportal-steuerrecht.de
Juristische Texte	www.juristexte.de
Bundesjustiz Gesetzestexte	www.gesetze-im-internet.de
Freies Juralexikon	www.jurawiki.de
Anwaltsuchdienst	www.anwaltauskunft.de

Bibliotheken	
Deutsche Bibliothek	www.ddb.de
Libweb – Bibliotheken weltweit	http://lists.webjunction.org/libweb
Südwestdeutscher Bibliotheksverbund	www2.bsz-bw.de/cms
Karlsruher Virtueller Katalog	www.ubka.uni-karlsruhe.de/kvk.html
Universitätsbibliothek Wien	www.ub.univie.ac.at
Fachinformationszentrum Technik	www.fiz-technik.de
Jason-www-Zeitschriftenrecherche	www.gdf-hannover.de/bibliotheken/sonderkataloge.html
Stellenmarkt	
Bundesagentur für Arbeit	www.bundesagentur.de
Jobbörse Monster	www.monster.de
Online Stellenmarkt	www.stellenanzeigen.de
Sonstige Adressen	
Presse- und Informationsamt der Bundesregierung (BPA)	www.bundesregierung.de
Links zu allen Bundesministerien	www.bundesregierung.de
Deutsches Agrarinformationsnetz (DAINET)	www.dainet.de
Deutsche Rentenversicherung Bund	www.deutsche-rentenversicherung-bund.de
Junge Unternehmer	www.bju.de
Studentengründungen	www.gruender-uni.info
Bundesweite Gründerinnenagentur	www.gruenderinnenagentur.de
Bundesministerium f. Frauen	www.frauenmachenkarriere.de
Verband deutscher Unternehmerinnen	www.vdu.de

Exist – Existenzgründungen aus Hochschulen	www.exist.de
Technologieorientierte Gründungen	www.tecworld.de
Franchise-Geberverband	www.dfv-franchise.de
Franchise-Nehmerverband	www.dfnv.de
Förderdatenbank des Bundes	www.bmwa.bund.de

Register

FANPRO

Der Autor

Marvin Roth, geboren in der Nähe Frankfurts, lebt seit 2001 in den USA. Gemeinsam mit seiner Frau hat er eine erfolgreiche internationale Maklerfirma aufgebaut, eine zweite Firma befindet sich im Aufbau.
2009 erschien Marvin Roths erster Roman *Hanky und der Tausendschläfer*, der den Weg zu einer Leserschaft in acht europäischen Ländern fand. Mit *Hanky und der Mächtige* liegt nun der zweite Hanky-Roman vor.
Zurzeit arbeitet der Autor an zwei weiteren Romanen: Der *Duft des Zorns* und *Space Jack*.

Marvin Roth

Hanky und der Mächtige

Originalausgabe

FanPro
Band 99002

Titelbild: Arndt Drechsler

Lektorat: Maike Würz
Satz und Layout: Ralf Berszuck
Umschlaggestaltung: Ralf Berszuck
Druck und Bindung: CPI Moravia Books s. r. o., Tschechien

Besuchen Sie unsere Website *http://www.fanpro.com*

Printed in the Czech Republic 2010

ISBN 978-3-89064-998-6

Danksagung

Erneut danke ich meiner lieben Frau Conny.
Sie hat mir auch bei dieser Geschichte den notwendigen Zuspruch angedeihen lassen, mit mir über einige Szenen zum Teil ausgiebig diskutiert und war beileibe nicht immer meiner Meinung. Doch in den vielen Monaten, in denen ich an dem vorliegenden Buch gearbeitet habe, begleitete Conny mich mit ungeheurem Enthusiasmus und großer Geduld.

Fell from Heaven

Dear Conny, did it hurt when you fell from Heaven?
I think, I need to call God,
because He has lost His most beautiful Angel!

Besonders möchte ich mich bei meinem Freund und Agenten Rolf Bingenheimer bedanken, der für mich in Deutschland den wichtigen Kontakt zum Verlag *Fantasy Productions* pflegt und mit seinen langjährigen Erfahrungen auf dem Buchmarkt meine Geschichten bestens präsentiert.
Außerdem ist sein Transgalaxis-Verlag eine Fundgrube für alle SF-Fans.

Vorwort

Liebe Leser,

beim Schreiben dieser Geschichte und im Übrigen ebenfalls bei der nächsten – Sie müssen wissen, dass ich stets gleichzeitig an mehreren Storys arbeite –, wie auch in meinem ersten Buch "Hanky und der Tausendschläfer", startet das Geschehen im Wald. Ich habe mich gefragt, warum das so ist.

In meiner Kindheit war der Wald für mich und meine Freunde der schönste Spielplatz, der sich denken lässt. Hier erlebten wir jeden Tag unterschiedlichste Abenteuer. Gewöhnlich verabredeten wir uns nach der Schule, und schon bald nach dem Mittagessen standen meine Mitstreiter vor der Tür. Am Ende der Straße begann der Wald, und wir tauchten ab ins Abenteuerland. Mit Stöcken bewaffnet, die sich in unserer Fantasie in heilige Schwerter oder Kriegswaffen verwandelten, schritten wir, zu allen Seiten nach potenziellen Feinden Ausschau haltend, durch das flache Bett des Waldbachs. Mit kindlicher Vorstellungskraft kämpften wir uns unter größten Mühen durch das Amazonasgebiet, von gefährlichen Eingeborenen verfolgt, durch das Mekong-Delta, um unsere Soldaten aus den Fängen der Vietcong zu befreien, oder wir stellten Sarazenen im Niltal. Natürlich waren wir immer die "Guten", und wenn die Dämmerung durch die Äste herabkroch, machten wir uns mit schlammigen, nassen Hosen auf den Weg nach Hause, glücklich darüber, wieder einmal die Welt gerettet zu haben.

Noch heute, wenn ich wieder einmal in Deutschland bin und meine Familie und die alte Heimat besuche, nehme ich mir oft die Zeit, "meine Wege durch den Abenteuerwald" wiederzufinden. Erstaunlicherweise hat sich der Wald fast nicht verändert, selbst die "geheimen Trampelpfade" sind noch so, wie ich sie vor mehr als vierzig Jahren verlassen habe.

Bei diesen Exkursionen in die Vergangenheit glaube ich fast, die Stimmen, das Lachen und Flüstern meiner Kindheitskameraden zu hören, und wäre nicht überrascht, sie hinter einem Busch hervorspringen zu sehen.

Fast magisch ist, dass der Wald immer noch der geheimnisvolle Ort ist, den ich in meinen Gedanken an meine Jugend sicher in meinem Herzen verwahre.

Das war der nette Teil meines Vorworts, doch die Geschichte *Hanky und der Mächtige* ist nicht nett und voller schöner Erinnerungen, sondern voller schrecklicher Ereignisse und Gefühle: der Panik des Ausgeliefertseins, Wehrlosigkeit und vielfachen Grausamkeiten, die manche Menschen ohne Skrupel anderen antun.

Um Ihnen, verehrter Leser, einmal bewusst zu machen, wie es zu einer dramatischen Wendung in Ihrem bisher so beschützten Leben kommen kann, folgende Bitte:

Stellen Sie sich einfach einmal vor, ich würde Sie auswählen und in einer meiner Geschichten als Held oder tragische Figur agieren lassen. Damit wären Sie natürlich meiner Willkür ausgeliefert, da ich die Handlungen in meinen Geschichten kontrolliere (das rede ich mir zumindest immer ein).

Ich lasse Sie, um zum Thema Wald zurückzukehren, durch eben einen solchen irren. Dazu gebe ich Ihnen noch einen angeknacksten Knöchel und eine ausreichende Portion Unsicherheit und Angst mit auf den Weg. Natürlich ist es Nacht, und Sie haben keine Vorstellung, wo Sie sich befinden oder wie Sie in den Wald gelangt sind. Nun wird es unheimlich. Der Mond erhellt die Szenerie nur so spärlich, dass Sie gerade genug sehen, um sich in Ihrer unmittelbaren Umgebung zurechtzufinden. Aber was liegt direkt hinter ihrem Wahrnehmungsbereich? War da nicht das Knacken eines brechenden Asts? Hat sich da etwas bewegt? Sind Sie allein, oder beobachten gierige Augen, wie Sie hilflos durch die Nacht humpeln? War da ein Wispern, eine leise geführte Unterhaltung, oder haben Ihnen nur Ihre vom angestrengten Lauschen überreizten Ohren einen Streich gespielt? Ist es wirklich nur die nächtliche Kälte, die Ihnen eine Gänsehaut über den Rücken jagt?

Nach einer Weile wird Ihnen Ihr Instinkt den Weg durch die Nacht weisen, Ihre Fantasie aber bringt Sie an den Rand eines Nervenzusammenbruchs.

All die Geschichten, die Sie zeitlebens mit einem müden Lächeln abgetan haben – wer glaubt schon an Geister, Gnome, Zombies, Werwölfe oder Vampire –, rücken auf einmal in den Bereich des Möglichen. Was, wenn wirklich etwas dran ist an all den Horrorgeschichten? Weiß es der Wald? Hat er das Böse, so es dies wirklich auf unserer Welt gibt, gesehen oder gar bereits beherbergt? Oder lauert das Böse im Alltäglichen, im freundlichen Nachbarn? Dem netten Mitbürger, der ein Wanderfreund ist, Sie hier allein im Wald entdeckt, hilflos und verletzt, und die einmalige Gelegenheit nutzt, um unbeobachtet einen Mord zu begehen – einfach nur, weil sich die Gelegenheit bietet?

Natürlich werden Sie als Erstes fragen, wie es denn sein kann, dass es Sie in einen Wald verschlägt und Sie nicht wissen, wo Sie sind. Aber ist es wirklich unvorstellbar? Reicht nicht schon ein Autounfall bei einer nächtlichen Fahrt, Sie schlagen sich den Kopf an, klettern benommen aus Ihrem Wagen und taumeln fort, immer noch vom Schock betäubt und nicht realisierend, wo Sie eigentlich hinwollen – laufen in den Wald hinein, statt bei Ihrem Auto oder wenigstens auf der Straße zu bleiben? Schon ist es um Sie geschehen. Nun werden Sie sagen, na ja, so oft fahre ich ja nicht durch den Wald. Nicht? Ja, wo leben Sie denn? Ist Ihnen klar, dass mehr als dreißig Prozent der Landmasse unserer Welt von Wald bedeckt ist? Das ist eine beachtliche Zahl, und die Wahrscheinlichkeit, gerade dort, im Wald, einen Unfall zu haben, ist wirklich nicht gering. Wildwechsel, feuchtes Laub, rutschige Straßenverhältnisse durch abgeschwemmte Erde, ständig wechselnde Lichtverhältnisse bilden permanente Gefahrenquellen.

Zum Glück für Sie befinden Sie sich zurzeit nicht in dieser Situation, sondern halten ein Buch in Ihren Händen, sind entspannt und sicher.

Wirklich?

Herzlichst Ihr
Marvin Roth
Palm Beach im Sommer 2010

Kapitel 1

Der Brief

Er rannte um sein Leben. Äste peitschten ihm ins Gesicht. Seine Lungen pumpten den hastig eingeatmeten Sauerstoff in seinen Blutkreislauf. Das Gelände war abschüssig und durch altes, nasses Laub glatt wie eine Rutschbahn. Dennoch schaffte es der Flüchtende, das Gleichgewicht zu halten. Der Wald lichtete sich etwas, und ein Wildpfad erleichterte ihm das Vorankommen. Immer wieder tastete er nach dem Briefumschlag, den er in der Innentasche seiner Jacke verstaut hatte. Der Brief musste in Sicherheit gebracht werden, er war wichtig, sein Inhalt ungeheuerlich. Er konnte keiner Regierungsstelle vertrauen, denn er wusste nicht, wer alles dazugehörte. Aber er wusste, an wen er den Brief schicken musste.

Er war FBI-Agent, und seine Entdeckungen hatten all sein Vertrauen in die Regierung zerstört. Bei seinen verdeckten Ermittlungen war er eher zufällig auf diese Geschichte gestoßen. Das alles war so unfassbar, dass er anfangs nicht hatte glauben können, was er gesehen, erlebt hatte. Erst einige Zeit später hatte er heimlich alles notiert und sicher verwahrt. Zum Schein hatte er mitgespielt, bis zu dem Punkt, an dem er es nicht mehr mit seinem Gewissen vereinbaren konnte. Da war die Zeit gekommen, sich aus dem Staub zu machen. Doch seine Flucht war schnell bemerkt worden, und nun waren sie hinter ihm her. Er machte sich keine Illusionen über seine Chancen, den Tag zu überleben.

Er rannte weiter, schaute sich ab und zu gehetzt nach seinen Verfolgern um und hörte schon die Geräusche der nahen

Staatsstraße, dem New York Highway 66. Dorthin musste er es unbedingt schaffen.

Kurz darauf erreichte er den Rand des Waldes. Hinter einem Baum versteckt, versuchte er erst einmal zu Atem zu kommen. Angespannt beobachtete er die etwa fünfzehn Meter entferntliegende Straße und hielt nach Anzeichen Ausschau, dass dieser Straßenabschnitt von seinen Verfolgern überwacht wurde.

Doch alles schien ruhig, und der Verkehr floss träge dahin. Da sah er einen alten, verbeulten VW-Bus, dessen schrille Bemalung – an vielen Stellen bereits brüchig – von alten und doch so aufregenden Hippietagen zu erzählen schien. Das war seine Chance, den Brief doch noch auf den Weg zu bringen. Zumindest musste er es versuchen. Entschlossen mobilisierte er seine letzten Kraftreserven und rannte den kleinen Abhang hinunter zur Straße. Unter dem wütenden Hupen einiger erschrockener Autofahrer, die er zu hektischen Notbremsungen zwang, hetzte er über die Straße, um auf der Gegenfahrbahn den alten Bus anzuhalten.

Wie ein gestaltgewordenes Klischee saßen auf dem Fahrer- und Beifahrersitz zwei grauhaarige Hippies mit bunten Stirnbändern, die nur noch karge Reste der einstigen Haarpracht bändigen mussten. Zum Glück waren die Seitenfenster offen, ein Hauch von Marihuanaduft drang aus dem Inneren. Der Mann achtete nicht auf die Beschimpfungen der beiden, sondern kramte eine zerknitterte Fünfzigdollarnote und seinen Brief hervor. Beides steckte er durch das Beifahrerfenster und drückte es der Beifahrerin in die Hände – jetzt erst erkannte er, dass es sich bei den beiden um ein Pärchen handelte.

Geistesgegenwärtig sprach er die Frau an, die ihn misstrauisch beäugte: »Bitte, Mam, helfen Sie mir und geben Sie den Brief in der nächsten Stadt für mich auf. Hier sind fünfzig Bucks. Den Rest können Sie behalten. Es ist wirklich wichtig. Bitte tun Sie mir den Gefallen.«

»Hast du gehört, George? *Mam* hat er zu mir gesagt. Das habe ich schon lange nicht mehr gehört.« Sie lächelte breit zu dem Fahrer hinüber und entblößte eine Reihe gelber Zahnstummel. Der Mann zuckte nur mit den Schultern, als ob es ihm völlig egal wäre, ob jemand zu seiner Partnerin "Mam" sagte.

»Also gut, junger Mann, da Sie so …«

Verwundert blickte sie sich um, doch der Mann war spurlos verschwunden. Sie drehte sich zurück zu George und sagte auf die bestimmende Weise, die er nur zu gut kannte: »Der Typ war zwar ziemlich merkwürdig, aber wir werden ihm den Gefallen tun und den Brief im nächsten Postamt aufgeben. Schließlich war er ja sehr höflich und hat mich immerhin mit *Mam* angesprochen.«

George zuckte erneut mit den Schultern, legte den Gang ein und fädelte sich gemächlich in den fließenden Verkehr ein.

Keine hundert Meter von der Stelle entfernt, an der der VW-Bus gehalten hatte, lag ein Mann in Tarnkleidung hinter einem Busch verborgen und schaute durch ein Fernglas. Ein dünnes, schwarzes Mikrofon führte von seinem rechten Ohr bis kurz vor seine Lippen. Leise sprach er zu einem unsichtbaren Partner: »Objekt hat die Straße überquert und kurz mit den Insassen eines bunten VW-Busses gesprochen. Danach ist er im Wald verschwunden.«

»Was für ein VW-Bus?«, antwortete ihm eine Stimme. »Hat er den Insassen etwas gegeben?«

»Bedauere, Sir,« antwortete der Mann im Tarnanzug, »das konnte ich leider nicht erkennen. Das Objekt stand hinter dem Bus, und alles ist sehr schnell gegangen. Hat keine Minute gedauert. Wie soll ich jetzt vorgehen?«

»Wo ist das Objekt jetzt?«, wollte die Stimme wissen.

»Auf der anderen Seite der Straße im Wald verschwunden, Sir.«

Einen Moment war nur das Rauschen in dem kleinen Lautsprecher des Headsets zu hören, dann erklang wieder die befehlsgewohnte Stimme. »Verfolgung des Objekts fortführen und Objekt wie besprochen eliminieren. Ende.«

Damit brach der Funkkontakt ab.

***

New York City

Etwa zur gleichen Zeit saß ein anderer Mann unter einem Baum. Allerdings machte dieser einen entspannten Eindruck, wie er da so lässig am Stamm lehnte und in der New York Times blätterte. Doch er las die Zeitung nicht. Vielmehr schaute er über den Rand hinweg und betrachtete die anderen Parkbesucher. Das Treiben fand er immer noch spannend, obwohl er nun schon fast ein Jahr hier lebte. *So viele Leute*, dachte er oft, *und jeder scheint irgendwohin zu wollen*. Selbst die Parkbesucher hasteten dahin, in bunte Trainingsanzüge gekleidet. Jogging nannte man das, aber er konnte sich beim besten Willen nicht vorstellen, dass so ein Rumgerenne Spaß machen sollte. Na, ihm konnte es ja egal sein. Er genoss es, einfach nur hier zu sitzen und nichts zu tun. Die vergangenen Monate waren anstrengend genug gewesen, und er hatte dem FBI in einigen Fällen helfen können. Man hatte ihn gut entlohnt, sodass er sich unweit vom Central Park eine Wohnung gemietet hatte. Als freier Mitarbeiter konnte er sich so viel Freizeit nehmen, wie er nur wollte – oder wie er es sich leisten konnte. Er brauchte diese Zeit für sich, um all die Wunder dieser Welt zu bestaunen. Und wenn es fürs Erste nur die Wunder einer einzigen Stadt waren. Er hatte noch so viel zu lernen. Er musste noch so viel nachholen. Das war auch der eigentliche Grund, weshalb er hierhergezogen war.

Eine Stimme ließ ihn aus seinen Betrachtungen aufschrecken. »Also hier treibst du dich herum,« sagte ein Mann, halb über ihn gebeugt. »Da kann ich ja lange nach dir suchen. Und dein Handy hast du natürlich zu Hause auf dem Schreibtisch liegen lassen.«

Der unter dem Baum sitzende blonde Mann lächelte gutmütig und erwiderte, gespielt empört: »Du bist nicht meine Mutter, Walt.«

»Hast du etwa vergessen«, erwiderte Walt, »dass wir uns in einer knappen Stunde mit Rich zum Abendessen treffen wollen? Du bist noch nicht mal umgezogen. Also erheb dich. Los, komm schon.«

»Okay, ich komm ja schon. Immer musst du hetzen. Hast dich wirklich wunderbar an die hiesigen Verhältnisse angepasst. Bist schon ein richtiger New Yorker.«

»Jawohl, das kann man wohl sagen«, antwortete Walt verschmitzt. »Und du, Hanky, bist noch ein richtiger Hinterwäldler.«

Lachend gingen die beiden Männer durch den Park Richtung Fifth Avenue.

Richard Miller hatte den wohl aufregendsten Tag seines Lebens hinter sich. Zumindest in beruflicher Hinsicht – nachdem er vor einiger Zeit mit Hanky, Walt und dem alten Ray Berson den Tausendschläfer gejagt hatte, war er von Aufregungen nicht mehr leicht zu beeindrucken. Dieses Erlebnis hatte ihn dazu veranlasst, ein Buch zu schreiben, das von der örtlichen Bevölkerung erstaunlicherweise mit viel Interesse zur Kenntnis genommen wurde, was sich sehr positiv auf die Auflagenzahl auswirkte. Doch nicht nur seine neue Leserschaft war auf ihn aufmerksam geworden, sondern auch das FBI und die New York Times. Das FBI hatte ihn und die anderen intensiv, wenn auch freundlich verhört. Hanky musste als Einziger länger in Langly, Virginia bleiben. Die dortigen Agenten und Ärzte führten unzählige Tests mit ihm durch und waren sehr erstaunt über die außerordentlichen Ergebnisse. Noch nie hatte eine Testperson so hohe Psi-Werte erzielt. Am liebsten hätten sie Hanky gar nicht mehr gehen lassen, da er ein so interessanter Fall war. Doch Hanky stellte klar, dass er nach Abschluss der

Tests seinen eigenen Weg zu gehen beabsichtigte. Dem stellvertretenden Direktor Davis Miles gelang es schließlich, ihn als freien Mitarbeiter zu gewinnen. So zog Hanky von dannen und nach New York, wo er zusammen mit Walt Kessler ein privates Ermittlungsbüro eröffnete.

Richard war nach Fargo zurückgekehrt und hatte vor zehn Tagen einen Brief von der New York Times bekommen. Voller Erstaunen öffnete er den Umschlag, fand ein Flugticket und eine Einladung zu einen Gespräch mit dem Chefredakteur der Times.

So war er gestern angekommen, hatte im *Marriott* sein reserviertes Zimmer bezogen und sich für den nächsten Abend mit Walt und Hanky verabredet. In der folgenden Nacht bekam er fast kein Auge zu, so aufgeregt war er. Am nächsten Morgen stand er wie gerädert auf, schleppte sich müde ins Bad, duschte und kleidete sich an. Danach ließ er sich vor dem Hotel ein Taxi rufen und fuhr direkt zur 620 Eight Avenue, dem Hauptsitz der New York Times. Natürlich war er fast eine Stunde zu früh dran, und so setzte er sich in ein kleines Café gegenüber und frühstückte, allerdings mit einem mulmigen Gefühl im Bauch, da er nicht abzuschätzen wusste, was der Tag bringen würde. Seine Frau Rita war nicht so recht begeistert gewesen, als sie die Einladung gesehen hatte. Mit einem gezwungenen Lächeln hatte sie Rich aber schließlich ziehen lassen.

Nach dem Frühstück begab sich Richard Miller zu seinem Gespräch. Zwei Stunden später verließ er mit einem strahlenden Lächeln und einem neuen Job die Redaktion.

Morgen würde er ein noch viel schwierigeres Gespräch vor sich haben. Er musste seine Frau davon überzeugen, nach New York City umzuziehen, zumindest in eine der Vorstädte. Aber heute wollte er erst einmal seine Freunde treffen, um mit ihnen seinen Erfolg zu feiern. Das Leben war eben doch aufregend.

Kapitel 2

Salt Lake NY State

Der VW-Bus der Hippies stand auf dem Parkplatz an der Miller Hill Road, direkt vor einem Restaurant. Nur wenige Schritte entfernt befand sich das kleine Postamt.

Drei schwarz lackierte Ford SUVs fuhren langsam auf den Parkplatz. Männer mit schwarzen Sonnenbrillen schauten aufmerksam die kleine Einkaufszeile entlang. Natürlich hatten sie den bunt bemalten VW-Bus gesehen. Aber wo waren dessen Besitzer? Es dauerte nicht lange, bis die Männer das Hippiepärchen entdeckten. Sie saßen an einem Fensterplatz im Restaurant und schienen bester Laune zu sein. Eine Kellnerin brachte ihnen gerade ein volles Tablett, mit Tellern und Schüsseln beladen, die leicht ausgereicht hätten, um eine vierköpfige Familie mehr als satt zu bekommen.

Im ersten SUV aktivierte ein schwarz gekleideter Mann sein Funkgerät und rückte das Headset zurecht. »Player fünf an Teamleader«, sprach er leise in das Mikrofon. Sofort antwortete eine befehlsgewohnte Stimme: »Ich höre.«

»Wagen lokalisiert. Zielpersonen ebenfalls. Sie befinden sich in einem Restaurant und scheinen bester Laune zu sein. Kein konspiratives Verhalten zu erkennen. Kein Versuch seit unserem Eintreffen, mit einer dritten Person Kontakt aufzunehmen. Wie sollen wir vorgehen?«

»Erst einmal abwarten und beobachten. Wenn die Zielpersonen kein auffälliges Benehmen zeigen, lassen wir sie in Ruhe. Wir können uns kein Aufsehen erlauben. Ende.«

Es knackte kurz in der Leitung, und Player fünf wusste, dass der Teamleader abgeschaltet hatte.

Keiner der Männer in den SUVs kam auf die Idee, das Postamt direkt neben dem Restaurant mit den Hippies in Verbindung zu bringen, was diesen das Leben rettete.

Nur wenige Kilometer entfernt lag der FBI-Agent hinter einem mit Moos bedeckten Baumstumpf und schaute sich nach seinen Verfolgern um. Nichts rührte sich, kein Geräusch anschleichender Füße, kein Rascheln im Laub, kein brechender Ast knackte verräterisch. Nichts. Gerade diese Tatsache beunruhigte den Agenten. Zumindest hätte er Vogelstimmen hören müssen, doch auch die Tiere verhielten sich ruhig, was darauf hindeutete, dass hier etwas nicht stimmte. Waldbewohner spürten, wenn Gefahr in der Luft lag.

Plötzlich erscholl übermäßig laut der Warnschrei eines Eichelhähers, keine hundert Meter entfernt. Der FBI-Mann erstarrte. Seine Verfolger waren ganz nah. Hatten sie ihn gefunden? Befand er sich schon im Visier eines Scharfschützen? Sein Atem beschleunigte sich, und er verwünschte diese Stressreaktion seines Körpers. Auf seiner Stirn bildeten sich dicke Schweißtropfen, die brennend in seine Augen tropften. Er duckte sich so weit als möglich und presste seinen Körper in das feuchte Laub. Da hörte er ein leises Rascheln und gleich darauf ein metallisches Klicken. Er rechnete damit, einen Schuss zu hören oder Schmerz zu fühlen, der seinem Leben ein Ende setzte. Doch nichts geschah. Nach einigen sich unendlich in die Länge ziehenden Minuten glaubte er Schritte zu hören. Sie entfernten sich von seiner Position und wurden leiser. Mit angehaltenem Atem streckte er seinen Kopf aus der Deckung und sah rechts, fast hundert Meter entfernt, einen Mann in Tarnkleidung durch den Wald schleichen.

Während der Agent seinen Jäger mit den Augen verfolgte, suchte er zugleich den Wald nach Hinweisen auf andere

Verfolger ab. Erstaunt stellte er fest, dass es nur der eine war. Angestrengt dachte er nach. Was war zu tun, was sollte er nun machen? Eine Möglichkeit war, einfach liegen zu bleiben und zu warten, bis sein Verfolger verschwunden war. Dies war eine sehr verführerische Option, da er nicht in Aktion treten musste und die Hoffnung hegte, ungeschoren davonzukommen. Andererseits würde der Jäger Verstärkung anfordern, sollte seine Suche erfolglos sein. Dann hatte der FBI-Mann es mit mehreren Gegnern zu tun. Nein, auf dieses Risiko konnte er sich auf keinen Fall einlassen. Die andere Option war einfach, aber sehr riskant: Er musste seinen Jäger verfolgen und in einem günstigen Moment eliminieren.

Er entschied sich für die zweite Option. Behutsam darauf achtend, keinerlei Geräusch zu machen, stand er auf. Geduckt und mit flüssigen Bewegungen schlich er zu dem nächsten Baum, immer seinen Gegner im Auge, der anscheinend nur auf das Areal vor sich konzentriert war. Lautlos ließ der Agent sich auf die Knie nieder und robbte auf allen vieren zu einem Gebüsch. Auf dem Bauch liegend schaute er durch die Blätter. Sein Verfolger war stehen geblieben, das Scharfschützengewehr in der Armbeuge. Langsam drehte er sich im Kreis und lauschte auf verdächtige Geräusche. Nachdem er seine Drehung vollendet hatte, schlich er weiter in die ursprüngliche Richtung.

Auf einmal blieb er ruckartig stehen und horchte angespannt. Der FBI-Beamte hatte sich nicht gerührt und somit auch kein Geräusch verursacht. Was hatte den Jäger alarmiert?

Stimmen hallten durch den Wald. Es hörte sich an, als ob zwei oder mehrere Personen sich unterhielten. Die Stimmen wurden lauter und bewegten sich auf die Position des Verfolgers zu. Dieser stand zuerst völlig reglos da und lauschte. Vermutlich versuchte er herauszufinden, wie viele Leute da durch den Wald stapften. Nach einer weiteren Minute, die Stimmen waren inzwischen schon sehr gut zu verstehen, bewegte er sich rückwärts von seinem Standort weg und genau auf das Versteck des

FBI-Mannes zu. Unruhig beobachtete der Agent, wie er immer näher herankam. Er war nun keine vierzig Meter mehr entfernt. Tastend, auf der Suche nach irgendeiner Waffe, glitt die rechte Hand des Agenten über den Waldboden, während die Augen beständig seinem Gegner folgten. Seine Hand fand einen etwa apfelgroßen Stein und schloss sich darum. Der Stein fühlte sich kühl an und vermittelte ihm die Hoffnung, sich halbwegs wehren zu können.

Mittlerweile waren aus den Stimmen Personen geworden, vier an der Zahl, die mit ihren geschulterten Rucksäcken, festen Stiefeln und derber Kleidung ohne Zweifel Wanderer waren, die hier in den Wäldern ihrem Hobby frönten. Wie durch ein übergeordnetes Navigationssystem geleitet, marschierte die Gruppe genau auf den Jäger zu. Die Wanderer waren nun schon so nah, dass sie ihn eigentlich hätten sehen müssen. Nur seiner Tarnkleidung und dem angeregten Gespräch der Gruppe verdankte er es, bisher nicht entdeckt worden zu sein. Hastig, entgegen seiner bisherigen Verhaltensweise, rannte er auf die Buschgruppe zu, ließ davor sich auf die Knie fallen und schob sich rückwärts unter die tief hängenden Äste, immer die Wanderer im Auge. Das war ein Fehler, und es würde der letzte in seinem Leben sein. Abgelenkt durch die Wanderer hatte er nicht bemerkt, dass direkt neben ihm der FBI-Agent lag, nur einen halben Meter nach vorn versetzt. Zudem hielt er mit beiden Händen sein Gewehr. Unvermittelt traf ihn ein mörderischer Schlag auf den Hinterkopf, der ihm sofort das Bewusstsein raubte. Der Agent zog den schlaff gewordenen Körper vorsichtig tiefer in die Büsche, immer darauf gefasst, dass sein Gegner zum Gegenangriff ansetzen würde. Doch als er die heftig blutende Kopfwunde und den eingedrückten Hinterkopf seines Widersachers sah, erkannte er, dass dieser niemals mehr in der Lage sein würde, einem anderen Menschen Schaden zuzufügen.

Nach einigen Minuten passierten die Wanderer die Buschgruppe, ohne etwas zu bemerken, und verschwanden kurz darauf im Wald. Ihre Stimmen wurden immer leiser und waren schon bald nicht mehr zu hören.

Der FBI-Agent richtete sich auf und entwaffnete seinen Gegner. Dabei bemerkte er, dass der Mann nicht mehr atmete. Schnell durchsuchte er den Toten, fand aber keinen Hinweis auf dessen Identität. Er steckte sich ein langes Messer in die Jacke und eine SIG SAUER P220, eine der zielsichersten 45er-Pistolen, die auf dem Markt erhältlich waren. Dazu fand er noch einige Ersatzmagazine, die er ebenfalls in einer seiner Jackentaschen verstaute. Danach nahm er dem Mann noch das Funksprechgerät samt Headset ab, befestigte es an seinem Gürtel und den kleinen Lautsprecher an seinem Ohr. So hoffte er zu erfahren, was seine Gegner planten. Endlich deckte er die Leiche samt Gewehr mit Laub und Ästen zu, sodass sie, verborgen unter den Büschen, auf den ersten Blick nicht zu sehen war. Als er alles zu seiner Zufriedenheit erledigt hatte, marschierte er in die Richtung, aus der die Wanderer gekommen waren. Er hoffte darauf, einen Waldparkplatz zu finden, und auf eine Gelegenheit, aus der Gegend zu verschwinden.

Kapitel 3

Der Saal

Sie erwachte mit fürchterlichen Kopfschmerzen. Noch nie hatte sie so grauenhafte Schmerzen erlebt. Sie versuchte sich im Bett umzudrehen, doch ihr Körper gehorchte ihr nicht. Vorsichtig öffnete sie die Augen, um sie sogleich geblendet wieder zu schließen. Die Schmerzen schienen sich noch zu steigern, aber sie versuchte es erneut. Ihre gepeinigten Sehnerven leiteten nur das Bild einiger Neonröhren an das Gehirn weiter, die an einer unverputzten Betondecke befestigt waren. Vor Schmerz und Erschöpfung schloss sie die Augen. Bunte Kreise flimmerten vor den Pupillen, und Übelkeit breitete sich in ihr aus. Eine Frage, die entscheidende Frage formulierte sich in ihrem Geist: Wo war sie? Auch nach längerem Überlegen fand sie keine befriedigende Antwort. Das Letzte, an das sie sich erinnerte, war, dass sie sich auf dem Nachhauseweg befunden hatte. So wie an jedem Wochentag. Erst mit dem Bus bis in die Vorstadt und dann zu Fuß eine weitere halbe Stunde durch ihr Viertel. Alles war wie immer gewesen, oder etwa nicht? Hatte sie einen Unfall erlitten und war nun in einem Krankenhaus? Nein, das konnte nicht sein. Ein Krankenhaus mit einer rohen Betondecke gab es nicht in ihrer Gegend, und sie bezweifelte, dass es ein solches Krankenhaus überhaupt irgendwo in Mexico gab. War das überhaupt ihre Heimatstadt Juárez? Hier in dieser Millionenstadt, am Rio Grande gelegen und damit direkt an der Grenze zu den USA, hatte sie ihr ganzes Leben verbracht. Oft hatte sie an der Grenze gestanden und hinüber nach El Paso geschaut, wo sie doch so gern leben würde.

Eine weitere Schmerzwelle unterbrach ihre abschweifenden Gedanken. Farbige Nebel schienen ihren ganzen Gesichtskreis auszufüllen. In ihrem Schädel tobte ein Sturm der Qual, als würden Tausende Nadeln zugleich auf sie einstechen. Nach einer Weile – sie konnte nicht einschätzen, wie lang die Pein dauerte – ebbten die Schmerzen wieder ab. Sie begann erneut nachzudenken. Wenn das kein Krankenhaus war, was dann?

Auf einmal erinnerte sie sich an die vielen vermissten Frauen. Seit vielen Jahren verschwanden beinahe täglich Frauen und Mädchen aus ihrer Stadt spurlos, und niemand schien sich darum zu kümmern. Waren es Tausende oder gar schon Zehntausende, die verschwunden waren? Sie konnte sich nicht daran erinnern. War sie einfach nur ein weiteres Opfer? Anfangs hatten die Medien noch darüber spekuliert, dass die Polizei in die Entführungen involviert sei, doch das konnte nie bewiesen werden. Befand sie sich in den Händen dieser unbekannten Entführer? Was wollten diese Leute von ihr? Weshalb hatte sie solche Schmerzen? Was stellte man mit ihr an? Panik drohte ihr Bewusstsein davonzuschwemmen. Mühsam öffnete sie erneut die Augen. Wieder sah sie nur die Deckenlampen. Sie versuchte noch einmal, sich zur Seite zu drehen, aber auch dieser Versuch scheiterte. Alles, was sie bewegen konnte, waren ihre Augen. Angestrengt schielte sie nach links und konnte aus den Augenwinkeln unscharf eine Art Krankenbett ausmachen. Darauf lag eine nackte Frau. Aus ihrer Stirn führten mehrere Kabel und Schläuche zu einem Kasten. Einige kleine Lichter blinkten an seiner Vorderseite. Erschrocken schloss sie die Augen wieder. Was war das nur? War dies doch ein Krankenhaus? Es war also zumindest eine weitere Person in diesem Raum. Oder waren es noch mehr? Sie öffnete die Augen und rollte ihre Pupillen zur anderen Seite. Hier bot sich das gleiche Bild. Auch dort lag eine Frau nackt auf einem Bett, und auch aus ihrer Stirn ragten Kabel und Schläuche und verschwanden in einem Kasten. Sie schaute zu den Lampen an der Decke. Soweit sie sehen konnte, zogen sie sich in langen Reihen an der Decke entlang. Der Raum musste riesig sein. Voller Angst ließ sie ihre Augen nach oben wandern, um herauszufinden, ob auch aus ihrem eigenen Kopf Kabel und Schläuche ragten. Doch noch ehe sie etwas erkennen konnte, kam der Schmerz zurück, so heftig diesmal, dass sie in eine erlösende Ohnmacht versank.

***

New York City (einige Tage später)
Hanky hatte schlecht geschlafen. Albträume hatten ihn in dieser Nacht heimgesucht, mit wilden Verfolgungsjagden, Monstern und lachenden Mördern. Verdrossen setzte er sich auf und schwang die Beine aus dem Bett. Er wusste nicht, was ihm so zu schaffen machte. Irgendwas bahnte sich an, dass spürte er ganz deutlich. Besorgt griff er zum Telefon, das auf seinem Nachttisch stand, und wählte die Nummer seines Großvaters. Zwar wusste er, dass es noch früh war, doch er wusste auch, dass sein Großvater meist früh auf den alten Beinen war. Es hatte kaum dreimal geklingelt, als eine müde, aber dennoch unendlich vertraute Stimme aus dem Hörer drang. »Hallo, wer ist da? Hier spricht Ray Berson. Hallo …«

»Guten Morgen, Großvater, hier ist Hanky. Habe ich dich etwa geweckt?«

Hanky versuchte fröhlich zu klingen, damit der alte Ray sich keine Sorgen machte, aber da hatte er seinen Großvater unterschätzt.

»Was ist los, Hanky? Stimmt was nicht? Du rufst doch sonst nicht so früh an.«

»Nein, nein, Großvater, alles in Ordnung. Ich wollte einfach nur mal deine Stimme hören. Ich vermisse dich halt. Willst du nicht für ein paar Tage nach New York kommen? Wir könnten ein paar Museen besuchen oder in ein Musical gehen. Einfach Zeit miteinander verbringen.«

»Nein, Hanky, lass mich mal, wo ich bin. Der eine Besuch bei dir hat mir fürs Erste gereicht. So viele Leute und so wenig Natur vertrage ich nicht so gut. Es genügt schon, dass du mir dieses Höllending aufgeschwatzt hast.« (Damit meinte er das Telefon. Hanky hatte nicht lockergelassen, bis der alte Ray schließlich zugestimmt hatte. Hanky hatte sogleich ein Handy gekauft und seinen Großvater eindringlich gebeten, das Gerät jeden Abend auf die Ladestation zu stellen, um sicherzugehen, dass sein Großvater in jeder Situation Hilfe herbeirufen konnte. Schließlich war der alte Ray ja nicht mehr der Jüngste.)

Sie unterhielten sich noch eine Weile, wobei Ray herauszufinden versuchte, was seinen Enkel so beunruhigt hatte. Hanky wiegelte ab und war zugleich beruhigt, dass es seinem Großvater ganz gut ging. Dann beendete er das Telefonat mit der Zusicherung, sich bald wieder zu melden.

Er legte das Telefon auf die Station und begab sich ins Bad. Was hatte seine Unruhe ausgelöst, fragte er sich. Jeden Tag passierten schreckliche Dinge, doch solange sich Hanky nicht bewusst damit befasste, schlug sein Unterbewusstsein auch keinen Alarm. Doch hier war es anders. Immer noch fühlte Hanky ein gewisses Unbehagen, als ob etwas sehr Schlimmes auf ihn zukäme. Jemand steckte in einer bösen Klemme und dachte an ihn. Das war die einzige, sehr nebelhafte Erklärung, die Hanky zu seiner Vorahnung einfiel.

Als er einige Minuten später in die Küche kam, schlug ihm der angenehme Duft frisch gekochten Kaffees entgegen. Walt stand hinter dem Küchentresen, pfiff ein fröhliches Lied und bereitete das Frühstück vor. Als er Hanky bemerkte, unterbrach er sein Tun und fragte lächelnd: »Na, alter Junge, gut geschlafen?«

»Nein, Walt, eher nicht. Mich haben beunruhigende Träume immer wieder wach werden lassen. Ich bin ziemlich gerädert«

»O je«, ließ Walt hinter dem Tresen verlauten, während er sich eine Scheibe Schinken in den Mund stopfte. Die nächsten Worte konnte Hanky nicht verstehen, ließ Walt aber in dem Glauben, dass er seinem Monolog folgen würde. Müde setzte er sich an den Küchentisch und schaute blicklos aus dem Fenster. Etwas lauter und vor allem deutlicher, so eine Scheibe Schinken konnte sich schon sehr negativ auf die Kommunikation auswirken, sagte Walt: »Sag mal, interessiert es dich denn nicht brennend, was in dem Brief von Roger steht?«

»Was für ein Brief?«, wunderte sich Hanky.

»Ja, von was rede ich denn eigentlich die ganze Zeit? Heute Morgen war ein Brief von diesem FBI-Mann in der Post, Roger Thorn, und ich hab dich gerade gefragt, ob du nicht mal nachschauen willst, was er denn will.«

»Entschuldige, ich bin noch nicht ganz wach. Wo ist denn der Brief?«

Walt legte die Stirn in Falten, ersparte sich aber jeglichen Kommentar. Er kam um den Tresen herum, verschwand kurz im Flur und kam gleich mit einem zerknitterten Umschlag zurück. Diesen legte er vor Hanky auf den Tisch und kehrte zur Küchenzeile zurück. Gespannt verfolgte er von dort aus, wie Hanky den Umschlag von allen Seiten betrachtete und schließlich aufriss.

***

Der Saal

Die ganzen Tage hatte sie – wann immer die Kopfschmerzen erträglich waren – ihre Umgebung im Auge zu behalten versucht. Ihr Name war Carmen Galinda, doch daran konnte sie sich nicht erinnern. Sie konnte sich an nichts erinnern, nur an den Schmerz, den fürchterlichen Schmerz, der in ihrem Kopf wütete wie ein wildes Tier. Suchend glitten ihre Augen hin und her und blieben an der Frau zu ihrer Rechten hängen. Über ihrem Kopf war jetzt ein Bildschirm positioniert. Carmen konnte nicht erkennen, was darauf zu sehen war. Nur einen rötlichen Schimmer auf der Haut der Frau sah sie und ihr gequältes, schmerzverzerrtes Gesicht.

Zwei Männer in grünen Krankenhauskitteln traten in ihr Blickfeld, einen glänzenden Wagen aus Aluminium vor sich herschiebend. Am Bett der Frau hielten sie an. Einer von ihnen beugte sich über sie und begutachtete die Schläuche, die aus ihrer Stirn ragten. Offenbar zufrieden, richtete er sich wieder auf und grinste. Fast fröhlich wandte er sich an seinen Kollegen: »Mit der werden wir eine gute Ausbeute erzielen. Ihre Panik begünstigt den Ausstoß des Serums. Der Chef wird zufrieden sein.«

Der andere nickte nur und deutete mit dem Kinn in Carmens Richtung. Ein hämisches Grinsen breitete sich auf seinen Lippen aus. »Ja, wird er wohl. Morgen kümmern wir uns um die Schönheit da drüben.« Er starrte Carmen unverwandt an und ließ seine begierigen Blicke über ihren Körper schweifen. Sein Partner bemerkte den Blick und die Gier darin und warf rasch ein: »Tu ja nichts Unüberlegtes. Der Boss wird sauer, wenn sich jemanden an den Spendern zu schaffen macht.«

Der Angesprochene grinste breit. »Nun mach dir mal bloß nicht ins Hemd«, brummte er abfällig. »Man wird ja wohl noch schauen dürfen. Außerdem, was macht es am Ende für einen Unterschied? Wenn die Ziegen keine Milch mehr geben, werden sie sowieso entsorgt. Du weißt, was ich meine!« Verschwörerisch zwinkerte er seinem Kollegen zu. Die beiden hantierten noch eine Weile an den Geräten herum, die auf einem Tisch hinter der Frau standen, und verließen dann Carmens Sichtfeld. Noch einige Zeit hörte sie die Männer, bis schließlich das Klacken einer Tür verriet, dass sie den Raum verlassen hatten.

Carmen versuchte die Worte einzuordnen. Spender? Was bedeutete das? War sie ein Spender? Für was? Sie wollte kein Spender sein. Sie wollte ihr Leben leben, auch wenn es nur ein einfaches, bescheidenes war. Angst breitete sich in ihr aus. Das Wort "Entsorgung" flößte ihr noch mehr Furcht ein. Sie fing an zu zittern, Schweiß brach aus allen Poren ihres Körpers. Nein,

nein, nein! Sie wollte nicht entsorgt werden, sie wollte hier heraus. Sie musste fliehen. Adrenalin, ungeheuer konzentriert, verlieh ihrem Körper eine Kraft, die sie selbst nie für möglich gehalten hätte. Verzweiflung kämpfte gegen Chemie und bewirkte Unvorhergesehenes. Die Chemikalie, verantwortlich für die Lähmung ihres Körpers, wurde absorbiert. Carmen spürte sich selbst wieder, wenngleich brennende Schmerzen ihre Muskulatur peinigten. Mühsam hob sie den Arm und tastete über ihre Stirn. Doch da war nichts. Keine Kabel, keine Schläuche. Erleichtert atmete sie auf. *»Morgen kümmern wir uns um die Schönheit da drüben«,* hallte es in ihrer Erinnerung wider. Morgen würden diese Männer Schläuche in ihren Kopf stecken. Morgen würde sie verloren sein. Sie musste handeln, aus diesem Saal des Grauens fliehen, hinaus in die Freiheit, zurück ins Leben, nach Hause.

Unter unsäglichen Mühen richtete sie sich auf und hielt auf der Bettkante sitzend inne. Sie schwankte leicht, Übelkeit stieg in ihr auf. Hastig atmend, mit offenem Mund, saugte sie ihre Lungen voll Sauerstoff und konzentrierte sich darauf, den Brechreiz zu unterdrücken. Nach einigen Minuten stand sie auf, hielt sich noch mit einer Hand am Bettgestell fest, ehe sie einige unsichere, mit steigender Zuversicht immer sicherere Schritte wagte. Der Fußboden war kalt, was ihr half, sich der Realität ihrer Situation zu stellen. Kalte Füße signalisierten, dass sie immer noch unter den Lebenden weilte und dies hier keinesfalls ein Alptraum war. Suchend blickte sie sich nach einem Ausgang um. Absichtlich ließ sie den Blick an den unzähligen Betten mit den Menschen darin vorübergleiten, sah nicht genauer hin. Erst einmal musste sie sich in Sicherheit bringen, dann konnte sie versuchen, den Elenden hier zu helfen. Endlich erblickte sie eine Tür, gute fünfzig Meter entfernt. Sofort eilte sie dem Ausgang zu – sie hoffte, dass es ein Ausgang war. Es war wie ein Lauf durch die Hölle, vorbei an all den bemitleidenswerten Gestalten, die nackt und gepeinigt in den Betten lagen. Carmen hielt den Blick nach unten gerichtet, konzentrierte sich nur darauf, die Tür zu erreichen. Augenblicke später umfasste ihre Hand die Türklinke. Sie atmete einige Male tief durch, um ihren jagenden Puls zu beruhigen. Dann lauschte sie. Wo waren die Männer geblieben, die sie vorher beobachtet hatte? Waren sie dort draußen hinter der Tür? Doch so sehr sie sich auch anstrengte, sie konnte keinen Laut vernehmen. Vorsichtig öffnete sie die Tür einen Spalt weit und spähte hinaus.

Vor ihr lag ein dunkler Flur, Schatten deuteten Türöffnungen an. Alles war ruhig. Carmen schlüpfte in den Gang und schloss behutsam den Eingang zum Saal. Erstaunt stellte sie fest, dass es hier muffig roch, nach altem, nassem Gemäuer, nicht, wie sie erwartet hatte, steril wie in einem Krankenhaus. Darauf bedacht, die Füße so geräuschlos wie möglich aufzusetzen, schlich sie zum Ende des Gangs und zu einem sich anschließenden Treppenhaus. Sie entschied sich, den Weg nach unten zu nehmen.

Zwei Etagen tiefer fand sie endlich den ersehnten Ausgang. Durch ein kleines, in die Tür eingelassenes Fenster konnte sie auf den Hof eines Fabrikgeländes hinausschauen. So vermutete sie zumindest, da sich alte, aus Backstein errichtete Lagerschuppen an größere Gebäude schmiegten, und weiter hinten konnte sie schemenhaft einen hohen Schornstein erkennen. Draußen war Nacht, und dichter Nebel hüllte die Szenerie ein. Eisig lief ein Frösteln über ihre Haut, und sie wurde sich ihrer Nacktheit bewusst. Doch Kleidung zu finden, war im Moment von untergeordneter Bedeutung. Erst einmal musste sie von hier verschwinden.

Wie ein Phantom huschte sie nach draußen und verschwand im nächsten Schatten. Sie lauschte erneut auf verdächtige Geräusche, doch das ganze Gelände lag verlassen da. Nichts deutete darauf hin, was sich hinter diesen Mauern abspielte. Carmen tastete sich von Schuppen zu Schuppen, bis sie vor einem maroden Maschendrahtzaun stand. Zum Glück war er an vielen Stellen löchrig, zum Teil lag er ganz am Boden. Mit großer Vorsicht, da ihre Füße ungeschützt waren, stieg sie über die Überreste des Zauns, um dann über eine angrenzende Wiese zu einem Maisfeld zu laufen. Zwischen den mannshohen Stauden tauchte sie unter und verschwand.

Kapitel 4

Philadelphia

Roger Thorn war verdreckt und lag, nahe der Interstate – in diesem Teil der Stadt *Lincoln Highway* genannt –, unter einer Brücke. Mitten im Straßengewirr hatte die Stadt freundlicherweise jede Menge Bäume gepflanzt, die in all dem Beton eine grüne Insel bildeten. Diese Grünzone, fast ein kleiner Park, wurde von der Vine Street, der Interstate 676 und weiteren Straßen begrenzt. Dies war ein beliebter Platz für Obdachlose, Tramps und Leuten, die eine Weile von der Bildfläche verschwinden wollten. Genau das beabsichtigte auch Roger. Seine Verfolger mussten seine Spur längst verloren haben, und er hoffte, dass dem Hippiepärchen nichts zugestoßen war. Nie hätte er geglaubt, diesen Tag zu überleben. Doch umso besser. Auf seinem Weg aus den Wäldern hinaus nach Philadelphia hatte er Rache geschworen. Er würde diese Schweinehunde zur Strecke bringen, denen ein Menschenleben weniger bedeutete als der Dreck unter ihren Fingernägeln. Er wollte sie erwischen, sie alle, bis hinauf zu den Bossen, den Leuten, die das Ganze inszenierten, um Geld und Macht an sich zu raffen. Roger war nach Philadelphia gekommen, weil er hier auf Unterstützung hoffen konnte. Vor einiger Zeit hatte ihn ein Auftrag in diese Stadt geführt, und im Zuge der Ermittlungen hatte er sich die Gunst einiger Leute sichern können, indem er sie vor dem Gang ins Gefängnis bewahrte. Das war zwar nicht ganz legal gewesen, aber es wusste ja niemand von seinen Kontakten. Zudem hoffte er, dass seine geheimen Depots – einige Waffen und Bargeld – unentdeckt geblieben waren.

Es war kurz vor Sonnenaufgang, und selbst die hartgesottensten Säufer waren unter alten Kartons und Zeitungen eingeschlafen. Vorsichtig erhob sich Roger und verließ auf leisen Sohlen das Lager. Auf seinem Weg in die Stadt benutzte er Nebenstraßen und achtete peinlichst darauf, nicht von einem übereifrigen Cop aufgegriffen zu werden. Zuerst führte sein Weg durch Chinatown, wo schon zu dieser frühen Stunde emsige Händler ihre Obst- und Gemüsestände aufbauten. Danach durchquerte er eiligst Downtown, wo er schließlich in der Sansom Street ein öffentliches Telefon fand. Aus dem Gedächtnis wählte er eine Nummer und wartete geduldig, bis am anderen Ende der Leitung jemand den Hörer abnahm. Eine missmutige, knurrige Stimme meldete sich mit einem »Was ist? Wer ruft denn da schon in aller Herrgottsfrühe an? Eine Unverschämtheit, das!«

Roger grinste, denn es war völlig egal, zu welcher Zeit man Henry Rolin anrief: Es war immer die falsche Zeit. Dass Henry am Apparat war, hatte Roger schon nach dem ersten Wort erkannt.

»Guten Morgen, Henry. Hier ist Roger. Du erinnerst dich bestimmt noch an mich. Oder? Wehe, wenn nicht, dann kannst du deine schlechte Laune bald an einem liebenswürdigen Gefängniswärter auslassen. Hast du mich verstanden?«

»O je, der Staatsbulle«, entfuhr es Henry. »Du hast mir gerade noch zu meinem Glück gefehlt.«

»Wusste ich doch«, antwortete Roger schon fast amüsiert, gleichzeitig aber auch sehr froh darüber, dass er Henry erwischt hatte.

»Was willst du denn?«, knurrte der schon wieder.

»Als Erstes, Henry, will ich, dass du deinen Hintern in dein Auto schwingst und mich Sansom Street Ecke zwanzigste Straße abholst. Alles Weitere erkläre ich dir dann. Erschreck dich aber nicht, ich sehe heute etwas heruntergekommen aus.«

»Heute?«, antwortet Henry, hängte aber sofort auf, ohne auf eine Antwort zu warten.

***

Der Saal

Um kurz vor halb zehn rumpelte ein alter, verbeulter Lieferwagen auf den Hof des Fabrikgeländes. Auf dem zerkratzten Kastenaufbau stand in kaum noch leserlicher Schrift *Schrotthandel Mac Mullen*. Doch der Lieferwagen war keineswegs in so schlechtem Zustand, wie es schien. Der Wagen war nur aus Gründen der Tarnung so hergerichtet worden. Keinem zufälligen Beobachter würde es eigenartig vorkommen, den Transporter eines Schrotthändlers auf dem alten Fabrikgelände zu sehen.

Kurz vor dem Hauptgebäude hielt der Wagen an, und zwei Männer mittleren Alters stiegen aus. Sie trugen große, lederne Taschen und verschwanden kurz darauf im Haus. Es waren die gleichen Männer, die Carmen am Abend zuvor beobachtet und belauscht hatte. Zielstrebig stiegen sie die Treppen zum zweiten Stock hinauf und begaben sich zunächst in ein kleines Labor. Dort zogen sie ihre grünen Kittel über und legten aufgezogene Spritzen, Tupfer und Desinfektionsmittel auf den silbrigen Wagen.

Mit ironischer Stimme sagte der Größere der beiden: »Na, dann wollen wir mal unsere Visite machen. Außerdem wartet ja noch die Schönheit auf ihre Behandlung.«

Der andere Mann schüttelte nur besorgt den Kopf und schob den Wagen durch die Tür. Der Größere folgte fröhlich feixend. Kaum im Saal angekommen, fiel den Männern auf, dass Carmen nicht mehr in ihrem Bett lag. Sie ließen den Wagen stehen und rannten zwischen den Bettreihen hindurch. Ärgerlich drehte sich der kleinere der Männer zu seinem Kumpan um und schrie aufgebracht: »Wann hast du der Frau die letzte Injektion gegeben?«

»Ich?«, empörte sich der Angesprochene. »Wieso sollte *ich* der Schlampe die Injektion geben? *Du* warst an der Reihe. Du wolltest doch nicht, dass ich die Tante überhaupt anfasse.«

»Anfassen?«, schrie der kleinere Mann seinen Kollegen an. »Ich wollte nicht, dass du die Spenderin befummelst, auf deine kranke, sexistische Art. Das heißt aber nicht, dass du ihr keine Injektion geben sollst. Bist du denn völlig verblödet? Was meinst du, was nun geschieht? Der Boss wird außer sich sein vor Wut. Da kannst du dich auf was gefasst machen.«

»Wieso denn immer ich?«, maulte der andere, schon etwas kleinlauter.

»Ich muss den Boss anrufen«, murmelte sein Kollege. »Wir müssen wissen, was nun zu tun ist. Mann, das wird Ärger geben. Mannomann.« Damit drehte er sich um und eilte dem Ausgang der Halle zu.

Der größere Mann stand eine Sekunde wie versteinert da. In dieser kurzen Zeitspanne wurde ihm klar, dass er und sein Partner sich in einer sehr gefährlichen Situation befanden. Ihr Arbeitgeber kannte keine Gnade, und das Mindeste, womit die beiden rechnen mussten, war eine sehr unangenehme Befragung. Weiter wollte er gar nicht denken. So lief er schnell hinter seinem Kollegen her und rief, einer plötzlichen Intuition folgend: »Frank, warte mal! Lass uns erst mal nachdenken, ehe du anrufst. Wir können das Ganze ausbügeln, und der Boss wird nichts merken. Du weißt doch, wie er ist. Frank, nun bleib doch mal stehen!«

Der Angesprochene lief noch drei Schritte weiter und hielt dann tatsächlich an. Langsam drehte er sich um. Auch ihm war klar, dass sie in Schwierigkeiten steckten, und ein vernünftiger Ausweg konnte ihm nur recht sein. Er wollte, soweit das möglich war, sowieso nichts mit dem Boss zu tun haben. Dieser Mann und seine Kumpane waren gefährlich, sehr gefährlich, und dass ein Menschenleben in ihren Augen nichts wert war, sah man ja sehr deutlich in dieser Halle. Er würde sich die Idee seines Arbeitskollegen zumindest einmal anhören. »Also gut, Bob«, murmelte er gespielt gleichgültig. »Was hast du dir ausgedacht?«

Erleichtert, dass sein Kollege ihn anhören wollte, ehe er zum Telefon griff, erläuterte Bob seinen Plan. »Hör zu. Es ist doch eigentlich egal, wer die Spender sind. Wichtig für den Boss und damit auch für uns ist, dass die Anzahl der Einlieferungen stimmt. Wenn niemand fehlt, haben wir keine Probleme.«

»Aber es fehlt ein Spender«, entgegnete Frank.

Bob winkte ab und lächelte. »Ja, verstehst du denn nicht? Es ist ganz einfach. Wir brauchen nur einen neuen Spender. Niemand wird etwas merken.«

»So so, ganz einfach«, echote Frank. »Und woher willst du so schnell einen neuen Spender nehmen?«

»Na, wir ziehen los und fangen uns einen. So schwer kann das ja wohl nicht sein.«

Frank überlegte einen Moment. Ihm behagte es überhaupt nicht, sich als Menschenfänger zu versuchen. Er war Medizintechniker und kein Kidnapper. Aber so sehr er sich anstrengte, ihm fiel keine bessere Lösung ein.

Carmen war die ganze Nacht umhergeirrt. Immer wieder war sie stehen geblieben und hatte in die Nacht gelauscht, um herauszufinden, ob jemand sie verfolgte. Doch alles war ruhig geblieben. Sie war völlig verdreckt und nach ihrer Flucht durch den dunklen Wald ziemlich zerkratzt. Seit einigen Stunden war es nun schon hell, Carmen hatte Hunger, und sie fröstelte. Wo sollte sie nur hin? Wo konnte sie auf Hilfe hoffen? Irgendwo am Straßenrand hatte sie ein Hinweisschild gesehen. Sie war nicht mehr in Mexico. Sie befand sich irgendwo in den USA, dem Land ihrer Träume. Doch ein Albtraum hatte sie hierher verschlagen. Sie lief parallel zur kleinen Landstraße entlang und blieb, so weit es ging, in Deckung. Auf keinen Fall wollte sie durch eine Unachtsamkeit ihren Häschern erneut in die Hände fallen.

Nach einer Weile sah sie, dass die Landstraße in ein kleines Dorf führte. Hübsche Häuser säumten die Straße, mit blumenbepflanzten Vorgärten herausgeputzt. Der Ort lag ruhig vor ihr. In der Ferne hörte sie das Summen fahrender Autos.

Sie war offensichtlich in einem Wohnviertel oder einem Vorort. Der Verkehr konzentrierte sich, für Carmen nicht sichtbar, im Zentrum des Dorfs. Sie schlich vom Waldrand über eine Wiese auf das erste, mit einem weißen Lattenzaun umfriedete Haus zu. Ohne Mühe überwand sie den Zaun und hastete zur in zartem Gelb gestrichenen Hauswand. Durch ein Fenster wagte sie einen Blick ins Innere des Hauses. Sie sah direkt in eine schon etwas in die Jahre gekommene Küche. In den Schränken und an den Wänden sah sie reich dekorierte Kaffeetassen und Landschaftsbilder, vermutlich Erbstücke, die über Generationen liebevoll zusammengetragen worden waren. In diese Szenerie gediegener Gutbürgerlichkeit trat nun aus dem Flur eine grauhaarige, etwas dickliche Frau mit leicht gerötetem Gesicht, die einen großen Topf trug, den sie ächzend auf den emaillierten Gasherd stellte. Erschrocken und mit offenem Mund fuhr sie herum, als Carmen zaghaft ans Fenster klopfte. Mit einigen schnellen Schritten war sie beim Fenster, hob die Arme und rief laut aus: »Ach du liebe Güte, Kind, was ist denn mit Ihnen geschehen?«

Damit verließ sie das Fenster, eilte mit wehender Schürze aus der Küche und war in erstaunlich kurzer Zeit draußen angelangt. Hier erst sah sie, dass Carmen völlig unbekleidet war. Sofort riss sie sich die Schürze vom Leib und bedeckte notdürftig Carmens Blöße. Als sie Carmen beruhigend den Arm um die Schulter legte, sackte diese fast in sich zusammen. Schock und Anspannung der vergangenen Tage und Stunden forderten ihren Tribut. Die besorgte Hausfrau führte sie unter einem Schwall beruhigender Worte ins Haus und dann in ein kleines Gästezimmer. Dort setzten sich beide aufs Bett. Die Frau wartete einen Moment und ließ Carmen erst einmal zur Ruhe kommen. Währenddessen schaute sie sich deren zerschundenen, verschmutzten Körper genauer an. »Du armes Kind«, begann sie und schüttelte besorgt den Kopf. »Was um Himmels willen ist dir denn widerfahren?« Sie nahm Carmen in den Arm und streichelte ganz mütterlich über ihr verfilztes, schwarzes Haar.

»Ich bin Molly Barns«, stellte sie sich vor. »Und du bist nun in Sicherheit. Ich werde nicht zulassen, dass dir etwas geschieht. Leg dich erst mal hin, und ich lass dir in der Zwischenzeit ein heißes Bad ein. Du wirst sehen, wic schnell es dir dann wieder besser geht.« Mit diesen Worten drückte sie Carmen sanft auf das Bett und deckte sie mit einem dicken Federbett zu. Dann eilte sie in das gleich nebenan liegende Badezimmer.

Kapitel 5

New York City

Der Brief hatte Hanky erschüttert. Nicht etwa das Schreiben an sich, das eher sachlich verfasst war, sondern die Emotionen, die mit diesem Schriftstück reisten.

Hanky war sich noch immer nicht über alle seine Fähigkeiten im Klaren. Nun war schon etwas mehr als ein Jahr vergangen, seit er den Tausendschläfer besiegt hatte, dennoch entdeckte er fast jeden Tag kleine Hinweise darauf, dass die Welt des Übersinnlichen – oder, wie er lieber sagte, *der Extrafähigkeiten* – scheinbar grenzenlos war. Seine wichtigste Fähigkeit war es, von jeder beliebigen Person Informationen telepathisch zu empfangen und sie in seinem Gehirn zu speichern. Diese Fähigkeit erlaubte es Hanky, ungeheures Wissen anzuhäufen, und machte das Lernen leicht. Die Gefahr solcher Übungen lag darin, dass es häufig schwierig war, sich von den Gefühlen anderer Menschen zu distanzieren. Dass allerdings ein sogenannter toter Gegenstand Emotionen transportieren konnte, war neu für ihn. Zum Glück bewies Walt großes Einfühlungsvermögen und hatte ihn in Ruhe gelassen. Eine ganze Weile hatte Hanky unschlüssig auf dem Sofa gesessen und aus dem Fenster gestarrt. Ihm war noch nicht klar, wie er Roger helfen konnte. Instinktiv wusste er, dass der FBI-Mann noch am Leben war, doch das war auch schon alles. Wie sollte Hanky vorgehen, wo mit den Ermittlungen beginnen? Alles war sehr verschwommen und nebulös. Schließlich nahm er den Brief noch einmal zur Hand und las ihn erneut.

Bericht zu den Ermittlungen und Infiltration der Gruppe Phönix.

Bei den Ermittlungen zu mehreren mysteriösen Mordfällen im Gebiet der Staaten New York und New Hampshire hatten örtliche Einheiten der Mordkommission das FBI um Unterstützung gebeten.

Vier Leichen im nördlichen New York und drei Leichen in New Hampshire, aufgefunden auf Mülldeponien, stellten die Beamten der Mordkommission und die zuständigen Gerichtsmediziner vor ein schwieriges Problem. Alle Leichen hatten drei Millimeter große Löcher in der Stirn, die laut Obduktionsbericht aber nicht die eigentliche Todesursache waren. Alle Opfer starben an akutem Herzversagen, was normalerweise auf extrem hohe Stressbelastung zurückzuführen ist. Auffallend und bei allen Untersuchten identisch war die ungewöhnlich hohe Konzentration von Adrenalin. Bei der Öffnung der Schädeldecken wurde bei allen Opfern eine Perforation der Zirbeldrüse festgestellt. Die Mediziner waren ratlos und konnten sich keine Prozedur vorstellen, bei der es nötig war, durch die Stirn die Zirbeldrüse zu punktieren. Die ermittelnden Beamten wussten noch weniger mit diesen Informationen anzufangen. Ungewöhnlich war auch die Tatsache, dass die Täter ihre Opfer einfach auf Mülldeponien ablegten. Vermutlich hatten sie gehofft, dass die Leichen unter den Müllbergen begraben würden und niemand Notiz nehmen würde. Tatsächlich war das erste Opfer auch nur zufällig gefunden worden. Da die herbeigerufenen Polizeibeamten mehr als nur eine Leiche fanden, verständigte der zuständige Staatsanwalt seine Kollegen der angrenzenden Staaten, was zum Fund der Leichen in New York führte.

In diesem Stadium wurde ich vom New Yorker Büro auf den Fall angesetzt. Ich sollte verdeckt ermitteln und versuchen, die Leute zu finden – wir waren uns von Anfang an sicher, dass es sich um mehrere Täter handeln musste –, die für die Morde verantwortlich waren. So streifte ich durch Kneipen und Bars, die von der Fundstelle aus in einem Radius von zwanzig Meilen aufgefunden worden waren.

Anfangs hörte ich nur das übliche Geschwätz angetrunkener Kleinstadtbewohner. Jeder hier hatte seine eigene Theorie über die Morde, sogar von Außerirdischen wurde gefaselt, bis ich eines Abends Zeuge eines leise geführten Gesprächs wurde.

Zwei Männer mittleren Alters saßen etwas abseits an der Theke einer kleinen Bar, die ich in den vergangenen Tagen schon des Öfteren besucht hatte. Den einen kannte ich schon vom Sehen, der andere Gast aber war mir unbekannt. Aus dem Gespräch konnte ich bruchstückhaft heraushören, dass der Unbekannte versuchte, seinen Gesprächspartner anzuwerben. Der Unbekannte hatte einen militärisch kurzen Haarschnitt und wirkte sehr durchtrainiert. Nach einer Weile ging er fort, und zurück blieb der offenbar tief in Gedanken versunkene andere Mann. Ich musste herausfinden, um was es in dem Gespräch gegangen war. Also bestellte ich zwei Drinks und rückte näher an ihn heran. Zunächst war er misstrauisch, im Verlauf des Abends und weiterer Getränke wurde er dann doch noch gesprächig. Er berichtete mir von einer Vereinigung, die sich Gruppe Phönix *nannten. Diese Leute waren sehr konservativ und rassistisch. Mein Gesprächspartner war erschrocken über die krassen, gewaltbereiten Äußerungen des Phönix-Mitglieds und wollte deshalb in der nächsten Zeit Bars meiden, um diesen Leuten aus dem Weg zu gehen. Er hatte sichtlich Angst, ich hingegen wollte und musste jeder Spur nachgehen, die mich möglicherweise zu dem Täterkreis führen konnte. Also warum nicht hier beginnen? Gleich am nächsten Tag informierte ich mich im Internet über diese ominöse Gruppe. Ich fand nur sehr wenige Informationen. In entsprechenden Foren wurde jedoch erschreckend offen dem Rassismus gehuldigt und unverblümt eine weiße Vorherrschaft gefordert, um die ›minderwertigen Rassen‹ in die Schranken zu weisen. Doch niemand sprach direkt von der Gruppe Phönix und der ihr untergeordneten Odin Force. Trotzdem gab es diese Organisationen, und ich vermutete, dass diese Leute etwas mit den Morden zu tun hatten. Dieser Frage wollte ich auf den Grund gehen, und so wartete ich in der Bar einige Tage auf das Auftauchen des militärischen anmutenden Mannes. Eine Woche später war es so weit. Der Kerl kam herein und schaute sich suchend um. Ich hatte mir extra paramilitärische Kleidung gekauft und gab mich entsprechend progressiv. Laut schimpfte ich über die Ungerechtigkeit der Welt und die der Gruppen, jeder wisse ja wohl, wen ich damit meine, die das ganze Finanzsystem steuerten und damit Elend über alle rechtschaffenen Leute brächten. Ich dachte schon, ich hätte etwas zu dick aufgetragen – der Wirt schaute mich ganz verwundert an – als der Militärische auf mich zugeschritten kam. Er versuchte mich zu beruhigen, was ich zu Anfang nicht zuließ. Er blieb aber hartnäckig, und schon bald fing er mit seinem Anwerbungsgespräch an. Kurz gesagt, schon am nächsten Tag wurde ich der Ortsgruppe vorgestellt, durchlief am folgenden Wochenende einen Eignungstest, der meine sportliche und moralische Eignung prüfen sollte. Da ich erstaunlich gut abschnitt, wurde ich unter großem Tamtam feierlich aufgenommen und musste einen Treueeid ablegen. So wurde ich Woche um Woche weiter nach oben empfohlen, da meine Eignung für den militärischen Arm der Organisation nicht zu übersehen war. Schließlich wurde ich Mitglied einer mobilen Einheit mit dem heroischen Namen* Odin Force. *In dieser Gruppe, die mit allen Arten moderner, beweglicher Waffen ausgestattet war, besuchte ich weitere Fortbildungskurse. In abgelegenen Gegenden wurde trainiert, die Wälder im nördlichen Territorium des New York State waren nun mein neues Zuhause. An den abendlichen Lagerfeuern wurde von vergangenen Einsätzen geschwärmt, allerdings nie in Anwesenheit sogenannter Offiziere. Was ich da erfuhr, ließ mir den Atem stocken, obwohl ich das Gerede am Anfang als angeberisches Geschwätz abtat. Doch nach und nach glaubte ich den Geschichten. Natürlich hatte es in meiner Karriere bei der Odin Force kleinere Straftaten seitens meiner ›Kameraden‹ gegeben, aber nichts, was ein Einschreiten und den Verlust meiner Tarnung gerechtfertigt hätte. Dann kam allerdings der Tag, der mich zur Flucht veranlasste und mich meinen Glauben an den Staat verlieren ließ.*

Schon am frühen Morgen waren wir angewiesen worden, das Gelände zu sichern, da hoher Besuch angekündigt war. Wir verteilten uns rund um eine große Lichtung, die ab und zu als Landeplatz für Helikopter genutzt wurde. Ich stand, ganz in schwarz gekleidet, mit einer geladenen M16 in der Armbeuge am Rand des Waldes. Um Punkt neun Uhr hörte ich das Knattern eines nahenden Hubschraubers. Kurz darauf schwebte eine schwarz lackierte Maschine ohne jegliche Kennung heran und landete sanft in der Mitte der Lichtung. Mehrere Männer in dunklen Anzügen verließen den Helikopter. Aus reiner Neugier schaute ich durch mein Fernglas zu den Männern hinüber. Was ich sah, war ein Schock für mich: Ich kannte einige der Männer dort drüben. Gerade wurde der stellvertretende FBI-Direktor Stuart Melanscy vom Lagerkommandanten Rudgar Kruger begrüßt. Direkt daneben standen, breit lächelnd, Staatssekretär Wilson Mac Adams und Senator Samuel Benjamin aus Nevada. Hinter diesen Repräsentanten der Vereinigten Staaten von Amerika hatten sich zwei meiner Kollegen postiert, die ich aus dem Washingtoner Büro kannte: Joe Curtis und Mike Stellino. Ich fragte mich, was diese Männer hier zu suchen hatten. War diese ganze Organisation ein getarntes Projekt des FBI? War ich einer falschen Fährte auf der Spur? Das konnte doch nicht sein.

Nach einer Weile wurde ein gefesselter Mann zu der Gruppe gebracht. Mit angeekeltem Gesichtsausdruck blickte der Senator ihn an. Dann sagte er etwas zu ihm und spuckte verächtlich aus. Das Gesicht des Gefesselten war mit Blutergüssen übersät, was auf eine vorangegangene Folterung hindeutete. Der stellvertretende FBI-Direktor gab dem Agenten Curtis einen kurzen Wink, worauf dieser mit einer lässigen Bewegung seine Dienstwaffe zog und dem Gefangenen ohne Zögern in den Kopf schoss. Der Mann brach sofort zusammen und blieb liegen. Die Gruppe setzte ihr Gespräch fort, als sei nichts geschehen. Nach weiteren fünf Minuten brachten vier Odin-Mitglieder eine offenbar recht schwere Kiste herbei und verluden sie in den Hubschrauber. FBI-Agenten, Staatssekretär und Senator verabschiedeten sich vom Kommandanten und verschwanden einer nach dem anderen in der Maschine. Kurz darauf startete der Hubschrauber und flog dicht über den Baumwipfeln davon.

Zwei Stunden später lag noch immer der Leichnam auf der Lichtung, gut sichtbar für jeden. Vor dem Haupthaus sammelten sich die Männer. Den leise geführten Unterhaltungen entnahm ich, dass es sich bei dem Erschossenen um einen FBI-Agenten handelte. Dieser Mann war für die Entsorgung der Leichen verantwortlich gewesen, die später auf den Müllhalden gefunden worden waren. Ich vermutete, dass der Agent die Toten mit Absicht dort platziert hatte, um die Ermittlungsbehörden aufmerksam zu machen. Ich kannte den Mann nicht, was aber auch nicht verwunderlich war, da über dreißigtausend Mitarbeiter des FBI in den USA tätig sind. Das ich die Insassen des Helikopters identifizieren konnte, war schon ein großer Zufall.

Doch ehe ich weitere Schlussfolgerungen ziehen konnte, fuhren große Lastwagen auf das Haupthaus zu und hielten direkt davor. Wir wurden in Teams eingeteilt und eilten zu fünf bereitstehenden Geländewagen. Kurz darauf startete der Konvoi zu einem mir unbekannten Ziel. Wir mussten nicht weit fahren. Über holprige Landstraßen gelangten wir nach einer halben Stunde in ein kleines, abgelegenes Tal. Dort befand sich ein alter, nicht mehr in Betrieb befindlicher Flughafen, der im Wesentlichen nur noch aus einer rissigen, mit Unkraut überwucherten Landebahn bestand. Windschiefe, rostige Hangars und ein nur noch in Fragmenten erhaltener Tower bildeten eine morbide Kulisse. Die Lastwagen hielten am Rand der Landebahn, unsere Geländewagen fuhren weiter direkt in die Hangars. Dort wurden wir von bewaffneten Männern empfangen, die uns eilig aus den Fahrzeugen winkten. Gruppenweise wurden wir zur Sicherung des Flugfelds losgeschickt. Im Laufschritt begaben wir uns zu den angewiesenen Positionen. Tiefes Brummen, verbunden mit einem leichten Vibrieren der Luft, kündigte die unmittelbar bevorstehende Landung eines größeren Flugzeugs an. Kurz verdeckte ein Schatten die Sonne, und schon setzte eine graue Hercules C-130 zur Landung an. Die dreißig Meter lange und fünfunddreißig Tonnen schwere Maschine setzte sicher auf und kam nach erstaunlich kurzem Bremsweg zum Stehen.

Sofort setzten sich die Lastwagen in Bewegung und hielten hinter der Maschine. Die Heckladeklappe senkte sich nach unten. Männer sprangen aus den Lastwagen und eilten zum Flugzeug, stiegen die Landerampe hinauf, um kurz darauf mit Krankentragen wieder aufzutauchen. Undeutlich erkannte ich, dass es offenbar hilflose Menschen waren, die auf den Tragen lagen. Die Männer hoben sie auf die Ladefläche der Lastwagen. Verwundert und verständnislos schaute ich dem Entladen des Flugzeugs zu. Was hatte das alles zu bedeuten? Wer waren die Menschen, die hier auf Lastwagen verladen wurden, und wo kamen sie her? Was sollte mit ihnen geschehen? Mir schwirrte der Kopf. Etwa zehn Meter rechts von mir stand ein anderer Odin-Soldat, der meine Verwunderung offenbar bemerkt hatte. Er lachte und rief: »Na, wohl zum ersten Mal dabei, wenn wir die Spender abholen?«

Die Spender? Ich konnte nichts mit der Bezeichnung anfangen. Ehe ich noch zu einer Antwort ansetzten konnte, fuhr er fort: »Du wirst dich schon noch daran gewöhnen. Alle zwei bis drei Wochen kommt eine neue Lieferung als Ersatz für die Ausfälle. Du glaubst ja nicht, wie schnell manche von denen den Geist aufgeben und einfach wegsterben. Die halten echt nicht viel aus. Der Dienst hier am Flugfeld gehört noch zu den angenehmsten Aufgaben. Warte nur, bis du zum Entsorgen eingeteilt wirst. Das ist echt widerlich. Na ja, du wirst schon sehen.«

Er lachte noch einmal hämisch auf und konzentrierte sich dann wieder auf die Beobachtung des Flugfelds.

Gedanken rasten durch meinen Kopf. Spender – Lieferung – Ausfälle – Entsorgung. Etwas in mir weigerte sich, dieses Geschehen als Realität zu akzeptieren. Wie war es nur möglich, dass ein organisierter Menschenhandel in diesem Umfang bisher unentdeckt geblieben war? Woher kamen die armen Menschen, die hier nur als Spender bezeichnet wurden, und was spendeten sie? Wer war für all das verantwortlich? Wer war so skrupellos? Hier wurden Menschen missbraucht und ermordet, in einer Dimension, die ich mir nicht ausmalen mochte. Wie viele Menschen waren schon gestorben und entsorgt worden? Ich befand mich unter Bestien in Menschengestalt.

Das Anlaufen der Propeller lenkte meine Aufmerksamkeit wieder auf das Flugfeld. Die Lastwagen hatten bereits die Landebahn verlassen und die Landstraße erreicht. Wir bekamen den Rückzugsbefehl und rannten zu den Geländewagen in den Hangars.

Auf der Fahrt zurück zu unserem Standort unterhielten sich die Odin-Soldaten so zwanglos und locker, als hätten sie eben dem Verladen von Obst und Gemüse beigewohnt und nicht dem Transport von Todgeweihten.

Für mich stand fest, dass ich noch in dieser Nacht verschwinden musste. In meiner Unterkunft verzog ich mich nach unserer Ankunft in die Toilette, um diesen Bericht zu schreiben. Ich werde versuchen, diese Machenschaften zu beenden, diese Bestien zur Strecke zu bringen.

Damit endete der Bericht Roger Thorns.

Ratlos legte Hanky die eng beschrieben Seiten auf den Tisch. Was sollte er nur machen, wie konnte er helfen? Suchend schaute er sich nach Walt um, doch der war nicht mehr in der Küche. Hanky war unsicher, ob er ihm den Brief zeigen, ihn in diese Sache hineinziehen sollte. Auf der anderen Seite brauchte er Hilfe. Dies war nicht nur ein Monster, das er jagen und hoffentlich am Ende besiegen konnte, sondern hier war die Anzahl der Monstren nicht abzusehen. Doch es ging nicht nur darum, diese Verbrecher dingfest zu machen, sondern vor allem um die Rettung unzähliger Menschenleben. Er würde Walt den Bericht lesen lassen, und danach sollte er selbst entscheiden, ob er Hanky helfen wollte.

Entschlossen stand er auf und eilte in sein Büro. Er hatte schon zu lange gezögert. Allein konnte er keine Lösung finden, keine Entscheidung treffen. Er brauchte seine Freunde. Zuerst telefonierte er mit Paul Green, der sich sofort bereit erklärte, bei einer möglichen Ermittlung zu helfen, obwohl Hanky ihm noch keinerlei Auskünfte über die Art des Problems gegeben hatte. Paul wusste, dass es dringend war, wenn Hanky ihn um Hilfe bat.

Richard Miller zu erreichen erwies sich anfangs als recht schwierig, da niemand zu wissen schien, wo er sich aufhielt. Das Problem erledigte sich von selbst, als Richard nebst seiner Frau Rita an Hankys Tür klingelte, beladen mit einem riesigen Kuchenpaket.

Walt, der den Bericht in der Zwischenzeit gelesen hatte, zog sich scheinbar sorglos schwatzend mit Rita in die Küche zurück, um Kaffee zu kochen und den Tisch zu decken.

Hanky und Rich setzten sich ins Wohnzimmer. Dort gab Hanky ihm schweigend den Brief.

Richard drehte den Bericht mit fragendem Blick in den Händen hin und her und schaute Hanky dann besorgt an. »Was ist los?«

»Bitte, Rich, es ist sehr ernst. Lies den Brief und lass uns später reden.«

***

Der Saal

Im ganzen Raum blinkten rote Warnlichter an den Apparaturen hinter den Betten der Spender. Dazu hallte ein durchdringendes Piepen aus den Gräten. Keuchen, schrille Schreie und schmerzvolles Stöhnen erfüllten den Saal. Vereinzelt lagen nackte Menschen blutend am Boden, und überreizte Nerven ließen ihre Glieder unkontrolliert zucken.

In einem Nebenraum hatte sich die automatische Warnautomatik angeschaltet und ein Notsignal zu einer Überwachungszentrale gesendet. Der Operator hatte mehrfach versucht, Kontakt zu den Medizintechnikern des Saals aufzunehmen, ehe er seinen Supervisor auf das Problem aufmerksam machte.

(Inzwischen …)
Bob und Frank waren seit Stunden unterwegs. Vor lauter Jagdfieber hatten sie den Saal und ihre Aufgaben dort völlig vergessen. Zweimal waren sie schon ganz nah daran gewesen, ein Opfer zu fangen, doch immer war etwas dazwischengekommen. Nun lauerten die beiden in der Nähe eines Krankenhauses, sich der Ironie dieser Situation nicht bewusst. Ihren Wagen hatten sie am hinteren Ende des Parkplatzes abgestellt. Hier, weit vom Haupteingang entfernt, hofften sie unbemerkt eine Person überwältigen zu können. Doch nichts rührte sich. Niemand kam auch nur in die Nähe ihres Fahrzeugs.

»Verdammt, Bob, das wird wieder nichts. Wir stehen hier schon ewig.« Um seinen Worten noch mehr Nachdruck zu verleihen, schaute Frank bedeutungsvoll auf seine Uhr und erschrak. »Mist, verdammter Mist«, schimpfte er los. »Das kann doch nicht wahr sein. Du meine Güte!«

»Was ist denn?«, fragte Bob verständnislos.

»Hast du mal auf die Uhr geschaut? Weißt du, wie spät es ist? Mann, wir haben schon Nachmittag. Die Spender sind seit gestern nicht mehr versorgt worden.« Eiligst startete er den Wagen und verließ den Parkplatz.

»Nun reg dich doch nicht so auf, Frank. Was soll denn schon groß passieren?«

»Was passieren soll?«, echote Frank. »Ja, bist du von allen guten Geistern verlassen? Die Betäubungsmittel reichen nicht ewig, außerdem müssen die Behälter mit dem Serum alle vierundzwanzig Stunden geleert werden, sonst ist das Zeug nicht mehr zu gebrauchen. Da hast du uns in eine verdammte Scheiße geritten, das sag ich dir.«

»Wieso eigentlich immer ich?«, maulte Bob und sah den Schlag nicht kommen, den Frank ihm verpasste. Mit einem hörbaren Krachen brach seine Nase, und Blut spritzte über sein T-Shirt.

***

In Molly Barns Haus (zur Mittagszeit des gleichen Tages)
Nachdem Molly Barns Carmen versorgt hatte, schlief die junge Frau erschöpft ein. Molly schlich sich in die Küche und ergriff den Hörer des an der Wand befestigten Telefons. Sie sammelte sich kurz, um dann die Nummer des örtlichen Sheriffbüros zu wählen. Eine weibliche Stimme meldete sich und erkundigte sich, wie sie helfen könne. Molly fasste sich kurz und bat darum, mit dem Sheriff verbunden zu werden.

»Sheriff Ward ist sehr beschäftigt«, klang es aus dem Telefon. »Würden Sie mir bitte den Grund Ihres Anrufs mitteilen?«

Molly war aufgebracht und wollte sich nicht mit einer Telefonistin herumschlagen. Sie kannte den Sheriff schon aus ihren Jugendtagen, und Jeff Ward saß bestimmt mit seinem dicken Hintern hinter dem Schreibtisch und las Zeitung. Für ihre Verhältnisse ungewöhnlich scharf antwortete sie deshalb: »Junge Dame, wenn Sie mir nicht sofort Jeff Ward ans Telefon holen, dann werden Sie morgen im Supermarkt an der Kasse stehen. Haben Sie mich verstanden?«

Es knackte in der Leitung, und Molly dachte schon, die Telefonistin habe einfach das Gespräch beendet, als sie undeutlich die Stimme des Sheriffs hörte: »Hallo, hier Sheriff Ward. Was kann ich für Sie tun?«

Ohne auf das kauende Geräusch einzugehen, das durch den Hörer klang, berichtete sie ihm alles, was sich seit dem Morgen ereignet hatte. Dazu gehörte auch die unglaubliche Geschichte, die ihr Carmen stockend und in gebrochenem Englisch erzählt hatte.

Fünf Minuten später bremsten die Streifenwagen des Sheriffs vor Molly Barns Haus.

***

(Inzwischen …)
Der Supervisor reagierte prompt und verständigte umgehend die Leitstelle der Odin Force. Kommandant Rudgar Kruger schickte sofort drei mobile Eingreiftrupps los, dic in schwarzen SUVs davonbrausten. Gefahr war im Verzug, und der Kommandant wusste genau, was geschehen würde, sollten seine Leute erneut versagen. Mit zusammengebissenen Zähnen und zu Schlitzen verengten Augen suchte er nach einer Möglichkeit, seine eigene Haut zu retten. Zu viel hatte er riskiert, zu tief steckte er in der ganzen Angelegenheit, zu mächtig war die Organisation, um einfach davonzurennen und auszusteigen. An wen hätte er sich schon wenden können? Die Gruppe Phönix war weltweit vertreten und hatte ihre Männer an maßgeblichen Stellen positioniert. Nein, es gab keine Flucht, er musste erfolgreich sein und es bleiben. Er musste seinen Job erledigen, koste es, was es wolle. Mit einer eckigen Bewegung drehte sich Kruger um und ging zurück zur Funkzentrale.

***

Die Fabrik (früher Nachmittag)
Der rostige Kastenwagen mit der Aufschrift *Schrotthandel Mac Mullen* kam schlingernd vor dem Haupteingang des alten Fabrikgebäudes zum Stehen. Die Türen flogen auf, Bob und Frank sprangen hastig aus dem Fahrzeug, rannten zum Eingang, entriegelten die Tür und eilten die Treppen empor. Schon im Treppenhaus hörten sie die Alarmanlage schrillen. Bestürzt schauten sie einander an, während eine hektische Stimme aus dem Funkgerät Antwort forderte. Bob ergriff das Mikro und meldete sich keuchend: »Hier Station sechzehn. Alles unter Kontrolle.«

»Was soll das heißen, alles unter Kontrolle?«, antwortete der Operator in der Zentrale und winkte hastig den Supervisor herbei. »Wir haben hier schon seit einer Stunde einen Alarm auf den Monitoren. Seit dieser Zeit versuchen wir, Sie zu erreichen!«

»Wir waren beschäftigt. Sie wissen, wie das ist, wenn man mehr als einen Spender hat, dessen Werte kritisch sind«, antwortete Bob und war sicher, eine gute Ausrede gefunden zu haben.

»Nein, ich weiß nicht, wie das ist«, antwortete der Operator kühl. »Die Regularien in einem Notfall sind im Handbuch ausdrücklich ausgewiesen. Daran haben Sie sich zu halten. Auf jeden Fall haben wir ein Team losgeschickt, um zu sehen, was bei euch schiefläuft.«

Bob erschrak fast zu Tode. »Nein, das ist nicht nötig. Wir können alles regeln, Hilfe ist nicht nötig, wir schaffen das schon. Aber danke für das Angebot. Sie können beruhigt das Team zurückbeordern.«

»Unsere Leute werden auf jeden Fall einmal nachschauen. Sie müssten in wenigen Minuten bei Ihnen eintreffen«, klang es aus dem Lautsprecher der Funkanlage.

Bob sprang auf, stieß dabei den Stuhl um und rannte zum benachbarten Saal. Als er die Tür öffnete, wurde ihm fast schlecht vor Angst.

Zur gleichen Zeit bremsten vier Einsatzfahrzeuge des Sheriffs vor dem Fabrikgebäude. Ein fünfter Wagen stellte sich quer vor die Einfahrt des Geländes und blockierte damit jeglichen Zugang. Die Beamten sprangen aus den Wagen und griffen zu ihren Waffen. Der Sheriff trat vor die Eingangstür. Erleichtert stellte er fest, dass die Tür unverschlossen war. Leise drehte er den Griff und betrat den Eingangsbereich. Aus einem der oberen Stockwerke waren aufgeregte Stimmen zu hören. Eilig winkte Sheriff Ward seinen Leuten, und gemeinsam betraten die Männer das Treppenhaus. Vorsichtig, nach allen Seiten sichernd, stiegen sie die Stufen hinauf, doch niemand stellte sich ihnen in den Weg. Im zweiten Stock blieben sie vor einer Tür stehen, hinter der Stimmen und andere Geräusche zu hören waren. Jeweils rechts und links der Tür postierte sich ein

Beamter, die Waffe im Anschlag, ehe der Sheriff die Tür mit einem Ruck aufriss. Sofort brach ein Sturm aus verzweifelten Schreien, Stöhnen und Wimmern über die Polizisten herein, vermischt mit dem penetranten mechanischen Piepen medizinischer Maschinen. Dazu kam ein unvorstellbarer Gestank nach Blut, Kot und Erbrochenem, der ihnen wie eine giftige Wolke entgegenströmte. Sheriff Ward hielt sich eine Hand vor den Mund, um seinen Brechreiz zu unterdrücken, und betrat den Raum. Dieser entpuppte sich als Krankensaal mit enormer Ausdehnung. Hier standen bestimmt dreihundert Betten, und auf fast jedem lag ein nackter Mensch.

»Was ist das hier?«, keuchte ein Deputy, der direkt hinter Sheriff Ward stand.

»Das kann ich dir nicht sagen«, antwortete der Sheriff. »Aber es ist schrecklich, und was dies hier auch zu bedeuten hat, wir werden es beenden.« Damit griff er zu dem Mikrofon, das an der Schulter seiner Uniform befestigt war, drückte auf den Sendeknopf und sagte: »Zentrale, hier Sheriff Ward. Alarmieren Sie sofort die Staatspolizei. Schicken Sie so viele Leute her wie nur möglich, und zwar sofort. Wir benötigen hier Hilfe. Ich brauche Krankenwagen, Ärzte und Pflegepersonal. Machen Sie schnell.«

Er wartete nicht auf Antwort, sondern beorderte seine Männer in den Saal. Forschend schauten die Polizisten durch den Raum, auf der Suche nach einem Verantwortlichen.

Diesmal war es Bob, der richtig reagierte. Gerade als die Tür zum Saal aufgestoßen wurde, schaute er in diese Richtung. Erschrocken sah er, wie die Polizisten den Raum betraten, und duckte sich instinktiv hinter ein Bett. Frank, nur einige Schritte entfernt, beugte sich gerade über einen schreienden Spender und versuchte, ihm eine Beruhigungsspritze zu verabreichen. Auf allen vieren krabbelte Bob zu ihm und zog ihn am Hosenbein. Mürrisch schaute Frank nach unten, wohl überzeugt, einen weiteren Spender zu erblicken. Stattdessen kniete Bob vor ihm, und er überlegte erstaunt, was diese Verrücktheit wohl zu bedeuten hätte. Doch noch eher er seinen Gedanken zu Ende denken oder Bob fragen konnte, was er denn auf dem Boden suchte, sagte der gepresst nur ein Wort: »Polizei!« Gleichzeitig zerrte er Frank nach unten. Dass er flüsterte, war angesichts des hundertfachen Geschreis der erwachten Spender völlig unnötig.

»Wir sind aufgeflogen, Frank. Soeben ist die Polizei aufgetaucht. Die Cops stehen noch am Eingang, und wir können nicht raus. Was sollen wir nur machen?«

Frank richtete sich ein wenig auf und schaute zur Saaltür. Tatsächlich, da standen Uniformierte, die sich ratlos umschauten. Frank war sicher, dass die Polizisten nicht lange brauchen würden, um die Lage einzuschätzen. Dann folgte mit Sicherheit eine erste Durchsuchung des Saals, bei der Bob und er entdeckt und anschließend verhaftet wurden. Nein, er wollte nicht in Handschellen zum nächsten Gefängnis verfrachtet werden, und schon gar nicht wollte er erklären, was er hier getan hatte. Das würde sein Todesurteil bedeuten. Nicht von staatlicher Stelle, jedenfalls nicht in absehbarer Zeit – die Odin Force würde ihn zum Schweigen bringen.

Fluchend ließ er sich wieder auf den Boden sinken und ignorierte Bobs fragenden, erwartungsvollen Blick. Auf einmal hatte er die rettende Idee. Wer außer ihnen wusste denn, wie viele Spender im Raum waren? Ja, das war die Lösung, der Ausweg aus dem Schlamassel. Sie mussten sich als Spender ausgeben. Im folgenden Durcheinander würde sich schon eine Möglichkeit zur Flucht ergeben. Also eins nach dem anderen. »Zieh dich aus«, herrschte er Bob an, der natürlich überhaupt nichts verstand und ihn blöd anglotzte.

»Du sollst dich verdammt noch mal ausziehen. Wir müssen uns unter die Spender mischen, um hier rauszukommen! Verstehst du?«

Bob verstand zwar nicht alles, aber er gehorchte und entledigte sich seiner Kleider. Frank war schon nackt und beschmierte sich mit dem überall auf dem Boden verteilten Gemisch aus Blut, Dreck und Kot. Dann kramte er einen Kugelschreiber aus seiner zusammengeknüllten Kleidung. Fest drückte er ihn gegen die Stirn, um dann mit der freien Hand heftig auf das Ende des Schreibers zu schlagen. Die Mine durchstieß die Haut, und ein kleiner Blutfaden suchte seinen Weg nach unten. Danach richtete er den Kugelschreiber auf Bob, der langsam begriff, was Frank plante. Nackt, mit Stirnwunde und beschmutzten Leibern konnten die Cops sie nicht mehr von den Spendern unterscheiden. Sie brauchten nur ihre Rolle spielen, um zu entkommen.

Frank verteilte ihre Kleidungstücke unter verschiedenen Matratzen und zog dann einen Spender vom Bett auf den Boden. Danach vergewisserte er sich, dass keiner der Polizisten in seine Richtung schaute, und legte sich rasch auf das Bett. Sofort begann er mit Armen und Beinen herumzuzappeln und jämmerlich zu schreien.

Kapitel 6

New York City
Nachdem Hanky das Gelesene zumindest vordergründig verdaut hatte, beschloss er zu handeln. Richard und Walt waren gemeinsam zu dem Entschluss gekommen, Hanky in jeder nur erdenklichen Weise zur Seite zu stehen. Auch Richards Frau Rita war informiert und trotz großer Bedenken einverstanden, dass ihr Ehemann sich an diesen Ermittlungen beteiligte. Allerdings machte sie zur Bedingung, dass sie mit von der Partie war. Nach einigem Hin und Her einigten sie sich, und Rita bekam die Aufgabe, alle organisatorischen Fragen zu regeln. Ihre provisorische Einsatzzentrale war Hankys Büro. Sie war einverstanden, und so saßen schließlich alle zusammen, um das eigentliche Problem zu besprechen.

Hanky räusperte sich. »Liebe Freunde«, begann er und schaute jeden eindringlich an, um dann fortzufahren: »Zuerst muss ich mich bei euch bedanken, dass ihr ohne Vorbehalt bereit seid, mir bei dieser scheußlichen Geschichte zur Seite zu stehen. Wir haben eine Aufgabe vor uns, die sich von allem unterscheidet, was wir bisher zusammen erlebt haben. Schon die Jagd nach dem Ding, dem Alien, hat uns die Grenzen unserer Belastbarkeit vor Augen geführt. Ich bin heute noch sehr froh darüber, dass uns das Schicksal davor bewahrt hat, ernsthaft Schaden zu nehmen.« Um seine Worte wirken zu lassen, machte er eine kurze Pause. Er sah in entschlossene Gesichter und verspürte Stolz und Dankbarkeit, solche Freunde zu haben.

Bevor er weitersprach, schaute er noch einmal auf seine eilig angefertigten Notizen. »Zuerst zu den Fakten. Was wissen wir? Es gibt eine Gruppe von Leuten, eine Organisation, die über Verbindungen zu höchsten Regierungsstellen verfügt. Diese Leute nennen sich selbst *Gruppe Phönix,* ihr militärischer Arm ist die Odin Force. Mittels der Odin Force entführt Phönix Menschen im großen Stil. Das sind die Fakten, die wir von dem FBI-Agenten Roger Thorn wissen. Es ist im Moment nicht klar, was aus dem Mann geworden ist, ich kann nur hoffen, dass er sich in Sicherheit befindet. Nun ist die Frage, wie wir diese Gruppe stoppen und die Entführten retten – oder, besser noch, befreien können. Wie wir das zu viert bewerkstelligen wollen, weiß ich auch noch nicht. Ich werde Paul fragen, ob er uns hilft, und falls es uns gelingt, Roger Thorn aufzutreiben, hätten wir einen Partner mit viel Erfahrung und Hintergrundwissen.«

Richards Frau Rita klappte wie eine engagierte Sekretärin entschlossen einen Block auf und zückte einen Stift. »Okay, meine Herren, besprechen wir die nächsten Schritte. Wer soll sich um was kümmern?«

Sie beratschlagten einige Zeit, bis Hanky sich entfernte, um von seinem Schlafzimmer aus Paul noch einmal anzurufen. Nach dem dritten Klingeln meldete sich Paul ungeduldig: »So, nun berichte mir, was eigentlich geschehen ist. Du hast ja bei unserem letzten Gespräch nicht viel von dir gegeben. Also, was ist los?«

»Du hast wie immer recht, Paul, aber das sollten wir nicht am Telefon besprechen.«

Ohne noch etwas zu sagen, hängte Paul ein. Im gleichen Moment hörte Hanky in seinem Kopf ein geistiges "Anklopfen". Er setzte sich auf sein Bett und konzentrierte sich. Sofort war er auf geistiger Ebene mit Paul verbunden.

Paul war ein indianischer Traumseher. Unter bestimmten Bedingungen konnte er mit Hanky telepathisch Verbindung aufnehmen. Zudem war er in der Lage, seinen Geist auf die

Reise zu schicken und wie bei einer Fernsehübertragung weit entfernte Orte zu sehen. Bei dem Abenteuer mit dem Tausendschläfer hatte Paul eine entscheidende Rolle gespielt, indem er das "Ding" beobachtet hatte. Während ihrer gemeinsamen Jagd waren Hanky und er in der Lage gewesen, ihre außergewöhnlichen Begabungen zu kombinieren. So war es Hanky möglich gewesen, den Gejagten durch Pauls geistige Augen zu sehen und zugleich die Gedanken des Verfolgten zu lesen.

Hanky berichtete, was er bisher wusste, und las anschließend den Bericht des FBI-Agenten vor. Paul war erschüttert und konnte kaum glauben, was er da hörte. Er sicherte Hanky noch einmal seine volle Unterstützung zu.

»Danke, Paul«, sagte Hanky halblaut. Die telepathische Verbindung zu halten fiel ihm immer noch leichter, wenn er seine Gedanken aussprach, statt sie nur zu denken.

»Bitte fang mit der Suche an. Finde den Platz, das Gelände dieser Odin Force. Es ist wichtig, dass wir erfahren, was diese Leute treiben und wohin sie die Entführten bringen. Alles Weitere wird sich danach finden. Rich und Rita versuchen, Hintergrundinformationen zu sammeln, während Walt und ich schon mal unsere Sachen packen. Ich glaube, dass wir bald verreisen müssen. Melde dich, sobald du etwas weißt oder ich mich bei dir einklinken kann, um mit eigenen, Verzeihung, *deinen* Augen zu sehen, was geschieht.«

»Okay, Hanky. Ich fange sofort an, aber es kann schon eine Weile dauern, bis ich diese Gangster und ihr Lager gefunden habe. Also, nicht ungeduldig werden. Bis bald!«

Damit war Paul aus Hankys Gedanken verschwunden, was bei Hanky immer ein Gefühl der Einsamkeit hinterließ. Er schüttelte den Kopf, um diesen Gedanken zu vertreiben, und kehrte zu den anderen zurück.

***

Lager der Odin Force (früher Nachmittag)
Kommandant Rudgar Kruger lief unruhig in seinem Büro hin und her. Er war nervös, und das war ein Zustand, den er hasste. Er wollte immer alles unter Kontrolle haben. Dieser Drang beruhte auf seiner angeborenen Unsicherheit im Umgang mit Menschen – insbesondere bei Vorgesetzten –, die er sorgfältig verbarg. Sein ganzes Leben lang hatte er den forschen Draufgänger ohne Angst und Skrupel gemimt. Das hatte ihm den Posten des Lagerkommandanten eingebracht und den Aufstieg in der Hierarchie. Trotzdem war seine geheime Lebensangst geblieben. In letzter Zeit fragte er sich immer öfter, wie alles weitergehen würde. Wann würde ihr Treiben auffallen, und was geschah dann? Er wusste keine Antwort. Er kannte noch nicht einmal die wirklichen Drahtzieher seiner Organisation. Wer hatte die Gruppe Phönix gegründet und zu welchem Zweck? Wer stand dahinter? Einmal hatte er bei einem Treffen von Odin- und Phönixmitgliedern Gesprächsfetzen belauscht. Von ›dem Doktor‹ hatte man gesprochen. Wer war dieser Doktor, und wie konnte er eine solche Organisation gründen und aufbauen, ohne dass davon etwas öffentlich bekannt wurde? Er musste mächtige Freunde haben, dieser ›Doktor‹.

Der Kommandant war dieser Frage nie ernsthaft nachgegangen. Dennoch hatte er immer aufmerksam zugehört und so herausgefunden, dass die Organisation über eine ganze Anzahl von Lagern verfügte. Dazu kamen die Gebäude, in denen die Spender untergebracht wurden. Er wusste von mindestens sieben Häusern mit insgesamt annähernd viertausend Spendern. Die Zahl schwankte natürlich ständig, das war nicht zu vermeiden. Was wirklich mit den Spendern geschah – den Begriff *Menschen* verwendete niemand – und was sie eigentlich spendeten, wusste er auch nicht.

Normalerweise wurden die Häuser nicht bewacht, da außer den dort arbeitenden Technikern alle, die sich dort aufhielten, unter Drogen standen und damit ruhiggestellt waren. Herumlaufende Wachen hätten nur das Interesse möglicher Nachbarn geweckt. Nur bei einer neuen Lieferung oder der Entsorgung kamen seine Leute ins Spiel. Eine Ausnahme bildeten einzig Notfälle oder Unregelmäßigkeiten jeder Art. Dann musste er seine Männer schicken, um die Situation zu klären, was oft genug mit Blutvergießen verbunden war. Für solche Einsätze hatte er die richtigen Leute, die nur darauf warteten, anderen wehzutun oder sie gar abzuschlachten. Früher hätte er sich nicht vorstellen können, wie viele Menschen bereit waren, auf Befehl zu töten. Nicht, dass es ihm etwas ausmachte, jemanden zu erschießen oder auf andere Weise umzubringen, aber sich selbst sah man dennoch differenzierter. Ausreden, mit denen man seine Taten vor sich selbst rechtfertigen konnte, waren dem Kommandanten nicht fremd.

Immer noch ärgerte ihn, dass dieser Spitzel seinen Leuten entkommen war. Natürlich hatte er den Vorfall nicht an seine Vorgesetzten gemeldet. Er hatte angenommen, die Angelegenheit selbst regeln zu können. Auf den Odin-Soldaten, der bei der Verfolgung sein Leben hatte lassen müssen, verschwendete er keinen Gedanken. Wer sich von einem Flüchtling überwältigen ließ, war selbst schuld und ohnehin nicht zu gebrauchen. Der Spitzel hatte sich bestimmt irgendwo verkrochen, und Odin würde ihn über kurz oder lang aufgreifen und kurzen Prozess mit ihm machen.

Doch was war mit Haus Nummer zwei geschehen? Weshalb war die Kommunikation für mindestens eine Stunde unterbrochen gewesen? Er glaubte dem Techniker kein Wort, als dieser behauptete, es sei alles in Ordnung. Blödsinn!

Mit einem Mal hatte er das Gefühl, nicht mehr allein im Raum zu sein. Unsicher blickte er sich um, aber es war nichts zu sehen. Und doch … Wurde er überwacht? Gab es verborgene Kameras? Nein, das konnte nicht sein. Täglich überprüfte er den ganzen Raum, und noch nie hatte er auch nur den kleinsten Hinweis auf eine Überwachungsanlage gefunden.

Sein Magen verkrampfte sich und wurde kalt. Seine natürliche Unsicherheit, gepaart mit Angst, kroch aus ihrem Versteck und drohte ihn in Panik zu versetzen. Gehetzt lief er zur Tür und durch einen kurzen Gang hinaus ins Freie. Unsicher blieb er stehen und schaute sich um. Das Lager lag völlig ruhig da, und er konnte keinen seiner Untergebenen entdecken. Mit drei, vier tiefen Atemzügen pumpte er seine Lungen voll Sauerstoff, was ihn sofort beruhigte. Verdammt, seine Nerven gingen mit ihm durch. Wo blieb im Übrigen der Bericht von Odin? Seine Leute mussten doch längst bei Haus zwei angekommen sein. Mit festen Schritten ging Rudgar Kruger zur Funkzentrale, froh, eine Aufgabe gefunden zu haben, um sich abzulenken.

Unsichtbare Augen folgten dem Kommandanten.

Kapitel 7

Carefree, Arizona (früher Nachmittag)

Der Mann, den die Mitglieder der Odin Force nur flüsternd mit dem Titel »der Doktor« bezeichneten, saß gemütlich auf der Terrasse seines Hauses. Es war nur eine seiner zahlreichen Immobilien weltweit. Er liebte es, hier zu sein, und die Bewohner von Carefree verhielten sich freundlich und hilfsbereit, was ihn aber im Zweifelsfall nicht davon abhalten würde, jeden dieser netten Leute ohne Gnade zu opfern.

Hier war der Doktor als Geschäftsmann bekannt, der viel reiste und gern die freien Tagen in seinem Haus verbrachte, das nicht weit vom Reflecting Mountain Way am Ende einer namenlosen Privatstraße lag. Sein nächster Nachbar lebte über dreihundert Meter entfernt, was dem Doktor seine Privatsphäre sicherte. Ab und zu kamen Fremde in die Stadt, die ihn besuchten. Niemand sah darin etwas Besonderes, und niemanden interessierte, was für Geschäfte der Doktor tätigte.

Diese "Geschäfte" waren, um es vorsichtig zu sagen, mehr als illegal. Vor allem waren sie sehr geheim. Was der Doktor und die Angehörigen des inneren Zirkels der Organisation in den vergangenen Jahrzehnten unter Verwendung brutalster Mittel aufgebaut hatten, übertraf alles bisher Dagewesene. Es war ein Gebilde entstanden, eine Struktur, die über ein weltweites Netz von Zweigstellen verfügte. Namhafte Firmengruppen waren ebenso ein Teil des Ganzen wie etliche Parteien und subkulturelle Gemeinschaften bis hin zu Teilen kirchlicher Institutionen.

Der Doktor und seine Kameraden bündelten mehr Macht in ihren Händen als mancher Staat.

Angefangen hatte alles lange vor dem zweiten Weltkrieg, bei einem Treffen, bei dem die Gruppe Phönix gegründet wurde.

***

Deutschland, Freising, bei München, 12. September 1928
In dem an der Landshuter Straße gelegenen *Gasthaus zum Löwen* saßen in einem Nebenzimmer neun Männer, die gespannt einem Redner an der Stirnseite des Tisches lauschten.

Manche der Männer stand vor Staunen der Mund offen, andere bekamen eine Gänsehaut, so unglaublich, ja *ungeheuerlich* war der Plan, den er mit ruhiger Stimme erläuterte. Sie alle waren erfahrene und durch das Leben gestählte Leute, die sich keine Gelegenheit entgehen ließen, ein Geschäft zu machen oder sich einen Vorteil zu verschaffen, aber das hier …? Der Redner behielt, trotz seiner ausgefeilten Ansprache, seine Zuhörer genau im Auge und verfolgte ihre Reaktionen. Nach einer knappen Stunde beendete er seinen Vortrag mit den Worten: »Nun, meine Herren, ist es an Ihnen zu entscheiden, ob Sie diesen Weg mit mir gehen wollen. Ich weiß, ich begebe mich auf dünnes Eis, indem ich ihnen meine Ideen präsentiere, ich weiß aber auch, dass Sie alle genau die Männer sind, die diesen gewaltigen Plan zu einem erfolgreichen Ergebnis führen werden. Nochmals weise ich Sie darauf hin, dass hier vollkommene Verschwiegenheit geboten ist und absolut nichts an die Öffentlichkeit dringen darf.«

Mit seinem stechenden Blick schaute er einem nach dem anderen in die Augen und erkannte, dass er sie alle in seiner Gewalt hatte. Dann fuhr er fort: »Mit diesem Plan werden wir Geschichte schreiben, auch wenn niemals ein Außenstehender davon wissen wird. Am Ende werden wir reicher und mächtiger sein, als Sie es sich heute vorstellen können.«

Beifälliges Gemurmel wogte durch den Raum. Mit beiden Armen stützte sich der Redner auf den Tisch, sagte ganz leise und gleichzeitig auf fast magische Art beschwörend: »Dann lassen Sie uns mit der Planung beginnen. Von nun ab wird die Gruppe Phönix der Mittelpunkt Ihres Lebens sein. Wortmeldungen bitte!«

Der Doktor dachte an diese Begebenheit, die er leider nicht selbst miterlebt hatte. Bei seiner späteren Berufung in den inneren Führungskreis der Organisation weihte man ihn in diese bedeutenden Ereignisse der ersten Stunde ein. Seitdem war viel geschehen, und viele gute Männer hatten ihr Leben verloren. Gute Kameraden, gute Freunde.

Der Doktor schreckte aus seinen Überlegungen auf, als das Telefon klingelte.

Kapitel 8

New York City (früher Nachmittag)

»Hanky, ich habe das Lager der Odin Force gefunden.«

Pauls Stimme war unvermittelt in Hankys Gedanken aufgetaucht.

Normalerweise machte sich Paul zunächst mit einem mentalen Klopfen bemerkbar. Diesmal schien er vor lauter Aufregung darauf zu verzichten.

»Hallo Paul. Das ist ja echt schnell gegangen.«

»Ja, ich bin selbst überrascht. War eigentlich ganz einfach. Nachdem ich den ungefähren Standort wusste, musste ich nur ein wenig umherstreifen. Ich habe den Lagerkommandanten unter Beobachtung. Er ist anscheinend mit einer Sache beschäftigt, die ihn beunruhigt. Willst du selbst mal einen Blick riskieren?«

»Aber sicher! Ich bin sehr gespannt, was dort geschieht. Warte einen Moment, ich muss nur schnell mit Walt sprechen. Kannst du uns genauere Informationen geben, wo das Lager zu finden ist?«

»Glaube schon. Aber das mach ich dann später. Ich sende dir zusätzlich eine Mail mit allen Infos.«

»Okay, Paul, also bis gleich. Ich melde mich. Beobachte inzwischen weiter.«

Walt Kessler saß vor einem PC und durchsuchte das Internet nach Informationen über die Gruppe Phönix und die Odin Force. Als er Hankys Schritte hörte, drehte er sich um und sah ihn fragend an.

»Na«, begann Hanky, »hast du schon was rausgefunden?«

»Nicht viel. Es wundert mich, dass so gut wie nichts im Netz zu finden ist. Normalerweise kann man über die Suchmaschinen Informationen über alles nur Erdenkliche finden. Aber ich bleibe dran.«

»Ich hatte gerade Kontakt zu Paul. Er hat das Lager gefunden. Wenn du mich suchst, ich bin in meinem Zimmer. Paul wartet, dass ich mich einlogge und mit ihm zusammen das Gelände dort eine Zeit lang beobachte. Stör mich bitte nicht, außer wenn es echt wichtig ist. Okay?«

»Geht klar.« Damit drehte sich Walt wieder zum Bildschirm und setzte seine Suche fort.

Hanky begab sich in sein Schlafzimmer, schloss die Tür und legte sich aufs Bett. Er schloss die Augen und sagte laut: »Paul, wir können anfangen.«

Sofort hatte er das Gefühl zu fallen. Fast gleichzeitig sah er von einer leicht erhöhten Position in eine Art Funkzentrale. Einige Uniformierte saßen vor Computern und an Funkgeräten. Sie wirkten sehr angespannt, wohl auch, weil ein anderer Mann, allem Anschein nach ein Offizier, hinter Ihnen stand und mehrfach nervös auf seine Armbanduhr schaute.

Pauls Stimme flüsterte in Hankys Kopf – was natürlich völliger Unsinn war, da sie ohnehin niemand hören konnte: »Ich glaube, das ist der Lagerkommandant. Siehst du, wie unruhig der Bursche ist? Er scheint auf irgendwas zu warten.«

»Da hast du wohl recht, Paul. Lass uns ein bisschen lauschen und sehen, was sonst noch passiert.«

***

Der Saal (zur gleichen Zeit)

Der Sheriff und seine Deputys versuchten, sich einen Überblick über das Chaos zu verschaffen und den hilflosen Menschen im Saal Erste Hilfe zu leisten. Zwischenzeitlich hatte der Sheriff mehrfach mit seinem Büro gesprochen und nach der angeforderten Hilfe durch die Staatspolizei und die umliegenden Krankenhäuser gefragt. Laut der letzten Meldung mussten die ersten Hilfskräfte in rund zehn Minuten vor Ort sein. Sheriff Ward schaute kopfschüttelnd durch den Saal und rief dann einen seiner Leute herbei: »He, Roberts, lauf mal runter zu Smithy. Der wartet am Eingang auf Verstärkung. Du musst die Staatspolizei und die Krankenwagen einweisen. Smithy soll dir dabei helfen. Es kann nicht mehr lange dauern, bis die Leute eintreffen.«

Ohne zu antworten und froh, den Saal verlassen zu können, nickte Roberts nur kurz und eilte zur Tür. Hastig rannte er die Treppe hinab und brachte es dabei fertig, sich im Laufen eine Zigarette anzuzünden. Gierig inhalierte er, um den üblen Geschmack des Saals in seinem Mund loszuwerden.

In dem Moment, als er die Tür zum Hof aufstieß, hörte er ein lautes Krachen und sah, wie der Streifenwagen seines Kollegen Smithy von einem schwarzen SUV brutal gerammt wurde. Das Polizeiauto schleuderte und durchbrach die Wand eines kleinen Pförtnerhauses. Der schwarze Wagen brauste an dem zerbeulten Einsatzfahrzeug vorbei, in dem Roberts den schlaffen Körper Smithys zu erkennen glaubte. Sofort sprang er zurück in den Hausflur und schloss die Tür. Er duckte sich, verriegelte dabei die Tür und beobachtete, wie aus dem scharf bremsenden Wagen fünf schwarz gekleidete Gestalten sprangen, bewaffnet mit Schnellfeuergewehren, und sofort in Deckung gingen. Zwei weitere Wagen tauchten auf, und das gleiche wohl gut trainierte Prozedere spielte sich vor seinen Augen ab.

»Mindestens fünfzehn«, flüsterte er vor sich hin. Gehetzt schaute er sich nach etwas um, womit er die Tür verbarrikadieren konnte. In einer Ecke sah er einen starken Balken lehnen. Geduckt, damit er nicht durch die in die Tür eingelassenen kleinen Fenster gesehen werden konnte, rannte er durch den Flur. Er ergriff den erstaunlich schweren Balken und eilte heftig atmend zurück zur Eingangstür. Vorsichtig legte er den Balken ab, um jedes Geräusch zu vermeiden, und spähte durch das Fenster hinaus. Er konnte keine Veränderung feststellen, wusste aber, dass dies nicht lange so bleiben würde. Hastig verkeilte er den Balken im Türrahmen und eilte die Treppe hinauf zum Saal. Oben angekommen, stürmte er durch die Tür und hätte fast Sheriff Ward umgerannt. Der fuhr erschrocken herum und fuhr ihn ärgerlich an: »Was willst du denn schon wieder hier? Ist die Verstärkung eingetroffen?«

»Wenn das Verstärkung ist, dann jedenfalls nicht für uns«, antwortete Roberts aufgeregt.

Schnell unterrichtete er den Sheriff über die Situation unten vor der Fabrik.

Smithy erwachte aus einer kurzen Ohnmacht. Zu plötzlich war der Angriff erfolgt. Er hatte keine Chance, rechtzeitig zu reagieren, und so hatte der schwarze SUV ungebremst seinen Polizeiwagen gerammt. Zum Glück war sein Auto nicht frontal, sondern hinten getroffen worden. Trotzdem hatte die Wucht genügt, dass er kurz das Bewusstsein verlor.

Beim Erwachen hatte er Schmerzen, aber erinnerte sich sofort an den Aufprall. *Wo ist der verdammte SUV nur hergekommen?*, überlegte er. Er glaubte sich erinnern zu können, dass er mehrere Wagen gesehen hatte, die von Norden her auf der Landstraße in seine Richtung fuhren. Da die Fahrzeuge aber mit gleichbleibender Geschwindigkeit fuhren und nicht abbremsten, war er davon ausgegangen, dass die Autos das Grundstück passieren würden. Sofort hatte seine Aufmerksamkeit nachgelassen, und er hatte die schwarzen Wagen nicht mehr beachtet.

Brennender Schmerz beendete seine Überlegungen und brachte ihn in die Gegenwart zurück. Sein linkes Bein blutete heftig und war irgendwie verdreht. Er schaute nur kurz auf die Verletzung und glaubte in Schienbeinhöhe einen weißen Knochen aus seiner Uniformhose ragen zu sehen. Schnell schaute er weg. Er konnte kein Blut sehen, schon gar nicht sein eigenes.

Von draußen hörte er ein dumpfes Geräusch. Durch das gesplitterte Glas der Frontscheibe sah er ganz in schwarz gekleidete Bewaffnete, die sich an der Eingangstür des Fabrikgebäudes zu schaffen machten. Smithy ließ sich etwas tiefer in den Sitz sinken, um nicht gesehen zu werden. Dabei bewegte er auch sein Bein, und eine Schmerzwelle schoss durch seinen Leib. Er kommentierte das mit einem Ächzen und einem deftigen Fluch. Er dachte nach und versuchte seine Möglichkeiten abzuschätzen. Er musste Hilfe rufen, doch ein Blick auf das verbeulte Funkgerät genügte, um zu wissen, dass ihm diese Möglichkeit verwehrt war.

»Zum Teufel«, knurrte er und spähte wieder nach draußen. Die Bewaffneten waren noch nicht weitergekommen. Drei Männer stemmten sich gegen die Tür, während die übrigen die Umgebung sicherten. Einer der Angreifer schaute auch in Smithys Richtung, aber wohl eher im Allgemeinen als speziell zu dem zertrümmerten Polizeiwagen. Smithy verhielt sich ruhig, um nicht durch eine unbedachte Bewegung auf sich aufmerksam zu machen. Er wusste, dass er die angeforderten Hilfskräfte und die Beamten der Staatspolizei warnen musste.

Einige Minuten später ergab sich eine Gelegenheit, das zertrümmerte Fahrzeug zu verlassen. Die immer noch gegen die Tür anrennenden Angreifer mussten in Deckung gehen, da aus dem Inneren des Fabrikgebäudes Schüsse abgefeuert wurden. Die Männer warfen sich hinter den geparkten Fahrzeugen – denen des Sheriffsdepartements wie auch den eigenen SUVs – in Deckung. Ihre ganze Aufmerksamkeit galt dem Gebäude, vor allem der Eingangstür. Vorsichtig lehnte sich Smithy gegen die Fahrertür und versuchte sie aufzudrücken. Dieses Vorhaben misslang, da die Tür durch den Aufprall des ersten SUVs zerbeult und verkeilt war. Mühsam drehte er sich auf dem Sitz herum. In seinem Bein tobte der Schmerz, und Schweiß lief ihm in die Augen. Heftig keuchend versuchte er, den brennenden Schmerz zu ignorieren, und schob sich zentimeterweise nach rechts auf die Beifahrerseite. Einige Male glaubte er ohnmächtig zu werden. Er bemerkte nicht, wie er sich vor Anstrengung die Lippen blutig biss. Schließlich saß er auf dem Beifahrersitz und zog am Türgriff. Bereitwillig schwang die Tür auf, und Smithy fiel hinaus. Er konnte den Sturz nur unvollständig abfangen und prallte mit der rechten Gesichtshälfte unsanft auf den grob geschotterten Boden. Nur mit größter Selbstdisziplin unterdrückte er einen Aufschrei. Vorn beim Fabrikgebäude wurde noch immer geschossen. Smithy konnte sich nicht darum kümmern und hoffte, unentdeckt zu bleiben. Er rollte ein Stück zur Seite und stieß mit dem gesunden Bein die Beifahrertür zu. Der Deputy hoffte, dass das Geräusch unbemerkt geblieben war, brachte aber nicht die Kraft auf, sich nach den Gegnern umzuschauen. Auf dem Bauch kroch er langsam um das schrottreife Polizeiauto herum und erreichte nach unendlich mühseligen Minuten das Werkstor. Nach einer Minute Pause, die er sich selbst zugestand, zog er sich an dem Torpfosten hoch und stand etwas unsicher auf seinem gesunden Bein. Er schaute die Straße entlang nach Süden. Von dort mussten die Hilfskräfte kommen.

Hinter ihm war es in der Zwischenzeit ruhig geworden. Kein Geschrei und keine Gewehr- oder Pistolenschüsse waren mehr zu hören. Das konnte alles Mögliche bedeuten. Der Gegner war ins Haus eingedrungen, oder der Sheriff hatte sich ergeben, oder sonst was. Smithy wollte nicht darüber nachdenken. Sich am wackligen Zaun festhaltend, arbeitete er sich Schritt für Schritt nach Süden vor.

Im Fabrikgebäude wurde die Lage für Sheriff Ward und seine Deputys immer gefährlicher. Es würde nicht mehr lange dauern, bis die Angreifer ihre bisher gezeigte Zurückhaltung aufgeben und die versperrte Eingangstür mit Gewalt öffnen würden. Ihn wunderte es ohnehin, dass die Schwarzgekleideten die Tür nicht schon längst gesprengt oder mit den elektrischen Winden, die an den Fahrzeugen angebracht waren, aus den Angeln gerissen hatten. Er musste die Angreifer wenigstens so lange in Schach halten, bis Verstärkung eintraf. Gemeinsam mit seinen Männern schleppte er unter größter Vorsicht und möglichst leise schwere Eisenschränke auf den Treppenabsatz. Die Schränke sollten den Polizisten Schutz vor dem zu erwartenden Beschuss von draußen bieten. Nachdem der Sheriff und seine Leute in Position waren, ließ er das Feuer eröffnen. Er wollte seine Gegner von der Tür vertreiben und sich und seinen Leuten wichtige Zeit verschaffen. Schon bei den ersten Schüssen zogen sich die Angreifer von der Tür zurück und gingen in Deckung.

Der Gruppenführer des mobilen Eingreiftrupps der Odin Force sprach aufgeregt ins Mikrofon des Funkgeräts in einem der Wagen. Er verzichtete darauf, sein mobiles Funkgerät zu benutzen, da seine Leute jedes Wort hätten mit anhören können.

»Einsatzteam an Zentrale.«

Sofort war die kalte Stimme des Operators im Lautsprecher zu hören. Der Gruppenführer regelte die Lautstärke nach unten.

»Wo zur Hölle haben Sie die ganze Zeit gesteckt? Wir versuchen Sie schon seit einiger Zeit zu erreichen. Wie ist der Stand der Dinge?«

»Hier Einsatzteam. Wir haben Schwierigkeiten. Einige Polizisten haben Haus zwei besetzt und sich verschanzt. Wie sollen wir vorgehen?«

»Einen Moment.«

Fast zwei Minuten hörte der Leiter des Einsatzteams nur monotones Rauschen aus den Lautsprechern. Dann klang die Stimme des Operators erneut aus der Funkanlage.

»Haus zwei zerstören. Es dürfen keine Spuren zurückbleiben.«

»Schicken Sie uns Verstärkung?«

»Nein, auf keinen Fall. Sprengen Sie das Gebäude und verbrennen Sie dann alles. Ende.«

Damit wurde die Verbindung unterbrochen.

Der Offizier der Odin Force schaute noch eine Sekunde auf das Funkgerät und rief dann seine Männer im Schutz der Fahrzeuge zusammen.

Smithy war fast hundert Meter an der Straße entlanggehumpelt, ehe er sich völlig erschöpft an einen Baum lehnte. Er spürte das verwundete Bein nicht mehr, was er als schlechtes Zeichen wertete. Er verspürte eine taube Müdigkeit, und sein Körper forderte eine Pause. Immer wieder wurde ihm schwarz vor Augen. Er atmete schwer, und der Schweiß rann ihm brennend in die Augen. Gerade als er sich weiterschleppen wollte, hörte er mehrere Fahrzeuge, die sich näherten. Sich am Baum festhaltend, hob er die Hand und winkte, in der Hoffnung, gesehen zu werden.

Der Fahrer des ersten Wagens der Staatspolizei sah Smithy und handelte sofort. Er brachte sein Fahrzeug direkt neben dem verwundeten Polizisten quer auf der Fahrbahn zum Stehen und blockierte damit die nachfolgenden Einsatzkräfte. Mit dieser spontanen Aktion rettete er viele Leben. Krankenwagen und Polizeifahrzeuge hielten versetzt hinter ihm. Der Fahrer, ein Sergeant der Staatspolizei, sprang aus dem Wagen und rannte auf Smithy zu, der immer noch am Baum stand. »Was ist mit ihnen geschehen?«

Smithy brauchte einige Sekunden, um sich zu sammeln, und der Sergeant wollte seine Frage schon wiederholen, als er antwortete: »Was mit mir ist«, kam es krächzend aus seinem Mund, »das ist nicht wichtig. Da drinnen sind Bewaffnete. Ich glaube, das sind Soldaten. Sie versuchen, in die Fabrik einzudringen. Sind schwer bewaffnet. Der Sheriff hält noch die Stellung, glaub ich. Schnell, Sie müssen sich beeilen und sehr vorsichtig sein. Die Burschen sehen sehr gefährlich aus.«

Smithy wollte noch weiterreden, aber plötzliche Schwäche ließ ihn taumeln. Herbeigeeilte Sanitäter griffen dem verletzten

Polizisten unter die Arme und legten ihn vorsichtig auf eine mitgebrachte Trage.

Die Männer der Staatspolizei sammelten sich und besprachen schnell das weitere Vorgehen. Dann rannten sie geduckt zum Fabrikgelände und verteilten sich.

Die Männer der Odin Force hatten sich zwischen den Wagen auf den Boden gesetzt und bereiteten ihre Sprengladungen vor. Jeweils zwei Mann sollten über das Dach des angrenzenden Gebäudes in die alte Fabrik vordringen, um dort ihre Sprengpakete zu platzieren. Nur der Gruppenführer des mobilen Eingreiftrupps sicherte mit dem Schnellfeuergewehr die Umgebung. Gerade als ein Staatspolizist über den halb verfallenen Zaun des Fabrikgeländes stieg, sah der Gruppenführer in seine Richtung. Leise zischte er: »Achtung! Wir haben Besuch!«

Sofort unterbrachen die Odin-Männer ihre Arbeit an den Sprengpaketen und griffen nach den Waffen.

***

New York (früher Nachmittag)

Hanky hatte mit Pauls Hilfe das Funkgespräch zwischen dem Odin-Force-Lager und dem mobilen Eingreiftrupp mitgehört. Was um Himmels willen ging da vor? Immer noch hallte der furchtbare Befehl in ihm nach, den er und Paul mitgehört hatten: *»Sprengen Sie das Gebäude und verbrennen Sie dann alles.«*

Um was für ein Gebäude handelte es sich da, und warum sollte es zerstört werden? Hanky dachte fieberhaft nach und sagte dann zu Paul: »Bitte bleib beim Kommandanten. Ich muss mich kurz ausklinken und bin gleich zurück.«

Noch ehe Paul etwas erwidern konnte, war Hanky fort. Er schlug die Augen auf, schwang sich aus dem Bett und rannte zu Walt ins Büro. Auf seinem Weg durchs Wohnzimmer sah er Richard und seine Frau Rita auf dem Sofa sitzen, die irgendwelche Akten studierten. Ohne innezuhalten, rief er den beiden zu: »Kommt mit ins Büro, schnell, wir haben keine Zeit zu verlieren.«

Sofort sprangen sie auf, ließen die Papiere achtlos fallen und folgten ihm ins Büro.

»Mal herhören, Leute. Wir brauchen eine Information über einen eventuellen Polizeieinsatz in der Gegend des Odin-Lagers. Wir wissen noch nicht genau, wo das Lager ist. Jedenfalls wollen diese Leute ein Haus sprengen, genauer gesagt das Haus Nummer zwei. Das bedeutet, dass es noch mehr Häuser geben muss. Aber das braucht uns im Moment erst in zweiter Linie zu beschäftigen. Es wurde auf jeden Fall davon gesprochen, dass sich Polizisten im Haus verschanzt haben. Also muss auf jeden Fall eine Kommunikation der Behörden in dieser Gegend stattfinden. Wartet kurz, ich frage Paul, wo sich das Lager dieser Odin-Leute ungefähr befindet.« Hanky schloss die Augen und sagte laut: »Paul, eine Frage, bist du da?«

Die anderen konnten die Konversation nur einseitig mitverfolgen, dennoch schrieb Rita alles mit, was Hanky sagte. Im Augenblick lauschte er offenbar Paul, den nun war er still und hielt die Augen geschlossen. Unvermittelt begann er, nach einer endlos scheinenden Minute des Schweigens, zu sprechen: »Okay, Paul. Habe verstanden. Halte unseren Kontakt, ich wiederhole für die anderen.

Findet Sand Lake, im nördlichen New York State. Die Stadt –oder wahrscheinlicher ist es eine kleinere Ansiedlung – liegt am New York Highway 60. Zwischen Sand Lake und Barberville muss sich das Lager der Odin Force befinden. Im Umkreis von etwa fünfzig Meilen muss das Haus zwei zu finden sein. Richtig, Paul? Okay, ich klinke mich aus, bin aber gleich wieder bei dir.«

Damit öffnete Hanky die Augen. »Habt ihr alles? Okay. Paul und ich werden noch etwa eine Stunde lang versuchen, Genaueres zu erfahren. Walt, mach den Wagen bereit für unsere Abfahrt. Wir beide fahren nach Sand Lake. Ich weiß zwar noch nicht genau, wie wir vorgehen werden, bin aber der Ansicht, dass ich besser in der Nähe der Geschehnisse sein sollte. Richard und Rita, ich bitte euch, hier solange die Stellung zu halten. Richard, versuch herauszufinden, wo es einen größeren Einsatz der Polizei gegeben hat, oder besser, wo ein solcher Einsatz im Augenblick stattfindet. Ich bin sicher, dass du mit deinen journalistischen Kontakten einiges rausfinden kannst. Alles Weitere besprechen wir später. Ah, und noch etwas. Ruft mich, wenn die Stunde um ist.«

»Geht schon klar, Hanky«, antwortete Richard. »Wir werden dir alle Informationen beschaffen.«

Rita nickte bekräftigend und wollte noch etwas hinzufügen, aber Hanky hatte sich schon umgedreht und eilte zurück in sein Schlafzimmer.

»Na, der hat aber ein Tempo drauf«, ließ Rita vernehmen. Dann klatschte sie in die Hände und sagte streng: »Dann wollen wir mal anfangen, meine Herren. In einer Stunde müssten wir doch einiges herausfinden können.«

»Da kommt ganz die Lehrerin zum Vorschein«, murmelte Rich vor sich hin und ging hinüber ins Wohnzimmer, um zu telefonieren.

***

Philadelphia (morgens, gleicher Tag)

Roger Thorn konnte es kaum glauben. Sein Undercover-Einsatz war unbemerkt geblieben. Weder das FBI noch die Odin Force schienen nach ihm zu suchen. In dem schäbigen Büro, das eigentlich die Schaltzentrale des als zwielichtig Henry Rolin war, hatte Roger im Internet nachgeforscht und mit einem nicht registrierten Handy die üblichen Stellen kontaktiert. Nichts, absolut nichts. Es gab nur eine mögliche Erklärung: Der Lagerkommandant der Odin Force, Rudgar Kruger, hatte

Rogers Flucht nicht an seine Vorgesetzten gemeldet. Über seine Motivation konnte Roger nur spekulieren. Es gab zwei denkbare Szenarien. Entweder war etwas Außergewöhnliches geschehen, das die Aufmerksamkeit Krugers völlig beanspruchte, und er wollte sich später, zu einem günstigeren Zeitpunkt, um Roger kümmern, oder der Kommandant wollte einfach vertuschen, dass es einen weiteren Spitzel in seiner Truppe gab. Wie auch immer, Roger Thorn stand auf keiner Suchliste. Damit wusste auch niemand beim FBI von seinen Ermittlungen. Theoretisch konnte er zu seinem normalen Leben zurückkehren. Wie verlockend das klang! Frau und Kinder, Familie, kleines Haus, Bürojob und das Wochenende im Garten mit Freunden verbringen. Gab es so etwas in Wirklichkeit? Bestimmt, nur nicht in seiner Wirklichkeit, in der ein normales Leben wie eine kitschige Utopie wirkte. In seiner Wirklichkeit waren er und viele seiner Kollegen mit der dunkelsten Seite der menschlichen Seele konfrontiert. Das Wissen, was für ein schreckliches Raubtier der Mensch sein konnte, welche unvorstellbaren Grausamkeiten jeden Tag verübt wurden, hatte Roger veranlasst, eine unbewusste Schutzhaltung einzunehmen, die ihm keine engeren Bindungen erlaubte. Dieses fundamentale Misstrauen jedem Menschen gegenüber hatte in den letzten Jahren nur eine Person durchbrechen können. Vielmehr: Sie hatte es einfach weggewischt. Die eher zufällige Begegnung mit Hank Berson hatte in gewisser Weise sein Leben verändert und den Glauben an das Gute im Menschen in ihm wiedererweckt. Dieser junge Mann hatte Rogers distanzierte Haltung einfach ignoriert und ihn durch seine vorurteilsfreie Neugier für sich eingenommen. So hatte Roger Thorn es zugelassen, dass sich eine gewisse Art von Freundschaft zu Hanky aufbaute, die in erster Linie auf gegenseitigem Vertrauen basierte.

Roger merkte, dass seine Gedanken abschweiften, und rief sich selbst zur Ordnung. Zunächst musste er sich darüber klar werden, wie er nun vorgehen wollte. Er definierte für sich das

Ziel, die Gruppe Phönix zu zerschlagen. Wie? Das wusste er noch nicht im Detail. Er nahm sich einen Block zur Hand und notierte die Punkte, die zu erledigen waren:

Er wollte sich mit Hanky treffen und dessen Ideen und Meinung dazu hören. Er musste sich bei seiner Dienststelle melden und seinem Vorgesetzten Erfolge seiner Undercoverarbeit präsentieren und gleichzeitig darauf dringen, weiter im Verborgenen zu arbeiten. Dazu musste er sich noch einmal mit Henry Rolin unterhalten. Er war sicher, dass Rolin den einen oder anderen Konkurrenten aus dem Weg haben wollte.

Wenn alles erledigt war, konnte er nach Sand Lake aufbrechen. Vor Ort würde er dann, der Situation entsprechend, seine nächsten Schritte planen.

Wie auf ein geheimes Stichwort flog mit erheblichem Schwung die Tür auf, und Henry Rolin stampfte herein. Sofort schnauzte er Roger mit der ihm eigenen Unfreundlichkeit an: »Du bist ja immer noch hier. Wie lange glaubst du wohl, meine Großzügigkeit ausnutzen zu können? Es wird Zeit, dass du verschwindest. Die Leute fangen schon an zu reden.«

Roger Thorn grinste nur und machte es sich noch bequemer hinter dem Schreibtisch seines Gastgebers. Dann wurde sein Gesicht wieder ernst, und er deutete auf den Besucherstuhl vor dem Schreibtisch, was Henry Rolin zu einem deftigen Fluch veranlasste.

»Gut, dass du da bist, Henry. Wir müssen ein paar Sachen besprechen, ehe ich meine Sachen packe. Also pass auf …«

So vergingen fast zwei Stunden angeregter Unterhaltung wie im Flug, und Henry Rolin hatte bald die Rolle des mürrischen Gangsters aufgegeben. Roger sprach in Andeutungen, berichtete oberflächlich über die Gefahr, die von der Gruppe Phönix und der Odin Force ausging, ohne Namen zu nennen, und vergaß nicht zu erwähnen, dass die Konspiration bis in hohe Regierungskreise führen könne. Henry wurde abwechselnd blass oder zornesrot. Noch nie hatte er den Behörden getraut. Zum

Gesetzlosen war er eher durch widrige Umstände geworden, tief in seinem Herzen aber hatte er sich seine Menschlichkeit bewahrt. Am Ende der Unterhaltung saß er für einen Moment still da. Dann straffte er sich und fragte einfach: »Wie kann ich helfen?«

Roger ergriff dankbar seine Hand. »Du bist also doch nicht der harte Hund, als der du dich immer ausgibst. Darüber bin ich sehr froh. Du musst mir ein paar Sachen besorgen und in der folgenden Zeit, sagen wir, solange ich unterwegs bin, alle Gerüchte in der Stadt aufmerksam verfolgen. Wenn du etwas Wichtiges erfährst, ruf mich an. Du hast ja meine Handynummer. Also, lass uns loslegen. Ich will losfahren, so schnell es geht. Ich habe so ein Gefühl, dass mir die Zeit davonläuft.«

Kapitel 9

Der Saal (früher Nachmittag)
Frank starrt auf den Bildschirm, der über seinem Krankenbett hing. Noch nie hatte er sich Gedanken darüber gemacht, zu welchem Zweck diese Bildschirme über den Spendern hingen. Die Verantwortlichen, seine Vorgesetzten, hatten sich bestimmt etwas dabei gedacht. Und warum sich über Dinge den Kopf zerbrechen, von denen man ohnehin nichts verstand?

Für ihn bestand das Universum nur noch aus rotem Wallen. Unablässig bildeten sich Formen, Gestalten, Gesichter, Fratzen, die immer wieder zerflossen und sich neu bildeten. Sein Gehirn schien sich zu verkrampfen, und er merkte nicht, dass er lauthals schrie. Sein Körper war wie in einem einzigen schmerzhaften Krampfzustand. Sein Herz pochte wild. Eine rote Hölle hatte sich seiner bemächtigt, aus der es scheinbar kein Entrinnen gab.

Am Anfang hatte er eher zufällig auf den Bildschirm geschaut und fand es recht interessant, das Farbenspiel zu beobachten. Das passte auch gut zu der Rolle, die er den Polizisten vorzuspielen versuchte. Ohne Vorwarnung war er dann zum Gefangenen des Bildschirms geworden. Rot, rot, rot …

Plötzlich bäumte sich sein verkrampfter Körper auf, ohne sein willentliches Zutun. Muskelstränge, Arme und Beine zuckten unkoordiniert. Durch die heftigen Bewegungen rückte sein Körper immer näher an die Bettkante, während sein Blick weiterhin starr auf den Bildschirm gerichtet war. Endlich, der

Schwerkraft folgend, stürzte er auf den Betonboden. Damit war er dem Bann des roten Wahnsinns entkommen. Frank schloss seine schmerzenden Augen und begann haltlos zu weinen.

Sheriff Ward und seine Männer hatten die Metallschränke zur Eingangstür getragen und dahinter Stellung bezogen. Durch die kleinen Öffnungen der nun glaslosen Fenster schauten die Männer gespannt nach draußen. Die Angreifer verschanzten sich zwischen den parkenden Wagen und reagierten nicht auf die Aufforderung der Staatspolizei, sich zu ergeben. Zweimal hatten Mitglieder der Schwarzgekleideten versucht, über den Hof zu einem der Fabrikgebäude zu gelangen. Wild um sich feuernd, versuchten sie die Polizei in Deckung zu zwingen. Die Männer der Staatspolizei reagierten kaltblütig und schossen gezielt auf die Odin-Force-Söldner. Vier Männer lagen inzwischen blutend und ungedeckt auf dem Boden des Fabrikhofs. Nur ein gelegentliches leises Stöhnen kündete davon, dass die Söldner noch am Leben waren.

Ein tiefes Brummen lenkte die Aufmerksamkeit des Sheriffs zur Straße. Dort tauchte ein Panzerwagen der Staatspolizei auf und rollte langsam und bedrohlich auf die im Hof geparkten Wagen zu. Sofort erhoben sich die Odin-Soldaten und feuerten in alle Richtungen wild um sich. Unbeeindruckt setzte das schwere Gefährt seine Fahrt fort. Ohne auch nur seine Geschwindigkeit zu verringern, schob der Panzer die Fahrzeuge zusammen.

Noch ehe die Odin-Soldaten sich eine andere Deckung suchen konnten, traf der Gruppenführer des mobilen Eingreiftrupps eine Entscheidung. Die Organisation musste geschützt werden. Niemand durfte erfahren, wer sie waren. Keiner seiner Soldaten durfte in Gefangenschaft geraten. Er raffte alle erreichbaren Sprengpakete zusammen, ohne sich darum zu kümmern, dass seine Männer immer noch versuchten, die Polizei mit heftigem Gewehrfeuer auf Distanz zu halten. Mit geübten Handgriffen machte er die Ladungen scharf, schaute sich noch einmal mit starrem Blick um und aktivierte mit einer kleinen Fernbedienung alle Zünder zugleich.

Im buchstäblich selben Moment rammte der Polizeipanzer einen der schwarzen Wagen der Odin Force. Das schwere Fahrzeug kippte um und fiel auf den Gruppenführer und die Sprengpakete, was eine enorme Explosion nach sich zog. Sonnenheiße, orangerote Flammenzungen schossen unter den Fahrzeugen hervor, die von der enormen Wucht der Detonation in die Luft geschleudert wurden, und verbrannten alles im Umkreis von dreißig Metern. Durch das im Explosionsherd entstandene Vakuum zuckten die Flammenzungen zurück, und eine Feuerkugel im Zentrum der Sprengung schleuderte die Autos wie Spielzeuge in alle Richtungen. Ein Orkan unterschiedlicher Geräusche erfüllte die Luft, es hörte sich an wie die Eruption eines Vulkans. Scharfkantige Blechteile, Glas, Steine, Dreck und Körperteile regneten auf den Fabrikhof. Die in Deckung liegenden Polizisten waren durch die Wucht der Explosion zum Teil mehrere Meter durch die Luft gewirbelt worden und richteten sich nach einigen Minuten benommen auf.

Das Fabrikgelände hatte sein Aussehen dramatisch verändert. In einem weiten Kreis rings um den Explosionsherd lagen zerstörte Fahrzeuge, und Flammen züngelten aus den Trümmern. Der Polizeipanzer lag auf der Seite wie ein verwundetes Tier, seine Räder drehten sich noch langsam, als versuchten sie, festen Grund zu finden. Mehrere um das Hauptgebäude gruppierte Schuppen waren einfach in sich zusammengestürzt. Das Hauptgebäude selbst zeigte starke Beschädigungen. Alle Fenster waren nach innen eingedrückt, die Fensterscheiben geborsten. Große Risse zogen sich durch das Mauerwerk, und ein beängstigendes Knirschen und Knacken zeugte davon, wie schwer das Bauwerk getroffen war. Von der Eingangstür fehlte jede Spur, und dahinter rührte sich nichts.

Sheriff Ward und seine Deputys wurden kurz darauf unverletzt unter den Stahlschränken hervorgezogen, die den

Polizisten das Leben gerettet hatten. Die Wucht der Detonation hatte die Schränke mitsamt den dahinter kauernden Officern ins Treppenhaus geschoben. Das Treppengeländer hatte die kippenden Schränke abgefangen und so einen Hohlraum für die Polizisten geschaffen. Erstaunt betrachtete Sheriff Ward die von Splittern gespickte Vorderseite der Stahlschränke. Überall steckten scharfkantige Fragmente im Metall. Ihm wurde ganz flau im Magen, als er begriff, welches Glück er und seine Deputys gehabt hatten.

Ein herbeieilender Sanitäter wollte ihn am Arm packen und zu einem Krankenwagen führen. Doch der Sheriff schüttelte den Mann einfach ab und deutete mit dem Kinn auf die mit Trümmern übersäte Treppe: »Da oben wird Ihre Hilfe dringender gebraucht.«

***

Buffalo, NY State (früher Nachmittag)

Paul hatte die Observation des Odin-Force-Offiziers Rudgar Kruger beendet, nachdem dieser die Funkverbindung zu seinem Einsatztrupp einfach abgebrochen hatte. Offenbar wütend über den sich abzeichnenden Fehlschlag seiner Männer, hatte er die Funkzentrale verlassen und lief ziellos auf dem Lagergelände umher.

Müde schlurfte Paul in die Küche und öffnete den Kühlschrank. Er stöberte eine Weile lustlos in den Fächern und schloss dann resigniert die Tür. Er musste unbedingt einkaufen gehen. Seine Vorräte waren nahezu aufgebraucht. Ergeben zuckte er mit den Schultern, steckte seinen Geldbeutel ein und machte sich auf den ungeliebten Weg zum Supermarkt. Er hasste es, Lebensmittel einzukaufen. In den langen Gängen der Supermärkte fühlte er sich immer wie erschlagen vom vielfältigen Angebot. Wer brauchte schon zwanzig Sorten Toastbrot oder zehn Sorten Spaghetti? Man kaufte überhaupt immer mehr ein als nötig.

Mit trüben Gedanken setzte er sich in seinen Wagen und wollte gerade den Zündschlüssel umdrehen, als die Welt um ihn herum versank.

Paul war erschrocken und verwundert, wenngleich er in seinen Meditationen als indianischer Traumseher schon oft geistig auf eine Traumebene gewechselt war. Doch immer basierte der Vorgang auf einer speziellen Meditationstechnik in seiner Schwitzhütte.

Seine rationalen Überlegungen verloren sich im Nebel des Transfers zur Traumebene. Eine ihm wohlbekannte Landschaft materialisierte sich ringsum, und doch war alles anders als gewohnt. Da war die weite Ebene mit ihren gewaltigen Tafelbergen, durchzogen von einem glitzernden Fluss. Unterhalb des Hügels, auf dem Paul stand, befand sich das Indianerlager, umgeben von einigen Birken. Die Szenerie, die sich Paul bisher wie ein Standbild präsentiert hatte, als eine Momentaufnahme vergangener Zeiten, war diesmal in unheimlicher Bewegung. Der Fluss schien zu schäumen, das spärliche Gras der wüstenartigen Landschaft zeigte ein fahles Grau. Doch das Himmelsgewölbe bot das erstaunlichste Bild: Blutrote Wolken zogen mit beachtlicher Geschwindigkeit über einen tiefblauen Himmel. Paul glaubte Gesichter und Gestalten zu erkennen. Vor Grauen aufgerissene Münder, starre Augen, vor Schmerz gekrümmte Geschöpfe, ganze Gruppen gepeinigter Menschen. Erschüttert senkte Paul den Blick und schaute erneut zum Indianerlager hinunter. Dort unten stand der Schamane, der Paul in der Vergangenheit schon oft rätselhafte Hinweise gegeben hatte. Der Medizinmann winkte, und Pauls Traumkörper schwebte auf ihn zu. Schon von Weitem erkannte er, dass der Geistschamane dieses Mal real zu sein schien und nicht zweidimensional wie bei vorangegangenen Visionen.

Unvermittelt begann der Medizinmann zu sprechen: »Ich habe dich gerufen, und du bist gekommen.«

Paul überlegte noch, was er dem Schamanen als angemessene Antwort geben konnte, als dieser weitersprach: »Seit Langem wird den Völkern großes Unrecht, Leid und Schmerz zugefügt. Nun ist die Zeit gekommen, den Bestien in Menschengestalt Einhalt zu gebieten.«

Paul hatte nicht die leiseste Idee, wovon der Schamane sprach. Ständig wurde auf der Welt gemordet, geplündert, vergewaltigt und geraubt. Zu jeder Sekunde geschah Unrecht in schlimmster Form, wurden Konflikte mit Waffengewalt ausgetragen, ob von kriminellen Banden oder Regierungen.

»Vor vielen Jahrzehnten«, fuhr der Schamane fort, »begann das Morden und Quälen. Ruchlose Männer verfolgten einen Plan und führen diesen noch immer aus. Sie sind nicht mehr weit davon entfernt, ihr Ziel zu erreichen. Wenn das geschieht, wird unendliches Leid über alle Völker kommen.«

»Wer wird was tun?«, unterbrach ihn Paul.

»Das kann und darf ich dir nicht sagen.«

»Wieso nicht?«

»Es ist mir verboten. Bitte frage nicht. Nun höre, ich habe nur begrenzte Zeit, obwohl Zeit für mich keine Bedeutung hat.«

Paul verstand überhaupt nichts.

»Du und der Jäger, ihr seid auf der richtigen Spur. Sende einen deiner Gefährten in die Stadt der zwei Flüsse. Dort wird er eine Spur der Bestien entdecken. Dort haben sie das ›Verbotene‹ entdeckt. Dort haben sie viele Menschen geopfert.«

»Was für eine Stadt? Wie heißt sie, und in welchem Land liegt sie?«

»Das darf ich dir nicht sagen.«

»Dann zeig sie mir«, schrie Paul aufgebracht.

»Das kann ich tun«, sagte der Schamane fast gleichmütig und wies mit seiner linken Hand nach oben.

Paul legte den Kopf in den Nacken und schaute – ja, wohin schaute er denn? Es schien, als schwebe er über einer Landschaft. Er schaute nach oben und doch gleichzeitig nach unten. Sein Magen wusste nicht, was er davon halten sollte, und forderte vorsorglich mehr als genug Magensäure an, was Paul mit einem heftigen Übelkeitsempfinden quittierte. Die Stadt, auf die er aus sicher tausend Metern Höhe hinabschaute, lag tatsächlich am Zusammenfluss zweier mächtiger Ströme, umgeben von dichtem Urwald. Der Umstand, eine solch große Ansiedlung inmitten tropischen Urwalds zu sehen, erstaunte Paul. Er kniff die Augen zusammen und versuchte Einzelheiten zu erkennen. Doch so sehr er sich auch anstrengte, seine Sicht verbesserte sich nicht. Verzweifelt überlegte er, um welche Stadt es sich handeln konnte.

Mit einem Mal wusste er es. Großstadt, Dschungel, zwei Flüsse. Das musste Manaus in Brasilien sein. Hier vereinigten sich der Rio Negro und der Amazonas. Erleichtert, die Antwort gefunden zu haben, richtete er sich aus seiner nach hinten geneigten Position auf und schaute auf das Armaturenbrett seines Autos.

***

Sand Lake, New York State (später Nachmittag)

Vor wenigen Minuten waren Hanky und Walt in Sand Lake eingetroffen. Hanky war sehr erstaunt, wie sehr diese Gegend seiner Heimat glich. In ihm stieg ein unangenehmes Gefühl der Hilflosigkeit anderen gegenüber auf, dass er oft in seiner Kindheit und als junger Erwachsener verspürt hatte. In New York City hatte er völlig vergessen, wie er früher manchmal von Leuten gedemütigt worden war, nur weil er damals langsam beim Denken gewesen war.

Er richtete sich im Beifahrersitz auf und verbannte diese Unsicherheit aus seinen Überlegungen. Er hatte sich verändert und konnte sich in der Welt behaupten. Die Spötter von damals lebten immer noch ihr kleines Leben, doch er, Hanky, war in eine neue Zukunft unterwegs, und darauf war er sehr stolz.

Seine trüben Gedanken wurden unterbrochen, als Walt abbog und vor einem kleinen Restaurant parkte. »Lass uns eine Pause einlegen. Ich habe ziemlichen Hunger.«

Ohne auf eine Antwort zu warten, stieg Walt aus und winkte ihm ungeduldig zu. Mit einem Seufzer schnallte Hanky sich ab, öffnete die Wagentür und stieg aus. Seine Gelenke knackten wie altes Holz, als er sich ausgiebig streckte. Er hatte den größten Teil der Fahrt geschlafen und war schon vor einer Viertelstunde in einer unbequemen Haltung erwacht, ohne dass Walt es registrierte, da er sich auf die Straße konzentriert hatte. Paul hatte ihn geweckt und ihm von seiner Vision erzählt. Mit weiterhin geschlossenen Augen unterhielt sich Hanky auf telepathischem Weg mit Paul. Nach dem Gespräch dachte er intensiv nach und gelangte zu der Überzeugung, dass er Richard nach Brasilien schicken wollte. Am liebsten wäre er selbst nach Manaus geflogen, doch er musste zuerst herausfinden, was hier geschehen war.

Hanky zog sein Handy aus der Tasche und rief seine Festnetznummer zu Hause an. Richards Ehefrau Rita nahm das Gespräch an. Aufgeregt erzählte sie Hanky, dass es einen Zwischenfall in der Nähe von Sand Lake gegeben hatte. Genaueres war allerdings noch nicht aus den Medien zu erfahren. Das war vermutlich genau der Polizeieinsatz, über den sie gesprochen hatten, und sie vermuteten, dass die Odin Force ihre Hände im Spiel hatte. Rita wollte an der Geschichte dranbleiben und Hanky informieren, sobald sie mehr wusste. Hanky stoppte ihren Redefluss und berichtete ihr seinerseits von seiner Unterhaltung mit Paul. Walt, der neben Hanky vor dem kleinen Restaurant stehen geblieben war, zog erstaunt die Augenbrauen nach oben, als er hörte, was Paul in seiner Vision erlebt hatte, enthielt sich aber jeglichen Kommentars, um Hanky nicht bei seinem Telefonat zu stören. Schweren Herzens erklärte Hanky Rita, dass es wohl notwendig sei, dass Richard nach Brasilien flog, um dort der Spur zu folgen, die der Schamane gewiesen hatte. Rita versprach Hanky, mit Richard zu sprechen, wollte aber dessen Entscheidung nicht vorgreifen. Hanky spürte, dass Rita ganz und gar nicht begeistert war, dass ihr Mann nach

Manaus fliegen sollte. So unterließ er es, Rita zu drängen, und vertraute darauf, dass sie mit Richard zusammen die richtige Entscheidung traf.

Ehe Rita das Gespräch beendete, gab sie Hanky noch eine Handynummer. Jemand hatte in Hankys Wohnung angerufen, sich aber nicht namentlich vorgestellt. Es sei überhaupt ein sehr kurzes Telefonat gewesen, erzählte sie, und sie habe gerade genug Zeit gehabt, sich die Nummer aufzuschreiben. Hanky notierte sich die Zahlenfolge, verabschiedete sich rasch von Rita und wählte die mysteriöse Nummer. Walt verfolgte Hankys Telefonate kommentarlos, legte aber die Stirn in Falten, was seine Besorgnis über das unausweichlich Kommende eindrucksvoll demonstrierte.

Nach kurzem Klingeln meldete sich eine Männerstimme mit einem vorsichtigen »Hallo?«

Hanky wusste auf Anhieb, wer da am anderen Ende der Verbindung war.

»Hallo Roger, hier ist Hanky. Geht es dir gut?«

»Ah, Hanky, ja, danke. Woher hast du gewusst, dass ich es bin? Aber gut, dass du dich meldest. Wo bist du gerade?«

Hanky schaute Walt fragend an, doch der konnte ja nicht wissen, worum es ging. Also wiederholte Hanky Rogers Frage. Walt zeigte mit einem Finger auf das Restaurantschild, das über dem Eingang angebracht war. Lächelnd nickte Hanky und verdrehte die Augen. Da stand es groß und breit: *Sand Lake Kitchen*.

»In Sand Lake. Wir stehen dort vor einem kleinen …«

Rasch unterbrach ihn Roger: »Ich bin so in einer Stunde bei euch. Dann können wir reden. Ich traue den Telefonen nicht. Wer weiß schon, wer da alles mithört? Melde mich, sobald ich da bin. Okay?«

»Geht klar. Bis gleich.« Damit beendete Hanky das Gespräch.

Roger erreichte Sand Lake mit mehr als einer Stunde Verspätung. Unterwegs hatte es auf der Landstraße einen Unfall gegeben, und es gab kein Durchkommen.

Hanky und Walt hatten gerade das Besteck aus den Händen gelegt und dachten über einen Nachtisch nach, als Roger durch die Tür trat. Er hatte sie gefunden, obwohl Hanky ihm nicht mitgeteilt hatte, wo sie warten würden. Allerdings bot Sand Lake auch nicht allzu viele Möglichkeiten, um sich zu treffen, wenn man fremd in der Gegend war.

Für einen Moment überwog die Wiedersehensfreude, ehe den dreien das Gewicht kommender Aufgaben die Mundwinkel wieder nach unten drückte. Sie setzten sich, und Roger bestellte einen Kaffee. Danach berichtete er von seiner Zeit bei der Odin Force, und Hanky erzählte ihm, was er und seine Freunde bisher herausgefunden hatten. Ein überraschender Punkt für Roger war der Hinweis von Paul. Der Schamane war für Roger ein neuer Mitspieler, und Hanky hatte es damals bei seiner Befragung durchs FBI auf Pauls Bitte hin verstanden, den indianischen Traumseher aus der Geschichte herauszuhalten. Während Roger noch über die neuen Möglichkeiten nachdachte, die sich durch Pauls Fähigkeiten im Zusammenspiel mit Hanky boten, und Walt seinen doch noch georderten Nachtisch verspeiste, wurde Hanky auf einen Mann an der Theke aufmerksam. Irgendetwas unterschied ihn von den übrigen Gästen im Lokal. Unauffällig musterte er den Fremden und streckte beinahe selbstverständlich seine mentalen Fühler nach ihm aus. Dabei schloss er die Augen, um sich besser konzentrieren zu können. Roger wollte ihn gerade etwas fragen, doch Walt, der Hanky schon oft beobachtet hatte, wenn er sozusagen geistig jemanden belauschte, hielt Roger mit einer Handbewegung auf und flüsterte ihm ins Ohr: »Jetzt nicht. Hanky hat etwas bemerkt. Leise jetzt.«

Roger nickte mit Unverständnis im Gesicht, folgte aber Walts Anweisung. Er schaute zu Hanky, doch der schien zu schlafen, sein Atem ging flach und regelmäßig. Leise fragte er Walt, was das zu bedeuten habe, und Walt erklärte es ihm flüsternd.

In diesem Moment ertönte die Titelmusik der Regionalnachrichten aus den Lautsprechern der zahlreichen, überall im Raum hängenden Fernsehgeräte. Gleich zu Beginn der Sendung meldete der Sprecher mit ernster Stimme einen schweren Zwischenfall mit vermutlich mehr als sechzehn Toten, darunter mindestens ein Beamter der Staatspolizei. Wie es zu diesem verheerenden Vorfall gekommen sei, konnte zu diesem Zeitpunkt noch nicht gesagt werden. Ein leitender Beamter der Staatspolizei hatte für den frühen Abend eine Pressekonferenz anberaumt. Walt und Roger folgten gebannt der Reportage und schienen Hanky dabei völlig vergessen zu haben.

Dieser lauschte auch und war fassungslos und angeekelt vom Gedankengut des Fremden.

»... soll ich schon wieder eine Extraschicht einlegen. Verdammt noch mal. Die ganze Organisation kotzt mich an. Da hätte ich auch gleich auf dem Schlachthof anfangen können. Ständig diese Entsorgung der Spender. Was für eine Sauerei, und wie die stinken! Den Geruch habe ich dann wieder tagelang in den Klamotten. Die eingebildeten Idioten, die nur die Spender anliefern, haben es echt gut. Der verdammte Kommandant Kruger teilt immer nur mich für die Entsorgung ein. Ich hasse diese Scheiße. Diese verdammten Spender sterben aber auch wie die Fliegen, und ich kann dann mit meinen lieben Kameraden, diesen verdammten Schleimern, die immer sagen, jawohl, Herr Kommandant, wird erledigt, Herr Kommandant, den menschlichen Dreck beseitigen. Halt mal, was sagen die im Fernsehen? Was ist da passiert? Wo ist das? Mensch, das ist ja Haus zwei! Da hat es welche von uns erwischt. Was ist mit den Spendern? Warum sagen diese blöden Reporterfritzen nichts darüber? Wenn rauskommt, dass wir da unsere Hände im Spiel haben, gibt's ein Gemetzel. Nein, ohne mich! Das wars! Da mach ich nicht mit. Ein Glück, dass ich heute frei habe. Sollen doch die verdammten Spender verrecken und die ganze Odin Force und der saubere Kommandant gleich mit. Zu schade, dass ich nicht sehen kann, wie der Mistkerl ins Gras beißt. Man kann halt nicht alles haben. Was mach ich mit meinen Sachen? Ins Lager kann ich auf keinen Fall zurück. Ach, hol's der Teufel. Ich muss sehen, dass ich meinen Arsch rette.

»He, Bedienung, zahlen!«

Hanky schlug die Augen auf und starrte den Fremden voll unglaublicher Wut an. Zum ersten Mal in seinem Leben verspürte er die kalte Lust, einen Menschen umzubringen. In diesem Moment drehte sich der Fremde um. Es hatte den Anschein, als habe er Hankys Blick bemerkt.

»Was starrst du mich so an, du Arschloch?«, fauchte er ihn an. Walt und Roger wurden aufmerksam und schauten verwundert zwischen Hanky und dem Mann hin und her.

Hankys Gesicht verzerrte sich in unbeherrschter Wut. Ohne sich dessen bewusst zu sein, sendete er einen starken mentalen Impuls zu dem Fremden. Dieser schrie in höchster Pein auf, griff sich an den Kopf und sackte dann ohnmächtig auf dem Barhocker zusammen, um gleich darauf schlaff auf den Fliesenboden zu fallen. Mit einem hässlichen Geräusch brach ein Knochen. Die anderen Gäste wurden aufmerksam und starrten den am Boden Liegenden an. Eine Serviererin kam um den Tresen herumgelaufen, schaute erschrocken auf den Odin-Mann, fuhr herum und lief zu dem an der Wand hängenden Telefon. Hanky, Walt und Roger hörten, wie sie ins Telefon rief: »Ja, ist da der Notdienst? Bei uns ist gerade ein Gast vom Barhocker gefallen. Ja, anscheinend ohnmächtig. Bitte schicken Sie einen Wagen. Okay, danke. Ich frage mal.« Damit hängte sie auf und fragte mit erhobener Stimme: »Ist hier zufällig ein Arzt oder Krankenpfleger?«

Als sich niemand meldete, rief sie in die Küche: »Tom, komm mal her. Hier ist mal wieder einer vom Hocker gefallen. Bring den Erste-Hilfe-Kasten mit. Los, mach schon.«

Hanky saß ganz blass am Tisch. Er konnte nicht fassen, dass er den Fremden angegriffen hatte. Dabei war ihm im Moment nicht einmal bewusst, dass er einen mentalen Schlag ausgeteilt hatte. Wieso hatte er sich nur so hinreißen lassen? Wie hatte es nur so weit kommen können? Das war nicht richtig. Doch noch ehe sich Hanky weitere Selbstvorwürfe machen konnte, sagte

Walt leise und beruhigend: »Keine Angst, der Kerl atmet noch. Hanky, warst du das? Was hat dich denn so aufgeregt? Haste ihn belauscht? War's das? Muss ja ein übler Bursche sein, wenn du so reagierst. Wir bleiben jetzt ganz ruhig hier sitzen, gerade so, als ob uns die Sache nichts angeht. Verstanden?«

Hanky nickte nur wie ein kleiner Junge und schaute auf die Tischplatte. Tränen der Scham rannen über seine Wangen. Er hätte fast einen Menschen umgebracht. Wie weit war es mit ihm gekommen? Ach, wäre er doch noch der dumme Kerl, der sinnlos in den Wäldern herumwanderte und Ameisen zählte …

Ein leichtes Schluchzen entfuhr seiner Kehle. Walt beugte sich über den Tisch und reichte ihm eine Papierserviette. Dankbar nickte Hanky und wischte sich die Augen trocken. Dann straffte er sich. »Ist schon wieder okay. Ich wusste nicht, dass ich zu so etwas fähig bin.«

Erst in diesem Moment wurde Hanky klar, dass er den Mann kraft seines Willens niedergestreckt hatte.

Kapitel 10

Carefree, Arizona (später Nachmittag)
Der Doktor hob den Hörer ab. »Ja?«

Am anderen Ende der Verbindung meldete sich eine neutrale, emotionslose Stimme: »Sektion Nordost meldet Verlust von Haus zwei. Erbitten weitere Anweisungen.«

Diese verdammten Idioten, dachte der Doktor, *wie können die nur so eine Meldung über das Telefon schicken*?

Laut sagte er: »Verstanden. Erwarten Sie neue Order.« Verstimmt legte er auf. Dann eilte er die Kellertreppe hinab, schloss den Weinkeller auf und schaltete das Licht ein. Er ging durch den erstaunlich großen Raum, bis er schließlich vor einem Weinregal an der rechten Wand stehen blieb. Aus einem verborgenen Fach zog er eine kleine Fernbedienung und tippte eine Tastenkombination in das Gerät. Sogleich erwachte summend ein kleiner Elektromotor und zog das Weinregal einen guten Meter nach hinten. Ein schmaler Gang wurde sichtbar, und an der Decke des verborgenen Korridors schalteten sich Leuchtstofflampen ein.

Der Doktor eilte den Gang entlang, bis er nach zwanzig Metern vor einer massiven Stahltür stand. Die Tür war vollkommen glatt, ohne einen erkennbaren Öffnungsmechanismus. Auf eine weitere Signalfolge, die er in die Fernbedienung eingab, fuhr die Tür zur Seite. Auch im dahinterliegenden Raum schaltete sich das Licht automatisch ein. Der Doktor betrat den Raum, der sich in nichts von großen Forschungslabors der Pharmaindustrie zu unterscheiden schien. Allein die Abwesenheit jeglichen Personals und eine unbestimmte Aura vergangener, unmenschlicher Experimente verliehen dem Raum die kalte Präsenz einer modernen Folterkammer. Jedes Instrument, jeder Arbeitsplatz und noch mehr der an der linken Seite aufgestellte OP-Tisch mit mannigfachen Gerätschaften hätte einem unbedarften Besucher eine Ganzkörpergänsehaut verschafft.

Unberührt von alldem durchquerte er den Raum und öffnete eine weitere Tür. Durch einen gekühlten Lagerraum, in dem sich in langen Reihen Glasbehälter, Kisten und Metallcontainer befanden, gelangte er schließlich durch eine weitere Tür in eine Art Befehlszentrale. Auch hier war er allein. An den Wänden verteilte Bildschirme tauchten den Raum in diffuses, mehrfarbiges Licht. Im Zentrum der Zentrale befand sich ein hufeisenförmiger Arbeitsplatz, der mit vielen Schaltelementen und Computertastaturen ausgestattet war. Der Doktor setzte sich und drückte mehrere Schalter. Leises Rauschen breitete sich in der Zentrale aus und endete schließlich in einem kaum noch vernehmbaren tiefen Basston. Über das extra für die Odin Force kreierte digitale Medianetz loggte der Doktor sich in den Datenstrom ein. Nun war er in der Lage, alle Außenstellen der Odin Force und der Gruppe Phönix abhörsicher anzusprechen oder nach seinem eigenen Belieben unbemerkt über Video und Audio zu überwachen. Genau dies hatte er im Moment im Sinn. Er musste sich erst einmal ein Bild von der Situation machen, ehe er weitere Maßnahmen ergriff.

Aus einer Computerliste wählte er *Haus 2* an und schaute fast im gleichen Moment aus unterschiedlichen Kamerapositionen auf das Geschehen. Hektik und Chaos, zerbeulte Fahrzeuge, Verletzte und Tote. Sanitäter und Polizisten, selbst hilflos und dennoch bemüht, Hilfe zu leisten, wo es möglich war. Unglaubliche Szenen im ›Spenderraum‹. Schreiende, tobende, nackte, blutüberströmte, schmutzige Menschen. Dazwischen Sanitäter, Ärzte und Polizisten, mit blassen Gesichtern und weit aufgerissenen Augen, in denen sich die Unerbittlichkeit dieser Tragödie spiegelte.

Das alles berührte den Doktor nur wenig. Ärgerlich dachte er an das Versagen seiner Untergebenen und den Verlust der Produktion von Haus zwei. Er schaute noch einen Moment auf die Bildschirme, während er schon über die Konsequenzen dieses Zwischenfalls nachdachte. Der Zeitplan musste umgestellt, die Spender ersetzt werden, neues Personal war anzuheuern. Das alles war zwar ärgerlich, aber noch keine Katastrophe. Vor allem musste verhindert werden, dass Polizei und Presse die richtigen Schlüsse zogen. Von den Spendern drohte keine Gefahr, denn sie wussten nichts über den Grund ihrer Gefangenschaft. Anders sah es mit den Männern der Odin Force aus, die vor Ort stationiert waren. Ein Exempel musste statuiert werden, um allen klarzumachen, dass absoluter Gehorsam unabdingbar war. Der Doktor wusste schon, wen er opfern würde. Der einzig sinnvolle Kandidat war der Lagerkommandant Rudgar Kruger. Er schaltete die Bildschirme von Haus zwei ab und aktivierte die geschützte Telefonleitung. Sogleich meldete sich der Operator. Ohne sich zu identifizieren, sagte der Doktor nur: »Verbinden Sie mich mit Kleinfeld.«

***

Sand Lake New York State (später Nachmittag)

Roger lief vor dem Restaurant auf und ab und telefonierte mit Walts Handy. Aufgeregt fuchtelte er dabei mit den Armen, als ob sein Gesprächspartner am anderen Ende der Leitung es sehen könnte. Nach einer weiteren langen Minute, die Hanky und Walt bereits in ihrem Wagen warteten, beendete er schließlich das Gespräch mit einem halbwegs zufriedenen, halbwegs besorgten Gesicht. Er ging zu den anderen hinüber.

Hanky kurbelte die Scheibe der Beifahrertür herunter, beugte sich aus dem Fenster und hörte Roger sagen: »Ich müsste selbst fliegen. Das kann doch nicht gut gehen. Wenigstens konnte ich einen Flug buchen.«

Walt notierte sich die Einzelheiten und startete den Motor.

Hanky verstand, was Roger bewegte: Er kannte Richard nicht und wollte keinen Unschuldigen in eine Situation bringen, von der er selbst nicht wusste, wie er sie einzuschätzen hatte. Beruhigend sagte Hanky: »Im Moment haben wir keine andere Möglichkeit. Außerdem ist Richard ein gewitzter Reporter. Sein größtes Problem wird erst einmal Rita sein. Sie wird nicht sehr erfreut darüber sein, dass wir ihren Mann allein nach Brasilien schicken. Ich muss Richard anrufen und Bescheid sagen, dass du einen Flug für ihn organisiert hast. Also lass uns endlich losfahren, wir haben keine Zeit!« Zur Fahrerseite gewandt fragte er: »Walt, hast du dir notiert, wie wir fahren müssen?«

»Hab ich. Die Serviererin hat mir genau beschrieben, wo das alte Fabrikgelände liegt.«

Sie fuhren mit beiden Wagen los, durch eine scheinbar friedliche, grüne Waldlandschaft, und wussten doch, dass sie bald großes Elend vorfinden würden. Hanky war froh, dass er mit Richard telefonieren musste, sodass er für eine Weile die Gedanken an das Kommende verdrängen konnte.

Gerade hatte Hanky die Telefonnummer fertig eingetippt und den grünen Sendeknopf gedrückt, als am anderen Ende schon abgenommen wurde. Rita war am Telefon, und sie war alles andere als ärgerlich. Hanky hatte gerade erst seinen Namen genannt, als Rita ihn unterbrach: »Ich habe in den Nachrichten gesehen, was vorgefallen ist. Wir verfolgen hier schon seit einer Stunde die Sondersendungen. Du meine Güte. Wir müssen alles tun, um diesen Verbrechern das Handwerk zu legen. Die armen Leute, was ist nur mit ihnen geschehen? Im Moment bringen die Sanitäter … Moment, bin gleich wieder bei dir …«

Hanky hörte ihren schweres Atmen und gleich darauf einen Reporter im Hintergrund.

»Hanky, die Offiziellen rechnen mit zwei- bis dreihundert Opfern.«

Hanky wurde ungeduldig und rief mit erhobener Stimme ins Telefon: »Rita, so hör mir doch erst mal zu. Ist Richard zu sprechen?«

»Nein«, antwortete Rita nur halb konzentriert, da sie gleichzeitig mit Hanky zu sprechen und der Reportage zu folgen versuchte. »Er ist in die Redaktion gefahren, um seinem Boss zu erklären, dass er nach Brasilien fliegt. Der wird sich freuen. Sein neuer Mitarbeiter hat noch keinen Tag gearbeitet und fährt schon sonst wohin.«

»Okay, Rita. Richard kann schon heute Abend fliegen, genau genommen in dreieinhalb Stunden. Wir haben für ihn ein Ticket reserviert. Nimm dir was zu schreiben. Ich gebe dir gleich die Flugnummer durch. Versuch Richard zu erreichen, die Zeit wird knapp. Aber vorher gehst du in mein Schlafzimmer. In der unteren Nachttischschublade liegt ein Umschlag. In dem Umschlag sind dreitausend Dollar. Die gibst du Richard für die Reise.«

So ging es noch eine Weile hin und her. Die Reportage hatte Rita davon überzeugt, dass schnelles Handeln angesagt war. Ihr Ehemann war der Einzige in ihrem kleinen Team, der verfügbar war und sich noch dazu in der Nähe eines internationalen Airports befand. Hanky versprach ihr, Richard nach Manaus zu folgen, sobald sich die Gelegenheit ergeben würde.

Während er noch telefonierte, sah er in vielleicht zwei Kilometern Entfernung die blitzenden Lichter der Rettungsfahrzeuge.

»Rita, wir sprechen uns später. Ich muss auflegen. Wir sind gleich da.« Damit beendete er das Gespräch, ohne Ritas Erwiderung abzuwarten, und schaltete sein Handy aus.

Kapitel 11

Albany New York State,
Medical Center Hospital (später Nachmittag)

Der alte Mann stand leicht gebeugt vor dem Krankenbett seines Sohnes. Er bekam nichts von der Hektik mit, die draußen in den Fluren herrschte. Ständig fuhren Krankenwagen zur Notaufnahme und brachten weitere *Fabrikleute*, so nannten die Medien die Opfer der Odin Force. Doch wie die Reporter diese armen, bemitleidenswerten Menschen auch nannten, sie konnten nicht das Elend ausdrücken, das diese in der Fabrik hatten erleiden müssen.

Sein Sohn war dort gewesen und hatte versucht zu helfen. Trotz seiner erheblichen Verletzungen – die rechte Niere war wohl nicht mehr zu retten, und ob Smithy sein linkes Bein je wieder würde gebrauchen können, stand noch in den Sternen – hatte er die Polizisten der Staatspolizei noch warnen können. Ohne sich um seine Verletzungen zu kümmern, hatte er sein Leben aufs Spiel gesetzt, um seine Kameraden vor diesen Mistkerlen zu warnen. Er hatte viel Blut verloren und lag jetzt, mit weißen Bandagen versehen, schlafend im Krankenbett. Das alles machte Old Smithy sehr traurig und zugleich auch wütend. Immer wieder wurden Menschen durch skrupellose Verbrecher oder Politiker ins Elend gestürzt und mussten mit ihrer Gesundheit oder gar ihrem Leben für den Profit anderer zahlen. Nun hatte es seinen Sohn erwischt. Old Smithys Gedanken schweiften in die Vergangenheit ab, zu einem Land, einem Ort, den er immer sorgfältig in seinem Innersten verborgen hatte, aus Angst, die Erinnerungen würden ihn um den Verstand bringen. All das Grauen, das seine Sinne gespeichert hatten und das unter einer dünnen Schicht Alltag auf einen Ausbruch wartete. Eine innere Stimme fragte Old Smithy beim Anblick seines Sohnes dort im Krankenbett, wie oft er in seinem Leben Verwundete und Tote gesehen habe. Er wusste es nicht mehr. Viele seiner Kameraden hatten so dagelegen, in den Feldhospitälern in Laos und Vietnam, und viele seiner Kameraden waren gestorben. Einfach gestorben, ohne dass ihnen jemand hatte helfen können. Flehende Augen hatten ihn angeblickt, junge Männer, die das Leben noch vor sich hatten, seine Freunde, seine Brüder im Dreck des Dschungels, und dann waren diese Augen verloschen. Immer war er beherrscht geblieben, als Leutnant war er Vaterfigur und Vorbild der jungen Leute gewesen.

Doch einmal war es doch zu viel gewesen, und seine sprichwörtliche Gelassenheit hatte sich in einem verzweifelten Moment in blutige Raserei verwandelt. Durch eine Unachtsamkeit bei einer Patrouille waren drei seiner Männer in einen Hinterhalt geraten und von den Vietcong gefangen genommen worden. Sie waren bei der Streife von der Route abgekommen, was im dichten Regenwald leicht geschehen konnte, und in eine Falle gelaufen. Leutnant Smith, damals ebenfalls Smithy genannt, war keine fünfzig Meter von seinen Soldaten entfernt gewesen, als er ihre in höchster Todesangst ausgestoßenen Schreie hörte. Sofort spurtete er los, Äste und Dornen peitschten in sein Gesicht und gegen die Unterarme, schon nach wenigen Metern war sein Gesicht rot vom eigenen Blut. Schreiend brach er durch das letzte Gestrüpp und stand mit einem Mal seinen Feinden direkt gegenüber. Als sie den rasenden Mann mit der blutigen Maske erblickten, schraken sie zusammen und wollten trotz ihrer Übermacht die Flucht ergreifen. Leutnant Smith schaute sich suchend nach seinen Kameraden um. Schon nach einer Sekunde erblickte er sie, doch was er da sah, verschlug ihm den

Atem: Auf dem Boden, halb an einen Baum gelehnt, lagen drei Bündel, die noch vor Minuten Menschen gewesen waren. Därme quollen aus aufgeschlitzten Leibern, von verzweifelten Händen gehalten, als ob dies eine Chance auf Rettung bedeuten würde. Unzählige Machetenhiebe hatten den Rest der Körper in ein blutiges Irgendwas aus Haut, Blut und Knochen verwandelt. Das Schlimmste aber war, dass keine der Leichen mehr einen Kopf hatte. Der Leutnant würgte und hätte sich fast vollgekotzt. Die ganze Betrachtung hatte nicht mehr als eine Sekunde seiner Aufmerksamkeit gefordert, doch diese eine Sekunde würde sein ganzes Leben verändern. Das wusste Leutnant Smith in dem Moment noch nicht, und wenn, wäre es ihm egal gewesen.

Er drehte sich um, seine Maschinenpistole schwenkte mit, und als er den ersten Vietcong erblickte, drückte er den Abzug durch und ließ ihn erst wieder los, als sein Magazin leer war. Sofort schob er einen neuen Ladestreifen in die Waffe und rannte den Fliehenden feuernd hinterher. Als die Magazine aufgebraucht waren, zog er seine Pistole und schoss weiter um sich. Kugeln flogen ihm um die Ohren, Dreck spritzte auf, kleinere Bäume brachen unter dem heftigen Beschuss zusammen und fielen auf den feuchten Urwaldboden. Wie durch ein Wunder war er von keiner feindlichen Kugel getroffen worden. Seinen letzten Gegner überwältigte er, indem er ihn wie wild ansprang und ihm sein Messer bis zum Heft in die Brust stieß. Er hatte den Anführer der Gruppe erwischt, und als sie gemeinsam zu Boden stürzten, rollten aus einem Leinensack die Köpfe der Kameraden. Der Vietcong lebte noch eine Weile und versuchte das Messer aus seiner Brust zu ziehen, doch Leutnant Smith saß nur schweigend daneben und hielt es mit eisernem Griff fest.

Kaum zehn Minuten später waren die Soldaten seiner Patrouille bei ihm und versuchten ihn zum Aufstehen zu bewegen, doch Leutnant Smith saß unverrückbar neben dem toten Feind. Die Männer suchten die Umgebung ab und zählten erstaunt einundzwanzig tote Vietcong. Erst als eine weitere halbe Stunde vergangen war und es sacht zu regnen anfing, löste sich Leutnant Smith' Starre. Langsam, wie ein alter Mann, stand er auf und schaute sich hilflos um. Tränen gruben Spuren durch Dreck und Blut auf seinem Gesicht. Zwei seiner Männer eilten herbei, stützten ihren Leutnant und brachten ihn zum Lager zurück.

Niemand sprach ihn jemals auf diesen Vorfall an, und Leutnant Smith verlor nie ein Wort darüber. Zwei Jahre später kehrte er aus Vietnam zurück. Still, nie ein Wort zu viel sprechend, arbeitete er an seiner Zukunft. Heiratete, wurde drei Jahre später stolzer Vater und baute ein kleines Haus. Doch seit seiner Rückkehr war er immer leicht gebeugt gelaufen, als ob er eine unsichtbare Last aus dem Krieg mitgebracht hätte, die er auf seinen Schultern durchs Leben trug.

Wie ein alter, längst vergessener Film waren die Szenen aus Vietnam durch seine Gedanken geschossen. Er spürte, dass seine Wangen feucht waren. Er hatte die vergessenen Tränen noch einmal geweint. Hilflos wischte er mit dem Handrücken durchs Gesicht und schüttelte traurig den Kopf.

Er war nicht mehr Leutnant Smith, nein, er war nicht einmal mehr Smithy. Er war für die Leute einfach nur Old Smithy. Das war gut so. Sein Sohn war jetzt Smithy, und darauf war der alte Mann stolz. Sein Sohn war ein rechtschaffener, aufrichtiger Mann. Als er damals zur Polizei gegangen war, war das Old Smithy anfangs nicht recht gewesen, doch nach und nach sah er, wie prächtig sich sein Junge entwickelte. Alles war gut gewesen, bis heute. Da hatten sie seinen Jungen erwischt. Nicht irgendwelche Kriminellen, nein, Soldaten in schwarzen Kampfanzügen, so hatten die Kollegen seines Sohnes berichtet. Keiner der Polizisten konnte sagen, woher die Soldaten, diese Söldner, gekommen waren. Doch er, Old Smithy, wusste es. Fürs Erste wollte er sein Wissen für sich behalten, bis … Ja, bis wann? Bisher hatte der Alte nicht gewusst, warum er seine Vermutung keinem erzählte.

Er richtete sich auf, stand gerade wie seit Jahren nicht mehr und schaute auf seinen schlafenden Sohn. »Ich werde sie mir schnappen, mein Junge. So wie damals in Vietnam. Sie werden nicht ungeschoren davonkommen. Das verspreche ich dir.«

Damit drehte Old Smithy sich um und verließ festen Schrittes und aufrecht das Krankenzimmer seines Sohnes.

***

Haus zwei und Umgebung (früher Abend)

Vor wenigen Minuten waren sie eingetroffen. Hanky hatte mit jedem Meter, den sie näher an das Geschehen herangefahren waren, immer größere Panik heranwogen gespürt, gemischt mit Mitleid, Abscheu, Ekel und Zorn. Dieser emotionale Sturm hätte ihn fast kollabieren lassen, bis er zufällig herausfand, wie er sich dagegen abschirmen konnte. Er dachte verzweifelt: »Ich will das nicht. Ich will nicht dieses Grauen spüren!«

Sofort wurde es still in seinem Kopf, und er hätte nicht zu sagen vermocht, ob er einzelne Gedanken oder ein Bündel Hunderter Gedankenströme gehört hatte. Es konnte auch sein, dass sein Geist nur die Gefühle der Menschen spürte und diese als kompletter Gesamteindruck auf ihn einwirkten. Das war ihm im Moment auch egal. Er war froh, fürs Erste diesen Druck los zu sein. Nun galt es, einen klaren Kopf zu bewahren, und er versuchte sich gegen das zu wappnen, was dort vorn auf sie wartete.

Zunächst wurden ihre Wagen von einem Streifenpolizisten angehalten.

»He, wo wollen Sie denn hin? Sehen Sie nicht, dass hier gesperrt ist? Hier kommt keiner durch. Drehen Sie um und fahren Sie zur nächsten Staatsstraße. Von dort aus gibt es eine Umleitungsempfehlung.«

Roger setzte seine amtliche Miene auf oder jedenfalls das, was er dafür hielt, und wedelte mit seinem Dienstausweis.

Der Polizist, nun ganz aus dem Konzept gebracht, trat näher und besah sich das Dokument genauer. Stirnrunzelnd kratzte er sich mit der linken Hand am Kopf und meinte nun etwas freundlicher und nicht mehr ganz so laut: »FBI? Hmm. Na, ich glaube, das ist was anderes. Ihr Jungs«, er schaute zuerst zu Roger und dann in den zweiten Wagen zu Hanky und Walt, »ihr seid ja ziemlich schnell. Wir hätten nicht vor heute Abend mit euch gerechnet. Übernehmt ihr nun die Ermittlungen?«

Ganz selbstverständlich hatte der Polizist Hanky und Walt auch als FBI-Beamte akzeptiert, ohne auch nur nach ihren Dienstausweisen zu fragen. Darauf hatte Roger gesetzt und hoffte, der Sheriff würde genauso reagieren. Zu dem Polizisten gewandt sagte er mit einem leichten Lächeln auf den Lippen: »Ja, wir sind halt von der schnellen Truppe. Wo finden wir Sheriff … Na, wie war denn der Name noch?« Fragend wandte er sich zu Hanky um, der inzwischen aus Walts Wagen ausgestiegen war und eifrig in einer kleinen Ledermappe herumkramte, die mit den Ermittlungen nichts zu tun hatte, sondern Fahrzeugpapiere und Betriebsanleitung ihres Wagens enthielt. Doch noch ehe Hanky in Erklärungsnot geriet, sagte der Polizist: »Sie meinen Sheriff Ward. Jeff Ward. Nicht wahr?«

»Genau, mein Bester«, antwortete Roger. »Wo finden wir denn Sheriff Ward?«

»Ich glaube, am besten ist es, Sie fahren bis kurz vor das Fabriktor und parken am Straßenrand. Dann fragen Sie einfach noch einmal.«

Roger bedankte sich und lenkte den Wagen langsam zwischen den überall geparkten Einsatzfahrzeugen hindurch. Hanky stieg schnell wieder in Walts Auto und folgte Roger. Etwa dreißig Meter vor dem Firmentor parkten sie dann schließlich zwischen zwei Alleebäumen. Sie verließen ihre Fahrzeuge, und Roger schaute seine zwei Mitstreiter ernst an, ehe er mit etwas belegter Stimme sagte: »Okay, von hier aus geht es zu Fuß weiter. Haltet die Augen offen und überlasst mir das Reden. Macht euch auf einiges gefasst, das wird bestimmt kein schöner Anblick. Los geht's.«

Gemeinsam marschierten sie auf die Fabrik zu. Noch immer lag Rauchgeruch in der Luft, vermischt mit der unangenehmen Note verbrannten Fleischs. Überall liefen Beamte der Staatspolizei herum, Männer aus dem Sheriffsbüro, Feuerwehr und Sanitätsdienst. Jeder schien beschäftigt, und keiner kümmerte sich um Roger, Walt und Hanky.

Vor den zerstörten Fahrzeugen, einem wirren Knäuel aus Blech, Plastik, Glas und Gummi, blieben die drei einen Moment lang stehen und ließen die Szene auf sich wirken. Es bedurfte enormer Gewalt, eine solche Zerstörung anzurichten. Mit einem kurzen Nicken forderte Roger seine Begleiter auf, weiterzugehen. Kurz vor der zertrümmerten Eingangstür wurden sie erneut aufgehalten. Ein großer, dunkelhaariger Cop mit angesengtem Hosenbein hob gebieterisch den Arm. »Na, was denkt ihr denn, wo ihr hingeht? Das hier ist gesperrtes Gebiet. Wer hat euch Pressefritzen eigentlich durch die Absperrung gelassen?« Er klang müde.

»Von wegen Pressefritzen«, konterte Roger und zog mit geübtem Schwung seinen Dienstausweis aus der Jackentasche. »FBI, mein Lieber. Wir suchen Sheriff Ward. Wo können wir den denn finden?«

Der Polizist verzog nur das Gesicht, was alles bedeuten konnte, und deutete mit dem Kinn auf das Gebäude hinter sich. »Der muss oben im zweiten Stock sein. Jedenfalls war er noch vor ein paar Minuten dort. Versuchen Sie ihr Glück, aber halten Sie sich die Nasen zu.«

Dann drückte er sich an Hanky und seinen Begleitern vorbei und lief Richtung Straße.

»Netter Kerl«, sagte Walt, und das waren die ersten Worte, die er seit über einer Stunde von sich gegeben hatte. Zusammen betraten sie das Treppenhaus der alten Fabrik. Der Cop hatte recht gehabt. Ein Schwall aus nicht zu identifizierenden Gerüchen traf die Männer wie ein Faustschlag. Roger zog ein Taschentuch aus der Hosentasche und hielt es sich vor die Nase. Walt versuchte, seine Hand als Filter zu benutzen. Nur Hanky machte keinerlei Anstalten, etwas zum Schutz seiner Geruchsnerven zu tun. Sie stiegen die Treppen zum zweiten Stock hinauf. Ein genauer Beobachter hätte bestimmt festgestellt, das Hanky einen distanzierten, ja fast gelassenen Eindruck machte, selbst in dem Moment, als sie den Saal betraten.

Das Chaos war bei Weitem nicht mehr so groß wie beim Eintreffen von Sheriff Ward und seinen Männern. Mehr als die Hälfte der Opfer waren bereits abtransportiert und in die umliegenden Krankenhäuser und Kliniken gebracht worden. Dort herrschte allerdings in der Zwischenzeit der Ausnahmezustand, und die meisten Betten waren belegt.

Roger marschierte auf eine Gruppe Polizisten zu, die einem einzelnen Cop aufmerksam zuhörten. Wie selbstverständlich stellte er sich zu ihnen und wartete, bis der Sprecher seine Ausführungen beendet hatte. Dann sprach er den Mann an: »Sheriff Ward, wenn ich richtig vermute.«

Noch ehe der Sheriff etwas erwidern konnte, fuhr Roger fort: »Darf ich mich vorstellen? Roger Thorn, FBI. Dort hinten stehen meine Kollegen Kessler und Berson. Bitte unterrichten Sie mich über das, was Sie bisher in Erfahrung gebracht haben.« Damit zog er einen kleinen Notizblock aus der Tasche und schaute den Sheriff gespannt an.

»So so«, sagte der Sheriff, »vom FBI? Möchte mal wissen, wer das FBI angefordert hat? Leiten Sie von nun an die Sache hier?« Dabei schaute er durch den großen Raum, als wolle er noch einmal Bestand aufnehmen und seine Gedanken ordnen.

»Aber nein, Sheriff. Fürs Erste sollen wir uns ein Bild von der Lage machen und Ihnen gegebenenfalls zur Seite stehen. Das heißt, bis wir andere Order von unserer Dienststelle bekommen.«

Sheriff Ward knurrte etwas Unverständliches, begann dann aber doch, Roger von den bisherigen Vorfällen zu berichten.

Währenddessen hatte Hanky kurz mit Walt gesprochen. Auf dem Weg in den Saal war ihm der kleine Funkraum aufgefallen, und bisher schien niemand Zeit gehabt zu haben, sich dort einmal umzuschauen.

»Also, Walt, schau dir die Funkanlage genau an und schreib wenn möglich die Frequenz auf, die dort eingestellt ist. Nimm alle Unterlagen an dich, die du finden kannst. Sobald du fertig bist, kommst du zu mir. Dann sehen wir weiter. Falls jemand fragt, wer du bist, sag einfach: Kessler vom FBI. Alles klar?«

»Natürlich, Hanky. Was machst du in der Zwischenzeit?«

»Ermitteln«, war die kurze Antwort. Walt schaute seinen Freund verdutzt an, zuckte mit den Schultern und verließ den Saal, froh darüber, etwas zu tun zu haben.

Hanky schaute ihm nach, und es tat ihm ein wenig leid, ihn so schnell abgefertigt zu haben. Doch ihm war etwas aufgefallen. Eher aus Unachtsamkeit als absichtlich hatte er seinen Gedankenschirm etwas geöffnet und etwas Erstaunliches gehört. Einer der Spender war ganz und gar nicht in Panik oder strahlte Hilflosigkeit aus, sondern dachte an die Konsequenzen, die er zu erwarten hatte, sollte er verhaftet werden.

Wieso, so fragte Hanky sich selbst, *sollte jemand einen Spender verhaften*? Er musste der Sache genauer auf den Grund gehen. Konnte es sein, dass sich einer, der mitverantwortlich für dieses Grauen war, unter den Spendern versteckte? Wenn ja, dann musste Hanky diesen Kerl unbedingt finden.

Er schaute sich suchend in dem großen Raum um und konnte nur mit Mühe sein Mitleid unterdrücken. Er hätte am liebsten mit angepackt, um diesen armen Menschen so schnell wie möglich ärztliche Betreuung angedeihen zu lassen. Doch diese Aufgabe musste er den anderen Helfern überlassen. Von Paul wusste er, dass dies hier Haus zwei sein musste. Also gab es noch weitere Häuser. Diese Häuser mussten so schnell wie möglich gefunden werden, damit den Entführten dort geholfen werden konnte. Menschenleben standen auf dem Spiel. Viele Menschenleben.

Langsam ging er durch die Reihen der Krankenhausbetten und schaute sich suchend um. Er hatte den Kontakt zu dem Unbekannten verloren. Vorsichtig öffnete er erneut seinen Gedankenschirm und wäre fast zusammengezuckt unter dem Ansturm der Emotionen. Das Leid anderer Menschen konnte er nur schwer ertragen, und es kostete ihn viel Kraft, sich auf seine Suche zu konzentrieren. Er ging von Bett zu Bett und schaute auf erbärmliche Gestalten, die mit leeren Blicken dalagen, erschöpft vom Schreien und Toben und unfähig, sich zu orientieren oder auch nur zu begreifen, was mit ihnen geschah oder was um sie herum vor sich ging. Barmherzige Helfer hatten die Gepeinigten mit Wolldecken zugedeckt, um wenigstens ihre Blöße zu bedecken, bis man Zeit fand, sie zu versorgen. Hanky fiel auf, das neben den medizinischen Gerätschaften, die hinter jedem Bett vorhanden waren und an Intensivmedizin erinnerten, ein Metallarm hervorragte, der einen Flachbildschirm direkt über den Köpfen der Spender in Position hielt. Wer auf einem der Betten lag, konnte nicht anders, als auf den Monitor zu schauen. *Wie passt das ins Bild?*, fragte er sich. Die Leute zu entführen, ihnen Grausames anzutun und dann für Unterhaltung zu sorgen?

Bei seinen Überlegungen war er weitergelaufen, ohne direkt nach dem Gesuchten zu fahnden. Gerade als er sich überlegte, was denn den Spendern auf den Bildschirmen gezeigt worden war – alle Geräte waren ausgeschaltet – hörte er wieder die Gedanken, die nicht ins Bild passten.

Wenn es so weitergeht wie bisher, bin ich in einer halben Stunde in Sicherheit, dachte Frank. *Noch zwei Reihen, dann sind die Sanitäter bei mir. Bob haben sie schon vor einer Weile abtransportiert*. Er hoffte inständig, dass dieser Idiot sich richtig verhielt und sich heimlich davonmachen konnte. Er selbst hatte noch keinen konkreten Plan, wie seine Flucht ausschauen sollte. Er wusste nur, dass er so weit wie möglich …

In diesem Moment wurde er auf einen großen blonden Mann aufmerksam, der ihn durchdringend anschaute. Doch dann drehte sich der Mann einfach um und ging scheinbar gleichmütig den Gang entlang Richtung Ausgang.

Puh, falscher Alarm, dachte Frank. Wie der Blonde ihn angestarrt hatte! Zum Fürchten. Na ja, jetzt war er weg. Wie lange dauerte es denn noch, bis er abgeholt wurde? Diese Krankenpfleger waren wirklich ein lahmarschiger Verein.

Kurze Zeit später kamen zwei Krankenpfleger an sein Bett, die eine Trage vor sich herschoben, gefolgt von einem Arzt. »So, dann wollen wir mal«, sagte einer der Sanitäter, während der zweite auf die andere Seite des Betts trat. Gemeinsam richteten sie Frank auf, und ehe er sich versah, wurde seine Arme nach hinten gebogen, und Handschellen klickten.

Frank war völlig überrumpelt von der Situation und war noch erstaunter, als er den Blonden vom Fuß des Betts sagen hörte: »Ich glaube, Frank, ein Verhörspezialist sollte sich mit dir unterhalten. Ach ja, die Fahndung nach Bob ist schon im Gange, und glaub nicht, dass du uns etwas verheimlichen kannst. Wir kennen Mittel und Wege, jeden zum Sprechen zu bringen.«

Frank begriff überhaupt nichts mehr. Woher wusste dieser Typ seinen und Bobs Namen? Wie war es ihm möglich gewesen, ihn unter all den Spendern zu finden? Was hatte ihn verraten? Eine nie gekannte Verzweiflung breitete sich in ihm aus wie ein bösartiges Krebsgeschwür, und er wusste, wenn die Odin-Leute von seiner Festnahme erfuhren, war er so gut wie tot.

Hanky folgte den Beamten, die Frank abführten, bis zur Tür und blieb bei Sheriff Ward und Roger Thorn stehen. Der Sheriff schaute noch immer erstaunt drein. »Wie zur Hölle haben Sie so schnell herausgefunden, dass dieser Kerl kein Opfer ist? Außerdem, wie ist es möglich, dass Sie seinen Namen kennen und den seines Kumpels auch? Das geht doch nicht mit rechten Dingen zu!«

Roger zeigte ein kurzes Grinsen, wurde aber gleich wieder ernst und nahm Hanky die Antwort ab. »Hören Sie, Sheriff, wir werden nicht den Erfolg beanspruchen, einige dieser Gangster entdeckt zu haben. Sie und ihre Männer haben hier heute eine Menge mitgemacht und heldenhaft gehandelt. Daher verdienen Sie auch das ganze Lob und die volle Anerkennung. Wir haben beim FBI so unsere kleinen Geheimnisse, von denen Sie heute eines erlebt haben. Ich bitte Sie daher um Verschwiegenheit.«

»Was für Geheimnisse?«, brauste der Sheriff auf, und sein Gesicht bekam eine rötliche Färbung.

»Ich sage nur ein Wort.« Verschwörerisch schaute Roger den Sheriff an. »Übersinnliche Fähigkeiten!«

»Das waren zwei Worte«, konterte der Sheriff. »Und was soll das bedeuten? Etwa Gedankenlesen, oder was?«

»Sie haben den Nagel auf den Kopf getroffen, Sheriff. Aber ich bitte Sie noch einmal eindringlich: Nichts davon darf an die Öffentlichkeit dringen.«

»Was für Leute seid ihr denn?«

»Wie ich schon am Anfang sagte, FBI. Allerdings von einer Spezialeinheit, deren Namen ich Ihnen beim besten Willen nicht verraten kann.«

Missmutig und ein wenig unsicher schaute Sheriff Ward zuerst Hanky und dann Roger an. Doch ehe er weitere Fragen stellen konnte, gesellte sich Walt Kessler zu ihnen, einen ganzen Stoß Papiere in den Händen. »Ich glaube, ich habe alles«, sprudelte er los und versuchte den Aktenstapel im Gleichgewicht zu halten. »Soll das Zeug in den Wagen, oder wollt ihr es euch hier ansehen?«

Sheriff Ward begehrte ein letztes Mal auf. »Hier wird überhaupt nichts weggebracht. Sie können doch nicht so mir nichts, dir nichts Beweismaterial mitnehmen!«

»Doch, wir können«, unterbrach ihn Roger. »Wir sind das FBI.«

***

New York, USA
(später Nachmittag, kurz bevor Hanky mit Rita gesprochen hatte)
Es war ein anstrengender Tag für Richard Miller und seine Frau Rita gewesen, und er war noch nicht vorbei.

Nachdem Hanky Rita telefonisch von Pauls Vision berichtet hatte, war es nun an den beiden, zu entscheiden, ob Richard nach Manaus fliegen sollte. Rita hatte ein ungutes Gefühl bei der Geschichte, denn sie kannte Richard gut und wusste, dass er Hanky nicht im Stich lassen wollte. Außerdem hatte sie in Richards Augen dieses bestimmte Funkeln gesehen, das darauf hindeutete, dass er sehr interessiert an dieser Reise war. Natürlich hatte er das nicht laut ausgesprochen und behauptet, er müsse sich erst einmal eine Meinung bilden, ehe er mit ihr beraten könne, was nun zu tun sei.

Danach war er nervös durch Hankys Wohnung gelaufen, unsicher, wie er Rita klarmachen sollte, dass seine Reise nach Brasilien wahrscheinlich sehr wichtig war. Er hörte sie schon argumentieren, eine Diskussion schien unausweichlich. Auch wusste er nicht so recht, wo er in Manaus ansetzen sollte, in einer Stadt, die er nicht kannte, und in einem Land, dessen Sprache er nicht beherrschte. Doch das Schicksal war auf seiner Seite. Er musste zuerst in die Redaktion der New York Times und seinem Redakteur klarmachen, dass er für unbestimmte Zeit nach Brasilen fahren würde. Er hatte noch nicht einmal angefangen, für die Zeitung zu arbeiten, und schon war er unterwegs, um in einer anderen Sache zu ermitteln.

Noch während er grübelte, hörte er Rita aus dem Wohnzimmer rufen: »Rich, komm schnell! In den Nachrichten zeigen sie etwas aus der Gegend, wo Hanky und Walt sich aufhalten. Rich, wo bist du denn?«

Eilig hastete er ins Wohnzimmer, wo Rita nervös vor dem an der Wand befestigten Flachbildschirm stand und gebannt die News verfolgte. Nach einigen Minuten drehte sie sich zu ihm um. »Richard, teil der Redaktion mit, dass du wegfliegst und deinen Job erst in einigen Tagen beginnen kannst. Ich packe inzwischen deine Sachen, und dann muss ich rausfinden, ob heute Abend noch eine Maschine nach Manaus geht. Diesen Verbrechern muss das Handwerk gelegt werden.«

Richard verließ das Haus, und Rita vergaß völlig, Hanky anzurufen oder Richards Koffer zu packen, so sehr war sie von den ständig eintreffenden neuen Meldungen gebannt. Erst als das Telefon klingelte, Hanky sich meldete und wissen wollte, ob Richard nun fliegen würde, wurde ihr bewusst, dass sie fast eine Stunde lang vor dem Fernseher gestanden hatte.

In der Zwischenzeit saß Richard vor seinem Arbeitgeber. Der Chefredakteur Norman Frings hatte ihn selbst empfangen. Richard hatte sich auf eine unangenehme Diskussion vorbereitet, doch es kam alles anders.

Frings lehnte sich entspannt in seinem sehr bequem ausschauenden Bürosessel zurück und sah Richard, der sehr unbequem auf der vorderen Kante des Besucherstuhls saß, erwartungsvoll an. »Also Richard, was kann ich für Sie tun?« Frings nippte vorsichtig an seinem frischen Kaffee.

»Nun, Sir«, begann Richard behutsam, »ich muss noch heute nach Brasilien fliegen …«

»Brasilien«, unterbrach ihn der Redakteur.

»Ja, genau«, erwiderte Richard, etwas aus dem Konzept gebracht. »Ich bin da an einer interessanten Story, und eine der Spuren führt nach Manaus.«

»Schade, dass Sie schon an einer Story arbeiten. Nein, ich muss mich anders ausdrücken.« Frings überlegte kurz, dann fuhr er fort: »Ich hatte Sie schon für diese Geschichte da oben in der Nähe von Albany eingeplant. Sie wissen schon, in so einer alten Fabrik haben die Cops Hunderte Leute befreit, an denen obskure medizinische Experimente durchgeführt wurden. Das berichten jedenfalls alle Fernsehstationen. Ich hatte gehofft, dass Sie ihren Freund Hank Berson mit einbinden. Beim letzten Mal haben Sie ja als Team gut zusammengearbeitet.«

Richard hatte zwischenzeitlich versucht, seinen Chef zu unterbrechen und sagte nun: »Genau an dieser Story arbeite ich, und Hanky hat mich gebeten, nach Brasilien zu fliegen, um dort zu ermitteln. Er ist im Moment vor Ort und auf dem Weg zur Fabrik.«

Frings stand für einen Moment der Mund weit offen, ehe er laut auflachte. »Na, da habe ich offenbar den richtigen Mann engagiert. Läuft ja schon alles. Also, dann lassen Sie uns die Einzelheiten besprechen. Klar fliegen Sie nach Brasilien. Ich stelle Ihnen sogar jemanden zur Seite, der sich da unten sehr gut auskennt. Wann, sagten Sie, geht Ihre Maschine?«

»Das weiß ich noch nicht«, antwortete Richard. »Ich erwarte jeden Moment einen Anruf, aber ich hoffe, ich kann noch am Abend abreisen.«

Richard wusste nicht, weshalb, aber er hatte das Gefühl, dass ihm die Zeit davonlief. Er konnte auch nicht sagen, was er in Brasilien zu finden hoffte, dennoch musste es sehr wichtig sein, davon waren Paul und Hanky überzeugt. Nach einer weiteren halben Stunde verließ er mit einem etwas flauen Gefühl die Redaktion. Norman Frings hatte ihm zum Abschluss jovial auf die Schulter geklopft, ihm viel Erfolg und alles Gute gewünscht. »Bringen Sie uns eine gute Story«, rief er Richard noch hinterher, dann verschwand er in seinem Büro.

Als Richard wenige Minuten später Hankys Wohnung betrat, begrüßte ihn Rita mit einem hektischen Kuss und der Frage: »Wo bleibst du denn? Es ist schon alles gepackt. Ich rufe uns schnell ein Taxi. Es wird Zeit, sonst verpasst du noch deinen Flieger.«

Wieder verspürte Richard dieses flaue Gefühl im Magen. Was, wenn Paul recht hatte und er dort unten eine Spur fand, die in die Vergangenheit führte? Wer hatte in Manaus oder in der Umgebung der Stadt Menschen in großer Anzahl gequält und ermordet? Waren diese Verbrecher immer noch aktiv? Warum hatte bisher niemand darüber berichtet?

Richard begriff mit einer bisher nie erlebten Klarheit, dass er völlig auf sich allein gestellt Verbrecher der übelsten Art aufspüren sollte und sich damit in akute Lebensgefahr brachte. Würde er jemals seine geliebte Frau und seine Freunde wiedersehen, oder …

Er traute sich nicht, weiterzudenken. Plötzlich hatte er eine Idee. Er musste Paul anrufen und ihn fragen, ob die Möglichkeit bestand, dass Paul ihn mittels seiner ungewöhnlichen Gabe beobachten konnte. Das bedeutete zwar keinen unmittelbaren Schutz, aber Paul würde über ihn wachen und konnte, wenn nötig, Hilfe schicken.

Rita protestierte lautstark, als Richard zum Telefon griff, da die Zeit nun wirklich knapp wurde.

Schon nach wenigen Sekunden hob Paul ab. Er war nicht erstaunt, dass Richard ihn anrief. »Rich, ich habe ebenfalls über diese Möglichkeit nachgedacht, und ich habe ein schlechtes Gewissen, dass du nun nach Manaus fliegen musst, weil ich diese Vision hatte. Ich kann dich leider nicht beruhigen, was die Gefahren dort betrifft. Du kannst aber sicher sein, dass ich alles versuchen werde, dich im Auge zu behalten. Funktioniert dein Handy im Ausland?«

»Ich hoffe es. Jedenfalls habe ich das Telefon mit dieser Option gekauft. Aber wie das im Urwald ist …?«

»Manaus ist eine Großstadt. Da wird es schon funktionieren. Ich spreche mich noch mit Hanky ab. Mal sehen, ob einer von uns nachkommen kann. Ich wünsche dir und uns allen viel Glück.«

»Danke, das kann ich gebrauchen. Ich muss los, Rita hat schon ein Taxi bestellt.«

»Alles Gute, Richard. Wir hören uns.«

Da alles gesagt war, legte Richard einfach auf.

Zwei Stunden später saß er im Flugzeug. Melancholisch schaute er auf das Abfertigungsgebäude des JFK-Airports. Dort irgendwo stand nun Rita, und ihm wurde bewusst, wie wertvoll doch die gemeinsame Zeit mit ihr war. Traurig schloss er die Augen.

***

Basis des Operationsteams Protektor, Ohio State (am Abend)
Horst Kleinfeld war sauer. In einer typischen Hauruck-Aktion war er mit seiner Operationsgruppe *Protektor* in die Wälder um Sand Lake beordert worden. Genauer hatte sich der Operator bei dem abhörsicheren Funkspruch nicht ausgedrückt. »Bestrafen Sie exemplarisch den Lagerkommandanten und setzten Sie einen Nachfolger ein«, lautete der Befehl. Das war alles. Keine weiteren Hinweise, keine Vorgaben über das Ausmaß der Strafaktion, keine Hintergründe. Einfach nur ein anonymer Befehl, als sei er bloß ein einfacher Rekrut. So konnte das nicht weitergehen. Was bildete sich der Doktor ein? War er, Horst Kleinfeld, etwa nicht Mitglied im innersten Zirkel? War er nicht von Anfang an dabei gewesen? Hatten nicht seine Planungen dazu geführt, dass die Gruppe Phönix erfolgreich und im Geheimen wachsen konnte? Er beschloss, nach diesem Einsatz mit dem Chef zu sprechen. Er allein hatte die Macht, immer noch, nach all den Jahren, und nicht der Doktor, auch wenn dieser sich einbildete, die Organisation zu leiten. *Dieser eingebildete Schnösel*, dachte Kleinfeld und spuckte angewidert aus.

Dann atmete er tief ein und ließ die Luft langsam aus den Lungen entweichen. Das beruhigte ihn, und er konnte sich auf das Kommende konzentrieren.

Entschlossen stieß er die Tür zum Flugzeughangar auf und betrat den großen Raum. Dort warteten bereits seine Männer auf ihn. Ganz in Schwarz gekleidet, standen sie vor drei ebenso schwarzen MH-90-Enforcer-Hubschraubern.

Die Männer, von ihm persönlich ausgewählt, zählten zu den bestausgebildeten Soldaten der Welt und konnten sich mit jedem messen. Dazu kam, dass jeder dieser Kämpfer die Gruppe Phönix und speziell das Operationsteam *Protektor*, dem sie angehörten, als eine spezielle, einzigartige Elite verstand. Diese Elite würde in absehbarer Zeit die Welt beherrschen, und jeder, der sich für Phönix einsetzte, würde in Zukunft eine entscheidende Rolle spielen. Wie diese Zukunft genau aussehen sollte, ließ der Führungsstab bei den ideologischen Schulungen, die jeder Soldat monatlich zu absolvieren hatte, bewusst im Dunkeln.

Kleinfeld informierte die Soldaten kurz über das Einsatzziel und gab dann den Befehl zum Start. Kurze Zeit später schwebten die Helikopter aus dem Hangar hinaus in die Nacht.

***

Sand Lake und Umgebung (am Abend)
Die Suche nach dem zweiten Verdächtigen war bisher nicht erfolgreich verlaufen. Hanky hatte mit Rogers Hilfe versucht, weitere Informationen aus Frank herauszubekommen. Doch auch Hankys Gabe, sich in die Gedanken anderer Menschen einzuschalten, hatte nicht viel geholfen. Nur undeutlich konnte er Franks Gedanken wahrnehmen, aus ungeklärten Gründen war es ihm bei diesem Mann unmöglich, dessen Erinnerungen gezielt nach bestimmten Informationen zu durchsuchen. Franks Gedanken lagen wie unter einer Glasglocke, und Hanky verstand nur ab und zu einige Worte, mehr nicht. Wie war es nur möglich, überlegte Hanky, dass dieser Verbrecher seine Gedanken abschirmen konnte?

Roger versuchte immer wieder, das Verhör auf den Komplizen zu lenken, doch Frank war zu sehr damit beschäftigt, nach einer Möglichkeit zu suchen, seinen Hals aus der Schlinge zu ziehen. Sein Problem war nicht nur, dass er sich in Staatsgewalt befand, viel mehr noch fürchtete er sich vor der Vergeltung der Odin Force.

Nach mehr als einer Stunde gab Hanky erschöpft auf und verließ den Verhörraum. Angestrengt dachte er darüber nach, welche Optionen sie noch besaßen, um diesen Bob zu finden. Auf dem Weg zur Kaffeemaschine – Hanky hoffte, ein wenig Koffein würde seine Erschöpfung vertreiben – begegnete er Sheriff Ward, der immer noch nicht sehr erbaut darüber war, dass diese FBI-Typen sich in die Ermittlungen eingemischt hatten. Als er Hanky den Gang entlangkommen sah, runzelte er unwillig die Stirn und versuchte, möglichst beschäftigt auszusehen, damit er nicht schon wieder auf die Wünsche seiner ungebetenen Gäste eingehen musste. Hanky lief an ihm vorbei, und Sheriff Ward atmete schon erleichtert auf, als er hinter sich vernahm: »Sheriff Ward, einen Moment bitte...«

Schicksalsergeben drehte er sich um und schaute Hanky fragend an.

»Sheriff, wir fragen uns schon die ganze Zeit«, begann Hanky, »wie wir diesen Bob finden können. Die Befragung des Verdächtigen hat uns bisher nicht viel gebracht, und mit jeder Minute, die wir vergeuden, geben wir dem Gesuchten die Gelegenheit, sich abzusetzen.«

Sheriff Ward nickte zustimmend, wohl wissend, dass Hanky recht hatte. Er wollte mit allen Mitteln versuchen, jeden, der für diese Sauerei verantwortlich war, vor Gericht zu bringen. Das hatte er sich schon geschworen, als er das erste Mal den Saal betreten hatte.

»Wir brauchen also einen Zeugen«, fuhr Hanky fort, »der uns diesen Bob beschreiben kann.«

»Zeugin«, antwortete Sheriff Ward. Nun war es an Hanky, fragend dreinzuschauen.

»Dass ich nicht daran gedacht habe!« Sheriff Ward schlug sich mit der flachen Hand gegen die Stirn. »Wir haben eine Zeugin. Carmen. Die Frau, die flüchten konnte. Durch sie sind wir doch erst auf die Sache gestoßen. Nein, dass ich das übersehen konnte ...«

»Wo ist Carmen jetzt?«, fragte Hanky. »In einem Krankenhaus?«

»Nein, nein«, entgegnete der Sheriff, nun sichtlich aufgeregt, »Sie ist bei Molly Barns.«

Natürlich wusste Hanky nicht, wer Molly Barns war. Er nahm jedoch an, dass diese Frau in der Gegend wohlbekannt war und es nur zu Verzögerungen kommen würde, wenn er den Sheriff fragte.

»Kommen Sie.« Sheriff Ward eilte den Flur entlang dem Ausgang zu. Hanky folgte ihm. Als er an der kleinen Kaffeeküche vorbeikam, rief er Walt zu, der sich dort mit einem Polizisten unterhielt: »Wir fahren mal schnell zu Molly Barns.« Damit verschwand er aus dem Gesichtsfeld Walts, der sich verblüfft fragte, wer denn nun wohl Molly Barns sei.

Ehe Hanky sich versah, saß er auf dem Beifahrersitz eines Streifenwagens. Während der kurzen Fahrt erhielt er alle Informationen, die der Sheriff über Carmen hatte, doch das war nur wenig.

Kurz darauf hielten die beiden vor einem gepflegten, in die Jahre gekommenen Haus. Warmes Licht drang durch die von Vorhängen umrahmten Fenstern. Durch einen kleinen Vorgarten traten sie vor die weiß gestrichene Haustür, die natürlich mit einem Messingklopfer versehen war. Der Sheriff benutzte aber seine Fingerknöchel, um an die Tür zu klopfen. Gleich darauf waren Schritte zu hören. Eine kleine, grauhaarige Frau öffnete ihnen und stemmte die Hände in die Hüften, als sie den Sheriff erkannte. »Jeff Ward, ich warte schon den ganzen Tag auf dich. Wo zur Hölle hast du dich rumgetrieben?«

Hanky schaute etwas verdutzt zwischen der Frau und dem Sheriff hin und her, der schlagfertig antwortete: »Hölle ist der passende Ausdruck für den Ort, an dem ich heute gewesen bin. Sag mal, schaust du denn keine Nachrichten, Molly?«

»Wie könnte ich mich vor den Fernseher setzen«, antwortete Molly, während sie Hanky und den Sheriff durch einen kurzen Gang ins Wohnzimmer führte, »wenn ich mich doch um das arme Mädchen kümmern muss?«

»Ihretwegen sind wir hier, Molly. Wie geht es denn der jungen Frau?«

»Ich glaube, schon besser, wenn man das nach einem knappen Tag überhaupt schon sagen kann – und nach all dem Schrecklichen, was das arme Ding durchgemacht hat.«

Der Sheriff nickte mitfühlend und dachte an die gepeinigten Menschen, die aus der Fabrik gerettet wurden.

»Sag mal, Molly …« Gezielt schuf er mit der nun kommenden Frage Gemeinsamkeit, um ihr das Gefühl zu geben, mitbestimmen zu können. »Glaubst du, wir könnten der jungen Frau ein paar Fragen stellen?« Um seine Bitte ein wenig zu untermauern und auch, um Molly, die in manchen Fragen als recht starrsinnig galt, etwas Respekt abzunötigen, stellte er Hanky vor. »Dies ist übrigens Agent Berson vom FBI. Er hilft uns bei den Ermittlungen. Du glaubst ja nicht, was für ein Elend wir in der Fabrik vorgefunden haben. Deshalb wäre er …«

Mit einer Handbewegung unterbrach sie ihn. »Spar dir die Puste, Jeff. Wenn ich keine Zeit fürs Fernsehen gehabt habe, sagt das nicht, dass nicht der Radioapparat den ganzen Tag gelaufen ist. Ich weiß also Bescheid. Setzt ihr euch mal aufs Sofa, du und dein FBI-Freund, und ich sehe nach Carmen.« Damit rauschte sie aus dem Zimmer, und der Sheriff ließ sich müde auf dem Sofa nieder. Hanky schaute sich indessen in dem nett eingerichteten Wohnzimmer um. Vor einer Reihe alter Bilder, die auf dem Kaminsims standen, blieb er eine Weile stehen und betrachtete die Fotos eingehend.

Kaum fünf Minuten später betrat Molly mit einer jungen, sehr blassen, dunkelhaarigen Frau den Raum. Hanky würde diesen Moment sein Leben lang nicht mehr vergessen. Bisher hatte er noch nie einen Gedanken an das andere Geschlecht verschwendet. Zu viel war geschehen, seit er aus seiner geistigen Umnachtung gerissen worden war. Seitdem war er vor allem damit beschäftigt gewesen, zu lernen und seine Umwelt zu verstehen. Natürlich wusste Hanky, dass Männer und Frauen sich verlieben konnten, Paare wurden und Familien gründeten, aber das alles war bisher nur sehr abstrakt für ihn gewesen. Dennoch genügte ihm der erste Blick auf Carmen, um zu erahnen, was Liebe bedeuten könnte. Fasziniert verfolgte er jede Bewegung der jungen Frau und fühlte sich ertappt, als sie ihn fragend mit dunklen Augen anblickte. Er überwand seine kurze Unsicherheit rasch, nahm einen Stuhl und setzte sich direkt vor Carmen. Vorsichtig ergriff er ihre Hände und sagte leise: »Mein Name ist Hank Berson, und ich möchte Ihnen einige Fragen stellen.«

***

Lager der Odin Force, nähe Sand Lake (am Abend)
Kommandant Kruger ahnte, was kommen musste. Der Doktor und seine Leute würden ihn für dieses Desaster zur Verantwortung ziehen. Schon bald würden Männer von *Protektor* oder einer anderen Truppe von Phönix hier erscheinen, um kurzen Prozess mit ihm zu machen. Was konnte er nur tun? Wie konnte er sich retten? Er brauchte einen Plan. Er musste von hier verschwinden, und er brauchte genügend Vorsprung. Er hatte bereits den Tresor in seinem Büro geleert und die beachtliche Summe von fast neunzigtausend Dollar in einer kleinen Tasche verstaut – die Soldzahlungen an seine Truppe und ein kleiner Betrag für die monatliche Lebensmittellieferung. Alle Geschäfte wurden in bar abgewickelt, um keine Spuren für eventuelle Fahnder zu hinterlassen.

Langsam formte sich eine Idee in seinem Kopf, wie er von sich ablenken und unbemerkt verschwinden konnte. Ja, so konnte es funktionieren. Ein grimmiges Lächeln breitete sich auf seinem Gesicht aus. Er schnallte sich seinen Waffengürtel um und verließ sein Büro. Im Aufenthaltsraum fand er einige Soldaten vor, außerdem einen Truppführer, den er heranwinkte. »Geben Sie stillen Alarm. Alle Mannschaften sollen sich sofort auf dem Vorplatz versammeln. Schnell, Eile ist geboten!« Damit eilte er hinaus und betrat wenige Türen weiter sein Zimmer. Ohne das Licht einzuschalten, packte er einige Sachen in einen Rucksack und stopfte zum Schluss die kleine Tasche mit dem gestohlenen Geld und seinen Ausweispapieren hinein. Dann schloss er den Rucksack und stellte ihn griffbereit neben die Tür. Als er auf den Exerzierplatz trat, waren alle Soldaten angetreten. Ohne weitere militärische Rituale stellte er sich mit auf dem Rücken verschränkten Armen und leicht gespreizten Beinen in Positur. Er hatte diese Haltung oft vor dem Spiegel geübt und betrachtete sie als sehr eindrucksvoll. Seine Ansprache begann er fast leise und sehr eindringlich, und seine Zuhörer mussten genau hinhören, um jedes Wort zu verstehen.

»Männer, heute musste die Odin Force eine Niederlage erleiden. Verrat war im Spiel. Schon bald werden hier feindliche Kräfte eintreffen. Es ist mit Kampfhandlungen zu rechnen. Wir werden evakuieren und unsere Einheit zum Stützpunkt Mitte-Nord verlegen. Eile ist geboten. Jeder Truppführer ist für seine Leute verantwortlich. Viel Glück.«

Kruger nickte seinen Soldaten noch einmal zu und ging steifen Schrittes zurück in die Kommandantur. Hinter ihm riefen die Truppführer eilig erste Befehle, und schon Minuten später eilten die Soldaten der Odin Force durchs Lager. Lastwagen und schwere SUVs wurden beladen, in den Büros Unterlagen vernichtet, Funkanlagen abgebaut. Alle Männer waren inzwischen bewaffnet und hatten ihre persönlichen Unterlagen in speziellen Gürteltaschen verstaut. Diese Tasche war eine besondere Konstruktion, die bei unsachgemäßer Öffnung ihren Inhalt mit einer Säurepatrone zerstörte, um Identifizierungen zu verhindern oder zumindest erheblich zu erschweren.

Ein hartes, immer lauter werdendes Knattern brachte für Sekunden die Evakuierungsarbeiten zum Stillstand. Es folgte scheinbare Hektik, die aber ein oft geübtes Szenario für die Männer war. Alle Fahrzeuge wurden zum Schutz hinter die Mannschaftsquartiere gefahren, sämtliche Scheinwerfer und die Beleuchtung in den Gebäuden ausgeschaltet. Soldaten rannten zu ihren vorbereiteten Stellungen, Scharfschützen brachten sich auf den Dächern der Mannschaftsunterkünfte in Position, hinter extra dafür errichteten metallbeschlagenen Brüstungen. Nur Minuten später waren die Helikopter über dem Lager, und weiße Lichtfinger durchbrachen die Dunkelheit. Doch aus dem

Lager erfolgte keine Reaktion. Es schien, als sei es verlassen.

Nach einer Weile drehten die Hubschrauber ab und entfernten sich. Das Geräusch der Maschinen wurde leiser und erstarb schließlich ganz. Dennoch rührte sich keiner der Odin-Soldaten. Gebannt lauschten die Männer in die Dunkelheit.

Auch Kommandant Kruger lauschte. Er war allein in der Kommandantur verblieben und hatte direkt nach der Verdunkelung seine Vorbereitungen zur Flucht getroffen. Unter seinem schwarzen Kampfanzug trug er jetzt Zivilkleidung. Sein Gesicht war geschwärzt, die Hände steckten in schwarzen Lederhandschuhen. Er konnte sich denken, wer das Lager angreifen würde: die Spezialisten von Team *Protektor.* Ziel der Aktion war seine Eliminierung, da war er sich sicher. Dass seine Kämpfer bei der kommenden Konfrontation chancenlos sein mussten, war ihm klar. Doch er hatte nicht die geringsten Skrupel, seine Truppe zu opfern, wenn er dadurch genügend Zeit gewann, um sich erfolgreich abzusetzen. Er spähte durch ein Fenster nach draußen und konnte gerade noch sehen, wie sich die Helikopter entfernten. Nun war es höchste Zeit zu verschwinden, ehe der Feuerzauber losging. Kruger setzte seinen prall gefüllten Rucksack auf und zog die Riemen fest. In diesem Moment hatte er erneut das Gefühl, beobachtet zu werden. Er schalt sich selbst einen Narren. Seine überreizten Nerven spielten ihm einen Streich. Ja, das war die einzig logische Erklärung, beruhigte er sich selbst. Leise schlich er durch die dunklen Räume zur Hintertür.

***

Buffalo, NY State (am Abend)

Paul erwachte aus unruhigem Schlaf. Nach seiner Vision war er sehr erschöpft gewesen. Trotzdem hatte er sich zum nächsten Supermarkt aufgemacht, um Lebensmittel einzukaufen, ehe er einen kleinen Mittagsschlaf machte. Fast hastig hatte er den Einkaufswagen durch die Regalreihen geschoben und all seine Lieblingsfertiggerichte in dreifacher Ausführung in den Wagen geladen, dazu etwas Obst, Toastbrot und Marmelade. Ein großer Pack Mineralwasser vervollständigte seinen Einkauf. Zu seiner großen Erleichterung hatte er gleich eine freie Kasse gefunden.

Eine halbe Stunde später war er erschöpft wie seit Langem nicht mehr aufs Sofa gesunken und sofort wieder eingeschlafen.

Wilde, unzusammenhängende Bildfolgen waren durch sein Traumkino gezogen. Szenen aus seiner Kindheit hatten sich mit jüngeren Ereignissen abgewechselt, dazwischen immer wieder das Bild des Saals und der Fabrik. Dann war aus der Ferne roter Nebel aufgetaucht und immer näher gekommen, bis er schließlich alles ausgefüllt hatte. Kalte Augen hatten ihn angestarrt, im Wechsel mit gesichtslosen, schreienden Mündern, die in drehenden Bewegungen durch eine schwarze Öffnung am unteren Rand seines Blickfelds verschwanden.

Ein weiteres Bild hatte sich durch den roten Nebel geschoben und ihn mehr und mehr verblassen lassen. Eine grüne Landschaft mit sanften Hügeln war aufgetaucht. Als das Bild klarer geworden war, hatte Paul erkannt, dass es sich um einen Urwald handelte. Froh über diese friedliche Landschaft, hatte er sich entspannt, war langsam nach unten gesunken, das gleiche vertraute Ziehen im Bauch, wie er es immer in Fahrstühlen verspürte.

Bald war er aus der sonnenbeschienenen Helligkeit ins Halbdunkel eines tropischen Waldes abgetaucht. Zwischen Urwaldriesen, mächtigen Farnen und saftigen Büschen hatte sich eine Spur zivilisatorischen Ehrgeizes dahingeschlängelt, die man nur mit viel gutem Willen als Straße bezeichnen konnte. Ein alter, heftig schwankender Militärlastwagen war der ausgefahrenen Spur gefolgt. Der Fahrer, wohl gut mit den hiesigen Straßenverhältnissen vertraut, hatte immer wieder tiefen Schlammlöchern ausweichen müssen. Ohne eigenes Zutun war Paul dem

Gefährt gefolgt, bis es am Rande einer Lichtung anhielt. Drei Uniformierte waren aus dem Führerhaus gesprungen und hatten sich ausgiebig gestreckt. Ohne große Eile waren zwei von ihnen zur Heckklappe des Lastwagens gegangen, während der dritte eine gut getarnte Zeltplane, die an den Urwaldbäumen hing, zur Seite gezerrt und eine Fahrspur im Pflanzendickicht enthüllt hatte. Die anderen Männer hatten in der Zwischenzeit die Heckklappe geöffnet, die Verschnürungen der Wagenplane gelöst und sie zurückgeschlagen. Während der Fahrer in den Lastwagen gestiegen und langsam rückwärts in den schmalen Weg gefahren war, hatten die anderen den Sichtschutz zur Straße wieder angebracht. Nach einem kurzen prüfenden Blick waren sie dem langsam dahinrollenden Fahrzeug gefolgt.

Nach weiteren fünfzig Metern hielt der Lastwagen am Ende des Wegs unmittelbar am Rand eines großen Tümpels. Die Männer kletterten auf die Ladefläche und kamen kurz darauf wieder zum Vorschein, eine nackte Gestalt hinter sich herziehend. Sie warfen ihr scheinbar lebloses Opfer wie eine wertlose Fracht aus dem Wagen. Dumpf prallte der Körper auf den schlammigen Boden. Der dritte Mann schaute verärgert auf die Schmutzspritzer auf seiner Hose und schimpfte, die rechte Faust drohend in die Höhe gereckt. Die anderen lachten nur und warfen den nächsten Körper aus dem Wagen. Als sie endlich mit dem schrecklichen, würdelosen Entladen fertig waren, lagen mehr als zwanzig nackte Menschen hinter dem Lastwagen, grotesk übereinandergeworfen, sodass man kaum erkennen konnte, zu wem jeweils Hände und Beine gehörten.

Paul hätte sich gern abgewandt und die Augen geschlossen, aber sein Traumregisseur ließ das nicht zu. So musste er das grausige Geschehen weiter verfolgen. Nach und nach zerrten die Uniformierten die leblosen Körper bis an den Rand des Teichs und warfen sie mit Schwung hinein.

Sofort erwachte der Tümpel zu unheimlichem Leben. Von allen Seiten näherten sich mit beachtlicher Geschwindigkeit

Krokodile, die unsichtbar und versteckt im Uferschilf gedöst hatten. Gierig schnappten sie nach dem ersten Opfer. Paul war nicht ganz sicher, aber er glaubte, dass der Totgeglaubte sich kurz bewegt hatte, ehe ihn die Bestien zerfleischten.

Wenn seine Vermutung richtig war, dann befanden sich die wahren Bestien nicht im Wasser, sondern standen am Ufer und schauten fast gelangweilt dem großen Fressen zu.

Unvermittelt wachte Paul auf. Einen Moment lang versuchte er sich zu orientieren, sah sich in seinem Wohnzimmer um und dachte an seinen Traum. Er hoffte inständig, dass es nur ein Traum gewesen war, wusste aber instinktiv, dass er die schreckliche Wahrheit gesehen hatte. Er konnte nicht sagen, wann sich diese Untat zugetragen hatte, aber das war im Moment auch völlig nebensächlich.

Irgendwie ahnte er, dass sein Schamane ihn zu diesem Geschehen geleitet hatte. Warum, das konnte er nicht sagen – noch nicht.

Nachdem er in der Küche etwas getrunken hatte, erwog er seine nächsten Schritte. Sollte er sich bei Hanky erkundigen, was dieser in der Fabrik herausgefunden hatte, oder war es besser, wenn er überprüfte, wie die Lage im Odin-Stützpunkt aussah? Paul entschied sich für die zweite Option. Er ging zurück ins Wohnzimmer, setzte sich in seinen Lieblingssessel und schloss die Augen.

Im ersten Moment hatte er den Eindruck, dass seine Gabe, geistig an jeden beliebigen Ort zu reisen, dieses Mal versagte. Er sah nichts. Doch er hörte etwas. Ein Knattern drang an seine außersinnlichen Ohren, und dann sah er auch etwas: In einer fast schwarzen Landschaft irrten drei scharf gebündelte Lichtkegel über den Boden. Die Lichtfinger entsprangen starken Scheinwerfern, die wohl an Hubschraubern befestigt waren. Was hatte das zu bedeuten? Außer den Helikoptern konnte Paul keinerlei Bewegungen im Lager ausmachen. Alles lag dunkel und verlassen da. War die Odin Force geflohen? Paul versuchte etwas zu erkennen, hatte aber keinen Erfolg. Wenn die Odin Force tatsächlich noch hier war, mussten sich die Männer versteckt halten.

Über dem Lärm der Hubschrauber war es Paul unmöglich, weitere Geräusche wahrzunehmen. So brach er seine Observation ab. Er musste sich mit Hanky geistig zusammenschalten, um mehr zu erfahren. Das hatten die beiden schon einige Male erfolgreich praktiziert. Paul kontaktierte Hanky telepathisch und konnte dann mit ihm gemeinsam außerkörperlich jeden gewünschten Ort besuchen. Hanky reiste sozusagen huckepack und musste Paul die Navigation überlassen. Er konnte auch nur in die Richtung schauen, die Paul vorgab. Fremde Gedanken konnte Paul aber nicht lesen, dazu brauchte er Hanky. Allein mit ihm konnte Paul sich telepathisch unterhalten. Warum das so war, konnte er nur vermuten, aber alles Grübeln in dieser Angelegenheit hatte bisher zu keinem Ergebnis geführt.

Also schloss er erneut die Augen und konzentrierte sich auf Hanky.

***

Sand Lake und Umgebung (zur gleichen Zeit)

Hanky hielt immer noch Carmens Hände in den seinen. Seit mehr als einer Stunde saßen sie so da und sprachen leise miteinander. Sheriff Ward hatte Roger und Walt darüber unterrichtet, dass Hanky die junge Frau befragte. Kurzentschlossen waren die beiden zu Molly Barns Haus gefahren und saßen nun seit einigen Minuten in der Küche, wo sie sich lebhaft unterhielten, während Molly ein schmackhaftes Abendessen zauberte. Der Stress der vergangenen Stunden schien sich in diesem gemütlichen Haus einfach aufzulösen, und die Männer nutzten die Gelegenheit, sich ein wenig zu entspannen.

Carmen hatte vom ersten Moment Vertrauen zu dem großen, blonden Mann gehabt, und als er dann wie selbstverständlich ihre Hände ergriff, durchströmten sie Geborgenheit und Sicherheit. Es war ihr, als sei sie nach einer langen Wanderung durch dunkle Zeiten endlich nach Hause gekommen. Natürlich sagte sie nichts von ihrer beginnenden Zuneigung und versuchte, sich auf Hankys Worte zu konzentrieren.

Während Hanky sie behutsam befragte, sondierte er mit seinen paranormalen Sinnen die Gedanken der jungen Frau. Es war ihm unangenehm, und etwas in ihm sträubte sich dagegen, so ungefragt in ihren Erinnerungen herumzustöbern, aber er wusste sich nicht anders zu helfen.

Bei dieser Gelegenheit überspielte sein Geist alle Sprachinformationen aus Carmens Gedächtnis. Hanky lernte, und er lernte schnell. Schon nach wenigen Minuten kannte er Carmens ganze Lebensgeschichte, alles, was sie bis zum heutigen Zeitpunkt gelernt und erlebt hatte. Damit wäre eine weitere Befragung eigentlich überflüssig gewesen, doch Hanky wollte ihr nicht seine Begabung offenbaren. Außerdem wollte er nicht von ihrer Seite weichen, nicht ihre Hände freigeben, wollte weiter in ihre dunklen Augen schauen.

Sie war zuerst überrascht gewesen, als Hanky auf Spanisch mit ihr zu reden begann, doch mittlerweile achtete sie nicht mehr darauf, sondern genoss einfach nur seine Anwesenheit.

Dann wurden sie unterbrochen. Paul klopfte telepathisch bei Hanky an, so wie er das immer machte, und wartete auf Antwort. Doch dieses Mal dauerte es ein wenig länger, bis Hanky sich meldete. Vorsichtig löste er seine Hände aus Carmens fast liebevollem Griff. Beinahe verlegen schauten sie einander an. Hanky durchbrach, wenn auch ungern, den Zauber der vergangenen Stunde. »Carmen, wir reden später weiter. Ich muss dich einen Moment allein lassen.«

Sie schaute etwas erstaunt, lächelte ihn dann aber an. »Erledige nur, was du zu erledigen hast, Hanky. Wir haben später bestimmt noch Zeit zum Reden.« Sie stand auf, berührte Hankys Arm ganz zart, fast wie unbeabsichtigt, und verließ das Zimmer in Richtung Küche.

Hanky schaute ihr nach und erinnerte sich dann, dass Paul auf Antwort wartete. »Hallo Paul, was gibt es?«

»Da bist du ja. Was hat denn so lange gedauert?«

»Erzähl ich dir später.«

»Also, folgendes …«

Paul berichtete Hanky von seinem Traum und den unklaren Beobachtungen im Lager der Odin Force.

»… deshalb müssen wir gemeinsam nachschauen, was sich da abspielt. Ich hoffe, du kannst einiges telepathisch herausfinden.«

»Okay, lass uns loslegen. Ich hoffe, dass wir diesen Lagerkommandanten finden. Der dürfte der Interessanteste der Verbrecher sein.«

Doch da irrte Hanky.

Kapitel 12

Lager der Odin Force (zur gleichen Zeit)
Kommandant Rudgar Kruger öffnete wachsam die Hintertür der Kommandantur und lauschte in die Dunkelheit. Völlige Stille umgab ihn, nur unterbrochen durch seine leisen Atemzüge. Vorsichtig trat er auf die kleine Holzplattform und hoffte, dass keins der Bretter knarren würde. Erleichtert stellte er fest, dass seine Soldaten solide gebaut hatten. Leise drehte er sich um und schloss behutsam die Tür. Dann wandte er sich Richtung Wald und lauschte erneut. Wie erwartet blieb es still, und dennoch beschlich ihn mit einem Mal ein unangenehmes Gefühl. Seine Sinne meldeten ihm Gefahr. War er entdeckt worden? Sah ein unsichtbarer Angreifer in diesem Moment durch ein Nachtsichtgerät, wie er hinter der Baracke stand? Krümmte sich bereits ein Finger am Abzug eines Scharfschützengewehrs? Würde er das Mündungsfeuer noch sehen, ehe eine Kugel seinen Kopf in tausend Stücke sprengte?

Mit dem Handrücken wischte er sich die schweißnasse Stirn ab. Am liebsten hätte er laut geflucht, um seine Ängste zu übertönen, aber das ging natürlich nicht. Vorsichtig trat er von der Plattform und bewegte sich fast im Zeitlupentempo auf den Waldrand zu. Er wollte zu einem kleinen Trampelpfad am Rand der Lichtung. Dort waren keine Männer postiert, und der festgetretene Boden war geradezu ideal für eine lautlose Flucht. War er erst mal einige hundert Meter vom Lager entfernt, konnte er schneller laufen und seinen Häschern entrinnen.

Krugers Gedanken wurden von einem heftigen Schlag unterbrochen, der unerwartet seine Stirn traf. Besinnungslos sackte er zusammen und landete unsanft auf dem Waldboden.

Keine fünfhundert Meter entfernt schlichen sich die Spezialisten des Operationsteams *Protektor* unhörbar, jeden Sichtschutz ausnutzend, immer näher an das Lager heran, wohlwissend, dass die Odin-Leute Nachtsichtgeräte benutzten,. Trotz ihrer wärmeabsorbierenden Kampfanzüge war nicht auszuschließen, dass die modernen Hochleistungs-Restlichtverstärker eben doch einige Wärmeemissionen registrierten.

An ihrer Spitze befand sich wie immer ihr Operationsleiter Horst Kleinfeld. Noch nie hatte er sich gescheut, auch selbst all die Strapazen auf sich zu nehmen, die er seinen Leuten zumutete. Dafür war er im Team bekannt, und es war keiner unter den Spezialisten, der es an Geschicklichkeit und Mut mit ihm aufnehmen konnte.

Das Ablenkungsmanöver mit den Helikoptern hatte nicht wie gewünscht funktioniert. Die Odin Force, so musste sich Horst Kleinfeld eingestehen, war doch besser ausgebildet als gedacht, und dieser Kruger hatte sich abgesichert. Das würde dem Doktor nicht gefallen. *Sei's drum*. Kleinfeld schnaubte verächtlich und kroch auf allen vieren durchs Unterholz. »Ich werde diesem Großkotz noch zeigen, dass er nicht der Boss ist«, murmelte er vor sich hin. *El Poderoso,* wie sie ihn in Südamerika nannten, war sein Boss, und er hatte noch lange nicht seine Macht verloren. Nein, er stand kurz davor, der Welt zu zeigen, wer das Sagen hatte, wer der …

In diesem Moment unterbrach Horst Kleinfeld seine Überlegungen. Er hatte etwas bemerkt. Ganz in seiner Nähe war ein Fremder. Vorsichtig schaute er sich um, konnte aber nichts erkennen. Wie schon vorher Rudgar Kruger fühlte er sich beobachtet, regelrecht angestarrt. Dann schien sich der Beobachter ein wenig zu entfernen, ohne jedoch ganz zu verschwinden. Kleinfeld war zum ersten Mal in seinem Leben unheimlich zumute. Wie war es denn möglich, dass sich ihm jemand näherte, ohne dass er diesen Jemand entdecken konnte? Dann wurde seine Aufmerksamkeit wieder auf das Geschehen vor ihm gelenkt. Er hatte ein kurzes Husten gehört. Dort vorn musste eine Stellung der Odin Force sein. Ein unachtsamer Soldat hatte auf sich aufmerksam gemacht.

Kleinfeld schüttelte leicht den Kopf und musste lächeln. *Was für elende Stümper*, dachte er nur und kroch leise auf die Stellung zu. Vergessen war das Gefühl, beobachtet zu werden. Jetzt zählte nur der Einsatz.

Paul und Hanky hatten erstaunt festgestellt, dass Kleinfeld sie bemerkt hatte. Sie zogen sich ein wenig zurück, und Hanky brach seine telepathische Observation für den Moment ab. Lautlos, nur auf paraphysische Art, unterhielten die beiden sich.

»Was bedeutet *El Poderoso*?«, fragte Hanky.

»Keine Ahnung, aber ich bin sicher, dass er eine wichtige Person sein muss. Wir werden es herausfinden und dem feinen Herrn dann auf den Zahn fühlen.«

Damit schwiegen sie für eine Weile, und Paul ließ seinen unsichtbaren Geistkörper langsam durch den Wald auf das Lager zutreiben.

Old Smithy hatte genau an der richtigen Stelle gewartet. Wie bestellt war einer der Verbrecher aus einer Baracke geschlichen und an seinem Versteck vorbeigekommen. Ohne lange zu überlegen, hatte er dem Kerl eins mit dem Gewehrkolben übergezogen. Sofort war der Mann zusammengebrochen und lag nun verkrümmt auf dem Boden. Old Smithy traute dem Frieden nicht und trat dem Bewusstlosen kräftig in die Seite. Als er sich daraufhin immer noch nicht rührte, kniete Old Smithy neben ihm nieder und fühlte mit zwei Fingern am Hals seines Gegners nach dem Puls. Zufrieden nickte er. Sein Gefangener war noch am Leben. Mit einer Behändigkeit, die keiner dem alten Mann zugetraut hätte, warf er sich den Bewusstlosen über die Schulter und folgte dem kleinen Waldpfad bis zur nahen Straße. Er öffnete den Kofferraum und legte Rudgar Kruger hinein. Leise schloss er die Klappe und ging um seinen Wagen herum, um die Fahrertür zu öffnen. Im gleichen Moment hörte er heftiges Gewehrfeuer und dachte zuerst, er sei entdeckt worden, bis er bemerkte, dass die Schüsse in einiger Entfernung abgegeben wurden. Erleichtert atmete er auf, stieg in den Wagen und fuhr davon.

Hanky und Paul schwebten nun etwa dreißig Meter über dem Lager und schauten nach unten. Sporadisch blitzten Mündungsfeuer in der Dunkelheit und erhellte das Lager mit stroboskopischem Lichtgeflacker.

Angestrengt versuchte Hanky den Lagerkommandanten ausfindig zu machen. Doch so sehr er sich mühte, er konnte unter all den Gedankenmustern den Gesuchten nicht finden. Nach einer Weile gab er es auf und richtete seine Gedanken auf seinen Freund. »Ich kann den Kommandanten nicht finden. Entweder ist er tot, oder er befindet sich nicht im Lager. Darauf weisen die Gedanken der Odin-Leute hin, die auf weitere Befehle warten.«

»Ich vermute«, antwortete Paul auf telepathischen Weg, »dass der Kerl sich verdrückt hat. Bei meiner letzten Observation war er schon ziemlich nervös.«

»Wie auch immer«, erwiderte Hanky, »wir suchen jetzt erst einmal diesen Kleinfeld, der wohl den Angriff führt. Wenn wir ihn haben, bleibst du an ihm dran. In der Zwischenzeit werde ich mich für eine Weile zurückziehen und den anderen berichten. Wir müssen vor allen Dingen herausfinden, wer *El Poderoso* ist. Ich glaube, wir haben hier eine heiße Spur.«

Schon bald hatten sie Horst Kleinfeld wiedergefunden. Paul hielt nun etwas mehr Abstand zu dem Mann, der hinter einem Baum in Deckung liegend gerade in ein kleines Funkgerät sprach.

***

In einer Waldhütte (circa drei Meilen vom Odin-Lager)
Rudgar Kruger erwachte mit heftigen Schmerzen in der Brust. Noch mit geschlossenen Augen versuchte er herauszufinden, woher der Schmerz kam, was seine Ursache sein konnte. Hatte er einen Herzinfarkt erlitten? Wenn ja, wo befand er sich nun? Nur zäh arbeiteten seine Gedanken, immer wieder durch heftige Schmerzwellen unterbrochen. Gerade noch war er im Wald gewesen, auf dem Weg zur nächsten Straße, und nun lag er hier. Aber wo war *hier*? Hatten ihn die Häscher vom Team *Protektor* erwischt? Vorsichtig öffnete er die Augen ein wenig. Nur einen Spalt weit, sodass einem möglichen Beobachter nicht auffallen konnte, dass er wieder bei Besinnung war. Er blickte zu einer rohen Holzdecke auf, die durch den Schein einer flackernden Lampe nur spärlich erhellt wurde. Langsam senkte er den Blick. An einem hölzernen Stützbalken hing an einem Haken eine militärisch aussehende Tarnjacke.

Also doch das Operationsteam Protektor, dachte er, und Verzweiflung machte sich in ihm breit. Aber wo waren seine Peiniger? Er lauschte, was durch sein röchelndes Atmen erschwert wurde. Trotz großer Anstrengung konnte er keinen Laut vernehmen. War er einfach hier abgelegt worden? Wo war er überhaupt? Das war kein Raum seines Lagers. Das wusste er bestimmt. Aber wenn er in der Nähe des Lagers in die Hände seiner Gegner gefallen war, wieso befand er sich nun hier, an einem fremden Ort? Weshalb hatte man sich die Mühe gemacht, ihn wegzuschaffen? Was ergab das für einen Sinn? Das war alles sehr seltsam und verwirrte ihn.

Bei seinen Überlegungen war sein Blick immer weiter nach unten gewandert, und er schaute verwundert und verständnislos auf einen Arm und dann auf eine geschlossene Faust, aus der am oberen Ende etwas herausragte. Der Arm und die Faust waren nur zwanzig Zentimeter von seinem Gesicht entfernt. Was sollte das nun? Wer hielt einen Arm über seine Brust, und warum?

Mit einem Mal bewegte sich die Faust ein wenig, und der Schmerz in seiner Brust schien sich zu verzehnfachen. Unwillkürlich riss Rudgar Kruger die Augen weit auf, und ihm wurde speiübel, als er erkannte, was die Faust da hielt: Es war ein Messer. Ein großes Messer, und es steckte in seiner Brust. Bei Gott, wieso steckte ein Messer in seiner Brust? Schwarze Schlieren durchzogen sein Sichtfeld, und er drohte erneut in Ohnmacht zu sinken. Erneuter, heftiger Schmerz und ein lauter Schrei aus seinem eigenen Mund brachten ihn in die schreckliche Wirklichkeit zurück. Verzweifelt versuchte er dem Schmerz zu entkommen und drehte sich rein instinktiv leicht zur rechten Seite. Der Schmerz ließ etwas nach, und er entspannte sich ein wenig. Durch Schleier aus Tränen erkannte er einen Mann, der neben ihm saß und das Messer in seiner Faust hielt. Es war ein alter Mann mit kurzen, weißen Haaren, bekleidet mit einer Art Kampfanzug. Mit grimmigem Gesicht schaute der Alte auf ihn herunter. Seine Augen waren kalt und schienen vor Zorn zu lodern. Rudgar Kruger verstand überhaupt nichts mehr. Das war auf keinen Fall ein Mann von *Protektor*. Niemals! Doch wer war der Alte, und warum hatte er ihm ein Messer zwischen die Rippen gestoßen? Kruger konnte sich keinen Reim darauf machen. Verzweifelt überlegte er, wie er sich aus dieser Situation befreien konnte. Er musste mit dem Alten reden. Hier lag bestimmt eine Verwechslung vor. Wenn er ihn davon überzeugen konnte, dann ließ ihn der Alte vielleicht frei und brachte ihn in ein Krankenhaus. Ja, das war es. Er musste unbedingt in ein Krankenhaus. Wer konnte sagen, was das Messer schon alles angerichtet hatte? Bei diesem Gedanken wurde ihm wieder schlecht, und er glaubte sich übergeben zu müssen. Heftiger Würgereiz kroch seine Speiseröhre hinauf, doch eine weitere Schmerzwelle machte dieses Gefühl nebensächlich.

Undeutlich stammelte er: »Bitte, Sir, hören Sie auf. Was machen Sie denn nur? Sie haben den Falschen erwischt. Ich kenne Sie nicht mal. Au, au, bitte …« Sein Flehen ging in ein kindliches Wimmern über. Erlösend umfing ihn eine weitere Ohnmacht, und sein Körper wurde schlaff.

Old Smithy schaute noch einen Moment auf seinen Gefangenen und prüfte, indem er das Messer ein wenig bewegte, ob der Mann tatsächlich besinnungslos war. Dann stand er auf und streckte seine müden Glieder. Mit schweren Schritten ging er zur Tür der Hütte, um frische Luft zu schnappen. »Der Mistkerl wird für seine Untaten büßen. Das verspreche ich dir, mein Sohn, und wenn es das Letzte ist, was ich jemals tue.«

Er trat vor die Tür und schaute in die Nacht hinaus.

***

In Molly Barns Haus (zur gleichen Zeit)

Hanky schlug die Augen auf und schaute direkt in Carmens sorgenvolles Gesicht. Hinter ihr erkannte er Molly Barns, Sheriff Ward, Roger Thorn und Walt Kessler. Walt grinste ihn mit einer *Na-wusste-ich's-doch*-Miene an. »Seht ihr, Leute, das ist ganz normal. Wenn Hanky meditiert, können ganze Büffelherden durch Zimmer rennen, und er bekommt nichts davon mit.«

Hanky stand auf und blickte ernst in die Runde. »Ich habe Neuigkeiten. Sheriff, Sie kennen das Lager der Odin Force?«

»Odin Force«, echote der Sheriff. »Meinen Sie damit die Verrückten im Wald von Sand Lake?«

»Genau die, Sheriff. Dort findet zurzeit ein Feuergefecht statt. Zwei Parteien schießen aufeinander. Ich glaube, Sie sollten umgehend die Nationalgarde anfordern. Wir können nur hoffen, einige der Odin-Soldaten in die Hände zu bekommen – wenn die Nationalgarde nicht zu spät eintrifft. Diese Leute sind nicht sehr an der Aufmerksamkeit der Öffentlichkeit interessiert.«

»Woher …«, Sheriff Ward unterbrach sich selbst mit einem resignierenden Abwinken und eilte zum Telefon.

Hanky schaute Roger an. »Kannst du etwas mit dem Begriff *El Poderoso* anfangen?«

Doch nicht Roger antwortete, sondern Carmen. »*El Poderoso* ist Spanisch und bedeutet: der Mächtige.«

Verständnislos schaute Molly Barns ihre Gäste an und hatte das Gefühl, nur einen Bruchteil der ganzen Geschichte zu verstehen. Wie konnte es sein, dass dieser Hanky neue Informationen erhielt, indem er einfach nur meditierte? Das war ja fast wie in *Twilight Zone*, einer TV-Sendung, die ihr immer ein wenig Angst einflößte. Diese Leute waren unheimlich. FBI sollte das sein? Musste wohl, denn der Sheriff hatte sie in ihr Haus gebracht. Kopfschüttelnd verließ Molly Barns ihr Wohnzimmer und hörte auf dem Weg zur Küche den Sheriff mit seinem Büro telefonieren.

Unterdessen diskutierten die anderen über die neue Spur und den Namen *El Poderoso*. Wer war damit gemeint? Wer versteckte sich hinter dieser Bezeichnung? War dies der wahre Verantwortliche, der Boss von Phönix und Odin? Und wenn ja, wo konnte dieser *Mächtige* gefunden werden?

***

In der Waldhütte (einige Zeit später)

Rudgar Kruger war wieder wach. Er wusste nicht, wie lange er ohnmächtig gewesen war. Kaltes Grauen hielt seinen Körper im Schockzustand, und er spürte das Messer fast nicht mehr. Nur ein unangenehmer Druck in seinem Brustbein zeugte davon, dass ein Fremdkörper in seinem Körper steckte. Kruger hielt die Augen geschlossen und versuchte, flach zu atmen, damit der Alte nicht bemerkte, dass er wach war, und seine Folter fortsetzte. Wer war der Kerl überhaupt? Was wollte er von ihm? Wieso hatte er ihm im Wald aufgelauert?

Rudgar Kruger überlegte fieberhaft, aber die Fragen kreisten in seinem Kopf, ohne dass er eine Antwort fand. Endlich entschloss er sich, seine Augen zu öffnen. Sofort schaute er an sich herunter und sah wieder die Hand, die das große Messer umklammerte.

Kruger drehte den Kopf und schaute zu dem Alten auf. Der hatte die Augen geschlossen und murmelte irgendwas Unverständliches. War das ein Gebet oder eine Beschwörungsformel? Der Kerl musste völlig verrückt sein.

Der ›Alte‹, Old Smithy, weilte in einer anderen Welt, in einer anderen Zeit, Tausende Meilen entfernt. Er saß wieder neben dem Vietcong im Dschungel von Vietnam und hielt das Messer unverrückbar fest. Er würde es den verdammten Gelben zeigen, die seine Männer so zugerichtet hatten. Das waren keine Menschen, das waren Tiere. Was sollte er den Familien zu Hause schreiben, wie konnte er nach all dem hier – falls er den Krieg überhaupt überlebte – jemals wieder ein normales Leben führen? Rachedurst umnebelte seinen Geist und begann ihn zu verwirren. Wieso saß er mitten im Dschungel auf einem Holzhocker, und der verdammte Vietcong sah aus wie ein amerikanischer Soldat?

In diesem Moment brachte ein lautes Knattern Old Smithy in eine Welt zurück, die er nicht mehr verstand. War das nicht der Lärm eines Hubschraubers? Kamen ihm seine Kameraden zu Hilfe? Mitten im Urwald rematerialisierten sich grobe Holzwände, und Old Smithy befand sich in einem dunklen Raum. Krachend flog die Tür nach innen auf, und schwarz gekleidete Uniformierte stürmten herein.

»Ihr bekommt ihn nicht, ihr verdammten gelben Arschlöcher«, schrie Old Smithy und schnitt mit dem scharfen Messer quer durch den Brustkorb Rudgar Krugers. Der bäumte sich ein letztes Mal verzweifelt auf und sank mit einem gurgelnden Schrei in sich zusammen. Sein geschundener Körper wurde schlaff, und seine blicklosen Augen starrten an die Decke. Old Smithy ließ sich nach hinten vom Hocker fallen und zog dabei das Messer aus dem toten Körper. Er rollte zur Seite, zog aus seiner Gürteltasche eine der insgesamt drei Handgranaten, die er über Jahrzehnte in seinem Schrank verwahrt hatte, und zog den

Sicherungsstift heraus. Dann schleuderte er die Granate zur Tür. Dumpf polterte sie zwischen die Füße der *Protektor*-Leute.

»GRANATE«, rief einer der Angreifer, und die Männer versuchten sich aus der Gefahrenzone zu bringen, was in der Enge der Hütte kaum möglich war. Mit einem dumpfen Knall explodierte die Handgranate und hinterließ ein Chaos aus schreienden Gestalten, zerfetzten Körperteilen und züngelnden Flammen. Durch den Explosionsdruck war die Stabilität der Hütte so stark in Mitleidenschaft gezogen, dass die Stützbalken das Gewicht des Dachs nicht mehr tragen konnten. Fast in Zeitlupe sank das Gebäude in sich zusammen.

Die Explosion hatte Old Smithy in die reale Welt zurückgeholt. Er lag unter Trümmern, etwas Weiches lag auf ihm. Mühsam hob Old Smithy seinen Kopf und blickte auf die Leiche Rudgar Krugers. Durch die Druckwelle der Granate war der Lagerkommandant auf Old Smithy geschleudert worden. Die Leiche hatte ihn gegen umherfliegende Splitter abgeschirmt. Mühsam und angewidert schob der alte Mann den Toten zur Seite. Dabei stellte er fest, dass er sein Messer verloren hatte. Nach kurzem Umhertasten berührten seine Hände kalten Stahl. Er rollte sich vorsichtig herum und steckte dann das Messer in seinen Gürtel. Immer noch hörte er das Jammern der verwundeten Angreifer und fragte sich, woher sie so plötzlich gekommen waren. Wahrscheinlich war er bei der Entführung des Lagerkommandanten beobachtet worden, und man war ihm gefolgt. Aber das war ihm egal. Er hatte sein Ziel erreicht, seinen Sohn und all die bedauernswerten Menschen zu rächen.

Siedend heiß fiel Old Smithy ein, dass er mit dieser Aktion seinen Jungen in akute Gefahr gebracht hatte. Wenn diese Verbrecher herausfanden, wer für diese Toten verantwortlich war, dann würde der nächste Schritt sie zu seinem Sohn führen. In seinem Zustand hatte der nicht die geringste Chance. Nein, Old Smithy musste unerkannt von hier verschwinden. Er musste ins Krankenhaus, um seinen Jungen zu schützen.

Langsam und sehr darauf bedacht, unbemerkt zu bleiben, arbeitete er sich durch die Trümmer nach draußen. Als er seine Beine unter den letzten Brettern hervorzog, richtete er sich vorsichtig auf. Hinter dem rauchenden Trümmerhaufen, der einmal die Waldhütte gewesen war, stand in wohl dreißig Metern Entfernung der Hubschrauber seiner Angreifer. Nicht weit von Old Smithy entfernt, allerdings in der entgegengesetzten Richtung, parkte sein Wagen. Was sollte er nun tun? Auf keinen Fall konnte er das Auto hier zurücklassen, sonst warteten die Kerle von Odin auf ihn, noch ehe er seine Haustür aufschließen konnte.

Angestrengt überlegte er, wie er nun vorgehen konnte. Auf eine Schießerei mit den unverwundeten Gegnern konnte er sich nicht einlassen, dazu war er zu alt und untrainiert. Drei schwarz gekleidete Männer versuchten gerade, ihre Kameraden aus der brennenden Ruine zu ziehen. Es sah aus, als rechnete keiner der Uniformierten nach der Explosion noch mit Widerstand. Die Maschinenpistolen hatten sie auf den Rücken geschnallt, und sie konzentrierten sich ganz auf ihre Aufgabe.

Old Smithy kroch aus dem flackernden Licht des sich ausbreitenden Brandes in die relative Sicherheit der Dunkelheit. Dann richtete er sich auf und lief geduckt, seinen Revolver im Anschlag, in einem weiten Halbkreis auf den Hubschrauber zu. Atemlos erreichte er die Maschine und lehnte sich gegen den Hubschrauber, der ihn vor Blicken aus der Hütte schützte. Angestrengt lauschte er, aber außer einigen knackenden Geräuschen, die der auskühlende Motor von sich gab, war nichts zu hören. Wie er gehofft hatte, war auch der Pilot bei der Ruine, um bei der Rettung der Verletzten zu helfen.

Old Smithy kniete neben dem Helikopter nieder und zog zwei weitere Handgranaten aus einer Gürteltasche. Behutsam entfernte er die Sicherungsstifte und klemmte die Granaten unter die Kufen des Hubschraubers. Sobald der Helikopter sich vom Boden erhob, würden die Sicherungshebel der Handgranaten aufklappen, drei Sekunden später würden die Granaten am Boden explodieren. Old Smithy hoffte, dass der Hubschrauber zu dieser Zeit noch unmittelbar darüber schwebte.

Kaum hatte er sich in die Dunkelheit zurückgeschlichen, hörte er auch schon Stimmen. Eiligst suchte sich der alte Mann einen Weg durch die Finsternis, was schwieriger wurde, da die zerstörte Waldhütte immer heller brannte. Atemlos erreichte er schließlich seinen Wagen und legte sich hinter dem Fahrzeug in Deckung. Zu seinem Glück hatte sich bisher noch niemand um das abgestellte Auto gekümmert.

Angestrengt spähte Old Smithy zum Hubschrauber hinüber. Nur undeutlich konnte er Gestalten hinter den vom Feuer beschienenen Scheiben erkennen. Der Motor wurde gestartet, der Rotor begann sich langsam, dann immer schneller zu drehen. Doch noch ehe der Helikopter richtig vom Boden abheben konnte, explodierten kurz hintereinander beide Handgranaten. Der Hubschrauber stieg noch ein, zwei Meter, ehe er zur Seite kippte und in einer weiteren, noch heftigeren Explosion verging. Wieder zischten heiße Trümmerteile über Old Smithy hinweg, und ein gezacktes Metallstück bohrte sich mit einem dumpfen Knall in den Kotflügel. Als der alte Mann sich endlich traute, den Kopf zu heben, hatte sich die Szene vor ihm entscheidend verändert: Mehrere große Bäume standen in Flammen, das ganze Gelände war von Trümmern bedeckt, und es brannte an vielen Stellen. Vom Hubschrauber waren nur noch Fragmente zu sehen, und die Waldhütte war endgültig verschwunden.

Old Smithy öffnete müde und wie betäubt die Fahrertür, stieg ein und startete den Motor. Das vertraute Geräusch machte die Situation noch unwirklicher, und als der Alte dann langsam von diesem Ort des Kampfes und des Sterbens davonfuhr, wunderte er sich, dass er noch am Leben war.

***

In Molly Barns Haus (spät am Abend)
Walt Kessler saß am Küchentisch und studierte die Papiere, die er in der kleinen Funkzentrale in der Fabrik gefunden hatte. Er hatte Mühe, sich zu konzentrieren, seine Gedanken schweiften immer wieder ab. Viel Leid hatte er heute zu sehen bekommen. Menschen, missbraucht und geschändet, für obskure medizinische Experimente zu Objekten reduziert. Ruchlose Täter, die sie gefühllos opferten. *Für was*, fragte sich Walt Kessler immer wieder. Wozu all der Aufwand und das Risiko, jederzeit entdeckt zu werden? Was war so wichtig, dass es jemandem lohnend erschien, Hunderte, wenn nicht Tausende Menschen zu entführen, um sie einer Prozedur zuzuführen, die am Ende mit dem Tod der Entführten endete? Was war so verdammt wichtig?

Er blickte von seinen Papieren auf und schaute sich in der kleinen, gemütlichen Küche um. Konnte es einen größeren Kontrast geben? Hier die bürgerliche Idylle, und nur wenige Kilometer entfernt das absolute Grauen. Warum hatte niemand etwas bemerkt? Warum war niemand aufmerksam geworden?

Wie war es nur zu erklären, dass in der alten Fabrik wer weiß wie lange schon Hunderte Menschen gefangen gehalten wurden? Hatte wirklich niemand die Lastwagen bemerkt, die die Opfer anlieferten und die Leichen wegbrachten? Wie war das nur möglich? Gab es Mitwisser in der Bevölkerung?

Walt erkannte, dass diese Fragen ihn im Moment nicht weiterbrachten. Erneut blätterte er in den Papieren, bis er auf ein Wort stieß, das ihm die ganze Zeit unwichtig erschienen war. **SERUM**. Walt starrte gebannt auf das Wort. Hatte er es nicht schon vorher in den Unterlagen gelesen? Hastig blätterte er zurück und markierte alle Seiten, auf denen das Wort zu finden war. Dann begann er gezielt zu lesen.

Die Qualität des Serums entspricht den vorgegebenen Parametern.

Das Serum ist bei einer konstanten Temperatur von 25 Grad Celsius zu lagern.

Das Serum darf nur in den dafür vorgesehenen Behältern gelagert und transportiert werden.

So ging es seitenweise weiter. Anweisungen und genaue Verhaltensweisen wurden detailliert beschrieben.

Walt sortierte die Instruktionen auf einen separaten Stapel und suchte weiter. Bald stieß er auf Funkprotokolle.

Haus zwei, wann ist die Lieferung bereit?

Zentrale, in zwei Tagen. Haben im Moment einige Abgänge, brauchen ein Entsorgungsteam und Ersatzspender. Die Ausbeute der restlichen Spender schwankt stark. Genaue Angaben über die Zapfmenge des Serums sind nicht möglich. Wir schlagen vor, den gesamten Bestand an Spendern auszutauschen.

Haus zwei. Verstanden. Leiten Ihre Beurteilung weiter.

Walt konnte nicht glauben, was er da eben gelesen hatte. Das war ungeheuerlich. Dieses Funkprotokoll offenbarte in wenigen Worten die abscheuliche Unmenschlichkeit dieser Organisation. Offen wurde über hundertfachen Mord gesprochen, verklausuliert in technischen Phrasen. Erschüttert stand er auf und verließ unbemerkt von den anderen das Haus. Er brauchte frische Luft und musste erst einmal seine Gedanken ordnen, ehe er sich weiter mit den Unterlagen beschäftigen konnte.

Er dachte zurück an die Zeit, als er nur ein unbedarfter Farmarbeiter gewesen war. Wie einfach und sorglos war sein Leben doch gewesen, wie wenig hatte er von der Welt gewusst! War er damals glücklich gewesen? Walt konnte es nicht sagen, konnte sich nicht daran erinnern. Dann war er dem Grauen, dem Bösen, dem Wesen, dem Ding begegnet. Von diesem Zeitpunkt an war nichts mehr gewesen wie vorher. Wie durch ein Wunder hatte er den Angriff der Bestie überlebt. Er hatte den neuen Hanky getroffen, der ebenfalls von der Bestie, dem Ding, angegriffen worden war. Dadurch waren in Hankys Gehirn seltsame Veränderungen eingetreten. Durch die geistige Berührung des Wesens waren bisher ungenutzte Teile in Hankys Gehirn aktiviert und transformiert worden, sodass ein regelrechter Evolutionssprung stattgefunden hatte, eine dramatische Weiterentwicklung seiner geistigen Fähigkeiten. Die Begegnung hatte ihn zu einem Menschen gemacht, wie er sonst möglicherweise erst in Tausenden von Jahren geboren worden wäre.

Doch nicht nur Hanky war berührt worden, sondern auch er, Walt Kessler, Farmarbeiter mit einem eher mittelmäßigen Schulabschluss. Auch er, sein Gehirn, sein Geist, hatte sich weiterentwickelt. Langsamer zwar, als es bei Hanky der Fall gewesen war, aber doch stetig. Er war intelligenter geworden und wurde es jeden Tag mehr. Ein Ende war noch nicht abzusehen. Bisher hatte er sich nur mit Hanky darüber unterhalten und es ansonsten geheim gehalten. Erst einmal musste er herausfinden, wie er dieses Geschenk – und als solches betrachtete Walt seine Transformation – nutzen konnte und wo ihn die Entwicklung hinführen würde. Im vergangenen Jahr hatte er so viele neue Dinge gelernt, und es war ihm noch nie so leichtgefallen, Sachverhalte zu verstehen. Hanky und er sammelten Wissen und saugten wie Schwämme so viele Informationen in sich hinein, wie sie nur konnten.

Walt wurde aus seinen Gedanken gerissen, als er das klappende Geräusch einer zufallenden Tür hörte. Er drehte sich herum und sah Hanky auf sich zukommen.

»Na, alter Freund.« Hanky lächelte. »Brauchst du auch frische Luft?«

»Ja«, antwortete Walt einsilbig und machte dabei wohl ein so sorgenvolles Gesicht, dass Hanky ihm die Hand auf die Schulter legte, verständnisvoll nickte und leise sagte: »Es war ein langer, anstrengender Tag. Lass uns reingehen und versuchen, ein wenig zu schlafen. Ich habe so ein Gefühl, dass wir morgen unsere ganze Kraft brauchen werden. Molly hat uns provisorische Betten hergerichtet.«

Walt nickte nur, immer noch gefangen von seinen Überlegungen, und folgte Hanky still ins Haus.

Kapitel 13

Manaus, Brasilien (nächster Morgen)

Völlig gerädert verließ Richard das Flugzeug. Der Flug von New York nach Manaus hatte scheinbar nicht enden wollen. Mehrfach war er in dem sehr unbequemen Sitz kurz eingenickt und stellte beim Erwachen jedes Mal fest, dass er nur wenige Minuten geschlummert hatte. Er hatte versucht zu lesen oder Musik zu hören, doch seine Gedanken schweiften immer wieder zu den Vorkommnissen in der Gegend von Sand Lake ab. Was verbarg sich hinter dieser Organisation mit dem Namen Gruppe Phönix? Wer waren die Hintermänner, was waren die Ziele dieser Vereinigung? Er wusste es nicht, ja, konnte es nicht einmal ahnen.

Hinter dem Zoll im Transitbereich wartete ein kleiner, verschmitzt aussehender Mann mittleren Alters, der ein Pappschild mit Richards Namen in die Luft hielt. Richard konnte sich ein leichtes Grinsen nicht verkneifen, als er den Fremden musterte. Er trug einen zerknautschten Leinenanzug, und unter dem Sakko blitzte ein grellbuntes Hemd hervor. Auf seinem Kopf hatte er einen Strohhut platziert, der kaum die unbändig sprießenden grau melierten Haare zu bändigen vermochte. Natürlich zierte ein prächtiger Schnauzbart das Gesicht, und wache braune Augen hielten nach dem erwarteten Gast Ausschau. Richard hob den Arm und gab sich zu erkennen. Der Mann kam breit lächelnd auf ihn zu und sagte mit einem kaum wahrnehmbaren Akzent: »Hallo Kollege, herzlich willkommen in Brasilien.

Scheint ein anstrengender Flug gewesen zu sein, wenn man Sie so betrachtet. Wie wäre es erst mal mit einem guten brasilianischen Kaffee, ehe wir ins Hotel fahren?«

Richard war sofort von der offenen, herzlichen Art des Brasilianers gefangen und fühlte sich schon ein wenig besser.

Bald darauf saßen sie in einem kleinen Flughafenrestaurant, und Richard nippte an dem schwarzen, dampfenden Gebräu, das zwar wie Kaffee roch, aber sehr bitter und stark war. Sein Begleiter lachte laut und sagte herzlich: »Den Kaffee kann man ohne Zucker nicht trinken.« Ohne auf Richard zu achten, der abwehrend mit den Händen wedelte, weil er normalerweise niemals Zucker in seinen Kaffee gab, schüttete er gut drei Esslöffel davon in die Tasse.

»Nun versuchen Sie mal«, forderte sein Gastgeber ihn auf. Aus reiner Höflichkeit nippte Richard an der Tasse, um gleich darauf einen größeren Schluck des heißen Gebräus zu nehmen. Der Kaffee schmeckte auf einmal völlig verändert. Cremig und süß, nach Kaffee und Schokolade; wie eine flüssige Praline verbreitete er sich wohltuend im Mund. Von einer Sekunde auf die andere wurde Richard ein großer Fan von brasilianischem Kaffee.

Erst jetzt fiel ihm auf, dass sich sein neuer Begleiter noch nicht vorgestellt hatte. »Wie heißen Sie übrigens, mein Lieber?«, fragte er deshalb geradeheraus.

»Oh«, antwortete der Mann und lächelte Richard entschuldigend an. »Mein Name ist Ernesto Rodriges.«

Die beiden Männer unterhielten sich noch eine Weile, und Richards Müdigkeit schien auf einmal wie weggeblasen. Schließlich, nach einem weiteren Kaffee, der Richards Herz veranlasste, einige Umdrehungen schneller zu laufen, erhoben sie sich und verließen das Terminal.

Als sie vor die Tür traten, umhüllte Richard sofort die tropisch warme Luft, die eine ganz eigene Konsistenz zu haben schien und sich so stark von der Luft zu Hause unterschied, dass ihm im ersten Moment das Atmen schwerfiel. Sie war gesättigt von unzähligen exotischen Gerüchen. Ganz im Vordergrund aber standen die Abgase der Autos, die in einem ständigen Strom vor dem Eingangsbereich unterwegs waren. Mit laufenden Motoren standen Fahrzeuge in mehreren Reihen vor dem Terminal. Mit lauten, gestenreichen Ritualen wurden Freunde, Verwandte und Bekannte verabschiedet oder empfangen, Gepäck wurde herumgetragen, und einfach jeder schien mit seiner Stimme alle anderen übertreffen zu wollen.

Richard blieb einen Augenblick fasziniert stehen und beobachtete das aufgeregte Treiben einer ihm fremden Kultur.

Kurze Zeit später saßen sie in Ernestos in die Jahre gekommenem rotem Jeep. Die Fenster kurbelten sie weit herunter, da die Klimaanlage außer einem leisen, stetigen Rasseln nichts mehr von sich gab. Ernesto kommentierte diesen Umstand nur mit einem entschuldigenden Grinsen. Längst hatte Richard seine Jacke abgelegt und die Hemdsärmel hochgekrempelt.

Die Fahrt zur zehn Kilometer entfernten Innenstadt von Manaus führte über eine Stadtautobahn mit dem klangvollen Namen *Torquato Tapajos*. Von Lagerhallen und Bürohäusern wechselte das Bild schon bald zu kleinen, eher einfachen Häusern, die die Straße säumten, anfangs noch von kleinen Gärten umrahmt. Rasch rückten die Häuser mehr zusammen, je näher sie dem Stadtzentrum kamen. Auf den Bürgersteigen vor den Häusern waren häufig kleine Verkaufsstände aufgebaut, die mit ihren grellen Farben versuchten, die Aufmerksamkeit potenzieller Käufer auf die feilgebotene Ware zu lenken. Richard registrierte jede Kleinigkeit mit dem wohlwollenden Blick eines Touristen, der sich auf einen aufregenden Urlaub freut. Wenige Minuten später reckten sich moderne Büro- und Hotelbauten in den Himmel. Zwischen den älteren Wohnvierteln wirkten diese Giganten der Moderne merkwürdig deplatziert. In recht schnittigem Tempo lenkte Ernesto den Wagen in die Einfahrt eines solchen Hotels und hielt gekonnt vor einem Kofferpagen. Richard hatte bisher versäumt, seinen Kollegen zu fragen, wo er nächtigen würde, und las den Hotelnamen, in Goldlettern effektvoll über dem Eingang angebracht: *Taj Mahal Continental Hotel*.

Das hörte sich kostspielig an, und Richard dachte bekümmert an sein Kreditkartenlimit. Ernesto schien seine Gedanken zu lesen und sagte in verschwörerischem Ton: »Zahlt alles die Redaktion. In dieser Hinsicht habe ich klare Anweisungen von der New Yorker Zentrale.«

»Oh, wirklich«, antwortete Richard und fühlte sich schon gleich viel besser.

An der Rezeption verabschiedete sich Ernesto von Richard, versprach aber, ihn in vier Stunden abzuholen. Nach dem Einchecken fuhr Richard zusammen mit einem Pagen in den achten Stock. Als er dann beim Betreten seines Zimmers das große Bett sah, meldete sich sofort die Müdigkeit zurück, die der starke Kaffee zuvor verdrängt hatte. Er gab dem Pagen Trinkgeld und besichtigte schnell das Badezimmer. Dann kramte er in seiner Reisetasche nach dem Handy und wählte Hankys Telefonnummer. Schon beim ersten Klingeln wurde abgehoben, und Rita meldete sich. Offenbar hatte sie neben dem Telefon gesessen und nur auf seinen Anruf gewartet.

***

In Molly Barns Haus (am frühen Morgen)

Hanky war früh aufgewacht. Er wusste nicht, was ihn geweckt hatte. Völlig ruhig lag er auf dem schmalen Gästebett und dachte über den vergangenen Tag nach. Viel war gestern geschehen, zu viel. Menschen waren gestorben. Unnötigerweise gestorben. Hanky war es egal, ob es sich um Opfer oder Täter handelte. Jeder, der gestern gestorben war, würde für immer in der Gemeinschaft der Lebenden fehlen.

Hanky versuchte sich von seinen trüben Gedanken zu distanzieren und sich auf den erwachenden Tag vorzubereiten.

Heute würde sich herausstellen, welche Spuren sich als ergiebig erweisen würden und ob es einen Hinweis auf die Hintermänner gab. Das Wort "Hintermänner" klang irgendwie zu harmlos für das Grauen, dass sie vorgefunden hatten, dachte er. *Monster* wäre die richtigere Bezeichnung.

Leise stand er auf und suchte seine Sachen zusammen. Walt schlief noch fest und gab leise, fast gequält klingende Töne von sich. Da es bereits anfing zu dämmern, fiel es Hanky nicht schwer, aus dem Zimmer zu schleichen, ohne irgendwo anzustoßen. Im angrenzenden Badezimmer wusch er sich und hoffte, dass niemand im Haus das Rauschen des Wassers hörte. Danach zog er sich an und versuchte auf Strümpfen, seine Schuhe in der Hand, vorsichtig und geräuschlos die alte Holztreppe hinabzusteigen. Ein leises Knarren hie und da ließ sich nicht ganz vermeiden, doch schließlich stand er im Vorraum des Hauses. Hier war es noch um einige Nuancen dunkler als oben, und er rammte mit dem Schienbein gegen einen ausladenden alten Schrank. Es gab ein dumpfes Geräusch, und er unterdrückte nur mit Mühe ein lautes Aufstöhnen. So humpelte er in die Wohnküche und ließ sich dort auf einem Küchenstuhl nieder. Mit der flachen Hand massierte er gerade die geschundene Stelle, als jemand fragte: »Soll ich dir einen Kaffee kochen?«

Er fuhr herum, seine Schuhe polterten zu Boden. Vor ihm stand Molly Barns in einem langen, mit Spitzen verzierten Nachthemd und sah im ersten Moment wie ein Gespenst aus.

»Oh, Misses Barns«, stammelte er überrascht. »Ich hoffe, ich habe Sie nicht geweckt.«

Molly Barns schenkte ihm ein mütterliches Lächeln und schüttelte den Kopf. »Ich glaube, wir waren gestern Abend schon beim Du angekommen, und dabei wollen wir es auch belassen. Also, wie wäre es mit einer Tasse Kaffee?«

»Vielen Dank, Molly«, antwortete er, und schon nach wenigen Minuten stand eine mit kleinen Röschen verzierte Kaffeetasse vor ihm, aus der es wunderbar duftete.

Eine halbe Stunde später saßen alle um den Kaffeetisch versammelt, teilweise noch halb verschlafen und nicht willens, den neuen Tag mit sorgenvollen Themen zu begrüßen. So plapperten sie belangloses Zeug, bis schließlich der Wagen des Sheriffs vor dem Haus hielt.

Jeff Ward machte ein bekümmertes Gesicht, als er die Küche durch die Hintertür betrat. Nach einem Gutenmorgennicken in die Runde begann er, ohne dass jemand aus der Gruppe eine Frage gestellt hätte, zu berichten, was sich seit dem vergangenen Abend alles zugetragen hatte.

»Ich bringe schlechte Nachrichten«, begann er. »Der eine – wie soll ich ihn nennen – *Krankenpfleger* namens Frank, den wir gestern festnehmen konnten, hat sich heute Nacht das Leben genommen.« Noch ehe jemand fragen konnte, fuhr er fort: »Er hat sich selbst den Schädel zertrümmert. Er hat wohl an der Zellentür Anlauf genommen, ist durch den Raum gespurtet und mit voller Wucht, Kopf voran, gegen die Mauer geprallt. Laut Gerichtsmediziner hat er sich das Genick gebrochen, und eine schwere Schädelfraktur, durch den harten Aufprall bedingt, hätte wohl kurze Zeit später ebenfalls zu seinem Ableben geführt.«

Der Sheriff atmete kurz durch, ehe er fortfuhr. »Bedauerlicherweise haben wir damit einen wichtigen Zeugen verloren. Der andere Gesuchte, von dem wir bisher nur wissen, dass er Bob heißt, ist bisher noch flüchtig. Ich habe einen Polizeizeichner aus der Zentrale der Staatspolizei angefordert, der wohl in der nächsten halben Stunde hier eintreffen wird, wenn es dir nichts ausmacht, Molly. Ich glaube, es ist für Carmen im Moment besser, erst einmal bei dir zu bleiben.«

Carmen lächelte den Sheriff dankbar an, und Molly sagte: »Keine Sorge, Jeff, natürlich bleibt Carmen bei mir, und über die Länge ihres Aufenthalts diskutieren wir, wenn du deine Ermittlungen abgeschlossen hast.«

Hanky, der wie selbstverständlich neben Carmen saß und ganz vertraut ihre Hand hielt, lächelte Molly dankbar an, ehe er sich

Sheriff Ward zuwandte. »Konnten Sie noch Informationen von dem Inhaftierten bekommen, ehe er verstarb?«

»Nein, Mister Berson, leider nicht. Der Kerl schwieg wie ein Grab. Anscheinend hatte er fürchterliche Angst, dass ihn seine Auftraggeber in die Hände bekommen würden. Deshalb hat er sich wohl auch umgebracht.«

Hanky dachte nach. Wer waren die Leute, vor denen sich der Inhaftierte so gefürchtet hatte? Sie brauchten unbedingt einen Zeugen. Sie mussten die anderen Häuser finden, ehe die dortigen Spender – Hanky bekam eine Gänsehaut bei dieser Bezeichnung – umgebracht wurden. Er erinnerte sich, dass ein Polizeizeichner auf dem Weg war und Carmen hoffentlich den zweiten Gesuchten gut genug beschreiben konnte, dass man seiner habhaft werden konnte. Allerdings brauchte er auch eine Zeichnung dieses Kleinfeld, der den Angriff gegen das Odin-Lager geführt hatte. Er würde Paul hinzuziehen, um sicher zu sein, dass das Bild dem Gesuchten möglichst nahe kam.

»Sheriff, ich brauche den Zeichner zuerst, damit wir diesen Kleinfeld identifizieren können, den Anführer der anderen militanten Gruppe. Wie ist übrigens die Aktion der Nationalgarde verlaufen?«

Sheriff Ward legte das Gesicht in ärgerliche Falten. »Darauf wollte ich als Nächstes zu sprechen kommen.« Damit zog er sich einen Stuhl heran, setzte sich und trank erst einmal einen Schluck aus der Kaffeetasse, die Molly vor ihm auf den Tisch gestellt hatte. »Bis die Nationalgarde das Lager der Odin Force erreicht hatte, war niemand mehr dort. Keine Angreifer, keine Odin-Force-Leute, eben keine Menschenseele. Die Nationalgardisten suchten das ganze Gelände ab und fanden nichts mehr außer ein paar Patronenhülsen. Selbst die Baracken waren ausgeräumt, nicht mal ein Fitzelchen Papier war mehr zu finden. Die Funkanlage war gründlich zerstört worden, und aus der Decke ragten einige Kabel, die wohl von einer Kameraüberwachung stammten. Nach einer Stunde wurde in drei

Kilometern Luftlinie ein Feuer entdeckt. Ein Team der Nationalgarde machte sich sofort auf den Weg, um nachzuschauen, ob dieses Feuer etwas mit dem Feuergefecht im Lager zu tun hätte. Wieder kamen die Nationalgardisten zu spät. Zwei Löschfahrzeuge der örtlichen Feuerwehr waren schon vor Ort, von einem aufmerksamen Bürger alarmiert, und bekämpften den Brand. Wie bei solchen Anlässen üblich, waren auch viele Schaulustige zur Stelle und haben sämtliche eventuell verwertbaren Spuren buchstäblich zertrampelt. Die Nationalgardisten fanden in einem ausgebrannten Militärhubschrauber mindestens fünf Leichen. Mit Sicherheit kann man das noch nicht sagen, da das Wrack noch zu heiß ist, um hineinzugehen. Nicht weit von dem Hubschrauber entfernt ist eine Jagdhütte ebenfalls völlig niedergebrannt. Unter den Trümmern hat die Spurensicherung einen Toten gefunden. Es ist wahrscheinlich, dass es sich hier um dem Lagerkommandanten der Odin Force handelt, Rudgar Kruger. Die Spurensicherung gelangte zu dem Schluss, da sie, ebenfalls unter den Trümmern der Hütte, einen Rucksack mit Geld und den Papieren dieses Rudgar Krugers gefunden haben. Was er dort in der Hütte wollte und warum der Hubschrauber mit den Männern darin brannte, ist noch nicht klar. Es ist zu vermuten, dass es dort zu einem Kampf gekommen ist, dessen Ergebnis es war, dass mindestens sechs Männer ihr Leben lassen mussten.«

»Das ist eine ganze Menge für eine einzige Nacht«, meldete sich Roger Thorn heute zum ersten Mal zu Wort. »Wir sollten die Zeit bis zum Eintreffen des Zeichners nutzen, um unser heutiges Vorgehen zu besprechen. Vorher möchte ich mich mit Ihnen, Sheriff Ward, einige Minuten unter vier Augen unterhalten.« Damit stand er auf und zeigte auffordernd zur Hintertür. Ergeben stand der Sheriff auf und folgte dem FBI-Agenten nach draußen. Nach einigen Metern blieben die Männer stehen, und Sheriff Ward schaute ihn fragend an. Ohne weitere Umstände begann Roger zu sprechen. »Wie Sie ja bestimmt bemerkt haben, unterscheidet sich unsere Gruppe von den üblichen FBI-Kollegen. Ich habe eine Bitte an Sie, Sheriff. Doch bevor wir dazu kommen, müssen Sie mir absolute Verschwiegenheit über unseren Einsatz hier garantieren. Das gilt für Ihre Männer, Freunde, Familie und im Besonderen für meine Kollegen, die sicher sehr bald hier auftauchen werden.«

Sheriff Ward machte ein ungläubiges, verständnisloses Gesicht und wollte zu einer Antwort ansetzen, doch Roger hob abwehrend die Hände und fuhr in seinen Ausführungen fort. »Ich kann Ihnen leider nicht alle Hintergründe unseres Einsatzes erläutern. Nur so viel: Wie Sie gesehen haben, geht es hier um Verbrechen, die das sogenannte *Normale* bei Weitem übersteigen. Ich selbst habe mich einige Zeit als verdeckter Ermittler im Odin-Lager aufgehalten und miterlebt, wie grausam und menschenverachtend diese Leute sind. Um solch eine Organisation aufzubauen und Menschen in großer Anzahl für fragwürdige medizinische Experimente zu entführen und zu ermorden, bedarf es der Hilfe von Leuten, die in gehobenen politischen Ämtern sitzen. Hier komme ich zu meiner Bitte: Es darf niemand erfahren, dass meine Gruppe in diese Richtung ermittelt. Sie können mir glauben, Sheriff, dass diese Leute genügend Macht haben, um unangenehme Mitwisser schnell zu beseitigen. Deshalb ist es wichtig, dass Sie mit ihren Männern reden, die uns ja zwangsläufig bei unserer Arbeit gesehen haben, und sich deren Verschwiegenheit gegenüber der Presse und meinen Kollegen versichern. Außerdem sollte Carmen vorerst nicht als Zeugin oder Opfer geführt werden. Es muss so aussehen, als ob in dem ganzen Durcheinander niemand mehr weiß, wer die Polizei alarmiert hat. Dadurch schützen wir Carmen und Molly Barns vor unangenehmen Besuchern.«

Sheriff Ward hatte die ganze Zeit aufmerksam und schweigend zugehört und dabei die Punkte gezählt, an denen er das Gesetz brechen musste, um den Forderungen Roger Thorns nachzukommen. Schließlich nickte er zustimmend. »Okay,

Mister Thorn. Ich werde Ihrer Bitte nachkommen und dabei einige Gesetze verbiegen. Meine Leute mögen die Schnüffler vom FBI sowieso nicht besonders. Aber eins müssen Sie mir versprechen: Wenn das alles ausgestanden ist und Sie hoffentlich die Schuldigen dingfest gemacht haben, will ich die ganze Geschichte hören. Eins noch, sehen Sie zu, dass Carmen im Land bleiben kann. Lassen Sie Ihre Verbindungen spielen. Ich glaube, Ihr Kollege Hank Berson würde sich auch darüber freuen.«

Gemeinsam gingen sie zurück zur Küche, und Sheriff Ward griff zum Telefon. Er hatte einiges zu organisieren, um den heute eintreffenden Ermittlern vom FBI die Arbeit nicht gerade zu erleichtern.

Kapitel 14

Carefree, Arizona (zur gleichen Zeit)

Der Doktor tobte. Die ganze Nacht hatte er kein Auge zugetan. Erst hatte er das Desaster im Odin-Force-Lager in der Nähe von Haus zwei per Kamera mitverfolgt. Nicht genug, dass sie die alte Fabrik verloren hatten, was seinen Blutdruck vor Zorn in die Höhe hatte schnellen lassen, nein, nun hatte auch noch dieser Idiot Kleinfeld versagt. Wie schwer konnte es denn sein, einen mickrigen Lagerkommandanten zu verhaften und an die Wand zu stellen? Er hatte Kleinfeld schon immer für inkompetent gehalten, aber er war ja der ausgesprochene Liebling ihres über alles verehrten … Nein, er würde das Wort nicht einmal denken. Kleinfeld war der Liebling des alten Deppen. Ja, das war ihr Boss, ein alter Depp, der seinen Größenwahn wie eine Tugend vor sich hertrug und pflegte. In den Kriegsjahren hatte er Geschmack am Herrschen gefunden. Er hatte es genossen, dass alle in seiner Umgebung vor ihm zitterten und sich fast in die Hosen machten, wenn er sie nur scharf anschaute. Es war immer schwieriger geworden, ihn bei den Geheimtreffen der Gruppe Phönix wieder auf das eigentliche Ziel auszurichten, dessentwegen sie diesen hirnlosen Krieg überhaupt begonnen hatten. Phönix, vom Boss selbst erdacht und gegründet, hatte nur eine Aufgabe, nämlich ein ganzes Volk auszurauben, ohne dass es jemand bemerkte oder auch nur auf die Idee kam, das es hier nur um Geld ging, sonst nichts. Von Anfang an war diese Idee so abartig und größenwahnsinnig gewesen, dass bisher wirklich noch niemand darauf gekommen war. Doch dann hatte sich alles geändert, als er, der Doktor, bei seinen Versuchen in den Lagern das Serum und seine Bedeutung entdeckte. Nun ging es nicht mehr nur ums Geld, sondern auch um Macht. Die Gruppe Phönix und auch der Alte waren sich darüber im Klaren, dass sie diesen Krieg niemals gewinnen konnten, sondern woanders ihr Leben genießen wollten. Alle Vorbereitungen waren längst getroffen, und nur ausgewählte Leute wurden mit dem Serum versorgt, bis …

In diesem Moment wurde der Doktor durch das Klingeln seines Telefons in seinen Gedanken gestört. Unwillig nahm er dem Hörer und drückte die grüne Antworttaste. Die Stimme am anderen Ende der Leitung war unverkennbar, wenn auch der harte Akzent über die Jahre einer weicheren Aussprache gewichen war. Ohne jegliche Begrüßung begann der Anrufer zu sprechen: »Ist alles für das Treffen arrangiert?«

Der Doktor verzog unwillig den Mund, fasste sich dann aber wieder und antwortete scheinbar unbewegt: »Alles ist vorbereitet wie besprochen.«

»Gut«, klang es zufrieden aus dem Lautsprecher, »dann sehen wir uns zur Abschlussbesprechung in einigen Tagen. Sehen Sie zu, dass Kleinfeld meinen Transport organisiert. Ich erwarte, dass er mich abholt, in gewohnter Weise.«

»Verstanden«, antwortete der Doktor nur und beendete das Gespräch.

***

In Molly Barns Haus (etwas später)

Der Polizeizeichner war pünktlich eingetroffen und saß nun in Molly Barns Wohnzimmer Hanky gegenüber. Dieser hatte vorher versucht, Kontakt mit Paul aufzunehmen. Doch Paul meldete sich nicht, was sehr ungewöhnlich war. Walt, der in der Zwischenzeit kurz mit Rita in New York telefoniert hatte, versuchte nun, ihn telefonisch zu erreichen.

Hanky machte sich Sorgen um Paul, und es fiel ihm schwer, sich zu konzentrieren. Doch nach und nach brachte der Zeichner mit nur wenigen Strichen das Gesicht Horst Kleinfelds aufs Papier. Hanky war sehr erstaunt, wie ähnlich die Zeichnung dem Gesuchten sah, es waren nur noch kleinere Korrekturen nötig, um das Porträt in Hankys Augen perfekt zu machen. Gern hätte er Paul nach seiner Meinung gefragt, aber er war immer noch nicht zu erreichen. Hanky ging zurück in die Küche und gab Walt die Zeichnung, mit der Bitte, sie zu digitalisieren und per Mail zu Rita nach New York und Richard nach Manaus zu schicken. »Wenn du damit fertig bist, ruf Rita an. Sie soll im Internet versuchen herauszufinden, was es über diesen Horst Kleinfeld an Informationen gibt. Du versuchst in der Zwischenzeit, Paul zu erreichen, und schaust ebenfalls im Internet nach, ob du etwas rausfinden kannst.«

»Okay. Und was machst du in der Zwischenzeit?«

Hanky hörte sehr wohl Walts Verstimmtheit heraus, weil Hanky ihm so einfach Aufgaben übertrug, ohne vorher über den weiteren Ablauf mit ihm gesprochen zu haben. Beschwichtigend legte er ihm eine Hand auf die Schulter. »Nun sei mal nicht mürrisch, mein Alter. Ich mache mir Sorgen, dass uns die Zeit davonläuft, und ich weiß, wie gut du im Organisieren und am Computer bist. Ich will nur noch mal schnell mit Roger zur alten Fabrik fahren. Ich muss da einer Sache auf den Grund gehen, die mir keine Ruhe lässt. Also sei nicht sauer.«

Walt lächelte schon wieder und murmelte nur scheinbar mürrisch: »Dann hau doch ab und lass mich hier allein mit der ganzen Arbeit. Los, verschwinde schon ...« Dabei wedelte er mit den Händen, als wolle er lästige Insekten vertreiben.

Hanky fand Roger draußen telefonierend am Auto stehen. Mit der rechten Hand zeigte Roger ihm fünf Finger, was wohl bedeuten sollte, dass er noch so viele Minuten für sein Gespräch brauchen würde. Resignierend hob Hanky die Schultern und lief vor dem Haus auf und ab. Immer wieder versuchte er Paul auf telepathischem Weg zu erreichen, doch er bekam einfach keine Verbindung zu ihm. Da Roger immer noch telefonierte, ging er noch einmal ins Haus, um zu sehen, ob Carmen und der Zeichner schon an der Arbeit waren. Gerade als er die Tür öffnen wollte, kam Carmen ihm entgegen.

»Seid ihr schon fertig?«, fragte er.

Sie schüttelte nur den Kopf, trat ganz dicht an ihn heran und flüsterte ihm ins Ohr: »Ich wollte dir nur auf Wiedersehen sagen, Hanky.«

Unverhofft berührten ihre Lippen die seinen, und noch ehe Hanky etwas sagen konnte, war sie wieder im Haus verschwunden. Er stand einen Moment lang wie paralysiert da und konnte sein Glück kaum fassen. Noch nie hatte jemand ihn geküsst, mal abgesehen von seiner Mutter. Doch nun, in all dem furchtbaren Grauen, das er gesehen und das Carmen erlebt hatte, zeigte ihm das Schicksal eine Möglichkeit, die Hoffnung auf ein Abenteuer, das er sich vor wenigen Augenblicken nicht einmal hätte vorstellen können und das den Namen Liebe trug.

Rogers Stimme brachte Hanky zurück in die reale Welt, als er rief: »He Hanky, können wir, oder willst du das Haus noch ein bisschen anstarren?«

»Ich habe nur auf dich gewartet, Roger«, entgegnete Hanky launig und hoffte, dass Carmen noch einmal am Fenster erscheinen würde. Doch sie tat ihm den Gefallen nicht, und so ging er zu Rogers Wagen, fast widerwillig, und schwang sich auf den Beifahrersitz.

Auf dem Weg zur alten Fabrik berichtete Roger in einem nicht zum Thema passenden Plauderton von seinem Telefonat. »Ich habe meinen Kontakt in Philadelphia angerufen. Henry Rolin, einen, sagen wir mal, *Geschäftsmann*, der es mit den Gesetzen nicht ganz so genau nimmt. Er weiß, was hier geschehen ist, und ist zu hundert Prozent auf unserer Seite. Normalerweise versucht er, so unauffällig wie möglich zu agieren und den Kontakt zu den Behörden zu vermeiden, doch dieser Fall ist etwas anderes. Seine Leute werden Samuel Benjamin, einen Senator aus Nevada, und Wilson Mac Adams – er ist Staatssekretär in Washington – unter die Lupe nehmen. Wir werden bald wissen, was die Herren so treiben und mit was für Leuten sie sich umgeben. Ich rede dabei nicht so sehr von den öffentlichen Auftritten der beiden, sondern von dem, was hinter den Kulissen geschieht. Das führt uns, so hoffe ich wenigstens, zu den Hintermännern, die für das alles hier verantwortlich sind.«

Da sich Hanky nicht zu seinen Ausführungen äußerte, drehte sich Roger zu ihm um. »Sag mal, hörst du mir eigentlich zu?«

»Ja, klar. Mir ist nur gerade noch etwas eingefallen. Da wir unseren Zeugen oder Verdächtigen, wie auch immer, eben diesen Frank, verloren haben und sein Kollege Bob nicht aufzutreiben ist, brauchen wir jemanden, der uns über die Odin Force mehr berichten kann, mehr, als du ermitteln konntest.«

»Und wer wäre das? Wen können wir denn noch befragen, wenn das ganze Odin-Lager geräumt ist und alle verschwunden sind?«, konterte Roger.

Hanky schaute ihn wissend an und sagte rätselhaft: »Kannst du dich an den Mann erinnern, der in dem Restaurant in Sand Lake vom Hocker gefallen ist?«

Roger nickte eifrig und auch in einer gewissen Art anerkennend. »Na klar. Dass ich das vergessen konnte! Diesen Kerl müssen wir unbedingt finden. Ich rufe gleich Sheriff Ward an, damit er sich in den Krankenhäusern erkundigt und natürlich auch die Serviererinnen befragt.« Sofort griff er zum Telefon, um alles Notwendige zu regeln.

Nicht viel später fuhren sie in den Werkshof der alten Fabrik. Noch immer waren einige Polizeifahrzeuge vor Ort, und rotweiße Bänder sperrten das Gelände ab.

Sie schlüpften unter dem Absperrband hindurch. Einer der Polizisten zwinkerte ihnen vertraulich zu und sagte in gedämpften Verschwörerton: »Es ist noch keiner von den FBI-Schnüfflern eingetroffen. Der Sheriff hat uns informiert, und wir werden dichthalten. Die erfahren von uns nichts. Beeilt euch aber trotzdem mit den Sachen, die ihr hier noch zu erledigen habt. Sobald die FBI-Typen hier auftauchen, sag ich Bescheid.«

Roger brachte nur ein gequetschtes "Danke" heraus und folgte Hanky ins Haus. *FBI-Typen*, dachte er, *was glaubt denn der Deputy, wer* wir *sind?* Irgendwie amüsiert stieg er die Treppe hinauf und betrat den kleinen Funkraum. Er hoffte, hier weitere Hinweise zu finden, etwa eine Funkfrequenz auf der Skala des Senders oder auch eine versteckte Kamera, die er hier vermutete, seit im Odin-Lager die Vorrichtungen für ein Überwachungssystem entdeckt worden waren. Er drehte sich einmal im Kreis, um sich einen Überblick zu verschaffen. Dabei bemerkte er, dass Hanky nicht mehr bei ihm war. Er vermutete, dass er zum Saal gegangen war. Was er dort wollte oder warum er mit ihm hierher zurückgekehrt war, wusste Roger nicht. Hanky würde es ihm schon mitteilen, wenn es wichtig sein sollte. So setzte sich der FBI-Agent vor die Funkanlage und begann sie systematisch zu untersuchen.

Schon als Hanky zusammen mit Roger das Fabrikgebäude betrat, spürte er eine seltsame Furcht, ja, fast konnte man es Grauen nennen. Das ganze Gebäude schien eine düstere Aura zu besitzen, die nun nach ihm griff. Seine Nackenhaare stellten sich auf, und feine Schweißperlen bildeten sich auf seiner Stirn. Hanky wusste nicht, wie lange er es verkraften konnte, sich hier aufzuhalten. Jeder Schritt die Treppe hinauf schien mühsamer und beschwerlicher als der vorhergehende zu sein. Die Luft war wie klebrige Watte und roch nach Pein. Vor der Eingangstür zur Halle verweilte er einen Moment, mit sich selbst ringend, ob er den Raum betreten sollte. Nach endlosen Sekunden, die ihm wie Stunden vorkamen, drückte er die Klinke nach unten und schob die Tür langsam auf. Er wusste nicht, was er erwartet hatte, aber der Saal sah verlassen und öde aus. Doch er ließ sich nicht von dieser scheinbaren Tristesse aus medizinischem Gerät und Krankenhausmöbeln täuschen. Hier hatte lange das Grauen regiert. Menschen waren in diesem Raum zu Tode gefoltert worden und hatten ihre Verzweiflung zurückgelassen. Er trat einen Schritt vor und blieb erneut stehen, als überlege er, was er als nächstes tun sollte. In Wirklichkeit konzentrierte er sich und versuchte all seine Gefühle hinter einer Mauer aus Rationalität zu verstecken.

Hinter ihm schloss sich die schwere Tür mit einem lautem "Boom" und ließ ihn schreckhaft zusammenfahren.

»Stell dich nicht an wie ein Mädchen«, murmelte er einen Lieblingsspruch von Walt, um sich selbst zu beruhigen. Er wusste, er musste nun tun, wozu er hergekommen war, er durfte keine Sekunde mehr warten, sonst würde ihm einfach die mentale Kraft dazu fehlen, und er wusste nicht, ob er noch einmal in der Lage sein würde, diesen Raum zu betreten. Aus einem einzigen Grund hatte er Roger darum gebeten, ihn mitzunehmen. Schon gestern hatte ihn der Widerspruch gestört, dass auf der einen Seite Menschen gefoltert, zumindest missbraucht wurden, um auf der anderen Seite mit einem TV-Programm versorgt zu werden. Dieser Sache musste er auf den Grund gehen, und zwar jetzt.

Mit energischen Schritten näherte er sich dem nächsten Bett, über dem ein Flachbildschirm angebracht war. Er musste eine Weile suchen, bis er schließlich einen einfachen Schalter an der Fußseite des Betts entdeckte und ihn betätigte. Sofort glomm ein rötliches Leuchten auf, das sich auf den Armaturen der Geräte, am Bettrahmen und auf dem befleckten Laken widerspiegelte.

Hanky trat neben das Bett und versuchte zu erkennen, was eigentlich auf dem Bildschirm gezeigt wurde. Er sah schemenhafte Dinge, wurde aber aus dem, was er da sah, nicht schlau.

Was sollte das sein, wozu hatten die Spender sich das anschauen müssen?

Hanky zog an dem Gestell, das den Bildschirm in Position hielt, um einen besseren Blick auf das dort gezeigte rote Wallen zu bekommen, doch das Ding bewegte sich keinen Millimeter.

Es war nichts zu machen. Ohne entsprechendes Werkzeug würde er die Position des Geräts nicht verändern können. Doch dazu war keine Zeit, denn er musste damit rechnen, dass das FBI bald hier auftauchen würde. Mit einem schweren Seufzer, der seiner Kehle unwillkürlich entschlüpfte, beschloss Hanky, sich auf das Bett zu legen, genau so, wie hier schon unzählige Unglückliche gelegen haben mochten. Mit spitzen Fingern zog er das schmutzige Laken vom Bett und war froh, als darunter eine abwaschbare, leidlich saubere Matratze zum Vorschein kam. Umständlich setzte er sich zuerst auf die Bettkante, verweilte dort eine Minute und versuchte sich gegen etwas zu wappnen, das er nicht einzuschätzen vermochte. Er holte tief Luft, wie vor einer Tauchübung, und ließ sich auf die Matratze sinken.

Instinktiv hatte er dabei nicht auf den Bildschirm geschaut, sich der Tatsache bewusst, dass er von seiner Angst gesteuert wurde.

Als er schließlich den Blick auf den Bildschirm richtete, drohte er seinen Verstand zu verlieren. Das rote Wallen schoss auf ihn zu und umhüllte ihn. Flammende Speere rasten auf ihn zu und waren übergangslos verschwunden. Gesichter schreiender Kinder verwandelten sich in lachende Grimassen, die Gedärm ausspien. Aus dem roten Universum, das ihn umgab, materialisierten sich Gestalten aus seiner Vergangenheit, die sich ständig transformierten. Hände griffen nach ihm, und Hanky spürte unangenehme Berührungen, manchmal kalt, ein anderes Mal heiß und schmerzhaft. Er sah seinen Großvater auf der Bank vor seinem Haus sitzen. Ohne Vorwarnung stürzten riesige rote Wölfe aus dem Wald, mit weit aufgerissenen Rachen, aus denen roter Speichel tropfte. Die monströsen Tiere stürzten sich auf den alten Mann und zerrissen ihn in Sekunden. Noch ehe Hanky auf das gerade Gesehene reagieren konnte, wechselte die Szene. Das Gesicht seiner Mutter tauchte aus roten Wogen auf, ihr Mund zu einem unhörbaren Schrei geöffnet, die Augen starr und schreckgeweitet, um gleich darauf wieder im roten Grauen zu versinken. Einen Moment lang, der Sekunden oder Ewigkeiten dauern mochte, herrschte eine unheimliche Ruhe, und Hanky schwebte gewichtslos in der Unendlichkeit seines Geistes. Im hilflosen Versuch, sich zu orientieren, schaute er sich nach allen Seiten um. Doch egal, wohin er blickte, sah er nur die Farbe Rot, die nirgendwo anfing oder endete. Wo war er? Wie war er hierhergekommen? Was bedeutete das alles? War er gestorben, und war das die Hölle?

Ein leises, fernes Wispern erregte seine Aufmerksamkeit. Er glaubte flüsternde Kinderstimmen zu hören. Unerwartet folgte ein lauter Schrei, der ihn erschreckt zusammenzucken ließ. Weitere Schreie, die von höchster Not zeugten, zerrissen die Stille. Das Schreien bildete den Auftakt zu einer Symphonie aus Stöhnen, Weinen, Rufen, durchbrochen von mechanischen Tönen, die sich nach zerreißendem Metall, dem Quietschen künstlicher Gelenke, Hämmern und Krachen anhörten und sich zu einem Inferno unmenschlicher Qual vereinigten. Der Orkan aus Geräuschen tobte und brachte seine Knochen zum Vibrieren, das Blut brannte in seinen Adern, und sein Herz schlug hart und schmerzhaft gegen die Rippen. Hanky begann nun selbst zu schreien, wie er noch nie in seinem Leben geschrien hatte.

Roger, durch Hankys verzweifeltes Brüllen alarmiert, stürmte in den Saal und sah ihn auf einem der Betten liegen. Spastische Zuckungen warfen seinen Körper hin und her, und ein gespenstisches rotes Glühen flackerte auf seinem zur Fratze entstellten Gesicht. Mit wenigen Schritten war Roger am Krankenbett und riss Hanky kurzerhand hinunter auf den Boden. Heftig schlug Hanky, immer noch in höchster Pein schreiend, auf dem harten Beton des Saals auf, stieß einen tiefen Seufzer aus und lag dann so still da wie ein Toter.

Als Hanky wenige Minuten später aus seiner Bewusstlosigkeit erwachte, sah er schrecklich aus. Zahlreiche Adern in seinen Augen waren geplatzt; die schwarzen Ringe unter seinen Augen und die schweißnasse, bleiche Haut ließen ihn wie einen ausgebrannten Junkie aussehen. Erstaunt stellte er fest, dass er nicht mehr auf dem Krankenbett lag, sondern auf dem Fußboden. Roger kniete neben ihm und machte ein sehr besorgtes Gesicht. »He, geht's wieder? Mensch, was stellst du denn für idiotische Experimente an? Wenn ich gewusst hätte, was du hier …«

Hanky unterbrach seinen Sermon mit einer energischen Handbewegung und setzte sich auf. Sein Kreislauf quittierte diese Eile umgehend mit einem heftigen Schwindelgefühl, das Hanky zwang, für einen Moment in leicht gebeugter, sitzender Haltung zu verharren. Ehe Roger einen weiteren Kommentar zu seiner Verfassung von sich geben konnte, stand er, sich am Bettgestell festhaltend, etwas übertrieben schwungvoll auf. Erneut wollte sein Kreislauf protestieren, doch er war darauf gefasst und atmete ein paar Mal tief durch, dann wischte er sich mit dem Handrücken über die schweißnasse Stirn. Als er sah, wie besorgt Roger ihn anschaute, fühlte er sich veranlasst, ihm zu versichern, dass alles in Ordnung sei. »Mach dir mal keine Gedanken. Ich bin schon wieder okay. Bin ich aus dem Bett gefallen, oder was? Mann, mein Rücken fühlt sich total blau an.«

»Was hast du dir nur gedacht, dich unter den Bildschirm zu legen?«, fragte Roger, nun weniger aufgeregt.

Hanky drehte sich zu dem Bett um und schaltete den Monitor aus. »Ich musste herausfinden, was es damit auf sich hat. Ich konnte mir nicht vorstellen, wozu die Bildschirme über den Betten angebracht waren.«

»Und, hast du es herausgefunden?«

»Ja, hab ich. Ich weiß zwar nicht genau, für was das alles gut sein soll, aber das rote Leuchten erzeugt hypnotische Wahnvorstellungen, die unbeschreibliche Furcht und Panik bei jedem erzeugen, der dumm genug ist, hinzuschauen.« Hanky schaute noch einmal prüfend durch den Raum, ehe er Roger am Arm nahm und Richtung Ausgang strebte. Roger merkte wohl, dass Hanky recht wackelig auf den Beinen war, tat aber, als würde es ihm nicht auffallen. An der Tür angekommen, blieb Hanky stehen und schaute ihn ernst an. »Wir müssen hier alles zerstören, ehe diese Bildschirme in die falschen Hände geraten.«

Roger erwiderte seinen Blick und wusste, dass er es sehr ernst meinte. Er musste Schreckliches erlebt haben in den wenigen Minuten, in denen er unter dem Einfluss des roten Leuchtens gestanden hatte.

Mit einem Mal ließ Hanky Rogers Arm los und griff nach einem Stuhl, der neben der Tür stand. Wortlos marschierte er mit immer noch unsicheren Schritten zum nächsten Bett, hob den Stuhl über seinen Kopf und ließ ihn auf den Bildschirm hinabsausen. Der Monitor wurde aus seiner Halterung gerissen und landete krachend auf dem Fußboden. Zur Sicherheit trat Hanky noch einmal gegen das Gehäuse, das unter seinem Gewicht splitterte. Schwer atmend und wankend stand er vor den Trümmern, sich bewusst, dass er niemals dreihundert Bildschirme auf diese Weise zerstören konnte, da seine Kraft im Moment nicht ausreichen würde. Hilflos ließ er den Stuhl fallen, und Tränen der Frustration liefen über seine Wangen. Roger trat neben ihn und legte ihm den Arm um die Schultern. Langsam gingen sie gemeinsam zurück zum Saalausgang, und Roger versprach leise: »Ich werde einen Weg finden, die verdammten Dinger loszuwerden. Du hast recht, so etwas Gefährliches sollte man zerstören.«

Er brachte Hanky zum Wagen und setzte ihn wie einen alten Mann vorsichtig auf den Beifahrersitz. »Warte hier bitte einen

Moment, ich bin gleich zurück«, erklärte er wie beiläufig, als hätte er etwas im Fabrikgebäude vergessen. Dann drehte er sich um und rannte zum Eingang. Dort sprach er einen Moment mit dem Polizisten, der ihnen vorher schon begegnet war. Hanky sah, wie der Mann zuerst heftig den Kopf schüttelte, dann zu überlegen schien, was er tun sollte, und schließlich zu seinem Handy griff. Aufgeregt sprach er in das Gerät, hob resigniert die Schultern und nickte dann Roger zu. Dann verschwanden die beiden Männer im Haus.

Es dauerte wohl bestimmt zwanzig Minuten, ehe Roger in Begleitung des Polizeibeamten aus dem Haus trat. Beide Männer waren völlig außer Atem und schnauften schwer wie nach einem Dauerlauf. Hanky, der sich in der Zwischenzeit recht gut erholt hatte, richtete sich auf und schaute erwartungsvoll zu den beiden hinüber. Nach einer kurzen Unterhaltung winkte Roger dem Polizisten noch einmal kurz zu und eilte über den Hof. Immer noch außer Puste, stieg er in den Wagen ein, startete den Motor und fuhr vom Fabrikgelände. An der Straße bog er in Richtung Sand Lake ab. Dann schaute er zufrieden zu Hanky. »Auftrag ausgeführt«, grinste er.

»Was für ein Auftrag?«

»Du wolltest doch, dass diese Teufelsmaschinen zerstört werden, oder? Der nette Polizeibeamte hat mir geholfen, sämtliche Monitore im Saal zu zertrümmern, allerdings nicht, ohne sich vorher bei Sheriff Ward abzusichern. Du hättest sehen sollen, mit welchem Eifer der Cop seinen Schlagstock geschwungen hat! Ich wette, er wird heute Abend einen schönen Muskelkater haben.«

Hanky war erstaunt, dass Roger so schnell und entschieden gehandelt hatte. Immerhin hatte er damit wichtiges Beweismaterial zerstört, was später bestimmt zu einigem Ärger führen würde. Dennoch war er froh, dass diese Höllenmaschinen nun unbrauchbar waren. Er beließ es dabei und fragte Roger: »Was wollen wir denn in Sand Lake? Du fährst doch dahin, oder?«

»Erinnere dich bitte, was ich dir heute Morgen gesagt habe. Ich möchte mit den Serviererinnen und dem Koch des kleinen Restaurants sprechen, dem *Sand Lake Kitchen*. Ich hoffe, sie kennen den Mann, der vom Hocker gefallen ist. Es kann doch sein, dass er dort Stammgast ist?«

Hanky nickte nur und enthielt sich ansonsten jeglichen Kommentars. Er war immer noch betroffen über die Tatsache, dass er sich in einem Anflug von spontanem Zorn hatte hinreißen lassen, einen anderen Menschen zu verletzen. Normalerweise verabscheute er Gewalt aus tiefstem Herzen. Doch gerade die gefühllosen, menschenverachtenden Gedanken des Mannes hatten ihn so empört, dass er seiner Wut entgegen seiner moralischen Weltanschauung freien Lauf gelassen hatte. Ohne zu wissen, wie, hatte er einen mentalen Impuls ausgesendet, der den Fremden sofort niedergestreckt hatte. Hanky fragte sich, zu was er sonst noch fähig war.

Ein metallisches Klirren riss ihn aus seinen Gedanken. Erschrocken drehte er sich um und schaute auf den Rücksitz. Dort lagen aufgereiht acht metallische Gebilde, die wie supermoderne Thermosflaschen ausschauten und matt silbern glänzten. Roger war wohl durch ein Schlagloch gefahren, und die Flaschen waren in Bewegung geraten .

»Was sind das denn für Dinger, Roger?«

Roger war einen Moment lang irritiert, ehe er begriff, was Hanky meinte. »Oh, die Behälter meinst du. Die hab ich gefunden, als du im Saal warst. Walt hat mir am Morgen einige Funkprotokolle und Anweisungen gezeigt, die er aus dem Funkraum mitgenommen hatte, und als ich die Flaschen in einem Nebenraum stehen sah, erinnerte ich mich daran, dass ich etwas von einem Serum und Spezialbehältern gelesen hatte. Ich glaube, das ist das Serum, das den Spendern entnommen wurde.«

Hanky schaute noch mal nach hinten und fröstelte, als er daran dachte, unter welchen Qualen dieses Serum gewonnen worden war. Kurz darauf lenkte Roger den Wagen auf den Parkplatz in Sand Lake.

***

Manaus, Brasilien (früher Vormittag)
Richard hatte nach dem Telefonat mit Rita einige Stunden geschlafen. Als er aufwachte, wusste er im ersten Moment nicht, wo er sich befand. Noch etwas benommen richtete er sich auf und schaute sich um. Er fühlte sich zerschlagen, wie nach einer durchzechten Nacht. Mit einem Mal waren alle Sorgen wieder präsent. Er war in Brasilien, getrennt von seiner Rita und seinen Freunden. Die unbestimmte Ahnung einer drohenden Gefahr kroch am Rand seiner Wahrnehmung heran und machte ihn nervös. Was würden die kommenden Stunden bringen, und würde er in der Lage sein, alle Herausforderungen zu bewältigen? Zweifel nagten an ihm, je länger er nachdachte. Warum machte er sich denn nur solche Sorgen? Noch war nicht das Geringste geschehen, und die Stadt machte zwar einen fremdartigen, aber durchaus nicht unfreundlichen Eindruck. Es war doch nicht gesagt, dass er hier tatsächlich auf eine Spur treffen würde oder dass sich hier wirklich Leute von Phönix aufhielten.

Richard war nun endgültig wach, erhob sich vom Bett, ging zum Fenster und öffnete den Vorhang. Draußen wartete ein freundlicher Tag, und nur kleine Wölkchen schwebten am ansonsten blauen Himmel. Sein Blick schweifte über das sich ihm darbietende Stadtbild. Rechts erhob sich ein imposantes Gebäude mit einem großen Kuppeldach. Die Kuppel schien mit Tausenden bunten Kacheln bestückt zu sein, wobei die Farben Grün und Gold dominierten. Etwas weiter links stand ein prächtiger Bau in barocker Gestaltung, der ihn an eine Residenz europäischer Fürsten erinnerte. Richard war erstaunt, hier mitten im Urwald solche bauliche Pracht anzutreffen.

Die unmittelbaren Sorgen hatten sich aus seinem bewussten Denken zurückgezogen, und sein Magen meldete sich mit einem noch leisen, aber deutlichen Hungergefühl. Er griff nach dem Telefon und wählte die Nummer seines Kollegen Ernesto. Es klingelte nur kurz, und der quirlige Mann hob ab.

»Hallo Ernesto, Richard hier. Wann haben Sie Zeit?«

»Mister Richard, Sie sind schon wach? Gut, ich kann in etwa dreißig Minuten bei Ihnen sein. Wo treffe ich Sie?«

Die Frage verwirrte Richard im ersten Moment, er kannte sich schließlich in Manaus nicht aus. Sein Magen knurrte erneut und mit größerer Intensität.

»Wie wäre er mit dem Hotelrestaurant?«

»Prima, lassen Sie sich das Frühstück schmecken. Also bis gleich.«

Damit war das Gespräch beendet, und Richard murmelte auf seinem Weg zum Badezimmer: »Hellseher ist er auch noch.«

Eine Viertelstunde später saß er im Hotelrestaurant und studierte die Speisekarte. Er war sehr froh, dass die Karte zweisprachig war, und bestellte einfach ein amerikanisches Frühstück, gespannt darauf, was man hier in Brasilien darunter verstand. Dann zog er sein Handy aus der Hosentasche, um nachzuschauen, ob Rita oder Hanky ihm in der Zwischenzeit eine Nachricht hinterlassen hatten. Stattdessen fand er eine E-Mail von Walt Kessler. Er öffnete sie und las:

Hallo Richard,
ich hoffe, du bist gut in Manaus angekommen. Wie du weißt, suchen wir hier Hinweise auf die Machenschaften der Odin Force und der Gruppe Phönix. *Bei unseren Recherchen sind wir auf einen Namen gestoßen, von dem wir glauben, dass er eine gewisse Rolle in diesen Organisationen spielt. Erkundige dich, aber bitte mit großer Vorsicht, nach Horst Kleinfeld. Es ist möglich, dass er in Manaus tätig war oder es sogar noch ist. Wir kennen bisher nur seinen Namen, und Hanky hat eine Phantomzeichnung von ihm anfertigen lassen, die*

ich dir als Anhang geschickt habe. Es ist nicht auszuschließen, dass er unter einem anderen Namen in Brasilien agiert.
Dann ist noch ein weiterer Name oder eher eine Titulierung eines Unbekannten aufgetaucht. Es ist ein spanischsprachiger Ausdruck, mit dem wir im Moment noch nicht viel anfangen können, aber es ist zu vermuten, dass es sich um eine sehr wichtige Person handelt. El Poderoso *wird er genannt, und das heißt übersetzt: ›Der Mächtige.‹*
Außerdem höre dich um, ob es in den vergangenen Jahren eine größere Anzahl von Vermisstenmeldungen in Manaus und im angrenzenden Umland gegeben hat.
Das war es fürs Erste, und wir wissen, dass du eine schwierige Aufgabe vor dir hast.
Nochmals unsere Bitte an dich, sei vorsichtig!!!
Melde dich, wenn es geht, mindestens einmal am Tag und berichte, was du bis dahin herausgefunden hast und wo du dich zurzeit befindest. Wenn es für dich ungünstig ist zu telefonieren, sende uns eine Textnachricht von deinem Handy.
Es grüßen
Walt und Hanky

Als Richard von dem Display aufschaute, stand sein Frühstück vor ihm. Er hatte sich so auf die Nachricht und die Phantomzeichnung dieses Horst Kleinfeld konzentriert, dass er nicht gemerkt hatte, wie die Serviererin das Essen gebracht hatte.

Er legte das Telefon beiseite und schaute erwartungsvoll auf sein Frühstück. Es war alles da, Rühreier, Schinken, Toast und Marmelade. Es stand sogar eine kleine Karaffe mit Ahornsirup auf dem Tisch. Richard lächelte zufrieden, froh darüber, dass die Küche gehalten hatte, was die Speisekarte versprach.

Bewusst versuchte er für den Moment das eben Gelesene zu verdrängen. Die Fragen waren sehr konkret und zu speziell, als dass er sie allein mit Ernestos Hilfe beantworten konnte, so vermutete er zumindest. Doch tatsächlich war dies nicht der eigentliche Grund, weshalb er alles erst einmal beiseiteschob. Die ganze Situation machte ihm eine Heidenangst, und er fühlte sich hier, Tausende Kilometer von seiner Heimat entfernt, so hilflos wie ein neugeborenes Baby.

Einige Minuten später traf Ernesto Rodriges im Hotel ein. Offenbar bester Laune durchquerte er das Hotelrestaurant und setzte sich zu Richard an den Tisch. Aus seiner Anzugjacke fischte er ein riesiges weißes Taschentuch, setzte schwungvoll seinen Strohhut ab und wischte sich das schweißnasse Gesicht ab. »Es wird warm heute«, begann er die Konversation und schaute Richard dabei fragend an. »Also, lieber Kollege, wie sind die Pläne für den Tag?«

Richard fühlte sich gleich ein wenig besser, allein durch die Anwesenheit Ernestos. »Das hängt ganz davon ab, ob Sie mir helfen können, folgende Fragen zu beantworten.« Damit reichte Richard seinem Kollegen sein Handy, nachdem er Walts Nachricht geöffnet hatte. Ernesto las sich den Text durch, schaute einen Moment nachdenklich durch den Raum und las die Nachricht erneut. Seine gute Laune schien sich in Sekundenschnelle verflüchtigt zu haben. Er gab Richard das Handy zurück.

»Zeigen Sie mir bitte das Bild«, bat er, nun deutlich leiser. Richard öffnete die Datei und gab Ernesto erneut das Telefon. Der Brasilianer schaute sich das Phantombild eine Weile an und schien nachzudenken. Schließlich schüttelte er den Kopf und murmelte: »Ich kann nicht behaupten, dass ich den Mann auf dem Bild kenne, aber irgendwie sagt mir sein Gesicht etwas. Wir sollten uns allerdings nicht hier darüber unterhalten.«

Richard wollte etwas erwidern, aber Ernesto winkte nur ab und sagte etwas lauter: »Wenn Sie dann fertig wären … Mein Wagen steht direkt in der Sonne. Wir sollten jetzt wirklich fahren, damit wir noch was vom Tag haben.« Ohne ein weiteres Wort erhob er sich, winkte mit seinem Hut einen Kellner herbei und bedeutete ihm, die Rechnung zu bringen.

Kurz darauf hatten sie das Hotel verlassen und fuhren durch die Innenstadt nach Westen. Richard war erstaunt, dass Walts Mail bei seinem Kollegen eine solche Reaktion hervorgerufen hatte. Ernesto schien mit einem Mal sehr nervös zu sein, und es verging keine Minute, in der er nicht in den Rückspiegel starrte – wie es den Anschein hatte, hielt er nach etwaigen Verfolgern Ausschau. Richard kam sich vor wie in einem schlechten Film, doch gleichzeitig verspürte er wieder diese unbestimmte Angst.

Ihr Weg durch die Stadt führte über breite Boulevards, dann wieder durch enge Straßen, Wohnviertel und Industriegebiete. Mehrfach hatte Richard von Weitem den Fluss gesehen, den Rio Negro, der direkt vor den Toren der Stadt mit dem mächtigen Amazonas zusammenfloss. Doch jedes Mal, wenn er gehofft hatte, diesen Teil der Stadt und die angrenzende Flusslandschaft genauer in Augenschein nehmen zu können, hatte Ernesto abgedreht und fuhr in entgegengesetzter Richtung. Nach ungefähr zehn Fahrminuten wurde es Richard zu viel, und er sprach seinen brasilianischen Kollegen an, der schwieg, seitdem sie das Hotel verlassen hatten: »Ernesto, wo um Himmels willen fahren wir eigentlich hin? Wenn Sie mich verwirren wollen, dann herzlichen Glückwunsch, das haben Sie geschafft. Ich …«

Ernesto bog so rasant um eine Ecke, dass es Richard die Sprache verschlug. Dann fuhr er mit einem Mal sehr langsam, schaute prüfend in den Rückspiegel und nickte zufrieden. Ernst drehte er sich zu Richard um und schaute ihn an. »Richard, weißt du überhaupt, wie gefährlich die Fragen deiner Freunde sind?« In seiner Aufregung hatte Ernesto das höfliche Sie vergessen und war zum vertraulichen Du gewechselt. Doch im Moment achtete keiner der beiden auf solche Förmlichkeiten. Richard nickte zuerst als Antwort auf Ernestos Frage, dann schüttelte er den Kopf, ehe er entgegnete: »Mir war schon nicht wohl, als ich in New York ins Flugzeug gestiegen bin, weil ich nicht wusste, was mich hier in Manaus erwarten würde. Als ich vorhin die Mail von meinen Freunden las, wusste ich, dass wir es hier mit einer Sache zu tun bekommen würden, in der zu ermitteln einige Probleme mit sich bringen könnte. Dass du aber gleich so aus dem Häuschen geraten bist, als du gelesen hast, nach wem ich mich hier umsehen soll, sagt einiges. Also, was ist hier los?«

»Was hier los ist?«, echote der Brasilianer und schüttelte fast ungläubig den Kopf. »Du hast Glück, dass du mich getroffen hast. Wenn du irgendjemand anderen nach diesen Leuten gefragt hättest, wäre wahrscheinlich schon eine Todesschwadron auf dich angesetzt worden, und dein letztes Stündlein würde schon sehr bald schlagen.«

Mit ungläubiger Miene starrte Richard seinen Kollegen an, und ihm dämmerte, dass Ernesto mit seinen Behauptungen nicht übertrieb. Plötzlich lief es ihm trotz der schwülen Hitze eiskalt über den Rücken, und er wünschte sich, so bald wie möglich in ein Flugzeug zu steigen, um nach Hause zu fliegen. Auf der anderen Seite erwachte etwas in ihm, das nicht zulassen wollte, dass er so einfach aufgab. Es war immerhin noch nichts geschehen, mal abgesehen von der ungewöhnlichen Stadtrundfahrt, und es musste doch möglich sein, einige Informationen über diese Leute zusammenzutragen, ohne dass sie gleich Wind davon bekamen. Entschlossen und von seiner eigenen Hartnäckigkeit selbst überrascht, fragte er: »Willst du mir trotz deiner Bedenken helfen?«

Ernesto schaute angestrengt nach vorn, obwohl der Verkehr in diesem Stadtviertel nicht sehr dicht war. Man sah ihm an, dass er sehr mit sich rang, ob er seinem New Yorker Kollegen helfen sollte oder nicht. Nach einigen Minuten endlich fragte er: »Hier geht es doch um weit mehr als um eine Story, oder irre ich mich da?«

»Nein, da irrst du nicht. Okay. Ich werde dir erzählen, was ich weiß, dann kannst du hoffentlich verstehen, warum es so immens wichtig ist, an weitere Informationen zu kommen.«

Die folgenden zwanzig Minuten berichtete Richard, was er bis zu seiner Abreise nach Manaus von Walt und Hanky erfahren hatte. Er war sich darüber im Klaren, dass seine Informationen nur einen Teil der Ereignisse darstellten, doch er konnte sehen, dass Ernesto schon längst eine Entscheidung getroffen hatte. Er wartete nur noch darauf, dass Richard seinen Bericht beendete. In der Zwischenzeit hatte er seinen Jeep am Straßenrand geparkt, und Richard registrierte erst jetzt, dass sie vor einer Kirche angehalten hatten.

Als Richard fertig erzählt hatte, stieg Ernesto aus und bedeute Richard, es ihm gleichzutun. »Lass uns ein Stück gehen, da denkt es sich leichter.« Damit stieg er die wenigen Stufen bis zur Kirchentür empor, und Richard folgte ihm verwundert.

In der Kirche war es angenehm kühl, und gedämpftes Licht fiel durch die hohen Fenster, die in kindlich anmutendem Stil mit Szenen aus der christlichen Geschichte verziert waren. Nachdem Ernesto sich bekreuzigt hatte, ging er durch das schmale Kirchenschiff, darauf vertrauend, dass Richard ihm folgte. Dann verschwand er durch eine kleine, fast nicht wahrzunehmende Tür hinter dem Hauptaltar. Richard beschleunigte seine Schritte, fand es aber in gewisser Weise unangebracht, in einer Kirche schnell zu laufen. Er erreichte die Tür und öffnete sie. Dahinter befand sich ein kurzer Gang, an dessen Ende eine weitere Tür war. Dort stand Ernesto und schien auf etwas zu warten. Lauschend stand er da, drückte dann die Klinke nach unten und schob die Tür vorsichtig auf. Wieder verharrte er einen Moment und horchte angestrengt. Durch den Spalt schien helles Tageslicht herein, und nach weiteren Sekunden angestrengter Aufmerksamkeit öffnete Richards Kollege schließlich die Pforte und signalisierte ihm mit einer Handbewegung, ihm zu folgen.

Vor der Tür wartete ein kleiner Garten auf die Männer, der von einer gut drei Meter hohen weißen Mauer umsäumt war. Ernesto ging auf eine kleine, marmorne Bank zu, die zwischen zwei ausladenden Palmbüschen stand, setzte sich und forderte Richard mit einer einladenden Geste auf, es ihm gleichzutun.

Nachdem Richard sich gesetzt hatte, schaute er sich um und wunderte sich über die Stille, die hier herrschte. Nichts von den Geräuschen der Stadt drang zu ihnen herein. Der Garten machte einen leicht ungepflegten, ja fast verwilderten Eindruck, was aber der friedvollen Atmosphäre eher zuträglich war.

Unvermittelt begann Ernesto zu sprechen: »Richard, wundere dich bitte nicht, dass ich diesen alten Friedhof ausgewählt habe, um mit dir über diese schlimme Sache, diese Verbrechen zu reden.«

Roger schaute sich verwundert um und begriff, dass dies kein Garten war, sondern wie früher üblich ein Friedhof, der direkt der Kirche angegliedert war. Als er genau hinschaute, entdeckte er unter dem wuchernden Gras Umrisse von Gräbern. Ernesto sprach unterdessen weiter: »Ich bin mir bewusst, das ein Ort wie dieser im Zusammenhang mit deinen Ermittlungen etwas makaber wirken muss. Dieser … nennen wir ihn mal *Kirchgarten* bietet aber einige Vorteile. Hier sind wir sicher, da nur sehr wenige Leute von diesem Platz wissen und sich hierher eher selten jemand verirrt. Doch nun zu deinen Fragen. Schon seit vielen Jahrzehnten gibt es Gerüchte, dass sich eine Gruppe von Leuten, eine geheime Organisation, in der Stadt aufhält. Diese Organisation wird nie beim Namen genannt, und es wird nur hinter vorgehaltener Hand über sie gesprochen, aus Angst, ihnen in die Quere zu kommen. Mit großer Wahrscheinlichkeit sind Polizei, Politiker und Geschäftsleute eng mit dieser Organisation verbunden und schützen sie. Man kann niemandem trauen. Über die Jahrzehnte sind auch immer wieder Menschen verschwunden. Es ist schwer, hierfür Beweise zu finden, da viele Wanderarbeiter in die Stadt kommen, die sich nicht bei den Behörden registrieren lassen. Ebenso verlassen auch eine Menge Leute die Stadt wieder, weil sie entweder keine Arbeit finden oder einfach zurück zu ihren Familien ziehen. So weiß niemand, wie viele Menschen in Wirklichkeit verschleppt wurden.«

Richard dachte einen Moment über Ernestos Ausführungen

nach. »Wenn wir es hier mit einem Filz aus Behördenkorruption, Angst und Bestechlichkeit zu tun haben, verstehe ich deine Vorsicht nur zu gut. Du weißt nicht, wem du trauen kannst, und jede falsch gestellte Frage kann dich in Gefahr bringen oder dich gar das Leben kosten. Es ist an dir zu entscheiden, ob du weiter mit mir zusammen ermitteln oder ob du lieber die Finger von der Sache lassen willst. Ich bin dir nicht böse, wenn du dich für die zweite Möglichkeit entscheidest. In dem Fall werde ich mit der nächsten Maschine in die Staaten zurückkehren. Es gibt bestimmt noch andere Wege, diese Verbrechen offenzulegen.«

Insgeheim wünschte sich Richard, dass Ernesto sich zurückziehen würde, denn diese Stadt und vor allem das, was er eben gehört hatte, machten ihm wirklich Angst. Wer war er denn, dass er sich mit den Behörden und den Mächtigen dieses Landes anlegte und sie zu Fall zu bringen versuchte? Hier konnte doch jeder ein Informant sein, der ihn oder Ernesto bei der ersten sich bietenden Gelegenheit an diese Leute verriet, nur um ein paar Dollar zu verdienen.

Richard zuckte zusammen, als Ernesto ihm beruhigend die Hand auf den Arm legte.

»Hab ich irgendetwas davon gesagt, dass ich aussteigen will? Wenn dem so wäre, hätte ich dich nicht hierher gebracht, sondern direkt zum Flughafen.«

»Nein, ich habe nur gedacht …«, versuchte Richard eine Antwort zu finden und fragte sich im gleichen Moment, ob er nicht selbst die Flinte ins Korn werfen wollte.

Ernesto schien Richards Zweifel zu spüren. »Sollte es eigentlich nicht so sein, dass du mich davon überzeugen müsstest …«

»Schon gut, Ernesto, ich habe schon verstanden. Mein gesunder Menschenverstand sagt mir einfach nur, *lass die Finger von der Sache*. Auf der anderen Seite allerdings würde ich gern herausfinden, wer verantwortlich für das Elend ist, das die Polizei in der Fabrik vorgefunden hat. Ich will, dass diese Verbrecher zur Strecke gebracht werden.«

Ernesto nickte zustimmend und stand auf. Er wühlte in seiner Jackentasche, bis er mit zufriedenem Lächeln sein Handy hervorzog. »Dann sind wir uns ja einig, Richard. Zuerst müssen wir herausfinden, was an all den Gerüchten dran ist. Danach entscheiden wir gemeinsam, wie es weitergeht. Ich rufe einen alten Bekannten – nein, es ist schon mehr ein Freund der Familie – an und frage ihn, ob er bereit ist, sich mit uns zu unterhalten.« Er tippte einige Zahlen ein, drehte sich ein wenig zur Seite und begann dann sehr schnell auf Portugiesisch ins Handy zu sprechen. Dabei marschierte er vor Richard auf und ab, gestikulierte mit dem freien Arm, nickte und schüttelte den Kopf, als ob sein Gesprächspartner ihn sehen könnte. Schließlich beendete er mit einem befriedigten Lächeln das Gespräch. »Okay, es hat geklappt. Er will mit uns sprechen. Erst wollte er nicht, schon gar nicht, als ich ihm erzählt habe, dass ich einen Gringo mitbringen will, aber schließlich hat er zugestimmt. Wir fahren sofort zu ihm, ehe er es sich anders überlegt.«

»Von wem redest du eigentlich, Ernesto?«

»Habe ich dir doch gesagt, ein Freund der Familie.«

Kurz darauf saßen die beiden Reporter wieder in dem roten Jeep. Ernesto fuhr erneut einen Zickzackkurs durch die Stadt und schaute oft in den Rückspiegel. Das paranoide Verhalten seines Kollegen steckte Richard an, und er versuchte zu erkennen, ob ihnen jemand folgte. Irgendwann hielten sie schließlich an einer belebten Kreuzung an, und Ernesto schaute sich nach einer Parklücke um. Zwanzig Meter weiter bugsierte er dann sehr gekonnt, wie Richard neidlos feststellte, den Wagen zwischen zwei geparkte Autos. Sie stiegen aus und gingen zurück zur Kreuzung.

***

In Molly Barns Haus (etwa zur gleichen Zeit)
Hanky stieg müde aus Rogers Wagen. Die Befragung im *Sand Lake Kitchen* hatte nicht viel gebracht, da die Serviererinnen ihnen angeblich nicht helfen konnten. Hanky hegte allerdings den Verdacht, dass sie Fremden nichts erzählen wollten, schon gar nicht, wenn diese mit einem FBI-Ausweis herumwedelten. So hatte Roger Thorn mit Sheriff Ward telefoniert und ihn um Hilfe gebeten. Der Sheriff sicherte ihm zu, noch heute zum *Sand Lake Kitchen* zu fahren, um die Serviererinnen zu befragen.

Langsam ging Hanky auf das Haus zu. Noch immer spürte er die Nachwirkungen seines Experimentes in der Fabrikhalle. Alle Kraft schien ihn verlassen zu haben. Er bemühte sich, nachzudenken, welche Schritte als nächstes erforderlich waren, doch seine Gedanken krochen nur langsam voran, wie durch einen zähen Brei, und er kam zu keinem Ergebnis.

Das Knallen einer zuschlagenden Tür ließ ihn aufblicken, und er sah Walt Kessler auf sich zukommen. Ohne sich aufzuhalten, begann Walt sofort, Hanky über die Ergebnisse seiner morgendlichen Aktivitäten zu unterrichten: »Ich habe mit Rita telefoniert und sie gebeten, einige Informationen über den Staatssekretär Wilson Mac Adams zusammenzutragen. Du erinnerst dich vielleicht, das war einer der Männer, die Roger im Lager der Odin Force gesehen hat, als diese abtrünnigen FBI-Leute einen Mann erschossen haben.«

Hanky nickte nur.

»Dann habe ich Richard in Brasilien eine Mail mit dem Bild von diesem Kleinfeld im Anhang geschickt und ihn gebeten, sich auch vorsichtig nach diesem sogenannten *Mächtigen* oder, wie er in Spanisch heißt, *El Poderoso* umzuhören. Wir wissen, dass dieser Begriff im Spanischen verwendet wird, und es ist nicht klar, ob dieser mysteriöse Mann in Brasilien anders tituliert wird, da man ja dort Portugiesisch spricht. Es kann natürlich auch sein, dass die Gesuchten in Brasilien nie in Erscheinung getreten sind, aber das werden wir bestimmt herausfinden können, also, ich meine, ich hoffe, dass Richard etwas herausfinden kann. Wie auch immer, das war es so weit …« Walt zögerte einen Moment, ehe er weitersprach. »Ich habe den ganzen Morgen immer wieder versucht, Paul zu erreichen, leider ohne Erfolg. Ohne ihn wissen wir nicht, was aus der Odin-Force-Einheit und den Angreifern, die dieser Kleinfeld angeführt hat, geworden ist. Sie alle sind spurlos verschwunden. Hanky, ich mache mir Sorgen um Paul. Da stimmt etwas nicht, und ich glaube, er braucht unsere Hilfe.«

»Ja, das fürchte ich auch. Lass uns ins Haus gehen, und ich werde noch einmal versuchen, mit Paul in Kontakt zu treten. Wenn es mir nicht gelingt, muss einer von uns nach Buffalo und nachschauen, warum Paul sich nicht meldet.« Gemeinsam gingen sie in Richtung Eingangstür, und Walt musterte Hanky von der Seite. »Dir geht es nicht gut. Du schaust ganz grau aus. Was ist geschehen?«

Hanky wollte aufbrausen, da ihm Walts Frage so lächerlich erschien angesichts des Grauens, das er nur zu einem kleinen Teil erlebt hatte, das ihn aber dennoch fast um den Verstand gebracht hätte. Aber wie sollte Walt das denn wissen? Also antwortete er, sich im letzten Moment zügelnd: »Was geschehen ist, Walt? Ich habe einen Blick in die Hölle geworfen. Ich habe gesehen, was diese Teufel den armen Menschen angetan haben, ich habe die Folter gespürt, ihr Leiden, ihre Angst. Ich kann nicht in Worte fassen, was ich erlebt habe.«

Walt schaute Hanky an und verstand nicht, was ihn so aufgebracht hatte. So fragte er vorsichtig: »Was ist heute in der Fabrik geschehen? Was um Gottes willen hast du denn gesehen, das dich so aufgeregt hat?«

Hanky stand gebeugt da wie unter Schmerzen, und sein Blick verlor sich im Nirgendwo. Als er schließlich auf Walts Frage antwortete, waren seine Augen mit Tränen gefüllt. »Ich habe mich auf ein Bett gelegt, so, wie wir die Opfer vorgefunden haben, und habe auf den roten Bildschirm geschaut. Walt, ich kann dir nicht sagen, was ich dort gesehen habe, denn ich kann mich nicht mehr an Einzelheiten erinnern. Alles, was haften geblieben ist, lässt sich nur als vollkommenes Grauen beschreiben. Jeder, der längere Zeit dieses Rot anschauen muss, kann nur den Verstand verlieren. Mich packt schon die Angst, wenn ich nur daran denke.«

Walt legte ihm tröstend den Arm auf die Schulter, und Hanky war versucht, diese vertraute Geste abzuweisen. Schon wollte er einen Schritt zurücktreten, da besann er sich doch und gestatte sich den Moment des Trosts. Walt sah seinen Schmerz und die Verzweiflung, nahm ihn wie ein Kind in den Arm und klopfte ihm beruhigend auf den Rücken. Die Fürsorge seines Freundes brach bei Hanky alle Dämme, und seine Verzweiflung floss in befreienden Tränen davon. So standen sie beinahe fünf Minuten vor dem Haus, ehe sich Hanky fast verlegen von Walt löste. Noch mit tränenerstickter Stimme sagte er: »Danke, Walt.«

»Für was denn?«

»Dafür, dass du so ein guter Freund bist.«

Nachdem Hanky in Molly Barns Küche einige Minuten ausgeruht und einen Kaffee getrunken hatte, fühlte er sich wieder in der Lage, sich mit den anstehenden Problemen zu beschäftigen. Um sich besser konzentrieren zu können, ging er durch die Hintertür hinaus in den Garten und setzte sich unter einen alten Apfelbaum. Einen Moment lang betrachtete er die kleine Idylle und schloss dann die Augen. Sein Geist taste nach dem ihm vertrauten Gedankenmuster seines Freundes Paul. Lange geschah nichts, und Hanky hörte nur ein monotones Rauschen, das von der Anwesenheit Millionen denkender Menschen zeugte. Doch Pauls Ausstrahlung war normalerweise so markant, dass Hanky ihn ohne Weiteres finden konnte.

Als er schon aufgeben wollte, entdeckte er ein Muster, das nur von Paul stammen konnte. Doch es war schwach und zeigte nicht die gewohnte Aktivität. Es war fast, als würde Paul sich in tiefem Schlaf befinden. Hanky klopfte gedanklich bei ihm an, doch er reagierte nicht. Auch als Hanky es mit telepathischem Rufen versuchte, was bei Paul nicht ungehört bleiben konnte, blieb eine Reaktion aus. Zutiefst beunruhigt öffnete Hanky die Augen und beendete seine geistigen Kontaktversuche.

Er stand auf und überlegte, wie es nun weitergehen sollte. Richard war in Brasilien, um dort mehr über die Gruppe Phönix und deren Hintermänner herauszufinden. Rita in New York befasste sich mit diesem Staatssekretär Wilson Mac Adams in Washington und suchte nach Hinweisen, um eine Verbindung mit der Odin Force, *Phönix* und den anderen Verdächtigen aufzudecken. Roger ermittelte gegen die abtrünnigen FBI-Agenten Joe Curtis und Mike Stellino. Dabei musste er sehr behutsam vorgehen und durfte vorerst dem stellvertretenden FBI-Direktor Stuart Melanscy nicht zu nahe kommen. Blieb noch der Senator von Nevada übrig, Samuel Benjamin. Von Roger wusste Hanky, das der Senator von Henry Rolin und seinen Leuten überwacht wurde.

Hanky ging noch einmal die Liste der Verdächtigen durch. Dies waren die Leute, die Roger Thorn auf dem Exerzierplatz beobachtet hatte. Es fehlten nur noch drei weitere Namen auf der Liste. Der geheimnisvolle Doktor, *El Poderoso*, der Mächtige, und Horst Kleinfeld.

Gerade über diesen Horst Kleinfeld, so hatte sich Hanky erhofft, konnten sie mehr über die Hintermänner erfahren und sie identifizieren. Doch nur Paul wusste, das hoffte Hanky zumindest, wo Horst Kleinfeld zu finden war, und Paul war nicht erreichbar.

Hanky ging zurück zum Haus und nickte dabei, als unterhalte er sich mit einem unsichtbaren Partner. Er wusste nun wenigstens, wie seine nächsten Schritte aussehen mussten.

Kurz darauf saß er mit Roger und Walt in der Küche und besprach mit ihnen die Lage. Es dauerte nicht lange, und die drei waren sich einig. Roger verabschiedete sich, nicht ohne noch einmal zu größter Vorsicht zu raten, und verließ das Haus. An der Eingangstür bedankte er sich herzlich bei Molly Barns für ihre selbstlose Hilfe und versprach, bald wiederzukommen. Molly nahm ihn in den Arm und drückte ihn herzhaft an sich, und Carmen, die mit Molly nach draußen gekommen war, hauchte ihm einen zarten Kuss auf die Wange. Hanky fühlte einen leichten Stich der Eifersucht, als er die Szene vom Wohnzimmer aus verfolgte, und wunderte sich sogleich über diese Anwandlung.

Walt saß schon an seinem Laptop und suchte nach einem Flug von Albany nach Buffalo. Mit dem Auto würden sie mehr als fünf Stunden brauchen, und diese Zeit hatten sie einfach nicht.

Nachdem Rogers Wagen das Grundstück verlassen hatte, ging Hanky zu Carmen. »Wollen wir ein paar Schritte gehen? Ich möchte mit dir reden.«

Carmen nickte nur und ergriff seine Hand. Zugleich schaute sie ihn sorgenvoll an, wohl in der Furcht, schlechte Nachrichten zu hören. Sie gingen in Richtung der kleinen Landstraße, verließen das Grundstück, ehe Hanky zu sprechen begann.

»Carmen, wir kennen uns erst sehr kurze Zeit, und die Umstände, durch die wir uns kennengelernt haben, waren sehr dramatisch. Heute muss ich zusammen mit Walt nach Buffalo fliegen, um dort nach einem Freund zu schauen, der sich nicht meldet. Wie es dann weitergeht, bestimmt die Situation, die wir dort vorfinden.« Hanky schaute einen Moment lang über die friedlich daliegende Landschaft, um dann unsicher fortzufahren. »Hier bei Molly bist du im Moment gut aufgehoben, und wir werden später einen Weg finden, dass du im Land bleiben kannst.«

Er merkte selbst, dass er nicht zum Punkt kam und das eigentliche Thema, weswegen er mit Carmen sprechen wollte, ausklammerte. Fieberhaft suchte er nach den passenden Worten und sagte dann schließlich fast verzweifelt: »Ich würde dich gern besser kennenlernen, aber dazu ist im Moment keine Zeit. Deshalb möchte ich dich wiedersehen, zurückkehren, wenn …«

Carmen legte ihm einen Finger auf die Lippen und schaute ihn ernst, ja fast traurig an. Leise antwortete sie: »Du musst das tun, wofür du hergekommen bist. Mach dir keine Gedanken um mich. Ich werde hier sein, und wenn du deine Aufgabe erledigt hast, sprechen wir weiter.«

Ihre ernste Miene löste sich auf und verwandelte sich in ein warmes Lächeln. Langsam gingen sie zum Haus zurück, wo Walt schon ungeduldig den Motor gestartet hatte und hinter dem Steuer auf Hanky wartete. In einem Anflug der Leidenschaft zog Hanky Carmen nahe zu sich heran und küsste sie liebevoll zum Abschied. Zögernd löste er sich von ihr, drückte sanft ihre Hände und ging zum Wagen.

Zügig fuhren sie vom Grundstück, und Walt hupte noch einmal zum Abschied. Hanky winkte aus dem Beifahrerfenster, bis Walt launig meinte: »Du kannst jetzt aufhören, sie kann uns schon lange nicht mehr sehen.«

***

Manaus Brasilien (mittags)

An der Ecke Nova und Sao Sebastiao betraten sie einen kleinen Lebensmittelladen. Durch eine enge Gasse zwischen übervollen Regalen, deren Ordnungssystem Richard sehr unübersichtlich erschien, schoben sie sich an einheimischen Hausfrauen vorbei, die sich mit enormer Lautstärke quer durch das Geschäft unterhielten, und betraten einen kleinen Flur am hinteren Ende des Verkaufsraums. Zielsicher ging Ernesto zu einer Tür an der rechten Seite und öffnete sie, ohne vorher anzuklopfen. Er streckte seinen Kopf hindurch, sprach mit einem für Richard unsichtbaren Mann einige Worte und schloss die Tür wieder. An Kisten und Kartons vorbei, die den Gang fast versperrten, gelangten sie zu einer Holztreppe, die ebenfalls mit allerlei Haushaltswaren vollgepackt war. Vorsichtig balancierten sie nach oben. Am Ende der Treppe erwartete sie ein weiterer Gang, der dem unten in nichts nachstand: Auch hier stapelten sich Waren unordentlich an den Wänden entlang. Richard war wirklich nicht dick, dennoch hatte er Mühe, Ernesto zu folgen, der sich problemlos durch den Flur schlängelte und am Ende des Gangs eine Tür öffnete, die ins Freie führte. Sie traten auf eine große Terrasse, die von einer weißen Mauer gesäumt wurde. Auf der Mauer und auch auf dem mit roten Kacheln gefliesten Boden standen große Blumenkübel mit bunten, tropischen Pflanzen, die aromatischen Duft verbreiteten. Richard war beeindruckt, hier mitten in der Stadt eine solche Oase der Ruhe zu finden. Kaum ein Laut drang von der Straße herauf, und von den lärmenden Hausfrauen einen Stock tiefer war hier nichts zu hören. Fast hätte Richard vergessen, warum sie hier waren, als Ernestos Stimme ihn aus seinen Betrachtungen riss: Er begrüßte wortreich einen alten Mann, der halb im Schatten verborgen zwischen zwei großen Terrakotta-Vasen in einem Korbstuhl saß. Der Alte blinzelte unter einem Strohhut hervor, der Ernestos Kopfbedeckung zum Verwechseln ähnlich sah und mindestens genauso zerknittert war. Während Ernesto in seiner Landessprache wort- und gestenreich auf den Alten einsprach, schaute dieser immer wieder misstrauisch zu Richard. Doch Ernesto redete, bis der Alte schließlich ergeben nickte und Richard bedeutete, näherzukommen. Mit stark ausgeprägtem Akzent sagte er: »Kommen Sie, Mister, setzten Sie sich doch.«

Richard trat näher, schaute sich nach einer Sitzgelegenheit um und entdeckte einen weiteren Korbstuhl. Er zog ihn heran und setzte sich mit einem verlegenen Besucherlächeln dem alten Mann gegenüber. Ernesto schleppte in Ermangelung weiterer Gartenmöbel einen recht unbequem aussehenden Hocker herbei und meinte: »Miguel, du könntest dir wirklich mal ein paar neue Gartenstühle anschaffen. Wie soll man denn hier sitzen?«

Der Angesprochene verzog sein faltiges Gesicht und griff nach einem Telefon, das neben ihm auf einem kleinen Tischchen lag und aus den Frühzeiten der Mobiltelefon-Ära stammen musste. Er wählte eine kurze Nummer und nuschelte auf Portugiesisch einige Worte in das Gerät. Kaum eine Minute später trug ein jüngerer Mann schnaufend einen Bürostuhl auf die Terrasse und stellte ihn neben Ernesto ab. Richard fragte sich, wie es der Mann wohl bewerkstelligt hatte, den Stuhl durch den engen Flur zu transportieren. Ehe seine Überlegungen zu einem Ergebnis kamen, brachte der gleiche Mann ein Tablett mit einem großen Krug und drei Gläsern, stellte alles auf den kleinen Tisch und verschwand ebenso schnell wieder im Haus, wie er gekommen war. Ernesto setzte sich in den Bürostuhl und wurde übergangslos ernst. »Miguel, darf ich dir meinen Kollegen aus New York vorstellen: Richard Miller.«

Richard wollte sich erheben, um dem Alten zur Begrüßung die Hand zu reichen, doch der winkte ab und gab Richard damit zu verstehen, dass er keinen großen Wert auf Förmlichkeiten legte. Richard ließ sich wieder in seinen Sitz sinken und wartete, dass Ernesto weitersprach.

»Richard hat einige Fragen, auf die du, so hoffen wir, eine Antwort hast, da du ja schon sehr lange hier lebst und jeden kennst.«

Der Alte wedelte abwehrend mit seinen dürren, faltigen Händen, zeigte aber zugleich ein geschmeicheltes Lächeln. Ernesto bedeutete Richard, seine Fragen zu stellen. Richard überlegte einen Moment, wie er anfangen sollte, und beschloss schließlich, dem alten Mann alles zu erzählen, was bisher geschehen war und was er durch Walts Mail wusste. Als er geendet hatte, herrschte einige Augenblicke betretenes Schweigen. Dann jedoch begann der alte Mann zu berichten, und was Richard und Ernesto da zu hören bekamen, verschlug ihnen die Sprache.

***

Bericht von Miguel Diaz Escobar

»Um ihre Fragen zu beantworten, muss ich weit ausholen. Aber vorweg ist eines zu sagen: Ich kenne die Namen, die Sie mir genannt haben, und auch die Organisationen. Wenn ich nicht glauben würde, dass Sie daran interessiert sind, diese Leute zur Strecke zu bringen, und nicht nur eine Story für ihre Zeitung suchen, dann blieben meine Lippen versiegelt. Ich hoffe, Sie wissen, in welche Gefahr Sie sich bringen, wenn Sie gegen diese Verbrecher ermitteln. Doch nun von Anfang an.

Am 20. Januar 1930, ich war damals gerade zehn Jahre alt, wartete ich wie viele andere Kinder meines Alters am Hafen von Punta Arenas, das liegt in Argentinien, auf das Eintreffen des Motorschiffs Monte Cervantes. *Wir wollten uns als Gepäckträger ein paar Pesos verdienen und hofften, nicht von den Hafenarbeitern vertrieben zu werden. Eigentlich waren wir mehr darauf aus, ein großes Schiff zu sehen und auch die feinen Leute, die auf solchen Schiffen zu reisen pflegten. Doch der Tag begann schon recht ungemütlich, da es in Strömen regnete. So stellte ich mich bei einer Lagerhalle unter und versuchte, möglichst nicht aufzufallen oder den Arbeitern im Weg zu stehen. Als ich mich in eine Ecke verzogen hatte, von der aus ich immer noch sehr gut den Anlegesteg beobachten konnte, fiel mir ein Mann auf, dem der Regen anscheinend wenig ausmachte. Er stand einfach am Pier, war mit einem schwarzen Ledermantel bekleidet und trug einen ebenso schwarzen Hut. Ab und zu ging er einige Schritte hin und her und schaute dabei zu den geparkten Fahrzeugen hinüber. Nicht lange danach kündigte ein Schiffshorn mit lautem Tuten die Ankunft der* Monte Cervantes *an. Aufgeregt verließ ich meinen trockenen Platz und rannte zur Kaimauer, um zur Stelle zu sein, wenn das Schiff anlegte. Dabei rempelte ich aus Versehen den Mann im Ledermantel an, der ebenfalls näher an die Hafenkante getreten war. Erschrocken fuhr er herum, sah mich böse an und schimpfte mit mir, allerdings in einer Sprache, die ich nicht verstand. Ich verzog mich rasch, um dem Zorn des Mannes zu entgehen, und vergaß den Zwischenfall rasch, da ich ganz da-*

mit beschäftigt war, das Anlegen des Schiffs zu verfolgen. Schon wenige Minuten später war der Pier voller geschäftiger Menschen, und ich verlor den Mann aus den Augen. Die Monte Cervantes *wurde vertäut, und ich rannte zu den Gangways, um den Reisenden meine Dienste anzubieten. Wie es der Zufall wollte, stand ich auf einmal wieder neben dem schwarz gekleideten Mann, der nun von weiteren Männern, ebenfalls in schwarzen Mänteln, umringt war. Mit befehlsgewohnter Stimme und wieder in dieser fremden Sprache gab er Anweisungen und deutete mal auf das Schiff und dann hinter sich auf einige Lastwagen, die wohl in den letzten Minuten dort abgestellt worden waren. Dann verließen die ersten Passagiere das Schiff, ich drängelte mich nach vorn, und tatsächlich gestatte mir eine elegante Dame, ihre Tasche zu tragen.*

In den kommenden Wochen und Monaten sah ich die Fremden immer einmal wieder am Pier, und unter ihrer Aufsicht entluden Arbeiter große Kisten und brachten sie zu den wartenden Lastwagen. Sie werden sich fragen, warum mir das Datum nach so vielen Jahren noch im Gedächtnis geblieben ist. Aus zwei Gründen habe ich mir den Tag gemerkt. Das Schiff, das an dem besagten Tag am Pier von Punta Arenas anlegte, die Monte Cervantes, *erlitt nur zwei Tage später Schiffbruch und ging tags darauf etwa fünfzehn Seemeilen westlich von Ushuaia unter. Der zweite Grund ist, dass ich dem Mann am Pier in meinem Leben noch häufiger begegnet bin. Das ist an und für sich nichts Besonderes – wenn man von der Tatsache absieht, dass er in all den Jahren nicht wesentlich, sagen wir mal, nicht mehr als zehn oder fünfzehn Jahre, gealtert ist. Er sieht heute nicht älter aus als beispielsweise in den sechziger Jahren. Zu diesem Zeitpunkt entschloss sich meine Familie nach Brasilien auszuwandern, da mein Vater hier in Manaus eine gute Zukunft für uns sah.«*

***

In diesem Moment unterbrach Richard den alten Mann aufgeregt: »Wollen Sie damit sagen, dass der Unbekannte vom Pier heute noch lebt und seit neunzehnhundertdreißig nicht gealtert ist?«

»Oh, er ist schon gealtert«, antwortete Miguel. »Aber nicht sehr. Mann schätzt ihn heute, wenn man ihm begegnet, auf höchstens vierzig Jahre.«

Richard schüttelte ungläubig den Kopf. Was der Alte da erzählte, konnte einfach nicht wahr sein. Vielleicht war er auch einfach nur senil und wusste nicht, was er redete. Es war natürlich auch möglich, dass er jemanden gesehen hatte, der dem Mann von damals nur ähnelte. Um sicherzugehen, fragte Richard: »Wissen Sie, wie der Mann heißt und wo wir ihn finden können?«

Miguel lachte kurz und humorlos auf, ehe er antwortete. »Ihr beiden wisst anscheinend nicht, mit wem ihr euch da einlasst. Der Mann, von dem wir hier sprechen, heißt Horst Kleinfeld und ist der persönliche Adjutant von *El Poderoso*.«

Richard hielt es vor lauter Aufregung nicht mehr auf dem Stuhl. Wenn er jetzt eine Zigarette zur Hand gehabt hätte ... aber er hatte das Rauchen ja schon vor Jahren aufgegeben. Mühsam versuchte er das eben Gehörte in einen logischen Zusammenhang zu bringen, was ihm aber nicht auf Anhieb gelang. Miguel schaute dem aufgeregten Amerikaner einen Moment lang zu, wie der auf der kleinen Terrasse hin und her lief, bis er dann sagte: »Nun setzen Sie sich wieder. Es ist ja noch nichts passiert.«

»Noch nichts passiert? Es ist eine Menge passiert, und deshalb bin ich ja hier in Manaus. Aber das kann doch nicht sein. Wie soll das denn nur möglich sein?«

Ganz erledigt ließ Richard sich wieder auf den Stuhl sinken. Miguel rückte ein wenig näher an ihn heran und sagte fast flüsternd: »Die Gruppe Phönix und die Odin Force sind nur Decknamen, hinter denen sich ...«, hier legte er eine kunstvolle Pause ein, um den folgenden Worten mehr Dramatik zu verleihen: »... die Nazis verbergen.«

»Die Nazis?«

»Jawohl, die Nazis, und was glauben Sie, wer dieser sagenumwobene *El Poderoso* ist? Ja, das kann ich Ihnen auch sagen, weil auch ich ihn schon gesehen habe, obwohl er heute etwas anders ausschaut als damals, wo jeder sein Gesicht kannte. *El Poderoso* ist ...«

Ein lauter Knall riss dem Alten die Worte aus dem Mund. Richard schaute mehr ungläubig als schockiert auf und sah, dass dort, wo eben noch das Gesicht Miguels gewesen war, jetzt ein großes blutiges Loch klaffte. Beinahe in Zeitlupe rutschte der Alte vom Stuhl und lag gleich darauf vor Richards Füßen. Ohne nachzudenken, warf sich Richard mitsamt dem Stuhl nach hinten, flog gut einen Meter und prallte mit etwas Weichem zusammen. Aus den Augenwinkeln heraus sah er, dass er den Schützen nicht hart, aber so überraschend getroffen hatte, dass er das Gleichgewicht verlor und schwer auf den Rücken fiel. Beim Sturz verlor der Mann seine Waffe, die polternd über die Kacheln rutschte. Richard rappelte sich auf, angelte danach und hielt sie gleich darauf in der Hand.

Der gestürzte Attentäter war unterdessen auf die Beine gekommen, und Richard erkannte in ihm den Mann wieder, der zuvor den Stuhl und die Getränke gebracht hatte. Ohne auf die Waffe in Richards Hand zu achten, stürzte der Killer auf ihn zu und hätte ihn vielleicht sogar erreicht, wenn nicht eine schwere Terrakotta-Vase an seinem Schädel zerplatzt wäre. Wie vom Blitz gefällt sackte er zusammen und knallte recht unsanft auf den Boden. Hinter dem Gestürzten sah Richard Ernesto stehen, eine weitere Vase zum Wurf erhoben, doch Richard winkte ab. »Ich glaube, der hat genug.« Er steckte den Revolver in seinen Hosenbund. »Was machen wir denn jetzt?«, fragte er erschöpft. Der Anschlag und der Kampf hatten nicht länger als eine Minute gedauert, dennoch fühlte er sich, als hätte er seit Tagen nicht mehr geschlafen. Sein Blick war leicht vernebelt und begann sich rötlich zu verfärben, ehe es schwarz um ihn wurde.

Kapitel 15

Zwischen Sand Lake und New York (früher Nachmittag)
Roger Thorn fuhr Richtung Süden auf der Interstate 87 und passierte gerade die Ausfahrt Kingston, als sein Handy klingelte. Er hob ab und erwartete Walt oder Hanky am anderen Ende der Leitung. Stattdessen hörte er eine aufgeregte Stimme, die zugleich auch sehr euphorisch klang: »Hallo Roger, wir haben den Mistkerl.«

Roger wusste im ersten Moment nicht, wer ihn da anrief, aber es war weder Walt noch Hanky. Deshalb fragte er vorsichtig: »Wen habt ihr, und wer ist denn da überhaupt?«

»Wer hier ist?«, kam es ungläubig zurück. »Ja, hat man da noch Töne? Hier ist Henry Rolin. Hast nicht an mich gedacht, he? Wen hattest du denn erwartet?«

Roger begriff noch immer nicht, da er sich vor dem Anruf mit dem Problem beschäftigt hatte, wie er sich unauffällig den abtrünnigen FBI-Agenten Curtis und Stellino nähern konnte. So antwortete er: »Ich war nur erstaunt, dass du mich anrufst. Was hast du gesagt? Ihr habt wen?«

»Na wen schon, deinen sauberen Senator. Er liegt gut verschnürt keine zwei Meter von mir entfernt und glotzt wie ein abgestochenes Schwein. Na, was sagste jetzt?«

Roger konnte erst mal gar nichts sagen. Das war einfach unglaublich. Alle möglichen Gedanken schossen ihm durch den Kopf, und er sah sich schon vor Gericht stehen, verzweifelt versuchend, die Gründe zu formulieren, warum es nötig gewesen war, einen leibhaftigen US-Senator zu entführen. Schon allein bei dem Gedanken brach ihm der Schweiß aus.

»Henry, wo bist du denn im Moment?«

»Das werde ich dir gerade am Telefon sagen, was? Komm einfach nach Vegas, und ich hole dich vom Flughafen ab. Okay?«

»Gar nichts ist okay«, rief Roger aufgebracht ins Telefon, aber da war die Leitung bereits tot. Resignierend schaute er auf sein Handy und versuchte Henry zurückzurufen. Er hörte zwar das Freizeichen, doch es hob niemand mehr ab.

Ärgerlich über Henry, der seine Pläne zunichtemachte und ihn zwang, nach Nevada zu fliegen, schimpfte Roger einige Zeit vor sich hin, bis ihm einfiel, dass er Hanky informieren sollte, wo er sich die nächsten ein bis zwei Tage aufhalten würde. Also wählte er Hankys Nummer, doch zunächst antwortete niemand. Stattdessen hörte er ein Klacken in der Leitung, und eine Frauenstimme meldete sich: »Hallo, hier bei Berson, Rita Miller am Apparat.«

Roger war überrascht, Rita am Telefon zu haben, erklärte es sich aber so, dass Hanky Anrufe auf sein Mobiltelefon wohl auf die Festnetznummer umgeleitet hatte.

»Hallo Rita, hier ist Roger Thorn. Wir kennen uns bisher nur vom Telefonieren. Ich habe eine Bitte: Würden Sie Hanky ausrichten, dass ich mich einige Tage in Las Vegas aufhalte und er mich über mein Handy erreichen kann?«

»Natürlich, Mister Thorn, mache ich. Hanky befindet sich im Moment auf dem Weg nach Buffalo, müsste aber gleich landen. Dann ruft er mich bestimmt an. Also kein Problem. Wann fliegen Sie denn nach Vegas?«

»Das kann ich noch nicht sagen. Ich bin noch auf der Interstate, gute vierzig Minuten vor New York City, und habe gerade einen Anruf erhalten, der mich zwingt, nach Las Vegas zu fliegen. Einen Flug habe ich allerdings noch nicht.«

»Wenn es Ihnen hilft, Mister Thorn, so kann ich mal die Flughäfen anrufen und mich erkundigen, wann der nächste Flug nach Las Vegas geht und ob noch ein Platz frei ist.«

»Das würde mir sehr helfen, Rita, und bitte nennen Sie mich doch Roger.«

Schon eine halbe Stunde später hatte Roger seinen Flug. Allerdings musste er sich beeilen, da die Maschine schon in drei Stunden abfliegen sollte.

***

Buffalo New York State (früher Nachmittag)

Der Flug von Albany war erfreulich kurz. Hanky begnügte sich mit dem Sitzplatz am Gang, da er die Zeit nutzen wollte, um ein wenig zu entspannen. Der Tag hatte bereits eine Menge Kraft von ihm gefordert, und wer wusste schon, was noch vor ihnen lag? Außerdem war ihm der Abschied von Carmen mehr unter die Haut gegangen, als er sich selbst eingestehen wollte. Er kannte die Frau erst zwei Tage lang, und sein ganzes Sehnen galt ihr. Am liebsten hätte er sich vor den Problemen der Welt verschlossen und seine Zeit nur noch mit Carmen verbracht. Er seufzte leise, denn ihm war bewusst, dass er sich seiner Verantwortung nicht entziehen konnte, selbst wenn er sich nur vor seinem eigenen Gewissen verantworten musste.

Walt hatte einen Fensterplatz ergattert, drückte die Stirn gegen das Glas und ließ die Welt unter sich hinwegziehen. Auch er dachte über ihre Mission nach, und ihm wurde ganz flau im Magen, wenn er an die Dimension des Verbrechens dachte und an den Einfluss, den diese Leute haben mussten, um weitgehend ungestört ihren schändlichen Geschäften nachgehen zu können. Das alles war einfach einige Nummern zu groß, um von ein paar beherzten Freunden gestoppt zu werden.

Erst als das Flugzeug zur Landung ansetzte, wurde er von seinen trüben Gedanken abgelenkt. Zwanzig Minuten später verließen sie den Airport von Buffalo und stiegen in ein Taxi.

Während der Fahrt zu Pauls Haus telefonierte Hanky mit Rita. Dabei erfuhr er, dass Roger Thorn in den kommenden

Stunden nach Las Vegas fliegen würde. Als Hanky nach dem Grund für diesen Trip fragte, konnte Rita ihm keine Auskunft geben. Außerdem machte sie sich Sorgen, da Richard sich seit heute Morgen nicht mehr gemeldet hatte. Hanky versuchte sie zu beruhigen, indem er ihr sagte, dass Richard zweifellos zu beschäftigt sei und sich gewiss bald melden würde.

Mittlerweile waren sie vor Pauls Haus eingetroffen. Walt bezahlte den Fahrer, und Hanky beendete sein Gespräch mit Rita. Während sie auf Pauls Haus zugingen, überlegte Hanky, was den FBI-Mann nur dazu bewogen haben mochte, seine Pläne zu ändern und stattdessen nach Las Vegas zu fliegen. Er konnte sich keinen Reim darauf machen, und so fragte er Walt: »Was könnte der Grund dafür sein, dass Roger nach Vegas geflogen ist?«

Walt überlegte einen Moment, dann erschien ein wissendes Lächeln auf seinem Gesicht. »Rogers Planänderung kann nur im Zusammenhang mit den Ermittlungen gegen diesen Senator Benjamin stehen. Hat er nicht diesen Kleingangster aus Philadelphia gebeten, sich den feinen Herrn einmal genauer anzuschauen?«

Hanky murmelte etwas, das Walt als Zustimmung wertete. Endlich standen die beiden vor Pauls Haustür, und Walt klingelte. Wie erwartet rührte sich nichts. Daraufhin verlegte sich Walt auf heftiges Klopfen, was genauso wenig Erfolg hatte wie zuvor das Läuten der Türglocke. Hanky spähte inzwischen durch eines der Fenster und versuchte etwas zu erkennen.

»Wir sollten mal hinten nachschauen«, schlug er vor. Sie marschierten durch den Garten und betraten die kleine Veranda hinter dem Haus. Walt rüttelte an der Tür, und zu seiner Freude öffnete sie sich widerstandslos. Fast zögernd betraten sie das ruhig daliegende Haus. Sie durchquerten die Küche, ohne etwas Verdächtiges zu bemerken. Walt rief laut Pauls Namen, jedoch ohne eine Antwort zu bekommen.

Durch einen kurzen Flur gelangten sie in Pauls Wohnzimmer. Auf den ersten Blick war auch hier alles in Ordnung, und

Walt wollte sich schon umwenden, um in den anderen Räumen nach Paul zu suchen, als ihn Hanky an der Schulter festhielt. Wortlos zeigte er auf einen Fuß, der hinter einem freistehenden Sofa hervorragte.

***

Manaus, Brasilien (fast zur gleichen Zeit)
Richard erwachte mit starken Kopfschmerzen. Er öffnete die Augen und erblickte eine rohe, schwach beleuchtete Steindecke. Er versuchte herauszufinden, wo er sich befand, doch keine seiner Erinnerungen ließ sich mit diesem Raum, wo immer der auch sein mochte, in Einklang bringen. Mühsam setzte er sich auf, worauf ihm übergangslos schlecht wurde. Seine Hände tasteten haltsuchend umher, doch alles, was er fand, war kalter Stein. Verwundert stellte er fest, dass er auf dem blanken Boden gelegen hatte. Trotz seiner Übelkeit schaute er sich um, aber außer einem kleinen Fenster dicht unter der Decke und einer massiven, irgendwie altertümlichen Tür war nichts zu sehen, der Raum war vollkommen leer. Es gab absolut keinen Hinweis darauf, wo er sich befand. Vorsichtig, immer noch mit seiner Übelkeit kämpfend, richtete er sich auf und blieb einen Moment schwankend und nach vorn gebeugt stehen, als er vor der Tür Schritte hörte. Krampfhaft überlegte er, was er nun tun sollte. Wenn er verschleppt worden war und hier gefangen gehalten wurde, dann musste er versuchen zu fliehen, was ihm aber angesichts seiner Verfassung ziemlich aussichtslos erschien. Richard gründete seine Vermutung, ein Entführungsopfer zu sein, allein auf die Tatsache, dass er in einem zellenähnlichen Raum erwacht war, dem Anschein nach einem Keller.

Die Schritte vor der Tür wurden lauter, und Richard entschloss sich, zumindest den Versuch zu unternehmen, aus diesem Gefängnis zu entkommen. Er stellte sich, dicht an die Wand gepresst, neben die Tür und wartete darauf, dass sie sich öffnete. Er musste nicht lange warten, dann schwang sie erstaunlich geräuschlos auf. Richard hatte ein lautes Knarren erwartet, aber das gab es wohl nur in Gruselfilmen und nicht in der Wirklichkeit.

Durch den Türrahmen trat eine Gestalt, die Richard wegen des schwachen Lichts nur schattenhaft wahrnahm. Der Mann trug etwas Schweres auf den Schultern und ächzte unter seiner Last. Richard wollte den Mann schon anspringen, als er in ihm seinen Kollegen Ernesto Rodriges erkannte. Ernesto blieb stehen und schaute sich suchend in dem kleinen Kellerraum um. Richard, der inzwischen realisiert hatte, dass Ernesto einen Mann geschultert hatte, sagte leise: »Wenn du mich suchst, ich bin hier.«

Vor lauter Schreck hätte Ernesto beinahe seine menschliche Last fallen lassen. Langsam und um Balance bemüht drehte er sich um und blickte Richard verärgert an. »Wie lange willst du denn noch in der Ecke stehen und Leute erschrecken? Hilf mir lieber.«

Verblüfft über Ernestos Reaktion, zuckte Richard entschuldigend die Schultern, ehe er ihm half, den offensichtlich besinnungslosen Mann auf den Boden zu legen. Als sie fertig waren, fand Richard, der immer noch nicht wusste, was hier eigentlich vorging und wie er in den Keller gekommen war, es sei an der Zeit, eine Erklärung zu verlangen. »Wo sind wir hier eigentlich, und wen hast du da angeschleppt?«

Ernesto schaute ihn besorgt an. »Du erinnerst dich an nichts mehr? Soweit ich weiß, bist du im Auto schon einmal zu dir gekommen, dann warst du aber wieder weggetreten. Also gut, von Anfang an. Du hast den Kerl, sein Name ist übrigens Pablo, und ich kenne ihn schon seit Jahren als immer hilfsbereiten Mitarbeiter von Miguel, mit deiner Aktion so weit ablenken können, dass ich ihn mit einer Vase ins Land der Träume schicken konnte. Dann bist du auf einmal zusammengebrochen. Als ich nach dir schaute, sah ich die Platzwunde an deinem

Hinterkopf, die wohl für deine Ohnmacht verantwortlich war. Du bist anscheinend sehr hart mit Pablo zusammengeprallt. Jedenfalls hat dieser verdammte Hund meinen alten Freund einfach so erschossen.«

Damit drehte sich Ernesto ansatzlos herum und gab den am Boden Liegenden einen heftigen Tritt in die Seite. Keinerlei Reaktion. Richard überlegte gerade, ob der Killer wohl noch am Leben sei, als Ernesto fortfuhr: »Es war ein ganz schönes Stück Arbeit, euch beide hierher zu bringen.«

»Hierher?«, wiederholte Richard fragend »Wo ist denn *hier*? Wo sind wir denn?«

»Oh, ich dachte, das wäre dir klar«, antwortete Ernesto mit einem entschuldigenden Lächeln. »Wir befinden uns wieder in der Kirche, nur diesmal im Keller. Ich wusste auf die Schnelle nicht, wohin, und ich hoffe, hier sind wir fürs Erste sicher.«

Richard schaute sich in dem kleinen Raum um und schüttelte ungläubig den Kopf, da er erst jetzt begriff, wie nahe er dem Tod gewesen war. Da machte sich seine Platzwunde am Hinterkopf mit einem intensiven Stechen bemerkbar. Vorsichtig betastete er die geschundene Stelle, zuckte aber bei der Berührung zusammen und beendete sofort seine Selbstdiagnose. Wieder Ernesto zugewandt, fragte er: »Wie konntest du denn mit zwei Ohnmächtigen so mir nichts, dir nichts aus dem Haus spazieren? Hat niemand den Schuss gehört?«

Ernesto nickte eifrig, und bei der Erinnerung an die vergangene hektische Stunde brach ihm der Schweiß aus. Er kramte in der Jackentasche herum und zog ein verknülltes Taschentuch heraus. Umständlich wischte er sich das Genick und danach die Stirn trocken, eher er weitersprach. »Ja, ich hatte mich zuerst auch gewundert, dass niemand auf den Schuss reagierte. Nach einigen Minuten wurde mir klar, dass niemand etwas bemerkt hatte. Ich musste einen Moment nachdenken und mir über unsere Situation klar werden. Einfach verschwinden ging nicht, da Pablo sich sofort mit seinen Auftraggebern in Verbindung setzen würde, sobald er aus seiner Ohnmacht erwachte. Er kennt mich genauso lange, wie ich ihn kenne. Damit wäre uns nur noch die Flucht aus dem Land geblieben, und ob wir das geschafft hätten, wage ich zu bezweifeln. Also musste ich handeln. Mit der Vase habe ich dem Kerl noch mal eine Behandlung zukommen lassen, die für eine Verlängerung seiner Schlafphase sorgte. Dann habe ich nach dir geschaut. Ich bin zwar kein Arzt, aber ich hoffte, dass du bald wieder aufwachen würdest. So ließ ich euch auf der Terrasse liegen und ging nach unten. Zuerst schaute ich nach, ob die Hintertür unversperrt war, dann verließ ich durch den Laden das Haus, als sei nichts geschehen. Niemand beachtete mich, und so lief ich so gelassen wie möglich und so schnell, wie es in dieser Situation erforderlich war, zu meinem Wagen. Unterwegs versuchte ich festzustellen, ob mich jemand beobachtete oder gar verfolgte. Mir fiel jedoch nichts auf, und so fuhr ich noch einmal an dem Geschäft vorbei, um sicherzugehen, dass noch niemand den Mord entdeckt hatte, ehe ich mein Auto hinter dem Haus in einer kleinen Seitengasse direkt vor dem Hintereingang parkte. Leise schlich ich mich nach oben, was aber nicht nötig gewesen wäre, da es im Laden immer noch recht laut zuging. Auf der Terrasse angekommen, stellte ich fest, dass alles unverändert war. Vorsichtig schaute ich nach Pablo, ich wollte mich natürlich nicht von ihm überraschen lassen, realisierte dann aber, dass ein weiterer Hieb mit der Vase unnötig sein würde, da er nur ganz flach atmete. Ich schleppte den Kerl nach unten, was auf dieser Treppe nicht einfach war, da ja dort, wie du weißt, überall Zeug herumliegt. Nachdem ich mich vergewissert hatte, dass sich niemand in der Seitengasse aufhielt, setzte ich Pablo auf den Rücksitz und schnallte ihn an, damit er nicht umfiel. Dann habe ich dich geholt und auf den Beifahrersitz gesetzt. Na ja, niemand hat etwas bemerkt, und so fuhr ich hierher. Meinen Wagen habe ich dann neben der Sakristei geparkt, da ist er von der Straße aus nur schwer zu sehen. Danach habe ich dich in den Keller gebracht. Den Rest weißt du ja.«

»O Mann, was können wir jetzt nur tun?«

Richard hatte die Frage nur laut ausgesprochen, um sich selbst darüber klar zu werden, wie es um seine Ermittlungen hier stand und ob es überhaupt einen Sinn hatte, ohne Rückendeckung weiter nachzuforschen. Er war noch nicht einmal einen Tag hier, und schon hatte es einen Toten gegeben. Das Einzige, was er bei seinen Recherchen bisher herausgefunden hatte, war, dass es sich bei all den bisherigen Aktionen in Amerika und hier in Brasilien um das verbrecherische Werk der Nazis handeln sollte – und das klang völlig unsinnig. Dazu kam noch ein weiterer Punkt, der das Ganze noch viel unglaubwürdiger machte, nämlich, dass es einer Person oder mehreren angeblich gelungen war, ihren Alterungsprozess anzuhalten oder zumindest erheblich zu verlangsamen. Das alles hörte sich ziemlich nach Science Fiction an. Die Nazis gab es schon lange nicht mehr, höchstens ein paar Spinner, die immer noch den alten Ideen nachhingen und von der Herrenrasse und der Unterjochung der Welt träumten.

Ernesto riss ihn aus seinen Gedanken: »Was wir jetzt tun sollen, fragst du? Da haben wir nicht viel Auswahl, oder? Als Erstes müssen wir versuchen, einige Antworten von diesem Dreckskerl zu bekommen. Danach können wir uns überlegen, was wir mit ihm machen.«

Wütend starrte Ernesto auf den am Boden liegenden Mann hinunter. Er holte aus und trat dem Besinnungslosen in die Seite. Dabei schrie er zornig: »Wach schon auf! Los, mach schon!«

Der Mann hatte leicht aufgestöhnt, als Ernestos Schuh ihn traf, und reflexhaft seine Hand auf die schmerzende Stelle gedrückt. Ernesto schien noch wütender zu werden, und Richard hätte nie vermutet, dass sein Kollege, der immerhin einen Kopf kleiner und auch einige Jahre älter war als er selbst, so viel Kraft haben könnte. Zwar hatte Ernesto ihn und den Killer eine Treppe hinuntergetragen und anschließend die gleiche Aktion hier wiederholt, aber als Richard sah, wie mühelos Ernesto den Mann auf die Füße stellte, war er doch sehr erstaunt.

Gerade als Ernesto seine Befragung beginnen wollte, flog die Tür mit solcher Wucht auf, dass sie mit lautem Knall an die Wand schlug.

Kapitel 16

Buffalo New York State (am Nachmittag)
Sie hatten Paul auf das Sofa im Wohnzimmer gelegt. Auf den ersten Blick sah er aus, als ob er schliefe. Walt war zwar kein Arzt, aber er war sicher, dass Paul so weit in Ordnung war, mal abgesehen davon, dass er offenbar sehr fest schlief. Sein Atem ging gleichmäßig und ruhig, und unter den geschlossenen Lidern bewegten sich die Augen, als erlebe er einen aufregenden Traum. Hanky tastete nach seinem Puls und zählte leise. Dann beschlossen sie, ihn aufzuwecken. Natürlich hätte er eigentlich schon zu sich kommen müssen, als sie ihn auf das Sofa legten, aber er schlief ruhig weiter.

Nun rüttelte Hanky heftig an Pauls Schultern, rief seinen Namen und schlug ihm leicht auf die Wangen. Nichts half. Paul ließ sich nicht wecken.

Hanky schaute Walt sorgenvoll an, doch der zuckte nur hilflos mit den Schultern.

»Walt, was meinst du, sollen wir einen Arzt holen oder Paul ins Krankenhaus bringen?«

»Nein, ich glaube nicht«, antwortete Walt und kniete sich neben Hanky vor das Sofa. »Für mich sieht es aus, als befinde er sich in einer tiefen Trance. An ein Koma glaube ich nicht. Er ist unverletzt, und ich kann mir nicht vorstellen, dass ein gesunder Mensch so einfach ins Koma fällt. Was sollen wir denn den Ärzten sagen, warum Paul scheinbar ohne Bewusstsein ist? Ich würde vorschlagen, du versuchst noch einmal, ihn auf geistiger Ebene zu erreichen. Wenn das nicht funktioniert, kannst du vielleicht in seinen Gedanken einen Hinweis finden, ob er tatsächlich in Trance ist.«

Hanky stimmte zu, setzte sich ein wenig bequemer hin und schloss die Augen. Mit seinem Geist griff er unsichtbar für jeden Beobachter nach Pauls mentaler Ausstrahlung und fand sie sofort. Lautlos rief er nach Paul, doch er erhielt keine Antwort. Er versuchte noch einige Minuten lang, auf diesem Weg einen Kontakt herzustellen, sah aber dann enttäuscht ein, dass er mit seinen Bemühungen nicht weiterkam. Kurz öffnete er die Augen und signalisierte Walt mit einem kurzen Blick, dass dieser Versuch gescheitert war. Dann schloss er die Augen erneut und versuchte, in Pauls Bewusstsein einzudringen.

Zuerst nahm er nur das normale Rauschen aller Gedankenströme in seiner unmittelbaren Umgebung wahr. Dann ortete er Paul gewissermaßen, aber sehr leise und weit im Hintergrund. Nun konzentrierte sich ganz auf Paul, und das Umgebungsrauschen wurde leiser. Pauls Bewusstsein tauchte vor Hankys geistigem Auge als schwach pulsierender blauer Ball auf. Hankys mentale Finger berührten den Ball, der sich darauf kurz, fast wie erschrocken, zusammenzog und gleich darauf wieder zur bisherigen Größe anwuchs. Bei Hankys zweiter Berührung blieb diese Reaktion aus. Hanky bemerkte ein leichtes Kribbeln und hörte im selben Moment das Echo einer Konversation. Er konnte nicht verstehen, was da gesprochen wurde, aber Paul war bestimmt kein aktiver Teilnehmer dieser unsichtbaren Unterhaltung. Dann wurde es ruhig, und Hanky spürte, wie sich Paul entfernte. Auch jetzt versuchte er, sich bemerkbar zu machen, indem er erneut Pauls Namen rief, doch auch dieses Mal erhielt er keine Antwort. Er wartete noch einen Moment, zog dann seine geistigen Finger zurück und entfernte sich von der blauen Blase.

Einige Sekunden später schlug er die Augen auf und schaute in Walts erwartungsvolles Gesicht.

»Hast du Erfolg gehabt?«, fragte Walt sogleich und schien es vor Neugierde fast nicht auszuhalten. »Du warst schließlich fast eine halbe Stunde weg«, fuhr er salopp fort. »Also, was ist nun? Hatte ich recht mit meiner Vermutung?«

Hanky stand auf und streckte die Beine. »Was, fast eine halbe Stunde? Das hätte ich nicht gedacht. Doch zu deiner Frage, ja, du hattest recht. Paul befindet sich in Trance. Er hält sich auf einer – wie soll ich dir das nur erklären? Auf einer mentalen Ebene, die so weit von uns entfernt ist, dass ich ihn nicht erreichen kann. Stell es dir so vor: Unsere Welt, wie wir sie kennen, befände sich in einer riesigen Glaskugel. Um uns herum gibt es Tausende und Abertausende weiterer Glaskugeln, in denen sich ebenfalls Welten befinden. Was diese Welten repräsentieren, kann ich dir nicht sagen, denn ich weiß es selbst nicht. Es kann sein, dass es sich um unsere Welt handelt und jede Kugel eine Minute, einen Tag oder ein Jahr einschließt, es kann aber genauso gut sein, dass es sich um Paralleluniversen handelt. Wie auch immer, Paul befindet sich im Moment aller Wahrscheinlichkeit nach mit seinem Geist in einer der anderen Glaskugeln, und er ist nur durch das Band seiner Lebensenergie noch mit unserer Welt verbunden. Daher kann ich keinen Kontakt zu ihm bekommen und höre nur das, was durch dieses Band in unserer Kugel ankommt.«

Walt war sehr aufmerksam und gespannt Hankys Ausführungen gefolgt. Er hatte schon immer geahnt, dass die Vergangenheit nicht verloren war und dass Gegenwart, Vergangenheit und Zukunft zur gleichen Zeit nebeneinander existierten. Nachdenklich bemerkte er: »Als ich damals vor Erschöpfung in eine Art Koma gefallen bin, hat sich mein Geist ebenfalls auf eine Reise in die Vergangenheit begeben, wie du ja weißt. Wenn deine Theorie also stimmt, dann war ich für einige Zeit ebenfalls in einer dieser Kugeln, oder?«

Hanky nickte zustimmend, war aber nicht ganz einverstanden. »Das Bild mit den Kugeln darfst du nicht wörtlich nehmen.

Es ist bestenfalls eine Metapher, ein erdachtes Bild, um einen komplizierten Sachverhalt zu beschreiben.«

Resignierend hob Walt die Schultern und stand auf. Er war durstig und wollte sich aus der Küche etwas zu trinken holen. Beim Hinausgehen drehte er sich noch einmal zu Hanky um. »Na, dann bleibt uns wahrscheinlich nichts anderes übrig, als auf Pauls Erwachen zu warten. Ich glaube, es sollte immer einer von uns beiden bei ihm bleiben. Ich trinke jetzt erst mal was und kümmere mich dann um unsere Sachen, die sind ja noch vor der Tür. Dann rufe ich Rita und unseren FBI-Freund an und frage, ob es was Neues gibt.« Ohne auf Hankys Antwort zu warten, verschwand er durch den kurzen Gang, und gleich darauf hörte Hanky, wie die Kühlschranktür geöffnet wurde.

»Bring mir was mit«, rief er Walt hinterher, »ich bin auch durstig.«

***

Am Abend zuvor in Pauls Haus (ca. 23 Uhr)

Paul hatte die ganze Zeit das Geschehen im Lager der Odin Force beobachtet. Erstaunt sah er, wie die Auseinandersetzung der beiden Kampfgruppen plötzlich und unerwartet endete. Stille legte sich über das Gelände, kurz darauf trat ein Mann aus dem Wald und lief scheinbar gelassen bis zur Mitte des Exerzierplatzes. Dort blieb er stehen und schaute sich suchend um. Ihm musste völlig klar sein, dass er sich im Fadenkreuz etlicher Scharfschützen befand, aber es machte ihm offensichtlich nichts aus. Laut, aber dennoch ruhig begann er zu sprechen. »Mein Name ist Horst Kleinfeld. Ich bin Kommandant des Operationsteams *Protektor*. Mein Auftrag lautet, den Lagerkommandanten Rudgar Kruger festzusetzen und ihn abzuurteilen. Mein Auftrag lautet nicht, diese Abteilung der Odin Force zu bekämpfen. Wenn sich der Kommandant noch im Lager befindet, so befehle ich ihm, herauszutreten und sich ehrenhaft zu ergeben. Wenn er aber nicht mehr hier ist, was zu vermuten steht, dann sind unsere Kampfhandlungen sinnlos. Soldaten, wir alle sind auf ein gemeinsames Ziel eingeschworen, und um dieses Ziel zu erreichen, brauchen wir jeden Mann. Ich fordere euch also auf, die Waffen niederzulegen und hier auf dem Platz anzutreten.«

Paul beobachtete fast atemlos, wie sich tatsächlich nach und nach immer mehr Odin-Soldaten aus ihrer Deckung erhoben und zur Mitte des Exerzierplatzes gingen. Dort stellten sie sich militärisch präzise in Gruppen auf. Zugleich tauchten die Männer der Gruppe *Protektor* auf und verteilten sich strategisch um die angetretenen Soldaten. Horst Kleinfeld beorderte die Truppführer zu sich, um ihnen Anweisungen zu geben. Kurz darauf lösten sich die Gruppen auf, und die Odin-Soldaten verschwanden in den Baracken. Lastwagen fuhren vor, und die Männer beluden sie mit Waffen, Kisten und Rucksäcken. Fast gleichzeitig erzitterte die Luft durch das Eintreffen zweier Militärhubschrauber. Kleinfeld gab letzte Befehle und bestieg mit seinen Männern die Hubschrauber. Einer der Piloten sagte etwas zu Kleinfeld, was Paul aber nicht verstand, da er zu weit entfernt war. Die säuerliche Miene Kleinfelds allerdings ließ vermuten, dass er soeben eine unerfreuliche Nachricht erhalten hatte.

Die Hubschrauber hoben ab, und gleichzeitig fuhren die Lastwagen der Odin Force vom Gelände. Paul wusste einen Moment lang nicht, wem er nun folgen sollte, entschied sich dann aber, dass dieser Horst Kleinfeld im Moment wichtiger war als die Odin Force. Sein Astralkörper stieg auf, und schon Sekunden später entdeckte er die Hubschrauber. Nur einen Gedanken später befand er sich direkt über den Maschinen. Er folgte ihnen durch die Nacht, und eine knappe Stunde später setzten die Helikopter zur Landung an. Unter ihnen tauchte eine große Halle auf. Als die Maschinen tiefer gingen, rollten mächtige Tore zur Seite, und die Hubschrauber landeten nebeneinander im Hangar. Paul wartete noch eine Weile, dann entfernte er sich wieder von der Halle, da die Soldaten ihre Quartiere aufsuchten und er davon ausgehen konnte, dass heute nichts von Bedeutung mehr geschehen würde. Er stieg in die Höhe und versuchte sich zu orientieren. Bevor er seine Beobachtungen beenden konnte, musste er noch feststellen, wo sich dieser Hubschrauberlandeplatz befand. In etwa tausend Metern Höhe hielt er an und begutachtete das Land. Er bekam nicht viel zu sehen, nur ab und zu einige kleine Lichter am Boden. Dann sah er am Horizont einen Lichtschein, der darauf schließen ließ, dass sich dort eine größere Ansiedlung befand. Er schwebte auf das Leuchten zu und befand sich schon Augenblicke später am Rande einer Stadt. Schnell näherte er sich der Oberfläche und schwebte zu einer breiten, beleuchteten Straße. Dieser folgte er so lange, bis er an der rechten Straßenseite ein Ortsschild entdeckte. Er stoppte davor und las erstaunt: *Cleveland – Ohio*.

Befriedigt dachte er: *Na, da kann ich jetzt nach Hause. Hanky wird sich freuen, wenn ich ihm mitteilen kann, wo dieser Kleinfeld zu finden ist.*

Paul konzentrierte sich auf seinen Körper, und fast im gleichen Moment schlug er in seinem Wohnzimmer die Augen auf. Er erhob sich, rieb sich müde die Augen und streckte sich. Für heute hatte er genug getan, und er freute sich auf ein kühles Bier. Vielleicht würde er noch eine Kleinigkeit essen und ein wenig durchs Fernsehprogramm zappen, ehe er ins Bett ging. Hanky hatte sich nicht mehr gemeldet, und Paul beschloss, ihm auch ein wenig Ruhe zu gönnen. Gleich morgen früh, so nahm er sich vor, würde er mit Hanky Verbindung aufnehmen. Er gähnte herzhaft und wollte sich gerade sein Bier aus der Küche holen, als das Wohnzimmer sich vor seinen Augen auflöste. Tiefste Schwärze ballte sich um ihn zusammen und hüllte ihn ein. Er konnte eine Weile nichts außer diesem ihn von allen Seiten umhüllenden Schwarz sehen. Dann schälte sich aus der Dunkelheit ein Gesicht. Er erkannte es, er hatte es schon viele Male gesehen. Es war das Antlitz seines Geistschamanen.

Noch ehe der Schamane etwas sagen konnte, rief Paul müde und gleichzeitig empört: »Lass mich in Ruhe. Ich war heute schon lange genug außerkörperlich unterwegs. Komm morgen wieder, wenn ich ausgeschlafen habe.«

Der Schamane zeigte sich weder von Pauls Worten beeindruckt noch war er verärgert. Er lächelte nur und antwortete, diesmal mit einer volltönenden, dunklen Stimme: »Dafür hast du keine Zeit. Ausruhen kannst du ein andernmal. Ich muss dir etwas zeigen. Nur dann kannst du die Zusammenhänge verstehen und deinen Freunden berichten.«

Übergangslos wurde es hell um Paul, und das Gesicht des Geistschamanen löste sich auf.

Paul fand sich auf einer Wiese stehend wieder, in einer Umgebung, die ihm unbekannt war, die ihn aber sehr an seine Heimat erinnerte. Es schien früher Morgen zu sein, denn das Licht war diffus, und es war unangenehm kühl.

Paul zuckte zusammen, als ihm bewusst wurde, dass er Kälte verspürte. Das war neu, noch nie zuvor hatte er bei seinen Visionen oder den außerkörperlichen Observationen irgendeine von der entsprechenden Umgebung erzeugte Empfindung oder physische Reaktion erfahren. Doch hier fühlte er die Temperatur seines Aufenthaltsortes, wo dieser auch sein mochte. Ein leichtes Frösteln veranlasste ihn, sich die Hände zu reiben und sie an den Mund zu heben, um seinen warmen Atem hineinzublasen.

Erneut erschrak er. Er sah seine Hände und einen Teil seiner Arme. Das war zwar nicht wirklich neu für ihn, sah er doch seinen Körper bei den Meditationen, zu denen er die Schwitzhütte hinten in seinem Garten aufsuchte, um in die Welt seines Geistschamanen einzutauchen. Doch niemals hatte er durch seine Hände hindurchsehen können. Es waren Gespensterhände, die er zwar deutlich sehen konnte, die aber zugleich nicht wirklich stofflich waren. Er blickte nach unten, um zu sehen, ob sich das Phänomen nur auf seine Hände beschränkte oder seinen ganzen Körper betraf. Das Ergebnis seiner Betrachtungen war eindeutig. Er war von Kopf bis Fuß durchsichtig. Zwar trug er noch die gleichen Sachen, ein T-Shirt, eine Jeans und Turnschuhe, die er gestern früh angezogen hatte, doch auch das Material seiner Kleidung war so durchscheinend und transparent wie sein Körper. Paul fand sich ergeben mit der Tatsache ab, bei dieser vom Schamanen erzwungenen Vision als Geist durch die Gegend zu laufen. Bei diesem Gedanken schaute er fast automatisch nach unten und sah entsetzt, dass sich Grashalme durch seine Schuhe und damit natürlich durch seine Füße gebohrt hatten. Einen heftigen Schmerz erwartend, sprang er in die Höhe. Doch nichts geschah, wenn man davon absah, dass er bei seinem Paniksprung gute fünf Meter in die Höhe geschnellt war und nun langsam, wie ein fallendes Blatt im Herbst, wieder nach unten sank.

Die folgenden Minuten verbrachte er damit, fasziniert die Möglichkeiten seines Geistkörpers – er fand keine zutreffendere Bezeichnung – zu erproben. Dabei vergaß er beinahe, dass er hier war, weil ihm der Schamane etwas zeigen wollte. Paul konnte sich nicht vorstellen, was das sein sollte, zudem von dem Schamanen weit und breit nichts zu sehen war und die Wiese, auf der Paul stand, nun wirklich nichts Besonderes darstellte.

Da muss ich mich wohl selbst auf die Suche machen, dachte er und überlegte, in welche Richtung er sich nun wenden sollte. Diese Entscheidung wurde ihm kurz darauf abgenommen, als er das Geräusch eines näherkommenden Zugs hörte. Nicht weit von hier mussten Bahngleise sein. Paul besann sich seiner neuen Möglichkeiten, stieß sich kraftvoll vom Boden ab und sprang in die Höhe. Seine Erwartungen, was seine Sprungkraft anbelangte, wurden erheblich übertroffen, und er stieg voller Erstaunen fast hundert Meter in die Höhe. Von oben blickte er über eine friedlich daliegende Landschaft, Wiesen und Felder, durchsetzt mit kleinen Waldinseln. Von links näherte sich unter erheblicher Geräuschentwicklung ein Güterzug. An der Lok, die aus einem Museum zu stammen schien und noch mit

Dampf betrieben wurde, hingen ebenso alte, in tristem Braun gehaltene Güterwagen.

Paul konnte sich nicht vorstellen, dass der Schamane ihn hierhergebracht hatte, damit er sich einen historischen Güterzug ansah. Trotzdem wollte er nachschauen, was es mit damit auf sich hatte. Nachdem er kurze Zeit später wieder ›festen Boden‹ unter den Füßen spürte, rannte er los. Mit weiten Sprüngen, die ihn jeweils mehr als fünf Meter weit trugen, erreichte er kurz darauf den Bahndamm. Ohne auch nur ein wenig außer Atem zu sein, wartete er geduldig, bis der Zug auf seiner Höhe war. Die ersten zwei Wagen ließ er an sich vorüberrollen und wagte dann den Sprung: Er schnellte in die Höhe und zugleich vorwärts und flog kurz durch die Luft, direkt auf die schmutzigbraune Seitenwand des Güterwagens zu. Doch anstatt hart gegen das schartige Holz zu prallen, fiel Paul durch die Wand hindurch, als sei sie nicht vorhanden. Er hatte richtig vermutet: Die Materie, aus der diese Welt, diese Vision oder was auch immer das hier sein mochte, bestand, war für ihn kein Hindernis. In einem Sekundenbruchteil kam ihm der Gedanke, dass die geläufigen Geistergeschichten durch Reisende aus anderen Dimensionen entstanden sein könnten. Doch seine Spekulationen wurden jäh unterbrochen, als er auf dem Fußboden im Inneren des Güterwagens landete. Kurz fragte er sich noch, warum er eigentlich nicht durch den Boden hindurchfiel, da er doch gerade ohne den geringsten Widerstand durch die Wagenwand gesprungen war, schrieb es dann aber seiner eigenen Konzentration zu, da er sich kurz vor dem Sprung vorgestellt hatte, wo er landen würde.

Auch diese Überlegung verschwand übergangslos, als sich seine Augen an das Halbdunkel gewöhnt hatten, das hier im Inneren des Waggons herrschte. Er war nicht allein, ganz im Gegenteil. Der ganze Wagen war gefüllt mit Menschen, die aus leeren Augen vor sich hin starrten. Männer, Frauen und Kinder saßen oder standen dicht gedrängt. Paul schaute verstört um sich. Waren diese Leute Gefangene? Wenn ja, wer hatte man sie gefangen genommen und warum? Was für ein Irrsinn war es, Kinder und alte Leute zu verhaften, von denen es hier im Wagen etliche gab? Auch die Kleidung der Leute war irgendwie merkwürdig und veraltet. So mochten sich vielleicht Menschen vor fünfzig oder sechzig Jahren angezogen haben, aber nicht …

Mitten in seiner Betrachtung ging Paul ein Licht auf. Er wusste auf einmal, warum ihm alles veraltet und unmodern vorkam. Er, Paul, weilte nicht mehr in seiner Zeit. Ja, er war nicht einmal mehr in Amerika. Er befand sich irgendwo in Europa, und der Zug, in dem er gelandet war, dieser mit Menschen vollgestopfte Waggon, war ein Gefangenentransport der Nazis, der nur ein Ziel haben konnte, und das hieß: Vernichtungslager.

Über seine eigene Erkenntnis schockiert, konnte er eine Weile nur die bedauernswerten Menschen betrachten, während er verzweifelt überlegte, wie er hier nur helfen konnte. Doch das Ergebnis seiner Überlegungen war niederschmetternd. Er konnte nichts tun, absolut nichts. Er war in einer fremden Zeit, unfähig, auch nur einen Grashalm umzuknicken. Er war dazu verdammt, nur ein Geist, ein Beobachter aus der Zukunft zu sein, ohne jede Chance, aktiv ins Geschehen einzugreifen. Resigniert erhob er sich, schaute traurig in die Runde der Hilflosen und sprang dann durch die Wand hindurch und aus dem Zug. Zu seinem Erstaunen landete er nicht auf dem Schotter des Bahndamms oder auf einer angrenzenden Wiese, sondern auf einem Bahnsteig.

Mit lautem, schrillem Quietschen kam der Güterzug ruckartig zum Stehen. Deutsche Soldaten standen über die gesamte Länge des Zugs verteilt auf dem Bahnsteig, die Waffen auf die Türen gerichtet. Befehle wurden geschrien, Schäferhunde, von herbeieilenden Soldaten kurz an der Leine gehalten, bellten wie von Sinnen, und dazwischen klang aus an Masten befestigten Lautsprechern, völlig deplatziert, Walzermusik. Paul wusste nicht, was er denken oder wo er zuerst hinschauen sollte. Kein Alptraum konnte so intensiv sein wie das, was er hier zu sehen bekam.

Inzwischen waren weitere ganz in schwarz gekleidete Uniformierte auf dem Bahnsteig eingetroffen, gefolgt von Männern in weißen Kitteln. Auf ein Zeichen eines der Schwarzgekleideten, von denen Paul annahm, dass es sich um Angehörige der SS handelte, wurden die Waggontüren geöffnet. Befehle wurden geschrien, die Paul zwar nicht verstehen konnte, deren Sinn ihm aber klar war. Kurz darauf verließen die Gefangenen mit angstvollen Mienen und vom langen Transport steifen Gliedern die Wagen. Mit langen Schlagstöcken trieben unbarmherzige Soldaten die letzten Nachzügler auf den Bahnsteig hinaus. Ohne jedes Gefühl schlugen diese Männer auf die Wehrlosen ein. Weiter vorn kam es zu Tumulten, als die Ärzte unter Mithilfe einiger Soldaten Mütter von ihren Kindern, Männer von Frauen und Alte von Jungen trennten und sie in Gruppen einteilten.

Paul lief, ungesehen von jedermann, auf dem Bahnsteig herum und versuchte verzweifelt, den Gefangenen zu helfen, obwohl er sich eigentlich darüber im Klaren war, dass er zum Zusehen verurteilt war. Wenn er sich einem zuschlagenden Soldaten in den Arm warf, fuhr dieser ungehindert durch ihn hindurch. Wenn er einem Gestürzten aufhelfen wollte, griffen seine Hände ins Leere. Einmal schoss sogar ein Soldat scheinbar auf ihn - aber die Kugel flog, ohne Schaden anzurichten, durch ihn hindurch und traf den Mann hinter ihm.

Wütend stellte er sich einem SS-Mann in den Weg, der einer Mutter ein schreiendes Baby aus den Armen riss und es einem anderen Soldaten zuwarf wie ein Bündel schmutziger Wäsche. Dabei lachten die Männer und machten sich mit höhnischen Sprüchen über die Reaktion der verzweifelten Mutter noch lustig.

Paul verlor den Soldaten mit dem Baby aus den Augen, als er neben sich plötzlich ein dumpfes Knurren hörte. Zuerst glaubte er, sich getäuscht zu haben, doch dann sah er erstaunt, dass der Hund eines Soldaten ihn direkt anschaute. Das Tier schien ihn wirklich zu sehen. Der Soldat, über das in seinen Augen widersinnige Verhalten des Vierbeiners sichtlich verärgert, riss ihn unwillig zurück und begann zu schimpfen.

Schließlich gab Paul es auf, den bemitleidenswerten Menschen helfen zu wollen. Hilflos stand er auf dem Bahnsteig, und Tränen der Verzweiflung und Wut über so viel Unrecht ließen seinen Blick gnädig verschwimmen.

Nach einer Weile wurde es still auf dem Bahnsteig. Die letzten Soldaten waren mit ihren Gefangenen über eine unbefestigte Straße zu einem nahen Wald marschiert und nicht mehr zu sehen. Auch die Musik aus den Lautsprechern war verstummt, und nur vorn an der Lokomotive waren zwei Männer mit Wartungsarbeiten beschäftigt.

Langsam und unschlüssig darüber, ob er in der Lage sei, noch mehr Grausames mit anzusehen, folgte Paul dem Weg zum Wald. Schon bald erreichte er den Schatten der Bäume, und die Sonne blinzelte harmlos durch die Äste, als sei hier nichts geschehen. Paul ließ sich nicht von diesem friedlichen Bild täuschen, wusste er doch, dass erst wenige Minuten zuvor unschuldige Menschen, angetrieben von brutaler, staatlich organisierter Gewalt in Form willfähriger Bestien in Menschengestalt, diesen Waldweg entlanggelaufen waren. Die Angst der Opfer hing noch in der Luft wie giftiger Pesthauch. Paul beschleunigte seine Schritte, auch um sich von seinen traurigen Gedanken abzulenken. Am liebsten wäre er sofort in seine Zeit und sein Zuhause zurückgekehrt, aber er spürte, dass er hier noch etwas Wichtiges herausfinden musste, obwohl er keine Vorstellung davon hatte, was es sein sollte. Der Schamane hatte ihn nicht grundlos hierhergebracht, obwohl Paul ihn deshalb in der letzten Stunde schon mehrmals verflucht hatte. Aber selbst wenn er wollte, er glaubte nicht, dass es ihm gelingen würde, selbständig in seine Zeit zurückzufinden.

Schon bald lichtete sich der Wald, und am Ende des Wegs sah er ein großes, eingezäuntes Gelände, das in regelmäßigen

Abständen von hölzernen Wachtürmen gesäumt war. Die Straße endete vor einem Eisentor, bewacht von Soldaten in langen Mänteln. Innerhalb des Geländes sah Paul eine große Anzahl Holzbaracken, die in fast schon militärischer Ordnung um einen offenen Platz ausgerichtet waren. Dahinter und etwas abseits der Baracken stand eine größere Halle, aus deren Dach zwei dunkle Schornsteine in den Himmel ragten. Schwarzer Qualm stieg auf und wurde von einer leichten Brise nur mühsam vertrieben. Ein unangenehmer Geruch lag in der Luft, und Paul wusste nicht, ob ihm davon übel wurde oder weil er wusste, was hinter dem Zaun geschah.

Er hatte in seinem Leben einige Filme und Dokumentationen über die Judenvernichtung der Nazis gesehen und war darüber schon immer empört gewesen – und ratlos, wie so etwas denn nur geschehen konnte. Doch spätestens wenn ein solcher Film zu Ende war, und das lag vielleicht in der menschlichen Natur, hatte er sich anderen Dingen zugewandt und nicht länger über die Gräueltaten der Vergangenheit nachgedacht.

Doch hier konnte Paul nicht einfach den Sender wechseln oder auf die Stopptaste seines DVD-Players drücken. Nein! Er musste mit seinen eigenen Augen sehen, mit seiner eigenen Nase riechen, mit allen Sinnen begreifen, buchstäblich *erleben*, zu was Menschen fähig waren, wenngleich sich sein Verstand zu weigern versuchte, das Ungeheuerliche zu akzeptieren.

Mittlerweile war Paul vor dem eisernen Tor angekommen und blieb davor stehen. Er wusste, wenn er erst einmal das Tor passiert hatte, überquerte er einen Punkt, hinter dem er Dinge zu sehen bekommen würde, die er nie mehr vergessen konnte, und davor fürchtete er sich sehr.

Die Stimmen der Wachen lenkten ihn von seinen schweren Gedanken ab, und er schaute zu den Soldaten hinüber. Die Männer waren über irgendetwas in Streit geraten und schrien einander zornig an. Es dauerte nicht lange, und ein Offizier – er war von den Soldaten unbemerkt durch das Tor getreten – stand vor den Streitenden. Er sagte nur wenige nicht sehr laute Worte zu den Wachen, die bei seinem Auftauchen abrupt verstummt waren und sofort Haltung angenommen hatten. Paul sah, wie sich die Mienen der Wachen, noch vom zornigen Gebrüll gerötet, in ängstliche Kindergesichter verwandelten. Erst jetzt bemerkte er, wie jung sie waren, und erkannte fast verwundert, dass auch sie selbst in Furcht vor ihren Vorgesetzten lebten.

Paul atmete tief durch und ging durch das Tor. Er blieb noch einmal kurz stehen und blickte zurück, dann aber ging er festen Schrittes weiter. Weil er nicht wusste, was der Schamane ihm eigentlich hatte zeigen wollen, ging er der Einfachheit halber geradewegs auf die am nächsten gelegene Baracke zu. Ohne weiteres Zögern stieg er die zwei Stufen zum Eingang hinauf und trat durch die geschlossene Tür, was ihn immer noch sehr seltsam anmutete, aber in dieser Dimension war er eben ein Gespenst. Er hatte sich gegen einen schlimmen Anblick zu wappnen versucht, doch was er hinter der Tür in einem halb dunklen Raum vorfand, war nichts weiter als ein gewöhnliches, altmodisches Büro mit einem Schreibtisch direkt neben der Tür, darauf ein Telefon und einige Akten. Hinter dem Schreibtisch saß ein einfacher Soldat und blätterte gelangweilt in einer Zeitschrift. Rechts von der Tür schloss sich ein schmaler Gang an, von dem fünf Türen wohl in weitere Büros führten. Paul wollte die Baracke gerade wieder verlassen, als mit Schwung die Tür aufflog und zwei SS-Männer, gefolgt von einem in einen weißen Kittel gekleideten Mann, das Büro betraten. Sie waren in eine aufgeregte Diskussion vertieft. Paul verwünschte die Tatsache, dass er kein Wort verstehen konnte, da er der deutschen Sprache nicht mächtig war. Der Schamane hätte bestimmt die Möglichkeit besessen, Paul mit der Fähigkeit auszustatten, jede nur denkbare Sprache zu verstehen. Aber er hatte es nicht getan, und so musste sich Paul daraufbeschränken, die Aktionen der Männer zu verfolgen, und darauf hoffen, dass er in der Lage sein würde, aus ihren Handlungen den Grund der Aufregung zu verstehen.

Der Mann im Kittel gestikulierte heftig mit den Armen, und die beiden SS-Männer versuchten ihn zu beruhigen, was ihnen aber deutlich misslang. Das Einzige, was Paul aus dem Streitgespräch immer wieder heraushören konnte, war der Name des Arztes: Doktor Heim. Er überlegte, ob er diesen Namen schon einmal gehört hatte, war sich aber nicht sicher. Er beschloss, sich auf jeden Fall Namen und Gesicht des Mannes zu merken. Ein sehr auffallendes Merkmal, das das fast hagere Gesicht von Doktor Heim unverwechselbar machte, war eine lange Narbe, die von seinem rechten Mundwinkel aus in leicht abfallendem Winkel fast bis zum Hals reichte. Später, wenn er wieder in seine Welt zurückkehrte, wollte Paul auf jeden Fall im Internet nachforschen, wer dieser Mann gewesen war. Er glaubte nicht an Zufälle, insbesondere nicht dann, wenn der Schamane seine Hände im Spiel hatte.

Inzwischen hatte die Lautstärke des Streitgesprächs zugenommen, da wandte sich Doktor Heim plötzlich mit einem Ruck um, stieß die Tür nach draußen auf und stürmte hinaus. Die SS-Männer, sichtlich verärgert über die gerade erhaltene Schelte, ließen ihre Wut an dem Soldaten hinter dem Schreibtisch aus, der seit dem Eintreten der Gruppe einen sehr beschäftigten Eindruck zu machen versuchte. Beide schrien den Mann an, der auf seinem Stuhl zu schrumpfen schien. Dann marschierten die SS-Männer durch den Gang (und im wahrsten Sinne des Wortes durch Paul hindurch) und verschwanden in einem der hinteren Zimmer.

Der Soldat atmete hörbar erleichtert auf, erhob sich, ging zur immer noch offenen Tür und schloss sie mit einer müden Bewegung. Paul sprang der Einfachheit halber direkt durch die Wand nach draußen und landete sicher auf einem weißen Kiesweg. Noch immer wunderte er sich darüber, dass er zwar durch Wände gehen konnte, der Boden, auf dem er stand, aber stabil zu sein schien. Dieses Phänomen lenkte ihn jedoch nur kurzfristig ab, und er konzentrierte sich sofort wieder auf seine Aufgabe. Er musste herausfinden, warum er hier war. Der beste Ansatz, so überlegte er, war es, diesem Doktor Heim eine Zeit lang zu folgen. Ein kurzer Rundblick genügte, und er sah den Doktor auf eine andere Baracke zustreben. Er folgte ihm und begab sich damit auch weiter ins Lager hinein. Erst jetzt nahm er die mageren Gestalten in gestreiften Sträflingsanzügen wahr, die irgendwelchen Arbeiten nachgingen. Paul versuchte, möglichst nicht zu den Gefangenen zu schauen, und hielt seinen Blick am Boden, da er es nicht aushielt, in die hoffnungslosen, verhärmten, traurigen Gesichter zu blicken. Am meisten machte ihm zu schaffen, dass er absolut nichts tun konnte, um hier zu helfen.

Kurz darauf stand er vor dem Gebäude, das Doktor Heim soeben betreten hatte. Mit einem unbehaglichen Gefühl stieg er die kleine Treppe hinauf und durchschritt die Eingangstür. Er wusste nicht, was er erwartet hatte, aber was er nun sah, verblüffte ihn erst einmal: In dem Vorraum, den er betrat, sah es fast aus wie im Warteraum einer x-beliebigen Arztpraxis, jedenfalls so, wie ein solcher Raum noch zu seinen Kindertagen ausgeschaut hatte. Stühle standen an den Wänden verteilt, auf einem kleinen Tisch in der Mitte lagen einige zerlesene Zeitschriften, und sogar ein kleiner Tresen war vorhanden, hinter dem normalerweise eine Arzthelferin die Personalien der Patienten aufnahm oder Termine vereinbarte. Ansonsten war er allein in dem Raum. Er lauschte und hörte Schritte hinter einer Tür, die sich direkt neben dem Tresen befand. Paul verlor keine Zeit und folgte den Schritten. Hinter der Tür gelangte er in einen kurzen Flur, der wie der Warteraum zuvor einen gepflegten Eindruck vermittelte und von dem weitere Türen rechts und links abzweigten. Am Ende des Gangs befand sich eine weitere Tür, die sich von den anderen, weiß gestrichenen Holztüren markant unterschied: Diese Tür schien aus massivem Stahl zu bestehen und war leuchtend rot.

Paul lauschte erneut, doch er konnte nichts hören bis auf von draußen hereindringende Geräusche. Vorsichtig, was in seiner Situation völlig unsinnig war, schlich sich Paul an die rote Tür heran. Auch erneutes Lauschen brachte nichts. Nach unbehaglichem Zögern durchschritt er auch diese Tür. Was sich nun seinen Augen darbot, ließ ihn vor Schreck und Grauen wanken. Er stöhnte auf und schüttelte ungläubig den Kopf, als er die erbärmlichen Gestalten sah, die nackt an ihre Eisenbetten gefesselt dalagen und aus deren Köpfen aus blutverkrusteten Wunden Drähte und Schläuche ragten. Im Hintergrund sah er, wie Doktor Heim, über eine ausgemergelte Gestalt gebeugt, irgendeine Prozedur an seinem Opfer vornahm. Ein in höchster Qual ausgestoßener Schrei ließ Paul erschreckt zusammenfahren, und im gleichen Moment stürzte er unüberlegt nach vorn, um zu sehen, was dieser verdammte Doktor dort anrichtete. Zwar wusste er, dass er nichts tun konnte, um den Doktor an dem zu hindern, was immer dieser seinem Opfer antat, doch Paul kam nicht gegen seine Natur und seine Instinkte an. Er wollte einfach nur helfen.

Am Bett angekommen sah er, wie dieser Horrordoktor einem Mann mit einem kleinen Handbohrer, wie man ihn in jedem Bastelgeschäft finden konnte, ein Loch in die Stirn bohrte – allem Anschein nach ohne jegliche Betäubung. Dabei lag ein fast satanisches Lächeln auf Heims Lippen.

Paul schlug voller Verzweiflung nach dem Lagerarzt, um ihn von seinem schändlichen Treiben abzuhalten, doch seine Fäuste fuhren ungehindert und wirkungslos durch den Körper des Doktors. Atemlos ließ er schließlich die Arme sinken und verließ mutlos diesen Ort des Grauens. Er achtete nicht darauf, in welche Richtung er lief, und es war ihm auch völlig egal, er passierte eine weitere Tür und sah nur noch Rot – wortwörtlich. Er befand sich in einem Raum ohne Fenster, der von einer trüben Lampe an der Decke nur spärlich erhellt wurde. Wände und Decke waren in blutigem Rot gestrichen. Auch hier waren Betten aufgestellt, in denen zu Pauls Erleichterung im Moment niemand lag. Hinter den Betten befanden sich medizinische Gerätschaften, deren Zweck er nicht bestimmen konnte. Aus einem unbestimmten Grund blieb er stehen und besah sich den Raum noch einmal genauer. Die rote Farbe, mit der Wände und Decke gestrichen waren, hatte eine merkwürdige Struktur. Schlieren zogen sich quer über eine große Fläche, unterbrochen von Wirbeln und Wellen. Ab und zu war ganz unmotiviert ein dünner schwarzer Strich zu sehen, der mal senkrecht, mal waagerecht ohne erkennbares Muster das Rot unterbrach. Ganz in seine Betrachtungen versunken, merkte Paul nicht, wie lange er sich schon in diesem roten Raum aufhielt. Die Farbe hatte eine fast schon hypnotische Wirkung, die ihn einerseits faszinierte und andererseits abstieß. Mit einem Mal wurde ihm schwindelig und übel. Sein Magen rebellierte, und alles begann sich zu drehen. Haltsuchend streckte er die Arme aus und taumelte wie ein Betrunkener. Laut um Hilfe rufend, tastete er sich durch den Raum wie ein Schneeblinder durch die Eiswüste. Sein nichtmaterieller Körperzustand, der ihn noch Minuten vorher – oder waren es gar Stunden, die seitdem vergangen waren? – daran gehindert hatte, dem teuflischen Treiben des Doktors Einhalt zu gebieten, rettete ihn jetzt vor dem Irrsinn. Ohne noch zu wissen, dass er einen Ausweg suchte, verfolgt von seinen eigenen Albträumen, taumelte Paul hin und her, als ob der Fußboden keinen sicheren Halt mehr böte. Unvermittelt tauchte eine Wand vor ihm auf, aber er war nicht mehr in der Lage, es zu erkennen, und so wankte er einfach weiter, um schließlich einen halben Meter tief ins Freie zu stürzen. Er landete auf allen vieren und ließ sich ausgepowert und kraftlos fallen. Schwer atmend blieb er liegen und schloss die Augen. Das alles war einfach zu viel für ihn. Er beschloss, sich einen Moment auszuruhen und dann zu versuchen, den Schamanen zu erreichen. Er hatte genug gesehen und wollte nur noch nach Hause.

Bei diesem Gedanken hörte er weit entfernt eine leise Stimme, die seinen Namen rief. Müde schüttelte er den Kopf. Wer wusste schon, dass er hier war? Niemand hier kannte seinen Namen, und niemand konnte ihn sehen. Nein, seine überreizten Nerven hatten ihm einen Streich gespielt.

Nach einigen Minuten richtete er sich mühsam auf, schaute nach oben in einen blauen, mit kleinen Wolken durchsetzten Himmel und rief: »Schamane, zeig mir den Weg zurück nach Hause.«

Aus einer Wolke bildete sich das Gesicht des Geistschamanen, der zum Glück diesmal nicht lächelte, sondern nur sagte:

»Wie du willst, aber eigentlich warst du nie fort.«

Mit diesen zweideutigen Worten löste sich das Lager auf, wurde durchscheinend und undeutlich, um sich im selben Moment in Pauls Wohnzimmer zu verwandeln.

***

Manaus, Brasilien, Umland (früher Abend)

Alles war sehr schnell gegangen, und Richard hatte Mühe, die Ereignisse, die sich im Keller der Kirche zugetragen hatten, gedanklich zu sortieren. Eigentlich war es auch egal, und die Lage, in der er sich befand, war mehr als aussichtslos. Dennoch fragte er sich, warum er überhaupt noch am Leben war.

Schwarz gekleidete Bewaffnete, vier oder fünf oder mehr, wer konnte das schon sagen, hatten den Kellerraum gestürmt, und es war zu einem heftigen Handgemenge gekommen. Ernesto und er hatten sich nach Kräften gewehrt, wobei sich der kleine Brasilianer viel effektiver verteidigte als er, was aber am Ende auch nicht geholfen hatte. Irgendwann traf etwas Hartes Richard am Kopf, und er verlor kurz das Bewusstsein. Als er wieder zu sich kam, war es merkwürdig dunkel um ihn herum. Schnell stellte er fest, dass man ihm einen Sack oder Ähnliches über den Kopf gestülpt hatte, dessen Gewebe ziemlich dicht zu sein schien, was auch das Atmen erschwerte. Kräftige Hände hatten ihn gepackt und eine Treppe hinaufgetragen. Kurz darauf glaubte er, dass er sich im Freien befinden musste, da der Sack nun ein kleines bisschen Licht durchdringen ließ. Das half ihm aber nicht viel, da er nur die Innenseite des Sacks sehen konnte und nichts von seiner Umgebung.

Man hob ihn an, dann lösten die Hände, die ihn an Armen und Beinen gepackt hatten, plötzlich ihren Griff. Praktisch im gleichen Moment glaubte er zu fallen und landete unsanft. Es wurde still. Richard versuchte umherzutasten, um herauszufinden, wo er sich befand, stellte aber fest, dass er gefesselt war. Er wunderte sich, dass er das bisher noch nicht bemerkt hatte, aber natürlich konnte es eine Nachwirkung des erhaltenen Schlags sein.

Eine Weile geschah nichts, und Richard fragte sich bereits, ob die Kerle ihn einfach hier, wo immer das war, liegen lassen würden. Das Getrampel schwerer Stiefel zerstörte seine Hoffnung. Der Untergrund, auf dem er lag, wankte leicht, und er spürte die Anwesenheit mehrerer Personen direkt neben sich. Richard fragte sich, was aus seinem Kollegen geworden war. Bei dem Handgemenge hatte er ihn aus den Augen verloren. Er hoffte, dass dem mutigen kleinen Mann nichts geschehen war, bezweifelte es aber sogleich. Er hatte ja miterlebt, wie heftig sich Ernesto gegen die Uniformierten zur Wehr gesetzt hatte.

Das dunkle Brummen eines erwachenden Motors unterbrach seine Gedanken. Der Boden unter ihm begann leicht zu vibrieren, und ihm war auf einmal klar, dass er sich auf der Ladefläche eines Lastwagens befand. Mit einem Ruck setzte sich das Fahrzeug in Bewegung, und bei Richard stellte sich ein hilfloses Gefühl des Ausgeliefertseins ein, das sich wie eine kalte Hand um seine Kehle legte und ihm den Atem raubte. Der Sack, der ihn von seiner Umwelt abschirmte und ihn in angstvoller Isolation hielt, klebte an seinem schweißnassen Gesicht und steigerte seine Panik noch. Grässliche Gedanken rasten durch sein Gehirn und hinterließen eine blutige Spur reiner Verzweiflung. Sollte so sein Ende aussehen? Hingemetzelt von Söldnern, gnadenlosen Killern …

Dann blitzte das Bild seiner Frau Rita vor seinem geistigen Auge auf, und er sah sie lächeln. Eine Trauer, die fast noch schlimmer war als seine Angst vor dem Kommenden, machte seinen Körper eigenartig schwer, und Tränen der Mutlosigkeit rannen über sein Gesicht.

Ein schrilles Geräusch riss ihn aus seinen düsteren Überlegungen. Noch ehe er begriff, dass es sich um die blockierenden Räder des Lastwagens handelte, wurde er mit einem Ruck nach vorn geschleudert und prallte gegen etwas Weiches. Stimmen wurden laut, Befehle geschrien, und Richard bekam einen heftigen Tritt in die Rippen, der ihm die Luft nahm. Dann hörte er Schüsse und ein heftiges Explosionsgeräusch. Der Boden unter ihm schien zum Leben erwacht zu sein, und mit einer Bewegung, die Richard nur fühlen, aber nicht sehen konnte, wurde er in die Höhe geschleudert. Noch ehe er erschrocken aufschreien konnte, schlug er wieder hart auf dem Boden auf. Ein rußiger Geruch erreichte seine Nase, und er spürte, dass es in seiner unmittelbaren Nähe brannte.

Die Schießerei endete so abrupt, wie sie begonnen hatte. Richard fühlte sich unsanft gepackt und mit Gewalt über die Ladefläche des Lastwagens gezerrt, um wie ein Kartoffelsack nach draußen geworfen zu werden. Ohne die geringste Möglichkeit, sich abzufangen, schlug er auf die Straße auf, heftiger Schmerz explodierte in seiner Hüfte. Richards Gedanken überschlugen sich, als er zu begreifen versuchte, was hier eigentlich geschah. Wer griff hier wen an, und warum? Kämpften rivalisierende Banden um ihre Entführungsopfer, also um ihn und Ernesto, oder hatte die Polizei die Entführer gestoppt? Ihm war sowieso unklar, wie die Angreifer so schnell hatten handeln können, da der Lastwagen allerhöchstens zwei Minuten auf der Straße gefahren war.

Er hörte wieder Schritte und zog in Erwartung neuerlicher Misshandlung den Kopf zwischen die Schultern und zugleich die Knie so dicht wie möglich an seinen Brustkorb. So begab er sich ganz instinktiv in eine Fötushaltung, die seinem Körper durch eine geringere Angriffsfläche den besten Schutz versprach.

Die Schritte kamen näher, und Richard hörte Männerstimmen, die aufgeregt und hastig klangen. Verstehen konnte Richard nichts, da die Männer portugiesisch sprachen. Allerdings glaubte er, Ernestos Stimme zu erkennen, was in ihm die schwache Hoffnung nährte, doch noch irgendwie ungeschoren aus diesem Schlamassel zu entkommen. Er wollte sich aufsetzen, was sich mit auf dem Rücken gefesselten Händen als ziemlich schwierig erwies.

Doch seine Anstrengungen waren umsonst, da er plötzlich angehoben wurde und erneut, wenn auch etwas sanfter als zuvor, auf der Ladefläche eines Lastwagens landete. Richard quittierte das mit einem ärgerlichen Fluch, da seine malträtierte Hüfte sich erneut mit einem brennenden Schmerz meldete. Er versuchte sich herumzuwälzen, um sie zu entlasten, wurde aber durch das plötzliche Anfahren des Fahrzeugs daran gehindert. Mit einem Ruck kippte er wieder in die alte Position und stöhnte schmerzerfüllt auf.

Irgendjemand hantierte an seiner Kapuze herum, und Sekunden später schaute Richard in das verschwitzte, lächelnde Gesicht Ernestos. »Das ist gerade noch einmal gut gegangen«, meinte er rau und verhalf Richard in eine sitzende Position.

»Was ist denn nur passiert? Wer waren die Kerle, und wie haben die uns so schnell gefunden?«, sprudelte Richard los.

»Also, das ist nicht so ganz einfach«, begann Ernesto. »Dazu muss ich etwas ausholen, und eigentlich dürfte ich dir das alles gar nicht erzählen.«

Richard war einen Moment lang von dem entschwindenden Bild eines brennenden Militärlastwagens abgelenkt, der unweit der alten Kirche mitten auf der Straße stand. Er war nicht sicher, da schwarzer Qualm seine Sicht beeinträchtigte, aber er glaubte einige Gestalten auf dem Boden liegen zu sehen.

»Binde mich erst mal los, und dann will ich wissen, was hier los ist.« Blinzelnd schaute er sich um und stellte fest, dass er auf der Ladefläche eines Kleintransporters saß, der mit mäßiger Geschwindigkeit durch Manaus fuhr. Außer ihm und Ernesto befanden sich noch zwei weitere Männer auf der Ladefläche, die ganz und gar nicht wie Soldaten oder Söldner ausschauten, jedenfalls nicht auf den ersten Blick. Statt Uniform trugen sie ganz alltägliche Jeans, Polohemden und Turnschuhe. Wenn man sich allerdings die Mühe machte, sie genauer zu betrachten, fiel einem auf, dass der Schein trog. Eine gefährliche Aura ging von den beiden aus, und an ihren harten Gesichtszügen war abzulesen, dass man sich besser nicht mit ihnen anlegte. Ganz unverhohlen starrten sie Richard an, und in ihren Augen lag ein kalter Glanz.

Ernesto hatte mittlerweile Richards Fesseln gelöst, und er massierte sich seine tauben Handgelenke. Leise, die beiden Männer aus dem Augenwinkel betrachtend, fragte er: »Was sind das für Leute?«

»Unsere Retter«, antwortete Ernesto einfach und grinste schief.

»Ja, das ist mir schon klar«, antwortete Richard, unzufrieden über diese lapidare Antwort. »Aber damit hast du meine Frage nicht beantwortet. Also, erzählst du mir nun, wer sie sind, oder muss ich die Männer selber fragen?«

Richards Stimme war mit seiner Verärgerung immer lauter geworden, und Ernesto wollte ihm beschwichtigend die Hand auf die Schulter legen. Richard jedoch ließ das nicht zu und wich ein kleines Stück zurück. Ernesto zuckte bedauernd mit den Schultern und schaute ihn mit ernster Miene an. »Um deine erste Frage zu beantworten: Diese Männer sind Mitglieder der CAG.«

Richard wollte fragen, was denn CAG zu bedeuten hätte, wurde aber durch eine entschiedene Handbewegung Ernestos gestoppt.

»Richard, lass mich erst einmal erklären. Deine Fragen kannst du mir nachher stellen. Die CAG oder *Combat Applications Group* ist eine Spezialeinheit und dem amerikanischen Verteidigungsministerium unterstellt. Sie ist der operative Arm des *Joint Special Operations Commands*, kurz JSOC, dessen Aufgabe in erster Linie die Terroristenbekämpfung ist. Ich sehe, davon hast du noch nie etwas gehört, stimmt's?«

Richard nickte bekräftigend und auch ein wenig verwirrt. Ernesto lächelte kurz und setzte seine Ausführungen fort. »In der Öffentlichkeit ist diese Einheit unter dem Namen *The Unit* bekannt, obwohl in den Medien so gut wie nie über deren Einsätze berichtet wird. Nun zu den Geschehnissen der vergangenen Tage: Dem JSOC sind natürlich die Ereignisse in Sand Lake nicht entgangen. Richtig interessant wurde es aber erst, als sich dein Freund Hanky dort sehen ließ, du kurze Zeit später zu deinem neuen Boss bei der New York Times gelaufen bist und deinen Flug nach Manaus angekündigt hast. Zum Glück hat Norman Frings schnell und richtig gehandelt, indem er dich nach Brasilien fliegen ließ.«

Richard nickte nachdenklich und unterbrach Ernesto: »Ich habe mich schon auf dem Flug hierher gefragt, wieso mein Chefredakteur so mir nichts, dir nichts meiner Bitte stattgegeben hat und mich nach Manaus fliegen ließ. Irgendwas sagte mir, dass etwas faul an der Sache sein musste, was aber auf der anderen Seite nicht sein konnte, da ich es ja war, der nach Brasilien wollte. Dennoch, dieser Norman Frings war einfach zu freundlich für einen Chefredakteur.«

»Da hast du schon recht«, antwortete Ernesto. »Unter normalen Umständen hätte Mister Frings dir erheblich größere Schwierigkeiten gemacht, aber wie bereits gesagt, hat er schnell und richtig gehandelt, was man von einem Mitglied des JSOC ja auch erwarten kann.«

Richard blickte Ernesto erst ungläubig, dann fassungslos an. »Du willst doch nicht etwa sagen, dass der Chefredakteur der New York Times Mitarbeiter eines Geheimdienstes ist?«

»Warum denn nicht?«, fragte Ernesto fast vorwurfsvoll. »Bin ich doch auch.«

»Du bist *was*?«

»Na, kapierst du es denn immer noch nicht?«, fragte Ernesto ein wenig beleidigt. »Ich gehöre ebenfalls zum JSOC.«

Richards Gedanken sausten wild durcheinander. War er nur eine Spielfigur, von unsichtbaren Spielern nach Belieben bewegt, eine Marionette, unfähig, selbst zu entscheiden? Ein Protagonist in einer schlechten Story, der sich einem grausamen Drehbuch beugen musste? Nein, das konnte nicht sein. Allenfalls hatten sich die Geheimdienste, welchen Namen sie auch tragen mochten, an ihn angehängt, um zu erfahren, in welcher Angelegenheit er ermittelte. Eigentlich sollte er doch ganz froh sein, dass diese Leute ihm halfen und ihn beschützten, doch Dankbarkeit wollte sich trotzdem nicht einstellen. Eine entscheidende Frage, die sein zukünftiges Verhältnis zu Ernesto klären würde, war noch unausgesprochen, und so fragte Richard geradeheraus: »Habt ihr – damit meine ich euren Verein und auch dich – gewusst, dass diese Odin-Leute, diese Nazis, Menschen massenhaft misshandeln und umbringen?«

Ernesto schüttelte entschieden den Kopf und rang um seine Beherrschung, ehe er antwortete: »Nein, Richard, das haben wir nicht gewusst. Natürlich war uns nicht unbekannt, dass die Neonazis hier in Brasilien wie auch in den USA und vielen anderen Ländern versuchen, wieder an Einfluss zu gewinnen. Aber so etwas? Nein, absolut nein! Das haben wir nicht gewusst!«

Richard versuchte in dem Gesicht seines Gegenübers zu lesen, fand aber nur grimmige Entschlossenheit vor, die ihn dazu bewog, diesem Mann zu vertrauen. Er musste sich ganz einfach auf sein Gefühl und die Sympathie verlassen, die er vom ersten Moment an für seinen Kollegen empfunden hatte. Das warf die nächste Frage auf: »Bist du tatsächlich ein Reporter der New York Times?«

Ernestos Miene veränderte sich übergangslos, und aus der ernsten Miene wurde ein provozierendes Lächeln. »Bist du denn einer? Du agierst eher wie ein junger, unerfahrener Feldagent in der Probezeit. Nein, werde nicht böse, du hast dich erstaunlich tapfer gehalten. Wirklich! Doch ich will dir antworten. Ja, ich bin tatsächlich als Reporter bei der New York Times angestellt, als Auslandskorrespondent, doch diesen Job kann ich nun vergessen. Wir müssen sehen, dass wir von hier verschwinden.«

»Verschwinden? Wohin?«

»Nach Hause, mein Junge«, erwiderte Ernesto.

Richard hätte erleichtert sein sollen, dennoch war er im Zweifel, ob er seine Aufgabe hier in Brasilien erfüllt hatte – die, herauszufinden, wer sich hinter den Organisationen Odin Force und Gruppe Phönix verbarg. Der alte Mann hatte ein Wort gebraucht, das schon lange Geschichte war, oder etwa nicht? *Nazis*. Konnte das stimmen? Er wusste es nicht. Wie sollte er mehr erfahren? Sie hatten den unbekannten Gegner aufgescheucht, und nun war er gewarnt. Eigentlich müsste er jetzt tiefer in die Geschichte eindringen, um weitere Fakten zu sammeln und zu verifizieren. Auf der anderen Seite war es fraglich, ob er auch nur eine Person finden konnte, die ihm bei seinen Ermittlungen helfen wollte. Ernesto schien Richards Bedenken zu erahnen. »Hier gibt es nichts mehr zu holen. In den Staaten gibt es eine Menge für uns zu tun, oder glaubst du wirklich, eure kleine Gruppe würde ausreichen, um diese Verbrecher zu stoppen?«

Richard schüttelte den Kopf und schaute dabei nach draußen. Das Stadtbild hatte sich verändert, und er sah mehrheitlich Industrieanlagen vorbeiziehen.

»Wo fahren wir denn eigentlich hin?«, fragte er Ernesto.

»Zum Flughafen, was dachtest du denn?«

»Aber was wird aus meinem Gepäck? Ich meine, sollten wir denn nicht im Hotel Bescheid sagen, dass ich abreise?«

»Das habe ich schon veranlasst, dein Gepäck müsste schon beim Flugzeug sein.«

Richard schaute Ernesto ungläubig an und fragte lauernd: »So? Wann willst du denn das veranlasst haben? Ich habe nicht gesehen, dass du telefoniert hast.«

»Kannst du auch nicht«, erwiderte Ernesto. »In der Zeit warst du bewusstlos. Zur gleichen Zeit habe ich übrigens unsere Leute als Verstärkung angefordert, die uns schließlich den Hintern gerettet haben. Sie sind nur ein wenig spät eingetroffen, da sie am Flughafen gewartet haben. Die Männer sind heute Morgen kurz nach dir hier in Manaus eingetroffen, übrigens auf Veranlassung unserer Vorgesetzten mit einer Empfehlung, die von Norman Frings ausgesprochen wurde. Er hatte wohl das Gefühl, dass wir hier Hilfe brauchen würden. Allerdings konnte niemand wissen, dass die Situation so schnell eskaliert.«

Inzwischen hatte ihr Fahrzeug vor einem Tor angehalten, einer Service-Zufahrt für das Flughafenpersonal. Einer der Männer stieg aus dem Wagen, knackte mit geschickten Fingern das Vorhängeschloss und schob das Rolltor zur Seite. Der Wagen fuhr an und stoppte erneut, nachdem er das Tor passiert hatte, wartete auf den Toröffner, bis dieser die Einfahrt wieder verschlossen hatte und zurück in den Transporter sprang. Richard hatte interessiert zugeschaut und wunderte sich, wie einfach es doch schien, auf ein Flughafengelände zu gelangen. Nachdenklich starrte er einen Moment lang vor sich hin und ließ die Ereignisse des Tages noch einmal an sich vorbeiziehen.

»Eine Frage ist noch ungeklärt, Ernesto: Wie haben die Odin-Force-Verbrecher uns in der Kirche so schnell aufgespürt?«

»Ja, dass habe ich mich auch gefragt. Vermutlich hat dieser Pablo die Kerle angerufen, als wir uns mit Miguel unterhielten. Doch sie kamen zu spät und konnten mich nur noch verfolgen … obwohl ich niemanden bemerkt habe, als ich zur Kirche fuhr.«

»Stimmt nicht ganz«, sagte einer der Unit-Soldaten. »Der Killer hatte einen Sender in der Tasche.«

Damit warf er dem verblüfften Ernesto ein kleines Kästchen zu, das der geschickt auffing. Der Soldat grinste unverschämt und deutete auf den Sender. »Keine Angst, ich habe das Ding sofort deaktiviert, nachdem ich es bei dem Toten gefunden hatte.« Damit verschränkte er demonstrativ die Arme vor der Brust, als Zeichen, dass er nichts mehr zu der Unterhaltung beitragen wollte.

Kurz darauf stoppte der Kleinlaster vor einem schwarzen Lear Jet. Ohne jegliche Zollformalitäten stiegen sie in das Flugzeug, das sofort zur Startbahn rollte, nachdem die Tür verschlossen worden war. Richard schaute aus dem Fenster und konnte kaum glauben, dass er nicht einmal einen ganzen Tag in Manaus verbracht hatte.

Kurz nachdem die Maschine abgehoben hatte, schlief er erschöpft ein.

Kapitel 17

Las Vegas, Nevada (später Nachmittag)

FBI-Agent Roger Thorn war froh, als nach mehr als sechs Stunden Flugzeit die Delta-Maschine zur Landung in Las Vegas ansetzte. Er schaute aus dem Fenster und betrachtete die Wüste, die langsam unter ihm vorbeizog. Dieses Bild aus Braun und Gelb, manchmal durch die schnurgeraden Striche einsamer Straßen unterbrochen, abgeflachte Berge, deren Kuppen wie mit einem Messer abgeschnitten waren, erzeugten bei Roger den Eindruck, über einen fremden Planeten zu fliegen. Und dann, praktisch ohne Vorwarnung, tauchten die ersten Häuser auf, schroffe Felsen wichen menschlichem Siedlungswillen. Dahinter breitete sich wie ein auf dem Kopf stehendes T oder ein nach unten schauender Skorpion die tiefblaue Wasserfläche des Lake Mead aus, der hier durch die Staustufe des Hooverdamms und gespeist vom Wasser des Colorado Rivers seit 1935 die Wüstenlandschaft obskur bereicherte. Eine unbewusste Scheu vor dieser bis zu achtzig Kilometer großen künstlichen Wasserfläche schien die Menschen zu hindern, den See und seine Ufer zu bevölkern und zu urbanisieren. Die Wüste reichte, mit wenigen Ausnahmen, bis zum See und umarmte ihn unerbittlich mit ihrer allgegenwärtigen, tödlichen Dürre.

Das Flugzeug glitt tiefer, und die bisher meist lethargischen Passagiere erwachten aus ihrer Reisestarre und begannen sich aufgeregt und voller Vorfreude auf die kommenden Urlaubstage mit ihren Nachbarn zu unterhalten. Wie immer standen einige Fluggäste auf, öffneten die Klappen über ihren Sitzen und durchwühlten eifrig ihre Bordkoffer. Die Stewardessen hatten ihre liebe Mühe, alle Kofferwühler noch rechtzeitig vor der Landung auf die Sitzplätze zurückzuschicken.

Roger schüttelte ob dieser unnötigen Hektik verständnislos den Kopf und schaute wieder aus dem Fenster. Noch vor einer Minute hatte er über die gigantische, unberührte Landschaft der Wüste geblickt, doch nun schwebte das Flugzeug über einem Meer aus Häusern. Als die ersten gigantischen Hotels zu sehen waren, steigerte sich die Unruhe seiner Mitreisenden, die vor lauter Ungeduld auf den Sitzplätzen hin und her rutschten. Mittlerweile schwebte das Flugzeug schon in so geringer Höhe, dass Roger einzelne vorbeifahrende Autos der Marke nach sortieren konnte. Nur Sekunden später setzte das Flugzeug auf dem McCarren-Airport auf und rollte aus.

Er blieb ruhig sitzen, aktivierte sein Handy und wählte Henry Rolins Nummer. Es klingelte nur zweimal, und am anderen Ende wurde abgenommen. *Das ging schnell*, dachte er. »Hallo Henry, wo bist du gerade?«

Noch ehe er weiterreden konnte, unterbrach Henry ihn unfreundlich: »Wo ich bin? Ich stehe mir schon seit Stunden die Beine in den Bauch. Ha! Wo werde ich wohl sein? Auf dem verdammten Flughafen, um dich abzuholen!«

Roger lächelte kurz, dachte dann aber an die gefährliche Situation, in die sich der Mann manövriert hatte, indem er einen US-Senator entführte. Als FBI-Beamter wäre es seine Pflicht gewesen, Henry Rolin sofort zu verhaften, aber er hatte mit eigenen Augen gesehen, dass der Senator die Seiten gewechselt hatte. Eins war sicher: Roger würde Hilfe brauchen, um die Odin Force und die Gruppe Phönix zu Fall zu bringen. Doch an wen konnte er sich wenden, wem vertrauen?

Zuerst musste er sich mit der Entführung des Senators Samuel Benjamin auseinandersetzen, und …

In diesem Moment rüttelte jemand an seiner Schulter, was Roger erschrocken zusammenfahren ließ. Er schaute auf und direkt in das freundlich lächelnde Gesicht einer Stewardess. »Wollen Sie gleich wieder zurück nach New York fliegen?«, witzelte sie.

Roger schaute sie verwirrt an und verstand die Frage im ersten Moment nicht, bis er sich umschaute und zu seinem Erstaunen feststellt, dass alle anderen Passagiere das Flugzeug bereits verlassen hatten. Hastig erhob er sich aus seinem Sitz, murmelte: »Ich war wohl in Gedanken …«, drängelte sich an der immer noch stereotyp lächelnden Flugbegleiterin vorbei und eilte zum Ausgang.

Beim Durchqueren des Terminals umfing ihn sofort das wohl typischste Geräusch der Stadt: der unverwechselbare Sound der Spielautomaten. Schon hier am Flughafen waren Geräte aufgestellt, und Spieler, die auf ihren Flug warteten, versuchten noch einmal ihr Glück, ehe es nach Hause ging.

Mit schnellen Schritten eilte Roger durch den Flughafen und verließ zehn Minuten später den Sicherheitsbereich. Schon von Weitem sah er Henry Rolin unruhig auf und ab gehen. Mehr aus Zufall schaute Roger in diesem Moment nach oben und direkt auf eine kleine, schwarze Halbschale an der Decke. Es war eine von Hunderten Überwachungskameras, die heutzutage an jedem öffentlichen Platz und natürlich im Besonderen auf Flughäfen zu finden waren. Erschrocken registrierte er, dass er beinahe einen verhängnisvollen Fehler begangen hätte. Jede Bewegung auf einem modernen Airport wurde nicht nur elektronisch aufgezeichnet, sondern lief durch spezielle Erkennungsprogramme der Sicherheitsbehörden, die Gesichter mit vorhandenen Daten abglich. Wenn er auf diese Weise erkannt wurde, war das im ersten Moment nicht besonders schlimm. Wenn er aber mit einem Vorbestraften wie Henry Rolin gesehen und kurz darauf das Verschwinden des Senators bekannt wurde, dann war es ein Leichtes für die Spezialisten des FBI und der NSA, einen Zusammenhang herzustellen.

Henry hatte ihn zum Glück noch nicht gesehen, und Roger hatte Gelegenheit, in der nächsten Toilette zu verschwinden. Er schaute sich im Waschraum um und stellte zufrieden fest, dass hier keine Kameras installiert waren und er sich obendrein allein in dem Raum befand. Schnell wählte er Henrys Nummer, der sofort abhob. Statt einer Begrüßung oder wenigstens einem alltäglichen "Hallo", schimpfte Rolin sofort los: »Wo zum Teufel steckst du denn? Alle Passagiere sind schon durch.«

Roger hielt sich nicht mit der Beantwortung der Frage auf, sondern gab schnell seine Anweisungen durch. »Henry, wir haben nicht an die Überwachungskameras gedacht. Schau dich noch einen Moment ärgerlich um, als ob dein erwarteter Gast nicht im Flieger gewesen sei, dann gehe direkt zum Parkhaus. Ich komme dorthin. Auf welcher Etage parkst du, und welchen Wagen fährst du?«

Henry Rolin verstand sofort. Während er Roger erklärte, wo sich sein Wagen befand, wedelte er mit den Armen und gab eine Vorstellung, die oscarverdächtig war. Dann drückte er unauffällig auf die rote Taste, die das Gespräch beendete, tat aber so, als telefoniere er noch immer. Lautstark verwünschte er eine nicht existierende Sekretärin für diese Fehlplanung und seine verschwendete Zeit. Vorbeieilende Fluggäste schüttelten lächelnd die Köpfe über seinen Auftritt.

Als Roger eine Viertelstunde später die Toilette verließ, war von Henry nichts mehr zu sehen. Geschäftig, aber nicht zu schnell verließ Roger das Terminal und begab sich zum Parkhaus. Im Aufzug entledigte er sich seiner Jacke und setzte eine Baseballkappe auf, die er eben an einem Stand im Flughafen gekauft hatte. Er hoffte, mit dieser minimalen Veränderung im Heer der Touristen zu verschwinden. Schon bald hatte er Henry Rolins Wagen lokalisiert und ließ sich gleich darauf aufatmend auf dem Beifahrersitz nieder. Er schloss die Tür und sagte nur: »Fahr los, wir reden, sobald wir hier raus sind.«

***

Nähe Sand Lake (früher Abend)
Seit Stunden lag Bob, der Medizintechniker von Haus zwei, im hohen Gras hinter seinem Haus. Er wusste, dass die Cops auf seiner Fährte waren und er sehr vorsichtig sein musste. Seit seiner erfolgreichen Flucht aus der Klinik war er immer nur für kurze Zeit zur Ruhe gekommen. Dass er sich immer noch in der Gegend aufhielt und nicht schon längst Hunderte Meilen vom Spenderhaus entfernt war, lag nicht zuletzt an seiner Kleidung und den fehlenden Barmitteln. Bei seiner Flucht aus dem Krankenhaus hatte er schnell handeln müssen, ehe der Sheriff und dessen Deputys Gelegenheit fanden, die befreiten Spender zu verhören. In dem herrschenden Durcheinander in den Gängen der Notaufnahme war es ihm gelungen, sich einige Kleidungsstücke zu besorgen, die allerdings vorn und hinten nicht passten und ihm das Aussehen eines Obdachlosen gaben. Einige Zeit hatte Bob sich herumgetrieben und versucht herauszufinden, was mit seinem Kollegen Frank geschehen war. Es gab viele Gerüchte und wenige echte Informationen. Als er dann sein Phantombild und kurz darauf ein Foto mit seinem Gesicht auf den Bildschirmen in der Auslage eines Rundfunkgeschäfts erblickte, die eine lokale Nachrichtensendung übertrugen, wusste er, wem die Stunde zu schlagen drohte. Er musste schnellstens von hier verschwinden. Er hatte Geld und Kleidung in seinem Haus, doch das wurde von Polizisten observiert. So hatte er sich sehr vorsichtig über ein direkt an sein Grundstück angrenzendes verwildertes Gelände angeschlichen.

Ein leichter Wind bewegte die Grashalme ringsum. Insekten krabbelten ihm über Hände und Beine, und seine Kleidung war feucht von einem leichten Nieselregen, der vor einer Stunde begonnen hatte. Nur mühsam konnte er das Niesen unterdrücken, das sich durch ein Kribbeln in seiner Nase ankündigte.

Keine vier Meter entfernt standen zwei Uniformierte auf seiner Veranda und unterhielten sich angeregt. Die beiden hatten kein Auge für ihre Umgebung und dachten wahrscheinlich, dass er wohl nicht so dumm sein konnte, bei einer landesweiten Fahndung in sein Haus zurückzukehren. Deshalb vertrieben sie sich die Zeit, indem sie miteinander schwatzten. Eher zufällig folgte Bob dem Gespräch, musste er doch warten, bis sich eine Gelegenheit bot, unbeobachtet ins Haus zu gelangen.

»Ich würde es vorziehen, Molly Barns Haus zu bewachen, statt hier zu sitzen, um auf etwas zu warten, das eh nicht passieren wird.«

»Das glaube ich dir gern, Steve. Vor allem bei dem hübschen Gast, den Molly beherbergt. Die Kleine schaut wirklich zum Anbeißen aus.«

»Schade nur, dass Sheriff Ward angeordnet hat, Mollys Haus unbewacht zu lassen, da er jedes Aufsehen vermeiden will.«

»Ja, da hat er wahrscheinlich recht. Wenn man bedenkt, dass diese Carmen die ganze Sache ins Rollen gebracht hat …«

»Genau! Wenn diese Mistkerle, die für diese Sauerei verantwortlich sind, das wüssten, würde ich keinen Cent auf Carmens Überlebenschancen setzen. Die wären gleich null.«

»Meinst du wirklich, diese Kerle haben so viel Macht?«

»Da kannst du deinen Allerwertesten drauf verwetten. Wer so ein Ding abzieht wie das in der Fabrik, der hat Freunde ganz weit oben.«

Der andere Polizist knurrte eine Antwort, die Bob nicht verstehen konnte, und als sich die Beamten einem anderen Thema widmeten, hörte Bob nicht mehr zu. Hasserfüllte Gedanken durchströmten ihn, und aufbrodelnde Wut ließ seinen Körper erzittern.

Carmen heißt also die Schlampe. Das verdammte Miststück hat mir mein Leben versaut. Ihretwegen liege ich nun hier im Dreck, statt gemütlich vor meinem Fernseher zu sitzen. Na warte, das zahle ich dir heim. Du wirst schon sehen, was du davon hast, dass du zu den Bullen gerannt bist. Dich mach ich fertig, und diese Molly Barns gleich mit. Dann können alle sehen, dass man sich mit mir besser nicht anlegt. Als erstes muss ich sehen, dass ich ins Haus komme. Gut, dass ich mir ein Geheimfach hinter dem Badezimmerspiegel angelegt habe. Dort liegt genügend Geld für das nächste halbe Jahr. Dann kann ich immer noch sehen, wie es dann weitergeht. Aber zuerst lege ich die Weiber um, ja, das mach ich. Es kann ja nicht schwer sein, herauszufinden, wo diese Molly Barns lebt. Ha, bei einem so bescheuerten Namen. Kein Problem, null Problemo. Ich krieg euch, ich krieg euch …

Bobs Gedanken kreisten eine Weile um seine Mordfantasien, bis ihn schließlich ein Geräusch ablenkte. Die beiden Polizisten hatten ihre Position verlassen und gingen zur Straße. Dort war ein weiterer Streifenwagen aufgetaucht, dessen Mannschaft sie wohl ablösen sollte.

Bob nutzte den Moment polizeilicher Unaufmerksamkeit und lief geduckt zum Haus. Auf der linken Seite lag ein Kellerfenster, dessen Verriegelung schon seit Jahren defekt war, obwohl Bob sich schon lange vorgenommen hatte, den Riegel zu richten. Nun war er froh, dass sein heimwerkliches Bestreben am unteren Ende seiner Prioritätenliste stand – oder, einfacher gesagt, dass er zu faul gewesen war, die fünf Minuten für eine Reparatur aufzubringen.

Auf dem Bauch liegend, drückte er das Fenster langsam auf, um zu vermeiden, dass es quietschte. Danach schob er sich mit dem Kopf und ausgestreckten Armen voran durch die enge Öffnung und befand sich gleich darauf in dem verstaubten Kellerraum. Ebenso vorsichtig wie zuvor schloss er das Fenster wieder. Danach lauschte er einem Moment, um festzustellen, ob sich noch jemand im Haus befand oder man sein Eindringen bemerkt hatte. Doch alles blieb ruhig, und Bob schlich die Kellertreppe hinauf in die Wohnräume. Sofort fiel ihm auf, dass er Besuch gehabt hatte. Schubladen und Schränke standen offen und waren durchwühlt, sein Computer verschwunden. Das war ihm egal, jedenfalls im Moment, obwohl sein Magen sich in unbewusstem Ärger zusammenkrampfte. In geduckter Haltung, jedem Fenster weitgehend ausweichend, erreichte er schließlich sein Schlafzimmer. Auch hier war der Schrank durchwühlt worden, und seine Matratze hing schief im Bettrahmen. Unter dem Aufbranden erneuter Rachegedanken verzog sich sein Gesicht zu einer bösen Fratze. Einen Moment lang schloss er die Augen und versuchte, an nichts zu denken. Er wusste, dass er jetzt die Nerven behalten musste, damit er das tun konnte, was er sich vorgenommen hatte. Schnell beruhigte sich sein Puls, und er begann eine kleine Reisetasche mit Kleidung für drei oder vier Tage zu füllen. Alles andere konnte er später besorgen. Dann lief er ins Bad, nicht ohne sich vorher noch einmal davon zu überzeugen, dass die Polizisten immer noch zusammenstanden und miteinander plauderten.

Im Badezimmer schob er den Spiegelschrank zur Seite und angelte mit spitzen Fingern das mit einem Gummiband zusammengehaltene Geldbündel hervor. Kurz schaute er sich seinen Notgroschen an und wäre froh gewesen, wenn er in der Vergangenheit mehr auf die hohe Kante gelegt hätte. Ergeben zuckte er mit den Schultern und kehrte in sein Schlafzimmer zurück, zog sich aus und warf die gestohlene, vor Schmutz starrende Kleidung achtlos neben sein Bett. Dann kehrte er ins Bad zurück und wusch sich schnell. Er hoffte, dass niemand das Geräusch des fließenden Wassers bemerkte, aber so, wie er war, konnte er unmöglich in der Öffentlichkeit herumlaufen. Dann schaute er in den Spiegel und fand, dass sein Dreitagebart seiner Tarnung gut dienen konnte. Er trocknete sich ab und zog frische Kleidung an. Er wählte Jeans, ein kariertes Hemd und eine modische Regenjacke, dazu ein paar fast neue Timberland Boots. Erneut schaute er aus dem Fenster und sah, dass einer der Streifenwagen verschwunden und keiner der Polizisten mehr zu sehen war.

Zutiefst beunruhigt schnappte er sich seine Tasche, verließ das Schlafzimmer und schlich den Flur entlang zur Vordertür. Dort schob er den kleinen Vorhang ein wenig zur Seite und spähte hinaus. Er konnte einen kleinen Abschnitt der Straße überschauen, aber das genügte ihm schon. Sofort sah er die beiden neuen Polizisten, die seinen direkten Nachbarn befragten. Bob lächelte zufrieden, denn Mr. Sullivan war eine Nervensäge und hatte immer eine Menge zu erzählen. Das würde die Cops eine Weile beschäftigen und ihm Gelegenheit geben, unbemerkt zu verschwinden.

***

Las Vegas, Nevada (früher Abend)

Die Sonne war gerade hinter den Bergen verschwunden, als Henry Rolins Wagen in die South Highland Avenue einbog. Hier in dieser Industriestraße war nichts vom Lichterglanz der Spielerstadt zu sehen. Direkt neben dem Las Vegas Freeway hatte sich eine Reihe kleiner Firmen und Speditionen angesiedelt. Rostige Maschendrahtzäune und heruntergekommene Schuppen erzählten nicht gerade die Erfolgsgeschichten ihrer Besitzer. Permanenter Straßenlärm erfüllte die Luft mit einer ungesunden Schwingung.

Vor einem alten Gittertor hielt Henry Rolin schließlich an und hupte zweimal kurz. Eine Gestalt in ölverschmiertem Overall kam aus einer grauen Lagerhalle und schob das Eisentor zur Seite. Ein weiterer Mann öffnete einen Metallrollladen, und Henry lenkte das Auto in die Halle. Sofort wurde das Tor wieder geschlossen. Als Roger aus dem Wagen stieg, sah er in mindestens sechs Gesichter. Alle Männer waren in Arbeitskombis gekleidet und schwer bewaffnet. Roger wunderte sich, dass es Henry Rolin so schnell gelungen war, diese Gruppe entschlossen wirkender Männer zusammenzustellen. Hatte er ihn unterschätzt, und es steckte mehr kriminelle Energie in ihm, als er bisher vermutet hatte? Roger kam nicht mehr dazu, seinen Gedanken weiter nachzuhängen, denn Henry sagte: »Komm, ich werde dir den Vogel zeigen, der uns ins Netz gegangen ist. Bin mal gespannt, ob er bei dir singt.«

Schwungvoll ging er auf eine Tür im Hintergrund der Halle zu und öffnete sie. Roger folgte ihm und betrat einen wesentlich kleineren Raum, in dem einige Werkbänke und zwei weitere Bewaffnete standen. In der Mitte des Raums saß ein gefesselter nackter Mann auf einem alten Holzstuhl und schaute den Männern grimmig entgegen. Sein Wille schien noch längst nicht gebrochen zu sein, obwohl einige Schwellungen in seinem Gesicht und ein schon getrockneter Blutfaden an seinem Mundwinkel davon zeugten, dass man schon mit der Befragung des Gefangenen begonnen hatte. Außerdem war der Mann schmutzig, vermutlich, weil er auch schon mit dem Werkstattboden Bekanntschaft gemacht hatte.

Henry baute sich vor dem Gefangenen auf, stemmte die Fäuste in die Seiten und schaute Roger fragend an. »Na, was hältst du von unserem Gast, dem ehrenwerten Senator Samuel Benjamin?«

»Scheint ein harter Bursche zu sein«, antwortete Roger. »Allerdings glaube ich, mein Lieber, dass dies niemals der Senator sein kann.«

Henry Rolin keuchte erschrocken auf. »Was? Was hast du gesagt? Das ist nicht der Senator? Das kann nicht sein. Wir haben ihn direkt nach einem Empfang im Bellagio geschnappt. Das ist er. Das ist Samuel Benjamin, Senator von Nevada.«

Roger schüttelte den Kopf. »Nein, ist er nicht. Hast du dich schon einmal gefragt, welche Religion der Senator hat?«

Henry Rolins Gesicht war ein einziges Fragezeichen. »Was hat denn die Religion hiermit zu tun?«

Roger schaute auf den Gefangenen, der nun sichtlich zu schwitzen begann und nicht mehr ganz so robust aussah wie noch vor einigen Minuten. Dann wandte er sich wieder Henry Rolin zu, der immer noch versuchte, aus seinen Worten schlau zu werden. »Woher kommt der Name Samuel?«

»Keine Ahnung«, antwortete Henry. »Woher soll ich das denn wissen? Vielleicht aus der Bibel oder so was?«

»Da liegst du gar nicht mal so falsch. Der Name kommt aus dem Hebräischen und bedeutet “von Gott erhört”. Das kannst du im Alten Testament nachlesen. Der Nachname sagt uns noch mehr. Benjamin ist ebenfalls Hebräisch. Er war der jüngste Sohn Jakobs, und so ist es auch der Name eines der zwölf Stämme Israels. Verstehst du jetzt, oder immer noch nicht?«

Henry Rolin wurde immer verwirrter. War Roger verrückt geworden? Warum führte er ihn vor seinen Leuten vor wie einen Schuljungen? Was sollte der ganze Mist? Sichtlich verärgert sagte er: »Ich weiß nicht, worauf du mit deinem schulmeisterlichen Geschwätz hinauswillst. Wir haben den Mistkerl, und damit basta. Und wenn er sein Maul nicht bald aufmacht, dann breche ich ihm persönlich jeden verdammten Knochen.«

Roger legte beschwichtigend eine Hand auf Henry Rolins stämmige Schulter: »Alles, was ich dir sagen wollte, ist, dass Samuel Benjamin ein jüdischer Name ist. Was darauf schließen lässt, dass jemand, der einen solchen Namen trägt, eben auch ein Jude ist. So weit verstanden?«

Henry Rolin nickte grimmig, obwohl er immer noch nicht wusste, worauf Roger nun eigentlich hinauswollte. So fuhr dieser mit seiner Erklärung fort, fassungslos, dass bisher niemand darauf gekommen war. Ihm war es schon bei seinem ersten Blick auf den angeblichen Senator aufgefallen.

»Wenn der Mann also Jude ist, wie es bestimmt in seiner Biografie zu lesen ist, warum ist er dann nicht beschnitten?«

Das saß, und Henry Rolin schlug sich mit der flachen Hand an die Stirn, fassungslos, dass ihm dieses entscheidende Detail entgangen war. Er drehte sich zu Roger und fragte: »Was hat das denn nun zur Folge? Wenn wir den Falschen erwischt haben, wo ist dann der richtige Senator?«

Roger nickte, lief ein paar Schritte durch den Raum und lächelte. »Ich glaube, mein lieber Henry, du hast einen viel wertvolleren Fang gemacht, als du vermutet hattest.«

***

In Molly Barns Haus (kurz vor Mitternacht)
Schon viele Verbrecher hatten Sheriff Ward unterschätzt und bezahlten ihren Hochmut mit langjährigen Haftstrafen in staatlichen Gefängnissen. Auch Bob hatte nicht realisiert, dass er von unsichtbaren Fäden geleitet dem raffinierten Plan des Sheriffs folgte. Sheriff Ward hatte fest damit gerechnet, dass er sich noch in der Gegend aufhalten würde, und versucht, sich in seine Situation zu versetzen. Natürlich war der Sheriff vom Krankenhauspersonal unterrichtet worden, dass es dort zu einigen Diebstählen gekommen war. Ihm war klar, dass Bob zu seinem Haus zurückkehren musste, um sich dort für die Flucht zu versorgen. Hätte er den Verbrecher allerdings schon am Haus dingfest machen wollen, hätte er weit mehr Beamte dort stationieren müssen, was Bob wohl in die Flucht geschlagen hätte. So ersann er einen Plan, der den Gangster dazu verleiten musste, in die gut vorbereitete Falle zu tappen. Zuerst waren da die angeblich sorglosen Polizisten, die ein gut gehütetes Geheimnis einfach so ausplauderten und ihren Job nachlässig versahen. Jeder vernünftige Mensch konnte sich vorstellen, dass alle Polizisten, die hatten sehen müssen, was diese Bestien mit ihren Opfern angestellt hatten, wild darauf waren, die Verantwortlichen mit allen Mitteln zu verfolgen und dingfest zu machen. Da gab es keinen Schlendrian und gelangweiltes Herumhängen.

So hatte der Sheriff seine Männer instruiert, Bobs Haus scheinbar gelangweilt zu bewachen und dem Gesuchten die Gelegenheit zu geben, ins Haus zu gelangen und auch wieder daraus zu verschwinden. Vorher hatten die Beamten die nötige Unordnung geschaffen und waren dann in Wartestellung gegangen. Schon früh hatten sie Bob im Gras entdeckt, und ihre Geduld wurde auf eine harte Probe gestellt, bis er sich endlich getraute, das Haus zu betreten. Alle halbe Stunde hatten sie über Carmen gesprochen, was in ihnen den Zweifel weckte, ob sie es nicht übertrieben. Schließlich war Bob doch ins Haus gegangen und eine Weile später wieder verschwunden. Die

Männer unterrichteten den Sheriff, der darauf mit einigen seiner Leute in Molly Barns Haus in Stellung ging. Molly war anfangs gar nicht damit einverstanden gewesen, dass sie und Carmen hier die Lockvögel spielen sollten, doch der Sheriff hatte ihr sehr ausführlich erklärt, wie wichtig es sei, Bob lebend zu fangen. Immerhin erhoffte er sich von seiner Aussage, die anderen Häuser mit den immer noch gefangenen Spendern zu finden. Diese Aussicht hatte den Ausschlag gegeben, und auf einmal war Molly Feuer und Flamme und wollte alles tun, um zu helfen, den Flüchtigen zu stellen.

So warteten sie nun schon seit Stunden. Der Sheriff und seine Leute hatten sich überall im Haus versteckt und hofften, dass der Plan aufging. Molly und Carmen gingen normalen Tätigkeiten nach, kochten Abendessen und saßen eine Weile in der Küche beisammen, ehe sie es sich im Wohnzimmer vor dem Fernseher bequem machten. So verging eine um die andere Stunde, bis sich Molly entschloss, ins Bett zu gehen. Der Sheriff, lang ausgestreckt unter dem Fenster liegend, stimmte zu, und schon bald verloschen die Lichter im Haus.

Darauf hatte Bob schon die ganze Zeit gewartet. Er stand im Schatten eines Baums und beobachtete das Haus schon seit einigen Stunden. Es schien wirklich so zu sein, wie er es von den Polizisten gehört hatte: Kein Cop weit und breit. Nicht mal ein Streifenwagen, der natürlich ganz zufällig am Grundstück vorbeifuhr. Nichts! Die beiden Frauen spazierten geschäftig im Haus herum, als sei es der sicherste Platz auf Erden. Immer wieder hatte er sich auf dem Weg hierher in seinen Tagträumen überlegt, wie er die Frauen möglichst qualvoll ins Jenseits schicken würde. Die Adresse herauszufinden, war ihm ein Leichtes gewesen. Nachdem er sein Haus verlassen hatte, war er zur nächsten Poststelle gelaufen und hatte dort einfach im örtlichen Telefonbuch nachgeschlagen. Es war fast zu einfach gewesen, doch Bob tröstete sich damit, dass alle genialen Pläne einfach waren. Danach war er frech in einen

Linienbus gestiegen, den er keine halbe Meile von Molly Barns Haus entfernt verlassen hatte.

Er ließ seine Tasche im Schatten des Baums stehen und näherte sich mit leisen Schritten, immer darauf bedacht, auf dem Rasen zu bleiben, soweit das möglich war, und nicht den verräterisch knirschenden Kiesweg zu betreten. Er hatte inzwischen herausgefunden, dass die Küche eine Tür hatte, die zum Garten hinausführte. Dort wollte er versuchen, ins Haus zu gelangen. Wenn er erst mal in der Küche war, konnte er sich leicht mit einigen Messern bewaffnen, um dann den Damen seine Aufwartung zu machen. Bei diesem Gedanken stahl sich erneut ein hämisches Grinsen auf sein Gesicht. Sie würden bekommen, was sie verdienten, ja, das würden sie!

Kurz darauf stand er an der Hintertür und stellte zufrieden fest, dass sie unverschlossen war. Vorsichtig drückte er die Tür einen Spalt weit auf und lauschte. Doch es war nichts zu hören außer dem leisen Ticken einer Uhr und dem Klicken eines Thermostats. Er drückte die Tür weiter auf und schob sich in den Raum. Wieder lauschte er, doch auch diesmal hörte er nichts Ungewöhnliches. Im diffusen Zwielicht aus Dunkelheit und Mondschein schaute er sich um und versuchte zu erkennen, wo die Hausfrau wohl ihre Küchenmesser verstaut hatte. Er wählte einen alten Küchenschrank, steuerte darauf zu und griff nach einer Schublade.

Noch ehe er die Lade aufziehen konnte, hörte er ein Klicken, das hier gar nicht herpassen wollte, und gleich darauf ein zweites und drittes. Eisige Kälte, geboren aus Furcht und Panik, schien seine Wirbelsäule hinaufzuwandern, und sein Herz begann so heftig zu schlagen, dass es fast wehtat. Eine Stimme schnitt durch den Raum und traf ihn mit aller Wucht: »Wenn du nur einen Finger rührst, Junge, bist du tot, noch ehe dein Körper auf dem Boden landet.«

***

Las Vegas, Nevada (am Abend)
Der angebliche Senator schwitzte Blut und Wasser. Dieser Typ, der eben aufgetaucht war, war sehr gerissen. In Sekundenschnelle hatte er ihn durchschaut, was den sogenannten Freunden und Bekannten des richtigen Senators in all den Monaten nicht gelungen war. Der wirkliche Senator besaß keine engen Familienbande mehr, seit vor einem knappen Jahr seine Frau und die beiden Kinder bei einem Flugzeugabsturz ums Leben gekommen waren. Seit dieser Zeit hatte er sich des Öfteren sogenannte private Stunden gegönnt und in diesen seltenen Momenten auf jeglichen Personenschutz verzichtet. Das hatte seinem Sicherheitschef überhaupt nicht gefallen, doch am Ende war ihm nichts übrig geblieben, als sich dem Willen des Senators zu beugen. Nur diesem Umstand war es zu verdanken, dass Henry Rolin den falschen Senator hatte kidnappen können. Der falsche erlitt damit das gleiche Schicksal wie schon vor ihm der echte Senator.

Was der echte Senator nicht hatte wissen können, war, dass der Flugzeugabsturz geplant worden war und es sich nicht um einen tragischen Unfall gehandelt hatte. Ebenso unauffällig waren seine Entführung und die Einsetzung seines Doubles vonstattengegangen. Niemand hatte etwas bemerkt, selbst die engsten politischen Vertrauten, die ab und zu feststellten, dass ihr Chef das eine oder andere durcheinanderbrachte, schoben diesen Umstand auf den Verlust seiner Familie.

Er, der Doppelgänger, war über ein Jahr lang sorgfältig ausgebildet worden. Plastische Chirurgie hatte ihr Übriges getan, und aus Jürgen Berthold, dem fanatischen Anhänger und Gefolgsmann der Gruppe Phönix, war der zweite Senator Samuel Benjamin geworden. Als persönlichen Ritterschlag empfand Berthold, dass ihn der Mächtige am Ende seiner Ausbildung zu sich gebeten hatte. Damit fühlte er sich in den Kreis der inneren Führung aufgenommen. Er war sicher gewesen, dass er im Verlauf der kommenden Jahre eine tragende Rolle bei Phönix spielen würde.

Doch nun saß er hier, gefesselt auf einem Stuhl, in unwürdiger Nacktheit. Man hatte ihn gedemütigt, geschlagen und beschimpft. Das alles machte ihm nicht viel aus, da er fest damit rechnete, dass schon in wenigen Minuten die Türen auffliegen würden und ein Einsatzteam von Phönix ihn befreien würde. Doch nichts geschah. Er wurde nicht mehr geschlagen, nicht befragt, einfach ignoriert. Was hatte das alles zu bedeuten? Wer waren diese Leute denn überhaupt? Wie kamen sie dazu, einen Senator zu entführen, selbst wenn er nicht der echte war? Das Ganze war nicht einzuordnen. Hätten sie ihm wenigstens seine Kleidung gelassen! Der automatische Transponder sendete ununterbrochen ein Signal, das entsprechende GPS-Geräte empfangen konnten. Sein Sicherheitschef hatte auf diese Vorsichtsmaßnahme bestanden, wenn schon keiner seiner Agenten an der Seite des Senators sein durfte. Doch dieser Gangster, der ihm in der Garage des Bellagio aufgelauert hatte, war schlau. Noch im Wagen hatten sie ihm alle Kleidung abgenommen und in eine Kiste gesteckt, samt seinen Schuhen, seinem Ring und seiner Brille. Dann war einer der Typen mit der Kiste ausgestiegen, um mit einem anderen Wagen davonzufahren. Erst vor einer halben Stunde hatte er gehört, wie sein Entführer damit geprahlt hatte, als er diesen Umstand dem Neuankömmling berichtete. Dann waren die Männer aus dem Raum verschwunden. Der letzte Gesprächsfetzen ging ihm aber nicht aus dem Sinn. Der Neue hatte leise, aber dennoch laut genug, dass Berthold es gerade noch verstehen konnte, gesagt: »Wir müssen den Kerl zu Hanky bringen. Der wird in dem Gehirn dieses falschen Senators so lange herumschnüffeln, bis wir wissen, was wir wissen wollen.«

Dann waren seine Entführer so weit entfernt, dass er kein weiteres Wort mehr verstand.

Wer war dieser Hanky? *Er wird im Gehirn herumschnüffeln.* Was hatte das zu bedeuten? War dieser Hanky ein abgebrühter

Verhörspezialist oder ein gewissenloser Folterknecht? Was, wenn es diesen Leuten gelang, ihn von Las Vegas wegzubringen – an einen Ort, den er nicht kannte?

***

Inzwischen in einem kleinen Büro der Lagerhalle

»...und was habt ihr dann mit den Klamotten gemacht, nachdem ihr sie in eine Kiste gesteckt hattet?«

»Auf einen Güterzug in Richtung Mexico geworfen, der zu unserem Glück mit Altpapier beladen war.«

»Wieso zum Glück?«

»Ja, verstehst du denn nicht, oder stellst du dich extra blöd, um dir die Zeit zu vertreiben? Weil die Sachen in einem Karton sind und ein Karton in einem Altpapiertransport eben nicht so schnell auffällt. Clever, was?«

»Wozu habt ihr euch denn solche Umstände gemacht, den Senator auszuziehen und seine Kleidung zu entsorgen?«

»Sag mal, willst du mich verscheißern? Gerade du als FBI-Beamter solltest doch genau wissen, dass die sogenannten hohen Herren unserer Gesellschaft immer mit mindestens einem Transponder ausgerüstet sind.«

»Ach, und woher will das ausgerechnet ein Kleingangster aus Philadelphia wissen? Hat dir der Geheimdienst ein Memo geschickt und dich über die neuesten Sicherheitsmaßnahmen unterrichtet, oder was?«

Henry Rolin schnaufte empört und drohte Roger mit dem Zeigefinger. »Was heißt denn hier *Kleingangster*? Du spinnst wohl! Sei froh, dass ich dir helfe und meine Jungs auch mitziehen!«

»Entschuldige den Kleingangster, Henry. Das ist mir nur so im Eifer des Gefechts herausgerutscht. Also, woher wusstest du das mit dem Sender?«

»Na, aus der Glotze. Hab ich beim History Channel gesehen – oder war das bei NBC oder FOX? Egal, jedenfalls haben die da in einer Reportage sehr ausführlich drüber gesprochen. Das habe ich mir gemerkt. Sollen doch die Sicherheitsfuzzis erst mal nach Mexico fahren, um nach ihrem Senator Ausschau zu halten. Das wird bestimmt ein Spaß für die Herrschaften. Haha, ich seh' sie schon aufgeregt einen Güterzug verfolgen.«

Roger Thorn ließ sich nicht von der Heiterkeit seines Gegenübers anstecken, sondern versuchte herauszufinden, wie viel Zeit sie noch hatten, die Stadt zu verlassen, ehe der Secret Service oder das FBI alle Ausfallstraßen abriegelten. Ein Senator verschwand nicht so einfach, und bei den Sicherheitsbehörden saßen keine Idioten. Er beugte sich vor und sagte sehr ernst: »Henry, wir müssen sofort aus der Stadt verschwinden, und damit meine ich: in den nächsten fünfzehn Minuten.«

Kapitel 18

Interstate 90 zwischen Buffalo, New York und Cleveland, Ohio (1 Uhr nachts)

Es war wieder einmal Walt, der hinter dem Steuer saß, während die anderen schliefen. Das machte ihm nichts aus, und eigentlich genoss er diese Zeit, das sanfte Dahingleiten durch die Nacht, das seine Gedanken fast schwerelos werden ließ. Losgelöst von der Hektik des Tages, umhüllt von samtiger Dunkelheit, dazu das leichte Vibrieren des Motors, die Lichtoase der Scheinwerfer, durch die wie ein endloses Förderband der Asphalt der Straße unter ihm hinwegzog, all das versetzte Walt in einen tranceähnlichen Zustand. Sein Körper funktionierte unabhängig von seinen Gedanken und lenkte den Wagen sicher durch die Nacht. Manchmal, bei ähnlichen Nachtfahrten, war er aus seiner Gedankenwelt aufgeschreckt und wusste nicht, wo er sich befand. War er schon an der Stadt vorbeigefahren, wann kam die nächste Ausfahrt, wann der nächste Rastplatz? Doch diese Orientierungsfragen lösten sich stets rasch durch ein Hinweisschild oder eine Entfernungstafel, die über die kommenden Städte oder Ausfahrten informierte.

Blicklos starrte er in die Nacht und dachte über die Ereignisse der vergangenen Tage nach. Er war erstaunt, wie viele sich in einer so kurzen Zeitspanne zugetragen hatten. Nur mit Mühe konnte er seine Erinnerungen in die richtige Reihenfolge bringen. Vielleicht war er einfach nur müde, oder sein Geist weigerte sich zu begreifen, wozu Menschen fähig waren. Was mussten er und seine Freunde noch erleben, was noch sehen, fühlen, ertragen, ehe dieser Wahnsinn ein Ende fand?

Er versuchte seine Gedanken auf ein anderes Thema zu konzentrieren, auf den heutigen Nachmittag, als sie Paul bewusstlos aufgefunden und auf sein Erwachen gewartet hatten. Hanky hatte neben Paul gesessen und versucht, ihn auf telepathischem Weg zu erreichen, ihn aus seiner Trance zu reißen. Um ihn bei seinen Bemühungen nicht zu stören, hatte sich Walt in die Küche zurückgezogen und interessiert den Inhalt des Kühlschranks studiert. Während er versucht hatte, eine Flasche Bier, die ziemlich weit hinten stand, durch die Lebensmittel und Getränke hindurchzubalancieren, stieß er einen Halbliterbecher Joghurt um, der dem Weg der Schwerkraft folgend nach unten gefallen war. Da war das Erstaunliche geschehen: Walt war mit dem Blick dem fallenden Becher gefolgt, jedoch ohne reflexartig zu versuchen, das fallende Objekt aufzufangen. Stattdessen hatte er nur zugeschaut, wie der Becher an ihm vorbeifiel, und es war ihm vorgekommen, als fiele er in Zeitlupe. Da hatte der Becher seine Sturzgeschwindigkeit verringert, um schließlich sanft auf dem Küchenboden aufzusetzen.

Walt hatte den Joghurtbecher aufgehoben und ihn verwundert in den Händen gedreht. Was war geschehen? Wie war das möglich? War er das gewesen, oder war es nur ein unglaublicher Zufall, dass der Becher nicht auseinandergeplatzt war? Schließlich war das Ding aus mindestens einem Meter Höhe auf den Boden … geschwebt? Doch Walt war keine Zeit geblieben, sich weiter mit diesem Phänomen zu beschäftigen, denn er hatte Hanky rufen hören: »Walt, komm her, Paul erwacht.«

Er hatte den Becher in den Kühlschrank zurückgestellt, nach einer weiteren Flasche Bier gegriffen und war ins Wohnzimmer zurückgegangen. Durch sein wundersames Erlebnis hatte er völlig vergessen, Rita anzurufen.

Hanky hatte gefragt: »Und was hat sie gesagt?”

»Wer?«

»Na, Rita, du wolltest sie doch anrufen. Hast wohl erst mal an unseren Durst gedacht, Alter, was?«

Walt hatte nur genickt, um überhaupt eine Reaktion zu zeigen, und Hanky eins der beiden Biere gegeben. »Wie geht es Paul? Hat er schon was gesagt?«

»Nein, noch nicht. Er wacht gerade erst auf. He Paul, komm zu dir«, hatte Hanky gerufen und sich über den Traumseher gebeugt, der ihn verwirrt blinzelnd anstarrte. Umständlich hatte Paul versucht, sich aufzusetzen, schwankte dabei ein wenig und schwang dann energisch seine Beine vom Sofa. Mit einer wesentlich schnelleren Bewegung hatte er nach Hankys Bierflasche gegriffen und sie in einem Zug geleert. Hanky hatte erstaunt und belustigt zugleich dreingeschaut, ehe er fast übergangslos wieder ernst geworden war und besorgt fragte: »Wie geht es dir, Paul? Du siehst sehr mitgenommen aus.«

Paul hatte die geleerte Flasche Bier angeschaut, dann Hanky und Walt. Sein Gesicht hatte eine gewisse Resignation und erstaunlicherweise gleichzeitig Erleichterung ausgedrückt. »Ich bin wirklich froh, euch zu sehen, aber was hat euch veranlasst, herzukommen?«

Hanky und Walt hatten sich erstaunt angeschaut, ehe Hanky antwortete: »Ich konnte keinen Kontakt zu dir bekommen. Uns war sofort klar, dass du in Schwierigkeiten steckst, verletzt oder besinnungslos bist. Deshalb haben wir uns so schnell wie möglich auf den Weg gemacht, um nach dir zu sehen. Außerdem gibt es eine Menge zu besprechen. Ich schlage vor, du ruhst dich noch eine Weile aus, und dann berichten wir dir, was inzwischen geschehen ist.«

Paul hatte energisch den Kopf geschüttelt, den beiden bedeutet, sich zu setzen, und die geleerte Flasche nachdenklich in den Händen gedreht. »Nein, wir haben keine Zeit zu verlieren. Mit jeder ungenutzten Stunde verringern sich die Überlebenschancen der noch gefangenen Spender. Also, was habt ihr für Neuigkeiten?«

Die nächsten Stunden waren wie im Flug vergangen, und ehe sie sich versahen, war es Abend geworden. Paul hatte sich gut erholt, und so beschlossen sie, gemeinsam zum Stützpunkt der Gruppe um Horst Kleinfeld zu fahren. Wie sie dort an genauere Informationen kommen würden, war noch unklar gewesen, aber das würde sich vor Ort schon ergeben. Hanky hatte Paul nicht auf eine außerkörperliche Mission schicken wollen, da er noch zu geschwächt war. Die drei hatten beschlossen, um Mitternacht aufzubrechen, damit sie frühmorgens vor Ort waren, und Hanky hoffte, dass sich in der Nacht nichts Entscheidendes mehr ereignete.

Walt hatte mehrfach erfolglos versucht, Rita in New York City zu erreichen, und beschloss schließlich resigniert, es für heute aufzugeben. Richard wähnte er noch in Manaus, und von Roger Thorn hatten sie auch noch keine Nachricht. So war ihnen erst mal nichts weiter übrig geblieben, als auf den neuen Tag zu hoffen.

Nach dem gemeinsamen Abendessen war Paul ins Badezimmer geeilt, um zu duschen, während Hanky und Walt einige Getränke und Sandwiches für die Fahrt zusammenpackten, ehe sie auf Pauls PC mittels Mapquest die Fahrtroute bestimmten. Die etwas mehr als zweihundert Meilen konnten sie gut in etwa vier Stunden schaffen. Damit wären sie zwar sehr früh, noch vor Sonnenaufgang, vor Ort, aber wer konnte schon wissen, auf welche Schwierigkeiten sie an Kleinfelds Stützpunkt treffen mochten?

Hanky begann auf dem Beifahrersitz leicht zu schnarchen. Sein Kopf war nach vorn gefallen, und Walt konnte sich keine unbequemere Haltung für ein Schläfchen denken. Paul hatte es da besser. Auf der Rückbank zusammengerollt lag er da, und Walt hörte nur seinen flachen, gleichmäßigen Atem.

Langsam kehrten Walts Gedanken zu dem zurück, was er im Stillen sein ›Kühlschrankereignis‹ nannte.

Was war geschehen? Wieso war der Joghurtbecher auf einmal geschwebt? Hatte Hanky seine Hände im Spiel gehabt? Wohl kaum, der hatte genug mit Paul zu tun und bestimmt keinen Sinn für Experimente gehabt. Blieben nur zwei Möglichkeiten. Entweder hatte er sich geirrt, und der Becher war ganz normal nach unten gefallen. Oder …

Das *Oder* brachte ihn zum Schwitzen. Wenn er, Walt, den Becher auf diese besondere Art in seinem Sturz gebremst hatte, dann hatte sich sein Gehirn mehr verändert, als er bisher vermutet hatte. Er lernte und verstand nicht nur leichter, sondern es hatte sich, ähnlich wie bei Hanky, eine Paragabe entwickelt. Er konnte, so hoffte Walt jedenfalls, mittels seines Geistes physikalische Abläufe beeinflussen. Wie? Das stand noch in den Sternen. Noch hatte er keine Zeit gefunden, um weitere Versuche anzustellen. Er überlegte, wie er herausfinden konnte, zu was er fähig war. Seine Blicke wanderten auf der Suche nach einem Testobjekt durch den Wagen und blieben schließlich an der Proviantasche hängen, die zwischen Hankys Füßen stand. Neben drei Plastikflaschen und einigen in Papier gewickelten belegten Broten war die Spitze eines Schokoriegels zu sehen.

Mal sehen, ob ich den bewegen oder sogar aus der Tasche ziehen kann, dachte er.

Mit einem letzten Blick auf die Straße vergewisserte er sich, dass er das Fahrzeug noch sicher in der Spur hielt. Dann schaute er nach unten auf die Tasche und fokussierte den Schokoriegel. *Hebe dich*, dachte er und schaute zur Sicherheit schnell noch einmal durchs Frontfenster, um zu verhindern, dass er aus Unaufmerksamkeit in den Graben fuhr.

Fast hätte er laut geschrien, und er glaubte einfach nicht, was er da sah: Das Auto befand sich nicht mehr auf der Straße, sondern schwebte darüber, mit der Tendenz, weiter aufzusteigen. Doch noch ehe Panik sein rationales Denken verdrängen konnte, reagierte Walt. Er dachte: *Zurück nach unten* … und das Fahrzeug gehorchte sofort. Durch die ungewollte Luftreise unbeeindruckt, hatte der Motor weiterhin gearbeitet, als sei nichts vorgefallen, und die Räder drehten sich im gleichen Tempo wie zuvor, allerdings ohne Widerstand. Bei der ›Landung‹ griffen die Reifen dann wieder, und das Fahrzeug machte einen Satz nach vorn. Gerade noch rechtzeitig konnte Walt das Fahrzeug unter Kontrolle bringen. Durch den Ruck des Aufsetzens und die folgende Schlingerbewegung erwachte Hanky kurz, murmelte etwas Unverständliches und schlief sofort weiter. Paul schien von dem Vorfall überhaupt nichts mitbekommen zu haben, denn er gab nicht mal einen Mucks von sich.

Walt schüttelte den Kopf. *Da lasse ich ein ganzes Auto fliegen, und die Herren nehmen nicht einmal Notiz davon. Wie ist es nur möglich, dass ich auf einmal von jetzt auf gleich diese Gabe habe? Oder war ich schon vorher in der Lage, das … was ist es überhaupt, Levitation, Telekinese? War ich schon vorher in der Lage, es anzuwenden, und habe es nur nicht gewusst? Die Frage ist, wie gehe ich damit um? Soll ich es geheim halten? Nein, ich muss mit Hanky darüber sprechen. Wir beide entwickeln uns zu etwas …*

Bei dieser Überlegung stockte Walt. Er hatte Angst. Er wollte sich nicht zu etwas entwickeln, das er vielleicht nicht mehr kontrollieren konnte. Er wollte kein Monstrum werden.

Nach einer Weile beruhigte er sich und dachte über die positiven Seiten seiner neuen Gabe nach. Er konnte Dinge schwerelos werden lassen, und als er sich vorstellte, dass von nun an das telekinetische Tragen von Einkaufstüten seinen Alltag sehr erleichtern würde, musste er über diese Idee herzhaft lachen, so absurd erschienen ihm seine eigenen Gedanken.

Hanky schreckte aus seinem Schlaf auf und fragte: »Was gibt es denn mitten in der Nacht so Witziges?«

»Das kann ich dir nicht sagen, Hanky, höchstens zeigen.«

***

New York City in Hankys Wohnung (am frühen Abend zuvor)
Rita fühlte sich alleingelassen. Alle waren fort und meldeten sich nur sporadisch. Das hätte ihr nichts ausgemacht, wenn wenigstens ihr Mann bei ihr gewesen wäre. Aber auch Rich hatte sich schon seit Stunden nicht mehr gemeldet, und sie machte sich Sorgen. Gleichzeitig hatte sie das unbestimmte Gefühl, dass ihr Mann in Sicherheit war und sie ihn bald wieder in die Arme schließen konnte.

Den Tag über hatte sie sich am Computer mit dem Staatssekretär Mac Adams beschäftigt, und der Kerl war ihr immer unsympathischer geworden. Es war erstaunlich, wie viel man über einen Menschen im Internet finden konnte. So hatte sie einen Veranstaltungshinweis gefunden, bei dem dieser Mac Adams als einer der Redner gelistet war. Die Veranstaltung, natürlich von seiner Partei ausgerichtet, trug den klangvollen Namen »Menschliche Politik: Utopie oder Realität?«

Ausgerechnet dieser Kerl hielt eine Rede zu einem solchen Thema. Rita war mehr als erbost, ja, sie war sauer. »Am liebsten würde ich da hingehen und dem Kerl meine Meinung sagen«, schimpfte sie laut in die leere Wohnung hinein, in der sie aufgeregt hin und her lief. Dann blieb sie mit einem Ruck stehen. »Warum gehe ich eigentlich nicht? Wie weit ist es denn bis dorthin?«

Um ihre eigene Frage zu beantworten, drehte sie um und lief zurück in das kleine Zimmer, das Hanky und Walt als Büro nutzten. Sie nahm sich nicht einmal die Zeit, sich zu setzen, sondern schaute über den Bürostuhl hinweg auf die noch immer offene Internetseite. Dort las sie noch einmal den Veranstaltungshinweis und stellte fest, dass die Veranstaltung schon am Mittag begonnen hatte, und zwar im Konferenz-Center des *Marriott Hotel* in Manhattan. Rita glaubte es fast nicht. Der Kerl war hier, keine fünf Blocks entfernt! Sie brauchte keine Sekunde, um den Entschluss zu fassen, sofort ins *Marriott* zu fahren. Über das Haustelefon rief sie den Portier an und bat ihn, ein Taxi für sie zu rufen. Sie wolle in zehn Minuten aufbrechen. Der Portier bestätigte ihren Wunsch, und als er fragte, ob er noch etwas für sie tun könne, hatte sie schon aufgelegt. Schnellen Schrittes durchquerte sie Hankys Wohnung, um zuerst im Badezimmer zu verschwinden, kurz darauf ihre mitgebrachten Kleider zu besichtigen - was sollte sie nur anziehen – und schließlich nach der rekordverdächtigen Zeit von zwölf Minuten ungeduldig vor dem Aufzug zu stehen. Als sie vor das Haus trat, wartete das Taxi bereits. Sie stieg hinten ein – die Wagentür wurde ihr vom Portier aufgehalten, was ihr befremdlich und zugleich sehr nett vorkam – und sagte dem Fahrer, wohin sie wollte. Der brummte nur etwas Unverständliches, was für einen New Yorker Taxifahrer schon unerhört freundlich war, verzichtete dafür aufs Blinken und drängelte sich in den träge dahinfließenden Verkehrsstrom.

Zwanzig Minuten später betrat Rita das Foyer des *Marriott Hotels*. Es war viel los für diese Zeit, soweit sie das beurteilen konnte. Überall standen Menschen beisammen und unterhielten sich angeregt. Langsam schlenderte sie durch die Halle und schaute sich suchend um. Einige recht prunkvoll gestaltete Hinweisschilder wiesen aus, in welchen Räumen Veranstaltungen stattfanden. Sofort fand sie die gleiche Überschrift, die sie noch kurz zuvor auf dem Bildschirm von Hankys PC gelesen hatte: »Menschliche Politik: Utopie oder Realität?«, Stuyvesant Room. Geschlossene Veranstaltung. Rita überlegte noch, wie sie, obwohl sie keine Einladung besaß, in den Stuyvesant Room gelangen konnte, als jemand sie ansprach.

»Kann ich ihnen behilflich sein, Madam?«

Ein livrierter Angestellter des Hotels, recht hübsch anzuschauen, jedenfalls nach Ritas Geschmack, stand mit fragendem Blick vor ihr. Eine Sekunde lang schaute sie ihn an, ehe sie mit einem leicht gequälten Lächeln antwortete: »Danke, ich glaube nicht. Ich warte auf meinen Mann. Wir wollten uns hier treffen. Er ist hier bei einer Veranstaltung. Was Politisches!«

Dabei schaute sie den Hotelangestellten verschwörerisch an und senkte bei den letzten Worten die Stimme, als ob sie etwas Unappetitliches, fast Obszönes sagen würde. Der junge Mann wirkte etwas irritiert, fing sich aber gleich wieder und setzte sein geschäftsmäßiges Lächeln auf. »Wenn Sie die Veranstaltung in unserem Stuyvesant Room meinen, dann haben Sie vielleicht Glück. Dort ist im Moment Pause, und es geht erst in einer Stunde weiter. Viel Glück bei Ihrer Suche.« Einen Hauch zu schnell drehte er sich um, was seinen Abgang wie eine Flucht aussehen ließ, und verschwand in der Menge.

»Das Dummchen zu spielen funktioniert doch immer wieder«, murmelte Rita grinsend. Sie schaute sich weiter suchend um, konnte aber diesen Mac Adams nirgendwo entdecken. Sie schlenderte durch die Lobby-Bar, die voller Menschen war, die alle auf einmal einen Drink bestellen wollten. Nein, hier würde sie den Staatssekretär bestimmt nicht finden. So verließ sie die Bar wieder und ging quer durch die Hotelhalle nach draußen zur Concierge Lounge. Hier waren nicht viele Leute, da es um diese Uhrzeit schon wieder frisch wurde. Einige Heizpilze in Tischnähe waren schon in Betrieb. Kurz hinter der Tür blieb Rita stehen und zündete sich eine Zigarette an. In diesem Moment sah sie ihn: Staatssekretär Wilson Mac Adams in seiner ganzen Pracht. Dunkler Armani-Anzug, weißes Hemd, elegante Krawatte, goldene Uhr und so weiter. Die Eleganz in Person. Er stand am Rande der Terrasse und unterhielt sich mit einem Mann, der Rita bekannt vorkam. Wo hatte sie das Gesicht schon einmal gesehen? Angestrengt dachte sie nach, und dann wusste sie, wer er war. Sie hatte gestern die Liste der verdächtigen Personen durchgesehen, und auf einem Computerausdruck war ein Bild von diesem Kerl gewesen: Es war niemand anders als der stellvertretende FBI-Direktor Stuart Melanscy. Da standen keine zehn Meter von ihr entfernt zwei der Männer, die Roger Thorn in dem Odin-Force-Lager bei Sand Lake gesehen hatte.

Ich muss näher ran, dachte sie, *damit ich hören kann, worüber sich die Kerle da so angeregt unterhalten.*

Sie drückte ihre Zigarette in einem Aschenbecher aus und ging langsam über die Terrasse. Sie schaute sich scheinbar suchend um, gerade so, als habe sie sich hier mit Freunden verabredet. Natürlich schaute sie nicht direkt in die Richtung der Männer. Melanscy sah sie kommen und unterbrach für einen Augenblick seine Konversation mit Wilson Mac Adams. Als er jedoch sah, dass Rita an ihnen vorbeigehen würde und auf einmal winkend den Arm hob, gerade so, als habe sie ihre Verabredung gefunden, setzte er sein unterbrochenes Gespräch fort.

»Also, Wilson«, hörte Rita gerade noch, »wir sehen uns dann in drei Tagen zur Konferenz im *Greenbrier*. Alle Räume sind gebucht. Das ist das letzte Treffen, ehe es losgeht.«

Der Angesprochene erwiderte nichts, und Rita, die nun nicht mehr in die Richtung der Männer schauen konnte, ohne sich verdächtig zu machen, vermutete, dass Mac Adams nur zustimmend genickt hatte. Dann war sie außer Hörweite. Aus den Augenwinkeln sah sie, wie die beiden Männer dem Hoteleingang zustrebten.

Sie suchte in ihrer Handtasche nach einem Stift und notierte: "*Greenbrier* in drei Tagen." Sie ließ sich von einem Kellner einen Tisch zuweisen und studierte die Speisekarte. Eine Weile wollte sie noch hierbleiben, um zu sehen, ob sich der Staatssekretär oder der stellvertretende FBI-Direktor noch einmal zeigen würden – und vor allem, mit wem. So blieb sie fast zweieinhalb Stunden, doch die beiden Männer ließen sich nicht mehr blicken. Rita bezahlte fünfundachtzig Dollar für ihr Abendessen, ließ sich ein Taxi kommen und fuhr zurück zu Hankys Wohnung. Die ganze Zeit war ihr der Name *Greenbrier* im Kopf herumgegeistert. Sie wusste, dass sie ihn schon einmal gehört hatte, doch ihr wollte nicht einfallen, in welchem Zusammenhang.

***

Interstate 15 zwischen Las Vegas, Nevada und Parowan, Utah (nachts)

Henry Rolin hatte es tatsächlich geschafft, in Rekordzeit zwei Kastenwagen zu organisieren. Seine Männer hatten inzwischen alle Spuren ihres Aufenthalts gründlich beseitigt und auch die bisher genutzten Fahrzeuge weggebracht. Die von Roger angepeilten fünfzehn Minuten waren natürlich völlig illusorisch gewesen, und er war froh, als sie nach mehr als drei Stunden endlich die Lagerhalle verlassen konnten.

Er befand sich zusammen mit Henry Rolin im ersten Wagen, begleitet von drei schweigsamen Männern. Im zweiten Fahrzeug war der falsche Senator mit weiteren vier Männern untergebracht. Sie hatten dem angeblichen Senator einen alten Arbeiter-Overall übergestreift und ihn dann gefesselt und geknebelt. Er lag, bedeckt mit einer Plastikplane, im hinteren Teil des Fahrzeugs.

Bei ihrem Weg durch die Stadt befürchtete Roger ständig, von einer Polizeistreife angehalten zu werden. Er wusste nicht, wie sich Henry Rolins Männer in so einer Situation verhalten würden. Er konnte es auf keinen Fall zulassen, dass ein Staatsdiener zu Schaden kam, genauso wenig wollte er aber erklären müssen, warum er hinten im Wagen eine geknebelte Person transportierte.

Doch nichts geschah, und Henry Rolin grinste breit, als sie die Stadtgrenze passierten. »Ich habe dir doch gesagt, dass du dir zu viele Sorgen machst. Siehst du, alles in Ordnung. Wenn du mir nun noch verrätst, wohin wir eigentlich fahren …?«

Roger fand die lockere, ja fast heitere Stimmung Rolins sehr befremdlich. Dem Burschen schien die ganze Sache einen Heidenspaß zu machen. Natürlich wollte Roger seinen willigen Helfer nicht verärgern, indem er ihn auf den Ernst der Angelegenheit hinwies, aber er würde Henry Rolin auf jeden Fall daran hindern, unbesonnen eine Dummheit zu begehen. So antwortete er, ohne auf Henrys Heiterkeit einzugehen: »Es gibt da ein kleines Flugfeld in der Wüste. Ich hoffe, dass wir dort ein Flugzeug chartern können und die Leute nicht so genau hinschauen, wer in die Maschine steigt. Wichtig ist aber erst einmal, dass wir uns so weit wie möglich von Las Vegas entfernen.«

»Welches Flugfeld meinst du? Ich kenne die Gegend recht gut.«

Roger fragte nicht, wieso Henry Rolin sich hier auskannte. Bisher war er immer davon ausgegangen, dass Henry seine Geschäfte hauptsächlich in Philadelphia tätigte. Zunehmend gelangte Roger zu der Ansicht, dass sein Freund aus der Unterwelt nicht der Kleingangster war, für den er sich ausgab.

Henrys forschender, fragender Blick veranlasste ihn schließlich zu antworten. »Wir fahren zu einem kleinen Ort Namens Parowan. Das liegt in Utah und befindet sich direkt an der Interstate 15, auf der wir gerade unterwegs sind.«

»Aha«, antwortete Henry Rolin nur, und Roger war fast erleichtert, dass sein Unterweltfreund diesen Ort nicht zu kennen schien.

Ereignislos reihten sich die folgenden Stunden aneinander, und Roger fiel in einen unruhigen Schlaf.

***

New York City (am nächsten Morgen)

Das Telefon in Hankys Apartment klingelte früh und riss Rita aus unruhigem und, wie ihr schien, viel zu kurzem Schlaf. Sie beugte sich zum Nachttisch und hob den Hörer ab. Dabei schaute sie auf den Wecker und konnte nicht glauben, dass jemand so unverschämt früh anrief. Sechzehn Minuten nach fünf. Das konnte doch nicht wahr sein! Erbost setzte sie sich im Bett auf, bereit, dem frühen Anrufer eine gehörige Standpauke zu verpassen. Doch sie kam nur bis zum »Hallo«, da wurde sie unterbrochen.

»Hallo Schatz, hier ist Richard. Ich bin wieder in New York. Eben gelandet. Ich kann in einer halben Stunde bei dir sein. Kannst du uns Frühstück machen? Ach ja, ich bringe noch einen Gast mit. Also bis gleich.«

Noch ehe Rita antworten konnte, hatte Richard das Gespräch beendet. Seufzend stand sie auf und ging ins Badezimmer. Ein Lächeln lag auf ihren Zügen. Sie war froh, dass ihrem Richard in Brasilien nichts zugestoßen war. Doch wieso war er schon zurück? Was war dort unten geschehen, und wen brachte er mit?

Sie beschloss, diese Fragen auf später zu verschieben. Nach einer raschen Katzenwäsche eilte sie in die Küche und bereitete das Frühstück vor.

Tatsächlich klingelte das Haustelefon eine knappe halbe Stunde später, und der verschlafend klingende Nachtportier meldete zwei Besucher. Rita, nunmehr völlig munter, bestätigte den Besuch – der Portier kannte Richard anscheinend nicht – und eilte zur Wohnungstür. Schon eine Minute später konnte sie ihren geliebten Richard in die Arme schließen. Doch sogleich schob sie ihn ein wenig von sich weg und betrachtete ihn von oben bis unten. »Du siehst ziemlich dreckig und zerschunden aus, mein Lieber. Ich wundere mich, dass dich die Fluggesellschaft so ins Flugzeug gelassen hat.« Neugierig drehte sie sich zu Richards Begleiter um, der ähnlich abgerissen ausschaute wie ihr Ehemann. Deutlich freundlicher und mit einem herzlichen Lächeln schüttelte sie ihm die Hand und sagte: »Herzlich willkommen. Kommen Sie doch erst einmal rein. Sie haben bestimmt Hunger nach dem langen Flug.« Sie trat zur Seite und folgte dann den Männern in Hankys Wohnung.

Kurz darauf saßen sie in der Küche und ließen sich das Frühstück schmecken. Rita hatte trotz ihrer verständlichen Neugierde darauf bestanden, dass während des Essens nicht über die Erlebnisse Richards und seines Gasts Ernesto gesprochen wurde. Dafür, so hatte sie bestimmt gesagt, sei auch nachher noch Zeit, wenn die Herren satt wären und sich frisch gemacht hätten.

Richard blickte entschuldigend zu Ernesto, dem aber die eindeutigen Anspielungen auf ihre Körperhygiene offenbar nichts ausmachten. Als Rita wenig später aus der Küche eilte, um aus Walts Schrank etwas Passendes für Ernesto auszuleihen, raunte Richard leise: »Entschuldige, Ernesto, so ist Rita halt. Sie hat ihre eigenen Ansichten und erwartet, dass sich alle in ihrer Umgebung danach richten.«

Ernesto zuckte nur lächelnd mit den Schultern und erhob sich vom Küchentisch. »Wo ist das Badezimmer? Ich kann es kaum noch erwarten, unter die Dusche zu springen.«

Eine Stunde später saßen sie gemütlich in Hankys Wohnzimmer. Rita ließ die Männer berichten und unterbrach sie nicht ein einziges Mal. Ab und zu zuckte sie leicht zusammen, wenn Ernesto etwas arg drastisch den Ablauf des Geschehens beschrieb, und Richard fürchtete, dass sie ihn von nun an nicht mehr aus den Augen lassen würde. Doch Rita reagierte völlig anders, als er es erwartet hätte. Nachdem die beiden Männer geendet hatten, nahm sie Richard in den Arm und drückte ihn fest an sich. »Ich bin froh, dass du aus dieser Sache heil herausgekommen bist!« Dann gab sie ihm einen flüchtigen Kuss, stand auf und ging zu Ernesto, der sich etwas verlegen erhob, unsicher, was nun kommen würde. Rita trat dicht an ihn heran und nahm ihn ebenfalls in die Arme. Dann trat sie einen Schritt zurück, erfasste seine Hände und sagte fast feierlich: »Lieber Ernesto, ich möchte mich herzlich bei Ihnen bedanken, dass Sie mir meinen Mann zurückgebracht haben. Ich weiß, dass Sie mehrfach ihr Leben für ihn riskiert haben. Dafür werde ich immer in Ihrer Schuld stehen.«

Ernesto schüttelte verlegen den Kopf und wollte etwas Passendes erwidern, aber es fiel ihm absolut nichts ein. Endlich ließ Rita seine Hände los und bedeutete ihm, sich wieder zu setzen. »Ich berichte euch, was ich in der Zwischenzeit herausgefunden habe. Später versuchen wir dann, Hanky anzurufen.«

Noch während Rita im kleinen Wohnzimmer auf und ab ging und zusammenfasste, was sie im *Marriott* gehört hatte, klingelte das Telefon. Es war immer noch recht früh, gerade acht Uhr vorbei, und Rita schaute fragend in die Runde.

»Das wird wohl Hanky sein«, vermutete Richard. »Dann ist es bestimmt dringend, wenn er so früh anruft.«

Doch noch ehe er zum Telefon greifen konnte, hatte Rita schon abgenommen. »Hallo, hier ist Rita Miller in Hank Bersons Wohnung.«

Die Stimme am anderen Ende war nicht die von Hanky. Nachdem sie eine Weile zugehört hatte, stellte sie auf Lautsprecher. »Roger, ich habe auf Mithören geschaltet. Im Raum befinden sich noch mein Mann und jemand, der Ihnen bestimmt helfen kann. Ich will keine Namen nennen, zu Ihrer und unserer Sicherheit.«

Roger sagte nur kurz »Hallo« und fuhr dann fort: »Wie gesagt, ich kann Hanky nicht erreichen. Ich brauche logistische Unterstützung. Ich muss mit einer Gruppe von Leuten schnellstens zu Hanky. Er muss uns in einer bestimmten Sache behilflich sein.«

Selbstbewusst und auf Ernestos Verbindungen vertrauend sagte sie: »Ich spreche das Problem hier durch und lasse Sie schnellstens wissen, wie es weitergeht. Können Sie dort, wo Sie im Moment sind, einige Minuten warten? Ich rufe dann gleich zurück.«

»Geht klar. Wir befinden uns auf einem Parkplatz, aber machen Sie schnell, es eilt.« Roger legte auf.

Rita setzte sich und schaute Ernesto an. »Wie gut sind Ihre Verbindungen? Gestern war Roger Thorn in Las Vegas. Ich denke, er ist vor irgendwem auf der Flucht. Haben Ihre Leute die Möglichkeit, ihn dort abzuholen?«

Ernesto nickte. »Ja, das kann ich regeln. Rufen Sie ihn zurück und fragen Sie nach seinem Standort. Es wäre gut, wenn Sie Ihr Gespräch auf dreißig Sekunden beschränken könnten.«

***

Kurz vor Cleveland, Ohio (etwa zur gleichen Zeit)

»Hier jetzt rechts, Walt. Dann müsste nach etwa einer Meile ein Wäldchen auftauchen. Dort werden wir den Wagen verstecken und zu Fuß weitergehen.«

Walt drehte sich zu Paul um und fragte mit verdrießlicher Miene: »Wie weit zu Fuß? Davon war bisher nicht die Rede.«

Hanky lächelte und war froh, dass Walt versuchte, die gespannte Stimmung, die seit ihrem Erwachen geherrscht hatte, abzumildern.

»Wie weit?«, wiederholte Paul. »Woher soll ich das denn so genau wissen? Eben bis zum Zaun oder so weit wir halt kommen, ohne gesehen zu werden.«

»Ich denke, du warst schon mal hier? Dann musst du doch wissen, wie weit es bis zu diesem Zaun ist.«

»Ich war nur geistig hier. Außerdem war es Nacht, und für solche Kleinigkeiten habe ich mich da nicht interessiert.«

»Kleinigkeiten, was? Na, ich sehe uns schon stundenlang herumstiefeln, um dieses blöde Lager zu finden.«

Hanky folgte dem Streitgespräch nicht mehr, sondern blickte nach draußen über die ländliche Farmlandschaft. Dabei dachte er an die vergangene Nacht und die überraschende Entwicklung, die Walts neu entdeckte Gabe mit sich bringen mochte. Gleichzeitig hatte er einen schrecklichen Gedanken. Was, wenn nicht nur er und Walt sich verändert hatten, sondern alle, die damals von dem "Ding", dem Wesen, dem Aliengeist, dem Tausendschläfer berührt worden waren? Natürlich hatte er einige unmittelbare Veränderungen sofort gesehen, wie etwa bei dem Jungen an der Tankstelle, der aus seiner langen mentalen Isolation plötzlich erwacht war. Ebenso waren die geistig Behinderten aus dem Bus als geheilt zu betrachten – doch was war aus ihnen geworden? Der Pfarrer und der Wachmann hatten ebenfalls überlebt, doch das war schon alles, was er über die Leute wusste. Hanky überlegte einen Moment lang, welchen Namen er der gesamten Gruppe geben konnte. Schnell fiel ihm etwas ein. Ja, das war es: *die Berührten*. Was, wenn der eine oder andere der *Berührten* sich unerwartet auf eine Weise entwickelt hatte, dass für die Allgemeinheit eine Gefahr bestand? Was dann?

Er schloss die Augen und verstand sich selbst nicht. Wie konnte er in diesem Moment an eine mögliche neue Gefahr denken, wo das unmittelbare Geschehen noch so unklar war und niemand wusste, wie diese aktuelle Gefahr gemeistert werden konnte?

Das Auto wurde langsamer, und Walt spähte angestrengt nach vorn. Er suchte den nahen Waldrand nach einer Lücke oder einem Waldweg ab, wo sie den Wagen vor neugierigen Blicken verbergen konnten. Doch das war leichter gesagt als getan. Schließlich fuhr Walt zwischen zwei ausladende Buchen, deren Äste fast bis zum Boden reichten. Von der Straße aus war das Auto auf den zweiten Blick hin erkennbar, doch wer nur am Wald vorbeifuhr, würde das Fahrzeug mit Sicherheit übersehen.

Walt stellte den Motor ab und stieg ächzend aus. Die lange Fahrt hatte seine Gelenke steif werden lassen, obwohl sie in der Nacht schon einmal für zwei Stunden eine Pause eingelegt hatten. Gähnend stapfte er um das Auto herum und streckte sich. In der Zwischenzeit hatten auch Paul und Hanky das Fahrzeug verlassen und schauten sich um.

»Ich glaube, es ist das Beste«, begann Paul, »wenn wir den Wald in östlicher Richtung durchqueren. Wenn mich nicht alles täuscht, liegt der Stützpunkt direkt dahinter.«

Walt brummte etwas Unverständliches, folgte dann aber widerspruchslos seinen Gefährten.

Es sollte sich herausstellen, dass Paul mit seiner Vermutung genau richtig gelegen hatte. Nach kaum einem Kilometer endete der Wald, und in etwa zwanzig Metern Entfernung umschloss ein Maschendrahtzaun ein großes Gelände. Sie blieben in der Deckung des Waldes stehen und beratschlagten, was nun zu tun sei. Aus der Ferne hörten sie Motorengeräusche, und bei den wohl an die sechshundert Meter entfernten Hallen war einiges in Bewegung. Hanky ergriff das Wort und damit die Initiative. »Paul, du wirst dich bemühen müssen, wenn auch nur kurz. Das hatten wir ja verabredet, damit du dich für weitere Aufgaben schonen kannst. Doch hier und jetzt ist es wichtig, dass wir in Erfahrung bringen, was vor sich geht. Meinst du, du schaffst es, dein geistiges Auge auszusenden und mich mitzunehmen?«

Paul nickte zwar, aber es war ihm deutlich anzusehen, dass er im Moment genug von seinen geistigen Luftreisen hatte, insbesondere nach dem Erlebnis im Konzentrationslager. Er setzte sich neben Hanky in den Schatten eines Baums. Hanky schaute zu Walt, doch noch ehe Hanky etwas sagen konnte, meinte der: »Ich pass schon auf, Jungs, dass uns hier keiner in die Quere kommt. Bleibt nur nicht zu lange. Sobald ihr in Erfahrung gebracht habt, was da drüben los ist, kommt ihr auf der Stelle zurück. Keine Experimente! Klar?«

Hanky grinste nur und schaute zu Paul, doch der hatte die Augen schon geschlossen. Hanky tat es ihm gleich und sah im selben Moment von oben auf die Flugzeughangars. Dort herrschte trotz der frühen Stunde reges Treiben: Lastwagen wurden beladen, Gabelstapler mit schweren Paletten kreuzten zwischen hektisch umherlaufenden Uniformierten umher. Über das Landefeld rollte eine weitere Karawane schwerer Sattelschlepper heran.

»Geh tiefer, Paul. Ich will hören, was dort unten gesprochen wird. Kannst du Horst Kleinfeld irgendwo entdecken?«

»Nein, bisher nicht, was mich eigentlich wundert. Wenn seine Truppe in einen Einsatz geht, und das scheint ja der Fall zu sein, dann müsste er doch vor Ort sein, oder nicht?«

Inzwischen schwebten sie unsichtbar zwischen den Lastwagen. Allerdings hörten sie nur kurze Befehle, keinerlei persönliche Konversation.

»Lass uns das Büro dieses Vereins finden. Dort ist hoffentlich ein Verantwortlicher, den du telepathisch abhören kannst.«

»Ob ich das kann, wird sich zeigen, aber ich werde es auf jeden Fall versuchen. Also los.«

Das bisherige Bild änderte sich. Scheinbar übergangslos waren sie in einer großen Halle, in der Güter aller Art gelagert waren. Container mit Lebensmitteln, Waffen und Munitionskisten wechselten mit Maschinenteilen und anderen, nicht beschrifteten Kisten ab. Am Ende der Halle stand auf fünf Meter hohen Metallstelzen ein Bürocontainer. Eine Eisentreppe führte vom Hallenlevel hinauf und endete an einer Plattform direkt vor der Tür des Büros. Dort stand ein Uniformierter, der hektisch Anweisungen in ein Funkgerät sprach. Schweißperlen auf seiner Stirn zeugten von angestrengtem Arbeiten.

»Ich glaube, das ist unser Mann«, sagte Hanky lautlos. »Geh mal näher ran.«

Erneut vollzog sich der Wechsel sehr abrupt, und Hanky meinte zu spüren, wie sein Magen rebellierte, was natürlich Unsinn war. Sein Magen befand sich gut einen Kilometer entfernt. Er hätte fast über diesen Gedanken gelacht, unterdrückte den Impuls aber schnell und konzentrierte sich auf den Uniformierten, der nur noch einen halben Meter von ihm entfernt war. Unentwegt sprach der Mann in sein Funkgerät, und Hanky wusste, das es in diesem Moment sinnlos war, in den Gedanken seines Gegenübers zu forschen. Seine ganze Kapazität an freiem Denken war im Moment mit organisatorischen Überlegungen blockiert. Paul und Hanky würde nichts übrig bleiben, als hier zu warten und zu hoffen, dass der Mann mal eine Pause einlegte.

In der Zwischenzeit saß Walt neben den Körpern von Paul und Hanky. Auch er wartete. Er konnte nichts tun, ehe die beiden in ihre Körper zurückkehrten. Merkwürdigerweise war er nicht müde, obwohl er letzte Nacht nur eine Stunde nach einem Tankstopp geschlafen hatte. Neue, unbekannte Energien schienen seinen Körper zu durchströmen. Sein kleiner Versuch letzte Nacht hatte eine Reihe von Fragen aufgeworfen, die er im Moment noch nicht beantworten konnte. Selbst das kurze Gespräch, das er in der Nacht mit Hanky geführt hatte, half ihm nicht weiter. Hanky hatte sich erstaunt und erfreut über Walts neue Gabe geäußert, war aber genauso ratlos wie er selbst. Auch ein erneuter, sehr schwacher Schwebeversuch, der nur ansatzweise zeigte, welche geistige Kraft sich bei Walt manifestierte, hatte nichts an der Ratlosigkeit der Freunde geändert und nicht eine der brennenden Fragen beantwortet. Hanky hatte seinem Freund den Rat gegeben, an der Fähigkeit zu arbeiten, wann immer er Zeit finden würde und unbeobachtet sei, um auszuloten, welche Potenz diese Gabe hatte und wie weitgehend Walt sie kontrollieren konnte.

Das alles half Walt im Moment wenig. Ohne einen kompetenten Diskussionspartner konnte und wollte er erst gar nicht versuchen, die Fragen zu beantworten.

Er erhob sich vom unbequemen Waldboden und schaute hinüber zu den Lagerhallen. Dort irgendwo befanden sich Walt und Hankys Astralkörper. Da er nichts Besonderes entdecken konnte, dachte er wieder über seine Situation nach. Nach kurzem Nachdenken beschloss er, Hankys Rat zu befolgen und ein wenig zu üben.

Womit sollte er anfangen? Er musste zuerst einmal klären, ob er Dinge nur schweben lassen konnte – das würde bedeuten, dass er eine gewisse Art von Levitation beherrschte. Er lachte laut, als er das Wort *beherrschte* dachte. Nichts beherrschte er bis jetzt. Noch gar nichts. Wenn er allerdings Gegenstände nicht nur anheben konnte, sondern diese mit seinem Willen manipulieren konnte, rein mit der Kraft seines Geistes, dann war das Telekinese.

Suchend schaute er sich auf dem Waldboden nach einem passenden Versuchsobjekt um. Ein etwa vierzig Zentimeter langer vertrockneter Ast fand sein Gefallen. Er schaute das Stück Holz an und dachte: *Steig nach oben.*

Sofort vergaß der Ast die Schwerkraft und stieg wie eine Feder im Wind aufwärts. Als er auf Augenhöhe ankam, befahl Walt ihm, anzuhalten. Auch diesem Befehl folgte das Holzstück gehorsam.

Nun dreh dich im Kreis.

Der Ast begann langsam zu kreiseln und wurde mit jeder Umdrehung schneller. Walt schaute fasziniert zu. Mit einem weiteren Befehl stoppte er die Rotation. Kurz überlegte er, was er noch tun sollte, um seinen Versuch zu vervollständigen. Er musste noch herausfinden, wie zerstörerisch seine Gabe sein konnte. Er überlegte kurz und formulierte dann seinen Befehl so präzise, wie er konnte. Vorher trat er einige Meter zurück und dachte: *Zerspringe in tausend Teile.*

Der Ast schien förmlich zu explodieren. Holzsplitter in Millimetergröße sausten ringförmig auseinander und zischten durch die Luft wie Schrapnelle. Die Wucht der Splitter war so groß, dass sie in die umstehenden Bäume einschlugen und wie winzige Messer in deren Rinde stecken blieben. Walt hatte sich instinktiv geduckt und die Hände zum Schutz nach vorn gehalten.

Ohne es zu merken, musste er einen weiteren Befehl gegeben haben, denn etwa einen Meter um ihn herum lagen die feinen Splitter auf dem Boden, und zwar genau halbkreisförmig. Er hatte unbewusst und rein instinktiv einen Schutzschirm geschaffen, der jeden ankommenden Gegenstand abprallen ließ. Einige Sekunden stand er noch da und schaute fasziniert auf die im Halbkreis liegenden Holzsplitter. Doch dann fuhr er erschrocken zusammen. Was war mit seinen Kameraden? Hatte er sie durch seinen unüberlegten Versuch verletzt oder gar getötet? Ohne noch eine Mikrosekunde Zeit zu verlieren, schnellte er los und eilte zu den scheinbar schlafenden Männern. Beim letzten Schritt ließ er sich auf die Knie fallen, und durch seinen eigenen Schwung getragen rutschte er die letzten zwei Meter durch das Laub. Direkt vor Hanky war seine Schlitterpartie beendet.

Hanky lag ruhig am Boden und atmete so flach, als befände er sich in tiefem Schlaf. Um ihn herum lagen einige der Holzsplitter, die zum Glück harmlos über ihn hinweggesaust waren. Kein einziger Splitter hatte ihn getroffen. Walt stand auf und schaute nach Paul, der direkt neben Hanky am Boden lag. Auch er war unversehrt geblieben. Walt atmete erleichtert auf und schalt sich selbst einen Narren. Wie hatte er nur so blauäugig sein können, mit Kräften herumzuspielen, von deren Stärke er nichts wusste? Andererseits überlegte er schon einige Minuten später, nachdem er sich von seinem ersten Schrecken erholt hatte, das er trotz allen notwendig war, weitere Versuche anzustellen, um zu erkunden, wozu er fähig war. Er schaute zur Sicherheit noch einmal nach Hanky und Paul und stellte zufrieden fest, dass seine erste hektische Begutachtung korrekt gewesen war, sie waren wirklich unverletzt. Er entfernte sich einige Meter von seinen Freunden und überlegte sich sein nächstes Experiment. Wenn er in der Lage war, Gegenstände mit seinem Willen zu bewegen, dann musste es doch ein Leichtes sein, sich selbst zu levitieren.

Er stellte sich einen behaglichen Sessel hinter sich vor. Dann ließ er sich nach hinten fallen und ... landete recht schmerzhaft auf dem mit Steinen und Wurzeln übersäten Waldboden. Ärgerlich erhob er sich und rieb den malträtierten Hosenboden. Was hatte er falsch gemacht? War sein gedanklicher Befehl zu ungenau gewesen? Er konnte sich sowieso nicht erklären, wie seine Gabe funktionierte, und nahm sich vor, sobald er einmal Zeit finden würde, im Internet nachzuforschen, was es zum Thema Levitation und Telekinese – oder *Psychokinese*, wie er auch schon gelesen hatte – an Berichten und Artikeln gab. Doch das half ihm im Moment wenig. Es blieb ihm nichts weiter übrig, als blind herumzuprobieren.

»Also auf ein Neues«, murmelte er und ging vorsichtshalber in die Hocke. Ein Sturz aus zwanzig Zentimetern Höhe war immerhin leichter zu verkraften, und diesmal war er vorbereitet. Er konzentrierte sich und dachte dann: *Anheben.*

Sofort spürte er, wie sich sein Körper vom Boden löste und leicht wie ein Ballon nach oben strebte. *Anhalten.* Auch dieser Befehl funktionierte, und Walt schwebte in kauernder Haltung gut einen Meter über dem Waldboden. Vorsichtig richtete er sich auf, bis er, von unsichtbaren Kräften gehalten, in der Luft ›saß‹.

»Na also, geht doch«, sagte er zu sich selbst, und ein breites Grinsen erschien auf seinem Gesicht. Wie ein Kind mit einem neuen Spielzeug versuchte er die nächsten Minuten alle möglichen Kunststücke. Er schwebte im Stehen, im Sitzen, lag manchmal lang ausgestreckt in der Luft, drehte sich, schwebte vor und zurück und wagte zum Schluss sogar einen Salto.

Eine Stimme holte ihn so unverhofft in die Wirklichkeit zurück, dass er beinahe abgestürzt wäre. Er hatte gerade ausprobiert, ob es bequem war im Schneidersitz zu schweben. Er sah in dieser Position wie ein abgemagerter Buddha aus, der durch die Kraft purer Meditation dem Himmel entgegenstrebte.

»Walt, wo bist du denn? Wir sind zurück. WALT!«

In diesem Moment erblickte Hanky seinen Freund, der einige Meter entfernt über den Waldboden schwebte. Paul sah die seltsame Szene im gleichen Moment und wollte gerade dazu ansetzen, etwas zu sagen, als Hanky ihn telepathisch ansprach. Das verwunderte Paul, da Hanky doch direkt neben ihm auf dem Waldboden saß.

Paul, lass dir nicht anmerken, dass du von Walts Flugkünsten beeindruckt bist. Mal sehen, ob wir ihn aus dem Gleichgewicht bringen können.

Walt war inzwischen nicht ohne Stolz zu den Männern geschwebt. Ein stolzes und erwartungsvolles Lächeln lag auf seinen Lippen, als er leicht schwankend vor ihnen anhielt. Doch seine Freunde zeigten nicht die geringste Reaktion auf seine Flugkünste, was Walt im ersten Moment verwirrte. Dann aber roch er den Braten. Hanky und Paul wollten sich einen Spaß mit ihm machen. Das konnten sie haben. Daher verhielt er sich so, als sei es die normalste Sache der Welt, hier herumzuschweben, und fragte neugierig: »Also, was habt ihr denn in den Hangars da drüben herausgefunden? Habt ihr Kleinfeld belauschen können?«

»Na ja, nicht ganz«, antwortete Paul. »Er war nicht mehr da.«

»Und um das herauszufinden, habt ihr zwei fast eine ganze Stunde gebraucht? Ja, wo ist Kleinfeld denn jetzt?«

Durch Walts aufbrausende Reaktion etwas aus der Fassung gebracht, vergaßen Paul und Hanky tatsächlich, dass sie Walt einen Streich spielen wollten.

»Horst Kleinfeld holt den *Mächtigen* ab«, übernahm Hanky und fügte seinen Teil der Geschichte an. »Von wo, konnten wir leider nicht herausfinden, aber wohin, das wissen wir. Jedenfalls so ungefähr.«

»Was heißt denn ungefähr? Wisst ihr es oder nicht?«

»Den Staat ja, den Ort nein«, fügte Paul knapp an. Walt wurde es beinahe zu viel. Er hasste es, wenn er seinen Freunden jedes Wort aus der Nase ziehen musste.

»Also – wann und wo? Bitte!«

»In drei Tagen, in West Virginia«, bequemte sich Hanky endlich zu antworten und fuhr dann gesprächiger fort: »Nun müssen wir sehen, dass wir schnellstens dorthin kommen. Außerdem will ich später mit Rita telefonieren, um zu hören, ob sie was Neues von Richard gehört hat. Also gut, dann lasst uns zurück zum Wagen gehen. Ach ja, noch eins, Walt, du kannst nun mit deinem Schwebekunststück aufhören, wir haben es gesehen. Allen Respekt, mit der Nummer kannst du im Zirkus auftreten.«

Mit diesem Wort, das Hanky mit breitem Grinsen ausgesprochen hatte, wollte er mit einem Sprung nach hinten aus Walts Schlagdistanz springen. Er wusste, dass sein Freund gern kleine, harmlose Boxschläge austeilte, wenn er geärgert wurde. Doch es kam ganz anders. Walt lächelte nur gütig und sah genüsslich zu, wie Hanky durch seinen Rückwärtssprung die Bodenhaftung verlor und sich, sich dabei langsam überschlagend, in die Luft erhob. Im letzten Moment konnte Hanky sich an einem Ast festklammern, der unter normalen Umständen niemals sein Gewicht getragen hätte. So hing er da wie ein Fähnchen im Wind und flehte Walt an, ihn wieder auf den sicheren Boden zu bringen. Paul verhielt sich vorsichtshalber ganz ruhig, als hätte er mit der ganzen Angelegenheit nichts zu tun. Langsam, fast wie in Zeitlupe, schob er einen Fuß unter eine Wurzel und hoffte, dass diese provisorische Verankerung ihn vor einer ungewollten Flugreise schützen würde.

Walt war unterdessen zu Hanky hinaufgeschwebt und fragte ihn ernst, ohne seine Heiterkeit ganz verbergen zu können: »Geht man so mit einem Freund um, indem man dessen Fähigkeiten lächerlich macht? In den Zirkus, meinst du, soll ich gehen? Das kann ich gern tun, aber nur, wenn du dann den Affen machst.«

»Bitte, Walt, es war doch nur Spaß. Hab Erbarmen und hilf mir vom Baum runter.«

Von unten her witzelte Paul: »Zirkus, Affe, Baum. Na, wenn das nicht passt?«

Laut begann er zu lachen, nicht ohne sich vorher zu vergewissern, dass sein Schuh immer noch sicher unter der Wurzel steckte.

Kapitel 19

Carefree, Arizona (am Vormittag)
Das Haus hatte lange nicht mehr so viele Menschen auf einmal gesehen. Unbeschriftete Lastwagen parkten in der Einfahrt und entlang der Zufahrtsstraße. Schwere Hummer-Geländewagen standen hinter dem Haus, und ein schwarzer Helikopter setzte zur Landung im Vorgarten an. Die wenigen Nachbarn des Doktors standen vor ihren Häusern und fragten sich, was da wohl vor sich ging.

Im Haus selbst hatte sich ebenfalls einiges verändert. Das Wohnzimmer war leergeräumt worden, und Metalltische nebst Bürostühlen standen in exakter Formation auf mexikanischen Terrakottafliesen. Auf jedem Tisch befand sich ein Computerbildschirm, komplettiert durch Keyboard und Maus. Techniker ordneten Kabel und fixierten sie mit Klebeband am Boden. Ein Netzwerkspezialist eilte von PC zu PC und tippte lange Befehlszeilen in die Geräte. Im Keller herrschte eine fast erdrückende Enge, verursacht durch die vielen Menschen, die hin und her eilten. Jeder schien genau zu wissen, was er zu tun hatte, und verbissener Eifer lag in der Luft.

Der Doktor saß an seinem Kontrollpult im Überwachungsraum, der nun ebenfalls mit arbeitenden Menschen angefüllt war. Ein Summen und Brausen lag in der Luft, erzeugt von der auf Höchstleistung laufenden Klimaanlage und den Ventilatoren in den Computern.

Er blickte sich zufrieden und zugleich mit einer gewissen Spannung um. Alles lief wie geplant – wie schon seit langer

Zeit geplant. Er war nie ein Freund der großen Politik gewesen und hätte sich gut vorstellen können, für den Rest seines unerwartet langen Lebens in Wohlstand zu leben. Wären da nicht die anderen, die ›Alten‹ die von Anfang an das Geschehen mit unerbittlicher Konsequenz kontrollierten – und die ›Neuen‹, die im Laufe der Jahre der Organisation beigetreten waren. Das Streben nach Expansion begründete sich bei den Alten und Neuen in einem einzigen Wort: Macht! Diesem Anspruch konnte sich der Doktor nicht entziehen. Wenn alle nach Macht strebten, dann musste er das auch. Dass er sich dabei nicht auf die Führungsriege verließ, der er selbst angehörte, war beinahe zwingend. Oft stand er mit seiner konservativen Meinung allein und galt bei den anderen als Außenseiter. Das war eigentlich lächerlich, denn erst durch seine Forschungen und die damit einhergehende Entdeckung des Serums war es überhaupt möglich gewesen, diese Machtstruktur, diese Organisation erfolgreich bis zu ihrer heutigen Größe aufzubauen.

Doch er hatte sich abgesichert, für die Zukunft geplant und sich mit einer eigenen Truppe umgeben, die ihm treu ergeben war. Diese Treue hatte er sich nicht nur rein ideologisch gesichert, sondern auch mit der Hoffnung seiner Anhänger, im zukünftigen politischem Machtgefüge entsprechende Positionen einzunehmen, und zwar für eine lange Zeit.

Der Doktor hatte schon vor Jahren damit begonnen, seinen Leuten eine abgeschwächte Version des Serums zu verabreichen. Keiner seiner Truppe war seitdem ernsthaft krank geworden, und ihr Alterungsprozess war merklich verlangsamt. Diese erstaunlich positiven Resultate hatten ein neues Bewusstsein bei den Mitgliedern seiner Truppe geschaffen. In gewisser Weise sahen sie sich als privilegierte Gruppe, die sich vom Rest der Menschheit abhob. Natürlich war ihnen auch klar, dass der Doktor jederzeit die periodischen Impfungen einfach beenden konnte, was im Endeffekt einem Todesurteil gleichkam.

Der Doktor lächelte bei diesem Gedanken. Sollten die anderen doch planen und bei strategischen Spielen Länder und Gebiete, Industrien und Bodenschätze im Voraus vergeben. Erst am Ende würde sich herausstellen, wer was bekam und wer der wirklich *Mächtige* war. Sie würden sich alle noch wundern, wie stark er wirklich war. Natürlich hatte es über die Jahre und Jahrzehnte immer wieder Versuche gegeben, ihm sein größtes Machtmittel zu entreißen. Zweitklassige Wissenschaftler hatten im Auftrag des Alten versucht, hinter das Geheimnis seines Serums zu kommen, um es zu kopieren. Alle waren kläglich gescheitert, was nicht zuletzt der Arbeit seiner Truppe zu verdanken war. Er hatte seine Männer strategisch in der Organisation verteilt und sich einen eigenen Geheimdienst geschaffen. So war er immer genau darüber informiert gewesen, wenn wieder einmal der Versuch unternommen wurde, sein Serum zu kopieren. Geschickte Manipulationen der Formeln oder ihrer Bestandteile, auch schon mal ein tragischer Unfall eines Wissenschaftlers, hatten stets alle Bemühungen der anderen zunichte gemacht.

Doch nun war der Tag des Handelns gekommen. Dem Doktor war es egal, ob die Aktivitäten in seinem Haus im Ort und darüber hinaus für Aufsehen sorgten. Es gab jetzt sowieso nur noch zwei Möglichkeiten. Entweder ging der Plan des Alten auf, dann würden sie alle in wenigen Tagen die Geschicke des Landes leiten und waren damit unantastbar für jede Behörde des Staats, denn den Staat repräsentierten dann sie, oder alles ging schief, was im schlimmsten Fall die Konsequenz mit sich bringen würde, dass er von diesem Kontinent verschwinden musste. An die Möglichkeit, selbst körperlichen Schaden zu nehmen, dachte der Doktor nicht eine Sekunde. Er schaute auf seine Armbanduhr und rechnete schnell. Noch sechsunddreißig Stunden bis zu seiner Abreise. Bis dahin musste sich sein Haus in eine Befehlszentrale verwandelt haben.

***

La Peca, Peru (fast zur gleichen Zeit)
Hans Kammler war ein Doppelagent des Doktors. Er arbeitete schon seit Jahrzehnten mit ihm zusammen, und er war derjenige, der damals den ersten roten Raum kreiert hatte. Dazu war Kammler prädestiniert. Der Doktor und er hatten sich während der Bauphase des Konzentrationslagers Auschwitz kennengelernt. Hans Kammler war zu dieser Zeit schon SS-General und hielt alle Fäden in der Hand. Eigentlich war ihm die politische Gesinnung der Nazis egal gewesen, aber die Herausforderung, große Projekte umzusetzen, gepaart mit seinem persönlichen Fortkommen, motivierten ihn zur Genüge. Später gelang es ihm, den Bau der V2-Rakete maßgeblich mitzugestalten. Dann war der Krieg zu Ende gewesen, und er hatte es vortrefflich verstanden, sich unerkannt abzusetzen. Er hatte nicht einmal in den Fahndungslisten der Alliierten gestanden, was er wiederum seinen guten Beziehungen zu Geheimdienstkreisen verdankte. Schließlich endete seine Flucht in Südamerika, wo er schnell Anschluss zu alten Kameraden fand. Hier wurde er mit Geldmitteln versorgt, und es dauerte nicht lange, bis die Gruppe Phönix zu ihm Kontakt aufnahm. Sein organisatorisches Talent war der Schlüssel zum Erfolg, und in kürzester Zeit wurde er Mitglied des inneren Zirkels der Organisation. Jahre des Aufbaus waren gefolgt, und eine mächtige Struktur war entstanden. Doch eine Organisation ohne Ziel war teuer und nutzlos. Als der Mächtige – oder *El Poderoso*, wie er hier in Südamerika genannt wurde – die Idee verlauten ließ, den Namen ihrer Organisation zum Programm zu machen und wie der sagenhafte Vogel Phönix aus der Asche aufzuerstehen, war Hans Kammler sofort begeistert. Mit einer in langer Planung ausgearbeiteten Aktion würden sie sich eindrucksvoll zurückmelden und im gleichen Zuge den mächtigsten Staat der Erde übernehmen.

Doch noch war es nicht so weit, es gab noch viel zu tun. Hans Kammler trat vom Wohnzimmer aus auf seine Terrasse und schaute wehmütig über die grandiose Bergkulisse der peruanischen Anden. Er liebte diese Berge, die ihn so sehr an die Alpen erinnerten, und er genoss ihre gewaltige Präsenz, die in ihm immer das Gefühl vermittelte, in einer friedlichen Welt zu leben. Natürlich wusste er, dass dies ganz und gar nicht der Fall war. Selbst hier in der einsamen Bergwelt war Gewalt kein unbekannter Begriff. Es war erst gut ein Jahr her, als es unten im Tal bei einer Demonstration Tote gegeben hatte. Indios hatten im Juni 2009 mit dem größten Aufstand seit zweihundertfünfzig Jahren gegen schlechte Arbeitsbedingungen protestiert und den Devils Bend – so hieß die zweispurige Landstraße, die durch das Tal führte – blockiert. Die Behörden reagierten sehr schnell und mit unerwarteter Härte. Panzerwagen wurden aufgefahren, Schlagstöcke ohne Gnade eingesetzt, Tränengasgranaten in die Menge geschossen, die sich angesichts dieser massiven Gewalt erschrocken zurückzuziehen versuchte. Doch die Polizei ließ den Demonstranten – viele hatte ihre ganze Familie zu der Kundgebung mitgebracht – keine Möglichkeit zur Flucht. Von dem Dorf Bagua und der anderen Seite der Kleinstadt Cajaruro waren die Polizeikräfte vorgerückt und hatten den Indios keine Möglichkeit zum Rückzug gelassen. Brutal wurde auf Männer, Frauen und Kinder eingeprügelt. Vereinzelt versuchten sich die Demonstranten über die angrenzenden Felder in Sicherheit zu bringen. Doch auch das ließ die Polizei nicht zu. Scharfschützen feuerten gezielt auf die Flüchtenden und erzielten am Ende eine Bilanz von dreißig Toten und einhundertsiebzig Verwundeten. Die Weltpresse reagierte empört, und Menschenrechtsorganisationen begannen in den umliegenden Dörfern zu recherchieren.

El Poderoso war empört über diesen unverhältnismäßigen Einsatz der lokalen Behörden und tobte wie schon lange nicht mehr. Dabei ging es ihm nicht um die getöteten Indios, die waren ihm völlig gleichgültig. Die Fremden waren das Problem, die sich seit dem 5. Juni im Tal herumtrieben und unbequeme Fragen stellten. Wenn die Reporter durch einen dummen

Zufall auf die Bergfestung aufmerksam wurden, wie dieser in den Bergen oberhalb von La Peca gelegene Gebäudekomplex von den Phönix-Mitgliedern genannt wurde, hatte die gesamte Organisation ein Problem. Nicht nur die aktuellen Planungen waren gefährdet, sondern auch dieser wichtige Standort, der bisher als sicher gegolten hatte. Viel Geld war investiert worden, und ein Gelände von mehr als zweihundert Hektar hatte sich in ein eigenständiges Refugium verwandelt. Hier konnten sich die Männer des inneren Zirkels ungezwungen bewegen. Nur ausgesuchtes Personal bewirtschaftete die sechsundzwanzig Gebäude, geschützt von einem drei Meter hohen Zaun, der das gesamte Gelände umgab. Niemals war nur ein einziger Peruaner in der Bergfestung gewesen. Natürlich machten Gerüchte in den umliegenden Dörfern die Runde, die sich immer wieder damit beschäftigten, was dort oben in der Bergfestung vor sich gehen mochte. Durch gezielte Einschüchterung, die bis zum Verschwinden einiger besonders eifriger Schwätzer führte, war das Vorhandensein der Anlage außerhalb des Tals so gut wie unbekannt. Nach und nach hatte sich die Lage wieder beruhigt, die Journalisten hatten sich anderen Geschehnissen zugewandt und waren schließlich aus dem Tal verschwunden.

Hans Kammler ließ den Blick noch einmal über die Berge schweifen und ging dann mit einem entsagungsvollen Seufzer zurück ins Haus. Noch heute würde er, zusammen mit dem gesamten inneren Zirkel, die Bergfestung verlassen. Fast bedauernd schaute er sich noch einmal im seinem Haus um, das ihm in vielen Jahre so vertraut geworden war. Dann straffte er sich und ging durch den mit dunklem Holz vertäfelten Flur zur Eingangstür. Schwungvoll öffnete er sie und trat ins Freie. Wie verwandelt schritt er voller Energie über einen schmalen Weg hinüber zum Haus *El Poderosos* und nahm jeweils gleich zwei Stufen der Treppe, die auf das kleine Plateau führten, auf dem das Gebäude errichtet worden war. Seine melancholische Anwandlung war vergessen. Er spürte in sich wieder diese unbestimmte Vorfreude auf eine Aufgabe, bei der er all seine Talente einsetzen konnte. Im gleichen Moment dachte er auch an seinen geheimen Verbündeten, den viele nur als den Doktor kannten und für den er hier spionierte. Mit ihm hatte er sich eine weitere Option gesichert, die im Notfall seine Rettung bedeuten konnte. Hans Kammler hatte kein schlechtes Gewissen, weil er im Zweifelsfall den Doktor oder *El Poderoso* verraten würde. Mit freundlichem Grinsen trat er zu der Gruppe von Männern, die sich vor dem Haus zur Abreise versammelt hatten und sich anscheinend angeregt unterhielten. Grüßend hob er die rechte Hand und rief der Gruppe entgegen: »Na, Kameraden, seid ihr bereit, Weltgeschichte zu schreiben?«

Dann sah er etwas abseits jemanden lässig an der Hauswand lehnen. Erfreut ging er auf den hageren Mann zu und streckte ihm zur Begrüßung die Hand entgegen. »Ah, Kleinfeld, Sie sind schon da. Na, dann kann es ja bald losgehen. Wie ich Sie kenne, ist alles bestens organisiert.«

Der Angesprochene stieß sich von der Wand ab und schüttelte ebenfalls erfreut die dargebotene Hand. »Ja, es ist alles vorbereitet. Wir warten nur noch auf den Chef, und dann geht es zum Flugfeld.«

Kapitel 20

Cleveland, Ohio (später Vormittag)

Das unbekümmerte Lachen, durch Walts neue Gabe hervorgerufen, war unter dem kalten Griff der Wirklichkeit schnell wieder gewichen. Besorgnis zeichnete Spuren in die Gesichter der Männer, die in einem Flughafenrestaurant an einem runden Tisch saßen und versuchten, ihre nächsten Schritte zu planen. Walt hatte einen Schreibblock besorgt und machte sich Notizen. Schließlich, als die Konversation sich zu wiederholen begann, schaute er noch einmal auf das Niedergeschriebene und sagte: »Lasst mich noch einmal unser Gespräch zusammenfassen, damit wir sicher sind, dass wir nichts übersehen haben.«

Hanky und Paul nickten zustimmend, und Walt begann mit seinen Ausführungen: »Nach den Telefonaten mit Rita und danach mit Sheriff Ward stellt sich folgende Situation dar: Rita berichtet, dass Richard überraschenderweise schon wieder aus Brasilien zurück ist. Er hat nach eigenen Angaben Verstärkung mitgebracht, was immer das heißen mag. Aus Sicherheitsgründen wollten beide am Telefon nichts Genaueres sagen und haben dringend dazu geraten, schnellstens nach New York zurückzukehren. Weiterhin teilten sie mit, dass unser FBI-Freund Roger Thorn auch nach New York unterwegs sei, ebenfalls mit einem oder mehreren ungenannten Begleitern. Richard ist noch dabei, einen geeigneten Tagungsort zu suchen, wegen all der Leute.«

Diese Bemerkung hatte für etliche Nachfragen seitens Walts gesorgt, aber er hatte erneut von Richard nur gehört, dass man so etwas nicht am Telefon besprechen könne. Daraufhin beendete Walt das Gespräch mit dem Hinweis, dass sie den nächsten Flug nach New York buchen würden. Sobald sie gelandet seien, würde er noch einmal anrufen.

Walt fuhr mit seinen Ausführungen fort: »Danach hat Hanky mit Sheriff Ward telefoniert, der zu Hankys Verwunderung in Molly Barns Haus den Hörer abgenommen hatte. Der Sheriff teilte Hanky gleich zu Anfang mit, dass alles in Ordnung sei.«

»Genau diese Bemerkung«, warf Hanky ein, »hat mich stutzig gemacht.«

»Deshalb, Hanky, hast du noch einmal nachgefragt. Wie wir nun wissen, hat gestern Nacht dieser Krankenpfleger Bob versucht, Molly und Carmen einen unschönen Besuch abzustatten, und lief damit in eine wohlvorbereitete Falle des Sheriffs.«

»Was die Sache auch nicht besser macht«, murmelte Hanky sorgenvoll. Paul schaute ihn interessiert an und ließ sich zu der Bemerkung hinreißen: »Ich bin wirklich auf den Tag gespannt, wenn ich dieser Frau begegne, die Hanky so den Kopf verdreht hat.«

Hanky wollte aufbrausen, doch Paul legte ihm beruhigend eine Hand auf die Schulter und lächelte entwaffnend. Hanky verbiss sich eine Erwiderung und lächelte unsicher zurück. Walt schüttelte nur ungeduldig den Kopf, ehe er fortfuhr, ohne darauf zu achten, ob seine Freunde wieder zuhörten: »Der Sheriff und seine Leute verhören unterdessen diesen Bob pausenlos, bisher leider ohne Erfolg. Sheriff Ward ist sich darüber im Klaren, wie wichtig es ist, die anderen Häuser zu finden und die Spender zu befreien. Sobald er neue Informationen hat, will er sich sofort bei uns melden.

Damit kommen wir zu der Frage, was wir selbst herausgefunden haben: Paul hatte die Person, die bisher nur als *der Doktor* bekannt war, identifiziert. Es handelt sich um den seit Langem gesuchten Naziverbrecher Aribert Heim. Das Erstaunliche an dieser Tatsache ist, dass dieser Doktor Heim 1914 geboren wurde und damit heute 96 Jahre alt sein muss. Dass er immer noch im Hintergrund agieren kann, führt zu der fantastischen Vermutung, dass dieser Doktor eine Möglichkeit gefunden hat, sich körperlich und geistig so fit zu halten, dass er immer noch die Fäden in Händen halten kann. Alles deutet auf die Richtigkeit dieser Vermutung hin, da dieser Kerl laut Pauls Bericht schon während des zweiten Weltkrieges Versuche an Menschen durchgeführt hat, die denen in der alten Fabrik auffallend ähneln. So steht zu vermuten, dass das Serum, das dort gewonnen wird, der Lebensverlängerung dient. Das ist aber nur eine Vermutung, und wir müssen schnellstens klären, inwieweit sie zutrifft. Das war alles für den Moment.«

Walt klappte seinen Notizblock zu und schaute fragend in die Runde. Doch weder Hanky noch Paul hatten etwas hinzuzufügen. So legte Walt seinen Block zur Seite und griff sich die Speisekarte. »Wir sollten noch etwas essen, ehe unser Flugzeug geht. Wer weiß, wann wir in New York dazu kommen? Außerdem schaut die Bedienung schon die ganze Zeit misstrauisch zu uns herüber. Wir sitzen immerhin schon eine gute Stunde hier, ohne etwas bestellt zu haben.«

***

Sand Lake, New York State (Vormittag)

Sheriff Ward brauchte eine Pause. Die ganze Nacht hatten er und einige seiner Deputys den verbrecherischen Krankentechniker Bob verhört. Der Kerl hatte sich als ungemein zäh erwiesen und schwieg wie ein Grab. Selbst derbe Drohungen hatte er mit einem müden Lächeln an sich abprallen lassen. Stunde um Stunde war es so gegangen, bis Sheriff Ward schließlich die Anweisung gab, ihn in eine Zelle zu bringen. Dort wurde er mit Handschellen an die Zellenpritsche gefesselt und ein Polizist vor der Tür postiert, damit Bob nicht, wie sein Kollege vor ihm, Selbstmord begehen konnte.

Als Jeff Ward, der eigentlich nach Hause fahren wollte, um ein paar Stunden zu schlafen, aus dem Polizeirevier trat, spürte er, wie hungrig er war. Außerdem grübelte er darüber nach, wie er diesen verdammten Kerl, diesen Bob, zum Reden bringen konnte.

Seine Müdigkeit ignorierend und seinem Magen folgend, setzte sich der Sheriff hinter das Steuer seines Streifenwagens und lenkte, ohne weiter darüber nachzudenken, seinen Wagen auf die Landstraße Richtung Sand Lake. Während er so dahinfuhr, überdachte er noch einmal die Verhörmethoden, die er und seine Männer angewandt hatten. Er runzelte die Stirn, als er an einige Szenen dachte, in denen er und seine Deputys sogar mit Folter gedroht hatten. In ihrer Verzweiflung hatten die Beamten wissentlich das Gesetz gebeugt, wenn nicht gar gebrochen. Die Diskrepanz zwischen dem gesetzlichen Schutz, den er dem Verdächtigen eindeutig zu gewähren hatte, und dem Schreien, Stoßen, Brüllen und Drohen seiner Deputys auf der anderen Seite – das machte Sheriff Ward zu schaffen. Wenn der Fall abgeschlossen war, musste er sich unbedingt mit seinen Leuten zusammensetzen und über die Verhörmethoden sprechen, die in der vergangenen Nacht in seinem Revier praktiziert worden waren. So etwas musste die absolute Ausnahme bleiben.

Bei diesem Gedanken angekommen, registrierte Sheriff Ward, dass er sich kurz vor Mollys Grundstück befand. Mit einem Seufzer, der die ganze Last seiner Verantwortung auszudrücken schien, lenkte er seinen Wagen in die Einfahrt und stoppte vor dem Haus. Er wollte – wenn auch nur kurz, da sein Magen immer lauter knurrte –, nachschauen, wie es den beiden Frauen ging. Gewohnheitsmäßig betrat er das Haus durch die Hintertür, die direkt in die Küche führte. Tatsächlich fand er Molly und Carmen dort vor. Sie saßen am Küchentisch und unterhielten sich anscheinend sehr angeregt, während sie Gemüse putzten. Diese scheinbar unbekümmerte Alltäglichkeit erstaunte den Sheriff. Molly und ganz besonders Carmen hatten in den letzten

Tagen einiges erlebt, verhielten sich aber ganz so, als sei die Welt in Ordnung und das Böse nicht einmal eine Option.

Das Gespräch der Frauen verstummte, als Jeff Ward den Raum betrat, und Molly Barns schien auf einmal telepathische Fähigkeiten entwickelt zu haben, denn der Blick, den sie ihm zuwarf, sagte eindeutig: *Wage es nur nicht, meine Bemühungen zunichte zu machen, hier Harmonie zu schaffen. Das Mädel hat genug gelitten.*

Laut und mit einem wie hingezauberten gütigen Gesichtsausdruck, der so gar nicht zur folgenden ironischen Bissigkeit passen wollte, sagte sie: »Hallo Jeff, na, du besuchst mich in letzter Zeit wirklich oft. Hat das mit meinem lieben Hausgast zu tun oder mit meiner guten Küche? Wenn Letzteres zutrifft, muss ich dich leider enttäuschen. Das Essen ist noch nicht fertig.«

Erstaunt über den angriffslustigen Ton antwortete Jeff Ward nur: »Nein, ich bin nicht wegen des Essens gekommen …«

»Aha«, unterbrach sie ihn. »Also bist du wegen Carmen hier!«

»Nein, ja«, stammelte der Sheriff und war in Gedanken schon nicht mehr bei der Sache. Ihm war eine Idee gekommen. Wie eine Offenbarung stand der Gedanke in seinem Hirn. Warum war er nicht schon viel eher darauf gekommen? Jetzt wusste er, wie er diesen Bob zum Reden bringen konnte.

Mollys Stimme brachte ihn in die Gegenwart zurück. »Nein, ja? Also was nun?«

»Ich wollte nur schnell schauen, ob es euch gut geht und ob ihr etwas braucht. Ich muss auch gleich weiter. Hab noch eine Menge zu erledigen.«

Noch ehe Molly darauf antworten konnte, klingelte das Telefon.

»Jeff, heb mal für mich ab«, kommandierte Molly. »Du siehst ja, dass ich schmutzige Hände habe.«

Ergeben ging er zum Telefon, das nach altmodischer Art an der Küchenwand hing und mit einem überlangen Kabel versehen war, das dem Benutzer gestattete, in der ganzen Küche umherzulaufen.

Es war Hanky. Sheriff Ward, dem immer noch Mollys warnender Blick vor Augen stand, sagte zur Einleitung, dass hier alles in Ordnung sei. Doch Hanky, der offenbar sofort wusste, dass der Sheriff etwas verschwieg, bohrte weiter, bis Jeff Ward schließlich berichtete, was sich letzte Nacht zugetragen hatte und dass er mit dem bisherigen Verlauf des Verhörs nicht zufrieden war. Dann verabschiedete er sich von Hanky und fragte, um der Situation etwas die Spitze zu nehmen, ob er auch mit Carmen sprechen wolle. Danach gab Sheriff Ward Carmen den Hörer und flüsterte Molly leise zu: »Was sollte ich denn machen? Carmen muss lernen, mit dem Erlebten umzugehen. Molly, du machst hier einen echt guten Job.«

Damit verließ er eiligst das Haus und stieg in seinen Wagen.

Eine halbe Stunde und viele Telefonate später saß Sheriff Ward im *Sand Lake Kitchen* und studierte die Speisekarte. Nachdem er alles in die Wege geleitet hatte, um Bob eine Falle zu stellen und ihn so zum Reden zu bringen, hatte sich sein Magen lautstark zu Wort gemeldet. Die Serviererin kam zu seinem Tisch, den kleinen Bestellblock in der einen Hand, den Stift in der anderen. Er bestellte ein T-Bone-Steak mit Spiegelei und Bratkartoffeln. Schon der Gedanke an das Steak veranlasste seinen Magen zu einem weiteren Knurren. Um sich abzulenken, fragte sich der Sheriff, was ihn eigentlich dazu bewegt hatte, bis nach Sand Lake zu fahren, um seinen Hunger zu stillen. Das hätte er wirklich einfacher haben können. Nicht weit von seiner Polizeistation befanden sich gleich mehrere kleine Restaurants, die für ihre gute Hausmannskost bekannt waren.

Er schüttelte verwundert den Kopf und schalt sich selbst einen Narren. In diesem Moment klingelte die Glocke an der Eingangstür, und aus berufsbedingter Gewohnheit begutachtete er aufmerksam den eintretenden Mann.

Weißer, etwa einsachtzig, kurze braune Haare, braune Augen, fünfundsiebzig Kilo oder etwas mehr, durchtrainiert, Gipsschale am linken Unterarm, von einer Schlinge gehalten …

In diesem Moment dämmerte es Sheriff Ward, warum er scheinbar unbewusst nach Sand Lake gefahren war.

Hatte nicht Hanky, oder ist es Walt Kessler gewesen, von einem Vorfall im Sand Lake Kitchen *gesprochen, wo ein Odin-Mann vom Hocker gefallen war?* Natürlich! In der Hektik der vergangenen Tage hatte er glatt vergessen, sich um diese Sache zu kümmern und die Bedienungen im Restaurant zu befragen. Aber wenn das der Kerl war …

Kurz wurde er von seinen Überlegungen abgehalten, als die Serviererin ihm sein Steak auf den Tisch stellte. Schnell beugte er sich zu ihr. »Waren Sie an dem Tag hier, als ein Gast vom Barhocker gefallen ist?«

Die Frau nickte erstaunt. Anscheinend hatte sie den Vorfall schon halb wieder vergessen – vielleicht kam es öfter vor, dass hier Gäste vom Hocker stürzten. Dann jedoch setzte sie sich wie selbstverständlich neben den Sheriff und sagte mit ebenfalls gesenkter Stimme: »Ja, an diesem Tag hatte ich Dienst. Warum fragen Sie?« Dabei legte sie ihren Arm um seine Schulter, wie man es bei einem alten Bekannten macht, wohl um ihn zu beschwichtigen. Es war immer von Vorteil, sich mit der Polizei gutzustellen, vor allem, wenn ein Gast im Restaurant verunglückt und der Besitzer nicht ausreichend versichert war. Jeff Ward ließ diese Vertraulichkeit zu, da der Gipsträger, falls er durch Zufall in ihre Richtung schaute, davon ausgehen musste, dass der Sheriff sich hier privat aufhielt.

»Kann es sein«, fragte er leise weiter, »dass der Mann dort drüben an der Theke derjenige ist, der vom Hocker fiel?«

Nun wurde die Serviererin doch etwas unruhig. Der Cop war also nicht wegen eines Mittagessens hier, sondern wollte rumschnüffeln. Aber es half ja alles Leugnen nichts, wenn die Polizei rumzuschnüffeln begann. Zwar hatte ihr Boss die Order herausgegeben, nichts von dem Unfall zu erzählen, doch wenn sie so direkt von einem Uniformierten befragt wurde, musste sie wohl antworten. Wer wollte sich schon mit dem Gesetz anlegen, Boss hin oder her? Das war am Ende nicht ihr Problem. So schaute sie möglichst unauffällig zu dem an der Theke sitzenden Mann und dachte gleichzeitig: *Wie kann man nur so blöd sein, sich wieder auf einen Hocker zu schwingen, wenn man erst vor Kurzem von einem gestürzt ist?*

Dann schaute sie wieder den Sheriff an und murmelte mit möglichst unbeteiligtem Gesicht: »Ja, das ist derselbe Mann.« Und dann, etwas lauter: »Lassen Sie Ihr Steak nicht kalt werden. Wäre direkt schade um das schöne Essen.« Damit erhob sie sich und schlenderte zur Theke, um dort die Bestellung des neuen Gasts aufzunehmen.

***

New York City, Queens (Nachmittags)
Erfreut hatten Hanky, Walt und Paul Richard begrüßt, der sie vor dem Haupteingang des La Guardia Airports in Empfang genommen hatte. Nun saßen sie in Richards Wagen und fuhren durch den New Yorker Stadtteil Queens. Ein angeregtes Gespräch war im Gange, und Hanky freute sich auf eine Dusche zu Hause. Der Verkehr war wie immer sehr dicht, und die Fahrzeuge bewegten sich im Schritttempo über den Brooklyn Queens Expressway, der heute seinem Namen keine Ehre machte. Hanky schaute aus dem Wagenfenster auf das ihm mittlerweile vertraute Stadtbild. Er war froh, als sie endlich in den Queens Boulevard einbogen. Nun dauerte es nicht mehr lange, trotz des auch hier herrschenden dichten Verkehrs, und sie würden über die Brücke nach Manhattan gelangen. Dann waren es nur noch ein paar Minuten bis zu seiner Wohnung.

Er wollte sich schon entspannt zurücklehnen, als Richard plötzlich den Blinker setzte und von der Stadtautobahn abfuhr.

Ehe Hanky noch fragen konnte, wohin er eigentlich wolle, bog Rich nach rechts in die 27th Straße ein. Er fuhr so sicher, als ob er in Queens sein ganzes Leben verbracht hätte.

»Richard, wo willst du denn eigentlich hin?«, fragte Hanky. »Ich dachte, wir fahren zu meiner Wohnung?«

»Wir haben noch etwas zu tun, ehe wir uns ausruhen können. Ich will euch erst noch einigen Leuten vorstellen.«

Noch ehe Hanky weitere Fragen stellen konnte, fuhr Richard in den Hof einer Druckerei. Er parkte den Wagen vor einem zehnstöckigen Backsteinhaus, dem Anschein nach ein Fabrikgebäude.

»Nun kommt schon«, forderte Richard seine Freunde ungeduldig auf, während er aus dem Wagen stieg. »Wir werden erwartet.«

Nachdem sie das Backsteingebäude durch eine Seitentür betreten hatten, ging Richard ihnen voraus bis zu einem Fahrstuhl, dessen Schutzgitter man nach oben schieben musste, um die Kabine zu betreten. Er bückte sich und stemmte die Vorrichtung hoch, hielt die altertümliche Lifttür in Kopfhöhe in Position und winkte die anderen eilig herbei. Hanky, Walt und Paul betraten den Aufzug, und Richard machte ebenfalls einen Schritt nach innen, um dann das Schutzgitter loszulassen. Wie ein Fallbeil sauste es nach unten und schlug mit einem lauten Knall auf den rohen Betonboden. Richard grinste nur. Er schien einen Heidenspaß an den verwirrten, fragenden Gesichtern seiner Freunde zu haben. Mit einem Ruck zog er an einem schwarzen Hebel und ließ ihn in halbhoher Position einrasten. Knarrend setzte sich der Aufzug in Bewegung. Stockwerk nach Stockwerk glitt an ihnen vorbei, doch die Fahrt war nur von kurzer Dauer. In der siebten Etage stoppte der Lift mit einem Ruck, knarrte in allen Verstrebungen und senkte sich dann wieder ein kleines Stück ab. Richard wiederholte die Prozedur mit dem Gitter. Dieses Mal brauchte er allerdings nicht auffordernd zu winken, denn Hanky und die anderen waren froh, den in die Jahre gekommenen Aufzug zu verlassen.

Das Erste, was Hanky zu Gesicht bekam, war ein mit einem Schnellfeuergewehr bewaffneter Mann, der irgendwie militärisch aussah, obwohl er Zivilkleidung trug. Der Fremde musterte Hanky und seine Freunde misstrauisch, gab aber auf ein Zeichen Richards den Weg durch eine Stahltür frei. Hinter der Tür schloss sich ein etwa zehn Meter langer, kahler Gang an, von dem rechts und links Türen abzweigten. Am Ende des Gangs befand sich eine weitere Tür, vor der ebenfalls ein bewaffneter Soldat Wache stand. Sie passierten auch diese Tür und betraten einen fünf mal zehn Meter großen Raum, in dem sich mehrere Personen aufhielten. Es gab zwei Gruppen, die sich wie zufällig im Raum verteilt hatten. Auf der einen Seite standen zwölf Männer, die denen vor den Türen irgendwie ähnelten. Von ihnen schien eine gewisse Aura der Gefährlichkeit auszugehen. Auf der anderen Seite, bei den vor Dreck fast erblindeten Fenstern, hielt sich die zweite Gruppe auf, die aus sieben Männern bestand. Diese Leute sahen auf den ersten Blick eher harmlos aus, wenn man aber genauer hinschaute, wusste man sofort, dass sie alles andere waren als das.

Verwirrt schaute Hanky Richard an. Mit was für Leuten hatte er sich da nur eingelassen? Wie war es möglich, dass er als Ortsfremder in New York so schnell Kontakt zu solchen Männern bekommen hatte, wo er doch gerade erst aus Brasilien zurückgekehrt war? Langsam begann Hanky etwas zu ahnen, doch noch bevor er seinen Verdacht in die richtige Richtung lenken konnte, öffnete sich an der Rückwand des Zimmers eine weitere Tür.

Roger Thorn, der FBI-Beamte, trat ein, gefolgt von einem kleineren Mann mittleren Alters mit grau melierten Haaren. »Da seid ihr ja endlich«, rief er erfreut und kam durch das Zimmer auf sie zu. Als erstes schüttelte er Hanky so herzlich die Hand, als hätten sie einander schon lange nicht mehr gesehen, danach war Walt an der Reihe, der ein wenig verwirrt aus der Wäsche schaute. Bei Paul wurde Roger fast schon wieder ernst, als er ihm die Hand schüttelte und sagte: »Sie müssen Paul Green sein. Es ist mir eine ausgesprochene Ehre, Sie endlich persönlich kennenzulernen."

Paul murmelte »Danke, gleichfalls« und ließ Rogers Hand los.

Roger drehte sich wieder zu Hanky um. »Wir haben eine Menge zu besprechen. Doch eines im Voraus«, und dabei lächelte er, »ich bin nun sehr zuversichtlich, dass wir mit Unterstützung der hier Anwesenden und denen, die sich uns in Kürze noch anschließen werden, eine gute Chance haben, die Hintermänner der Gruppe Phönix und der Odin Force zu stellen und dingfest zu machen. Kommt, ich stelle euch erst mal vor, und danach besprechen wir, was als Nächstes zu tun ist.«

In der folgenden Stunde tauschten die Männer ihre gesammelten Informationen aus. Hanky staunte nicht schlecht, als er hörte, wen Richard als Verbündete von seinem Brasilientrip mitgebracht hatte. Eine Organisation wie die CAG unter der Schirmherrschaft des Verteidigungsministeriums war als Partner in diesem Kampf nicht mit Gold aufzuwiegen. Dennoch breitete sich in Hanky Unbehagen aus, wenn er diese offenbar zu allem entschlossene Gruppe von Männern betrachtete. Ohne sich anfangs darüber bewusst zu werden, überprüfte er mittels seiner telepathischen Gabe die Gedanken der Gruppe. Es fiel ihm leicht, der Besprechung zu folgen und, sozusagen im Hintergrund seines Geistes, alle Informationen zu verarbeiten und zu bewerten. Das Ergebnis seiner Observation fiel im ersten Moment absolut positiv aus. Jeder hier im Raum wollte die Nazis ausschalten und dem Elend der Spender ein Ende bereiten. Wenn er aber genauer analysierte, zu was diese Männer fähig waren, wusste Hanky nicht, ob er dies mit seiner eigenen Ethik in Einklang bringen konnte. Die Männer um Henry Rolin waren eindeutig Gesetzlose, die im normalen Leben bedenkenlos illegalen Geschäften nachgingen und dabei nicht besonders zimperlich mit ihren Gegenspielern umgingen. Was Hanky beruhigte, war, dass es bei Henry Rolins Geschäften nicht um Drogen ging, sondern in der Hauptsache um Hehlerei. Das war zwar auch strafbar, da Rolin mit Diebesgut handelte, aber im Moment tolerierbar und nicht wichtig.

Anders sah die Sache bei den CAG-Spezialisten aus. Diese Einheit arbeitete für die US-Regierung und erledigte Aufgaben, zu denen sonst kein US-Dienst bereit war. Verdeckte Operationen von Sabotage, Entführungen, Rettungsaktionen, Infiltration hinter feindlichen Linien bis hin zum gezielten Mord gehörten zum Aufgabenbereich dieser Einheit. Hier hatte Hanky ein größeres Problem, da er schlecht mit Gewalt umgehen konnte und es im Allgemeinen ablehnte, mit Leuten dieser Sorte zusammenzuarbeiten. Schon bei seinen ersten Interviews mit dem FBI hatte er es abgelehnt, sich an der Waffe ausbilden zu lassen.

Doch hier war er mit einer extremen Situation konfrontiert. Es musste alles getan werden, um das Elend der Spender zu beenden. Die Gruppe Phönix und die ihr anhängenden verbrecherischen Organisationen durften nicht fortbestehen.

Bei diesen Überlegungen stellte Hanky überrascht fest, wie er gleichzeitig der Diskussion der Gruppe gefolgt war und unabhängig, wie auf einer zweiten Ebene, die Männer gescannt hatte. Es fiel ihm immer leichter, sich in die Gedanken seiner Mitmenschen einzuschalten und sie zu belauschen. Wieder meldeten sich Bedenken bei Hanky, denn er wusste, dass das Ausforschen auf telepathischem Weg nicht in Ordnung war. Doch diese moralischen Bedenken mussten warten. Im Moment war es wichtiger, sich auf die bevorstehende Aufgabe zu konzentrieren.

Er schaute zu Walt hinüber, der ihn schon einige Minuten mit skeptischen Blicken bedachte. Erkannte er, was in ihm vorging? Hatte er Hankys neuste Weiterentwicklung bemerkt?

Hanky lächelte ihn an, was der nur mit einem scheinbar verstehenden, kurzem Nicken beantwortete. Was ging mit ihm und Walt vor? Wie weit veränderten sie sich? Wurden sie zu Monstren in Menschengestalt?

Hankys Gedanken schweiften ab, und er rief sich selbst zur Ordnung. Hier und jetzt, das war alles, was zählte. Alles andere musste warten, egal, welche Bedenken er im Moment hatte.

In einem kleinen Nebenraum wartete, an einen Stuhl gefesselt, der falsche Senator voller Angst auf seine Befragung. Die Kerle, die ihn entführt hatten, schienen über große Macht zu verfügen. Anfangs hatte er noch auf das Eingreifen der Polizei gehofft, jedenfalls solange sie sich noch im Stadtgebiet von Las Vegas aufgehalten hatten. Doch diese Hoffnung war verflogen wie der Sand der Wüste.

Seit dem Eintreffen dieses unbekannten Mannes war er nicht mehr verhört worden, und man hatte ihn verhältnismäßig gut behandelt. Eines machte ihm aber große Sorgen: Dieser Hanky, den die Männer auf der Fahrt durch die Wüste immer mal wieder erwähnt hatten, war anscheinend ein Verhörspezialist, der jeden brechen konnte. Schreckensbilder tanzten durch seinen Kopf wie eine Galerie des Grauens. Was würde dieser Hanky mit ihm anstellen? Warum waren seine Entführer so von diesem Mann überzeugt, dass er bis nach New York transportiert worden war? Auch die Umstände des Transports verdeutlichten dem falschen Senator die Hoffnungslosigkeit seiner Situation. Anfangs hatte er vermutet, einer größenwahnsinnigen Verbrecherbande in die Hände gefallen zu sein. Doch als er die schwarz lackierte Frachtmaschine auf dem Wüstenflughafen erblickte, zweifelte er an seiner früheren Analyse. Hier waren Profis am Werk, und seine Chancen, hier wieder heil herauszukommen, schrumpften beständig.

Nun saß er in diesem dreckigen, kleinen Raum und konnte nichts anderes tun, als die alte, fleckige Stahltür anzustarren und darauf zu warten, dass dieser Hanky eintreffen würde.

Seine Geduld wurde auf eine harte Probe gestellt. Erst nach einigen Stunden öffnete sich die Tür. Herein kam ein großer blonder Mann, der auf den ersten Blick völlig harmlos wirkte. War das dieser Hanky, von dem die Männer gesprochen hatten?

Ohne ein Wort zu sprechen, schloss der Blonde die Tür, zog sich einen am Fenster stehenden Stuhl heran und setzte sich in einem Meter Abstand vor ihn. Dann geschah erst einmal nichts. Der Kerl saß nur da und betrachtete ihn. Was hatte das zu bedeuten? Unmut kroch durch die angespannten Nervenbahnen des falschen Senators. Was bildete der Kerl sich ein, ihn so unverschämt zu mustern? Wollte er ihn damit beeindrucken? Na, da konnte er lange warten. Wenn das alles war, was dieser Typ zu bieten hatte …

Plötzlich begann der Blonde zu sprechen, und der falsche Senator zucken zusammen.

»Ihr Name ist Ernst Wiegand. Sie sind der Sohn deutscher Einwanderer und in Phoenix, Arizona zur Schule gegangen. Dort haben Sie den ersten Kontakt zur Odin Force bekommen.«

Der falsche Senator ließ seine Kinnlade sacken und starrte den Blonden mit offenem Mund ungläubig an. Wie konnte der Kerl das wissen? War das ein Trick, und die Entführer hatten ihm unbemerkt Fingerabdrücke abgenommen, die sie dann mithilfe einer staatlichen Datenbank überprüft hatten? Ja, so musste es sein. Diese Dreckskerle wollten ihn aufs Glatteis führen.

Ihm fiel nicht auf, dass er bei seinen Überlegungen einen Fehler begangen hatte, denn keine staatliche Datenbank hätte eine Verbindung zur Odin Force herstellen können.

Wieder riss die durchaus freundlich klingende Stimme des Blonden ihn aus seinen Gedanken. »Sie haben sich in Carefree, Arizona einer plastischen Operation unterzogen, durchgeführt von Doktor Aribert Heim, der in Ihrer Organisation nur als *der Doktor* bekannt ist. In seinem Haus gibt es die entsprechenden medizinischen Voraussetzungen.«

Der falsche Senator keuchte entsetzt auf. Sein Blutdruck schnellte bedenklich in die Höhe, und sein Herz hämmerte wie wild.

Woher konnte der Blonde das nur wissen? Das Haus des Doktors war nur wenigen Leuten bekannt, und noch wenigere hatten es je betreten. Wer hatte geplaudert und dieses Geheimnis verraten?

Unvermittelt stand der Blonde auf und verließ den Raum. Einige Minuten später kam er in Begleitung eines weiteren Mannes zurück. Dieser hatte einen Schreibblock in den Händen und stellte sich schon fast unverschämt lässig ans Fenster. Dann begann der Blonde erneut zu sprechen, während er in dem kleinen Raum auf und ab ging. »Gute zwei Jahre haben Sie sich auf die Aufgabe vorbereitet, die Rolle des Senators zu spielen. Vor sechs Monaten war es dann so weit: Bei einer Wohltätigkeitsveranstaltung in Maryland kidnappten Ihre Kumpane den richtigen Senator, und Sie traten an seine Stelle.«

Fassungslos hörte Ernst Wiegand ihm zu. Er hatte inzwischen aufgehört, sich zu fragen, wie der Blonde an all die Informationen gekommen war. Wenn dieser Mann so viel über die Geheimnisse und Pläne der Organisation wusste, dann war alles verloren. Dann konnten sie nur einpacken und nach Südamerika flüchten. Dann war der große Plan geplatzt, waren die jahrelangen Vorbereitungen umsonst gewesen. Das würde Phönix nicht überstehen, zumindest würde es sie um viele Jahre, wenn nicht gar *Jahrzehnte* zurückwerfen. Seine persönliche Lage beurteilte der falsche Senator schlicht als hoffnungslos. Eben noch in hervorragender Position, mit guten Aussichten auf ein extrem langes Leben in Wohlstand und Macht, war er nun an einem Punkt angelangt, wo er sich nur noch einen schnellen Tod wünschen konnte. Eine Gefangenschaft, egal, wie sie aussehen mochte, hier in einem dreckigen Raum oder in einer staatlichen Gefängniszelle, würde nach spätestens zwei Monaten zu einem qualvollen Tod führen. Ohne die regelmäßige Verabreichung des Serums war er verloren. Die inneren Organe lösten sich nur Tage nach Ablauf der Achtwochenfrist auf und verflüssigten sich. Gleichzeitig würde sein Blut dünn wie Wasser werden und seine Haut zu Pergament vertrocknen. All seine Nervenbahnen verbreiteten dann nur noch eine Information, und die hieß Schmerz.

Eine Stunde später hatte Hanky alle Informationen, die der falsche Senator namens Ernst Wiegand liefern konnte. Der Mann war zum Schluss in eine lethargische Starre gefallen, dem Wahnsinn nah. Bedrückt hatte Hanky den Raum verlassen, gefolgt von Walt, um die anderen zu informieren.

Ernesto leitete sofort Maßnahmen ein, um den echten Senator, der in den Bergen Colorados in einer Berghütte gefangen gehalten wurde, befreien zu lassen.

Zwei Stunden später meldete das Team in Colorado, dass der Senator gerettet und fünf Odin-Soldaten verhaftet worden seien. Inzwischen beratschlagten Hanky, Roger Thorn, Walt und die anderen, wie sie die Gruppe Phönix am effektivsten ausschalten konnten.

***

Sand Lake, New York State (am Nachmittag)
Sheriff Ward und seine Leute hatten alles für den Bluff vorbereitet. Techniker hatten die zerstörten Bildschirme über den Betten entfernt. Nur im direkten Eingangsbereich hatten sie baugleiche Monitore angebracht und mit einem schlichten Computerprogramm eine Simulation des roten Wallens kreiert. Natürlich wusste Sheriff Ward, dass diese Installation nicht die gleiche verheerende Wirkung auf die menschliche Physis haben würde, aber darauf kam es ihm auch nicht an. Er zielte rein auf den psychologischen Effekt. Seine Gefangenen sollten nur den Eindruck gewinnen, dass der Sheriff sie den gleichen Qualen aussetzen wollte, die zuvor die Spender hatten erleiden müssen.

Er gab einem seiner Leute einen Wink, und der erste Mann wurde in den Saal geführt. Es handelte sich um Bob, den Krankentechniker, der hier in diesem Raum sein Unwesen getrieben hatte und genau wusste, was mit seinen Opfern geschehen war. Der Mann blickte sich ängstlich um, als er von zwei Polizisten in den Saal geführt wurde. Als er aber die eingeschalteten Bildschirme erblickte und das rötliche Schimmern sah, ahnte er Böses. Wild bäumte er sich auf und begann zu schreien. Nur der entschlossene Griff der Beamten verhinderte, dass er völlig außer Kontrolle geriet. Unbehaglich blickte Sheriff Ward auf seinen Gefangenen und war nicht mehr so sicher, dass sein Plan, ihn derart unter Druck zu setzen, wirklich zu rechtfertigen war. Andererseits musste er an die Rettung der anderen Spender denken, die noch in etlichen Häusern gleicher Art gefangen gehalten wurden. Nein, hier durfte er keine Schwäche zeigen oder das Gesetz zu vorsichtig auslegen. Gefahr war im Verzug, und wenn später ein Gericht befand, er hätte grob gegen die persönlichen Rechte ihm anvertrauter Verdächtiger verstoßen, so würde er gern die Konsequenzen ziehen und seinen Abschied nehmen. Doch jetzt galt es, hart zu sein und so viele Informationen wie möglich zu sammeln.

Entschlossen trat er auf Bob zu. »So, mein Lieber. Du wolltest uns nichts erzählen. Hast von nichts eine Ahnung. Hast hier nur gearbeitet. Na, wir werden sehen. Die Zeit für Lügen ist eindeutig vorbei. Jetzt wollen wir mal feststellen, wie viel du von dem roten Unterhaltungsprogramm verträgst, das du deinen Opfern immer so gern vorgesetzt hast.«

Bob machte große Augen und schnappte nach Luft wie ein Fisch im Trockenen. »Nein, das können Sie nicht machen. Ich kann das nicht aushalten. Ich werde mich beschweren. Du verdammter Bulle wirst deinen Job verlieren. Du wirst schon sehen.« In seiner Panik war Bob vom förmlichen Sie zum vertraulichen Du gewechselt.

Der Sheriff lächelte nur kalt und deutete mit der rechten Hand auf das nächste Krankenbett. »Ich bin wirklich gespannt, was du noch alles aussagen wirst, wenn wir mit deiner Behandlung fertig sind. Wahrscheinlich wirst du dann nur noch brabbeln wie ein Säugling – wenn du Glück hast. Ich denke eher, dass wir dich anschließend in die Pathologie bringen können. Das wäre eh das Beste. Ich würde dem Steuerzahler eine Menge Geld sparen. Der Gerichtsmediziner ist ein Freund von mir, und er schreibt in seinen Bericht, was ich für angemessen halte. Was denkst du, würde sich Tod durch Herzversagen gut machen … oder doch eher Hirnschlag?«

»Du bist verrückt«, schrie Bob in höchster Verzweiflung. »Das kannst du doch nicht machen! Ich habe Rechte!«

»Du hast Rechte?«, fragte der Sheriff kopfschüttelnd. »Nein, ich glaube nicht. Du hast deine Rechte verspielt, indem du all die armen Menschen hier gefoltert hast.«

»Aber ich habe doch nur gemacht, was mir aufgetragen worden ist! Ich habe genau nach den Anweisungen im Handbuch gearbeitet. Ich habe nicht zu verantworten, was mit den Spendern geschehen ist. Die sind immer nur angeliefert worden, und wir mussten sie an die Geräte anschließen. Mehr nicht! Das war unsere Aufgabe.«

»Mir kommen gleich die Tränen. Du fühlst dich ungerecht von mir behandelt? Ich mache auch nur meine Arbeit, und wenn du dabei draufgehst, belastet mich das genauso wenig, wie dich das Schicksal der Opfer belastet hat.« Er gab den Deputys einem Wink. »Macht schon, Jungs. Schnallt ihn aufs Bett. Wir haben unten noch einen Kandidaten, der vielleicht reden wird, wenn er die Leiche dieses Idioten hier zu sehen bekommt.«

»Nein, nein, NEIN«, schrie Bob aus vollem Hals. »Ich kann auch reden. Was wollen Sie denn wissen? Fragen Sie doch erst einmal mich.«

Sheriff Ward tat so, als müsse er überlegen, und legte seine Stirn in nachdenkliche Falten. »Warum willst du denn auf einmal reden? Hast du uns nicht versichert, dass du absolut nichts weißt?«

»Da habe ich gelogen. Bitte, Sheriff, fragen Sie!«

Der Sheriff nahm seinen Hut ab, kramte umständlich in seiner Hosentasche herum und zog ein zerknittertes Taschentuch hervor. Damit wischte er sich über Stirn und Nacken. Das Taschentuch steckte er wieder weg, behielt aber seinen Hut in der Hand. Dann richtete er seine Aufmerksamkeit wieder auf den Gefangenen. »Na, dann wollen wir mal sehen, ob du genug weißt, um dich vor dem roten Programm zu bewahren.«

In der nächsten Stunde plauderte Bob alles aus, was er wusste. Demnach gab es sechs weitere Häuser, die sich alle in einem Umkreis von vierzig Meilen befinden sollten. Früher einmal hatte es weit mehr Einrichtungen dieser Art gegeben. Doch nach und nach hatten die Odin-Männer sie geschlossen. Bob erinnerte sich an eine Unterhaltung zweier Odin-Soldaten, die von den Schließungen gesprochen hatten. Frech hatte Bob die Männer angesprochen und gefragt, ob er sich nun bald auf Stellensuche begeben müsse? Sie hatten nur gelacht und Bob beruhigt. Sie sagten, dass er nach dem *großen Tag* in ein besseres Gebäude versetzt werde und von da ab nicht mehr im Verborgenen arbeiten müsse. Bob hatte mit dieser Bemerkung nicht viel anfangen können und beschlossen, einfach alles auf sich zukommen zu lassen.

Der Sheriff unterbrach seinen Redefluss und fragte gezielt nach den anderen Häusern. Bob kannte nur die ungefähren Positionen, oft nur die Namen kleiner Ansiedlungen in der Nähe der Spenderhäuser. Als Sheriff Ward bemerkte, dass sich Bob zu wiederholen begann, gab er einem seiner Leute einen verdeckten Wink. Dieser zog eine schon aufgezogene Spritze aus einem Etui und trat von hinten an Bob heran. Unvermittelt stach er die Nadel in Bobs Halsschlagader und drückte den Kolben nach unten. Bob konnte nicht einmal mehr schreien und sank fast augenblicklich ohnmächtig zusammen. Die beiden Polizisten, die ihn nur noch leicht festgehalten hatten, griffen nun schnell zu. Gemeinsam trugen sie den Krankentechniker zum nahen Bett und legten ihn zurecht. Nach wenigen Minuten war die Szenerie für den zweiten Gefangenen präpariert. Bob lag wie tot auf dem Krankenbett, und auf seinem Gesicht flackerte rotes Licht.

***

New York City, Queens (nachmittags)

Ernesto hatte telefoniert. Nach der Besprechung und dem Verhör des falschen Senators Ernst Wiegand waren sie einstimmig zu der Einschätzung gelangt, dass ihre zahlenmäßige Stärke bei Weitem nicht ausreichen würde, da Einsätze an mehreren Orten zugleich notwendig waren. Die Bedrohung der nationalen Sicherheit war immens und musste unter allen Umständen abgewehrt werden.

Zudem hatte Sheriff Ward angerufen, und auch er brauchte Hilfe. Allein er benötigte genügend Einsatzkräfte, um sechs Spenderhäuser zu stürmen und die dort Gefangenen zu befreien. Allein dies machte es schon notwendig, logistisch in großem Rahmen zu planen. Der Sheriff wusste nicht, mit wie viel Widerstand er zu rechnen hatte. Selbst im günstigsten Fall war es erforderlich, dass er wenigstens vierzig Mann zu jedem einzelnen Haus beorderte, was in der Summe schon zweihundertvierzig Beamte bedeutete. So viele Polizisten unbemerkt zu sammeln und dann zur exakt gleichen Zeit angreifen zu lassen, war ohne Unterstützung nicht zu machen. Wenn man weiterhin rechnete, dass in jedem Haus etwa dreihundert Personen gefangen gehalten wurden und alle medizinisch versorgt werden mussten, dann war jetzt schon klar, dass die lokalen Krankenhäuser diese Aufgabe niemals stemmen konnten.

Nach etwa zehn Minuten beendete Ernesto sein Gespräch und schaltete das Handy aus. Er hatte mit seinem Vorgesetzten gesprochen, der noch während des Telefonats den internen Alarm des JSOC aktivierte. Gleichzeitig beorderte er eine Gruppe seiner Agenten nach Queens, um Ernesto schnellstens nach Washington zu transportieren.

Ernesto steckte sein Handy in die Jackentasche und sagte laut, um die vielen Stimmen zu übertönen: »Hört mal her, Männer, wir gehen vor wie besprochen. Allerdings werden Hanky und ich erst später zu euch stoßen. Richard, dir ist es freigestellt, an unserer Operation teilzunehmen. Aber ich warne dich, es wird gefährlicher werden als in Manaus.«

Richards Gesicht hatte sich vor Eifer gerötet. »Du glaubst doch wohl nicht, dass ich jetzt aussteige, wo es spannend wird? Außerdem ist Rita schon auf dem Weg nach West Virginia. Sie hat dort ein Zimmer im *Greenbrier* gebucht …«

»Sie hat *was*?«, unterbrach ihn Ernesto. »Wir wissen noch gar nicht, was wir dort zu erwarten haben …«

Nun war es an Richard, Ernesto zu unterbrechen. »Eben deshalb hat Rita dort ein Zimmer gebucht. Sie wird schon nicht gleich auffallen, das Hotel hat immerhin über siebenhundert Zimmer. Meine Frau und ich werden auf jeden Fall dort als Gäste agieren. Ich finde, du solltest auch ein paar Räume für einige deiner Männer buchen.«

Ernesto bedachte Richard mit einem schwer zu definierenden Blick und wandte sich dann schulterzuckend zu Hanky um. »Wir müssen uns auf den Weg machen.«

»Wohin?«, fragte Hanky.

»Verstärkung besorgen. Meine Männer, die wohl zu den am besten ausgebildeten Soldaten in den USA zählen, sind leider nicht in Kompaniestärke verfügbar. Es ist dir vielleicht noch nicht bewusst geworden, aber wir sind gerade dabei, die größte militärische Operation zu starten, die innerhalb der Grenzen der Vereinigten Staaten von Amerika jemals stattgefunden hat, den Bürgerkrieg einmal ausgenommen.«

Roger Thorn, der neben Hanky stand und sich bei der Diskussion bisher sehr zurückgehalten hatte, sagte: »Da muss ich Ernesto beipflichten. Ich bin mehr und mehr besorgt, dass viele meiner Kollegen an diesem … ja, man muss es wohl so nennen – an diesem Putschversuch beteiligt sind. Deshalb möchte ich in diese Richtung ermitteln. Dazu muss ich ebenfalls nach Washington.«

Ernesto nickte. »Klar, bis nach Washington kommst du mit. Und dann?«

»Dann begebe ich mich direkt in die Höhle des Löwen und versuche herauszufinden, wer in den nächsten Tagen so alles auf Reisen geht.«

»Dass ich ebenfalls mitkomme, ist ja wohl klar«, sagte Walt schlicht, und sein Blick war kompromisslos.

Richard hatte sich inzwischen mit Paul unterhalten, und beide waren sich einig, gemeinsam nach West Virginia zu reisen. Dort wollte Paul versuchen, die Positionen und Bewegungen des Gegners unter Zuhilfenahme seiner besonderen Gabe auszuspähen.

Während der ganzen Zeit hatte Henry Rolin abwartend die Vorbereitungen der anderen Gruppe verfolgt. Niemand hatte ihn und seine Männer in die Planungen einbezogen. Das passte ihm gar nicht. Er hatte seine eigenen Ziele, und er wäre nicht Henry Rolin gewesen, wenn er sie nicht mit größter Hartnäckigkeit verfolgt hätte. So ging er direkt zu Ernesto und baute sich vor ihm auf. Er stemmte die Hände in die Hüften, setzte seinen geschäftsmäßigen Blick auf und begann ohne viel Herumreden seine Forderung anzubringen: »Wie es ausschaut, sind Sie hier derjenige, der die Regierung vertritt. Richtig?«

Ernesto nickte nur und wartete ab, was Henry Rolin noch zu sagen hatte.

»Wie Sie wissen, haben meine Männer und ich diesen Betrüger, der in Nevada Senator gespielt hat, geschnappt. Dabei sind wir ein ziemlich großes Risiko eingegangen, und wenn ich mich nicht irre, würde die Show hier völlig anders laufen, wenn wir nicht unsere Hintern riskiert hätten. Stimmt's?«

Wieder konnte Ernesto ihm nur zustimmen.

»Deshalb habe ich mit meinen Männern gesprochen, und wir sind uns einig, dass wir weiterhin mit von der Partie sind. Allerdings ist da noch eine Sache, die uns, na, sagen wir mal, am Herzen liegt. Wenn wir schon alles tun, um die Nation zu retten, dann muss die Nation, der Staat, uns auch einen kleinen Gefallen erweisen.«

»Und der wäre?«, fragte Ernesto, obwohl er schon ahnte, worauf die Sache hinauslaufen würde.

»Streichung aller Vorstrafen und Einstellung aller anhängigen Verfahren. Kurz, wir wollen eine saubere Akte haben. Das ist wirklich nicht zu viel verlangt, meine ich.«

Ernesto schaute den Kleingangster einen Moment ernst an, dann verwandelte sich seine Miene in ein breites Grinsen. »Mister Rolin, ich dachte schon, sie würden mit unerfüllbaren Forderungen kommen. Solange Sie und Ihre Männer in der Vergangenheit keinen Mord begangen haben, lässt sich alles regeln. Sie haben mein Wort darauf.« Er streckte seine rechte Hand aus, und Henry Rolin schlug erfreut ein.

»Sie unterstehen ab sofort meinem direkten Befehl und sind damit offiziell im Dienst der CAG. Auf dem Weg nach Greenbrier erhalten Sie und Ihre Männer die entsprechenden Ausweispapiere, damit Sie sich im Zweifelsfall bei den örtlichen Behörden als aktive Mitarbeiter der CAG ausweisen können. Ihre Dienstverpflichtung endet frühestens nach Beendigung dieses Einsatzes. Haben Sie das verstanden?«

Henry Rolin schluckte, etwas überrascht, dass er auf einmal für den Staat arbeitete, den er bislang immer verabscheut hatte – im Besonderen die Ermittlungsbehörden –, sagte aber dann nur: »Sie können sich auf mich und meine Männer verlassen.«

»Sir«, sagte Ernesto.

»Was?«

»Ich sagte: Sir. Von nun an haben Sie mich mit Sir anzusprechen. Haben Sie das verstanden, Soldat?«

Nun war Henry Rolin völlig verwirrt, und so antwortete er mehr aus Reflex: »Ja, Sir!«

Ernesto fixierte ihn mit strengem Blick, ehe er in lautes Gelächter ausbrach. Henry Rolin schaute in die Runde und sah, dass alle Männer herzlich lachten. Erbost darüber, dass er soeben Opfer eines Scherzes geworden war, knurrte er, so wie man es eigentlich von ihm gewohnt war: »Der Teufel soll Sie holen, Ernesto, ich meine: *Sir*!«

Kapitel 21

Washington, D.C.,
1600 Pennsylvania Avenue (am frühen Abend)

Ein Mann mit dem irgendwie nach Hollywood klingenden Namen Reggie Love hatte sie am Eingang abgeholt und durch das große Gebäude mit all seinen edlen Möbeln und hohen Decken geführt, das fast wie ein Museum wirkte. In dem Raum, in den er sie gebracht hatte, warteten sie nun schon seit einer halben Stunde. Nach der ganzen Hektik, die sie erlebt hatten, um hierher zu gelangen, war die plötzliche Ruhe fast anstrengend. Walt verhielt sich wie ein Tourist und bestaunte mit offenem Mund die Bilder an der Wand. Ernesto hingegen inspizierte mit geübtem Blick seine Umgebung und suchte anscheinend Abhöreinrichtungen oder verborgene Kameras. Seiner enttäuschten Miene nach hatte er allerdings bisher keinen Erfolg gehabt. Hanky dagegen hatte es sich in einem gepolsterten Ledersessel bequem gemacht, und seine geschlossenen Augen konnten den Eindruck vermitteln, dass er eingeschlafen sei.

Das Gegenteil war der Fall. Hanky war hellwach und lauschte mit seinen telepathischen Sinnen. Das scheinbar ruhige Haus war in Wirklichkeit voller Leben. Hanky ertastete mindestens hundert Gedankenmuster, aber wahrscheinlich waren es weit mehr. Er nahm sich nicht die Zeit, sie zu zählen. Er suchte nach Gedanken, die sich mit dem Thema Odin Force, Gruppe Phönix oder den Spendern beschäftigten, denn er wollte feststellen, wem er trauen konnte und ob die

Verschwörung bis hierher reichte. Nacheinander belauschte er die Gedanken der im Haus arbeitenden Menschen. Er hörte Alltäglichkeiten, arbeitsbezogene Probleme, liebevolle Gedanken, traurige Erinnerungen und Hass. Bei Letzterem hielt er inne und forschte weiter. Es war ein Mann, dessen Gedanken er da las. Er fühlte sich beruflich übergangen, missverstanden und unterschätzt. Hanky tauchte tiefer in seine Gedankenwelt ein. So erfuhr er, dass dieser im Untergeschoss in einem kleinen, fensterlosen Büro vor einem Computer saß und Sitzungsprotokolle bearbeitete.

Diese unfähigen Bastarde, dachte der Mann, *seit die in der Regierung sind, treffen die nichts als Fehlentscheidungen. Verfluchte Demokraten. Doch das wird sich bald ändern. Ha, dann werdet ihr sehen, wie das richtig geht. Dann wird sich hier einiges ändern. Ich werde dann hier das Sagen haben. Alle Abteilungen werden von mir geleitet werden, und ich werde mit großer Freude alle Abteilungsleiter an die Wand stellen lassen. Es dauert nicht mehr lange. Ein bisschen mehr als eine* Woche, *dann zieht hier ein neuer Hausherr ein. Bis dahin sammle ich so viele Informationen, wie ich nur kann. Kleinfeld wird mich belohnen, das hat er versprochen.*

In diesem Moment wurde der Gedankenfluss des Mannes kurz unterbrochen. Hanky hörte durch die Ohren des Verräters, wie eine Tür geöffnet wurde und eine weibliche Stimme sehr bestimmt fragte: »Mister Oliver, haben Sie die Zusammenfassung des letzten G7-Gipfels endlich fertig? Der Boss wartet auf die Akte, und Sie wollen doch wohl nicht, dass ich ihm sagen muss, dass Sie immer noch daran sitzen.«

»Nein, Miss Cleave, natürlich nicht.« *Dir werde ich persönlich den Hals umdrehen, warte nur.* »Die Akte liegt im Ausgangskorb. Ich wollte sie gerade eben in Ihr Büro bringen.« *Elendes, arrogantes Miststück, ich werde dein Blut spritzen sehen, haha.* »Kann ich noch etwas für Sie tun?«

Hanky unterbrach seine Observation und schlug die Augen auf. Walt stand noch immer vor einem opulenten Landschaftsbild, schaute aber mit besorgtem Blick zu Hanky. »Alles in Ordnung mit dir?«, fragte er.

Hanky richtete sich auf und schüttelte den Kopf. »Nichts ist in Ordnung, Walt. Gerade habe ich einen Spitzel der Gruppe Phönix entdeckt, nur einige Büros von hier entfernt.«

Ernesto Blick verfinsterte sich. Er schnellte aus seinem Stuhl hoch und lief unruhig durchs Zimmer. Verärgert knurrte er: »Bis hierher also reichen die Verbindungen dieser Verbrecher schon. Hoffentlich lässt man uns nicht mehr so lange warten. Wir verlieren nur unnötig Zeit.«

»Zeit, um was zu tun?«, fragte jemand von der Tür her.

Ernesto fuhr auf dem Absatz herum, Hanky schnellte aus dem Sessel. Nur Walt blieb gelassen, und ein Lächeln legte sich auf seine Lippen.

Im Zimmer stand der 44. Präsident der Vereinigten Staaten von Amerika.

***

Washington, D.C., 935 Pennsylvania Avenue (zur gleichen Zeit)
Vor gut einer halben Stunde hatte Roger Thorn das wuchtige *J. Edgar Hoover Building* mit einem unguten Gefühl im Magen betreten. Hier im FBI-Hauptquartier, das unpersönliche, bürokratische Kälte ausstrahlte, schrumpfte seine Selbstsicherheit zur Größe einer Backerbse zusammen. Hier agierten, mit den modernsten technischen Mitteln ausgestattet, einige der Verschwörer. Roger war sich immer noch nicht sicher, ob seine verdeckten Ermittlungen im Odin-Force-Lager wirklich unbemerkt geblieben waren. Auch der Trip nach Las Vegas konnte registriert worden sein, und wenn ein kluger Kopf an einem FBI-Computer diese losen Fäden zusammenfügte, dann war Roger in Erklärungsnot.

So gelassen wie möglich schlenderte er durch den Empfangsbereich, seine Plakette um den Hals, und stieg, ohne angesprochen zu werden, in den Lift. Seine Kehle war wie ausgetrocknet, und da er immer noch nicht genau wusste, wo er hier im Gebäude seine Ermittlungen beginnen sollte, verließ er den Fahrstuhl zwei Etagen später, um sich in der Kantine etwas zu trinken zu besorgen. Der verhältnismäßig große Raum war um diese Zeit nur wenig besucht, was Roger nur recht sein konnte. Er kaufte sich ein Sandwich, eine Tasse Kaffee und ein Wasser. Gerade wollte er einen Tisch im hinteren Teil des Gastraums ansteuern, als ein junger Mann ihn ansprach: »Hallo Agent Thorn, auch mal wieder im Lande? Wollen Sie sich zu mir setzen?«

Roger schaute über sein Tablett nach unten und direkt in das freundlich lächelnde Gesicht von James Dredsom. Er kannte James seit dessen Praktikantenzeit vor drei Jahren, hatte ihn aber dann wieder aus den Augen verloren. Einen Moment lang überlegte er, ob er sich zu dem Kollegen setzen sollte, der, wie er sich erinnerte, sehr mitteilsam war. *Warum eigentlich nicht,* dachte er dann, stellte, ebenfalls lächelnd, sein Tablett auf dem Tisch ab und setzte sich James gegenüber. »Na, mein Lieber«, begann er launig die Unterhaltung. »Immer noch beim Praktikum?«

Sein Gegenüber lachte und winkte abwehrend mit beiden Händen.

»Leider nicht, Mister Thorn, ich bin schon über ein Jahr graduierter FBI-Agent. Allerdings im Innendienst. Habe noch keine Stelle im Fieldoffice bekommen und werde von Abteilung zu Abteilung weitergereicht. Im Moment hat es mich in die Buchhaltung verschlagen, aber nächste Woche komme ich zur Forensik.«

»Ja, so ist das am Anfang«, resümierte Roger und dachte an den Beginn seiner eigenen Laufbahn. »Das ändert sich bald, und wenn Sie ein Aufgabengebiet gefunden haben, das Ihnen gefällt, haben Sie die Möglichkeit, sich dort zu bewerben.«

Der junge Mann nickte etwas bekümmert, doch sein Gesicht hellte sich gleich wieder auf. Er hatte eben ein sonniges Gemüt und ging mit positiver Einstellung durchs Leben.

Roger überlegte einen Moment lang, während er sein Sandwich verspeiste. Dann schob er das Tablett zur Seite und stellte seinem jungen Kollegen eine im ersten Moment rhetorisch klingende Frage: »James, Sie arbeiten nun ja schon einige Zeit hier und kennen die Struktur unserer Organisation. Halten Sie es für möglich, dass einer oder mehrere unserer Kollegen ein falsches Spiel treiben könnten, ohne dass es im Tagesgeschäft auffallen würde?«

»Nun ja, Mister Thorn ...«

»Roger.«

»Wie bitte?«

»Nennen Sie mich Roger, wir sind ja schließlich Kollegen.«

»Äh, Roger, okay. Ich bin James. Was sag ich da, das wissen Sie ja schon. Also, um auf Ihre Frage zurückzukommen: Natürlich halte ich das für möglich. Schwarze Schafe gibt es ja bekanntlich überall. Aber wenn, dann müsste sich das für diese Leute echt lohnen. Wie wir beide wissen, ist es nicht so einfach, beim FBI aufgenommen zu werden.«

Roger nickte zustimmend, während in ihm ein Plan zu reifen begann. Sein junger Kollege war noch nicht in der Position, um für die Phönix-Leute und ihr Komplott von Nutzen zu sein. Daher konnte er davon ausgehen, dass James Dredsom nicht involviert war.

Gespannt schaute James ihn an und fragte geradeheraus: »Ermitteln Sie in diese Richtung, Roger? Kann ich irgendwie helfen?« Bei den letzten Worten senkte er die Stimme und wartete gespannt auf die Antwort.

»Das sollten wir nicht gerade in der Höhle des Löwen besprechen. Wie lange haben Sie heute Dienst?«

»Oh, noch bis Mitternacht. Allerdings habe ich jetzt Pause.« Er schaute auf seine Uhr. »Ich muss in einer Dreiviertelstunde wieder an meinem Platz sein.«

»Na dann, James. Wie wäre es mit einem Spaziergang?«

***

Greenbrier Hotel, West Virginia (später am Abend)

Für Rita war die Anreise von New York nach White Sulphur Springs – das war die Gemeinde, in dessen Gemarkung das *Greenbrier Hotel* seit 1778 der gehobenen Gesellschaft seinen Service anbot – ein kleines Abenteuer gewesen. Ohne auf Richards telefonische Einwände zu reagieren, hatte sie sich den Flugplan angesehen und tatsächlich einen Delta-Flug gefunden, der zweimal täglich vom New York, La Guardia Airport, nach Greenbrier ging. Sofort buchte sie den Abendflug und machte sich dann gleich daran, ein Zimmer im *Greenbrier Hotel* für sie und Richard zu buchen. Zwar war sie ein bisschen erschrocken, als sie die Zimmerpreise hörte, gab sich aber einen Ruck und buchte die teure Unterkunft.

Danach schrieb sie Richard per Handy eine Textnachricht. Sie packte zwei Koffer für sich und Richard und verließ Hankys Wohnung eine Stunde später. Ein Taxi brachte sie in erstaunlich kurzer Zeit zum Flughafen. Diesmal war sie es, die von New York aus zu einem Ort reiste, an dem unvorhersehbare Gefahren lauern mochten. Richard war, zum Glück, unbeschadet aus Brasilien zurückgekehrt, und es war fast nicht zu glauben, dass es erst heute früh gewesen sein sollte. Trotzdem hatte sie ein mulmiges Gefühl, als sie allein durch das Terminal schritt, die Security-Schleuse passierte und schließlich im Flugzeug saß. Rita war es nicht gewohnt, allein zu reisen, schon gar nicht zu fliegen. Doch sie tröstete sich mit dem Gedanken, dass sie ja nicht einmal das Land verließ und der Flug auch nur eine knappe Stunde dauern würde. Um sich die Zeit bis zum Abflug zu vertreiben, schaute sie sich ihre Mitreisenden an. Was wollten diese Menschen in West Virginia? Waren sie auf dem Weg nach Hause, führten Geschäfte sie in die Provinz oder lockte ein kleiner Urlaub? Sie versuchte gerade, die Passagiere in diese Kategorien zu sortieren, als ihr ein anderer, furchteinflößender Gedanke kam: Was, wenn sich unter den Reisenden Odin- oder Phönix-Leute befanden?

Auf einmal kam sie sich vor wie in einen schlechten Film versetzt, umgeben von Feinden, die sich als harmlose Touristen verkleidet hatten. Kaum hatte sie dieses Gedankenbild entworfen, wischte Rita es weg, sich selbst als hysterische Hinterwäldlerin bezeichnend, und schlug eine mitgebrachte Zeitschrift auf, um sich abzulenken. Doch wie ein heimtückischer Kobold tauchte der einmal gedachte Gedanke immer wieder auf. Ein ums andere Mal schaute sie von ihrem Magazin auf und ließ suchend den Blick durch die Flugzeugkabine schweifen. Verbarg sich hinter dem scheinbar gestressten Geschäftsmann, der nervös in seinem Terminplaner blätterte, in Wirklichkeit ein Organisator des Grauens? War die freundlich lächelnde Hausfrau zwei Reihen rechts von ihr eine gewissenlose Helferin der Gruppe Phönix, die nur daran interessiert war, auf Kosten anderer ein gutes Leben zu führen? Wie stand es um den grauhaarigen Herrn, der am Fenster saß und scheinbar desinteressiert vor sich hinstarrte? Sah sie hier einen der skrupellosen Wissenschaftler, der Menschenversuche anstellte und dem seine Forschungsergebnisse wichtiger waren als Menschlichkeit? Rita wusste, dass sie diesen Leuten wahrscheinlich Unrecht tat und sie alle rechtschaffene Bürger waren. Sie beschloss, für die restliche Flugzeit ihr Magazin zu studieren und nicht mehr auf ihre Umgebung zu achten.

Endlich setzte die Maschine auf dem kleinen Greenbrier Valley Airport auf, und erleichtert verließ Rita das Flugzeug. An der Gepäckausgabe bot ihr ein freundlicher älterer Herr an, ihre Koffer vom Band zu heben. Es entwickelte sich ein unverbindliches Geplauder, und Rita erfuhr, dass für diese Jahreszeit außergewöhnlich viel Betrieb auf dem kleinen Flughafen herrschte.

»Sie kommen wohl öfters nach Greenbrier?«, fragte Rita.

Ihr Helfer lachte nur kurz und erklärte nicht ohne einen gewissen Stolz: »Das kann man wohl sagen, junge Frau« – was Rita ungemein schmeichelte. »Ich bin mehrmals im Jahr hier. In der Nähe des Hotels habe ich ein kleines Haus. Außerdem spiele ich gern Golf, was bei dem Golfplatz hier immer wieder eine sportliche Herausforderung darstellt. Doch diesmal wird es wohl eher voll werden bei all den Touristen.« Erschrocken schaute er sie an. »Entschuldigung, ich wollte Ihnen nicht zu nahe treten. Spielen Sie Golf?«

Lachend verneinte sie und rief einen Kofferträger herbei. Sie verabschiedete sich von dem Golfer und verließ das Terminal.

Zwanzig Minuten später betrat sie die prächtige, mit weißen Säulen gesäumte Eingangshalle des *Greenbrier Hotels*. Erstaunlich viele Menschen bevölkerten den großen Raum, und ein erheblicher Geräuschpegel nahm dem Ambiente einen erheblichen Teil seiner Eleganz. Als Rita, die in einer Schlange vor der Rezeption gewartet hatte, endlich an der Reihe war, summte ihr Handy. Eine Textnachricht von Richard erschien auf dem Display. *"Rita, buche noch Räume für Paul, Hanky und Walt. Paul kommt mit mir an – die anderen folgen wohl später. Sind so in einer Stunde im Hotel. Liebe dich. Richard."*

Die Hotelangestellte hinter dem Tresen machte sich mit einem diskreten Räuspern bemerkbar, und Rita steckte mit entschuldigendem Blick das Telefon in die Handtasche. »Kann ich noch drei weitere Zimmer für heute Abend buchen?«

Es war wirklich ein hektischer Tag für die Hotelangestellten des *Greenbrier Hotels*. Innerhalb von kaum drei Stunden hatten sich mehrere Delegationsgruppen mit insgesamt über sechshundert Leuten vor den Eincheckschaltern eingefunden. Das Hotel war fast ausgebucht, was in dieser Jahreszeit eher selten vorkam. Die größte Gruppe kam von einer Firma mit dem Namen *Prestige Human Live Corporation*. Diese Firma hatte darauf bestanden, zu ihrem Event alle sechsundneunzig Gästehäuser anzumieten. Außerdem brachten sie ihr eigenes Dienstpersonal mit, das in den umliegenden kleineren Hotels und Pensionen eingemietet wurde. Der gesamte Komplex der Gästehäuser wurde von Firmenmitarbeitern in dunklen Anzügen abgeriegelt, und nur

Personen mit bestimmten Ausweisen durften eigens eingerichtete Kontrollstellen passieren. Die Hoteldirektion wurde dahingehend informiert, dass bei diesem Firmenevent wichtige, hochgestellte Persönlichkeiten aus Wirtschaft und Politik teilnahmen und davon in der Öffentlichkeit nichts bekannt werden sollte. Die weniger wichtigen Firmenmitarbeiter wurden im Westflügel des Hotels untergebracht.

Da die *Prestige Human Live Corporation* die Anmietung der benötigten Räumlichkeiten schon vor mehr als einem Jahr vorgebucht und eine erhebliche Summe angezahlt hatte, akzeptierte das Hotelmanagement die etwas außergewöhnlichen Wünsche dieses Unternehmens gern.

Was die Hoteldirektion allerdings nicht wusste und sich auch beim besten Willen nicht hätte träumen lassen, war, dass man hier nun einige der meistgesuchten Personen der jüngeren Weltgeschichte beherbergte.

Der wichtigste und bestgeschützte Mann der *Prestige Human Live Corporation*, hinter der sich niemand anderes verbarg als die Gruppe Phönix, war mit seinem Gefolge vor einer Stunde eingetroffen. Eigenbrötlerisch, wie er schon immer gewesen war, hatte er sich sofort in das für ihn vorgesehene Gästehaus zurückgezogen. Mit ungeduldigem Handwedeln scheuchte er alle Mitarbeiter und das Dienstpersonal aus dem Haus, mit dem Hinweis, die nächsten Stunden ohne Störungen verbringen zu wollen. Er nickte befriedigt, als sich die Eingangstür leise schloss, lockerte seine Krawatte und öffnete den oberen Hemdknopf. Dann ging er ins Wohnzimmer, das im sogenannten Neuengland-Stil eingerichtet war, und betrachtete den für seinen Geschmack überdekorierten Raum. *Für einige Tage kann man es hier schon aushalten,* dachte er, *dann ziehe ich ja sowieso in ein größeres Haus.* Während er leise vor sich hinlachte, inspizierte er die anderen Räume und fand zu seiner Zufriedenheit all seine Sachen an den dafür vorgesehenen Plätzen. Er hasste es, in einer neuen Umgebung erst einmal alles nach seiner persönlichen

Ordnung sortieren zu müssen. Doch seine Mitarbeiter, die ihn nun schon seit Jahrzehnten umsorgten, hatten die Räume perfekt vorbereitet. Selbst Evas Foto stand in einem einfachen Silberrahmen auf seinem Nachttisch. Leider war sie nicht mehr bei ihm. Ein schrecklicher Unfall hatte sie aus seinem Leben gewischt, wie ein unbarmherziger Regisseur in einer Wagneroper ihn nicht herzloser hätte inszenieren können: Bei einem Ausritt in den Bergen von Uruguay hatte ihr Pferd den Halt verloren und war gestürzt. Eva wurde unter dem mächtigen Tier begraben. Das Gewicht des Pferdes brach ihr die Rippen, von denen eine ihre Lunge perforierte. Kilometerweit von der nächsten Ansiedlung entfernt, war sie auf dem schlammigen Boden röchelnd, mit Schaum auf den Lippen, gestorben.

Die Nachricht von ihrem Tod brachte seine Welt beinahe zum Einsturz. Mit vor Trauer und Hass blinden Augen hatte er stundenlang getobt, bis ihm schließlich die Stimme versagte und er am Ende seiner Kräfte weinend auf dem Marmorboden vor ihrem Zimmer zusammenbrach. Dort lag er über zwei Stunden lang, und niemand wagte es, sich ihm zu nähern. So außer Fassung hatte ihn noch nie jemand gesehen, solche Gefühle hatte er noch nie gezeigt. Als die dritte Stunde anbrach und er sich immer noch nicht rührte, war ein Mann langsam, ja fast behutsam zu ihm gekommen und hatte sich einfach nur neben ihm auf den Fußboden gesetzt. Der Mann sagte kein Wort, machte keinerlei Anstalten, ihm vom Boden aufzuhelfen, nein, er saß einfach nur da und wartete.

Der Mann, der sich zu ihm, *El Poderoso*, wie ihn die Leute nannten, auf den Boden gesetzt hatte, war Horst Kleinfeld. Sein treuester Begleiter in all diesen Jahren.

Als sich der Mächtige endlich aufrichtete, war sein Blick so hart wie niemals zuvor.

Seine Rache war grausam gewesen. Er ließ alle Mitglieder des Reitausflugs vor seinem Haus antreten. Selbst das verwundete Pferd wurde herangeführt. Vierzehn Personen wurden gefesselt, darunter vier Männer seiner Leibgarde, zwei Frauen, Gesellschafterinnen Evas, und acht Einheimische. Mit großen, vor Angst geweiteten Augen mussten sie mit ansehen, wie Horst Kleinfeld auf einen Wink des Mächtigen zu dem von einem Stallburschen gehaltenen Pferd ging und ihm mit einem großen Dolch die Kehle aufschlitzte. Das Tier bäumte sich auf, riss den Stallburschen mit, der versuchte, das durchgehende Pferd festzuhalten, und galoppierte verängstigt davon. Blut spritzte wie eine Fontäne aus dem Hals des tödlich verwundeten Tiers. Ohne dass die Gefangenen es bemerkt hatten, waren von hinten Uniformierte an sie herangetreten und packten sie nun mit festem Griff. Schreie hallten über das Gelände. Den Mächtigen schien das nicht zu beeindrucken. Kalt schaute er die Gefangenen an, die Arme vor der Brust verschränkt.

Horst Kleinfeld, bestätigt durch ein weiteres kurzes Nicken des Mächtigen, ging zu dem nächststehenden Gefangenen und schnitt ihm ohne weiteres Zögern die Kehle durch. Wie bei dem Pferd spritzte das Blut mit hohem Druck aus der Wunde. Dem Mann versagten die Beine, doch der unbarmherzige Griff des hinter ihm stehenden Uniformierten hielt ihn aufrecht. Nun wurde aus dem Angstgeschrei der Gefangenen ein regelrechtes Gebrüll. Sie flehten und fluchten, sie weinten und strampelten. Doch es half nichts. Horst Kleinfeld ging von einem zum anderen und tötete die Menschen auf die gleiche schreckliche Weise mit seinem inzwischen vor Blut triefenden Messer. Als es endlich still wurde, drehte sich der Mächtige einfach um, ging zum bereitstehenden Wagen und fuhr davon. Das Anwesen in Uruguay wurde bis auf die Grundmauern niedergebrannt, und der Mächtige kehrte niemals wieder dorthin zurück.

Seine Eva ließ er auf der Bergfestung in Peru in einem eigens dafür errichteten Mausoleum beisetzen. Dies geschah ohne jeglichen Prunk, in aller Stille. Nur die engsten Mitglieder, der innerste Kreis der Gruppe Phönix waren anwesend und drückten dem Mächtigen nur stumm die Hand.

Seither waren schon mehr als zwanzig Jahre vergangen, doch der Mächtige konnte diesen schlimmen Tag nicht vergessen. Seufzend streichelte er kurz über den Bilderrahmen und setzte sich dann müde auf das Bett.

***

Washington, D.C.,
1600 Pennsylvania Avenue (zwei Stunden später)
Der Präsident hatte erst gebannt, dann fassungslos und schließlich mit wachsender Unruhe Hankys Bericht angehört, gespickt mit eingeworfenen Erklärungen seitens Ernestos und den Hintergrundinformationen, die Walt anfügte. Nur ab und zu stellte er in gewohnt kurzer Art Zwischenfragen und machte sich Notizen. Außerdem waren immer mehr Männer und Frauen wie auf einen geheimen Befehl hin hereingekommen und hatten sich still und unauffällig im Raum verteilt. Hanky hatte sie alle unbemerkt überprüft, jedoch keinen Abtrünnigen finden können. Als er seinen Bericht beendet hatte, herrschte angespannte Stille. Der Präsident blätterte noch einmal seine Notizen durch, erhob sich und blickte in die Runde der Versammelten, ehe er ernst sagte: »Zuerst einmal möchte ich mich bei Mister Berson, Walt Kessler und Colonel Ernesto Rodriges für ihre weit über das Normale hinausgehende Bereitschaft, sich gegen die Feinde des Staats zu stellen, herzlichst bedanken.«

»Major, Herr Präsident«, warf Ernesto leise ein.

Der Präsident zeigte ein kurzes Lächeln und legte wohlwollend eine Hand auf Ernestos Schulter. »Das hat schon seine Richtigkeit, Colonel. Als amtierender Oberkommandierender der Streitkräfte habe ich mir die Freiheit genommen, Sie zu befördern. Doch darüber reden wir später. Wichtig ist jetzt, dass wir die kommenden Maßnahmen besprechen. Wie ich die Lage beurteile, haben wir es hier mit einem ernst zu nehmenden Gegner zu tun, dessen Wurzeln bis weit in die Vergangenheit reichen.

Doch das ist nur als sekundär einzustufen. Wichtig ist vielmehr, dass wir herausfinden, welche Truppenteile bereit sind, sich gegen uns zu stellen. Ebenso müssen wir unsere Dienste, FBI, NSA und so weiter, unter die Lupe nehmen und die abtrünnigen Beamten dort schnell und effizient entfernen. Bleiben noch die hochrangigen Regierungsbeamten und Politiker. Ich will, dass jeder von ihnen auf seine Staatstreue hin überprüft wird. Ich weiß, dass, sobald diese Krise ausgestanden ist, eine Welle von Gerichtsverhandlungen auf uns zukommen wird. Doch auch das werden wir meistern.« Er blätterte noch einmal kurz in seinen Unterlagen, ehe er sehr ernst verkündete: »Kraft meiner Autorität als Präsident der Vereinigten Staaten von Amerika rufe ich hiermit den nationalen Notstand aus.«

Ein Raunen ging durch den Raum, und jeder versuchte sich vorzustellen, was das für Auswirkungen haben mochte.

Der Präsident hob die Hände, und sofort wurde es ruhiger im Raum. »Um Sie alle zu beruhigen, werde ich diesen Zustand nur für die absolut notwendige Zeit aufrechterhalten. Wichtig ist, dass wir in der Lage sind, unser Land zu schützen. Dabei werden wir die eine oder andere unpopuläre Entscheidung zu treffen haben. Meine Damen und Herren, ich erwarte von Ihnen absolute Verschwiegenheit, zu der ich Sie hiermit verpflichte. Ich möchte Sie ausdrücklich darauf hinweisen, dass ein Bruch dieser Schweigepflicht als Verbrechen gegen den Staat zu werten ist.« Er schaute kurz auf seine Uhr und gab seine erste Order unter Kriegsrecht: »Ich erwarte Sie alle in zwanzig Minuten im großen Besprechungsraum. Dazu möchte ich auch die Vertreter der Stabschefs sehen. Weiteres besprechen wir später.« Damit galten alle als entlassen, und der Raum leerte sich schnell.

Der Präsident beugte er sich zu Hanky, der sofort von seinem Stuhl aufsprang. Er konnte ja schließlich nicht sitzen bleiben, wenn der Präsident stand.

»Mister Berson, wir haben noch einiges zu besprechen, ehe die Sitzung beginnt.«

»Bitte, Sir, nennen Sie mich Hanky. Wenn ich *Mister Berson* höre, denke ich immer, mein Vater oder mein Großvater wären gemeint.«

Der Präsident lächelte verständnisvoll, wurde dann aber sofort wieder ernst. »Okay, Hanky. Ich möchte mich schnellstens mit dem FBI-Agenten unterhalten, den Sie bisher nicht namentlich erwähnt haben – um ihn zu schützen, vermute ich. Er war es, der am unmittelbarsten mit diesen Odin-Männern zu tun hatte. Außerdem hat er die ersten Schritte eingeleitet, diese Verschwörung aufzudecken. Also, wo hält sich dieser tapfere Mann im Moment auf?«

Hanky war sich darüber im Klaren, dass er dem Präsidenten antworten musste. Roger konnte von hier aus mit großer Wahrscheinlichkeit mehr erreichen als verdeckt in der FBI-Zentrale. »Wenn wir Glück haben, ist Agent Thorn nicht einmal eine Meile von hier entfernt.«

»Dann holen Sie ihn schnellstens her. Wir brauchen jeden guten Mann.«

Keinen Kilometer entfernt saß Roger Thorn mit seinem jungen Kollegen auf einer Bank im nahegelegenen Pershing Park. Wenn das wuchtige Finanzministerium nicht die Sicht versperrt hätte, dann wäre es den beiden Männern möglich gewesen, von hier aus das Weiße Haus zu sehen. Doch für touristische Impressionen hatten die beiden Agenten im Moment kein Auge.

Roger hatte James Dredsom in groben Zügen berichtet, was bisher geschehen war. Der junge Mann hatte nur so gestaunt und begann vor lauter Eifer beinahe zu glühen. Natürlich wollte er helfen, und nichts kam seinem ursprünglichen Wunsch so nahe, der ihn als Student dazu veranlasst hatte, sich beim FBI zu bewerben: Er wollte das Böse bekämpfen, für Recht und Ordnung eintreten, sein Land verteidigen. Hier und jetzt bot sich ihm diese Gelegenheit, und er würde alles tun, um mit von der Partie zu sein.

In diesem Moment klingelte Rogers Handy. Er schaute kurz auf das Display und erkannte Walts Nummer. Mit einem Fingerschnippen ließ er das Handy aufklappen. »Walt, was gibt es?«

James hörte nur eine leise Stimme, die antwortete, konnte aber kein Wort verstehen. Er sah, wie sich Rogers Stirn in ein Faltengebirge verwandelte und die Lippen zu einem dünnen Strich wurden. Dann antwortet Roger kurz: »Okay. Also bis gleich.« Er legte auf. Dann drehte er sich zu seinem jungen Kollegen um. »James, ist es unbedingt nötig, dass Sie heute noch zur Dienststelle zurückkehren?«

»Na ja, ich bin noch nicht ganz durch mit einer Auswertung, aber die kann ich auch morgen noch fertig machen. Es ist sowieso keiner mehr in meiner Abteilung.«

Roger stand auf und bedeutete James, es ihm gleichzutun. »Dann ist es ja gut. Wir beide haben nämlich noch einen Besuch zu machen, und der Hausherr wartet nur ungern. Also beeilen wir uns.«

»Wohin wollen wir denn? Etwa zu diesem Anrufer von eben?«

»Das auch, aber unser Ziel ist das Weiße Haus. Der Präsident will mich sehen.«

James sperrte vor Erstaunen den Mund auf, fing sich aber schnell wieder und fragte: »Erwartet der Präsident denn, dass ich mitkomme?«

Roger lachte kurz über seinen Kollegen. »Nein, der weiß noch nichts von seinem Glück, Sie kennenzulernen.«

***

The Greenbrier Hotel, West Virginia (später Abend)

Natürlich hatten sie ihn gestört, mit Kleinigkeiten belästigt, schmeichelnd um Rat gebeten. Ein in die US-Regierung eingeschleuster Agent war verschwunden, ein Mann, dessen Namen er schon wieder vergessen hatte. Ein jüdischer Senator, *wie sich das schon anhörte*, war durch einen Doppelgänger ersetzt worden. Monatelang hatte niemand den Austausch bemerkt. Ohne die geringste Vorwarnung war der Mann verschwunden. Den Sender, den er zu seinem Schutz immer getragen hatte, war in Mexiko gefunden worden. Ansonsten gab es keine Spur.

Kaum hatte er sich diesen Bericht fertig angehört, klopfte es erneut an der Tür. Missmutig hatte der Mächtige selbst geöffnet, da er ja alles Personal aus dem Haus befohlen hatte.

Sein Besucher war niemand anders als Aribert Heim, der in der Organisation nur *der Doktor* genannt wurde. Der Mächtige verspürte wie immer, wenn er mit diesem Mann zusammentraf, starke Abneigung. Doch der Doktor war unverzichtbar, da nur er wusste, wie man das Serum richtig präparierte. Diese Abhängigkeit und die ständigen Provokationen Heims waren dem Mächtigen ein ständiges Ärgernis. Mit ausdruckslosem Gesicht ließ er seinen ungebetenen Gast eintreten. »Nun, Herr Doktor, was verschafft mir die Ehre Ihres späten Besuchs?«

Doktor Heim lächelte schwach und irgendwie verschlagen. »Ich wollte nur schauen, wie es Ihnen geht. Wie ich sehe, wirkt mein Serum nach wie vor Wunder. Sie sind seit unserem letzten Treffen nicht um einen Tag gealtert, ja, ich würde fast behaupten, Sie sehen sogar etwas jünger aus. Wie war Ihre Reise?«

Der Mächtige verzog unwillig das Gesicht, als bereite es ihm Schmerzen, sich dieses schleimige Gewäsch anzuhören. Kratzig antwortete er: »Die Reise war anstrengend wie immer. Deshalb hatte ich mir ausgebeten, nicht gestört zu werden. Morgen stehen die letzten Besprechungen an, ehe wir zum großen Schlag ausholen. Also seien Sie mir nicht böse, wenn ich Sie wieder hinauskomplimentieren muss. Ich brauche meinen Schlaf.«

Der Doktor lächelte noch immer verbindlich, es schien ihm fast Spaß zu machen, dem Mächtigen auf die Nerven zu gehen. Gewandt verbeugte er sich leicht und verabschiedete sich mit den Worten: »Natürlich brauchen Sie ihre Ruhe. Schließlich stellen wir morgen die Weichen für eine neue Weltordnung. Da sollte man schon ausgeschlafen sein. Also, nichts für ungut, und eine gute Nacht wünsche ich.« Damit stolzierte er zum Ausgang und ließ die Tür schwungvoll zufallen.

Dieser arrogante Schleimer, dachte der Mächtige. *Wenn ich nur einen Weg finden würde, ihn loszuwerden!*

Er zog eine leichte Strickjacke über und trat auf die kleine Terrasse des Gasthauses. Er schaute nach oben, und ein wolkenfreier Himmel gestattete ihm einen prachtvollen Ausblick zu den Sternen. Gar nicht müde, setzte er sich auf einen Gartenstuhl und ließ seine Gedanken treiben wie Treibholz auf einem großen Fluss. Ab und zu verfingen sich diese Gedanken im Geäst der Erinnerungen, verharrten einen Moment lang und wurden dann von der Strömung der Zeit wieder fortgerissen.

Er hatte so viel erlebt in seinem langen Leben! Aufgewachsen in kleinen Verhältnissen, musisch veranlagt, zum Künstler geboren. Von Idioten verachtet, verschmäht, ungeliebt. Im ersten großen Krieg hatte er mit der Hingabe eines Liebenden gekämpft, doch auch hier hatte ihn der Spott dummer Menschen verfolgt, die sein Genie nicht verstanden. Verwundet war er heimgekehrt, enttäuscht, zerrissen, am Boden zerstört. Doch dann, fast wie eine Erleuchtung, fand er seine Bestimmung. In Wirtshäusern wetterte er gegen die unfähige Regierung, wurde bejubelt, wurde beschimpft, wurde verhaftet. Als Putschist landete er in einer Zelle, doch Gleichgesinnte waren bei ihm. Hier wurde er nicht gebrochen, nein, hier sammelte er Kraft und Ideen. Seine größte Idee aber, nämlich, die Gruppe Phönix zu gründen, kam ihm erst Jahre später, als er sich schon auf dem Weg nach oben befand und eine große Anhängerschaft um sich gesammelt hatte. Ja, das waren großartige, aufregende Jahre gewesen, wo er seine Gegner mit einem Fingerzeig aus dem Weg schaffen konnte, wo ihm der Staat gehörte, wo er der absolute und einzige Führer gewesen war. Die Massen hatten seinen Namen skandiert und sogar zur Grußformel gemacht. »Heil Hitler« hatten sie gerufen und ihn wie einen Gott verehrt. Der Wirbel um seine Person hatte ihn einige Zeit so gefangen, dass er fast das eigentliche Ziel aus den Augen verlor. Seine Mitstreiter und Freunde hatten damals versucht, ihn wieder auf das gemeinsame Ziel zu fixieren, doch er hatte nicht auf sie gehört und sich am Ende für unfehlbar gehalten. Er war wie von Sinnen gewesen in seiner grenzenlosen Selbstüberschätzung, bis ihn ein lauter Knall auf den Boden der Realität zurückbrachte. Es war 12:42 Uhr am 20. Juli 1944, als bei einer Lagebesprechung in der Wolfsschanze eine Bombe unter dem Kartentisch explodierte. Nur wenige Schritte hatten ihn gerettet, wenige Schritte, die er kurz vor der Explosion aus heftiger Empörung über die Unfähigkeit seiner Untergebenen durch den Raum gegangen war. Der Knall war das Letzte, an das er sich erinnern konnte, alles andere war Propaganda, und das hatte sich bis heute nicht geändert. Die Gruppe Phönix, seine Gruppe Phönix, hatte ihn gerettet. Mit schwersten Verletzungen hatten sie ihn aus den Trümmern gezogen und auf eine Trage gelegt. Mit einer Wolldecke über seinen Körper gebreitet hatten sie ihn unerkannt aus dem Lager geschafft, erst in einem Lastwagen und später mit einem Flugzeug zu einem geheimen Stützpunkt in den Bergen. Gleichzeitig präparierten seine Männer den Doppelgänger. Schläge, Schnitte und genaue Anweisungen ließen aus Friedrich Brettschneider, der sich viele Monate als Führerdouble hatte ausbilden lassen, den Reichskanzler Adolf Hitler werden, der wie durch ein Wunder das gemeine Attentat der Verschwörer, durchgeführt vom Verräter Graf von Stauffenberg, fast unbeschadet überstanden hatte. Quasi in letzter Minute verhinderte *der Führer* in der Person Brettschneiders den Putsch. Selbst Heinrich Himmler, der Hitler sehr vertraut war, bemerkte nicht, dass er von einem Doppelgänger Befehle entgegennahm. Brettschneider fand sich in seiner Rolle so gut zurecht, dass unter seinen Untergebenen niemand zweifelte. Eva Braun musste ihre Rolle an der Seite des falschen Hitlers gute sechs Wochen spielen, bis auch ihr Double so weit war, dass es an ihre Stelle treten konnte. In der

Kapitel 22

Greenbrier Hotel, Präsidentensuite (Mitternacht)
Doktor Aribert Heim war zu dieser späten Stunde noch hellwach. Er hatte viel zu erledigen. Glücklicherweise war er nicht in einem der Gästehäuser untergebracht, schon früh hatte er sich die Suite reserviert. Mochten die anderen doch in diesem Kunstdorf wohnen und sich von den penetranten Wachen dieses Kleinfelds reglementieren lassen. Er brauchte seine unbeobachtete Bewegungsfreiheit, gerade in den nächsten Stunden. Seit Jahrzehnten war es nicht mehr vorgekommen, dass sich der gesamte innere Zirkel der Gruppe Phönix an demselben Ort aufgehalten hatte. Das eröffnete ihm die Möglichkeit, gewisse Korrekturen in der inneren Struktur vorzunehmen. Er plante mit der Kaltblütigkeit eines Wissenschaftlers, dem seine Versuchsanordnung wichtiger war als menschliche Belange. Mit Letzteren hatte er sowieso noch nie etwas am Hut gehabt und sie stets als dumme Gefühlsduselei abgetan. Der ganze Westflügel des Hotels, in dem sich auch die die Präsidentensuite befand, wurde von seinen Leuten überwacht. Mehrere Laptops waren im Wohnbereich der Suite aufgebaut. Durch ein kleines, gut abgesichertes Netzwerk hatte er Verbindung zu seinem Hauptquartier in Arizona und den Einsatztruppen vor Ort. In genau einer Stunde würden seine Leute zuschlagen.

Der Doktor lächelte grimmig, wobei seine Narbe, die vom Mundwinkel bis zum Halsansatz reichte, hässlich hervortrat.

***

Washington D.C., 1600 Pennsylvania Avenue (zur gleichen Zeit)
Auch im Weißen Haus dachte im Moment niemand an Schlaf. Nach einer anstrengenden Sitzung, zu der schließlich auch Roger Thorn und sein junger Kollege gebeten worden waren – was beim Direktor des FBI, Robert Mueller, ein gewisses Stirnrunzeln ausgelöst hatte –, wurde vom Präsidenten eine halbstündige Pause angeordnet. Danach sollten die Fachreferate tagen und detaillierte Einsatzpläne erarbeiten.

Hanky schwirrte der Kopf. Viel war in den letzten Stunden von ihm verlangt worden, und zeitweise hatte er wie ein menschlicher Scanner Leute auf ihre Gesinnung hin durchleuchtet. Das war ihm mehr als unangenehm, und er war froh, dass mit Ausnahme einiger weniger niemand davon wusste. Insgesamt hatte er vier Mitarbeiter des Präsidenten identifiziert, die als Informanten für Phönix arbeiteten. Die vier wussten nichts voneinander und waren sehr überrascht, als Agenten des Secret Service sie am Arbeitsplatz verhafteten. Alle anwesenden Kabinettsmitglieder hatten sich als loyal erwiesen, was vom Präsidenten mit einem befreiten Aufatmen quittiert worden war.

Nun saßen Walt Kessler, Roger Thorn, James Dredsom und Hanky in der Kantine des Weißen Hauses zusammen und machten sich hungrig über die bereitgestellten Sandwiches her. Hoffnung machte sich wohlig in Roger breit. Noch vor wenigen Tagen war er durch einen Wald gerannt, in der festen Gewissheit, den Tag nicht lebend zu überstehen. Der Schock, als er erkannte, dass Menschen in großer Anzahl entführt und am Ende ermordet wurden, hatte ihm nur die Möglichkeit gelassen zu fliehen, da er allein nichts gegen eine derartige Organisation ausrichten konnte. Sein Minimalziel war es gewesen, sein Wissen über diese ungeheuerlichen Vorgänge weiterzugeben. Er hatte weit mehr erreicht, und seine Aktion hatte dazu geführt, dass nun eine ganze Armee von Spezialisten damit beschäftigt war, diese Verschwörung zu stoppen und ruchlosen Verbrechern das Handwerk zu legen.

Mit zufriedenem Lächeln griff er zu einem weiteren Sandwich und biss herzhaft hinein. Während er genussvoll kaute, traf ihn Hankys Blick. Hanky nickte nur gutmütig, wirkte auf Roger jedoch ziemlich erschöpft. Walt dagegen war völlig aufgekratzt. Ihm gefiel es, wie sich alles entwickelte. Er glaubte sich fast in einen Action-Film hineinversetzt, und er war mittendrin. Natürlich war ihm klar, wie ernst die Situation war. Doch im Moment befand er sich im Weißen Haus, mit all den wichtigen Leuten, die man sonst nur im Fernsehen sah, und der Präsident persönlich hatte Hanky und ihn zu seinen Sonderberatern ernannt.

Am meisten überwältigt war allerdings Rogers FBI-Kollege James Dredsom. Noch vor einigen Stunden hatte er in einer anderen Kantine gesessen, was dazu geführt hatte, dass er nun mit diesen mysteriösen Leuten am Tisch saß. Dieser Hanky war ihm irgendwie unheimlich. Noch nie hatte er von dem Mann gehört, bevor Roger Thorn ihm von ihm erzählt hatte. Dann aber hatte er gesehen, wie vertraut dieser Hanky mit dem Präsidenten gesprochen hatte, wo er diesen angeblich erst seit wenigen Stunden kannte. Doch das konnte nicht sein. Mehr als einmal hatte der Präsident seinen Arm um Hankys Schultern gelegt und sich leise mit ihm besprochen.

Auch Hankys Freund oder Mitarbeiter war ihm nicht geheuer. Zwar machte Walt einen recht freundlichen, harmlosen Eindruck, und laut Roger war er vor etwas mehr als einem Jahr noch ein einfacher Farmarbeiter gewesen … doch James hatte miterlebt, wie geschickt Walt mit Sachverhalten und Szenarien hantierte und frei mit sehr viel Hintergrundwissen vor den versammelten Größen des Weißen Hauses gesprochen hatte. So etwas konnte nur einer, der jahrelang studiert und in gehobener Stellung für Behörden oder für das Militär gearbeitet hatte. Natürlich konnte es sich bei den beiden auch um Mitglieder eines Geheimdienstes handeln. Auf jeden Fall waren sie interessant, und James hoffte, durch sie eine Möglichkeit zu erhalten, bald im Außendienst zu arbeiten.

Unvermittelt fragte Walt: »Hanky, hast du was von Paul gehört? Der müsste doch eigentlich längst im *Greenbrier* eingetroffen sein?«

Hanky griff zu seiner Kaffeetasse und trank einen Schluck, ehe er antwortete. »Ja, die beiden sind im Hotel. Vor fünf Minuten habe ich mit Paul gesprochen. Er hat sich schon mal kurz umgeschaut und einen Mann beobachtet, der ihm irgendwie bekannt vorgekommen ist. Er will noch mal darüber nachdenken. Übrigens hat Rita auch für uns Zimmer gebucht. Ich denke, dass wir noch heute Nacht nach West Virginia aufbrechen.«

Walt knurrte nur etwas Unverständliches, was wohl Zustimmung ausdrücken sollte, stand auf und schlenderte zur Kuchentheke. James Dredsom jedoch verstand überhaupt nichts mehr. Er war mit diesen Leuten seit Stunden zusammen, und er wusste genau, dass dieser Hanky mit niemandem telefoniert hatte, schon gar nicht in den letzten fünf Minuten.

***

Greenbrier Hotel, Präsidentensuite (1:00 Uhr am Morgen)

An der Tür der Präsidentensuite klopfte es leise. Dann öffnete sie sich kurz, und ein Mann schlüpfte hinein. Aribert Heim drehte sich um und sah verwundert von den Monitoren auf. Er erwartete keinen Besuch, insbesondere nicht in diesem entscheidenden Moment.

Der Mann, der in den halbdunklen, nur von den Monitoren beleuchteten Wohnraum trat, war Hans Kammler, sein Vertrauter, der für ihn die Gruppe Phönix ausspioniert hatte.

»Was willst du denn?«, fragte der Doktor.

Hans Kammler schritt eifrig durch den Raum und ließ sich neben ihm aufs Sofa plumpsen. »Ich will doch den spannenden Augenblick nicht verpassen. Hast du schon den Einsatzbefehl gegeben?«

»Ich war gerade dabei, als du hereingeplatzt bist. Wie hast du es überhaupt geschafft, unbemerkt aus dem Bereich der Gästehäuser zu kommen?«

»Indem ich gar nicht dort war, jedenfalls nicht die vergangenen Stunden. Ich habe mich im Kasino amüsiert.«

Aribert Heim zog missbilligend die Augenbrauen zusammen, sagte aber nichts. Er beachtete Hans Kammler nicht weiter und wandte sich wieder den Bildschirmen zu.

Im Wald westlich des Golfplatzes bewegten sich fast lautlos schwarz gekleidete Gestalten. Sie trugen leichte Kevlar-Helme, die durch ihre außergewöhnliche molekulare Struktur so gut wie schusssicher waren. An ihrer Stirnseite war ein Visier angebracht, das von außen die gleiche mattschwarze Färbung hatte wie der Helm selbst. Von außen war das Visier völlig undurchsichtig, für den Helmträger aber eine Quelle der Information. Durch eine an der Schulter angebrachte Hochleistungskamera wurde ein Bild direkt auf die Visierinnenfläche projiziert, das die direkte Umgebung widerspiegelte und dem Benutzer den Eindruck vermittelte, durch eine Glasscheibe nach draußen zu blicken. Gerade in der Nacht war die Kamera unersetzlich, da sie mit einem Aufhellerprogramm eine dunkle Umgebung klar und taghell darstellen konnte. Zusätzlich konnten an der Seite die Bilder anderer Kameras oder Informationen über die Gegend eingespielt werden, wie etwa eine Satellitenkarte, die per GPS-System genau die eigene Position bestimmte. Vervollständigt wurde der Helm durch ein Akustikset, das die Umgebungsgeräusche wiedergab wie auch den Funkverkehr ermöglichte. Der Anzug selbst bestand ebenfalls aus dem schusssicheren Kevlarmaterial und schützte seinen Träger weitgehend. Die kinetische Energie allerdings konnte kein Schutzanzug der Welt kompensieren. Wenn ein Kevlarträger getroffen wurde, spürte er einen sehr harten Schlag, der bis zum Brechen eines Knochen führen konnte, jedoch verhinderte, dass ein Projektil eindrang. Die einzige lebensbedrohliche Situation für einen in Kevlar gehüllten Soldaten bestand in gezieltem Beschuss, wenn dieser unter zehn Metern Abstand lag, vor allem großkalibrige Waffen stellten ein erhebliches Risiko dar.

Das alles wussten die Männer, die sich vorsichtig wie Raubkatzen zu ihren Einsatzpositionen geschlichen hatten. Nun warteten sie auf ihren Einsatzbefehl, der jeden Moment über Funk erteilt werden musste.

Nicht weit von der Position der Söldner entfernt observierte eine andere Gruppe das Gelände: Auf dem Klubhaus des Golfplatzes lagen Henry Rolin und zwei seiner Männer und spähten durch Nachtsichtgläser. Sie sicherten die Arbeit zweier Unit-Soldaten, die Richtmikrofone und Kameras installierten. Ziel der Aktion war es, das Gelände der Gästehäuser bestmöglich zu überwachen. Die Unit-Soldaten waren anfangs alles andere als froh gewesen, als sie die Order erhalten hatten, Henry Rolin und seine Männer bei dieser Operation aktiv mit einzubeziehen. Doch nun erwies sich der Befehl ihres Vorgesetzten als sehr hilfreich. Sie waren nur eine Vorhut, mussten aber noch in dieser Nacht die Voraussetzungen für eine erfolgreiche Observation schaffen. Dazu war es nötig, eine ganze Reihe von Kameras und Richtmikrofonen zu installieren. Gleichzeitig und zu ihrer eigenen Sicherheit war es erforderlich, das zu überwachende Gelände aktiv zu beobachten und zu sichern. Diese Aufgabe hatten die Unit-Soldaten Henry Rolins Männern übertragen. Die Zivilisten machten sich überraschend gut und agierten mit großer Professionalität.

Henry Rolin, ebenfalls in Schwarz gekleidet wie offenbar jeder in dieser Nacht, richtete sein Nachtsichtgerät nach Westen und damit direkt auf den Waldrand. Er glaubte, dort eine Bewegung ausgemacht zu haben, war sich aber nicht ganz sicher. Vorsichtig und sehr langsam drehte er sich in seiner liegenden Position, ohne den anvisierten Punkt aus den Augen zu lassen.

Eine leise Stimme drang aus dem Lautsprecher seines Headsets: »Was ist? Haben Sie etwas entdeckt?«

Henry nickte zuerst, schalt sich aber dann selbst einen Narren. Leise antwortete er dem Anrufer, von dem er annahm, dass es sich um einen der Unit-Männer handelte, die an der Dachkante arbeiteten: »Da war eine Bewegung am Waldrand. Doch jetzt ist wieder alles ruhig. Kann sein, dass ich mich getäuscht habe ...«

In diesem Moment sah er erneut eine Bewegung. Nein, es war mehr als nur eine Bewegung. Eine ganze Gruppe dunkler Gestalten, verteilt auf einen Radius von etwa dreißig Metern, bewegte sich langsam vom Waldrand fort und auf die Gästehäuser zu. Sie nutzten jede sich bietende Deckung und waren von Bodenniveau aus bestimmt nicht zu sehen. Vom Dach eines Gebäudes aus sah es allerdings anders aus.

»Wir bekommen Besuch«, flüsterte er in sein kleines Mikrofon.

»Wie viele?«, fragte die leise Stimme ruhig.

Hier zeigte sich die Professionalität der Unit-Soldaten. Ohne seine Arbeit zu unterbrechen oder zu beschleunigen, gab der Truppführer seine Anweisungen. »Achtung an alle Teams. Unbekannter Gegner rückt vom Wald her Richtung Gästehäuser vor. Bewegung beobachten, sonst weiter nach Plan.«

Währenddessen patrouillierten Wachtruppen der Odin Force am äußeren Parameter der Gästehäuser. Ihr Auftrag hörte sich einfach an: Kein Unbefugter durfte das Gelände betreten. Um diesem Auftrag aber gerecht werden zu können, wäre es nötig gewesen, in voller Ausrüstung – das hieß, mit automatischen Waffen und Körperschutz – auf Streife zu gehen. Dies aber war hier an diesem öffentlichen Platz nicht möglich. Eine Gruppe Sicherheitsleute konnte gerade noch mit dem erhöhten Sicherheitsbedürfnis leitender Angestellter der *Prestige Human Live Corporation* und deren Geschäftspartnern begründet werden, schwer bewaffnete Soldaten hingegen nicht.

Mit Sicherheit würde die Presse auftauchen und unbequeme Fragen stellen.

So gingen die Männer der Odin Force in Zivil Streife, wenn man denn einheitliche schwarze Anzüge als Zivil bezeichnen wollte. Nur kleine Handfunkgeräte, nicht einmal Headsets, die professionelle Personenschützer und Leibwächter heutzutage als Standard betrachteten, waren im Einsatz. Verborgen unter den Anzugsjacken trugen die Wachen Pistolen in ihren Schulterhalftern, was im Falle eines Angriffs der Reaktionszeit sehr abträglich sein würde. Doch wer sollte einen Angriff führen, wo doch kein Außenstehender wissen konnte, wer sich hier in West Virginia zu einem Meeting versammelt hatte? Nicht einmal die patrouillierenden Wachen wussten, wer sich in den zu bewachenden Gästehäusern aufhielt.

***

Washington D.C. (nachts)

Inzwischen hatte der Präsident seine Krawatte abgelegt und die Hemdsärmel hochgekrempelt. Beinahe lässig, wie es der Situation kaum angemessen war, saß er weit nach hinten geneigt auf einem der Sofas, die im Oval Office für Besucher aufgestellt waren. Ihm gegenüber hatte es sich Hanky bequem gemacht. Er hatte die Augen geschlossen und schien zu schlafen. Tatsächlich aber lauschte er den Ausführungen Walts, der noch einmal die wichtigsten Entscheidungen der sehr hektischen letzten Stunden zusammenfasste. Dabei lief Walt langsam durch den Raum und hatte scheinbar völlig vergessen, wo er sich befand. Irgendwie war es im Moment unwichtig, dass er sich im Büro des Präsidenten befand und dieser seinen Worten aufmerksam folgte. Hätte man Walt noch vor wenigen Tagen gesagt, dass er im Weißen Haus vor dem Präsidenten sprechen würde, so hätte er die bloße Idee als absurd abgetan, oder ihm wäre der kalte Schweiß ausgebrochen. Doch die Wirklichkeit sah wie fast immer anders aus. Walt zeigte keine Spur von Nervosität und agierte so souverän, als habe er sein Lebtag nichts anderes getan, als komplizierte Sachverhalte in einfachen Worten auf den Punkt zu bringen.

Leise wurde eine Seitentür geöffnet, und der Privatsekretär des Präsidenten schlüpfte herein. Walt sah kurz auf und kam zum letzten, wohl wichtigsten Punkt seiner Zusammenfassung. »Die letzte Information, die wir unbedingt brauchen, ehe wir sinnvoll agieren können, ist die, was die Gruppe Phönix plant. Wir wissen von dem gefangenen falschen Senator, dass es zu einem Umsturzversuch, einem Putsch kommen soll. Dabei soll die momentane Regierung gestürzt werden. Wie und wo, konnte er uns nicht sagen. Wir wissen aber, dass dies mit großer Wahrscheinlichkeit bei einer konspirativen Zusammenkunft der Gruppe Phönix besprochen oder bereits verkündet werden soll. Daher können wir davon ausgehen, dass die Hintermänner von Phönix sich dort versammelt haben. Bisher ist noch unklar, warum sich diese Leute ausgerechnet in den USA versammeln, genauer, in West Virginia, wo die Gefahr recht groß ist, dass ihr Treiben bemerkt wird. Die einzig schlüssige Vermutung ist, dass der Putschversuch unmittelbar bevorsteht und die Führungsriege der Gruppe Phönix nach Absetzung der jetzigen Regierung so schnell wie möglich wichtige staatliche Positionen mit ihren Leuten besetzen will.«

Inzwischen hatte sich Reggie Love, der Sekretär des Präsidenten, zu diesem gesetzt und flüsterte ihm etwas ins Ohr. Walt unterbrach seine Ausführungen und setzte sich auf einen Besucherstuhl. Hanky öffnete die Augen und richtete sich gespannt auf. Irgendetwas Wichtiges war geschehen, und eine merkliche Spannung breitete sich im Raum aus. Hanky verzichtete darauf, seine Gabe beim Präsidenten einzusetzen. Wenn die Nachricht etwas mit der aktuellen Situation zu tun hatte, würden er und Walt informiert werden. Andernfalls ging es sie nichts an. Schließlich gehörten sie nicht zur Regierung, auch wenn er und Walt zu Sonderberatern ernannt worden waren.

Walt schaute etwas unsicher zu Hanky und schien die stumme Frage zu stellen, ob er fragen sollte, was denn geschehen sei. Hanky schüttelte nur kurz den Kopf, was Walt mit einem Augenrollen quittierte.

Nachdem Reggie Love seine Nachricht überbracht hatte, blieb der Präsident noch einige Sekunden mit geschlossenen Augen sitzen. Dann erhob er sich so unerwartet, das Walt fast zusammengezuckt wäre, und begann im Oval Office umherzugehen. Man sah dem mächtigsten Mann der Welt an, dass er angestrengt über ein Problem nachdachte.

»Ich habe eine Entscheidung getroffen«, begann er unvermittelt. »Durch die Umstände, die uns zusammengeführt haben, und die außerordentlichen Fähigkeiten von Mister Berson – Entschuldigung, *Hanky* – bin ich zu der Überzeugung gelangt, dass wir auf ihn und Walt Kessler jetzt und in Zukunft nicht verzichten können. Was Mister Kessler anbelangt, kann ich mich nur auf mein Gefühl verlassen, dass dieser uns bisher noch nicht offenbart hat, zu was er fähig ist. Wie wir ihn aber bei den Sitzungen erlebt haben, lässt darauf schließen, dass er mittlerweile mehr zu bieten hat als ein einfacher Farmarbeiter. Um auf den Punkt zu kommen: Als oberster Repräsentant des amerikanischen Volkes habe ich die Verpflichtung, mich mit den besten Spezialisten des Landes zu umgeben, um für das Wohl unserer Mitbürger zu sorgen und alle Gefahren von ihnen fernzuhalten. Reggie hat mich über Ihren Werdegang informiert, den man getrost als ungewöhnlich beschreiben kann. Ich muss mich an dieser Stelle vergewissern, ob Sie willens sind, für mich und meine Administration zu arbeiten und Verantwortung zu übernehmen. Da die momentane Krise uns keine Zeit lässt, brauche ich Ihre Entscheidung sehr schnell. Ich gebe Ihnen einige Minuten Zeit, um über mein Angebot nachzudenken.«

Hanky und Walt schauten sich fragend an, ehe Walt antwortete: »Herr Präsident, Hanky und ich werden uns beraten. Haben Sie einen Raum, in den wir uns kurz zurückziehen können?«

Reggie geleitete sie hinaus und wies ihnen einen kleinen Besprechungsraum zu. Er ging mit dem Hinweis, dass er in fünfzehn Minuten wieder erscheinen würde, um zu sehen, ob sie schon zu einer Entscheidung gelangt seien.

Als sich die Tür schloss, setzten sich die beiden Männer an einen Tisch. Walt lehnte sich weit zurück und streckte sich. »So, was machen wir jetzt? Der Präsident will uns in seinem Team haben. Ich glaube aber, er hat noch mehr im Sinn.«

Hanky schaute ihn fragend an. »Was meinst du damit? Was soll er im Sinn haben?«

»Na, hast du denn nicht seine Anspielung im Bezug auf meine noch nicht offenbarten Fähigkeiten gehört? Der Mann ist nicht dumm. Ich hätte zu gern gehört, was dieser Reggie ihm ins Ohr geflüstert hat. Da steckt mehr dahinter, mein Lieber.«

»Mehr als was? Jetzt sag mir endlich, was dir im Kopf herumschwirrt – oder muss ich erst nachschauen?«

»Wag es ja nicht, in meinen Gedanken herumzuschnüffeln, sonst lasse ich dich fliegen. Ich habe die Vermutung, dass der Präsident durchaus geneigt ist, eine … sagen wir mal, eine Sondereinheit aufzustellen, deren Mitglieder aus Leuten besteht, die besondere Begabungen haben. Weiß er übrigens von Paul?«

»Keine Ahnung. Das kann ich dir im Moment nicht sagen, aber Paul wäre gewiss ein weiterer Kandidat auf seiner Liste. Wir müssen uns darüber im Klaren sein, ob wir für den Staat arbeiten wollen oder nicht.«

»Tun wir das nicht bereits? Für das FBI haben wir ja auch schon freiberuflich gearbeitet, und im Moment sind wir mit den höchsten staatlichen Repräsentanten im Gespräch. Generell wäre es bestimmt nicht falsch, sich auf diese Weise Rückendeckung zu verschaffen.«

»Stimmt. Also gut. Ich bin der Ansicht, wir sollten das Angebot annehmen, uns aber über die Verpflichtungen, die daraus entstehen, genauestens informieren. Eines will ich mit Bestimmtheit nicht, und zwar als Gedankenpolizei agieren.«

»Einverstanden. Hören wir uns an, was man von uns in Zukunft erwartet.«

Damit standen sie auf und gingen zur Tür. Als sie hinaustraten, kam Reggie Love schon durch den Flur marschiert. Neugierig schaute er Walt und Hanky an. »Schon fertig? Dann kommen Sie, wir haben wirklich keine Zeit zu verlieren.«

Noch ehe Hanky fragen konnte, ob es neue Erkenntnisse gab oder warum es der Mann so eilig hatte, war dieser schon wieder in Richtung Oval Office verschwunden.

***

Greenbrier Hotel (in der Zwischenzeit)
Er wusste nicht, was ihn geweckt hatte, und nun lag er mit hellwachen Sinnen auf seinem Bett und lauschte in die Nacht. Er fühlte sich nicht wohl, obwohl an seiner körperlichen Konstitution nichts auszusetzen war, wie ihm sein Hausarzt noch letzte Woche versichert hatte. Die ganze Sache hier gefiel ihm nicht, dass ganze unsinnige Treffen. Warum mussten sich alle Mitglieder des inneren Zirkels an einem so unsicheren Ort treffen? Seiner Meinung nach hätte es vollkommen ausgereicht, die bevorstehende Operation aus dem Hintergrund zu leiten. Doch der Alte hatte anders entschieden und seine Führungsriege hierherbefohlen.

Von den anderen hatte er noch keinen gesehen und sich gleich nach seiner Ankunft in das für ihn vorgesehene Gästehaus zurückgezogen. Schon seit vielen Jahren mied er zunehmend den Kontakt zu seinen alten Kameraden und begnügte sich damit, die notwendigen Kontakte aufrechtzuerhalten. Er hätte gut auf die ganze Bande hochnäsiger Idioten verzichten können, wenn er nur nicht auf das verdammte Serum angewiesen wäre …

Ein scharfes Geräusch ließ ihn aufschrecken. War das ein Schuss oder nur das Knacken eines Asts gewesen? Leise stand er auf und griff nach seiner Hose. Ohne Licht zu machen, kleidete er sich an und zog aus der Nachtischschublade seine Pistole. Geübt entsicherte er die Waffe und schlich barfuß durch das Wohnzimmer zur Terrassentür. Er ließ sich auf die Knie sinken und spähte vorsichtig nach draußen. Büsche und Sträucher behinderten seine Sicht, und er verfluchte zum wiederholten Mal den Umstand, dass man gerade dieses Hotel für ein Treffen ausgewählt hatte. Nichts war zu sehen, scheinbar war alles in Ordnung, doch ein lange vergessener Instinkt behauptete das Gegenteil.

Schon wollte er sich wieder aufrichten und zum nächsten Fenster schleichen, als er eine Bewegung im Garten bemerkte. Langsam schob sich eine dunkle Gestalt durch die Büsche und direkt auf die Terrassentür zu.

Eiligst duckte er sich, um nicht gesehen zu werden. Was sollte er nun tun? Das war augenscheinlich keiner der Odin-Force-Männer, die das Gelände absichern sollten. Nein, hier konnte es sich nur um einen Angreifer handeln. Doch aus welchem Grund sollte es jemand auf ihn abgesehen haben? Warum gerade jetzt, nach all den Jahren? Seit dem 4.Juni 1942 war er untergetaucht, galt als tot, vergessen und begraben. Auch hatte er nie Anspruch auf eine führende Position in der Gruppe Phönix erhoben, sondern sich unauffällig ein neues Leben geschaffen, mit dem er sehr zufrieden war. Also warum? Damals hatte ihn eine primitive Schutzweste vor schweren Verletzungen geschützt und für sein Überleben gesorgt. Seit dieser Zeit hatte er immer eine solche Weste getragen, die über die Jahre immer besser und leichter geworden waren. Seit gut zwei Jahren besaß er sogar einen Anzug aus Kevlar. Rein äußerlich war dieser Anzug nicht von einem normalen Straßenanzug zu unterscheiden, war aber im normalen Handel nicht zu erwerben. Doch er hatte Wege gefunden, sich solch einen Anzug zu beschaffen.

Geduckt rannte er zurück in sein Schlafzimmer und öffnete leise den Kleiderschrank. Rasch entledigte er sich seiner Hose und schlüpfte in den Kevlar-Straßenanzug. In der Eile verzichtete er auf ein Hemd und knöpfte eilig die Jacke zu. Auch auf Schuhe verzichtete er, damit seine Schritte lautlos blieben. Er griff sich die Pistole und eilte unter Ausnützung aller Deckungsmöglichkeiten durchs Wohnzimmer, zur Küche. Er zog verschiedene Schubladen auf und tastete so lange darin herum, bis er zwei handliche Messer fand.

Wieder horchte er, und ein leises, schabendes Geräusch drang vom Wohnzimmer zu ihm herein. Er steckte die beiden Messer in den Gürtel und ließ sich langsam auf den Boden gleiten. Auf dem Bauch liegend, die Pistole in der rechten Hand, rutschte er langsam auf den Durchgang zum Wohnzimmer zu. Er atmete noch einmal tief ein und schaute dann mit angehaltenem Atem um die Ecke.

Tatsächlich war ein schwarz vermummter Mann in sein Haus eingedrungen. Dieser trug, wie er selbst, einen Kevlar-Anzug, allerdings in einer militärischen Ausführung, mit dazugehörigem Integralhelm. Das machte den Angreifer fast unverwundbar, aber eben nur fast. Grimmig zog Heydrich sich in die Küche zurück. Zum Glück hatte er sich all die Jahre mit dem Thema Schutzkleidung befasst und wusste, wo die Schwachstellen zu finden waren.

So steckte er seine Waffe in den Hosenbund und zog eins der Messer aus dem Gürtel. Dann schlich er erneut zum Durchgang und spähte vorsichtig ins Wohnzimmer. Da stand der Eindringling, leicht nach vorn gebeugt, gerade so, als könne er dadurch besser sehen, und schaute auf die angelehnte Schlafzimmertür. Heydrich nahm sich keine Zeit, um ihn weiter zu beobachten, sondern ging leisen Schrittes und ohne eine Spur des Zögerns auf den Schwarzgekleideten zu. Als er ganz dicht hinter ihm anhielt und seinen Arm mit dem Messer anhob, schien der Eindringling etwas zu bemerken. Doch die Reaktion, sich umzudrehen, kam zu spät. Eine scharfe Klinge durchdrang die schmale Lücke zwischen Helm und Jackenkragen und traf auf ungeschütztes Fleisch. Mit beiden Händen drückte Heydrich fest auf das Messer, und mit einem Ruck durchtrennte die Schneide die Wirbelsäule des Söldners. Dessen Kopf kippte haltlos nach vorn, und gleich darauf sackte sein Körper in sich zusammen wie eine Marionette ohne Fäden. Aus dem Nacken des Söldners strömte stoßweise Blut, ehe auch das Herz seine Arbeit einstellte. Doch das interessierte Heydrich nicht. Kaltblütig zog er das Visier des Toten nach oben und lauschte. Leise hörte er aus dem Inneren des Helmes eine Stimme, die offenbar eine Statusmeldung durchgab. Doch noch ehe er sich nahe genug heruntergebeugt hatte, um die Stimme zu verstehen, war sie verstummt.

Er richtete sich auf und trat vorsichtig an die offene Terrassentür. Angestrengt lauschte er nach draußen, doch er konnte nichts Ungewöhnliches hören. Einen Moment lang überlegte er, ob er sich hinaus in die Nacht wagen sollte, um nach weiteren Angreifern zu suchen, entschloss sich dann aber, es nicht zu tun. Behutsam schloss er die Terrassentür und zog den Vorhang zu, damit niemand in den Raum blicken konnte. Danach kehrte er in sein Schlafzimmer zurück und holte von seinem Nachttisch sein Mobiltelefon. Er tippte eine Kurzwahlnummer ein und wartete nur einen Moment, ehe sich am anderen Ende eine ruhige Stimme meldete: »Hallo, hier Kleinfeld. Was …«

Doch der Mann unterbrach den Angerufenen sofort. »Kleinfeld, hier ist Reinhard Heydrich. Man hat eben versucht, mich umzubringen. Sagen Sie mal, schlafen Ihre Leute?«

Kapitel 23

Washington D.C. (nachts)

Roger Thorn hatte sich in einem kleinen Zimmer neben dem Bereitschaftsraum auf ein Besuchersofa gelegt und war sofort eingeschlafen. Gedanken und Erlebnisse der vergangenen Tage verbanden sich zu einem wirren Traum voller Bilder und Geräusche. Mal saß er in einem Flugzeug, und schon eine Gedankendrehung weiter befand er sich in einem Lastwagen, der durch die Wüste fuhr. Als er sich auf der Ladefläche umschaute, war sie überfüllt mit blutenden, nackten Menschen, die qualvoll stöhnten und jammerten. Er beugte sich vor, um den Bemitleidenswerten zu helfen, und schaute direkt in Hankys lächelndes Gesicht. Hanky sagte etwas zu ihm, doch durch das laute Stöhnen der Spender konnte Roger nicht verstehen, was er von ihm wollte. Offenkundig empört ergriff Hanky seine Schulter und rüttelte daran. Das schien tatsächlich zu helfen, wenn auch nur wenig. Ganz leise hörte er: »Roger, aufwachen! Roger, nun kommen Sie doch zu sich. ROGER!«

Er schlug die Augen auf und schaute in ein Gesicht. Aber es gehörte nicht Hanky, sondern seinem Kollegen James Dredsom, der weiter an ihm herumrüttelte.

»Ich bin ja wach, James. Hören Sie gefälligst mit dem blödsinnigen Rütteln auf.«

James zog wie befohlen seine Hände zurück und wartete, bis Roger sich schwerfällig aufgesetzt hatte. Knurrig fragte Roger, sich den Schlaf aus den Augen reibend: »Was ist denn nun schon wieder? Ich habe mich doch gerade eben erst hingelegt. Kann man denn hier nicht mal eine Minute Ruhe finden?«

»Gerade erst hingelegt ist gut«, entgegnete sein junger Kollege. »Das war vor fast drei Stunden. Ich hätte Sie ja auch gern schlafen lassen, aber der Direktor verlangt nach uns.«

Roger war immer noch recht verschlafen, was ja auch kein Wunder war, hatte er doch in den letzten Tagen nur sehr wenig Zeit im Bett verbracht, und so fragte er: »Was für ein Direktor?«

»Roger, wachen Sie auf. Der FBI-Direktor Robert Mueller persönlich wartet in seinem Büro auf uns. Er will mit Ihnen reden, ehe hier die Tagesschicht eintrifft. Ich weiß nur so viel, dass er vermeiden will, dass Sie hier im Haus gesehen werden.«

Roger nickte und schlüpfte in seine Schuhe. Dann ging er an ein kleines Handwaschbecken und spritzte sich kaltes Wasser ins Gesicht. Mit einem Papierhandtuch trocknete er sich ab, fuhr sich mit den Fingern durch die Haare und betrachtete sein Spiegelbild unzufrieden. James Dredsom unterdessen wartete ungeduldig und konnte es fast nicht glauben, dass Roger sich so viel Zeit nahm, wo doch ihr Boss auf sie wartete. Endlich drehte Roger sich um und fragte fast schon unverschämt: »Sind Sie fertig, James? Ja? Gut, dann können wir ja gehen.«

James schnappte nach Luft, sagte aber nichts, um nicht noch mehr Zeit zu vergeuden.

Einige Minuten später betraten sie das Büro des Direktors, der hinter seinem Schreibtisch saß und so gepflegt und adrett aussah, als sei er nach einem erholsamen Wochenende soeben erst zum Dienst erschienen.

»Setzen Sie sich, meine Herren«, forderte er sie freundlich auf. »Wir haben einiges zu besprechen. Zunächst möchte ich mich bei Ihnen, Agent Thorn, für Ihre Arbeit bedanken. Ich kann natürlich verstehen, dass Sie niemanden aus unserem Hause mehr vertrauten, nachdem Sie Stuart Melanscy und zwei weitere Kollegen auf dem Gelände der Odin Force gesehen hatten. Daher habe ich einen

Spezialauftrag für Sie und unseren jungen Mitarbeiter hier: Finden Sie heraus, mit wem diese Verräter in der letzten Zeit Kontakt hatten und haben. Stuart Melanscy ist gestern nach West Virginia geflogen und hat auf Kosten des FBI ein Zimmer im *Greenbrier Hotel* gemietet. Entweder ist der Mann so dumm, dass er Nachforschungen unsererseits ausschließt, oder er ist sich sicher, dass die Verschwörer, mit denen er sich eingelassen hat, am Ende siegreich sein werden. Wie auch immer. Sie haben nur noch einige Stunden Zeit, um sich auf ihren Einsatz vorzubereiten. Um acht Uhr werden Sie abgeholt und zum Flughafen gefahren. Ihr Ticket liegt am Schalter bereit. Weitere Unterlagen befinden sich in dieser Akte.« Damit reichte er Roger einen Umschlag über den Tisch.

»Sie, Agent Dredsom, sind von allen bisherigen Aufgaben freigestellt und werden ab sofort in die Abteilung versetzt, in der die beiden Mitverschwörer Joe Curtis und Mike Stellino ihre Schreibtische haben. Nutzen Sie die Zeit bis zum Morgen und schauen Sie sich in der Abteilung um. Um diese Zeit sollte dort noch niemand sein. Offiziell beginnt dort die Schicht um sieben Uhr früh. Sie erstatten allein mir Bericht, und ich erwarte Sie im Laufe des Vormittags in meinem Büro. Das wäre alles, meine Herren. Viel Glück.«

Roger stand auf, nickte seinem Boss nur kurz zu und verließ mit James das Büro.

Auf dem Gang blieb er kurz vor James stehen, in dessen Gesicht sich ein ganzes Kaleidoskop von Gefühlen zeigte, das mit Aufregung begann, über Stolz zur Unsicherheit wechselte und auch einen Anflug von Angst verriet. Beruhigend klopfte Roger ihm auf die Schulter. »Sie werden das schon machen, James. Behalten Sie alles im Auge und unterrichten Sie mich ebenfalls, wenn Sie etwas Wichtiges erfahren. Okay?«

»Aber der Direktor hat doch ausdrücklich gesagt …«

»Ja, ich habe gehört, was der Direktor gesagt hat, aber es kann doch gut sein, dass gerade Ihre Informationen dazu beitragen, dass ich in West Virginia Erfolg habe.«

James nickte ergeben. »Also gut. Wie lautet Ihre Handynummer?«

Einen Kilometer entfernt und zwei Stunden früher trafen Hanky und Walt eine wichtige Entscheidung. Sie hatten, wenn auch vorerst nur in Kurzfassung, mit dem Präsidenten eine Vereinbarung zur Zusammenarbeit geschlossen, die beiden Seiten gerecht zu werden schien. Walt hatte alle wichtigen Punkte notiert, und sie alle hatten das Dokument unterzeichnet. Schon wenige Minuten später kam Reggie Love herein und legte zwei Lederetuis auf den Schreibtisch. Der Präsident erhob sich von seinem Platz und bedeutete Hanky und Walt, es ihm gleichzutun. Dann zog er sein Jackett an und kam um den Schreibtisch herum. »Mister Berson, Mister Kessler, hiermit ernenne ich Sie zu Sonderagenten des Secret Service. Natürlich bleiben Sie in dieser Position auch meine Sonderberater.« Er lachte kurz. »Ich kann mich nicht daran erinnern, dass jemals eine Person im Weißen Haus so schnell Karriere gemacht hätte wie Sie beide. Hier sind Ihre Dienstausweise.« Damit klappte er das erste Lederetui auf, schaute kurz hinein und übergab es Walt, verbunden mit einem Händedruck. Dann war Hanky an der Reihe, dem dieser ganze Ernennungsrummel eigentlich zu viel war und wie reine Zeitverschwendung erschien. Als er jedoch Walts stolzes Gesicht sah, verschwand sein Grimm, und er musste lächeln.

Der Präsident räusperte sich. »So, da wir nun den rechtlichen Teil hinter uns haben, können wir endlich in den Keller fahren.«

»Wohin fahren wir?«, fragte Walt erstaunt.

»Das werden Sie gleich sehen, Agent Kessler«, versprach Reggie Love und ging voraus.

Sie mussten nicht weit laufen. Gerade hatten sie das Büro des Vizepräsidenten passiert, der sich im Moment zu Gesprächen in Europa aufhielt, als Reggie Love nach links abbog und vor einer unscheinbaren Tür stehen blieb. Neben der Tür stand ein Soldat, der zackig grüßte, als er den Präsidenten erblickte. Dann öffnete er ihnen die Tür, und sie betraten einen kleinen, unscheinbaren Raum. Kaum hatte jedoch der Soldat die Tür wieder geschlossen, senkte sich der Boden nach unten. Walt ließ sich zu der Bemerkung: »Ein getarnter Aufzug – wie cool« hinreißen und stieß dabei Hanky in die Seite. Hanky, müde und geschafft von dem langen Tag, kommentierte das Staunen seines Freundes ungewollt gereizt: »Ja, Walt. Ein Aufzug. Wie toll!«

Walt schaute seinen Freund erstaunt an, doch ehe er noch etwas sagen konnte, lenkte Hanky ein: »Entschuldige bitte! Ich bin wohl etwas müde.«

Was die beiden in den nächsten Minuten aber zu sehen bekamen, vertrieb jeden Gedanken an Müdigkeit wie Wind eine Schlechtwetterwolke.

Nach einigen Augenblicken und wohl vierzig Meter tiefer hielt der Lift, und eine wesentlich breitere Tür wurde sichtbar. Automatisch öffnete sie sich, und Walt und Hanky setzten sich in Bewegung, gefolgt vom Präsidenten und dessen Sekretär. Unvermittelt standen sie in einer kleinen unterirdischen Bahnstation. Vor ihnen stand der modernste Zug, den sie je gesehen hatten. Er ähnelte einem Geschoss und schien schwer gepanzert zu sein. Der Präsident winkte ungeduldig und betrat das Passagierabteil. Hanky, Walt und Reggie beeilten sich ebenfalls, den Zug zu besteigen, obwohl sich diesmal auch Hanky staunend umschaute. Walt enthielt sich jedoch jeglichen Kommentars, obwohl ihm eine entsprechende Bemerkung auf der Zunge lag.

Kaum hatten sie sich gesetzt, schloss sich die Zugtür, und die Fahrt begann. Walt konnte nicht an sich halten und fragte: »Wo geht's denn eigentlich hin in dieser James-Bond-U-Bahn?«

Der Präsident lachte herzhaft auf und schmunzelte dann: »Genau diese Frage habe ich nach meiner Amtseinführung auch gestellt, Mister Kessler. Aber lassen Sie sich überraschen. Ich glaube, wir stellen Mister Bond noch in den Schatten.« Walt hätte gern weitergefragt und schaute zu Hanky. Doch der saß auf seinem Sitz und war eingeschlafen.

»Das soll mal einer verstehen«, murmelte Walt leise. »Da bekommt man die geheimsten Geheimnisse der Regierung gezeigt, und der Kerl schläft dabei ein, als wäre das alles nichts Besonderes.«

***

Greenbrier Hotel (nachts)

»Was sollen wir nun tun?«, flüsterte Henry Rolin in sein Mikrofon.

»Nichts«, kam es aus seinem Lautsprecher zurück. »Wir beobachten nur.«

»Also schauen wir nur zu, wie sich zwei rivalisierende Gruppen gegenseitig abschlachten?«

»Genau. Wir mischen uns nicht ein, zumal wir nicht einmal wissen, um was es da eigentlich geht.«

»Na ja, also, das ist nicht so mein Fall, hier herumzuliegen und ...«

»Und was? Wollen Sie auch mitmischen und Leute umbringen?«

»Nein, ganz und gar nicht. Ich wollte nur sagen, dass mir das alles nicht gefällt, sonst nichts. Bleiben wir noch lange auf dem Dach?«

Der Unit-Soldat überlegte kurz. »Eigentlich sollten wir schon längst verschwunden sein, aber solange sich die Kerle da unten rumtreiben, ist es wohl besser, wenn wir noch etwas warten.«

Henry Rolin knurrte eine unwillige Zustimmung und fragte sich, wie es wohl den anderen Männern des Teams erging.

Nur wenige hundert Meter entfernt machte sich ein anderer Mann ebenfalls Sorgen. Horst Kleinfeld hatte nicht damit gerechnet, dass es hier am Tagungsort zu einem Überfall kommen könne. So hatte er die von ihm nicht sehr hoch geschätzten Soldaten der Odin Force für die Sicherung des Geländes herangezogen. Seine Männer vom Team *Protektor* waren mehrheitlich mit der Vorbereitung für den Tag X beschäftigt. Er wusste genau, dass man ihm schwere Vorwürfe machen würde, was seiner Position im Gefüge der Gruppe Phönix und im inneren Zirkel empfindlich schaden konnte.

Noch immer lief der Angriff der Unbekannten. Es waren nicht viele Kämpfer, doch durch ihre Ausrüstung machten sie es den Soldaten der Odin Force fast unmöglich, diesen Angriff abzuwehren. Horst Kleinfeld überlegte kurz und rief dann einen seiner Adjutanten herbei. »Wir brauchen Seile, dicke Seile, die stabil sind. Es können auch Stahltrossen sein. Schauen Sie in den Helikoptern nach, auch nach Transportnetzen. Schnell, Mann, beeilen Sie sich.«

Unterdessen hatte sich Reinhard Heydrich bewaffnet und das Schnellfeuergewehr des Toten an sich genommen. Versuchsweise hatte er auch dessen Helm aufgesetzt, um die Funkkommunikation der Angreifer abzuhören. Doch der Kanal war stumm. Der Gegner war schlau und hatte den Ausfall eines seiner Männer bemerkt. Daraufhin war dessen Helmsystem deaktiviert worden. Das war die einzige schlüssige Erklärung, die Heydrich einfiel. Verärgert wartete er auf das Eintreffen von Kleinfelds Leuten und verbarrikadierte sich unterdessen hinter dem Küchentresen. Jeden Moment erwartete er einen neuen Angriff der unbekannten Söldner, doch diese ließen sich Zeit.

Wer will mich aus dem Weg haben?, fragte er sich. Unwillkürlich bezog er den Überfall auf sich und dachte nicht einmal an die Möglichkeit, dass noch andere Mitglieder der Gruppe Phönix betroffen sein könnten. Seine Gedanken durchsuchten Ereignisse der vergangenen Jahre auf einen Hinweis, wer aus dem inneren Zirkel einen Vorteil aus seiner Liquidierung ziehen könnte. *Da war der Alte, oder* der Mächtige, *wie er gern genannt wurde, doch dessen Anspruch auf die Führungsrolle habe ich nie angezweifelt. Nein, er scheidet aus, das heißt jedenfalls, solange er davon überzeugt ist, das ich weiterhin nützlich für ihn und die Organisation bin.*

Aber wie war es mit Hitlers Busenfreund Martin Bormann, ehemals Hauptsekretär und Vizeführer? War ihm so viel Ehrgeiz zuzutrauen? Wohl eher nicht. Bormann hatte nicht das Profil für so eine Aktion, zu viel stand für ihn auf dem Spiel.

Alois Brunner, ehemaliger Assistent Adolf Eichmanns, war ein strammer Gefolgsmann Hitlers und kam damit ebenfalls nicht in Frage.

Bei Hans Kammler konnte man sich nicht sicher sein. Der Mann war intelligent und schwer zu durchschauen. Er gab sich immer jovial und zeigte keinerlei Angriffsflächen, außer vielleicht seinem Hang zum Luxus. Auch liebte er es zu spielen, und das nicht selten mit sehr hohen Einsätzen, wenn man den Gerüchten glauben konnte.

Ebenso schwer einzuschätzen war Aribert Heim, der in der Organisation nur als *der Doktor* bezeichnet wurde. Er nahm bei der Gruppe Phönix eine ganz besondere Stellung ein. Mit seinem Serum hatte er nicht nur die Lebensspanne der Gruppenmitglieder enorm verlängert, sondern er besaß durch sein Wissen um die Herstellung dieses Präparats nicht zu unterschätzende Macht. Er war, wenigstens im Moment, nicht zu ersetzen, und das wusste er. War es vorstellbar, dass der Doktor trotz der sicheren Position, die er zweifellos im inneren Zirkel einnahm, hier seine eigenen Ziele verfolgte?

Wer kam sonst noch in Frage?

Blieb von den ›Alten‹ nur noch Horst Kleinfeld übrig. Dieser Mann war trotz seines permanenten Eintretens für die Gruppe Phönix in gewisser Weise immer ein Außenseiter geblieben. Das mochte daran liegen, dass er kein aktiver Kriegsteilnehmer gewesen war und in Südamerika nie der Gefahr einer Verfolgung ausgesetzt gewesen war. Allein der Umstand, dass Hitler diesen

Kleinfeld fast wie einen Sohn behandelte, sicherte diesem seinen Platz im inneren Zirkel.

Von den ›Anderen‹, den ›Neuen‹ in der Organisation wusste Reinhard Heydrich nicht genug, um sie richtig einschätzen zu können.

Noch ehe er seine Überlegungen fortsetzen konnte, hörte er ein Geräusch, das von der Eingangstür zu kommen schien. Sofort packte er seine Waffe fester und rutschte vorsichtig auf den Durchgang zum Flur zu. Auf dem Boden liegend, die Waffe im Anschlag, spähte er um die Ecke. Er sah, wie sich die Tür langsam, fast in Zeitlupe öffnete und ein Mann in einem dunklen Straßenanzug ins Haus schlüpfte. Dieser horchte auf verdächtige Geräusche und rief dann leise: »Herr Heydrich, Kleinfeld schickt mich, um Sie zu holen. Hallo, Herr Heydrich, hören Sie mich?«

Vorsichtig, weiterhin die Waffe im Anschlag, erhob sich Reinhard Heydrich und trat in den Flur. Als der Mann ihn erblickte, atmete er zuerst erleichtert auf, blickte dann aber mit Besorgnis auf seine Waffe. »Herr Heydrich, erkennen Sie mich nicht? Ich bin Sepp Habersberger. Ich habe Sie gestern vom Flughafen abgeholt und hierhergebracht.«

***

Außerhalb von Washington (nachts)

Der Raketenzug verlangsamte seine Geschwindigkeit ziemlich abrupt und ließ Hanky fast vom Sitz rutschen. Er hatte kurz, aber sehr fest geschlafen. Verwirrt schaute er sich um, und als er den Präsidenten erblickte, huschte ein entschuldigendes Lächeln über sein Gesicht.

Sie verließen den Zug und betraten einen weiteren Untergrundbahnhof, der dem unter dem Weißen Haus sehr ähnelte. Vor der Tür warteten Soldaten auf sie, die den Präsidenten mit einer strammen Ehrenbezeugung begrüßten. Gemeinsam betraten alle einen großen, kuppelartigen Saal, dessen Eingang an den Zugang zu einem Banktresor erinnerte. Der wohl fünfzig Meter durchmessende Raum war auf einer Seite komplett mit übergroßen Bildschirmen bestückt, die sich um zwei Projektionsflächen gruppierten. Auf der anderen Seite des Saals nahmen stufenförmig angeordnete Terrassen lange Reihen von Computerarbeitsplätzen auf. Sie waren ausnahmslos mit Männern und Frauen in Uniform besetzt, die den Neuankömmlingen, die immerhin vom Präsidenten begleitet wurden, keinerlei Beachtung schenkten.

Hanky und Walt schauten sich staunend um. Der Saal schien einem Science-Fiction-Film zu entstammen und war irgendwie nicht mit dem Bild zu vereinbaren, das man sich von der US-Regierung im Allgemeinen machte. Doch noch ehe einer von ihnen eine Bemerkung darüber machen konnten, salutierte ein Offizier vor dem Präsidenten und meldete: »Alles bereit, Sir.«

Der Präsident nickte nur kurz und wollte gerade zu einer Antwort ansetzen, als Hanky ihn kurz am Arm berührte, was ihm einen strafenden Blick des Offiziers einbrachte. »Herr Präsident, bevor wir hier irgendetwas besprechen oder Sie uns etwas zeigen, sollten Sie wissen, dass hier ein Phönix-Mann anwesend ist.«

Der Präsident reagierte überraschend gelassen und sagte nur: »Wo?«

»Dritte Reihe links, vom Hallenboden an gerechnet. Der braunhaarige Mann am fünften Arbeitsplatz. Vorsicht, er hat eine getarnte Online-Verbindung geschaltet, die er jederzeit aktivieren kann. Daran muss er auf jeden Fall gehindert werden.«

Der Offizier, der eben noch die Bereitschaft seines Teams gemeldet hatte, verstand nicht, wovon der Präsident und sein Begleiter sprachen, ahnte jedoch, dass Gefahr im Verzug war. Eilig winkte er einige Soldaten zu sich heran, die den Präsidenten und seine Besucher sofort schützend umringten.

Leise sprach der Präsident mit dem Offizier und fragte dann: »Können Sie von einem anderen Pult aus feststellen, wohin die Verbindung des Verdächtigen geschaltet ist?«

»Im Prinzip schon, aber das birgt die Gefahr, dass wir die Verbindung verlieren, sobald der Verdächtige verhaftet wird. Er braucht bestimmt nur eine Taste zu drücken, um die Schaltung unauffindbar zu machen. Selbst wenn wir ihn mit einem Vorwand von seinem Arbeitsplatz weglocken, wird er vorher diese Schaltung betätigen.«

»Wird er nicht«, kam es von unerwarteter Seite. »Der Kerl kann keinen Finger mehr rühren.«

»Wie meinst du das, Walt?«, fragte Hanky erstaunt.

»Wie ich es gesagt habe, Hanky. Seit gut einer Minute halte ich den Kerl telekinetisch fest. Also holt ihn euch, Jungs«, forderte Walt höchst unmilitärisch die Soldaten auf.

Der Präsident schaute ihn einen Augenblick lang mit einem undeutbaren Blick an, ehe er den Soldaten einen Wink gab, der Aufforderung nachzukommen. Die Uniformierten setzten sich sofort in Bewegung, obwohl sie nicht wussten, was hier geschah. Nicht einmal eine Minute später wurde der Verräter in Handschellen aus der Zentrale geführt.

Hanky hatte die ganze Aktion konzentriert beobachtet und die Gedanken des Mannes kontrolliert. »Herr Präsident«, sagte er dann ernst, »wenn ich richtig vermute, haben Sie Walt und mich hierhergebracht, um zu prüfen, ob hier, wo immer wir uns auch befinden, ebenfalls eine Infiltration durch Phönix stattgefunden hat. Das verstehe ich, aber ich hätte mich besser vorbereiten können, hätten Sie mich vorher informiert. Es war reines Glück, dass Walt Kessler schon jetzt in der Lage ist, gezielt seine erst vor kurzem entdeckte Gabe einzusetzen.«

Der Präsident schaute ihn erstaunt an, nahm aber die rügenden Worte gelassen hin. Er war eher überrascht als verärgert, dass Hanky so offen zu ihm sprach, da seine Mitarbeiter im Allgemeinen eher vorsichtig mit Kritik waren.

»Wahrscheinlich haben Sie recht, Hanky. Doch ein Präsident ist auch nur ein Mensch. Belassen wir es dabei. Fakt ist, dass Sie und Mister Kessler eindrucksvoll meine Entscheidung untermauert haben, Sie mit den erforderlichen Befugnissen auszustatten, die Sie als Secret-Service-Agenten unbedingt brauchen werden, um ihren bevorstehenden Einsatz zu meistern.«

Hanky verbiss sich einen Kommentar und versuchte sich auf das Wesentliche zu konzentrieren. In gewisser Weise fühlte er sich überrumpelt, ja missbraucht. Ohne ihn auch nur zu fragen, ob er seine besondere Gabe, die er im Moment eher als Last begriff, erneut zum Aufspüren des Gegners einzusetzen bereit war, hatte der Präsident dies als selbstverständlich vorausgesetzt. Hanky wollte nicht wie ein menschlicher Scanner benutzt werden. Das musste in Zukunft seine Entscheidung sein.

Sein Unmut schien sich deutlich auf seinem Gesicht widerzuspiegeln, was der Präsident fast augenblicklich erkannte. Obwohl er im Moment andere Sorgen hatte als Hankys Seelenheil, nahm er sich die Zeit, um ein kurzes Gespräch mit ihm zu führen.

Hinterher hätte Hanky nicht zu sagen vermocht, wie der Präsident es fertiggebracht hatte, ihn zu beruhigen und sogar wieder zu motivieren. Dennoch fühlte er sich besser, und sein Missmut war wie dünner Nebel im Sonnenschein zerflossen.

In der Zwischenzeit arbeiteten mehrere Computerspezialisten am Terminal des Verräters. Nach und nach entschlüsselten sie die Internetverbindung und isolierten Codewörter.

Walt schaute den Männern interessiert über die Schulter, hatte aber schon bald aufgegeben, die einzelnen Schritte dieser Fahndung nachzuvollziehen. Allerdings fragte er sich schon die ganze Zeit, wieso ein kleines digitales Zählwerk am rechten Bildrand rückwärts lief. Er las: *79:25:12 – 79:25:11 – 79:25:10 – 79:25:09*

Doch keiner der Männer schenkte diesem Zähler Beachtung. Walt dachte noch einen Moment darüber nach und kam zu dem Schluss, dass es sich um einen Countdown handelte. Aber für was? Walt rechnete schnell und fragte dann laut: »Was ereignet sich in drei Tagen um neun Uhr morgens?«

Einen Moment herrschte Stille ringsum, nur unterbrochen von dem Geräusch laufender PC-Lüftungen. Dann sagte der Präsident, der mittlerweile mit Hanky neben Walt stand: »In drei Tagen um neun Uhr früh wollte ich das Treffen der G20 in Washington mit einer Begrüßungsrede eröffnen. Wie kommen Sie auf diesen Zeitpunkt, Mister Kessler?«

Walt deutete auf den Computerbildschirm. »Dort läuft ein Zählwerk, und zwar zählt es rückwärts. Ich vermute, wir haben damit das Angriffsziel der Gruppe Phönix lokalisiert.«

Der Präsident handelte schnell und entschlossen. Er gab Befehle nach allen Seiten und lief auf eine Empore in der Mitte des Saals zu. Innerhalb von fünf Minuten schwirrte die Luft vor Stimmen. Weitere Uniformierte trafen ein und unterstützten ihre Kollegen an den Computerplätzen und Telefonen. Hanky und Walt saßen direkt neben dem Präsidenten und berieten sich gerade, welche Schritte als Nächstes eingeleitet werden mussten, als ein junger Stabsoffizier mit einem Computerausdruck die Treppe zum Podest heraufgestürmt kam. Er salutierte, was der Präsident sofort mit einer Handbewegung unterbrach, und begann dann eifrig zu sprechen. »Sir, wir haben das Signal bis zu seinem Ursprungsort verfolgt. Darüber hinaus konnten wir eine Videoübertragung starten. Wie es aussieht, haben wir direkte Verbindung zu der Befehlszentrale der Aufständischen. Bisher hat noch niemand dort bemerkt, dass wir online sind. Die Leute sind gerade mit etwas beschäftigt, das wie die militärische Operation einer Spezialeinheit ausschaut.«

»Wo befindet sich diese Zentrale?«, wollte Hanky wissen.

Der Offizier antwortete sofort, ohne dabei seine Unterlagen zu Rate ziehen zu müssen: »Carefree, Arizona, Sir. Wir haben ein Satellitenbild, leider nur in Infrarot, da es noch Nacht ist. Bitte schauen Sie zu der Projektionsfläche eins.«

Was sie zu sehen bekamen, war ein Bild in Falschfarben, das ein Haus von oben zeigte. Rings um das Haus waren große Lastwagen geparkt. Zwischen den Fahrzeugen und in einem etwas weiteren Umkreis bewegten sich, als milchweiße Flecken dargestellt, Menschen, die augenscheinlich Waffen trugen.

»Das Haus wird bewacht«, kommentierte Walt.

»Ja, davon müssen wir ausgehen«, antwortete der Präsident.

»Was sehen wir auf der zweiten Projektionsfläche?«

»Das ist die Operation, von der ich gesprochen hatte. Doch hier ist der Sachverhalt völlig unklar.« Der Offizier setzte seine Erklärungen fort: »Wir wissen nicht, warum die Phönix-Männer – es kann sich auch um die Odin Force handeln – ihre eigenen Leute angreifen.«

»Wie kommen Sie darauf«, fragte der Präsident, »dass es sich um eine Auseinandersetzung innerhalb der Gruppe Phönix handelt?«

»Nun, Sir, weil der Angriff auf dem Gelände des *Greenbrier* stattfindet.«

***

Greenbrier Hotel (zur gleichen Zeit)

Richard war plötzlich erwacht. Er hätte nicht sagen können, was ihn geweckt hatte, aber er war froh, den wirren Träumen entkommen zu sein, die ihn in der Nacht gequält hatten. Bilder von Blut und Tod, Entführung und Folter hatten sich wie ein Kaleidoskop des Grauens in einer Endlosschleife abgespielt.

Er lag noch einen Moment still und hörte den ruhige Atem seiner Rita neben sich. Schließlich erhob er sich lautlos, von innerer Unruhe angetrieben, und schlich ins Badezimmer. Leise schloss er die Tür und schaltete dann erst das Licht ein. Er blickte in den Spiegel, während er den Wasserhahn aufdrehte. Ein unrasiertes, verschlafenes Gesicht blickte ihm entgegen, und er stellte resigniert fest, dass die Erlebnisse der vergangenen

Tage deutliche Spuren zurückgelassen hatten. Er zog sein Unterhemd aus und wusch sich mit kaltem Wasser. Anschließend schaute er sich nach seinen Sachen um. Tatsächlich lag seine Hose samt Hemd noch über dem Badewannenrad, was dem Ordnungssinn seiner Frau sehr unähnlich sah. Doch gestern Abend, oder besser gesagt, heute Nacht, waren sie beide so müde gewesen, dass sie Paul nach einer kleinen Mahlzeit in einer der hoteleigenen Snackbars eine gute Nacht gewünscht hatten und kurz darauf in ihrem Zimmer erschöpft ins Bett gefallen waren. Richard überlegte. Wie lange mochte er geschlafen haben? Drei oder vier Stunden? Keinesfalls mehr. Trotzdem fühlte er sich einigermaßen munter und vor allem hungrig. Er würde sich anziehen und schnell nach unten in die Lobby fahren, um sich in einer der 24-Stunden-Snackbars etwas zu essen zu besorgen. Danach konnte er immer noch ins Bett zurückkriechen und noch ein paar Stunden schlafen.

Schon zwei Minuten später war er unterwegs und schloss leise die Zimmertür. Er trat in den hell erleuchteten Gang und wollte gerade zum Aufzug gehen, als er weiter vorn laute Stimmen hörte. Sofort huschte er in eine kleine Nische, um nicht gesehen zu werden.

Die Stimmen stritten in einer fremden Sprache, die Richard als Deutsch identifizierte. Er verstand kein Wort, aber der Streit schien zu eskalieren. Die Streitenden waren zwei Männer, die vor der Tür eines Hotelzimmers auf dem Flur standen. Der eine winkte heftig ab und wollte davonstürmen, wurde aber mitten in der Bewegung abrupt gestoppt, als der zweite, etwas größere Mann ihn am Kragen packte und zu Boden riss. Dann, für Richard völlig überraschend, trat der große Mann dem am Boden Liegenden mit voller Wucht gegen den Kopf. Richard hörte von seinem Versteck aus das ekelhafte Geräusch brechender Knochen. Der Mann am Boden stöhnte auf, und der Große trat erneut zu. Richard hielt erschrocken den Atem an und ließ sich auf die Knie sinken.

Durch die Beine eines kleinen Tischchens hindurch beobachtete er, was weiter geschah: Der große Mann betrachtete den am Boden Liegenden, der sich nicht mehr bewegte, ging in die Hocke und legte zwei Finger an den Hals seines Opfers. Rasch stand er wieder auf, blickte sich um, kontrollierte beide Seiten des Flurs auf mögliche Zuschauer dieses Dramas und verschwand schließlich in seinem Zimmer.

Richard wollte schon aufatmen, als er eine Hand auf seiner Schulter spürte. Im letzten Moment konnte er einen Aufschrei unterdrücken.

Eine leise Stimme flüsterte ganz dicht an seinem Ohr: »Ich bin es, Paul. Kannst wohl auch nicht schlafen, wie es aussieht?«

Richard drehte sich verwundert um. Er hatte Paul nicht kommen gehört. Er kauerte dicht hinter ihm in der Nische und schaute gespannt nach vorn.

»Ihr Indianer habt das Anschleichen wohl im Blut«, flüsterte Richard, wurde dann aber von dem Geschehen im Hotelflur abgelenkt.

Der große Mann war wieder aus seinem Zimmer aufgetaucht und breitete eine Wolldecke auf dem Boden aus. Dann rollte er den leblosen Körper darauf. Immer wieder blickte er sich sichernd um, ohne jedoch Richard und Paul in ihrem Versteck zu bemerken. Dann fasste er die Decke mit beiden Händen und zog sie mitsamt seinem Opfer in sein Zimmer. Richard bemerkte, wie Paul plötzlich sehr aufgeregt wurde. Er drehte sich zu ihm um, doch da hatte sich Paul schon aufgerichtet. Auf seinem Gesicht spiegelten sich Wut und Zorn. Die Adern auf seiner Stirn traten sichtbar hervor, und die Augen funkelten gefährlich. Doch noch ehe Richard fragen konnte, was los sei, marschierte Paul mit staksigen Schritten in Richtung des Zimmers, in dem der große Mann verschwunden war. Richard sprang ohne weiteres Nachdenken auf und lief so leise wie möglich hinterher. Gepresst rief er: »Paul, wo willst du denn hin, um Himmels willen?«

Doch Paul reagierte nicht. Mit zu Fäusten geballten Händen erreichte er die Tür, die nur leicht angelehnt war, und blieb eine Sekunde stehen, als wollte er noch einmal tief Luft holen. Dann stieß er die Tür mit einem Ruck auf. Im gleichen Moment hatte Richard ihn eingeholt und schaute über seine Schulter.

Im Zimmer beugte sich der große Mann gerade über sein Opfer und durchwühlte dessen Taschen. Erschrocken fuhr er herum und stand nur einen Moment regungslos da, ehe er zurückwich.

Es schien gerade so, als habe Paul nur auf diesen Moment gewartet. Ansatzlos sprang er los und überbrückte die Entfernung zu dem großen Mann in nicht einmal zwei Sekunden. Wie ein wildes Raubtier sprang er den Fremden an und riss ihn zu Boden. Krachend fielen sie auf einen kleinen Couchtisch, der unter dem Gewicht der kämpfenden Männer zersplitterte. Mit einer Hand tastete der Fremde suchend umher, während er mit der anderen versuchte, sich Paul vom Leib zu halten. Plötzlich hielt er eine längliche Glasscherbe in der Hand und hob seinen Arm, um damit auf Paul einzustechen. Richard schrie noch ein »ACHTUNG«, da drang die Scherbe schon in Pauls Schulter ein und brach knirschend ab. Doch Paul schien es nicht einmal zu spüren und kämpfte verbissen weiter, obwohl sein Hemd sich am Rücken mit Blut tränkte. Richard sprang vor, sich verzweifelnd nach einer Waffe umschauend, da fiel sein Blick auf einen Kamin, in dem noch einige Holzstücke glimmten. Neben dem Kamin hingen in einer kunstvollen Holzhalterung an der Wand ein Schürhaken, eine Schaufel und ein Besen, die so neu und unbenutzt und sauber ausschauten, als seien sie noch nie gebraucht worden. Richard riss den Schürhaken aus seiner Halterung und wandte er sich wieder den Kämpfenden zu.

In der kurzen Zeit hatte der große Mann die Oberhand gewonnen und saß auf Pauls Brust, ein teuflisches Grinsen im Gesicht, das von dem Glühen im Kamin beleuchtet wurde. In seiner Hand, die zerschnitten war und blutete, hielt er eine weitere Glasscherbe und versuchte sie in Pauls Hals zu stechen. Paul wehrte sich verzweifelt und umklammerte die Hand seines Gegners. Nur Zentimeter war der scharfe Glasdolch von seiner Kehle entfernt, und es konnte nicht mehr lange dauern, bis die scharfe Spitze sein Leben beendete.

Richard dachte nicht mehr nach, sondern folgte seinem Instinkt, der sagte: *Bring den Kerl um!*

Er holte mit dem Schürhaken aus, als wolle er einen Abschlag beim Golf machen, und ließ ihn im Halbkreis nach vorn schwingen. Der Schürhaken traf den Hinterkopf des Fremden mit solcher Wucht, dass er den Schädelknochen mühelos durchschlug und gut fünf Zentimeter tief ins Gehirn eindrang. Sofort erschlafften die Muskeln des Mannes, und Paul stieß den leblosen Körper angeekelt von sich. Graue Hirnmasse, vermischt mit blasigem Blut, ergoss sich auf den Teppich. Der Schürhaken glitt aus der Wunde und polterte auf dem Boden.

Richard stand wie vom Donner gerührt vor dem Toten und schaute fassungslos auf seine Hände. »Was habe ich nur getan?«, murmelte er. »Wie konnte ich nur?«

Paul hatte sich in der Zwischenzeit aufgesetzt, schaffte es aber nicht, sich zu erheben. Aus seiner Schulter floss immer noch Blut, und sein Hemd war inzwischen völlig durchnässt. »Richard«, rief er mit schmerzerfüllter Stimme, »geh und hol Rita. Ich brauche Hilfe. Ich glaube, der Mistkerl hat mich ganz schön erwischt.«

Richard tauchte aus seinem Selbstmitleid auf und rang wie ein Ertrinkender nach Luft. Nach drei, vier tiefen Atemzügen hatte er sich vorerst beruhigt und schaute schockiert und besorgt auf Paul hinab. »Bin gleich wieder da, alter Junge. Halt nur einen Moment durch. Okay?« Hastig lief er zur Zimmertür. Vorsichtig spähte er hinaus, doch der Gang lag noch immer verlassen da. Anscheinend hatte niemand etwas von dem Zwischenfall mitbekommen. Er lehnte die Tür nur an, damit er später wieder hineinkam, und rannte durch den Flur zu seinem Zimmer. Als er schwungvoll die Tür öffnete und hineinstürmte, fand er das Bett verlassen vor. Doch aus dem Badezimmer erklang Ritas Stimme: »Richard, wo bist du denn gewesen? Kannst du auch nicht schlafen?«

Nur mit einem dünnen Morgenmantel bekleidet kam sie aus dem Bad. Sie brauchte nur einen Blick, um zu sehen, wie es um ihren Mann bestellt war. »Was ist geschehen?«, fragte sie, kam auf Richard zu und nahm ihn in den Arm.

»Zieh dich an. Schnell!« Er befreite sich aus ihrer Umarmung. »Paul ist verletzt und braucht unsere Hilfe!«

Kapitel 24

Carefree, Arizona (nachts)
Ein rotes Warnfenster leuchtete auf einem der Computerbildschirme und verkündete:

ACHTUNG! – UNBEFUGTER ZUGRIFF!

Der schwarz Uniformierte sprang erschrocken auf, stieß dabei seinen Stuhl um und rannte durch den engen Gang die Treppe nach oben. Im Wohnzimmer des Doktors fand er den kommandierenden Offizier auf dem Sofa vor. Der Mann fuhr wie ertappt auf und schimpfte: »Was soll das? Was wollen Sie?«

»Ich habe gerade festgestellt, Sir«, schnaufte der Techniker atemlos, »dass unsere Internetstandleitung nach Washington kompromittiert ist.«

»Was soll das heißen? Drücken Sie sich verständlich aus!«

»Das bedeutet, dass jemand unsere Position ermittelt hat. Es ist auf keinen Fall unser Mann, der dort auf der anderen Seite am Computer sitzt.«

»Und woher wollen Sie das wissen?«

»Ganz einfach. Unser Mann muss jede halbe Stunde ein bestimmtes Passwort eingeben. Das dient seiner und unserer Sicherheit. Wenn er Dienstschluss hat, loggt er sich ganz aus und bereinigt seinen Bildschirm, damit der nächste User nichts von seinen Aktivitäten bemerkt.«

Der Offizier, mittlerweile auf seinen Füßen stehend, schaute den Techniker ärgerlich an. »Wenn ich Sie richtig verstanden habe, dann wissen die Leute vom Secret Service in der Zwischenzeit, wo wir uns befinden. Ist das richtig?«

»Genauso verhält es sich, Sir. Wie lauten Ihre Anweisungen?«

»Ehe ich irgendwelche Anweisungen gebe, möchte ich wissen, wie lange der Gegner unseren Standort schon kennt. Können Sie mir das sagen?«

»Im schlimmsten Fall eine halbe Stunde, wie ich schon anfangs …«

»Verdammt noch mal«, unterbrach ihn der Offizier. »Verbinden Sie mich sofort mit dem Doktor, aber schnell!«

Dem Offizier war in diesem Moment nicht klar, dass er durch diesen Befehl wertvolle Zeit verschenkte. Als er seinen Fehler erkannte, war es allerdings zu spät.

Nur wenige Minuten später und etwa zweitausend Meter höher öffneten sich die Luken mehrerer in Tarnfarben lackierter Transportflugzeuge. Daraus sprangen, wie an einer Perlenkette aufgereiht, schwer bewaffnete Soldaten, die sich lautlos in die Dunkelheit fallen ließen. Fünfhundert Meter über dem Boden zogen sie die Reißleinen, und schwarze Gleitschirme entfalteten sich raschelnd. Ein kurzer Ruck in den Gurten signalisierte den Springern, dass sich ihr Schirm voll entfaltet hatte. Die Soldaten machten sich bereit und entsicherten ihre auf dem Bauch hängenden Maschinenpistolen.

Nur einige hundert Meter vom Haus entfernt landeten sie unbemerkt. Schnell streiften sie die Gurte der Fallschirme ab und ließen diese auf den Boden fallen. Mit heruntergeklappten Nachtsichtbrillen schlichen sie auf ihr Ziel zu, vorsichtig und hochkonzentriert. Als sie keine fünfzig Meter mehr vom Haus des Doktors entfernt waren, begannen die Scharfschützen mit ihrer Arbeit. Fast lautlos eliminierten sie alle Wachposten mit gezielten Kopfschüssen. Die Getroffenen hatten keine Gelegenheit mehr, einen Laut auszustoßen oder zu reagieren. Ihr Traum von einem langen Leben oder einer einflussreichen Stellung in einem neuen

Machtgefüge, einer neuen Welt, endete ohne Vorwarnung mit einem letzten, heftigen Schmerz.

Achtunddreißig Minuten später meldete der Einsatzleiter des Stoßtrupps dem Pentagon per Funk: »Objekt gestürmt und gesichert. Gegner ausgeschaltet.«

***

Greenbrier Hotel (nachts)
Rita hatte sich erstaunlich gut in der Gewalt. Mit einem kurzen Blick hatte sie sich in dem verwüsteten Zimmer – *nein, das ist eine Suite,* korrigierte sie sich sinnloserweise – umgeschaut und dann ihre Aufmerksamkeit auf Paul gerichtet. Ohne sich nach ihrem Mann umzudrehen, der nach ihr in die *Suite* getreten war, sagte sie: »Richard, häng das ›Nicht-stören‹-Schild nach draußen und schließ die Tür.«

Wortlos kam Richard ihrer Aufforderung nach und schaute sich ebenfalls und wie zum ersten Mal in dem verwüsteten Raum um. Es gab zwei Sitzgruppen, von denen sich eine in ein Trümmerfeld verwandelt hatte, das reichlich mit Blut getränkt war. Auf dem Tisch der zweiten Sitzgruppe standen drei Laptops und auf einem Beistelltisch ein weiterer. Die Bildschirme waren angeschaltet und zeigten Videobilder aus unterschiedlichen Räumen. Richard ging wie gebannt auf die Computer zu und betrachtete die Szenen, die er im ersten Moment nicht einzuordnen vermochte. Was war es, was er da erblickte? Er sah dunkel gekleidete Gestalten, die durchs Bild liefen, dann flackerte das Licht, und er sah einen Mann zusammenbrechen. Als dieser sich im Fallen drehte, erkannte Richard mit Schrecken, dass der halbe Kopf fehlte. Zum Glück verschwand der Tote aus dem Aufnahmebereich der Kamera. Richard schaute zum nächsten Bildschirm und sah, dass dunkle Flecken fast das ganze Bild einnahmen. Auf den wenig freien Flächen nahm Richard weitere Bewegungen wahr, konnte sie aber nicht einordnen. Er wollte sich gerade dem nächsten Computer zuwenden, als Rita nach ihm rief. Fast erleichtert kehrte er den Computern den Rücken.

»Richard, schau mal bitte nach einem Barschrank oder so was. Ich brauche Alkohol, um Pauls Wunde zu desinfizieren.«

Richard antwortete nur mit einem »Okay« und machte sich auf die Suche. Dabei fiel sein Blick auf die in die Wolldecke gewickelte Gestalt, und erinnerte sich, mit welcher Grausamkeit der große Mann seinen Gegner getötet hatte. Doch hatte er dem großen Mann ein weniger grausames Ende bereitet? Nein, das hatte er nicht, obwohl seine Motivation eine andere, bessere gewesen war. Oder nicht? Was wusste er schon von der Motivation des großen Mannes? Gar nichts. Er, Richard, der Reporter aus einer Kleinstadt, hatte einem Unbekannten den Schädel zertrümmert und ihn ins Jenseits geschickt. Einfach so, mit einem Schürhaken.

Ritas Stimme hallte erneut durch den Raum: »Richard, was treibst du denn? Hast du eine Flasche Schnaps gefunden? Beeil dich gefälligst, ich muss Paul verbinden. Er ist inzwischen bewusstlos.«

»Nein, bin ich nicht«, erklang Pauls vor Schmerz heisere Stimme. »Ich habe bloß mal kurz die Augen zugemacht.«

In diesem Moment klopfte es an der Tür, und Richard zuckte heftig zusammen.

Nur wenige hundert Meter entfernt kauerte Henry Rolin immer noch auf dem Dach des Klubhauses und spähte angestrengt durch sein Nachtsichtgerät. Die Unit-Soldaten und seine eigenen Männer hatten längst ihre Aufgabe erledigt und die Überwachungsanlagen, die über das Gelände verteilt anzubringen waren, installiert. Die anderen Mitglieder ihres Teams hatten sich auf sichere Positionen zurückgezogen und warteten auf weitere Befehle. Er jedoch war mit fünf weiteren Unit-Soldaten auf dem Dach förmlich eingekreist, da die Gegner überall Gelände verteilt waren. Einige der Angreifer waren trotz extrem gutem Körperschutz von den Odin-Force-Männern überwältigt worden. Die Gegner hatten dabei eine erstaunliche Taktik angewendet: Sie versteckten sich und warteten, bis sich ein einzelner Angreifer in ihre Richtung bewegte. War er nahe genug, sprangen die Odin-Soldaten aus ihren Verstecken und brachten den Angreifer mit Stricken und Netzen zu Fall, ehe sie sich auf den Gestürzten warfen, ihn entwaffneten und mit gezielten Messerstichen in die kaum einen Zentimeter messende Lücke zwischen Helm und Weste ins Jenseits schickten.

Henry Rolin hatte einige solcher Aktionen mit ansehen müssen und sich jedes Mal mit Grausen abgewandt. Das Kampfgeschehen ringsum hatte erheblich nachgelassen, war aber immer noch nicht beendet. Henry Rolin hoffte, dass er und die Unit-Soldaten die Gelegenheit haben würden, noch vor der wohl bald beginnenden Dämmerung das Dach zu verlassen.

Horst Kleinfeld hoffte ebenfalls auf ein baldiges Ende der Kampfhandlungen. Bisher war es ihm nicht gelungen, etwas über die Angreifer herauszufinden. Zwar hatten seine Leute die Leichen genauestens untersucht, aber weder die Getöteten noch deren Ausrüstung ergaben einen entscheidenden Hinweis.

Im Moment befanden sich die Mitglieder des inneren Zirkels im Haus Hitlers, fast alle jedenfalls. Es fehlten zwei Männer der Gruppe, und Kleinfeld vermutete sie im Hauptgebäude des Hotels. Der eine, Aribert Heim, hatte dort eine Suite gemietet, und der andere, Hans Kammler, hatte wahrscheinlich die Nacht im Kasino des Hotels verbracht. Deshalb machte sich Horst Kleinfeld keine Sorgen um die beiden. Er hatte genug am Hals und konnte gut auf weitere Sorgen verzichten.

Überall im Haus waren Uniformierte verteilt, die er aus den nahegelegenen Wartepositionen herbeigerufen hatte. Er beglückwünschte sich selbst zu der Idee, einige Teams der Odin Force rund um das Hotel in kleinen Pensionen und auf Campingplätzen zu stationieren. Das zahlte sich jetzt aus. Er hatte während dieses Einsatzes schon mindestens zwölf Männer verloren, und bis zum Tagesanbruch würden mit Sicherheit noch einige hinzukommen. In dem großen Wohnzimmer des Gästehauses flegelten sich die engsten Gefolgsleute Hitlers ungeniert auf den Ledermöbeln herum und tranken französischen Cognac in rauen Mengen. Ansonsten schien es sie weiter nicht zu interessieren, was um sie herum vorging. Heydrich schwadronierte schon wieder lautstark, gerade so, als habe er eine Völkerschlacht gewonnen. Dabei hatten ihm ganz schön die Knie geschlackert, als er von den Odin-Männern in Sicherheit gebracht worden war. Missbilligend schüttelte Horst Kleinfeld den Kopf und konnte Hitler nur zu gut verstehen, der noch vor einer Stunde heftig schimpfend durchs Haus gelaufen war und die ganze verdammte Bande verflucht hatte. Danach hatte er sich in sein Schlafzimmer zurückgezogen und sich seitdem auch nicht mehr blicken lassen.

Horst Kleinfeld hatte sich in die Küche zurückgezogen und gab von dort aus seine Befehle. Gern hätte er persönlich an den Kämpfen draußen teilgenommen, doch der Mächtige hatte ausdrücklich darauf bestanden, dass er im Haus und damit bei ihm bliebe. Kleinfeld hatte sich widerspruchslos gefügt, so wie er es schon immer getan hatte, wenn Hitler ihm einen Befehl erteilte.

Gerade brachte man ihm eine Lagemeldung, als im Wohnzimmer die Stimme Martin Bormanns ertönte. Laut und überschwänglich verkündete er, die momentane Situation völlig ignorierend: »Freunde, Kameraden, wer von uns hätte gedacht, dass wir heute Abend – nein, es ist ja schon Nacht, haha – eine so gelungene Feier zustande bringen würden? Am Vorabend der Zeitenwende sozusagen sind wir aus aller Herren Länder angereist, um der Welt wieder einmal zu zeigen, wer die wirklichen Herren sind. Überall im Land stehen unsere Truppen bereit, um jene zu beseitigen, die unserem glorreichen Vorhaben im Weg stehen. Um es kurz zu machen, wandle ich einen altbekannten Spruch folgendermaßen ab: *Heute Amerika und morgen die ganze Welt*! SIEG HEIL!«

Stürmischer Applaus und "Siegheil"-Gegröle folgten. Horst Kleinfeld schüttelte nur den Kopf und wandte sich an den immer noch auf Antwort wartenden Soldaten. »Schließen Sie bitte die Tür. Bei dem Krach kann man nicht arbeiten.«

Richard schlich zur Tür und lauschte angestrengt. Wer konnte mitten in der Nacht zu dem großen Mann wollen? War der Kampflärm etwa doch so laut gewesen, dass sich die Nachbarn beim Nachtportier beschwert hatten und dieser nun jemanden zum Nachschauen geschickt hatte? Oder war es einer dieser Nazis, die überall im Hotel verteilt zu sein schienen? Er konnte es nicht sagen.

Im Hintergrund hörte er Paul leise stöhnen und Rita beruhigend zu dem verletzten Freund sprechen. Als erneut an die Tür geklopft wurde, diesmal nachdrücklicher, erschrak Richard aufs Neue. Dann gab er sich einen Ruck, überlegte, was er dem Hotelangestellten, mit dem er fest rechnete, sagen wollte, und öffnete die Tür einen Spalt, gerade weit genug, um hinauszublicken. Er hätte alles vermutet, nur nicht das, was er jetzt sah: Vor der Tür standen Walt und Hanky.

»Willst du uns nicht endlich reinlassen, Richard?«, fragte Walt ungeduldig.

Richard zog die Tür auf und strahlte übers ganze Gesicht. »Wo kommt ihr denn so plötzlich her, und wieso wusstet ihr, wo wir sind?«

Walt drängelte sich wortlos an ihm vorbei und ließ bedeutungsvoll die Augen rollen. Hanky beantwortete seinem Freund geduldig seine Frage. »Rich, wir kommen direkt aus Washington. Bevor du weiterfragst: mit dem Flugdienst des Weißen Hauses. Kurz vor unserer Landung hat Paul mir einen Hilferuf gesendet und kurz berichtet, wo ihr zu finden seid. Dann brach die Verbindung ab. Ich wollte mich erst einmal über eure Situation hier informieren, ehe ich weitere Schritte einleite.«

»Du? Ja, wie willst du denn das anstellen?«

»Ganz einfach, Richard. Ich bin hier der zuständige Einsatzleiter, und Walt ist mein Vertreter. Wir sind direkt vom Präsidenten beauftragt worden, die notwendigen Schritte zu unternehmen, um diese Sache hier zu bereinigen.«

»Mannomann«, sagte Richard beeindruckt und schloss die Tür. Walt sprach in der Zwischenzeit in ein kleines Funkgerät, während Hanky sich über seinen verletzten Freund beugte. »He Paul«, sagte er mit leiser, beruhigender Stimme, »kann man dich nicht mal ein paar Stunden allein lassen, ohne dass du gleich irgendeinen Blödsinn anstellst?«

»Ich hab ihn erwischt«, kam es leise zurück. »Ich habe das Dreckschwein erwischt. Der quält niemanden mehr. Das ist mal sicher.«

»Wen hast du erwischt?«, fragte Hanky und sah sich im Zimmer um. Er sah zwei reglose Körper auf dem Boden liegen, und Walt zog gerade ein Blatt Papier aus seiner Jackentasche und faltete es auf. Doch noch bevor Walt etwas sagen konnte, sprach Paul weiter.

»Ich habe den verdammten Doktor wiedererkannt, und als er den anderen Mann umbrachte, sind bei mir die Sicherungen durchgeknallt. Zum Glück war Richard bei mir, sonst würde ich jetzt nicht mit dir reden. Er hat mich gerettet, indem er dieser Bestie in Menschengestalt eins übergezogen hat.«

»Na ja, *eins übergezogen* ist ein wenig schwach formuliert«, kommentierte Walt den Zustand des Toten. »Ich würde eher sagen, dass Richard ihm den halben Schädel zertrümmert hat.«

»Walt! Sei bitte nicht so drastisch«, ermahnte Hanky seinen Freund. »Richard hat Paul das Leben gerettet.«

»Hab ich ja auch nicht bezweifelt«, kam es zurück. Inzwischen hatte Walt den zweiten Toten begutachtet, richtete sich wieder auf und sagte fast zufrieden: »Auf jeden Fall können wir zwei Kandidaten von unserer Liste streichen. Der eine ist eine echt große Nummer, und diesen Verlust werden diese Nazis nicht so leicht verkraften.«

Hanky stöhnte auf, denn manchmal konnte Walt ihn fast zur Verzweiflung bringen, und so sagte er nur, wenn auch mit einem drohenden Unterton: »Also, Walt, wer?«

»Richard hat Aribert Heim erledigt. Das ist der Kerl, der die Versuche an Menschen veranstaltet hat und später die Sauerei mit den Spendern. Der andere Mann ist auch auf der Liste. Es handelt sich um Hans Kammler, den Erbauer von Auschwitz. Um den ist es auch nicht schade.«

Hanky enthielt sich weiterer Äußerungen, da Paul wieder zu stöhnen anfing und sich unter Schmerzen wand. Rita hatte inzwischen ein Handtuch aus dem Bad geholt und versuchte die Blutung an Pauls Schulter einzudämmen.

Erneut klopfte es an der Tür, und Richard öffnete. Kaum hatte er die Klinke nach unten gedrückt, als er unsanft zur Seite geschoben wurde und ein Trupp Uniformierter ins Zimmer drängte. Als letzter marschierte Ernesto in den Raum und klopfte ihm im Vorübergehen auf die Schulter, während er launig meinte: »Hallo Richard. Na, wo du bist, scheint immer etwas los zu sein. Wie kommt das?«

***

Washington, D.C. (kurz vor sieben Uhr am Morgen)
Roger hatte in den vergangenen Stunden keine Minute Zeit gefunden, um auch nur an Schlaf zu denken. Er hatte seinem Kollegen James Dredsom geholfen, Unterlagen zu sichten, Abrechnungen zu prüfen und Telefonlisten zu vergleichen. Sie waren beide erstaunt, wie nachlässig die verdächtigen FBI-Agenten ihre Kontakte und Reisen getarnt hatten ... allein die bisher gefundenen Akteneinträge und Spesenabrechnungen reichten locker für eine Verhaftung und die Aufnahme eines Ermittlungsverfahrens aus. Roger eilte zum Büro des FBI-Direktors und präsentierte ihm die ersten Ergebnisse. Er bewunderte seinen Chef dafür, dass er genau wie Roger und James im Büro geblieben war und bei den Ermittlungen tatkräftig half. Anerkennend blätterte der Direktor Rogers Zusammenstellung durch und schüttelte verwundert den Kopf, als könne er nicht glauben, wie dreist die Verdächtigen gehandelt hatte.

Nach einem Moment sah er auf. »Agent Thorn, Sie werden Ihren Flug nach West Virginia verschieben müssen. Wenn ich die Papiere hier richtig deute, planen dieser Curtis und sein Kumpan Stellino, in Washington zu bleiben. Was sie hier anstellen wollen, werden wir bald wissen.«

Roger schaute seinen Boss fragend an, doch der blätterte weiter in den Unterlagen. Also fragte Roger gespannt: »Woher werden wir wissen, was Stellino und Curtis vorhaben, Herr Direktor?«

»Ganz einfach, Agent Thorn: Wir werden sie fragen. Bitte begeben Sie sich wieder nach unten in die Abteilung. Sobald die beiden auftauchen, informieren Sie mich, und ich schicke Ihnen einige Männer zur Unterstützung. Ja, und dann verhaften Sie die Kerle. Alles klar?«

Roger nickte nur, obwohl ihm der Plan zu einfach vorkam. Aber vielleicht hatte der Direktor ja recht, und die Aktion ließ sich genau so durchführen. Mit einem etwas flauen Gefühl begab er sich zum Aufzug und fuhr hinunter zu der Abteilung, in der die Verdächtigen ihre Schreibtische stehen hatten.

James war noch eifrig dabei, Listen auszudrucken und Dateien auf externe Festplatten zu kopieren, als Roger hereinkam. Als er ihn sah, rief er mit erwartungsvollem Gesicht: »Na, was hat der Chef gesagt? Ist er zufrieden mit unserer Arbeit?«

»Das kann man wohl sagen. Wie lange brauchst du noch mit den Kopien?«

In den vergangenen Stunden waren die Männer unbewusst zum vertraulichen Du übergangen, was ihre Zusammenarbeit erheblich erleichterte. Gemeinsam sortierten sie die Ausdrucke und bemerkten dabei nicht, wie schnell die Zeit verging. Roger blätterte eine Namensliste durch, die in einer versteckten Datei gespeichert gewesen war, und staunte nicht schlecht, wen er alles vorfand. Führende Vertreter aus Wirtschaft und Politik waren dort verzeichnet. Selbst einige prominente Namen der klerikalen Welt waren vertreten.

Diese Herrschaften werden sich einigen unangenehmen Fragen stellen müssen, dachte er gerade, als die Bürotür mit einigem Schwung aufgestoßen wurde und die verdächtigen Agenten Curtis und Stellino den Raum betraten. Drei bis vier Sekunden vergingen, ehe sie Roger und James bemerkten. In dieser Zeit waren sie schon ein gutes Stück in den Raum gelaufen und blieben dann mit einem Ruck stehen.

James, unerfahren, wie er war, griff nach seiner Waffe und rief energisch: »Halt, stehen bleiben! Sie sind verhaftet. Heben Sie ihre Hände über den Kopf. Bei einer verdächtigen Bewegung …«

Weiter kam er nicht. Die beiden Männer ließen sich augenblicklich fallen und zogen ihre Waffen.

Roger konnte nicht glauben, was James eben getan hatte, zog nun gezwungenermaßen ebenfalls seine Beretta aus dem Schulterhalfter und ging in Deckung. Dabei fiel sein Blick auf die große Wanduhr. Erstaunt registrierte er, dass es schon kurz nach acht Uhr war. Es würde nicht mehr lange dauern, und die Büros würden sich mit Sekretärinnen, Agenten und Publikum füllen. Dies würde die Situation gefährlich verschärfen. Unbeteiligte konnten zu Schaden kommen, und selbst eine Geiselnahme mit nicht abschätzbaren Risiken war nicht auszuschließen.

Vorsichtig schaute er über den Schreibtisch, hinter dem er Deckung gefunden hatte, und sah, wie sich die Verdächtigen in Richtung Tür schlichen. Erneut wurde er von seinem Kollegen James Dredsom überrascht, der hinter einem Aktenschrank hervorsprang, die Waffe auf die Verdächtigen gerichtet, und rief: »Stehen bleiben, oder ich schieße.«

Roger fluchte über so viel Dummheit, und schon in der nächsten Sekunde donnerten Schüsse durch den Raum. Buchstäblich im gleichen Moment öffnete sich die Eingangstür zum Büro, und Direktor Mueller betrat schwungvoll den Raum. Die Schüsse ließen ihn erschrocken zusammenfahren, und dann blickte er mit ungläubiger Miene nach unten. Auf seinem rechten Hosenbein breitete sich ein Blutfleck aus. Das verletzte Bein des Direktors knickte ein, was ihm fürs Erste das Leben rettete. Er fiel seitwärts gegen eine Computerkonsole und riss sie samt dazugehörigem Bildschirm um. Geistesgegenwärtig und nicht auf seine Verletzung achtend, wühlte er sich durch den Wust von Kleinteilen, durch Druckerpapier, Ablagekörbe und was sonst noch so auf einem Schreibtisch zu finden ist, und rutschte hinter einen Aktenschrank.

Roger hechtete aus seinem Versteck und warf sich in Richtung Tür hinter einen weiteren Schreibtisch. Kugeln surrten um ihn herum wie ein Schwarm aufgescheuchter Hornissen. Doch er hatte Glück, und keins der Geschosse fand sein Ziel. Auf dem Bauch liegend kroch er um den Schreibtisch und linste um die Ecke. Er konnte den Direktor auf der anderen Seite des Gangs entdecken. Mueller hatte seine Krawatte angenommen und sich damit einen notdürftigen Verband angelegt. Roger nickte ihm aufmunternd zu und kroch weiter.

Keine fünf Meter von ihm entfernt kauerte einer der verbrecherischen Agenten hinter einer grauen Trennwand. Roger konnte nur die Schuhe des Mannes erkennen, die unter der Trennwand zu sehen waren. Er hob seine Pistole und zielte kaltblütig. Dann drückte er ab, und die Kugel durchschlug den mit Stoff bezogenen Raumteiler. Ein schriller Schmerzensschrei ertönte, und hinter der Stellwand kippten die Schuhe zur Seite.

Auf dem Flur vor dem Büro waren Schritte und aufgeregte Stimmen zu hören. Eilige, geduckte Schatten bewegten sich hinter dem Milchglasfenster der Tür. Schon im nächsten Moment feuerte der unverletzte Verräter aus seiner Deckung heraus und traf das Glas, das explosionsartig in Tausende Splitter zerbarst.

Erschrocken blickte Roger auf und war für einen Moment abgelenkt. Diese Zeit nutzte der Schütze, um seine Position zu ändern. Ein erschrockener Ruf aus dem hinteren Teil des Raums und lautes Poltern machten Roger klar, dass er auf ein Ablenkungsmanöver hereingefallen war. Er überlegte einen Moment lang und richtete sich dann vorsichtig auf.

Da sah er den Schlamassel: Der Verbrecher hatte James überwältigt und hielt ihn im Würgegriff, eine Pistole an der Schläfe des Unglücklichen. Roger überschlug rasch die Möglichkeiten, die ihm in dieser Situation noch blieben. Er konnte zulassen, dass der Verbrecher mit seiner Geisel unbehelligt das Büro verließ, in der Hoffnung, dass auf dem Gang beherzte Kollegen eingriffen. Natürlich konnte er auch damit beginnen, mit dem Geiselnehmer zu verhandeln. Doch sein Gegner hatte die gleiche Ausbildung wie er genossen und kannte sich demnach genaustens mit den Strategien der Verhandlungstechnik aus. Dieser Weg schied definitiv aus, und Roger überlegte weiter. In seiner Ausbildung hatte er immer wieder eingetrichtert bekommen, einen Geiselnehmer mit einem gezielten Schuss auszuschalten, was aber das Risiko barg, dass die Geisel dabei verwundet, wenn nicht gar getötet wurde.

Doch das Schicksal und Direktor Robert Mueller nahmen Roger die Entscheidung ab.

Der Direktor stand mit einem Mal aufrecht, wenn auch leicht schwankend im Raum. »Mann, machen Sie doch keinen Fehler. Wenn Sie ihre Waffe ...«

In diesem Moment richtete der Geiselnehmer seine Waffe auf den Direktor. Roger handelte sofort und zielte auf die Hand des Verbrechers. Er wollte ihm die Waffe aus der Hand schießen. James jedoch sah ebenfalls eine Möglichkeit, sich aus dem Griff seines Peinigers zu befreien: Er ließ sich im selben Moment fallen, in dem Roger seinen Finger krümmte. Durch die plötzliche Gewichtsverlagerung aus dem Gleichgewicht gebracht, drückte der Gangster ebenfalls ab, und zwei Pistolenkugeln sausten in entgegengesetzten Richtungen durch das Büro.

Rogers Kugel fand durch die plötzliche Bewegung des Geiselnehmers ein nicht vorgesehenes Ziel. Das Geschoss durchschlug zuerst das Handgelenk seines Gegners und dann den Unterkiefer des Mannes. Dieser löste sich förmlich auf in einem Nebel aus Blut und Knochensplittern. Doch die Kugel, immer noch mit einer Menge kinetischer Energie ausgestattet, setzte, leicht aus ihrer Flugbahn gerissen, ihren verhängnisvollen Flug durch die menschliche Anatomie fort. Direkt hinter dem nun fehlenden Unterkiefer bohrte sie sich durch die Luftröhre, um schließlich den Rückenwirbel zu zertrümmern. Das alles spielte sich natürlich in einer Hundertstelsekunde ab, und noch ehe der Körper des Verbrechers reagieren konnte, schaltete dessen Gehirn alle Funktionen ab und ließ nicht einmal mehr einen einzigen Gedanken zu. Mit einem laut klatschenden Geräusch fiel der verbrecherische FBI-Agent zu Boden.

Roger fuhr herum um, als er ein Röcheln vernahm. Der Direktor lag halb ausgestreckt über einem Schreibtisch und drückte die Hand auf eine Wunde an der rechten Seite. Roger sah hellrotes, blasiges Blut aus der Wunde quellen und wusste, was geschehen war: Der ungezielte Schuss des Gangsters hatte die Lunge seines Chefs getroffen. Laut rief er nach James, der mit blutverschmiertem Gesicht hinter einem Aktenschrank auftauchte. »Schnell, lauf und hol Hilfe, beeil dich. Der Direktor ist schwer verletzt.« Gleichzeitig wühlte er in einer offenstehenden Schreibtischschublade herum. Zum Glück fand er sofort, was er gesucht hatte. Mit einem einfachen, handelsüblichen Kugelschreiber rannte er zu dem schwer verwundeten Direktor und schraubte noch im Laufen den Stift auseinander. Er warf die Mine samt Feder und den oberen Teil des Kugelschreibers beiseite und behielt nur noch das Plastikröhrchen. Am Schreibtisch angekommen, über dem sein Vorgesetzter blutend lag, stoppte er und riss die Hand von der Wunde. Dann suchten seine Finger das Einschussloch und ertasteten es gleich darauf. Entschlossen führte er mit der anderen Hand das Röhrchen an die Wunde und drückte mit einem Ruck die provisorische Kanüle in den stark blutenden Schusskanal. Mit heftig pochendem Herzen lehnte er sich zurück und schaute zur Eingangstür.

Es schien eine Ewigkeit zu dauern, in Wirklichkeit waren es aber nicht mehr als zwei Minuten, bis Hilfe eintraf. Schon während der Schießerei hatte ein FBI-Agent, der im Nebenzimmer sein Büro hatte, Alarm ausgelöst, und James konnte eigentlich nicht mehr tun, als den heranstürmenden Beamten und Ärzten den Weg zu weisen.

Schon eine Stunde später erreichte Roger die Nachricht, dass der FBI-Direktor die Notoperation gut überstanden hätte und nun in einem Heilkoma lag. Der behandelnde Chirurg lobte noch einmal ausdrücklich Rogers Kugelschreiber-Maßnahme und blieb unerschütterlich in seiner Meinung, dass dies seinem Patienten das Leben gerettet hatte.

***

Irgendwo in der Nähe Washingtons (früher Vormittag)
Nach einer kurzen Pause war der Präsident zu der geheimen, kuppelartigen Einsatzzentrale zurückgekehrt. Er hatte nur ein paar Stunden geschlafen, und sein Privatsekretär Reggie Love hatte alle Termine für den laufenden Tag abgesagt. Um voreiligen Spekulationen das Wasser abzugraben, schob Reggie Love Vorbereitungsarbeiten zum G20-Gipfel vor. Erstaunlicherweise verhielt sich die Presse moderat, und außer in einigen Internetportalen spekulierte niemand im Land über die spontanen Terminänderungen.

So war der Präsident mit seiner Privatbahn zur Kuppel zurückgekehrt und studierte die eingehenden Meldungen. Zuerst wurde er von dem Vorfall im Hoover Building unterrichtet, bei dem der Direktor des FBI schwer verwundet worden war. Die gute Nachricht war, dass der Mann die Operation gut überstanden hatte und sich von seinen Verletzungen erholen würde.

Spezialagent Thorn hatte per E-Mail eine Liste gesendet, die eine beträchtliche Anzahl Namen von sogenannten ehrbaren Bürgern enthielt. Der Präsident wies seine Mitarbeiter an, vorerst noch nicht mit den Ermittlungen in diese Richtung zu beginnen.

Als nächstes studierte er einen Bericht von Colonel Rodriges. Im *Greenbrier Hotel* hatte sich in der vergangenen Nacht einiges zugetragen. Die Abhörspezialisten der Unit hatten etliche Gespräche in den Gästehäusern aufgenommen. Ganz ohne Zweifel hatten sich hier die führenden Männer der Gruppe Phönix versammelt und planten einen Angriff auf die Vereinigten Staaten von Amerika. Das Besondere an dieser Gruppe war, dass einige der Teilnehmer Nazis waren, die schon in den Tagen des zweiten Weltkrieges leitende Positionen in Nazideutschland innegehabt hatten.

AUSSCHNITT AUS DEM ORIGINALBERICHT –
COLONEL RODRIGES – *GREENBRIER HOTEL*

Das Gerücht, dass die Gruppe Phönix und der ihr anhängende militärische Arm der Odin Force über ein Mittel verfügten, ein Serum, das lebensverlängernd wirkt, scheint damit bestätigt zu sein. Der Hauptverdächtige, der das spezielle Verfahren entwickelt hat, mit dem das Serum hergestellt werden kann, ist allerdings in der vergangenen Nacht ums Leben gekommen. Die neuen Secret-Service-Agenten Hank Berson und Walt Kessler trafen zu spät im Hotel ein und konnten nicht mehr eingreifen. Ein Journalist der New York Times, *ein Freund Bersons, hatte bereits zu diesem Zeitpunkt in Notwehr den Hauptverdächtigen, bei dem es sich nach unbestätigten Meldungen um den lange gesuchten Lagerarzt Aribert Heim gehandelt haben soll, mit einem Schürhaken erschlagen. Hank Berson bereinigte die Situation unter der aktiven Mithilfe der Unit sehr schnell und ließ alle Spuren verwischen.*

Ungefähr zur gleichen Zeit gab es eine bewaffnete Auseinandersetzung im Gelände der Gästehäuser des Greenbrier Hotels. *Mitglieder der Odin Force, die das Areal bewachten, wurden von einer bislang unbekannten, stark bewaffneten Gruppe angegriffen. Ziel und Zweck dieses Angriffs sind derzeit noch unklar. Es steht zu vermuten, dass es innerhalb der Gruppe Phönix zu einem Machtkampf gekommen ist und jemand aus diesem Kreis einige Mitglieder der Führungsriege eliminieren wollte. Am Ende konnten die Söldner der Odin Force den Angriff abwehren, und ihre Widersacher zogen sich in die umliegenden Wälder zurück. Der Vorfall dürfte von den normalen Hotelgästen weitgehend unbemerkt geblieben sein, zumal die Odin Force schnell alle Leichen geborgen und weggeschafft hat. Allerdings treffen seit einigen Stunden uniformierte Odin-Einheiten in kleineren Trupps ein. Sie benutzen, wohl um nicht sofort aufzufallen, Personenwagen und kleinere Transporter. Zwischenzeitlich befinden sich schon über hundert Bewaffnete im Gästehaus-Areal.*

Ich empfehle eine Evakuierung des Hotels und die Entsendung entsprechender Truppen, um die Gruppe Phönix dingfest zu machen und die Verantwortlichen zu verhaften.

Ich erwarte Ihre Anweisungen.

Gezeichnet – Colonel Rodriges.

Der Präsident legte den Bericht zur Seite und rieb sich müde die Augen. Wieder einmal musste er eine Entscheidung treffen, die Menschen in Lebensgefahr bringen würde, doch die Sicherheit des Landes ging vor. Mit diesem Zwiespalt waren alle seine Vorgänger konfrontiert worden, und auch er hatte die Last seiner Verantwortung, so empfand er sein Amt in diesem Moment, klaglos zu tragen.

Er winkte einen Verbindungsoffizier herbei und sagte scheinbar gelassen: »Verbinden Sie mich mit dem Pentagon. Ich brauche eine Bildleitung zum Verteidigungsminister Robert Gates.«

Kapitel 25

Greenbrier Hotel (11 Uhr vormittags)

In der Colonial Hall versammelten sich die angeblichen Kongressteilnehmer der *Prestige Human Live Corporation*. Männer und Frauen, alle in Geschäftskleidung, wurden am Saaleingang mit Namensschildern versehen, die zusätzlich den Herkunftsort ihres Trägers verrieten. Gleichzeitig wurde an Laptops die Identität der Kongressteilnehmer überprüft und mit dem vorhandenen Bildmaterial verglichen. Wie bei jedem größeren Firmenmeeting schauten die Teilnehmer sich gespannt nach bekannten Gesichtern um. Gruppen fanden sich zusammen, begleitet von den üblichen Floskeln: *Schön, Sie wiederzusehen – wie geht es – ich hatte gehofft, dich hier zu treffen – was macht die Familie …*

Umarmungen, Schulterklopfen und Händeschütteln folgten, begleitet von freundlich lächelnden Gesichtern.

Alles wirkte normal, und es gab nicht den kleinsten Hinweis, dass diese Veranstaltung ein konspiratives Treffen umstürzlerischer Landesverräter war … außer vielleicht der Tatsache, dass dieser Teil des Hotels für die Dauer der Tagung ausschließlich von Mitgliedern und Personal der *Prestige Human Live Corporation* betreten werden durfte.

Langsam füllte sich der Saal, und einige der ›Delegierten‹ schauten ungeduldig auf ihre Armbanduhren. Ein Gerücht hatte im Raum die Runde gemacht, flüsternd und hinter vorgehaltenen Händen weitergegeben: *Der Mächtige selbst wird heute anwesend sein und zu uns sprechen.*

Straße mit einem schweren Unfall, bei dem ein Tanklastwagen involviert sein sollte, der hochgiftige Chemikalien geladen hatte. Die umliegenden Gemeinden wurden vorsorglich evakuiert. Den Odin-Soldaten, die für Funk und Kommunikation zuständig waren, erschien diese Meldung nicht wichtig genug, um sie an ihre Vorgesetzten weiterzuleiten. Vorsichtig, jede Deckung ausnutzend, rückten die Spezialeinsatztruppen vor. An ihrer Seite befanden sich die Unit-Soldaten und Henry Rolin, der es sich nicht hatte nehmen lassen, mit von der Partie zu sein. Nur knappe fünfzig Meter vor dem Hotel entdeckten Söldner der Odin Force die Soldaten und eröffneten sofort das Feuer.

Von einer Sekunde zur anderen brach die Hölle los. Maschinengewehre ratterten, Granaten explodierten, Feuer brachen im Gelände der Gästehäuser aus, im Hotel zersplitterten Fenster, Menschen schrien ihr Entsetzen mit verzerrten Gesichtern in die rauchgefüllte Hotellobby hinaus. Wie hingezaubert erschienen überall im Hotel schwerstbewaffnete Söldner und schossen auf alles, was sich bewegte und nicht ihre Uniform trug. Eingänge wurden mit kostbaren Möbeln verbarrikadiert und Munitionskisten herbeigeschleppt.

Ein Hubschrauber von Kleinfelds *Protektor*-Team versuchte am Hintereingang der Colonial Hall zu landen, um Hitler und seine Leute zu evakuieren. Doch ehe der Hubschrauber auch nur den Boden berühren konnte, traf eine Stinger-Rakete die Maschine und zeriss sie förmlich in einer gewaltigen Detonation. Durch die Hintertür der Halle fauchte eine heiße Flammenzunge, und drei Söldner der Odin Force wurden förmlich verdampft. Die im angrenzenden Raum wartenden Männer des inneren Zirkels, Heydrich, Brunner, Bormann und Hitler, waren bei der Explosion des Helikopters von den Beinen gerissen worden. Glühendheiße Luft schwappte herein und machte das Atmen fast unmöglich. Flach an den Boden gepresst, rutschten die Männer zum Bühneneingang, während orangerote Flammen an der Decke entlangschossen. Als sie die Bühne erreichten, fingen die an der Seite verstauten Requisiten, wohl von einer früheren Veranstaltung stammend, ebenfalls Feuer und produzierten schwarzen Rauch, der in der Kehle brannte. Halb benommen stolperten die Männer über die Bühne und sprangen in den Besucherraum. Da hier die Luft ein wenig besser und vor allem kühler war, stoppten Hitler und seine Gefolgsleute kurz und husteten sich den Qualm aus der Lunge. Aus dem angrenzenden Saal erklang hysterisches Geschrei.

»Was jetzt?«, keuchte Bormann und schaute Hitler fragend an. Doch ehe der antworten konnte, stand auf einmal Horst Kleinfeld vor ihnen. Er war in Begleitung von zwanzig schwer bewaffneten Soldaten. Sofort ging er auf Hitler zu. »Sind Sie verletzt?«

»Nein«, keuchte Hitler, »nur außer Atem.«

Kleinfeld wirkte erleichtert, was angesichts der Situation mehr als unangebracht erschien. Doch der Mann zeigte eine enorme Nervenkraft und wirkte kein bisschen nervös. »Wir müssen Sie und die Herren in Sicherheit bringen«, sagte er, als sei dies ohne Schwierigkeiten zu bewerkstelligen.

»Wie, wohin?«, fragte Hitler.

Kleinfeld deutete nach unten, doch als er sah, dass niemand mit dieser Handbewegung etwas anfangen konnte, sagte er:

»Wir müssen in den Bunker.«

»Was für ein Bunker?«

»In den Kongressbunker, der sich unter dem Hotel befindet.

Die Regierung hat hier in den fünfziger Jahren heimlich einen Atombunker für Regierungsmitglieder gebaut. Der ist jetzt zwar so eine Art Touristenattraktion, aber noch immer voll funktionsfähig. Wenn wir erst einmal dort unten sind, haben wir gute Chancen zu entkommen. Es gibt mehrere Nebenausgänge, die in den Wald führen.«

Hitler schien immer noch nicht recht zu verstehen, folgte aber Kleinfeld und seinen Soldaten. Heydrich, Bormann und Brunner eilten im Laufschritt hinterher, auch wenn sie nicht extra von Kleinfeld oder dem Führer dazu aufgefordert worden waren.

Als sie fast den Saalausgang erreicht hatten, drängten aus dem Nebenraum etliche Delegierte herein und erkannten die Flüchtigen. Sofort begannen sie zu schreien, um auf sich aufmerksam zu machen. Sie folgten der Gruppe und rissen dabei Tische und Stühle um. Einige kamen zu Fall, und die Nachfolgenden trampelten ohne Gnade über die am Boden Liegenden hinweg. Einige Male riefen die Odin-Söldner dem anstürmenden Mob Warnungen zu, sie sollten zurückbleiben, doch die Hysterie war einfach zu groß. Schließlich blieben drei Söldner stehen und schossen mit ihren Maschinenpistolen in die Menge. Blut spritzte aus zahllosen Wunden, Männer und Frauen sackten tödlich getroffen zu Boden, Verwundete taumelten hilflos umher und wurden von den Nachrückenden brutal zur Seite gestoßen. Doch das entstandene Chaos verschaffte den Flüchtenden und Hitler genügend Vorsprung, um in den Westflügel des Hotels zu gelangen. Kleinfeld lief voran, er schien sich hier bestens auszukennen. Dann blieb er stehen und öffnete die Tür zum Virginia Room. Er winkte die Männer hinein und schloss die Tür. Zielsicher ging er zur Rückwand des Raums und schob eine Faltwand zur Seite. Dahinter, in einer drei Meter breiten Nische, befand sich eine Tresortür. Horst Kleinfeld öffnete einen roten Kasten und betätigte eine Schaltung. Ein lautes Klacken wurde fast vom Kampflärm vor dem Hotel verschluckt, und Kleinfeld nickte zufrieden, ging zu der schweren Stahltür und zog sie auf. Dahinter wurde ein kurzer Gang sichtbar, der sich scheinbar in nichts von dem Raum davor unterschied. Selbst die hässliche grün gemusterte Tapete war die gleiche wie im Virginia Room. Eilig durchquerten die Männer den Raum und betraten den Flur hinter der Stahltür.

»Weiter, weiter«, rief Kleinfeld und deutete auf eine grau gestrichene Tür. Einer seiner Männer öffnete sie und winkte Hitlers Leuten ungeduldig zu.

Eine Minute später verschloss Horst Kleinfeld die tonnenschwere Bunkertür mit einem Handrad von innen. Er atmete erleichtert auf. Für den Moment waren sie in Sicherheit. Von außen konnte niemand diese Tür öffnen.

Nur drei Stockwerke höher saßen Hanky, Walt, Richard und seine Frau Rita auf dem Boden eines Hotelzimmers und beratschlagten, was zu tun sei. Sie hatten sich in Hankys Zimmer getroffen und wollten gerade per Funk Verbindung zu Colonel Rodriges aufnehmen, als der Feuerzauber losging. Hanky war sehr erstaunt über die Heftigkeit des Angriffs und den Widerstand der Odin-Truppen. Pausenlos wurde auf beiden Seiten geschossen, und als eine heftige Detonation das Hotel erbeben ließ, krochen sie alle in eine Ecke, um sich vor eventuellen Querschlägern in Sicherheit zu bringen.

Hanky war froh, dass Paul noch in der vergangenen Nacht von den Unit-Soldaten in Sicherheit gebracht worden war. Er hatte viel Blut verloren und war kurz vor seinem Abtransport ohnmächtig geworden. Vor zwei Stunden hatte Colonel Rodriges Hanky auf dem Mobiltelefon angerufen und ihm mitgeteilt, dass es Paul besser ginge und er in der Zwischenzeit erfolgreich operiert worden sei. Anschließend hatte der Colonel ihn über den bevorstehenden Angriff informiert.

Zwar war Richard erleichtert, dass es Paul besser ging, doch machten ihm die Geschehnisse der vergangen Nacht schwer zu schaffen. Immer wieder sah er sich den Schürhaken schwingen, und der Moment, in dem das Eisen den Schädel des verbrecherischen Arztes zertrümmerte, das Krachen, mit dem die Knochen brachen, das nasse Geräusch, als das Gehirn zerquetscht wurde, der metallische Geruch des Bluts, das alles tauchte vor seinem geistigen Auge immer und immer wieder auf.

Hanky hatte versucht, Richard davon zu überzeugen, das Hotel schnellstens zu verlassen, doch der wollte davon nichts wissen. Er bestand darauf, bis zum Schluss zu bleiben, stellte aber seiner Frau Rita frei, sich in Sicherheit zu bringen.

Rita hatte nur stumm den Kopf geschüttelt und tapfer seine Hand gehalten.

Nun saßen sie still da und konnten nichts anders tun als zu warten, bis die Kämpfe vorüber waren.

»Die armen Soldaten«, flüsterte Rita. »Sie riskieren dort unten ihr Leben, und wir sitzen hier oben in Sicherheit und tun nichts.«

Wahrscheinlich, dachte Jeff Ward, *wird sie den ganzen Tag von ihren Kameraden mit Blicken verfolgt, so gut, wie sie ausschaut.*

»Haben Sie meine Frage verstanden, Sir? Sind Sie Sheriff Ward?«

Jeff Ward räusperte sich und fuhr sich durch die ungekämmten Haare. »Jawohl, Mam – äh, Officer, ich bin Sheriff Ward. Wie kann ich Ihnen helfen?«

Im Stillen verfluchte er die Tatsache, dass diese Frau ihn so zu Gesicht bekommen hatte, wie er im Moment aussah. Unrasiert, mit Schlaffalten im Gesicht und in einem alten T-Shirt. Doch was dachte er nur? Schließlich war es mitten in der Nacht, und er war nicht im Dienst. Außerdem war diese Soldatin mindestens zwanzig Jahre jünger als er und hatte bestimmt Dutzende Verehrer.

»Ich habe hier einen Einsatzbefehl, direkt ausgestellt vom Präsidenten der Vereinigten Staaten von Amerika. In diesem Befehl wird ausdrücklich verlangt, dass wir uns an Sie wenden sollen …«

»Der Präsident hat mich in Ihrem Befehl genannt?«, unterbrach er sie.

»Jawohl, das hat er, Sir und zwar ausdrücklich.«

»Mannomann«, entfuhr es dem Sheriff.

Kaum zwanzig Minuten später saß er in seiner saubersten Uniform, rasiert und gekämmt, neben der jungen Soldatin in einem Armee-Hummer. Doch er hatte keine Zeit, sich mit romantischen Gedanken zu befassen. Endlich hatte das Weiße Haus reagiert und Einsatzkräfte geschickt, um die Spender zu befreien. Die Aussagen des Krankentechnikers Bob hatten sich als wahr erwiesen, und er und seine Deputys hatten die sechs Spenderhäuser gefunden. Es war ihm schwergefallen, die Häuser nur zu observieren; der Gedanke, dass die Spender hilflos unter den roten Bildschirmen lagen und er noch nicht eingreifen durfte, hatte ihn fast verzweifeln lassen.

Als der Geländewagen unvermittelt abbog und über einen Feldweg rumpelte, schenkte Sheriff Ward seiner Umgebung wieder mehr Aufmerksamkeit. Es war zwar immer noch dunkel, aber er wusste, wo er war: gute fünfzehn Meilen von Sand Lake entfernt in dem am wenigsten besiedelten Gebiet dieser Gegend. Hier gab es nichts außer Viehweiden und Wald. Doch wenn er es sich genau überlegte, dann war hier der günstigste Ausgangspunkt für eine große militärische Aktion, denn alle Spenderhäuser befanden sich in einem Radius von nicht mehr als zwölf Meilen.

Schon vor einigen Minuten war ihm ein schwacher Lichtschein ein Stück voraus aufgefallen, doch als der Wagen über eine kleine Anhöhe fuhr, verschlug es ihm fast den Atem. Unter ihm, in einem fast kreisrunden Tal, war eine Stadt entstanden, die aus Hunderten von Zelten bestand und taghell erleuchtet war. Unzählige an Masten befestigte Scheinwerfer machten die Nacht zum Tag. Eine große Anzahl Militärfahrzeuge stand am Rand der Siedlung, und ein riesiger Transporthubschrauber setzte gerade zur Landung an.

»Was ist das alles?«, fragte er überflüssigerweise und wollte damit nur sein Erstaunen ausdrücken. Dennoch antwortete sie ihm, und eine Spur von Stolz schwang in ihrer Stimme mit: »Was Sie hier vor sich sehen, Sheriff Ward, ist die mobile Operationsbasis der 3. US-Infanteriedivision unter dem Kommando von General Lynch. Sie werden in Kürze die Gelegenheit haben, mit dem Major General zu sprechen. Er erwartet Sie bereits.«

Von dem Moment an, in dem Sheriff Jeff Ward das Zelt des Major Generals betreten hatte, ging alles Schlag auf Schlag. Der General begrüßte ihn mit einem festen Händedruck und stellte seine Offiziere vor. Danach versammelten sich die Anwesenden um eine große Generalsstabskarte, und Sheriff Ward musste eine Menge Fragen über Geländestrukturen, Haupt- und Nebenstraßen, Zustand der Spenderhäuser und viele weitere Einzelheiten beantworten. Seine Angaben wurden in kleine Computer eingegeben und mit den vorhandenen Daten abgeglichen. Dann ergriff Major General Rick Lynch das Wort. »Wir gehen wie folgt vor: Um Null Sechshundert«, er schaute kurz auf seine Uhr, »das heißt, in genau zweiunddreißig Minuten, starten wir die

Aktion ›Liberty Six‹. Wir beginnen mit dem Absetzen unserer Fallschirmtruppen, die die entsprechenden Parameter absichern und eventuelle Wachen möglichst lautlos ausschalten. Gelten die Außenbereiche der Spenderhäuser als gesichert, werden weitere Einsatzkräfte in CH-47-Chinook-Helikoptern abgesetzt. Danach folgen die üblichen Einsatzkräfte. Sind die Gebäude vom Gegner gesäubert, folgen unmittelbar die medizinischen Teams. Noch Fragen?«

Es folgte ein kollektives »No, Sir.«

»Sehr gut«, antwortet der General. »Dann los und viel Glück uns allen.«

Sheriff Ward wusste nicht so genau, was er nun tun sollte, doch der General kam auf ihn zu. »Sheriff, es wäre mir eine Ehre, wenn Sie mich für die Dauer der Aktion begleiten würden.«

»Oh, sehr gern, Herr General. Ich bin froh, wenn wir die armen Spender endlich befreien können. Doch sollte ich nicht vorher meine Deputys von ihren Beobachtungsposten abziehen?«

»Da haben Sie völlig recht, Sheriff. Doch ich kann Sie beruhigen. Meine Leute haben schon mit dem Wachhabenden in ihrem Sheriffsbüro gesprochen. Zum geplanten Zeitpunkt wird sich nur noch der Gegner bei den Spenderhäusern aufhalten.«

Die nächsten Stunden zählten zu den aufregendsten, freudigsten und traurigsten in Sheriff Wards Leben. Schwere Kampfhandlungen mit Toten und Verletzten trübten die Freude, annähernd zweitausend Spender befreit zu haben. Söldner der Odin Force hatten bis zum Schluss erbitterten Widerstand geleistet. Erst als über achtzig Prozent der Odin-Männer gefallen waren, ergaben sich die restlichen Söldner. Unter den Gefangenen war kein einziger Offizier gewesen.

Als schließlich die ersten Transporte mit den geretteten Spendern im Feldhospital eintrafen, war der Jubel unter den Soldaten groß. Die Spender bekamen von alldem nichts mit, da die medizinischen Kräfte vor Ort die gequälten Menschen in einen vorübergehenden Tiefschlaf versetzt hatten.

Sheriff Ward trat aus dem Kommandozelt und schaute auf seine Uhr. Er konnte kaum glauben, dass es erst dreizehn Uhr war.

Eine Hand legte sich schwer auf seine Schulter. Erstaunt drehte er sich um und blickte in das erschöpfte Gesicht von General Lynch. »Lassen Sie uns etwas essen gehen, Sheriff. Ich weiß nicht, wie es Ihnen geht, ich für meinen Teil habe einen Bärenhunger.«

***

Greenbrier Hotel (3 Uhr nachmittags)
Adolf Hitler saß zusammengesunken auf einem unbequemen Feldbett. Sein Kopf hing nach vorn, so als habe er alle Kraft verloren. Seine Hände lagen zitternd auf den Knien. Er hatte alles verloren, alles aus und vorbei. Hier saß er nun, und man konnte glauben, das Schicksal habe sich einen letzten Scherz erlaubt. In den Geschichtsbüchern stand, er habe sich das Leben in einem Bunker genommen.

Im Führerbunker, was für ein Wort. Wer hatte sich nur so einen Schwachsinn ausgedacht? Aber das war nun alles egal, nicht mehr wichtig. Nichts war mehr wichtig. Er saß in einem Bunker, abgeschnitten von der Außenwelt, ohne die geringste Chance zu entkommen. Kleinfeld, sein getreuer Kleinfeld, hoffte noch immer auf Rettung, doch sein Hoffen würde vergebens sein. Er und seine Männer sicherten die anderen Bunkereingänge, und so würde es dem Gegner unmöglich sein, einzudringen. Hier lagerten Lebensmittel für Jahre, und ein autarkes Kraftwerk garantierte elektrischen Strom für lange Zeit. Dennoch würde am Ende alles vergebens sein, denn sie hatten keinen Tropfen dieses verfluchten Serums. Schon in zwei Monaten würden sie alle tot sein. Sein Körper würde ihm den Zeitdiebstahl heimzahlen. Er würde qualvoll sterben, schreiend vor Schmerzen, und niemand konnte ihm helfen. Er würde Kleinfeld seinen letzten Befehl geben, wenn er die Zeit für gekommen hielt, und Kleinfeld würde diesen Befehl ausführen, sozusagen als letzte Ehrenbezeugung. Ein Schuss ins nun auch noch die vielen Toten in den Hotelfluren zu sehen bekamen. Durch einen kurzen telepathischen Scan hatte er festgestellt, dass seine Freunde schließlich eingeschlafen waren.

Er drehte sich zu Walt um und sagte ernst: »Den letzten Akt der Tragödie müssen wir beide allein bestreiten, mein Freund. Der Präsident will auf keinen Fall darauf vertrauen, dass sich die Verbrecher von selbst ergeben und freiwillig die Bunkertüren öffnen. Es sind nicht mehr viele. Insgesamt nur noch acht Leute. Unter ihnen befindet sich dieser Hitler. Der letzte der alten Nazis und wohl der schlimmste. Ich habe nur kurz seine Gedanken gestreift und mich mit Grauen zurückgezogen. Für das, was dieser Mann in seinem Leben angerichtet hat, gibt es kein Strafmaß, das nur im Entferntesten ausreichen würde. Doch der Präsident will ihn lebend, wenn es irgendwie möglich ist.«

»Dann soll er ihn auch bekommen«, sagte Walt entschlossen. »Also, wie wollen wir vorgehen?«

»Ich habe schon versucht, einen der Odin-Soldaten dazu zu bringen, das Stahltor zu öffnen, aber das hat nicht funktioniert. Ich kann zwar die Gedanken der Männer lesen, doch beeinflussen kann ich sie nicht.«

»Was ein Glück«, knurrte Walt. »Das würde gerade noch fehlen, dass du mir heimlich suggerierst, den Müll runterzubringen oder sonst was.«

Hanky musste trotz der ernsten Lage herzlich lachen. Walt war in seiner trockenen Art einfach unbezahlbar, und selbst in kritischen Situationen verlor er selten den Humor.

»Also, was hast du dir ausgedacht?«, fragte Walt, nachdem Hanky sich beruhigt hatte.

Hanky wurde sofort wieder ernst. »Inwieweit kannst du deine neue Gabe kontrollieren? Hast du eine Möglichkeit, die telekinetische Kraft genau zu steuern?«

Walt schaute ihn unsicher an. »Ich weiß nicht, was du mit *steuern* meinst. Wenn du wissen willst, ob es einen Unterschied ausmacht, ob ich einen Ast oder einen Baum anhebe, dann kann ich sagen, ja, es gibt einen. Ich habe allerdings noch nicht herausgefunden, wo meine Grenzen liegen. Bisher musste ich bei jeder Aktion, ganz gleich, ob ein Gegenstand klein oder groß war, leicht oder schwer, die gleiche Konzentration aufbringen, doch die Anstrengung ist nicht die gleiche. Weißt du, es ist eigentlich nicht besonders schwer. Ich fühle nur einen Unterschied in der Masse, und meine Sinne, oder was auch immer, regulieren die kinetische Energie von allein. Deshalb weiß ich dass ich mehr Energie für einen Baum brauche und weniger für einen Ast. Woher aber diese Energie kommt und in welcher Stärke ich sie anwenden kann, das muss ich selbst noch herausfinden.«

Colonel Rodriges war näher an Hanky und Walt herangetreten und war der Unterhaltung interessiert gefolgt. Nun fragte er Walt geradeheraus. »Können Sie diese Bunkertür öffnen?«

»Das weiß ich nicht, Colonel. Ich will es aber gern versuchen. Doch zur Sicherheit sollten Sie und ihre Leute sich einige Meter entfernen.«

Kurze Zeit später war der Virginia Room geräumt, und selbst Walt stand in der Eingangstür. Der Colonel befahl Ruhe, und selbst leise geführte Gespräche seiner Soldaten verstummten. Walt konzentrierte sich auf die mächtige Stahltür und versuchte, nicht daran zu denken, wie schwer sie war. Er dachte nur, *vorsichtig ziehen, ein bisschen mehr, noch ein wenig, komm schon, geh schon auf, los, geh auf.*

Es knisterte, dann folgte ein Geräusch, als würde ein großes Tier qualvoll aufstöhnen. Schließlich ein lautes, metallisches Reißen, gefolgt von einem dumpfen Knall, der mit einem Zittern des Fußbodens einherging. Dann folgte Stille.

Walt drehte sich lächelnd um, wankte ein wenig und raunte Hanky zu: »Es gibt offenbar doch Grenzen.«

Laut verkündete er aber: »Die Tür ist auf, meine Herren.«

Im Bunker saß Hitler wieder auf dem Bett und brütete vor sich hin. Er hatte den Raum, in dem Horst Kleinfeld gestorben war, wortlos verlassen. Die anderen Männer interessierten ihn nicht, sie waren nutzlos geworden, es gab nichts mehr zu befehlen. Er war allein.

Schwer wog die Pistole, Kleinfelds Pistole, in seiner Hand. Unschlüssig drehte er die Waffe, betrachtete sie von allen Seiten und war trotz allem mit seinen Gedanken weit fort.

Ein unheimliches, schrecklich kreischendes Geräusch zerriss die Stille. Müde blickte er auf, unfähig, aufzustehen und sich dem Feind zu stellen. Er hörte das Trampeln von Stiefeln, scharfe Befehle und das Poltern fallengelassener Waffen. Die Männer der Odin Force hatten sich ergeben. Nun kamen die Feinde, um ihn zu holen, doch sie sollten ihn nicht bekommen. Niemals. Er würde ihnen entkommen. Er würde fliehen und bald seine Eva in die Arme schließen.

Mit einer müden Bewegung setzte er die Pistole an seine Schläfe und drückte ab. Doch anstelle eines letzten lauten Knalls hörte er nur ein verzagtes Klicken.

Wie von Sinnen schrie er auf, verzweifelt bis in die letzte Faser. Tränen der Enttäuschung brannten in seinen Augen, und nur undeutlich erkannte er die Gestalten, die ihn grob packten und vom Bett rissen.

Er schrie immer noch, als er ins Freie gezerrt wurde, von starken Händen gehalten, und unsanft in einen Hubschrauber gestoßen wurde. Glühender Schmerz breitete sich auf einmal in seinem Genick aus, und sein Bewusstsein fiel in bodenlose Dunkelheit.

Kapitel 27

Washington, D.C., Weißes Haus (einige Tage später)
Der Präsident hatte zu einer Abschlussbesprechung geladen. Hanky und Walt saßen an einem großen Konferenztisch und studierten Akten. Die Besprechung sollte erst in einer Stunde beginnen, doch sie wollten vorbereitet sein. Mittlerweile hatten sich die beiden schon daran gewöhnt, im Umfeld des Präsidenten zu arbeiten. Noch immer waren sie mit der Aufarbeitung der Geschehnisse befasst, und Hankys Annahme, andere würden sich mit der Abwicklung der nötigen Maßnahmen beschäftigen, hatte sich als falsch herausgestellt. Er und Walt leiteten vorübergehend ein Ermittlerteam, das dafür verantwortlich war, alle flüchtigen Verschwörer ausfindig zu machen und der Gerichtsbarkeit zuzuführen. Das war eine gewaltige Aufgabe, doch sie war durchaus zu meistern. Zum Glück hatten die Naziverbrecher größten Wert auf vollständige Listen ihrer Mitglieder gelegt, und viele der Verschwörer waren schon im *Greenbrier Hotel* festgenommen worden. Auch der stellvertretende FBI-Direktor Stuart Melanscy und Staatssekretär Wilson Mac Adams waren unter den Verhafteten. Nach wie vor leugneten diese Männer, in die Verschwörung verwickelt zu sein, doch ihre Sturheit würde nicht lange vorhalten. Außerdem hatten sie seit einiger Zeit zu der ausgewählten Gemeinschaft gehört, die mit dem Serum versorgt worden war – das nicht mehr zur Verfügung stand. In einigen Wochen würde auch bei ihnen der Verfall einsetzen, der unweigerlich zum Tod führte. Zwar hatte der Präsident ein wissenschaftliches Team damit beauftragt, den Verfall der Serumabhängigen nach Möglichkeit

Ein Messergriff? Erneut jagten heiße, brennende Schmerzen durch seinen Brustkorb, und er schrie krächzend auf. Was war das, was …

Ein Gesicht tauchte in seinem Blickfeld auf. Ein grauhaariger Mann schaute ihn grimmig lächelnd an und sagte:

»Ich soll Sie von meinem Sohn grüßen.«

Adolf Hitler hörte die Worte mit Unverständnis. Doch noch ehe er darüber nachdenken konnte, riss unerträglicher Schmerz sein Bewusstsein in die unergründliche Schwärze des Todes.

Anmerkungen des Autors

Als ich mich im Herbst 2009 an meinen PC setzte und mit der zweiten Hanky-Story begann, wusste ich noch nicht, was für ein komplexes Thema ich da in Angriff nahm. Natürlich hatte ich die Grundzüge der Geschichte in einem kurzen Exposé schon im Frühjahr 2009 handschriftlich skizziert, doch der Weg, der mit einer Idee startet und mit der Fertigstellung eines Romans endet, ist manchmal sehr aufwendig und zeitintensiv. Das hatte ich eindeutig unterschätzt, wie auch die Tatsache, dass ich mich umfassend mit der deutschen Geschichte und dabei speziell mit der Zeit des zweiten Weltkriegs befassen musste, um entsprechende Szenarien zu schaffen, in denen die historischen Personen agieren konnten. Die Konfrontation mit den damaligen Geschehnissen hat Hilflosigkeit in mir erzeugt, die sich nach einiger Zeit in Abscheu gegen fundamentalistischen Terror jeder Art verwandelte.

Doch Gewalt in allen denkbaren Formen scheint ein dunkler Begleiter der Menschheit zu sein und eine morbide Faszination auszuüben, der sich nur wenige Menschen entziehen können (oder schauen Sie sich nicht gern mal einen Krimi an, verfolgen Gladiatorenkämpfe im Kino, gruseln sich, wenn sich Mumien aus ihren Gräbern erheben oder sich Vampire im Hals ihres Opfers verbeißen?)

Genau hier setzt mein Roman an. Ich gebe Ihnen die Gelegenheit, aus sicherer Distanz schreckliche Geschehnissen zu verfolgen, und wenn es mal zu heftig wird, können Sie das Buch zur Seite legen, bis Ihre dunkle Seite wieder nach Blut dürstet und genug hat vom friedlichen Dasein.

Auf eines möchte ich noch hinweisen: Viele der von mir beschriebenen Orte und Institutionen existieren wirklich. Das gilt auch für einige der genannten Personen und Organisationen. Selbstverständlich ist meine Story eine erfundene Geschichte. Die genannten Personen und Organisationen haben sich demnach niemals an den im Buch beschriebenen Geschehnissen beteiligt (so hoffe ich jedenfalls).

Den Einwohnern der im Roman erwähnten Orte kann ich nur sagen: „Augen auf! Schaut euch um, und wenn ihr Hanky und seine Truppe trefft, seid nett und spendiert ihnen einen Kaffee."

So, nun ist dieses Buch endgültig beendet, und ich werde mich entspannt zurücklehnen. Das heißt, so lange jedenfalls, bis ich mit der nächsten Story beginne. Und ich glaube, ich habe da gerade eine Idee …

Also dann, bis zum nächsten Mal!
Herzlichst Ihr
Marvin Roth